Martin Luther

Vollständiges Marburger Gesangbuch

Zur Übung der Gottseligkeit in 615 christlichen und trostreichen Psalmen und

Gesangen

Martin Luther

Vollständiges Marburger Gesangbuch
Zur Übung der Gottseligkeit in 615 christlichen und trostreichen Psalmen und Gesangen

ISBN/EAN: 9783743667860

Hergestellt in Europa, USA, Kanada, Australien, Japan

Cover: Foto ©Lupo / pixelio.de

Weitere Bücher finden Sie auf **www.hansebooks.com**

D. Martin Luther ward gebohren in Eisleben, im Jahr 1483, den 10 Nov. Nimmt den Augustiner=Orden zu Erfurt an 1507. Zieht nach Rom 1510. Wird Doctor der Heil. Schrift zu Wit=temberg 1512. Schreibt allda wider den Ablaß 1517. Legt den Mönchs=Orden ab 1521. Nimmt die edle Catharina von Bohren zur Ehe 1525. Läßt den großen und kleinen Catechismus aus=geben 1527. Und verteutscht die Bibel 1534. Stirbt selig zu Eisleben 1546 den 18 Februar und ward den 22 zu Wittem=berg in der Schloß=Kirche begraben. Ist alt worden 63 Jahr 11 Monat, und 10 Tage.

Vollständiges

Marburger Gesang-Buch,

Zur

Uebung der Gottseligkeit,

in 615 Christlichen und Trostreichen

Psalmen und Gesängen

Hrn. D. Martin Luthers

und anderer

Gottseliger Lehrer,

Ordentlich in XII Theile verfasset.
Auch zur Beförderung
des sowohl
öffentlichen Kirchen= als privat=Gottesdienstes,
mit erbaulichen
Morgen= Abend= Buß= Beicht= und Communion = Gebätern vermehret.

Neue und von Druckfehlern sorgfältig gereinigte Ausgabe.

Philadelphia:

Gedruckt bey Carl Cist, Num. 104, in der Zweyten=
straße, nah am Eck der Rehs=straße, 1799.

Gesänge,

Welche zum Anfang und Ende des Gottesdienstes pflegen gesungen zu werden.

Komm, heiliger Geist, Erfüll die hertzen deiner gläubigen, Und entzünd in ihnen das feuer Deiner göttlichen liebe, Der du durch mannigfaltigkeit Der zungen Die völker der gantzen welt versamlet hast, In einigkeit des glaubens, Halleluja, Halleluja.

II. 2.

Kyrie, GOtt Vater in ewigkeit, Groß ist dein barmhertzigkeit Aller ding ein schöpffer und regierer, Eleison.
Christe, aller welt trost, Uns sünder allein hast du erlößt, O JEsu, Gottes Sohn, Unser mittler bist im höchsten thron, zu dir schreyen wir aus hertzens-begier, Eleison.
Kyrie, GOtt heiliger Geist, Tröst, stärck uns im Glauben allermeist, Daß wir am letzten end Fröhlich abscheiden aus diesem elend, Eleison.

Um fruchtbarliche Anhörung göttlichen Worts.

III. 3.

Liebster JEsu, wir sind hier, Dich und dein wort anzuhören. Lencke sinnen und begier, zu den süssen himmels-lehren, daß die hertzen von der erden Gantz zu dir gezogen werden.
2. Unser wissen und verstand ist mit finsterniß umhüllet, Wo nicht deines geistes hand Uns mit hellem licht erfüllet: Gutes dencken, gutes dichten, Must du selbst in uns verrichten.
3. O du glantz der herrlichkeit, Licht von licht aus GOtt gebohren! Mach uns allesamt bereit, Oeffne hertzen, mund und ohren: Unser bitten, flehn und singen Laß, HErr JEsu, wohl gelingen.
4. Gib uns deines Geistes kraft, Dein wort mit andacht zu hören, Daß es in dem hertzen haft, Was dein diener guts wird lehren; Damit wir im glaub'n auf erden Zu dem himm'l erbauet werden.

IV. 4.

HErr Jesu Christ, dich zu uns wend, Dein heilgen Geist du zu uns send, Der uns mit seiner gnad regier, Und uns den weg zur wahrheit führ.
2. Thu auf den mund zum lobe dein, Bereit das hertz zur andacht fein, Den glauben mehr, stärk den verstand, Daß uns dein nam werd wohl bekannt.
3. Bis wir singen mit GOttes heer, heilig, heilig ist GOtt der HErr, Und schauen dich von angesicht In ew'ger freud und seligem licht.
4. Ehr sey dem Vater und dem Sohn, Samt heilgem Geist in einem thron: Der heiligen Dreyfaltigkeit Sey lob und preiß in ewigkeit.

V. 5.

O GOTT, du unser Vater bist, Durch JEsum Christ, Gieb deinen Geist uns allgemein, Der uns zur wahrheit leite, Erhör uns auch zu dieser stund, Oeffne den mund Deins dieners, daß er dein wort rein Und freymüthig ausbreite. Darzu, o HErr, gnädiglich Oeffne uns hertz und ohren, daß wir das hören fleißiglich, und treulich bewahren, Auf daß wir mögen fruchtbarlich Dein lob allzeit verklären.

Nach der Predigt.

Mel. Liebster JEsu, wir sind hier.

NUn, GOtt lob! es ist vollbracht, Singen, bäten, lehren, hören; GOtt hat alles wohl gemacht, Lasset uns sein lob vermehren. Unser GOtt sey hoch gepreiset, daß er uns so wohl gespeiset.
2. Wann der gottesdienst ist aus, Wird uns mitgetheilt der segen, So gehn wir in fried nach haus, Wandeln fein auf Gottes wegen. Gottes geist uns ferner leite, Und uns alle wohl bereite.
3. Unsern ausgang segne GOtt, Unsern eingang gleicher massen; Segne unser täglich brod, Segne unser thun und lassen: Segne uns mit selgem sterben, Und mach uns zu himmels-erben.
4. Amen, amen, das sey wahr, Glauben wir von hertzen-grunde, Trauen darauf gantz und gar, Singen fröhlich mit dem munde: Amen, amen, das sey ja, ja, Alleluja, Alleluja.

Auf die Empfängniß Christi.

Erster Theil.

In welchem füglich verfasset

Fest= und Danck-Lieder,
wegen der

Empfängniß, Geburt,
leyden, Sterben, Auferste=
hung und Himmelfahrt JEsu
Christi, wie auch Sendung des
heiligen Geistes, ꝛc.

Von der Empfängniß
Christi.
Oder:
Verkündigung Mariä.
VI. 6.

EIn engel schon, Aus GOttes
thron, Zu einer Jungfrau
reine:,: Maria zart, Ge=
sendet ward, Zu ihr kam
er alleine, Derselb engel hieß Gab=
riel, Das ist vervollmetscht GOttes
krafft, Er bracht ein frölige bott=
schafft, Wie GOtt gedacht Mensch=
lich geschlecht, Aus aller noth, Und
ewgen tod, Durch sein'n Sohn zu er=
losen, Sonst bleibt im zorn Die weit
verlohrn, Bey satana dem bösen.

2. Der engel fein Trat zu ihr
nein, Und redt aus GOttes munde:,:
GOtt grüß dich zart, Holdselig
art, Mit dir ist GOtt der HErre.
GOtt hat dich weit Gebenedeyt,
Uber all weib'r en' erden, Sie dacht,
was will das werden? Die jung rau
zart Betrübet ward. Der engel
spricht: Du solt dich nicht Vor mei=
ner red entsetzen, Ich komm von
GOtt, Ein frommer bott, Laß dich
mein wort ergötzen.

3. So hör von mir, Was soll ich dir
Von Gottes wegen sagen:,: In dei=
nem leib, O reines weib, Ein Kind=
lein wirst du tragen, Derselb dein
sohn, Jungfräulein schon, JEsus
genennt soll werden, Er wird groß
seyn auf erden. Ja Gottessohn, Jm
höchsten thron Genennt wird seyn,
Und haben ein Seins vaters Davids
stuhle, Demselben reich War nie
keins gleich, Er wird regiern ohn
ende.

4. Die reine magd Zum engel sagt:
Wer hat solchs je gesehen?:,: So
ich kein mann Erkennet han, Wie kan
dann diß geschehen? Er sprach: hör
mich, Daß über dich Der heilig
Geist wird kommen, Von GOtt
hab ichs vernommen, Durch welches
kra t Solch s wird verscha t, Kein
mensch versteht, Wie das zugeht,
Noch wirds geschehen auf erden, Dar=
um der sohn, Den da solt h. u,
GOtts sohn genennt soll werden.

5. Noch weiter merck, Ein göttlich
werck, Daran solt du dich halten:,:
Dir ist bekannt, Darzu verwandt
Elisabeth die alte, Durch GOttes
gnad Ein kindelein hat Von ihrem
mann empfangen, Sechs mond sind
schier vergangen, Die unfruchtbar
Gezählet war: Denn alle ding GOtt
möglich sind. Maria sprach zum en=
gel: Sieh, ich bin gern Die magd
des HErrn, Mir gscheh nach deinen
worten.

VII. 7.
Der Lobgesang Mariä.

MEine seel erhebt den HErren
mein, Mein geist thut sich er=
springen:,: Indem er soll mein
Heyland seyn, Maria so thut singen:
Mich schlechte mäis, Auch nichtig=
keit Allein hat angesehen, In wie
vollbracht Sein göttlich macht, All
gschlecht mir lob verjähen.

2. Sein nam der ist allein bereit,
Und thut allwelt ergötzen:,: Die sich
in sein barmhertzigkeit Mit furcht
allzeit thun setzen. Dann sein gewalt
Von einander spalt, So er sein arm
thut regen, Was hoffart treibt, Kein
gwalt auch bleibt, Vom stuhl thut
ers bewegen.

3. Was demuth, gdult und hunger
hat, Die will er gäntzlich speisen:,:
Hoch setzen sie und machen satt, Da=
mit sein g'walt beweisen. Die rei=
chen schön, läßt leer hingehn, Thut
sie in trauren setzen, Doch was arm
ist, Dem hie gebrist, Will er mit
freud ergötzen.

4. Der HErr nahm auch an seinen
knecht, Den Israel viel frommen:,:
Barmhertzigkeit die macht das
schlecht, Daß er ihn angenommen,
Wie ers dann vor, Den vätern zwar
Vor langm hat zugesaget, Auch Abra=
ham, Und was je kam, Vom saamen
sein in ewigkeit.

* Ehr sey dem Vater und dem
Sohn, Und auch dem heilgen Geiste:,:
Als es im anfang war und nun, Der
uns sein gnade leiste, Daß wir wan=
deln Und stets handeln, Zur ehr gött=
lichen namen, Wer das begehrt, Dem
wirds gewährt, Nun sprecht von
hertzen, Amen.

VIII.

VIII. 8.

Mein seel, o HERR! muß loben dich, Du bist mein heyl, deß freu ich mich:,: Daß du nicht fragst nach weltlichem pracht, Und hast mich arme nicht veracht, Und angesehn mein niedrigkeit, Von nun an wird drum weit und breit Mich will selig preisen jederman, Du hast groß ding an mir gethan.

2. Du bist auch mächtig, lieber HErr, Dein große macht stirbt nimmermehr:,: Dein nam ist aller ehren werth, Drum man dich billig rühmt und ehrt. Du bist barmherzig insgemein, Der dich von herzen fürcht allein, Du hilfst dem armen immerdar, Wann er muß leiden noth und gfahr.

3. Des menschen hoffarth muß vergehn, Vor deinem arm kan nichts bestehn:,: Wer sich verläßt auf seinen pracht, Dem hast du bald ein end gemacht. Du machst zu nicht des menschen rath, Das sind, o HErr, dein wunderthat, Was sie gedencken wider dich, Das gehet allzeit hinter sich.

4. Was niedrig ist, und klein geacht, An dem höst du dein göttlich macht:,: Und machest ihn den fürsten gleich, Den reichen arm, den armen reich, So thust du auch zu federzeit, Und gedenckst der barmherzigkeit, Israel wilt du hülffe thun Durch deinen eingebohrnen sohn.

5. Wir habens nicht verdient um dich, Daß du uns bist gnädiglich:,: Zu unsern vätern ist geschehn Ein wort, das hast du angesehn. Ja, Abraham, dem theuren mann, Dem hast du selbst ein eyd gethan, Und ihm geredt das himmelreich, Und seinem saamen ewiglich.

Advents-Gesänge.

IX. 9.

Nun kommt der heyden heyland, Der jungfrauen kind erkannt, Des sich wundert alle welt, GOtt solch geburt ihm bestellt.

2. Nicht von manns-blut noch vom fleisch, Allein von dem heiligen Geist Ist GOttes wort worden ein mensch, Und blüht ein frucht weibes-fleisch.

3. Der jungfrau leib schwanger ward, Doch bleibt keuschheit rein bewahrt, Leucht herfür manch tugend schön, GOtt da war in seinem thron.

4. Er gieng aus dem kammer sein, Dem königlichen saal so rein, GOtt von art, und mensch ein held, Sein weg er zu lauffen eilt.

5. Sein lauf kam vom vater her Und kehrt wieder zum vater, Fahr hinunter zu der höll, Und wieder zu GOttes stuhl.

6. Der du bist dem Vatter gleich, Führ hinaus den sieg im fleisch, Daß dein ewig Gotts gewalt In uns das kranck fleisch erhalt.

7. Dein krippe glänzt hell und klar, Die nacht giebt ein neu licht dar, Dunckel muß nicht kommen drein, Der glaub bleibet immer im schein.

8. Lob sey GOtt dem Vatter g'thon, Lob sey GOtt sein eingen Sohn, Lob sey GOtt dem heygen Geist, Immer und in ewigkeit.

X. 10.

Kommst du, kommst du, licht der heyden? Ja, du kommst und säumest nicht, Weil du weist was uns gebricht. O du starcker trost im leiden, JEsu, meines herzens-thür Steht dir offen, komm zu mir.

2. Ja, du bist bereits zugegen, Du welt-heyland, jungfrau-sohn, Meine sinnen spüren schon Deinen gnadenvollen segen, Deine wunder-seelenkrafft, Deine frucht und herzens-safft.

3. Aide mich durch deine liebe, JEsu, nimm mein stehen hin, Schaffe, daß mein geist und sinn Sich in deinem lieben übe, Sonst zu lieben dich, mein licht, Steht in meinen kräfften nicht.

4. JEsu, rege mein gemüthe, JEsu, öffne mir den mund, Daß dich meines herzens grund Jnnig preise für die güte, Die du mir, o seelengast, Lebens-zeit erwiesen hast.

5. Laß durch deines Geistes gaben, Liebe, glauben und gedult, Durch bereuung meiner schuld, Mich zu dir seyn hoch erhaben, Dann so wird ich für und für Hosianna singen dir.

XI. 11.

Mel. Herzlich thut mich verlangen.

Wie soll ich dich empfangen? Und wie begegn ich dir:,: O aller welt verlangen, O meiner seelen zier: O JEsu, JEsu, seye Mir selbst die fackel bey, Damit, was dich ergötze, Mir kund und wissend sey.

2. Dein Zion streut dir palmen Und grüne zweige hin:,: Und ich will dir in psalmen Ermuntern meinen sinn, Mein herze soll dir grünen In stetem lob und preiß, Und deinem namen dienen, So gut es kann und weiß.

3. Was hast du unterlassen, Zu meinem trost und freud:,: Als leib und seele sassen In ihrem grösten leid, Als mir das reich genommen, Da fried und freude lacht, Da bist du, mein heyl, kommen, Und hast mich froh gemacht.

4. Ich

4. Ich lag in schweren banden, Du kommst und machst mich los:,: Ich stund in spott und schanden, Du kommst und machst mich groß, Und heißt mich hoch zu ehren, Und schenkst mir großes guth, Das sich nicht läßt verzehren, Wie irgend reich-thum thut.

5. Nichts, nichts hat dich getrieben Zu mir vom himmels-zelt:,: Als das geliebte lieben, Damit du alle welt, Ju ihren tausend plagen, Und grossen jammer-last, die kein mund kan aus-sagen, So vest umfangen hast.

6. Das schreib dir in dein hertze, Du hoch betrübtes heer:,: Bey denen gram und schmertze Sich häufft je mehr und mehr, Seyd unverzagt, ihr habet Die hülffe vor der thür, Der eure hertzen labet Und tröstet, steht allhier.

7. Ihr dörfft euch nicht bemühen, Noch sorgen tag und nacht:,: Wie ihr ihn wollet ziehen Mit eures armes macht. Er kommt, er kommt mit willen, Ist voller lieb und lust, All angst und noth zu stillen, Die ihm an euch bewust.

8. Auch dörfft ihr nicht erschrecken Für euer sünden-schuld:,: Nein, JEsus will sie decken Mit seiner lieb und huld. Er kommt, er kommt den sündern Zu trost und wahrem heyl, Schafft, daß bey Gottes kindern Verbleib ihr erb und theil.

9. Was fragt ihr nach dem schreyen Der feind und ihrer tück:,: Der HERR wird sie zerstreuen In einem augenblick. Er kommt, er kommt ein könig, Dem warlich alle feind Anfechten Viel zu wenig Zum widerstande seynd.

10. Er kommt zum welt-gerichte, Zum fluch dem, der ihn flucht:,: Mit gnad und süssem lichte Dem, der ihn liebt und sucht. Ach komm, ach komm, o sonne, Und hol uns allzumal Zum ewgen licht und wonne, In deinen freuden-saal.

XII. 12.

Mel. Werde munter mein gemüthe.

WArum willt du draussen stehen? Du gesegneter des HErrn?:,: Laß dir bey mir einzugehen Wohl ge-fallen, du mein stern. Du mein JE-su, meine freud, Helfer in der rech-ten zeit, Hilf, o Heyland, meinem hertzen, Von den wunden die mich schmertzen.

2. Meine wunden sind der jammer Welchen oftmahls tag und nacht:,: Des gesetzes starker hammer Mir mit seinem schrecken macht. O der schwe-ren donner-stimm, Die mir Gottes zorn und grimm Also tieff ins hertze schläget, Daß sich all mein blut be-weget.

3. Darzu kommt des teuffels lügen, Die mir alle gnad absagt:,: Als müst ich nun ewig liegen In der höllen, die ihn plagt: Ja auch, was noch ärger ist, So zuuartert und zerfrißt Mich mein eigenes gewissen, Mit vergifften schlangen-bissen.

4. Will ich dann mein elend lindern, Und erleichtern meine noth:,: Bey der welt und ihren kindern, Fall ich vollend in den koth: Da ist trost der mich betrübt, Freude, die mein unglück liebt, Helffer, die mir hertzleyd ma-chen, Gute freunde, die mein lachen.

5. In der welt ist alles nichtig, Nichts ist, des nicht krafftlos wär:,: Hab ich hoheit? die ist flüchtig: Hab ich reichthum? was ists mehr Als ein stücklein armer erd? Hab ich lust? was ist sie werth? Was ist das mich heut erfreuet, Das mich morgen nicht gereuet?

6. Aller trost und alle freude, Ruht in dir, HErr JEsu Christ:,: Dein er-freuen ist die weyde, Da man sich recht frölich ist. Leuchte mir, o freuden-sicht, Ehe mir mein hertze bricht, Laß mich, HErr, an dir erquicken, JEsu, komm, laß dich erblicken.

7. Freu dich, hertz, du bist erhöret, Je-so zeucht er bey dir ein:,: Sein gang ist zu dir gekehret, Heiß ihn nur will-kommen seyn, Und bereite dich ihm zu, Gib dich gantz zu seiner ruh, Oeffne dein gemüth und seele, Klag ihm, was dich drückt und quäle.

8. Was du böses hast begangen, Das ist alles abgeschafft:,: Gottes liebe nimmt gefangen Deiner sünden macht und krafft, Christi sieg behält das feld, Und was böses in der welt Sich will wider dich erregen, Wird zu lauter glück und segen.

9. Alles dient zu deinem frommen, was dir bös und schädlich scheint:,: Weil dich Christus angenommen, Und es treulich mit dir meynt: Bleibst du deme nur getreu, Ists gewiß und bleibt darbey, Daß du mit den engeln troben Ihn dort ewig werdest loben.

XIII. 13.

Im Thon, Was willt du dich betrüben.

NUn jauchzet, all ihr frommen, In dieser gnadens-zeit:,: Weil unser heyl ist kommen, Der HERR der herrlichkeit, Zwar ohne stolzen pracht, Doch mächtig zu verheeren, Und gäntz-lich zu zerstören Des teuffels reich und macht.

2. Er kommt zu uns geritten Auf ei-nem

Advents-Gesänge.

nem eselein ꝛc. Und stellt sich in die mitten Hie uns zum opffer ein, Er bringt kein zeitlich guth, Er will allein erwerben, Durch seinen tod und sterben, Was ewig währen thut.

3. Kein scepter, keine crone Sucht er auf dieser welt: Im hohen himmels-throne Ist ihm sein reich bestellt, Er will hie seine macht Und majestät verhüllen, Bis er des vatters willen, Im leiden hat vollbracht.

4. Ihr grossen potentaten, Nehmt diesen könig an: Wann ihr euch wollet rathen, Und gehn die rechte bahn, Die zu dem himmel führt, Sonst, wo ihr ihn verachtet, Und nur nach hoheit trachtet, Euch GOttes zorn rührt.

5. Ihr armen und elenden, In dieser bösen zeit: Die ihr an allen enden Müßt haben angst und leyd, Seyd dannoch wohlgemuth, Laßt eure lieder klingen, Und thut dem könig singen, Der ist eur höchstes gut.

6. Er wird nun bald erscheinen In seiner herrlichkeit: Und all eur klag und weinen Verwandelen in freud, Er ists, der helffen kann, Halt eure lampen fertig, Und seyd stets sein gewärtig, Er ist schon auf der bahn.

XIV. 14.

Such, wer da will, Ein ander ziel, Die seligkeit zu finden, Mein hertz allein Bedacht soll seyn Auf Christum sich zu gründen. Sein wort ist wahr, Sein werck sind klar, Sein heilger mund, Hat kraft und grund, All feind zu überwinden.

2. Such wer da will, Nothhelffer viel, Die uns doch nichts erwerben, Hie ist der mann, Der helffen kann, Bey dem nie was verdorben. Uns wird das heyl Durch ihn zu theil, Uns macht gerecht Der treue knecht, Der für uns ist gestorben.

3. Ach sucht doch den, Laßt alles stehn, Die ihr das heyl begehret: Er ist der HErr, Und keiner mehr, Der euch das heyl gewähret. Sucht ihn all stund Von hertzens grund, Sucht ihn allein, Dann wohl wird seyn Dem, der ihn hertzlich ehret.

4. Mein hertzens cron, Mein freudensonn, Sollt du, HErr JEsu, bleiben, Laß mich doch nicht Von deinem licht Durch eitelkeit vertreiben: Bleib du mein preiß, Dein wort mich speiß, Bleib du mein ehr, Dein wort mich lehr, An dich stets vest zu glauben.

5. Wens von mir nicht Dein angesicht, Laß mich im creuz nicht zagen, Weich nicht von mir, Mein höchste zier, Hilf mir mein leiden tragen, Hilf mir zur freud, Nach diesem leyd,

Hilf, daß ich mag, Nach dieser klag, Dir ewig lob dort sagen.

XV. 15.
Mel. Aus meines hertzens grunde.

IST ernst, o menschenkinder, Das hertz in euch bestellt, Bald wird das heyl der sünder, Der wunderstarcke held, Der GOtt, aus gnad allein, Der welt zum licht und leben Versprechen hat zu geben, Bey allen kehren ein.

2. Bereitet doch fein tüchtig Den weg dem grossen gast, Macht seine steige richtig, Laßt alles, was er haßt: Macht alle bahnen recht, Die thal laßt seyn erhöhet, Was niedrig, was hoch stehet, Was krumm ist, gleich und schlecht.

3. Ein hertz das demuth liebet, Bey GOtt am höchsten stelt, Ein hertz, das hochmuth übet, Mit angst zu grunde geht. Ein hertz, das richtig ist, Und folget GOttes leiten, Das kan sich recht bereiten, Zu dem kommt JEsus Christ.

4. Das war Johannis stimme, Das war Johannis lehr, GOTT straffet den mit grimme, Der ihm nicht gibt gehör. O HErr GOtt mach auch mich zu deines kindes krippen, So sollen meine lippen, Mit ruhm erheben dich.

Von der freudenreichen Geburt JEsu Christi.

XVI. 16.

CHristum wir sollen loben schon, Der reinen magd Marien sohn, So weit die liebe sonne leucht, Und an aller welt ende reicht.

2. Der selig schöpffer aller ding Zog an eins knechtes leib gering, Daß er das fleisch durchs fleisch erwürb, Und sein geschöpf nicht all's verdürb.

3. Die göttlich gnad vom himmel groß Sich in die keusche Mutter goß, Ein mägdlein trug ein heimlich pfand, Das der natur war unbekannt.

4. Das züchtig haus des hertzens zart Gar bald ein tempel GOttes ward; Die kein mann rühret noch erkannt, Von Gotts wort man sie schwanger fand.

5. Die edle mutter hat gebohrn, Den Gabriel verhieß zuvorn, Den sanct Johanns mit springen zeigt, Da er noch lag im mutter-leib.

6. Er lag im heu mit armuth groß, Die krippe hart ihn nicht verdroß, Es war ein kleine milch sein speiß, Der nie kein vöglein hungern ließ.

7. Des himmels chor sich freuen drof, Und

Und die engel singen GOtt lob, Den armen hirten wird vermeldt Der hirt und schöpffer aller welt.
8. Lob, ehr und danck sey dir gesagt, Christ gebohrn von der reinen magd, Mit vater und dem heiligen Geist, Von nun an biß in ewigkeit.

XVII. 17.

GElobet seyst du, JEsu Christ, Daß du mensch gebohren bist Von einer jungfrau, das ist wahr, Deß freuet sich der engel schaar, Alleluja.
2. Des ewgen vaters einig kind Jetzt man in der krippen findt, In unser armes fleisch und blut Verkleidet sich das ewig gut, Allelujah.
3. Den aller welt kreis nie beschloß, Der liegt in Marien schoos, Er ist ein kindlein worden klein, Der alle ding erhält allein, Allelujah.
4. Das ewig licht geht da herein, Gibt der welt ein'n neuen schein, Es leucht wohl mitten in der nacht Und uns des lichtes kinder macht, Alel.
5. Der sohn des vaters, GOtt von art, Ein gast in der welt er ward Und führt uns aus dem jammerthal, und macht uns erb'n in seinem saal, Allelujah.
6. Er ist auf erden kommen arm, Daß er unser sich erbarm, und in dem himmel mache reich, Und seinen lieben engeln gleich, Allelujah.
7. Das hat er alles uns gethan, Sein groß lieb zu zeigen an, Deß freu sich alle Christenheit, Und danck ihm deß in ewigkeit, Alleluja.

XVIII. 18.

VOm himmel hoch da komm ich her, Ich bring euch gute neue mähr, Der guten mähr bring ich so viel, Davon ich sing'n und sagen will.
2. Euch ist ein kindlein heut gebohrn, Von einer jungfrau auserkohrn, Ein kindelein so zart und fein, Das soll eu'r freud und wonne seyn.
3. Er ist der HErr Christ, unser GOtt Der will euch führn aus aller noth, Er will eu'r heyland selber seyn, Von allen sünden machen rein.
4. Er bringt euch alle seeligkeit, Die GOtt der Vater hat bereit, Daß ihr mit uns im himmelreich Solt leben nun und ewiglich
5. So merket nun das zeichen recht, Die krippen, windelein so schlecht, Da findet ihr das kind gelegt, Das alle welt erhält und trägt.
6. Deß laßt uns alle fröhlich seyn, Und mit den hirten gehn hinein, Zu sehn, was uns GOtt hat beschehrt, Mit seinem lieben Sohn verehrt.
7. Merck auf, mein hertz, und sieh dort hin, Was liegt dort in dem krip-pelein, Weß ist das schöne kindelein? Es ist das liebe JEsulein.
8. Biß willkommen, du edler gast, Den sünder nicht verschmähet hast, Und kommst ins elend her zu mir, Wie soll ich immer dancken dir.
9. Ach HErr, du schöpfer aller ding, Wie bist du worden so gering, Daß du da liegst auf dürrem graß, Davon ein rind und esel aß?
10. Und wär die welt vielmal so weit, Von edelgstein und gold bereit, So wär sie dir doch viel zu klein, Zu seyn ein enges wiegelein.
11. Der sammet und die seiden dein Das ist grob heu und windelein Darauf du, König, so groß und reich Her-prangst als wärs dein himmelreich.
12. Das hat also gefallen dir, Die wahrheit anzuzeigen mir, Wie aller welt macht, ehr und gut Für dir nichts gilt, nichts hilft noch thut.
13. Ach mein hertzliebstes JEsulein, Mach dir ein rein sanft bettelein, Zu ruhn in meines hertzens schrein, Daß ich nimmer vergesse dein.
14. Davon ich allzeit fröhlich sey, Zu springen, singen immer frey, Das rechte susamine schon, Mit hertzens lust den süssen thon.
15. Lob, ehr sey GOtt im höchsten thron, Der uns schenckt seinen eingen sohn, Deß freuen sich der engel schaar, Und singen uns solchs neues Jahr.

XIX. 19.

VOm himmel kam der engel schaar Erschien den hirten offenbar, Sie sagten ihr'n: Ein kindlein zart, Das liegt dort in der krippen hart.
2. Zu Bethlehem in Davids stadt, Wie Micha das verkündigt hat: Es ist der HErre JEsus Christ, Der euer aller Heyland ist.
3. Deß solt ihr billig frölig seyn, Daß GOtt mit euch ist worden ein, Er ist gebohrn eu'r fleisch und bluth Eu'r bruder ist das ew'g gut.
4. Was kan euch thun die sünd und tod, Ihr habt mit euch den wahren GOtt, Laßt zörnen teufel und die höll, Gottes sohn ist worden eu'r gesell.
5. Er will und kan euch lassen nicht Sezt nur auf ihn eu'r zuversicht, Es mögen euch viel fechten an, Dem sey trotz, ders nicht lassen kan.
6. Zuletzt müst ihr doch haben recht Ihr seyd nun worden GOtts geschlecht, Deß dauncket GOtt in ewigkeit, Gedultig, frölich allezeit.

XX. 20.

DEr tag der ist so freudenreich Aller creatur ꝛc. Dann Gotts sohn vom

Weyhnachts-Gesänge.

vom himmelreich Ueber die nature, Von einer jungfrau ist gebohrn, Maria, du bist auserkohrn, Daß du mutter wärest. Was geschah so wunderlich? GOttes Sohn vom himmelreich Der ist mensch gebohren.

Ein kindelein so löbelich Ist uns gebohren heute:,: Von einer jungfrau säuberlich, Zu trost uns armen leuten. Wär uns das kindlein nicht gebohrn So wärn wir allzumahl verlohrn, Das heyl ist unser aller. Ey du süsser JEsu Christ, Der du mensch gebohren bist Behüt uns für der hölle.

2. Als die sonn durchscheint das glaß Mit ihrem klaren scheine:,: Und doch nicht verseret das, So merket allgemeine. Zu gleicher weis gebohren ward Von einer jungfrau rein und zart Gottes sohn der werthe, In ein kripp ward er gelegt, Grosse marter für uns trägt, Allhier auf dieser erden.

3. Die hirten auf dem felde warn, Erfuhren neue mähre:,: Von den engelischen schaarn Wie Christus gbohren wäre, Ein könig über alle könig groß Herodes die red gar sehr verdroß, Aussandt er seine botten. Ey wie gar ein falsche list Erdacht er wider Jesum Christ, Die kindlein ließ er tödten.

XXI. 21.

IN dulci jubilo, Nun singet und seyd froh, Unsers herzens wonne Liegt in præsepio Und leuchtet als die sonne, Matris in gremio, Alpha es et O, Alpha es et O.

2. O JEsu parvule Nach dir ist mir so weh, Tröst mir mein gemüthe, O puer optime, Durch alle deine güte, O princeps gloriâ, Trahe me post te, Trahe me post te.

3. O Patris charitas! O nati lenitas! Wir wären all verloren Per nostra crimina. So hast du uns erworben Cœlorum gaudia Eja wärn wir da! Eja wärn wir da!

4. Ubi sunt gaudia? Nirgends mehr denn da, Da die engel singen Nova cantica Und die schellen klingen In regis curia, Eja wärn wir da! Eja wärn wir da!

XXII. 22.

PUer natus in Bethlehem, Bethlehem, Unde gaudet Jerusalem, Hall.

Ein kind gebohrn zu Bethlehem, Bethlehem Deß freuet sich Jerusalem, Allelujah.

2. Hic jacet in præsepio, præsepio, Qui regnat sine termino, Halleluja.

Hie liegt es in dem krippelein, krippelein, Ohn ende ist die herrschaft sein, Alleluja.

3. Cognovit bos et asinus, asinus, Quod puer erat Dominus, Hallel.

Das öchßlein und das eselein, eselein, Erkannten GOTT den HErren sein, Allelujah.

4. Reges de Saba veniunt, veniunt, Aurum, thus, myrrham, offerunt, Halleluja.

Die könig von Saba kamen dar, kamen dar, Gold, weyrauch, myrrhen brachtn sie dar, Allelujah.

5. De matre natus virgine, virgine, Sine virili semine, Hallelujah.

Sein mutter ist die reine magd, reine magd Die ohn ein mann gebohren hat, Allelujah.

6. Sine serpentis vulnere, vulnere, De nostro venit sanguine, Halleluja.

Die schlang ihn nicht vergifften kunt, vergifften kunt, Ist worden unser blut ohn sünd, Alleluja.

7. In carne nobis similis, similis, Peccato sed dissimilis, Halleluja.

Er ist uns gar gleich nach dem fleisch, nach dem fleisch, Der sünden nach ist er uns nicht gleich, Alleluja.

8. Ut redderet nos homines, homines, Deo et sibi similes, Halleluja.

Damit er ihn uns machet gleich, machet gleich, Und wieder bracht zu GOttes reich, Alleluja.

9. In hoc natali gaudio, gaudio, Benedicamus Domino Halleluja.

Für solche gnadenreiche zeit, reiche zeit Sey GOtt gelobt in ewigkeit. Alleluja.

10. Laudetur sancta Trinitas, Trinitas, Deo dicamus gratias, Halleluja.

Lob sey der heiligen Dreyeinigkeit, Dreyeinigkeit, Von nun an biß in ewigkeit, Alleluja.

XXIII. 23.

SIngt dem HErrn ein neues lied, Freut euch in der Christenheit, Ihr gerechten allezeit, Gebohren ist Der heiland Christ Zu Bethlehem. Eja Eja, Uns ein kind gebohren ist, Uns ein Sohn gegeben ist Zur seeligkeit: Singt dem HErren hosianna, Himmlisch manna, komm herab, Hochgelobet sey der könig von Israel.

2. Adam in dem paradieß Hat mit einem apffel-biß Sünd und tod auf uns gebracht, Durchs teuffels macht, Solchs unsern GOtt erbarmet hat. Eja, Eja, Einer ist zur welt gebracht Der den tod und teuffels macht Zerstöret hat. Das bist du, Marien sohn, Meins herzens cron. Mein GOtt und HErr, Dir sag ich von herzens grund lob, preiß und ehr.

3. Wunder über wunder groß, GOtt liegt in Marien schooß, Der ist selbst ein kindlein klein In windelein, Und in

Weyhnachts-Gesänge.

dem harten krippelein. Eja, Eja, GOtt ist unser fleisch und bein, Wir sind seine brüderlein Und schwesterlein. Ach du liebes JEsulein, Mein brüderlein, Erbarm dich mein, Du wirst ja verläugnen nicht dein fleisch und bein.

4. Ganzer drey und dreyßig jahr Arm und elend JEsus war, Daß er in dein himmelreich Uns machet reich, Und seinen lieben engeln gleich. Eja, Eja, Mit den heilgen engelein Werden wir GOtt ewig seyn In seinem reich. Frisch und frölich, jubiliret, Triumphiret allzugleich, Wir sind GOttes erben in dem himmelreich.

XXIV. 24.

1. Es ist ein kindlein heut gebohrn, Von einer jungfrau auserkohrn, Des freuen sich die engelein, Solt'n wir menschen nicht frölich seyn? Lob und danck sey GOtt bereit, Für solche gnad in ewigkeit.

2. Des weibes saamen habn wir nun, Des ewgen Vatters wahrer sohn, Der schöpfer aller creatur Nimmt an sich unsre sterblich natur. Lob und danck sey GOtt bereit, Für solche gnad in ewigkeit.

3. Damit er uns erlöst vom tod, Und wieder bracht zu gnad bey GOtt, Und heilt den gifftgen schlangen-biß. Denn wir bekam'n im paradieß. Lob und danck sey GOtt bereit, Für solche gnad in ewigkeit.

4. Drum preiset dieses kindelein Mit allen heilgen engelein, Das freundlich aus sein windelein Uns lachet an im krippelein. Lob und danck sey Gott bereit, Für solche gnad in ewigkeit.

XXV. 25.

1. Ach, was hat dich doch bewogen Von des hohen himmels saal? Was hat dich herab gezogen In diß tiefe jammerthal? JEsu, meine freud und wonn, Meines herzens werthe kron.

2. Deine grosse wunder-liebe, Welche unaussprechlich ist, Gegen uns menschen dich triebe, Daß du zu uns kommen bist; JEsu, meine freud und wonn, Meines herzens werthe kron.

3. Zum heyland von GOtt erkohren, Aus lieb ein wahr menschen-kind, Ohne sünde bist gebohren, Hast bezahlt für unsre sünd: JEsu, meine freud und wonn, Meines herzens werthe kron.

4. Aus lieb hast du dich gegeben Für uns in den bittern tod, Dadurch wieder bracht das leben, Und versöhnet uns mit GOtt: JEsu, meine freud und wonn, Meines herzens werthe kron.

5. Hilf, daß wir solchs recht bedenken Mit herzlicher innigkeit, Dir dafür danck-opfer schencken Unsre ganze lebens-zeit: JEsu, meine freud und wonn, Meines herzens werthe kron.

6. Bis wir dich dereins dort oben In des hohen himmels thron, Ohn aufhören werden loben; Singend mit den engeln schon: JEsu, meine freud und wonn, Meines herzens werthe kron.

XXVI. 26.

1. Ott GOtt, ihr Christen allzugleich, In seinem höchsten thron, Der heut schleußt auf sein himmelreich, Und schenckt uns seinen sohn, Und schenckt uns seinen sohn.

2. Er kommt aus seines vaters schoos, Und wird ein kindlein klein, Er liegt dort elend, nackt und bloß In einem krippelein, In einem krippelein.

3. Er äussert sich all seiner gwalt, Wird niedrig und gering Und nimmt an sich eins knechts gestalt, Der schöpfer aller ding, Der schöpfer aller ding.

4. Er liegt an seiner mutter brust, Ihr milch die ist sein speiß, An dem die engel selbn ihr lust; Dann er ist Davids reiß, Dann er ist Davids reiß.

5. Das aus seinem stamm entsprießen solt In dieser letzten zeit, Durch welchen GOTT aufrichten wolt Sein reich, die Christenheit, Sein reich, die Christenheit.

6. Er wechselt mit uns wunderlich, Fleisch und blut nimmt er an, Und gibt uns in seins vatters reich Die klare Gottheit dran, Die klare Gottheit dran.

7. Er wird ein knecht, und ich ein herr, Das mag ein wechsel seyn! Wie könnt es doch seyn freundlicher Das herze JEsulein, Das herze JEsulein.

8. Heut schleußt er wieder auf die thür Zum schönen paradeiß, Der Cherub steht nicht mehr dafür, GOtt sey lob, ehr und preiß! GOtt sey lob, ehr und preiß!

XXVII. 27.

1. Wir Christen leut Habn jetzund freud, Weil uns zu trost ist Gottes sohn mensch worden, Hat uns erlöst; Wer sich deß tröst, Und glaubet vest, soll nicht werden verlohren.

2. Ein wunder-freud, GOtt selbst wird heut Ein wahrer mensch von Maria gebohren; Ein jungfrau zart Sein mutter ward, Von GOtt dem Herrn selbst darzu erkohren.

3. Die sünd macht leyd, Christus bringt freud, Weil er zu uns in diese
welt

5. Alleluja, Gelobt sey GOtt, Singen wir all aus unsers hertzens grunde, Dann GOtt hat heut Gemacht solch freud, Der wir vergessen solln zu keiner stunde.

XXVIII. 28.

NUn ist es zeit zu singen hell, Gebohren ist Emanuel Von Maria, der reinen magd, Wie Esaias hat gesagt.
2. Es freu sich aller menschen seel, Gebohren ist Emanuel, Wir sind nicht mehr wie vor, allein, Der HErr ist bey uns ins gemein.
3. Der freude sey ohn maaß noch ziel, Gebohren ist Emanuel, GOtt ist mit uns in gleichem fleisch, Doch ohne sünden, worden mensch.
4. Trotz sey dem teufel und der höll, Gebohren ist Emanuel, Trotz sey der sünd und dem tod, Es ist mit uns der starcke GOtt.
5. Die welt vergeh nun wann sie woll Gebohren ist Emanuel, Bey GOtt sollen wir ewig seyn, Eja, ihm sey der preiß allein.

XXIX. 29.

DAncksagen wir alle GOtt unserm HErrn Christo, Der uns mit seinem wort hat erleuchtet, Und uns erlößt hat mit seinem blute von des teufels gewalt, Den solln wir alle Mit seinen engeln loben mit schalle, Singen: Preiß sey GOtt in der höhe.

XXX. 30.

ALs Christus gebohren war, Freuten sich der engel schaar, Und sungen mit hauffen schon: Ehr sey Gott im höchsten thron. Gottes sohn ist mensch gebohrn, Hat versöhnt seins vaters zorn: Freu sich, dem sein sünd ist leyd.
2. Die hirten erschracken gantz, Von der engel hellem glantz, Hörten frölich neue mähr, Daß Christus gebohren wär. Gottes sohn ist mensch gebohrn, Hat versöhnt seins vaters zorn: Freu sich, dem sein sünd ist leyd.
3. Sie suchten das kindelein, Gewickelt in windelein, Wie der engel hat vermeldt, Welches trägt die gantze welt. Gottes sohn ist mensch gebohrn, Hat versöhnt seins vatters zorn; Freu sich, dem sein sünd ist leyd.
4. Sie funden das kindlein zart Liegen in der krippen hart, Bey dem vieh, bohrn, Hat versöhnt seins vatters zorn: Freu sich, dem sein sünd ist leyd.
6. Solch grosse barmhertzigkeit Laßt uns preisen allezeit, In GOttesfurcht und glauben rein. Mit gedult gehorsam seyn. GOttes sohn ist mensch gebohren, Hat versöhnt seins vatters zorn: Freu sich, dem sein sünd ist leyd.

XXXI. 31.

Mel. Wie schön leuchtet der morg.

O Fürsten-kind aus Davids stamm, O meiner seelen bräutigam, Mein trost, mein heyl, mein leben:,: Wie soll ich ewig danken dir, Daß du ins elend kommst zu mir? Was soll ich dir dann geben? Es geht, Und steht, Ausser leiden, Nun in freuden, Was man siehet, Weil der friedens-fürst einziehet.
2. Ich selbsten bin der freuden voll, Ich weiß nicht was ich schencken soll Dem auserwählten kinde:,: Ach, hertzens-kind, nimm immer hin, Nimm hin mein hertze, muth und sinn, Und mich mit lieb entzünte. Schließ dich In mich, In mein hertze, Daß ich schertze, Und dich küsse, Dich auch ewig lieben müsse.
3. Bleib, höchster schatz, o mein saphir, O mein orion, bleib bey mir, Du hoffnung der verzagten:,: Du himmels-thau, befeuchte mich, Du schönstes manna, zeige dich, Den armen und verzagten. Laß nicht Dein licht Hier auf erden Dunkel werden, Laß der deinen Hie dein wort noch ferner scheinen.

XXXII. 32.

ERmuntre dich, mein schwacher geist, Und trage groß verlangen:,: Ein kleines kind, das vater heißt, Mit freuden zu empfangen, Diß ist die nacht darin es kam, Und menschlich wesen an sich nahm, Dadurch die welt mit treuen, Als seine braut zu freyen.
2. Willkommn, o süsser bräutigam, Du könig aller ehren:,: Willkomm, o JEsu, Gottes lamm, Ich will dein lob vermehren: Ich will dir all mein lebenlang Von hertzen sagen preiß und danck, Daß du, da wir verlohren, Für uns bist mensch gebohren.
3. O grosser GOtt, wie kont es seyn

Dein

den ::: Noch hast du sie dir selbst ver-
traut Am creutz, in todes-banden!
Ist sie doch nichts als überdrieß,
Fluch, unflath, tod und finsternis,
Noch darst du ihrentwegen Dein
scepter von dir legen.

5. Du Fürst und herrscher dieser welt
Du friedens-wiederbringer ::: Du
kluger rath und tapfrer held, Du
starker höllen-zwinger, Wie ist es
möglich, daß du dich Erniedriget so
jämmerlich, Als wäreest du im orden
Der bettler, mensch geworden?

6. O grosses werk, o wunder-nacht,
Dergleichen nie gefunden ::: Du hast
den heiland hergebracht, Der alles
überwunden: Du hast gebracht den
starken mann, Der feur und wolken
zwingen kan, Für dem die himmel
zittern Und alle berge schüttern.

7. O liebes kind, o süsser knab, Holdselig von geberden ::: Mein bruder,
den ich lieber hab Als alle schätz au
erden: Komm, schönster, in mein
hertz hinein, Komm eilends, laß die
krippe seyn, Komm, komm, ich will
bey zeiten, Dein lager dir bereiten.

8. Sag an, mein hertzens-bräutigam,
Mein hofnung, freud und leben :::
Mein edler zweig au Jacobs-stamm,
Was soll ich dir doch geben? Ach nimm
von mir leib, seel und geist, Ja alles,
was mensch ist und heißt, Ich will
mich gantz verschreiben Die ewig treu
zu bleiben.

9. Lob, preiß und dank, HErr JEsu
Christ, Sey dir von mir gesungen :::
Daß du mein bruder worden bist, Und
hast die welt bezwungen. Hilf, daß ich
deine gütigkeit Stets preiß in dieser
gnadenzeit, Und mög hernach dort
oben In ewigkeit dich loben.

XXXIII. 33.

JHr Christen auserkohren, Freut
euch von hertzen sehr :: Der heyland ist gebohren! Recht gute neue
mähr; Deß freuen sich dort oben
Der heiligen engel schaar, Und GOtt
den Vater loben Jetzt und fort immerdar.

2. So singen wir mit schalle: Ihr
Christen insgemein ::: Freut euch
von hertzen alle Ob diesem kindelein,
Euch, euch ist er gegeben, Und hat
das heil bereit, Daß ihr bey GOtt
sollt leben In steter seligkeit.

was jabrohen Was euch zuwider
war: Tod, teufel, sünd und hölle
Sind gantz und gar geschwächt, Bey
GOtt hat keine stelle Das menschliche geschlecht.

XXXIV. 34.

FRölich soll mein hertz springen
Dieser zeit, Da für freud Alle engel
singen: Hört, hört, wie mit vollen
chören Aus lust Laute ruft: Christus
ist gebohren.

2. Heute geht aus seiner kammer Gottes held, Der die welt Reißt aus allem
jammer. GOTT wird mensch dir,
mensch, zu gute, Gottes kind Das ver-
bindt Sich mit unserm blute.

3. Solt uns GOtt nun können hassen?
Der uns gibt, Was er liebt Ueber alle
maßen, GOTT gibt, unserm leyd zu
wehren, Seinen sohn Aus dem thron
Seiner macht und ehren.

4. Solte von uns seyn gekehret, Der
sein reich Und zugleich Sich selbst uns
gewehret? Solt uns Gottes sohn nicht
lieben? Der jetzt kömmt, Von uns
nimmt, Was uns will betrüben.

5. Hätte für der menschen orden Unser heyl Einen greul, Wär er nicht
mensch worden: Hätt er lust zu unserm schaden, So so würd Unsre
bürd Er nicht auf sich laden.

6. Er nimmt an sich was auf erden
Wir gethan, Gibt sich an Unser
lamm zu werden, Unser lamm, das
für uns stirbet, Und bey GOtt, Für
den tod Gnad und lieb erwirbet.

7. Nun er liegt in seiner krippen,
Ruft zu sich Mich und dich, Spricht
mit süssen lippen: Lasset fahren, o
liebe brüder, Was euch quält, Was
euch fehlt, Ich bring alles wieder.

8. Ey so kommt, und laßt uns lauffen,
Stellt euch ein Groß und klein, Eilt
mit grossem hauffen! Liebt den, der für
liebe brennet, Schaut den stern, Der
euch gern Licht und labsal gönnet!

9. Die ihr schwebt in grossem leyden,
Sehet, hier Ist die thür Zu den wahren freuden: Faßt ihn wohl, er wird
euch führen An den ort, Da hinfort
Euch kein creutz wird rühren.

10. Wer sich fühlt beschwert im hertzen, Wer empfindt Seine sünd, und
gewissens-schmertzen, Sey getrost,
Hie wird gefunden, Der in eil Machet heil Die vergiften wunden.

11. Die

11. Die ihr arm seyd und elende, Kommt herbey, fället frey eures glaubens hände: Hier sind alle gute gaben, Und das gold, Da ihr sollt Euer herz mit laben.

12. Süsses heyl, laß dich umfangen, Laß mich dir, Meine zier, Unverrückt anwangen, Du bist meines lebens leben, Nun kan ich Mich durch dich Wohl zufrieden geben.

13. Meine schuld kan mich nicht drücken, Dann du hast Meine last All auf deinem rücken: Kein fleck ist an mir zu finden, Ich bin gar Rein und klar Aller meiner sünden.

14. Ich bin rein um deinet willen, Du bist gnug Ehr und schmuck Mich darin zu hüllen: Ich wil dich ins herze schliessen, O mein ruhm! Edle blum, Laß dich recht geniessen.

15. Ich will dich mit fleiß bewahren, Ich will dir Leben hier, Dir will ich abfahren, Mit dir will ich endlich schweben, Voller freud, Ohne zeit, Dort im andern leben.

XXXV. 35.

Mel. In dich hab ich gehoffet, 2c.

IM finstern stall, o wunder groß! Das himmlisch kind liegt nackt und bloß, Der ewge fürst des lebens! O göttlichs wort, O himmels-pfort! Das thust du nicht vergebens.

2. Wahrlich, solch grosse armuth dein, Räumt uns den grössten reichthum ein, Macht uns zu himmels-fürsten, Du machst uns satt Mit seelen-brod, Durch deinen hung'r und dürsten.

3. O menschen-kinder freuet euch, Diß nackte kindlein macht euch reich, Erquicket eure seelen, Hat euch bereit Des himmels-freud, Was mag hinfort euch fehlen?

4. Drum laßt eur' herzen wacker seyn, Singt mit den lieben engelein, Laßt eure stimm'n erschallen: Die ehr GOtt werd, Fried sey auf erd, Und uns ein wohlgefallen.

5. Ach, o du zartes JEsulein! Kehr doch bey uns zur herberg ein, Erwärm die kalten herzen, Des glaubens licht Verlösche nicht, Zünd an die liebes-kerzen.

Neu-Jahrs-Gesänge.
XXXVI. 36.

DAs neugebohrne kindelein, Das herze liebe JEsulein, Bringt abermal ein neues jahr Der auserwählten Christen-schaar.

2. Deß freuen sich die engelein, Die gerne um und bey uns seyn, Sie singen in den lüfften frey, Daß GOtt mit uns versöhnet sey.

3. Ist GOtt versöhnt, und unser freund, Was kan uns thun der arge feind? Trotz türken, papst und höllen-pfort, Das JEsulein ist unser hort.

4. Er bringt das rechte jubel-jahr, Was trauren wir dann immerdar? Frisch auf, jetzt ist es singens-zeit, Das JEsulein wendet alles leyd.

XXXVII. 37.

Mel. Gelobet seyst du JEsu Christ.

NUn wolle GOtt, daß unser g'sang Mit lust und lieb aus glaubens gang Zu wünschen euch ein gutes jahr, Und es mit gnaden mache wahr, Alleluja.

2. Kein mensch noch stand hie mag bestahn, Der GOtt nicht wird zum g'hülfen han, Daß er ihn leit all tag und stund, Drum wünschen wir aus herzens-grund, Alleluja.

3. Der obrigkeit, daß sie ihr g'walt Von GOtt annehm und recht verwalt, Es geb ihr GOtt viel ernst und fleiß, Daß sie sey aufrecht, fromm und weis, Alleluja.

4. Zu handeln, was GOtt löblich ist, Und seinem Sohn, HErrn JEsu Christ, Und bleibt an seinen worten treu, Daß sie ihr arbeit nicht gereu, Alleluja.

5. Ein'r ganzen g'mein gehorsamkeit, Zu förderung zucht und erbarkeit, Auch gmeine liebe, treu und fried, Daß gsunder leib hab gsunde glied, Allel.

6. Ein jeden haus und was darinn, Dem wünschen wir ein rechten sinn, Zu GOttes preiß und ehr allzeit, Der haus und hof und alles geit, Allel.

7. Euch diensten g'horsam, treu und still, Auch friedlich seyn, wie GOtt es will, Es ist auch Christus euer knecht, Wer das glaubet, der dienet recht, Alleluja.

8. Eheleut die leben friedenreich, Und tragen lieb und leyd zugleich, Es sey ein fleisch, ein herz, ein geist, Die gnad, HErr GOtt, an ihnen leist, Alleluja.

9. Auch daß wir jungen förchten Gott, Und halten sein heilig gebott, Und wachsen auf in zucht und lehr, Dem gmeinen nutz und GOtt zur ehr, Alleluja.

10. Wem das von herzen g'legen an Und der mit uns mag arbeit han, Daß wir von GOtt erzogen wohl, Denselben GOtt belohnen soll, Alleluja.

11. Die jungen gsellen allgemein, Die töchter auch behalt GOtt rein, Und geb ihn'n keuschen sinn und muth, Zu überwinden fleisch und blut, Alleluja.

12. Ihr kranken habet schmerzen viel, Auch tag und nacht gar lange weil, So mach euch GOtt im herzen gsund,

Gerüst mit g'dult zu aller stund, Alleluja.
13. Anfechtung, g'fängniß, trübsal, g'schrey, Verfolgung groß und mancherley, Erleiden viel auf dieser erd, GOTT helf ihn'n tragen solch beschwerd, Alleluja.
14. Es geb euch armen GOtt der HErr Das täglich brod, und was euch mehr An leib und seel gar viel gebricht, Voraus gedult durch JEsum Christ, Alleluja.
15. Die täglich an der arbeit sind Mit frömmigkeit zu nährn weib und kind, Den'n wünscheft wir, daß ihr genieß In Gottes segen wohl erfprieß, Allel.
16. Die zeitlich guth und reichthum han, Darbey in groffen sorgen stahn, Hie theilet aus und rüstet euch, Daß ihr vor GOtt auch seyd bereit, Alleluja.
17. Und dienet gern dem gemeinen nutz Dem armen mann zu hülf und schutz, Auch zieht die kind darzu mit fleiß, Das ist der reichen gröster preiß, All.
18. Ihr sünder suchet das himmelreich, Und daß euch GOtt die sünd verzeih, Er b'kehr euch all nach seinem wort, und mach euch selig hie und dort, Alleluja.
19. Die uns mit ernst den glauben lehrn, Der falschen lehr und leben wehrn, Und führen GOttes wort und werk, Den'n gebe GOtt sein gnad und stärck, Alleluja.
20. Das wünschen wir von herzen all, Zu seyn ein volk, das GOtt gefall, Ein ehrlichs volk, ein heil'ge stadt, Die sich auf GOtt ganz steiff und satt, Alleluja.
21. Es sey mit uns sein göttlich hand, Die b'hüt und b'schirm vor aller schand, Er geb mit gnad viel gute jahr In seiner lieb, das werde wahr, Alle.

XXXVIII. 38.

JEsu, nun sey gepreiset Zu diesem neuen jahr :,: Für dein güt uns beweiset In aller noth und g'fahr Daß wir haben erlebet Die neu fröliche zeit, Die voller gnaden schwebet Mit ewiger seligkeit. Daß wir in guter stille Das alt jahr habn erfüllt, Wir wolln uns dir ergeben Jetzund und immerdar, Behüt uns leib und leben Hinfort das ganze jahr.
2. Laß uns das jahr vollbringen, Zu lob dein namen dein :,: Daß wir demselben singen In der Christlichen gmein. Wollst uns das leben fristen, Durch dein allmächtig hand. Erhalt dein liebe Christen Und unser vaterland: Dein segen zu uns wende, Gib fried in allen enden, Gib unverfälscht im lande Dein seligmachends wort,

Dein' feinde mach zu schande Hier und an allem ort.
3. Dein ist allein die ehre, Dein ist allein der ruhm :,: Geduld im creutz uns lehre, Regier all unser thun. Als wir getrost abscheiden, Ins ewig himmelreich, Mit rechtem fried und freuden, Den engeln Gottes gleich; Indeß mach's mit uns allen Nach deinem wohlgefallen. Solchs wünscht heut ohne scherzen Die Christ=glaubige schaar, Und wünscht mit mund und herzen Ein seligs neues jahr.

XXXIX. 39.

Mel. Vom Himmel hoch da komm 2c.

Das alte jahr vergangen ist, Wir danken dir, HErr JEsu Christ, Daß du uns in so groffer gfahr Behütet hast lang zeit und jahr.
2. Wir bitten dich, ewigen Sohn Des vaters, in dem höchsten thron, Du wollst dein arme Christenheit Bewahren ferner allezeit.
3. Entzeuch uns nicht dein heilsam wort, Welchs ist der seelen höchster hort, Für falscher lehr, abgötterey, Behüt uns, HErr, und steh uns bey.
4. Hilf, daß wir von der sünd ablahn, und from zu werden fahen an, Kein'r sünd im alten jahr gedenck, Ein gnadenreich neu jahr uns schenck.
5. Christlich zu leben, seliglich zu sterben, Und hernach frölich Am jüngsten tag wieder an zustehn, Mit dir in himmel einzugehn.
6. Zu dancken und zu loben dich, Mit allen engeln ewiglich, O JEsu, unsern glauben mehr, Zu deines namens lob und ehr.

XL. 40.

Helft mir Gott's güte preisen, Ihr lieben kinderlein, Mit g'sang und andern weisen Ihm allezeit danckbar seyn, Fürnemlich zu der zeit, Da sich das jahr thut enden, Die sonn sich zu uns wenden, Das neu jahr ist nicht weit.
2. Ernstlich laßt uns betrachten Des HErren reiche gnad, Und so gering nicht achten Sein unzählig wohlthat; Stets führen zu gemüth Wie er diß jahr hat geben All nothdurft diesem leben, Und uns für leyd behüt.
3. Lehrzamt, schul, kirch erhalten In gutem fried und ruh, Nahrung für jung und alten, Bescheret auch darzu: Und gar mit milder hand Sein' güter ausgespendet Verwüstung abgewendet Von dieser stadt und land.
4. Er hat uns verschonet Aus väterlicher gnad Wann er sonst hätt belohnet All unsre missethat Mit gleicher
straf

und dem Namen JEsu.

st. ay und pein, Wir wären längst gestorben, In mancher noth verlorren, Dieweil wir sünder seyn.
5. Nach vaters art und treuen Er uns so gnädig ist, Wann wir die sünd bereuen, Glauben an JEsum Christ Herzlich ohn heuchley, Thut er all sünd vergeben, Lindern die straf darneben, Steht uns in nöthen bey.
6. All solch gut wir preisen, Vater ins himmels thron, Die du uns thust beweisen, Durch Christum deinen Sohn, Und bitten ferner dich, Gib uns ein fröhlich jahre, Vor allem leyd bewahre, Und nähr uns mildiglich.

XLI. 41.
Mel. Erschienen ist der herrlich 2c.

O JEsu süß, wer dein gedenckt, Deß herz mit freud wird überschwencket, Noch süsser aber alles ist, Wo du, o JEsu, selber bist, Alleluja.
2. JEsu, des herzens freud und wonn, Des lebens brunn, du wahre Sonn, Dir gleichet nichts auf dieser erd, An dir ist, was man je begehrt, Allel.
3. JEsu, dein lieb ist mehr dann süß, Nichts ist darinn, das ein verdrieß: Viel tausendmal ists, wie ich sag, Edler, als mans aussprechen mag, Alleluja.
4. JEsu du quell der gütigkeit, Ein hoffnung bist all unser freud, Ein süsser fluß und gnaden brunn, Des herzens wahre freud und wonn. Allel.
5. Dein lieb, o süsser JEsu Christ, Des herzens beste labung ist, Sie machet satt, doch ohn verdruß, Der hunger wächst im überfluß, Allel.
6. JEsu, du engelische zier, Wie süß in ohren klingst du mir, Du wunderhonig in dem mund, Kein bessern trunck mein herz empfund, Allel.
7. JEsu, du hohe gütigkeit, Meins herzens lust und beste freud, Du bist die unbegreiflich gut, Dein lieb umfäht all mein gemüth, Alleluja.
8. JEsum liebhaben ist sehr gut, Wohl dem, der sonst nichts suchen thut, Mir selber will ich sterben ab, Daß ich in ihm das leben hab, Allel.
9. JEsu, o meine süßigkeit, Du trost der seel, die zu dir schreyt, Die heissen thränen suchen dich, Das herz zu dir schreyt inniglich, Alleluja.
10. Ja, wo ich bin, um was revier, So wolt ich, JEsus wär bey mir: Freud über freud, wann ich ihn sünt, Selig, wann ich ihn halten könt, Alleluja.
11. Was ich gesucht, das seh ich nun, Was ich begehrt, das hab ich schon, Für lieb, o JEsu bin ich schwach, Mein herz das flammt und schreyt dir nach, Alleluja.

12. Wer dich, o JEsu, also liebt Der bleibt gewiß wohl unbetrübt: Nichts ists, das diese lieb verzehr, Sie wächst und brennt je länger je mehr, Alleluja.
13. JEsu, du blum, und jungfrau Sohn, Du lieb und unser gnaden thron, Dir sey lob, ehr, wie sichs geziemt, Dein reich kein ende nimmer nimmt, Alleluja.
14. In dir mein herz hat seine lust, HErr, mein begierd ist dir bewust: Auf dich ist all mein thun gestellt, JEsu, du heyland aller welt, Allel.
15. Du brunnquell der barmherzigkeit, Dein glanz erstreckt sich weit und breit, Der traurigkeit gewölck vertreib, Das licht der glori bey uns bleib, Alleluja.
16. Dein lob im himmel hoch erklingt Kein Chor ist, der nicht von dir singt: JEsus erfreut die ganze welt, Die er ihm GOtt zu fried gestellt, Allel.
17. JEsus im fried regieren thut, Der übertrifft all zeitlich gut, Der fried bewahrt mein herz und sinn, So lang ich hier auf erden bin, Alleluja.
18. Und wann ich ende meinen lauf, So hole mich zu dir hinauf, JEsu, daß ich da fried und freud Bey dir genieß in ewigkeit.
19. JEsu, erhöre meine bitt, JEsu, verschmäh mein seufzen nicht, JEsu, mein hoffnung steht zu dir, O JEsu, JEsu, hilf du mir, Alleluja.

XLII. 42.
Mel. Wach auf mein herz, 2c.

NUn last uns gehn und treten Mit singen und mit bäten Zum HErrn, der unserm leben Bis hieher kraft gegeben.
2. Wir gehn dahin und wandern Von einem jahr zum andern, Wir leben und gedeyen Vom alten bis zum neuen.
3. Durch so viel angst und plagen, Durch zittern und durch zagen, Durch krieg und grosse schrecken, Die alle welt bedecken.
4. Dann wie von treuen müttern In schweren ungewittern Die kindlein auf der erden Mit fleiß bewahret werden.
5. Also auch, und nicht minder, Läst GOtt ihm seine kinder, Wann noth und trübsal blitzen, In seinem schoose sitzen.
6. Ach hüter unsers lebens, Fürwahr, es ist vergebens Mit unserm thun und machen, Wo nicht dein augen wachen.
7. Gelobt sey deine treue, Die alle morgen neue, Lob sey den starcken händen, die alles hertzleyd wenden.

8. Laß

2. Laß ferner dich erbitten, O Vater, und bleib mitten In unserm creutz und leyden Ein brunnen unsrer freuden.
9. Gib mir und allen denen, Die sich von hertzen sehnen Nach dir und deiner hulde Ein hertz, das sich gedulte.
10. Schleuß zu die jammers-pforten, Und laß an allen ort Auf so viel blut-vergießen Die freuden-ströme fließen.
11. Sprich deinen milden segen Zu allen unsern wegen, Laß grosen u. auch kleinen Die gnaden-sonne scheinen.
12. Sey der verlaßnen vater, Der irrenden berather, Der unversorgten gabe, Der armen gut und haabe.
13. Hilf gnädig allen krancken, Gib fröliche gedancken Den hochbetrübten seelen, Die sich mit schwermuth quälen.
14. Und endlich, was das meiste, Füll uns mit deinem Geiste, Der uns hier herrlich ziere, Und dort zum himmel führe.
15. Das alles wollst du geben, O meines lebens-leben, Mir und der Christen schaare Zum selgen neuen jahre.

XLIII. 43.

Mel. Zion klagt mit angst und re.

HJlf, HErr JEsu, laß gelingen, Hilf, das neue jahr geht an: Laß es neue kräfte bringen, Daß anfs neu ich wandeln kan: Laß mich dir befohlen seyn, Auch darneben all das mein: Neues glück und neues leben Wollst du mir aus gnaden geben.
2. Laß diß seyn ein jahr der gnaden, Laß mich büßen meine sünd, Hilf, daß sie mir nimmer schaden, Sondern bald verzeihung find, Auch durch deine gnad verleih, Daß ich hertzlich sie bereu, HErr, in dir, dann du mein leben, Kanst die sünde mir vergeben.
3. Tröste mich mit deiner liebe, Nim o GOtt, mein zehen hin, Weil ich mich so sehr betrübe, Und voll angst und zagen bin. Wann ich gleich schlaf oder wach, Sieh du, HErr, auf meine sach, Stärcke mich in meinen nöthen, Daß mich sünd und tod nicht tödten.
4. HErr, du wollest gnade geben, Daß diß jahr mir heilig sey, Und ich Christlich könne leben, Ohne trug und heuchelei: Ich auch meinen nächsten lieb! Und denselben nicht betrüb, Damit ich allhier auf erden fromm und selig möge werden.
5. JEsu, laß mich frölich enden Dieses angefangne jahr, Trage mich auf deinen händen, Halte bey mir in gefahr: Steh bey mir in aller noth, Auch verlaß mich nicht im tod: Freudig will ich dich umfaßen, Wann ich soll die welt verlaßen.

Auf Heil. drey Könige.

XLIV. 44.

Mel. Christum wir sollen lob. re.

WAs förchrst du, feind Herodes sehr, Daß uns gebohrn kommt Christ der HErr? Er sucht kein sterblich königreich, Der zu uns bringt sein himmelreich.
1. Dem stern die weisen folgten nach, Solch licht zum rechten licht sie bracht, Sie zeigten mit den gaben drey, Diß kind GOtt, mensch und könig sey.
3. Die tauf im Jordan an sich nahm Das himmelische Gottes lamm, Daß durch, der nie kein sünde that, Von sünden uns gewaschen hat.
4. Ein wunderwerck da neu geschah, Sechs steinern krüge man da sah Voll wassers, das verlohr sein art, Guter wein durch sein wort draus ward.
5. Lob, ehr und danck sey dir gesagt, Christ gebohrn von der reinen magd, Mit Vater und dem heiligen Geist, Von nun an bis in ewigkeit.

XLV. 45.

Mel. Vom himmel hoch da komm rc.

DEn weisen scheint ein neuer stern Aus morgenland kommen sie fern, Und fragen zu Jerusalem, Wo der neu könig sey daheim.
2. Herodes wird drüber bestürtzt, Fürchtet sein reich werd ihm verkürtzt, Die gantze stadt erschrickt mit ihm, Da alle sollten frölich seyn.
3. Dann wir finden in Micha stehn, Daß der Hertzog zu Bethlehem, Sein ausgang hab von ewigkeit, Drum sucht er kein vergänglichkeit.
4. Herodes mit den Jüden irrt, Die Heyden aus Micha gelehrt, Glauben der schrifft, den'n leucht der stern, Bringt sie zum neugebohrnen HErrn.
5. Vor dem kindlein sie niederknien, Opfern ihm Gold, weyhrauch und myrrhen, Bezeugen, daß er könig sey, Ein mittler auch im tode frey.
6. HErr Christ, erschein uns auch also, Gib dein wort und dein Geist darzu, Daß wir opfern gold, weyhrauch, myrrhn, Dich mit dem Water geistlich ehrn.

Vom bittern Leiden und Sterben JEsu Christi.

XLVI. 46.

O Mensch bewein dein sünde gros, Darum Christus seins Vaters schoos Aeusert, und kam auf erden. Von einer jungfrau rein und zart Für uns er hie gebohren ward, Er
wolt

Paßions-Gesänge.

wolt der mittler werden. Den todten
er das leben gab, Und legt darbey all
kranckheit ab, Bis sich die zeit her=
drängt, Daß er für uns geopffert
würd, Trug unser sünden schwere
bürd Wohl an dem creutze lange.

2. Dann als das fest der jüden kam,
JEsus sein jünger zu ihm nahm, Gar
bald thät er ihn'n sagen: Des menschē
sohn verrathen wird, Ans creutz ge=
schlagen und geführt Zum tod in
seinem tagen. In Simons haus ein
fraue kam, Viel köstlichs wasser zu ihr
nahm, Thäts übern HErren gies=
sen, Etlich der jünger murrten
bald, JEsus die fraue gar nicht schalt,
Das thät Judam verdriessen.

3. Zum hohenpriester er sich fügt, Den
HErren zu verrathen lügt, Nahm
dreyßig pfennig b'hende, Bald JE=
sus mit sein'n Jüngern kam, Und aß
mit ihn'n das osterlamm, Und thät
dasselbig enden. Er satzt uns auf ein
testament, Sein tod zu b'denckē bis
ans end, Und wusch den jüngern die
füße, Er bild't ihn'n für die liebe
schon, Und wie sie ihn würden ver=
lahn, Mit trost thät er's beschliessen.

4. Darnach er an den Oelberg trat,
In forcht und zittern er da bat, Ach
bätet und thut wachen, Ein stein=
wurf bald er fürhin gieng, Zu seinem
Vater auch anfing, O Vater! thu
hie machen, Daß dieser kelch hie geh
von mir, Dann alle ding sind möglich
dir, Doch, es geschech dein wille,
Solchs er zum drittenmale bat, So
offt er zu sein'n jüngern trat, Sie
schlieffen all in stille.

5. Er sprach: schlaft ihr in meinem
leyd? Es ist genug, die stund ist b'=
reit, Des menschen sohn wird geben
In hand der sünder, nun steht auf,
Der mich verräth, der lauret drauf,
Nun bätet ihr darneben. Als er noch
redt, sieh, Judas kam, Ein grose schaar
er mit ihm nahm, Mit spießen und
mit stangen. Ein zeichen der verrä=
ther gab, Welchen ich küß, merckt eben
ab, Den sollt ihr weislich fangen.

6. Als JEsus nun wust alle ding, Gar
bald er ihn'n entgegen gieng, Und
sprach zu ihn'n mit güte: Wen sucht
ihr hie mit solcher g'walt? JEsum
sprach'n sie, und fielen bald zurück
in ihrem wüten. Judas gab ihm den
kuß behend, Der grausam hauff auf
JEsum rennt, Und fingen ihn mit
grimme. Petrus sein schwerdt aus=
zucket recht, Hieb ab ein ohr des bi=
schofs knecht, JESUS bald ant=
wort't ihme.

7. Ficht nicht, steck ein das schwerdte
dein, Soll ich den kelch nicht trincken
mein, Den knecht macht er gesunde;

Der hauff JEsum zu Hannas führt
Und auch zu Caiphas da rührt Ge=
fangen und gebunden. Petrus folgt
in den hof hinein Durch den bekand=
ten jünger sein, Läugnet drey=
mal den HErren. Der Bischof fra=
get JEsum statt, Sie suchten falsche
zeug'n und räth, Ihn zu verdam=
men führen.

8. Christus antwortet ihnen nicht,
Der hohepriester zu ihm spricht: Was
thust du darzu sagen? Ich b'schwör
dich bey dem Gotte mein, Sag, bist
du Christ, der Sohne sein? JEsus
antwort't und zagen: Ich bins, und
sag zu dieser zeit, Werd't ihr des men=
schen sohn weit In weiten selbst tom=
men, Sitzen zur rechten GOttes sein,
Der bischof zerriß das kleide sein,
Und sprach: ihr habts vernommen.

9. Daß er gelästert GOtt so sehr,
Er sprach: merckt auf, was wollt ihr
mehr? Sie sprachen: er soll sterben,
Und speyten in sein angesicht, Viel
backenstreich auf ihn gericht, Mit lä=
sterworten herben: Verdeckten ihm
das antlitz sein, Und schlugen ihn mit
fäusten drein, Sagten, wer hat dich
g'schlagen? Am morgen früh der hauffe
gar, Fragten JEsum mit mancher
g'fahr, Thäten mit ihm bald jagen.

10. Und gaben ihn Pilato b'hend, Als
Judas sah, wonnaus es send, Ward
ihn die sach gereuen, Das geld er
bald den priestern gab, Und sprach:
ich sehr gesündigt hab, Erkannte sein
untreue, Er henckte sich und barst ent=
zwey, Die hohenpriester beyderley,
Rathschlagen um das gelde, Eins
häfners acker kaufften sie, Den pil=
gern zum begräbniß hie, Als auch der
Prophet meldet.

11. Als JEsus vor Pilato stund, Er=
hub sich grosse klag ohn grund, Thaten
ihn hoch verklagen: Dem kayser hat
er widerthon, Und nennet sich ein
GOttes Sohn, Verführt das volck
all tage. Pilatus ihn viel fragen
thät, JEsus aber kein antwort redt,
Das nahm Pilatum wunder. Er
schickt ihn zu Herodes hin, Herodes
freuet sich auf ihn, Vermeynt zu
sehn was b'sonder.

12. Als JEsus nun kein antwort gab
Verachtet ihn Herodes trab, Schickt
ihn Pilato wieder; Pilatus b'rufft
die Jüd'n, und sprach: Den menschen
auch Herodes sah, Und achtet ihn für
bieder. Ein g'wohnheit ihr allwegen
habt, Darinn ihr ein gefangen habt:
JEsum will ich los geben. Sie schryen
all mit lauter stimm: JEsum uns
an das creutze nimm, Barrabam laß
uns leben.

13. Pi=

13. Pilatus JEsum geisseln ließ, Unter die schaar ins richthaus stieß, JEsus ein purpur truge, Aus dornen flochten sie ein cron, Die mußte durch sein haupte gehn, Mit ein'm rohr sie ihn schlugen. Und grüßten ihn ein könig mit spott, Speytzu auch in sein angesicht kotht, Sein heilges haupt auch schlugen. Pilatus sprach: sehe an den mann, An dem ich args finden kan, Und hab nicht straffns zuge-
14. Sie schryen all mit lauter stimm: Creutzige, creutzige, den himmlisch't nicht Keysers freunde, Als nun Pilatus hört das wort, Sagt er sich an des richters ort. Wasch die händ, wolt seyn ohn schuld. Gab ihm'n den mörder Barrabam, Bald Jesum er zu creutzigen nahm, Nach ihrem falschen willen, Sein kleier sie anlegten ihm, Und führten ihm mit grossem grimm, Das creutz trug er mit stille.
15. Als sie nun giengen aus mit ihm, Zwungen Simon in ihrem grim Daß er ihms creutz nachtrüge, Viel volcks und frauen weinten da, Bald JEsus sprach, als er sie sah: That sich zu ihnen biegen. Und sprach: weinet nicht über mich, Ihr töchter Sion, beweine sich Ein jedes und sein kinde, Ihr werdt noch sprechen: selig die Unfruchtbarn und die säugten nie, Wer fercht und quaal der sünde.
16. Sie kamen bald zur schedelstatt, Zween übelthäter man da hat, Die man ans creutz auch schluge, Zur lincken und zur rechten hand, Wie es die schrifft langst hat bekannt, JEsus bald sprach mit füge: Verzeih ihnn vater, diese that, Keiner weiß, was er die g'than hat. Pilatus that auch schreiben, Hebräisch, Griechisch und Latein, JEsus ein König der Juden sein, Das that die priester betrüben.
17. Als JEsus nun gecreutzget war, Sein kleier sie bald nahmen zwar, Und spielten drüber b'ehnde, Als JEsus da sein mutter sah, Dazu Johannem, bald er sprach, Weib, diesen ich dir sende. Diß ist dein Sohn, zum jünger spricht: Diß ist dein mutter, laß sie nicht. Bald er sie zu sich nahme, Die hohenpriester trieben spott, Nach andre viel lästerten GOtt, Bist du, der von GOtt kame?
18. Bist du nun GOttes lieber Sohn, Steig jetzt vom creutz, hilf dir davon. Das thäten auch die schächer, Doch einer sich zum andern kehrt, JEsum unschuld er ihn da lehrt, Sprach: JEsu, denck mein nachher, So du kommst in das reiche dein. Er sprach: heut wirst du bey mir seyn, Wohl in dem paradeise, Ein finstre ward zur sechsten

stund, Um neune JEsus schry von grund, Mit lauter stimm und weise:
19. Mein GOtt, mein GOtt, wie läst du mich! Im spott brachten sie bald essig, Und gaben ihm zu trincken, Als JEsus den versuchet hät, Sprach er: vollbracht ist, das ich that. Sein haupt ließ er da sincken. O vater! in die hände dein Befehl ich dir den geiste mein, Schrie er mit lauter stimme, Gab aus sein geist, der vorhang b'ehnd Im tempel riß entzwey zu end, Die felsen wichen ihme.
20. Das erdreich auch erzittert war, Die gräber wurden offenbar, Der hauptmans und sein g'sinde Sprachen: fürwahr, der fromme was, Und GOttes sohn diß zeuget das, Schlugen ihr herz geschwinde. Als sie den schächern brachn die bein, War JEsus todt, brachen keim, Einer stach in sein seite, Es rann daraus wasser und blut, Ders hat gesehen, zeugets gut, Die schrifft zeugets auch weiter.
21. Nachdem, als nun der abend kam, Joseph, der fromme, JEsum nahm Vom creutz, ihn zu begraben, Darzu auch Nicodemus kam, Viel Aloes und Myrrhen nahm, Damit sie JEsum haben Gewickelt in ein leimwand rein, Da war ein grab in einem stein, In einem felsen neue, Darein sie JEsum legten schon, Thäten ein stein darüber thun, Und giengen hin mit reue.
22. Die Juden hörten noch ein klag, Verhütens grab, am dritten tag JEsus stund auf mit gewalte, Auf daß er uns ja fromme mächt, Und mit ihm in sein reiche brächt Aus der sündlichen gstalte. Darum wir sollen frölich seyn, Daß unser seligmacher sein, Christus, hat überwunden Für uns der sünden grosse noth, Darzu die hölle und den tod, Und auch den teuffl gebunden.
23. So laßt uns nun ihm danckbar seyn, Daß er für uns litt solche pein; Nach seinem willen leben, Auch laßt uns seyn der sünden feind, Weil uns GOtts wort so helle scheint, Tag und nacht darnach streben. Die lieb erzeigen jederman, Wie Christus hat an uns gethan, Mit seinem leiden und sterben. O menschen kind, betracht das recht, Wie GOttes zorn die sünde schlägt, Thu dich dafür bewahren.

XLVII. 47.
Mel. Freu dich sehr, o meine seele.

WOhl mit fleiß das bittre leiden,
  Und den tod, o mensch betracht,
So für uns und alle beyden JEsus Christus vollenbracht, Daß sein theur vergossen blut Löschet aus der höllen glut, Und erwirbet uns das leben, So wir vest an Christum gläuben.

2. Von

Paßions-Gesänge. 19

2. Von Jerusalem ihr herren Sprach Judas der zwölffen ein, Womit wolt ihr mich verehren, So will ich) den HErren mein Euch verrathen in der nacht, Soichs die Juden frölich macht. Dreyßig silberling ihm gaben, Geld und guth der geitz will haben.

3. Zu Jerusalem im garten Christus bätet in der nacht, Seiner feinde thät er warten, Rieff den Vatter an mit macht: Abba, lieber vatter mein, laß mich) überhaben seyn, Diesen kelch zu trincken stille, Doch geschey allein dein wille.

4. Dreymahl JEsus also bätet, Angst und noth ergreiffet ihn, Ach! nun wachet doch und bätet, Bät't mit mir, ihr jünger mein. Meine seel zu dieser frist In den tod betrübet ist, Ach wie bin ich) nun verlassen: HErr, mich) züchtige mit massen.

5. Alle flammen aus der höllen Zu dem heyland schlagen ein, Schweiß und blut aus ihm thut quellen, GOttes zorn erschrecket ihn, Alle sünd der gantzen welt Fühlet greiflich dieser held, Drum er mit dem tode ringet, Grosse lieb ihn darzu zwinget.

6. Bald sich krieges knecht einstellen, Judas der war ihr hauptmann, Her, ber, her, ihr spießgesellen, Den ich küß, den greiffet an. Sey gegrüsset, meister mein: Kommst du, Judas, drum herein, Mich mit küssen zu verrathen? O der schnöden übelthaten!

7. Die gesandten JEsum griffen, Und mit stricken bunden hart, Seine jünger von ihm lieffen, Er allein must auf die fahrt. In des hohenpriesters-haus Gab man ihm den ersten stoß Mit lügen und backenstreichen, Mit schmäh wort und spötter-zeichen.

8. Simon Petrus seinen HErren Dreymal da verläugnen that, Doch thät er sich bald bekehren, Seine sünd bekennet GOtt. Aber Judas hencket sich, Als erwachet GOt's gericht, Drum ein wurtzel alles bösen Ist der geitz mit seinem wesen.

9. Früh am morgen JEsum stellen Vor das peinlich hals-gericht, Die ihn billig loben sollen, Klagen ihn an mit gedicht. Solch Pilatus mercket bald, Der von dem kayser hat gewalt Uber menschen blut und leben, Gerne los wolt er ihn geben.

10. Keine schuld ich) an ihm finde, Sprach er zu den kläg'rn sein, Ich vermercke keine sünde, So des todes würdig seyn. Weg und creutzige nur ihn, Weg, und creutzice nur ihn, Schrien sie mit grossem hauffen, Diß ma soll er entlauffen.

11. Drauf gegeißelt und gekrönet Ward er uns der Sohn

12. Hart geschlagen und verhöhnet Von der schnöden krieges-rott, Daß die striemen schwitzen blut. Ach! in solche grosse noth Haben wir ihn bracht mit sünden, Unser sünd hat ihn verwundet.

12. Hoch ein creutze ward erhaben Auf dem berge Golgatha, Händ und füsse man durchgraben Hat man JESU Christ gethan, An das creutz geschlagen ist Unser heyland JEsus Christ, Mit schmertzen ward er beladen, Hohn und spott trug er zu schaden.

13. Schwartze finsterniß bedecket Berg und thal und alles land, Die natur die form erschrecket Vor der Juden sünd und schand. Vater in die hände dein Ich befehl die seele mein, Rieff JEsus mit lauter stimmen, Damit schiede er von hinnen.

14. Lob und preiß von gantzem hertzen Sag ich dir, o Gottes Sohn, Für den tod und alle schmertzen, Für die schwere passion, Damit meine sünden last Du von mir genommen hast, und mein straffe ausgestanden, Nun ich nimmer werd zu schanden.

XLVIII. 48.

HJlff GOtt, daß mirs gelinge, Du edler schöpffer mein, Die sylben, reimen zwinge, Zu lob dem namen dein. Daß ich mag frölich heben an Von deinem wort zu singen, HErr, du wollst mir beystahn.

2. Ewig dein wort thut bleiben, Wie Esaias meldt, In seinem buch thut schreiben, Eh wird vergehn die welt Und was GOtt selber je geschuff, Solt es alles verderben, Er thät kein widerruff.

3. JEsus, das wort des Vaters, Ist kommen in die welt, Mit grossen wunderthaten, Verkaufft um schnödes geld Durch Judam seiner jünger ein, Ward er in tod gegeben, JEsus, das lämmelein.

4. Nachdem sie hatten gessen, Vernahm das osterlamm, Da thät er nicht vergessen, Das brod in sein händ nahm, Sprach: ist, das ist mein leichnam sind, Der für euch wird gegeben, Zur vergebung eurer sünd.

5. Reicht ihm auch dar zu trincken Im wein sein blut so roth, Sein'n tod solt ihr verkünden, Paulus geschrieben hat: Wer würdig ist von diesem brod, und trincket aus diesem kelche, Der wird nicht sehn den tod.

6. JEsus wusch ihm nun

Paßions-Gesänge.

7. Christus der HERR im garten, Als er gebätet hat, Der Juden that erwarten, Von ihm'n gebunden hart. Sie führten ihn zum richter dar, Gegeisselt und gecrönet, Zum tod verurtheilt ward.

8. Hoch an ein creutz gehangen Der hochgebohrne fürst, Nach uns that ihn verlangen, Darum sprach er: mich dürst; Vernimm, nach unsrer seligkeit, Drum er ein mensch gebohren Von einer reinen magd.

9. Mit seinem haupt geneiget. Er seinen geist aufgab. Als nun Johannes zeiget, Er ward genommen ab Vom creutz ins grab ward er geleget, Am dritten tag erstanden, Wie er vor hat gesagt.

10. Und in denselben tagen JEsus sein jünger lehrt, Allein sein wort zu tragen, Predigen in aller welt: Wer glauben thut, und wird getauft, Der hat das ewig leben Durch Christum ihm erkauft.

11. Lucas thut gar schön schreiben Von seiner himmelfahrt, Doch allweg bey uns bleiben, Wie er versprochen hat. Vernimm, durch sein göttliches wort, Wider das kan nicht siegen Kein gwalt der höllen-pfort.

12. Ein tröster that er senden, Das war der heilige Geist, Von GOtt, der that sie lenken In wahrheit allermeist. Denselben wolln wir rufen an, Der wird uns nicht verlassen, Und uns treulich beystahn.

13. Laßt uns recht bitten alle, GOtt für die obrigkeit, Daß sie nach sein'm gefallen Regieren land und leut, Sein wort befördern weit und breit, In kirchen und in schulen, Gantz lauter allezeit.

14. Ehr sey GOTT in sein'm throne, Und Christo, seinem Sohn, Dem heilgen Geiste schone, Der woll uns beystand thun, Daß wir zu unsrer seligkeit Mit rechtem glauben kommen, Die Christus hat bereit.

XLIX. 49.

Christus, der uns selig macht, Kein bös hat begangt, Der ward für uns in der nacht Als ein dieb, gefangen, Geführt vor gottlose leut, Und fälschlich verklaget Verlacht, verhöhnt und verspeyt, Wie dann die schrift saget.

2. In der ersten tages-stund Ward er unbescheiden, Als ein mörder dargestellt Pilato, dem heyden, Der ihn unschuldig befand, Ohn ursach des todes, Ihn verhalten von sich saust Zum König Herodes.

3. Um drey ward der Gottes sohn Mit geisseln geschmissen, Und sein haupt mit einer cron Von dornen zerrissen,

Gekleidet zu hohn und spott, Ward er sehr geschlagen, Und das creutz zu seinem tod Mußt er selber tragen.

4. Um sechs wurd er nackt und bloß An das creutz geschlagen, An dem er sein blut vergoß, Vater mit wehklagen. Die zuseher spotten sein, Auch die bey ihm hiengen, Bis die sonn auch ihren schein Entzog solchen dingen.

5. JEsus schrye zur neunten stund, Klaget sich verlassen, Gals ward goll in seinem mund Mit essig gelassen. Da gab er auf seinen geist, Und die erd erbebet, Des tempels verhang zerriß, Und manch felß zerklebet.

6. Da man hat zur vesper-zeit Die schächer zerbrochen, Ward JEsus in seine seit Mit ein'm speer gestochen, Draus blut und waßer rann, Die schrift zu erfüllen, Wie Johannes zeiget an, Nur um unsert willen.

7. Da der tag sein end nahm, Der abend war kommen, Ward JEsus vens creutzes stamm Durch Joseph genommen, Herrlich nach jüdischer art In ein grab geleget, Alda mit hütern verwahrt, Wie Matthäus zeuget.

8. O hilf Christe, Gottes sohn, Durch dein bitter leiden, Daß wir dir stets unterthan, All untugend meiden, Deinen tod und sein ursach Fruchtbarlich bedencken, Dafür, wiewohl arm und schwach, Dir danck-opfer schencken.

L. 50

DA JEsus an dem creutze stund, Und ihm sein leichnam ward verwundt, So gar mit littern schmertzen, Die sieben wort, die JEsus sprach, Betracht in deinem hertzen.

2. Zum ersten sprach er gar süßiglich Zu seinem Vat'r im himmelreich, Mit kräften und mit samen: Vergib ihm'n Vat'r sie wissen nicht Was sie an mir beginnen.

3. Zum andern denckt der grossen gnad Die GOtt am schäch't bewiesen hat, Sprach er gar gnädigliche: Fürwahr, du wirst heut bey mir seyn In meines Vaters reiche.

4. Zum tritten g'denck sein'r grossen noth, Laß dir die wort nicht seyn ein spott: Weib, schau dein sohn gar eben, Johannes, nimm dein'r mutter wahr, Solt ihr gar eben pflegen.

5. Nun mercket, was das viert wort was: Mich dürst so hart ohn unterlaß Schry GOtt mit lauter stimme. Das menschlich heyl that er begehrn, Der näg'l ward er empfunden.

6. Zum fünften denck der angst dabey, Mein GOtt, mein GOtt, am creutz er schrey, Wie hast du mich verlassen? Das elend, das ich leiden muß, Das ist groß üb'r die massen.

7. Das

mir scheiden will, Und mag nicht länger seiben.
9. Wer Gottes marter in ehren hat, Und offt gedenckt der sieben wort, Deß will GOtt eben pflegen, Wohl hie auf erd mit seiner gnad, Und dort in ewgen leben.

LI. 51.

O Lamm GOttes! unschuldig, Am stamm des creutzes geschlachtet ::: Allzeit ge und'n gedultig, Wiewohl du warest verachtet, All sünd hast du getragen Sonst müßten wir verzagen. Erbarm dich unser, o JEsu.
2. O Lamm Gottes unschuldig, ꝛc. Erbarm dich unser, o JEsu.
3. O Lamm Gottes unschuldig, ꝛc. Gib uns dein'n frieden, o JEsu.

LII. 52.

Christe, du Lamm Gottes, Der du trägst die sünde der welt, Erbarm dich unser.
2. Christe, du Lamm Gottes, Der du trägst die sünde der welt, Erbarm dich unser.
3. Christe, du Lamm Gottes, Der du trägst die sünde der welt, Gib uns deinen frieden, Amen.

LIII. 53.

O Traurigkeit! O hertzeleid! Ist das nicht zu beklagen! Gottes Vaters einig kind Wird ins grab getragen.
2. O grosse noth! GOtt selbst ist todt. Am creutz ist er gestorben, Hat dadurch das himmelreich Uns aus lieb erworben.
3. O menschen-kind, Nur deine sünd Hat dieses angerichtet, Wie du durch die missethat Warest gantz vernichtet.
4. Dein bräutigam, Das Gottes Lamm Liegt hie mit blut beflossen, Welches er gantz mildiglich Hat für dich vergossen.
5. O süsser mund, O glaubens-grund, Wie bist du doch zuschlagen? Alles, was auf erden lebt, Muß dich ja beklagen.
6. O lieblichs bild, Schön, zart und mild, Du söhnlein der jungfrauen, Niemand kan dein heisses blut Sonder reu anschauen.
7. Holdselig ist Zu jeder frist, Der dieses recht bedencket, Wie der HErr der herrlichkeit Wird ins grab versencket.

all in solche grose noth, Daß wir unterwerffen sind dem ewgen tod, Kyrie eleison, Christe eleison, Kyrie eleison.
2. Aus dem tod wir konten durch unser eigen werck Nimmer werden errettet, die sünde war zu starck, Daß wir würden erlöset, so konts nicht anders seyn, Dann GOttes Sohn must leiden des todes bittre pein, Kyrie eleison, Christe eleison, Kyrie eleison.
3. So nicht wär gekommen Christus in die welt, Und an sich genommen unser arm gestalt, Und für unsre sünde gestorben williglich, So hätten wir müssen verdammt seyn ewiglich, Kyrie eleison, Christe eleison, Kyrie eleison.
4. Solche grosse gnade und väterliche gunst Hat uns GOtt erzeiget lauter und umsonst, In Christo seinem Sohn, der sich gegeben hat In den tod des creutzes zu unser seligkeit, Kyrie eleison, Christe eleison, Kyrie eleison.
5. Des solln wir uns trösten gegen sünd und tod, Und auch nicht verzagen für der höllen glut, Dann wir sind errettet aus aller fährlichkeit, Durch Christum unsern HErren, gelobt in ewigkeit, Kyrie eleison, Christe eleison, Kyrie eleison.
6. Darum wolln wir loben und dancken allezeit Dem Vatter und dem Sohne, und auch dem heiligen Geist, Und bitten, daß sie wollen b'hüten uns für gefahr, Und daß wir stetig bleiben bey seinem heilgen wort, Kyrie eleison, Christe eleison, Kyrie eleison.

LV. 55.

Mel. HErr Christ der einig Gottes.

O Mensch! wollest bedencken Mein bitter leyden groß: Ich will dir wieder schencken Das leben für den tod. Bey mir solt du verbleiben, Ich hab dir durch mein leyden Den himmel aufgethan.
2. Ich hab dich nicht erlöset Durch silber noch durch gold, Hat mich mein blut gekostet, Wie bist du dann so stoltz? Auf erd'n schätz zu erwerben, An deiner seel'n verderben, Gab ich dir auch die lehr?
3. Wer zeitlich guth begehret, Für meine gütigkeit, Den soll der rost verzehren Und werd'n ihm ewig leyd. Wohl in des himels throne, Da findst du also schöne Den schatz der seligkeit.

4. Dir

4. Die lilgen auf dem felde, Wie zierlich sie da stahn, Bezahlen nicht mit gelde Die schönheit, die sie han. Salomon in sein'm gwande War nicht gleich einem blate, Derselben blümlein eins.

5. Die vöglein in den lüften Sich freuen ihrer nest: Die füchse in den klüften Haben von mir die vest. Ich hab gar nichts behalten, Da mein haupt liegen konnte, Was g'brechen habt ihr nun?

6. Mein ist himmel und erde Und alls was drinnen ist, Mein volck zu fuß und pferde Hab ich geführt ohn list, Wohl aus Egyptenlande In starckheit meiner hande, In das gelobte land.

7. Es sollen nicht auf morgen Die treuen diener mein Für speiß und kleider sorgen, Die sorg ist mein allein. Ich will euch all ernähren, Vorm hunger euch erwehren, Fürwahr, das glaubet mir.

8. Darum laßt euch genügen An selben, was ihr han, Ich will euch wohl zufügen Eur nothdurft sonder wahn. Ihr sollt gar nicht verzagen, Wann ihr am jüngsten tage Vorm Sohn des menschen stahn.

9. GOtt sey lob, preiß und ehre Gesagt in ewigkeit, Auch Christo unserm HErren, Der uns hat zugesagt Mit sein'm göttlichen munde, Zu helffen jeder stunde Zur ewgen seligkeit.

LVI. 56.

HErzliebster JEsu, was hast du verbrochen, Daß man ein solch scharf urtheil hat gesprochen? Was ist die schuld? in was für missethaten Bist du gerathen?

2. Du wirst verspeyt, geschlagen und verhöhnet, Gegeisselt und mit dornen scharf gecrönet, Mit eßig, als man dich ans creutz gehencket, Wirst du geträncket.

3. Was ist die ursach aller solcher plagen? Ach! meine sünden haben dich geschlagen! Ich, ach HErr JEsu! habe diß verschuldet, Was du erduldet.

4. Wie wunderbarlich ist doch diese strafe! Der gute hirte leidet für die schaafe! Die schuld bezahlt der HErre, der gerechte, Für seine knechte.

5. Der fromme stirbt, der recht und richtig wandelt, Der böse lebt, der wider GOtt mißhandelt. Der mensch verwirckt den tod, und ist entgangen, GOtt wird gefangen.

6. Ich war von fuß auf voller schand und sünden, Biß zu der scheitel war nichts guts zu finden, Dafür hätt ich dort in der höllen müssen Ewiglich büssen.

7. O grosse lieb! o lieb ohn alle masse, Die dich gebracht auf diese marterstrasse! Ich lebte mit der welt in lust und freuden, Und du must leiden.

8. Ach! grosser könig, gros zu allen zeiten, Wie kan ich gnugsam solche that ausbreiten? Kein menschlich hertze mag ihm diß ausdencken, Was dir zu schencken.

9. Ich kans mit meinen sinnen nicht erreichen, Mit was doch dein erbarmung zu vergleichen, Wie kan ich dir dann deine liebes-thaten Im werck erstatten?

10. Doch, ist noch etwas, das dir angenehme, Wann ich des fleisches lüste kämpf und zähme, Daß sie aufs neu mein hertze nicht entzünden Mit alten sünden.

11. Weil aber diß nicht steht in eignen kräften, Dem creutze die begierden anzuhefften, So gib mir deinen geist, der mich regiere, Zum guten führe.

12. Alsdann so werd ich deine huld betrachten, Aus lieb an dich die welt für nichtes achten, Ich werde mich bemühen, deinem willen Stets zu erfüllen.

13. Ich werde dir zu ehren alles wagen, Kein creutz nicht achten, keine schmach noch plagen, Nichts von verfolgung, nichts von todes-schmerzen Nehmen zu hertzen.

14. Diß alles, obs für schlecht zwar ist zu schätzen, Wirst du es doch nicht gar bey seiten setzen; In gnaden wirst du diß von mir annehmen, Mich nicht beschämen.

15. Wann dort, HErr JEsu, wird vor deinem throne Auf meinem haupte stehn ein ehren-krone, Da will ich dir, wenn alles wird wohl klingen Lob und danck singen.

LVII. 57.

Mel. Werde munter, mein gem.

JEsus, deine tiefe wunden, Deine quaal und bittrer tod, Geben mir zu allen stunden Trost in leibs- und seelen-noth. Fällt mir etwas arges ein, Denck ich bald an deine pein, Die erlaubet meinem herzen Mit der sünde nicht zu schertzen.

2. Will sich dann in wollust weyden Mein verderbtes fleisch und blut, So gedenck ich an dein leyden, Bald wird alles wieder gut. Kommt der satan, und setzt mir heftig zu, halt ich ihm für Deine gnad und gnaden-zeichen, Bald muß er von dannen weichen.

3. Will die welt mein hertze führen Auf die breite wollust-bahn, Da nichts ist, als jubiliren, Alsdann schau ich emsig an Deiner marter centner-last, Die du ausgestanden hast, So kan ich in andacht leben, Alle böse lust aufgeben.

4. Ja, für alles, was mich kräncket,
Geben deine wunden krafft, Wann
mein hertz hinein sich sencket, Krieg ich
neuen lebens-safft. Deines trostes
süßigkeit Wendt in mir das bittre
leid. Der du mir das heyl erworben,
Da du für mich bist gestorben.

5. Auf dich setz ich mein vertrauen,
Du bist meine zuversicht: Dein tod
hat den tod zerhauen, Daß er mich kan
tödten nicht. Daß ich an dir habe
theil, Bringet mir trost, schutz und
heyl. Deine gnade wird mir geben
Auferstehung, licht und leben.

6. Hab ich dich in meinem hertzen,
Du brunn aller gütigkeit, So empfind ich keine schmertzen, Auch im
letzten kampff und streit. Ich verber-
ge mich in dich: Welch feind kan verletzen mich? Wer sich legt in deine
wunden, Der hat glücklich überwunden.

LVIII. 58.

Nun gibt mein JEsus gute nacht,
Nun ist sein leiden vollenbracht,
Nun hat er seiner seelen-pfand Ge-
liefert in seins Vatters hand.

2. Kommt, ihr geschöpfe, kömt herbey,
Und machet bald ein klag-geschrey,
Das grausam sey zur selben frist, Da
GOtt am creutz verschieden ist.

3. Des tempels fürhang trennet sich,
Das erdreich bebet furchtsamlich, Die
berge springen himmel an, Daß man
den abgrund schauen kan.

4. Die wolcken schreyen weh und ach,
Die felsen geben einen krach, Den
todten öffnet sich die thür, Und sie
gehn aus dem grab herfür.

5. So muß der HErr der herrlichkeit
Beläutet werden dieser zeit, Als
man denselben in der still Hinab zur
ruhstatt bringen will.

6. Die weiter stehen zwar von fern,
Und wolten sehn den ausgang gern,
Doch wissen sie nicht, wie man wohl
Den leib zum grabe tragen soll.

7. Zuletzt begab sich in gefahr Jose-
phus, der ein rathsherr war, Der
Christum liebt, und wolte nicht, Daß
man ihn brächte fürs gericht.

8. Getrost ist ihm sein hertz und sinn,
Drum geht er zu Pilato hin, Begehrt
den leichnam JEsu Christ, Der ihm
auch nicht verwegert ist.

9. Bald kommt der Nicodemus auch,
Zu salben ihn nach altem brauch, Er
bringt der besten specerey, Samt sau-
bern tüchern mancherley.

10. Da JEsus nun ist balsamirt,
Und fein auf todten-art geziert, Da
sencket man ihn sanfft hinab, Und
legt ihn in des Josephs grab.

11. Nun GOttes sohn, der uns erweckt, Wird selbst mit einem stein bedeckt: O mensch, merck auch zu jeder
frist, Daß dir ein grab bereitet ist.

12. Was trotzet doch der arme staub?
Der würger selbst macht ihn zum
raub. Ach prange nicht du trüber koth,
Dann heut ein könig, morgen todt.

13. Es wird vielleicht nicht balsamirt,
Dein lichnam, noch so schön geziert,
Es ist genug, wann man ihn trägt,
und ehrlich in ein grabe legt.

14. Doch freue dich, o frommes hertz
Daß dich der sünden bitterer schmertz
Hinführo nicht betrüben kan. Die
selbst begrab der schmertzensmann.

15. Nur er that deine bosheit ab, Und
nahm sie gäntzlich mit ins grab, Und
als er ward vom tod entfreyt, Da
bracht er mit gerechtigkeit.

16. Sterb ich nun gleich, was ist es
mehr? Steh ich doch auf mit pracht
und ehr, Im grabe bleibt der sünden
schlamm, Den ich aus dieser welt
mit nahm.

17. Mein Heyland hat in jener nacht
Den sabbath mit zuwegen bracht:
Der hilfft mir bald zur süssen ruh,
Indem ich thu die augen zu.

18. Hie leb ich aller unruh voll, Und
wann mans dannoch loben soll, So
heißt es gleichwohl, daß hiebey Nur
müh und angst gewesen sey.

19. So bald ich aber aus der lufft
Gebracht hin in die danckle klufft, So
wohn ich sicher, still, bekend, Und
all mein unglück hat ein end.

20. Heißt das nicht wohl ein grosser
ruhm, Mein grab wird mir zum heiligthum, Dann Christus, der im
grab erwacht, Hat heilig auch mein
grab gemacht.

21. Bald kommt die liebe zeit herbey,
Wann uns der engel feld-geschrey
Macht munter, daß wir JEsum sehr,
Und zu des lammes hochzeit gehn.

LIX. 59.

JEsu, meines lebens leben, JEsu,
meines todes tod, Der du dich
für mich gegeben In die tieffste seelen noth, In das äusserste verderben,
Nur, daß ich nicht möchte sterben,
Tausend-tausendmal sey dir, Liebster
JEsu, danck dafür.

2. Du, ach! du hast ausgestanden Lä-
sterreden, spott und hohn, Speichel,
schläge, strick und banken, Du gerechter Gottes Sohn, Nur mich armen zu
erretten Von des teuffels sünden-
ketten. Tausend-tausendmal sey dir,
Liebster JEsu, danck dafür.

3. Du hast lassen wunden schlagen,
Dich erbärmlich richten zu, Um zu
heilen meine plagen, Und zu setzen
mich

mich in ruh. Ach! du haſt zu meinem
ſegen Laſſen dich mit fluch belegen.
Tauſend-tauſendmal ſey dir, Liebſter JEſu, danck darfür.
4. Man hat dich ſehr hart verhöhnet,
Dich mit groſſem ſchimpf belegt,
Gar mit dornen angekrönet: Was
hat dich darzu beweget? Daß du möch-
teſt mich ergötzen, Mir die ehren kron
aufſetzen. Tauſend-tauſendmal ſey
dir, Liebſter JEſu, danck darfür.
5. Du haſt wollen ſeyn geſchlagen, Zu
verhören meine pein, Fälſchlich laſſen dich anklagen, Daß ich könte ſicher
ſeyn: Daß ich möchte trequeich prangen, Haſt du ſonder troſt gehangen.
Tauſend-tauſendmal ſey dir, Liebſter JEſu, danck darfür.
6. Du haſt dich in noth geſtecket, Haſt
gelitten mit gedult, Gar den herben
tod geſchmecket: Um zu büſſen meine ſchuld: Daß ich würde losgezählet, Haſt du wollen ſeyn gequälet.
Tauſend-tauſendmal ſey dir, Liebſter JEſu, danck darfür.
7. Deine demuth hat gebüſſet Meinen ſtoltz und übermuth, Dein tod
meinen tod verſüſſet, Es kommt alles mir zu gut: Dein verſpotten,
dein verſpeyen, Muß zu ehren mir
gedeyen. Tauſend-tauſendmal ſey
dir, Liebſter JEſu, danck darfür.
8. Nun ich dancke dir von hertzen,
JEſu, für geſamte noth, Für die
wunden, für die ſchmertzen, Für den
herben bittern tod: Für dein zittern,
für dein zagen, Für dein touſendfa-
ches plagen. Für dein ach und tieffe
pein Will ich ewig danckbar ſeyn.

LX. 60.

Mel. HErr JEſu Chriſt, wahr'r ꝛc.

WIr dancken dir, HErr JEſu
Chriſt, Daß du für uns geſtor-
ben biſt, Und uns durch dein
theures blut Vor GOtt gemacht gerecht und gut.
2. Wir bitten dich, wahr'r menſch
und GOtt, Durch dein heilig fünf
wunden roth, Erlös uns von dem
ewgen tod, und tröſt uns in der
letzten noth.
3. Behüt uns auch für ſünd und
ſchand, Reich uns deine allmächtig
hand, Daß wir im creutz gedultig
ſeyn, Uns tröſten deiner ſchweren
pein.
4. Und draus ſchöpfen die zuverſicht,
Daß du uns werdſt verlaſſen nicht,
Sondern gantz treulich bey uns ſtehn
Bis wir durchs creutz ins leben gehn.

LXI. 61.

O JEſu Chriſt, meins lebens licht,
Mein heyl, mein troſt, mein zuverſicht, Auf erden bin ich nur ein

gaſt, Und drückt mich ſehr der ſünden laſt.
2. Ich hab vor mir ein ſchwere reiß,
Zu dir ins himmliſch paradeiß, Da
iſt mein rechtes vaterland, Daran
du dein blut haſt gewandt.
3. Zur reiß iſt mir mein hertz ſehr
matt, Der leib gar wenig kräfte hat,
Allein mein ſeele ſchreyt in mir:
HErr, hol mich heim, nimm mich
zu dir.
4. Drum ſtärck mich durch das leyden
dein, in meiner letzten todes-pein,
Dein blutſchweiß mich tröſt und erquick, Mach mich frey durch dein
band und ſtrick.
5. Dein backen-ſtreich und ruthen
reiſch, Die ſünden-ſtriemen mir ab-
wiſch, Dein hohn und ſpott, die
dornen-cron, Laß ſeyn mein ehre,
freud und wonn.
6. Dein durſt und gallen-tranck mich
lab, Wann ich ſonſt keine ſtärckung
hab, Dein angſt-geſchrey komm mir
zu gut, Bewahr mich für der höllen-
glut.
7. Die heiligen fünf wunden dein, Laß
mir rechte felslöcher ſeyn, Darein
ich flieh als eine taub, Daß mich
der hölliſch weih nicht raub.
8. Wann mein mund nicht kan reden
frey, Dein geiſt in meinem hertzen
ſchrey: Hil, daß mein ſeel den
himmel find, Wann meine augen
werden blind.
9. Dein letztes wort laß ſeyn mein
licht, Wann mir der tod das hertz zerbricht: Behüte mich für ungebärd,
Wann ich mein haupt nun neigen
werd.
10. Dein creutz laß ſeyn mein wander-
ſtab, Mein ruh und raſt dein heilges
grab, Und die reine grabtücher dein,
Laß meine ſterbe-kleider ſeyn.
11. Laß mich durch deine nägel-mahl
Erblicken die genaden-wahl, Durch
deine aufgeſpaltne ſeit Mein arme
ſeele heimgeleit.
12. Auf deinen abſchied, HErr, ich
trau, Darauf mein letzte heimfahrt
bau, Thu mir des himmels thür weit
auf, Wann ich beſchließ mein's lebens lauf.
13. Am jüngſten tag erweck mein leib,
Auf daß ich dir zur rechten bleib, Daß
mich nicht treffe dein gericht, Welchs
das erſchröcklich urtheil ſpricht.
14. Alsdann mein leib erneure gantz,
Daß er leucht wie der ſonnen glantz,
Und ähnlich ſey deim klaren leib, Auch
gleich den lieben engeln bleib.
15. Wie werd ich dann ſo fröhlich
ſeyn, Werd ſingen mit den engelein,
Und mit der auserwählten ſchaar
Ewig ſchauen dein antlitz klar.

Von

seyn, Kyrieeleison.
2. Wär er nicht erstanden, So wär die welt vergangen, Seit daß er erstanden ist, So loben wir den HErren JEsum Christ, Alleluja.
3. Erstanden ist der heilge Christ, Der aller welt erlöser ist, Alleluja, Alleluja, Alleluja, Alleluja.

LXIII. 63.

Christ lag in todes-banden, Für unser sünd gegeben :,: Er ist wieder erstanden, Und hat uns bracht das leben, Deß wir sollen frölich seyn, GOtt loben und ihm danckbar seyn, Und singen Alleluja, Alleluja.

2. Den tod niemand bezwingen kont, Bey allen menschen-kindern :,: Das machet alles unsre sünd Kein unschuld war zu finden. Davon kam der tod so bald, U. nahm über uns gewalt, Hielt uns in sein'm reich gefangen, Allel.

3. JEsus Christus wahr'r Gottes Sohn, An unser statt ist kommen :,: Und hat die sünde abgethan Damit dem tod genommen All sein recht und sein gewalt, Da bleibet nichts dann todes-gestalt, Den stachel hat er verlohren, Allel.

4. Es war ein wunderlicher krieg, Da tod u. leben rungen :,: Das leben das behielt den sieg, Es hat den tod verschlungen, Die schrifft hat verkündigt das, Wie ein tod den andern fraß, Ein spott aus dem tod ist worden, Allel.

5. Hier ist das rechte osterlam, Davon GOtt hat geboten :,: Das ist hoch an des kreutzes-stamm In heisser lieb gebraten, Deß blut zeichnet unser thür, Das hält der glaub dem tode für, Der würger kan uns nicht rühren, Allel.

6. So feyren wir das hohe fest Mit hertzens freud und wonne :,: Das uns der HErr erscheinen läßt, Er ist selber die sonne, Der durch seiner gnaden glantz Erleuchtet unsre hertzen gantz, Der sünden nacht ist vergangen, Allel.

7. Wir essen nun u. leben wol, Im rechten oster-fladen, Der alte sauerteig nicht soll seyn bey dem wort der gnaden. Christus will die koste seyn, Und speisen unsre seel allein, Der glaub will keines andern leben, Alleluja.

LXIV. 64.

JEsus Christus unser beyland, Der den tod überwand, Ist auferstanden, Die sünd hat er gefangen, Kyriel.
2. Der ohn sünde war gebohrn, Trug

Der aller welt erlöser ist, Alleluja.
2. Und wär er nicht erstanden, Allel. So wär die welt vergangen, Alleluja.
3. Und seit daß er erstanden ist, Allel. Lobn wir den HErren JEsum Christ, Alleluja.
4. Es gingen drey heil'ge frauen, Allel. Des morgens früh im thauen, Allel.
5. Sie suchten den Herrn Jesum Christ, All. Der von dem tod erstandē ist, All.
6. Sie funden da zween engel schön, Allel. Die trösten die frauen lobesan, Alleluja. Engel.
7. Erschrecket nicht und seyd all froh, Allel. Dann den ihr sucht, der ist nicht da, Allel. Maria.
8. Ach engel, lieber engel fein, All. Wo find ich doch den HErren mein? Allel. Engel.
9. Er ist erstanden aus dem grab, All. Heut an dem heilgen ostertag, Allel. Maria.
10. Zeig uns den Herren Jesum Christ, Allel. Der von dem tod erstanden ist, Allel. Engel.
11. So tret herzu und seht die statt, All. Da man ihn hingeleget hat, Allel. Maria.
12. Der HErr ist hin, er ist nicht da, Allel. Wann ich ihn hätt, so wär ich froh, Alleluja. Engel.
13. Seht an das tuch, darinn er lag, All. Gewickelt bis an dritten tag, All. Maria.
14. Wir sehens wohl zu dieser frist, Allel. Zeig uns den HErren JEsum Christ, Alleluja. Engel.
15. Seht hin ins Galiläisch land, All. Da findt ihr ihn, sagt er, zu hand, All. Maria.
16. Habt danck, ihr lieben engel fein, All. Nun wolln wir alle frölich seyn, Allel. Engel.
17. Seht hin, sagt das sanct Petro an, All. Und seinen brüdern lobesan, All. Maria zum Volck.
18. Nun singet all zu dieser frist, All. Erstanden ist der heilge Christ, Allel. Gemeine.
19. Deß solln wir alle frölich seyn, All. Und Christ will unser tröster seyn, All.

LXVI. 66.

Christ ist erstanden von dem tod, Er quickt aus aller angst und noth, Ein könig

könig in allem lande, Zerrissen sind all
bande, Herrlich ist jetzt sein schande.
2. Im glauben laßt uns zu ihm gahn,
Es ist fürwahr kein falscher wahn, Er
trägt noch seine wunden, Wahrhaftig
ist er funden, Und treu an seinen
freunden.
3. Wo ist nun der groß poch und zwang
Den der unglaub geübt hat lang:
Christ war allein entschlafen, Mit
seines wortes waffen Will er die welt
jetzt straffen.
4. Sey wohlgemuth du kleine heerd In
deiner trübnis hie auf erd, Du wirst
auch überwinden, Gott halt ob seinen
kindern Starck gnug ist er den feinden.
5. HErr JEsu Christ erweck uns all,
Daß unser keins von dir abfall. Daß
wir uns nicht versäumen, So du zu
gricht wirst kommen, Und sammlen
deine frommen.
6. Gib uns, daß wir in mittler zeit,
Keiner den andern haß noch neid.
Wir seynd all unnütz knechte, Und
von ein'm argen g'schlechte, Wo uns
nicht hilft dein g'rechte.

LXVII. 67.

ERschienen ist der herrlich tag Dran
sich niemand gnug freuen mag,
Christ unser HErr heut triumphirt,
All seine feind gefangen führt, Allel.
2. Die alte schlang, die sünd und tod,
Die höll all jammer, angst und noth
Hat überwunden JEsus Christ, Der
heut vom tod erstanden ist, Alleluja.
3. Am sabbath früh mit specerey Kamen zum grab Marien drey, Daß sie
salbten Marien sohn, Der vom tod
war erstanden schon, Alleluja.
4. Wen sucht ihr da? der engel sprach:
Christ ist erstanden, der hie lag. Hie
seht ihr die schweiß-tüchelein, Geht
hin, sagt's bald den jüngern sein, Allel.
5. Der jünger forcht und herzenleyd
Heut wird verkehrt in eitel freud. So
bald sie nur den HErren sahn, Ver-
schwand ihr trauren, forcht und zagn.
Alleluja.
6. Der HErr hielt ein freundlich gespräch Mit zween jüngern auf dem
weg, Für freud das herz im leib
ihn'n braunt, Am brotbrechen ward
er erkannt, Alleluja.
7. Unser Simson, der theure held
Christus den starcken löwen fällt. Der
höllen pforten er hinträgt, Dem teufel all sein gwalt erlegt, Alleluja.
8. Jonas im wallfisch war drey tag,
So lang Christus im Grab auch lag,
Dann länger ihn der tod kein stund In
seinem rach'n behalten kunt, Allel.
9. Sein raub der tod mußt fahren
lahn, Das leben siegt und gwann ihm
an, Zerstört ist nun all seine macht,
Christ hat das leben wiederbracht, All.

10. Heut gehen wir aus Egyptenland,
Aus Pharaonis dienst und band, Und
das recht osterlämmelein Wir essen
heut im brod und Wein, Alleluja.
11. Auch essen wir die süssen brod,
Die Moses Gottes volck gebot, Kein
sauerteig soll bey uns seyn, Daß wir
von sünden leben rein, Alleluja.
12. Der schlagend eng'l fürüber geht,
Kein erstgeburt er bey uns schlägt,
Unser thürschwell hat Christi blut
Bestrichen, das hält uns in hut, Allel.
13. Die sonn, die erd, all creatur, Alls
was betrübet war zuvor, Das freut
sich heut an diesem tag, Da der welt-
fürst darnieder lag, Alleluja.
14. Drum wir auch billig frölich
seyn, Singen das alleluja fein, Und
loben dich, HErr JEsu Christ, Zu
trost du uns erstanden bist, Alleluja.

LXVIII. 68.

Im vorigen Thon.

AM sabbath früh Marien drey Kamen zum grab mit specerey, Als
jetzt der helle tag anbrach, Und man
die sonn aufgehen sah, Alleluja.
2. Wer wältzt uns von des grabes
thür Den grossen stein, der liegt dafür? Alsbald sie aber kamen dar, Der
stein davon gewältzet war, Alleluja.
3. Da giengen sie zum grab hinein,
Und funden da die engelein In grab
sitzen zur rechten hand In einem langen weissen g'wand, Alleluja.
4. Sie erschrack'n sehr für dem gesicht
Der engel antwort: forcht euch nicht
Ihr sucht den gecreutzigten Christ,
Vom tod er auf rstanden ist, Allel.
5. Da sehet her, da ist die statt, An
welcher er gelegen hat, So geht nun
hin, und sagt's von stund Seh'rn jüngern und thuts Petro kund, Alleluja.
6. In Galiläam sie heißt gehn, Da
will der HErr sich lassen sehn, Zum
grab sie giengen schnell hinaus, Es
kam sie an ein furcht und grauß, All.
7. Wir dancken dir, HErr JEsu Christ
Der du vom tod erstanden bist Und
hast zerstört gewalt und macht, Und
uns das leben wiederbracht, Alleluja.

LXIX. 69.

HEut triumphiret GOttes Sohn,
Der von dem tod erstanden schon,
Allel. Allel. Mit grosser macht und
herrlichkeit, Deß dancken wir ihm in
ewigkeit, Allel. Alleluja.
2. Dem teu el hat er seine macht Zerstört, verheert in grosser kraft, Allel.
Allel. Wie pflegt zu thun ein grosser
held, Der seinen feind gewaltig fällt,
Allel. Alleluja.
3. O süsser HErre JEsu Christ Der
du der sünder heyland bist, All. Allel.
Führ uns durch dein barmherzigkeit
Mit

Oster-Gesänge. 27

Mit freuden in dein herrlichkeit, All.
Alleluja.
4. Hier ist doch nichts dann angst und
noth, Wer glaubet und hält dein ge=
bott, Allel. Alleluja. Der welt ist er
ein hohn und spott, Weiß leiden oft
ein schnöden tod, Allel. Alleluja.
5. Nun kan uns kein feind schaden
mehr, Ob er gleich murrt, ist ohn ge=
fahr, Allel. Alleluja. Es liegt im koth
der arge feind, Dargegen wir GOtt's
kinder seynd, Allel. Alleluja.
6. Darfür wir dancken allzugleich,
Und sehnen uns ins himmelreich, All.
Allel. Es ist am end, GOtt helf uns
all, So singen wir mit grossem schall,
Allel. Alleluja.
7. GOtt dem Vater im höchsten
thron, Samt seinem eingebohrnen
Sohn, Allel. Alleluja. Dem heiligen
Geist zu gleicher weiß In ewigkeit
sey lob und preiß, Allel. Alleluja.

LXX. 70.

Also heilig ist der tag, Daß ihn nie=
mand mit lob'n erfüllen mag,
Dann der einige GOttes sohn, Der
die hölle überwand, Und den leidigen
teuffel darin band, Damit erlößt der
HErr die Christenheit, Das that
Christ selber, Kyrieleison.

LXXI. 71.

Im Thon: JEsu, meine freude.

Nun ist auferstanden, Aus des todes
banden, GOtt= und menschen=
sohn:,: Jesus hat gesieget, Daß nun al=
les liegt Unter seinem thron Alle feind
So viel ihr seynd Hat er auf das haupt
geschlagen, Ja gar schau getragen.
2. Daß er wollen sterben, War uns zu
erwerben Heyl und seeligkeit:,: Nach=
dem diß geschehen, Dörfen wir nun
sehen, Daß vor kurtzer zeit Er zwar
sich Warhaftiglich In den tod um un=
ser leben Hab dahin gegeben.
3. Niemand wird nun finden, Daß von
unsern sünden Noch was übrig sey:,:
Weil der wieder komen, Der sie über=
nomen: Ja, indem er frey, So ist nun
Genug zu thun, Weil die zahlung just
befunden, Keiner mehr verbunden.
4. Was will uns nun schaden Weil
wir zu genaden Sind einmal ge=
bracht?:,: Will der teuffel dräuen,
Dörfen wir nicht scheuen, Sein ver=
lohrne macht: Hier ist der, Vor wel=
chem er Augenblicklich muß erbeben,
Und hinweg sich heben.
5. Hölle, wilt du pochen? Der dich hat
zerbrochen, Stellt sich lebend dar:,:
Weil du nun gelassen Und nicht möch=
test fassen Den, der bürge war, So
hast du Fort immer zu Deines rechtes
sitz begeben, Wider unser leben.
6. Laß die zähne blecken, Und die händ
ausstrecken Wider uns den tod:,:

Dann sein pfeil und bogen Finden sich
betrogen; Es hat keine noth. Ob er
trift, Ist's drum kein gift, Sondern
muß mit seinen pfeilen Er vielmehr
uns heilen.
7. Darum mir nicht grauet Wañ mein
geist anschauet, Daß noch in das grab
Meine müde glieder Ich werd legen
nieder Weil ich dieses hab, Daß mein
hort Mir diesen ort Selbst mit seinem
leibe weihe, daß ich ihn nicht scheue.
8. So sind als wir Christen Dir und
deinen lüsten Todt, o eitelkeit:,: Wie
wir uns nun haben Lassen mit begra=
ben Hier in dieser zeit, So wird er,
Der grose Herr, Uns hervor auch mit
sich führen, Und mit kronen zieren.
9. Daß diß sicher siehet Weil das haupt
nun gehet Aus dem Grab heraus:,:
Müssen auch die glieder Sonder zwei=
fel wieder Aus dem todten=haus Wañ
jetzund Die liebe stund Ihnen wieder
gibt das leben, Zu ihm sich begeben.
10. O der grossen freude! Wer wolt
nun das kleide Dieser sterblichkeit:,:
Nicht getrost ablegen? Weil ja doch
hingegen Nach so kurtzer zeit JEsus
Christ Bereitet ist, Ihn zu kleiden mit
der sonne In der himmels=wonne.

LXXII. 72.

JEsus meine zuversicht, Und mein
heyland ist im leben:,: Dieses weiß
ich, soll ich nicht Darum mich zufrie=
den geben, Was die lange todes=nacht
mir auch für gedancken macht.
2. JEsus der mein heyland lebt, Ich
werd auch das leben schauen:,: Seyn
wo mein erlöser schwebt, Warum sol=
te mir dann grauen? Lässet auch ein
haupt sein glied, Welches es nicht
nach sich zieht?
3. Ich bin durch der hofnung band In=
genau mit ihm ver=unden:,: Meine
starke glaubens=hand Wird in ihm ge=
legt befunden, Daß mich auch kein to=
des=bann Ewig von ihm trennen kan.
4. Ich bin fleisch, und muß daher
Auch einmal zu aschen werden:,: Das
gesteh ich, doch wird er Mich erwecken
aus der erden, Daß ich in der herr=
lichkeit Um ihn seyn mög allezeit.
5. Dañ wird eben diese haut Mich
umgeben, wie ich glaube:,: Gott wird
werden angeschaut Dann von mir in
diesem leibe, Und in diesem fleisch
werd ich JEsum sehen ewiglich.
6. Dieser meiner augen licht Wird ihn
meinen heyland kennen:,: Ich, ich
selbst, kein fremder nicht Werd in sei=
ner liebe breñen. Nur die schwachheit
um u. an Wird von mir seyn abgethan.
7. Was die kräncket, seufzt und fleht,
Wird dort frisch und herrlich gehen:,:
Irdisch werd ich ausgesät Himmlisch
werd

E

werd ich auferstehen. Hier geb ich
natürlich ein, Nachmals werd ich
geistlich seyn.
8. Seyd getrost und hoch erfreut,
JEsus trägt euch meine glieder:,:
Gebt nicht statt der traurigkeit,
Sterbt ihr, Christus ruft euch wieder, Wann die letzt posaun erklingt,
Die auch durch die gräber dringt.
9. Lacht der finstern erden=kluft,Lacht
des todes und der höllen:,: Dann ihr
solt euch durch die last Eurem heyland
zugesellen, Dann wird schwachheit
und verdruß liegen unter eurem fuß.
10. Nur daß ihr den geist erhebt Von
den lüsten dieser erden:,: Und euch
dem schon jetzt ergebt, Dem ihr beyge-
fügt solt werden, Schickt das herze da
hinein, Wo ihr ewig wünscht zu seyn.

LXXIII. 73.

Fröhlich wollen wir Hallelujah singen:,: Aus hitziger begier unsers
herzens springen, Sein gnad vertilget hat all unsre sünde. In ihm haben wir Reiche schätz gefunden.
2. Alles, was lebt auf erden, soll Gott
loben:,: Reichlich ist sein gnad über
uns erhoben, Freud, leben, stärk und
kraft Habn wir ererbet, Höll, tod, des
teufels macht Ist durch ihn verderbet.
3. Gott sagt gnade zu allen, die ihm
vertrauen:,: Trost, hülf schickt er zu
dem, so auf ihn bauen, Vest steht
und treulich hält, Ohn list und
trügen, Wie sein wort vermeldt,
Dann er kan nicht lügen.
4. GOtt sey lob gesagt und seinem eingen Sohne:,: Heilgen Geist GOTT
von art, gleich in einem throne, Von
anbeginn er war, Bleibt bis ans
ende, Alle welt siehet ihn klar,
HERR, von uns nicht wende.

Von der frölichen Himmel-
fahrt unsers Heylandes.

LXXIV. 74.

Christ fuhr gen himmel, Da sandt
er uns hernieder Seinen wahren heilgen Geist, Damit tröst
er die Christenheit, Kyrieleison.
2. Wär er nicht hingangen, Der tröster wär nicht kommen, Seit daß er
hingangen ist, So habn wir den geist
durch JEsum Christ, Alleluja.
3. Gen himmel fuhr der heilge
Christ, Der aller welt ein heyland
ist, Alleluja, Allel. Allel. Alleluja.

LXXV. 75.

Auf diesen tag bedencken wir, Daß
Christ gen himmel gefahren:,: Und
dancken GOtt aus höchster begier, Mit
bitt, er woll bewahren Uns arme sünder hie auf erd, Die wir von wegen

mancher gefahre, Ohn hoffnung gar
kein trost, Allel. Alleluja.
2. Drum sey GOtt lob, der weg ist
g'macht, Uns steht der himmel offen:,:
Christus schleust auf mit grosser pracht
Worhin war alls verschlossen. Wers
glaubt, des herz ist freudenvoll, Darbey er sich dann trösten soll,Dem Herren nachzufolgen, Allel. Alleluja.
3. Wer mit folget u. sein willen thut,
Dem ist nicht ernst zum HErren:,:
Dann er wird auch vor fleisch und blut
Sein himmelreich versperren. Am glauben liegts, soll der seyn recht, So wird
auch gwiß das leben schlecht Zu GOtt
im himm'l gerichtet, Allel. Alleluja.
4. Solch himmelfahrt fäht in uns an,
Bis wir den Vater finden:,: Und
fliehen stets der welte bahn, Thun
uns zu GOttes kindern: Die sehn
hinauf, der Vater rab, An treu und
lieb geht ihm'n nichts ab, Bis sie zusammen kommen, Allel. Alleluja.
5. Das wird der tag erst freudenreich
Wann uns GOtt zu ihm nehmen:,:
Und seinem Sohn wird machen gleich,
Als wir dann jetzt bekennen, Da wird
sich finden freud und muth, In ewigkeit beym höchsten guth, GOtt woll,
daß wirs erleben. Allel. Alleluja.
6. Ehr sey dem HErren JEsu Christ,
Der für uns ist gestorben:,: Und
wieder auferstanden ist, Des Vaters
huld erworben. Daß wir nun nicht
in Adams fall Umkommen und auch
sterben all, Sondern das leben erben,
Alleluja, Alleluja.

LXXVI. 76.

Nun freut euch GOttes kinder all,
Der HErr fährt auf mit grossem
schall, Lobsinget ihm, lobsinget ihm,
Lobsinget ihm mit heller stimm.
2. Die engel und all himmels-heer
Erzeigen Christo göttlich ehr, Und
jauchzen mit frölichem schall, Das
thun die lieben engel all.
3. Da unser Heyland JEsus Christ,
Wahr'r GOttes sohn, mensch worden
ist, Deß freuen sich die engel sehr,
Und gönnen uns gern solche ehr.
4. Der HErr hat uns die stätt bereit,
Da wir solln bleibn in ewigkeit. Lobsinget ihm, lobsinget ihm, Lobsinget
ihm mit heller stimm.
5. Wir sind erben im himmelreich,
Wir sind den lieben engeln gleich,
Das sehn die lieben engel gern, Und
dancken mit uns GOtt dem HErrn.
6. Es hat mit uns nun nimmer noth,
Der satan, sünd und ewger tod, Allsamt zu schanden worden sind, Durch
GOttes und Marienkind.
7. Den heilgen Geist sendt er herab Auf
daß er unsre hertzen lab, Und uns
durch

Himmelsfahrts-Gesänge.

durch das göttlich Wort, Und uns behüt fürs teufels mord.
8. Also baut er die Christenheit Zur ewgen freud und seligkeit, Allein der glaub an JEsum Christ Die recht erkantniß GOttes ist.
9. Der heilig Geist den glauben stärkt, Gedult und hofnung in uns würckt, Erleucht und macht die hertzen vest, Und uns in trübsal nicht verläst.
10. Was uns die göttlich majestät Am heiligen creutz erworben hat, Das theilet aus der heilig Geist, Darum er unser lehrer heißt.
11. Der Vater hat den Sohn gesandt, Der Sohn wird anders nicht erkannt, Dann durch den heilgen Geist allein, Der muß die hertzen machen rein.
12. So manche schöne GOttes-gab Bringt uns der heilge Geist herab Und uns fürm satan wohl bewahrt, Solchs schaft des HErren himmelfahrt.
13. So dancket nun dem lieben HErrn, Und lobet ihn von hertzen gern, Lobsinget mit der engel chör, Daß man es in dem himmel hör.
14. GOtt Vater in der ewigkeit, Es sagt dir deine Christenheit Groß ehr und danck mit höchstem fleiß, Zu allen zeiten lob und preis.
15. HErr JEsu Christe GOttes sohn, Gewaltig, herrlich, prächtig, schön, Es dancket dir deine Christenheit Von nun an bis in ewigkeit.
16. O heiliger Geist, du wahrer GOtt, Der du uns tröst in aller noth, Wir rühmen dich, wir loben dich, Und sagen dir danck ewiglich.

LXXVII. 77.

Im Th. Erschienen ist der herrlich tag.
Als viertzig tag nach ostern warn, Und Christus war gen himmel fahrn, Beschied er sein' jünger auf ein'n berg, Vollendt hat er sein amt und werck, Alleluja.
2. Er sprach: all ding erfüllet sind, Die man von mir geschrieben findt In propheten und Mosis lahr, Die schrift er ihn'n auslegte klar, Allel.
3. Also, sprach er, hats müssen seyn, Daß Christus litt des todes pein. Und mußt wieder vom tod aufstehn, Durch creutz und tod in sein reich gehn, Allel.
4. Im himmel ist mir all gewalt Gegen auf erden gleicher gestalt, Deß sollt ihr meine zeugen seyn. Solchs wird mein geist euch lehren fein, Alleluja.
5. Geht hin und predigt in mein nam Vergebung der sünd jederman. Tauft und lehrt alle völcker gleich, Und samlet mir ein ewges reich, Alleluja.
6. Wer gläubet und sich tauffen läßt, Derselb die seligkeit empfäht, Wer aber nicht gläubt, wird verdammt. Macht solchs in aller welt bekant, Allel.
7. Als was ihr von mir habt gehört, Mit fleiß dasselb sie halten lehrt, Ich will bey euch seyn bis ans end, Wartet bis ich mein Geist euch send, Alleluja.
8. Darnach hub auf der HERR sein hand, Gesegnet sie, und schied behend Von ihn'n, und fuhr in himmel hoch, Elend die jünger sahn hernach, Alel.
9. In weissen kleidern stunden da Zween männer, die sagten also: O ihr männer von Galilä, Was seht ihr viel gen himmel hie? Alleluja.
10. Dieser JEsus ist aufgenomm'n In himel, und wird wieder komm'n, Gleichwie er auffuhr von euch jetzt, Zus Vaters rechten er nun sitzt, Alleluja.
11. Sein reich hat er gefangen an, Als muß ihm nun seyn unterthan, Durchs wort er selbst sein kirch regiert, Mit gaben er sie schmücket und ziert, Allel.
12. Wie er nun in die höh auffuhr Oeffnet er uns die himels-thür, Die gefängnis mit sich gfangen führt, Ohn end er nun herrschet und regiert, Alleluja.
13. Am jüngsten tag er zum gericht Wird kommen, und ausbleiben nicht, Sein schäflein er absondern wird Von böcken, der getreue hirt, Alleluja.
14. Auf dein zukunfft mit hertzensbgier Und seufzen, HErr Christ hoffen wir, Komm, lieber HErr, erlös uns schier, Hol uns aus dem elend zu dir, Allel.

LXXVIII. 78.

Mel. Erstanden ist der heilig Christ.
GEn himmel aufgesahren ist, Alleluja, Der könig der ehren JEsus Christ, Alleluja.
2. Er sitzt zur rechten GOttes hand, Alleluja, Herrschet über himm'l und alle land, Alleluja.
3. Nun ist erfüllt was g'schrieben ist, Alleluja, Im psalmen von dem HErren Christ, Allelujah.
4. Nun sitzt beym HErren Davids HErr, Allel. Wie zu ihm gesprochen hat der HErr, Allelujah.
5. Nun dancket dem HErren JESU Christ, Alleluja, Der heut zum himmel gefahren ist, Alleluja.
6. Lob sey der heilgen Drehfaltigkeit, Alleluja, Von nun an bis in ewigkeit, Alleluja.

LXXIX. 79.

Mel. Von GOtt will ich nicht lassen.
FReut euch, ihr Christen alle, Der siegs-fürst JEsus Christ, Gen himmel fährt mit schalle, Weil er erstanden ist; Erlöset uns von pein, Den teufel überwindet, Mit GOtt uns recht verbindet. Wer wolt nicht fröhlich seyn?
2. Die jünger Christi stehn Rechts gottes fürch-

Himmelfahrts-Gesänge.

fürchtiger art:,: Mit grossem wunder anschen Des HErren himmelfahrt: Die reinen geisterlein Dem höchsten GOtt lobsingen, Mit hüpfen und mit springen G'leiten Christum hinein.

3. GOtt Vater, hoch im throne, In seiner herrlichkeit:,: Den sohn empfähet schone Mit schmuck und ehren bekleidt: Zur rechten hand ihn stellt, Daß er ohn end regiere, Und weislich alles führe, Mächtig in aller welt.

4. Insonderheit den frommen Die besten gaben sendt:,: Die hoch vom himmel kommen Sich ihnen selbst verpfändt, Den weg der wahrheit weißt, Daß sie zu GOttes ehren An allen orten lehren, Schenckt ihn'n den heilgen Geist.

5. Uns hast du nicht verlassen Du wirst noch bey uns seyn:,: Uns trösten aus dermassen, Dein wort erhalten rein: Hilf uns zu jeder frist, Daß wir in kurzen jahren Mit dir gen himmel fahren, Da liebster JEsus Christ.

LXXX. 80.

Im Th. Allein GOtt in der höh sey.

Allein auf Christi himmelfahrt Mein nachfahrt ich thu gründen:,: Allein auf seine hülf ich wart, Und bitt, er woll mir senden Sein himmlische gnad oben rab, Daß ich der welt mag sagen ab, Und was droben ist, suchen.

2. Weil er gen himmel sich gewendt, Das irrdische verlassen:,: Mein herz auch nirgends ruhe findt, Es will nun diese strassen Zur himmlischen ruh, freud und ehr, Wo Christus ist sein haupt und HErr, Dabey will es auch ruhen.

3. Ach laß, HErr Christe, mich die gnad Von dein'r auffahrt empfangen:,: Daß mein herz hie die nachfahrt hab, Bis daß ich werd erlangen Das himmelfahrn mit seel und leib, Dir zu ehrn und mir zur freud: So will ich dir lobsingen.

Pfingst-Gesänge.

LXXXI. 81.

Nun bitten wir den heiligen Geist Um den rechten glauben allermeist, Daß er uns behüte An unserm ende, Wann wir heimfahren aus diesem elende, Kyrieleison.

2. Du werthes licht gib uns deinen schein, Lehr uns JEsum Christum erkennen allein, Daß wir an ihm bleiben Dem treuen Heyland, Der uns bracht hat zu dem rechten vaterland, Kyriel.

3. Du süsse lieb, schenck uns deine gunst, Laß uns empfinden der liebe brunst, Daß wir uns von herzen Einander lieben, Und im friede auf einem sinne bleiben, Kyrieleison.

4. Du höchster tröster in aller noth, Hilf, daß wir nichts fürchten schand noch tod, Daß in uns die sinnen Nicht verzagen, Wann der feind das leben wird verklagen, Kyrieleison.

LXXXII. 82.

Komm, GOtt schöpfer heiliger Geist, Besuch das herz der menschen dein Mit gnaden sie füll, wie du weist, Daß sie dein geschöpf vorhin seyn.

2. Dann du bist der tröster genannt, Des allerhöchsten gabe theur, Ein geistlich salb an uns gewandt, Des lebens brunnen, lieb und feur.

3. Zünd uns ein licht an im verstand, Gib uns ins herz der liebe brunst Das schwach fleisch in uns dir bekannt, Erhalt vest durch dein kraft und gunst.

4. Du bist von gaben siebenfalt Der finger an GOttes rechten hand, Des vaters wort gibst du gar bald, Mit zungen frey in alle land.

5. Des feindes list treib von uns fern, Den frieden schaff sey uns ein gnad, Daß wir dein'm leiten folgen gern, Und meiden unsrer seelen schad.

6. Lehr uns den vater kennen wohl, Darzu JEsum Christ seinen Sohn, Daß wir des glaubens werden voll, Dich beyder Geist recht zu verstohn.

7. GOtt Vater sey lob, und dem Sohn, Der von den todten auferstund, Dem tröster sey daselb gethan, In ewigkeit und alle stund.

LXXXIII. 83.

Komm, heiliger Geist, HErre GOtt, Erfüll mit deiner gnaden gut, Deiner gläubigen herz, muth und sinn, Dein brünstig lieb entzünd in ihn'n. O HErr, durch deines lichtes glanz Zu dem glauben versammlet hast Das volk aus aller welt zungen, Das sey dir, HErr, zu lob gesungen, Halleluja, Halleluja.

2. Du heiliges licht, edler hort, Laß uns leuchten des lebens wort, Und lehr uns GOtt recht erkennen, Von herzen Vater ihn nennen. O HErr, behüt für fremder lehr, Daß wir nicht meister suchen mehr, Dann JEsum Christ mit rechtem glauben, Und ihm aus ganzer macht vertrauen, Hallel. Halleluja.

3. Du heilige brunst, süsser trost, Nun hilf uns frölich und getrost In deinem dienst beständig bleiben, Die trübsal uns nicht abtreiben. O HErr, durch dein kraft uns bereit, Und stärck des fleisches blödigkeit, Daß wir hie ritterlich ringen, Durch tod und leben zu dir dringen, Hallel. Halleluja.

LXXXIV. 84.

Mel. O mensch, bewein dein sünde.

Jauchz erd und himmel rich ergell Die wunder GOttes mit freuden erzehl. Die er heut hat begangen:,: An sein'm trost-

Pfingst-Gesänge.

trostlosen häuflein klein, Das saß mit still friedsam in ein, Mit g'bät hat, groß verlangen: Daß es getauft würd mit dem Geist, Der kam einsmahls mit feuersgeist, Mit g'tös und starken winde, Das hauß erfüllet überall, Die zungen sah man in dem saal zertheilt, sie redten g'schwinde.

2. Sich thät gantz auf des himmels-schrein, Man meynt, sie wären voller wein, All welt thät sich verwundern: Mit andern zungen redten sie all, Lobten Gotts große that'n mit schall, Der Geist thät sich ermuntern: Daß sie sich machten auf den plan, Zu lehren Christum fiengen an, Wie er der HErr wär worden: Und daß man solt von sünd abstahn, Auf sein'n namen sich tauffen lahn, Das war der Christen-orden.

3. O wie ein gnadreich jubel-jahr! In dem uns jetzt wird offenbar Die lösung Gotts auf erden: Der hall geht durch die gantze welt Das uns der lieb Gott nicht mit geld noch keinm zeitlichen werthe-Erlöser hat vons teuffels ruth, Sondern mit seins Sohns tod und blut, Der hats reich eingenommen. Sein Geist schickt er vons Vaters hand, Deß siegel seyn soll und das pfand, Daß wir nachkommen sollen.

4. O HErr, nun gib, daß uns auch sind In fried und g'bät der seelen-wind, Weh hin der sünden-saufe: Von unserm gmüth und all das haus Dein'r heilgen gmein, das werck mach-aus, Das aufgeh rechter glaube, Und unser zung gantz feurig werd, Redt nichts, dann dein lob hie auf erd, Und was den nächsten bauet. Wenn aus dem rost der alten haut, Das wir werden dein' neue braut, Irrt nicht, ob dem fleisch grauet.

5. Wir habn gehört dein wort jetzt lang, Welches doch nur ist ein anfang Des glaubens, der dich ehret: Dein fels ist gepflantzt und gewässert wohl, Darum man dich jetzt bitten soll Daß solch gut werd gemehret: Und du dein segen mildiglich Von oben reichen gnädiglich, Und gebst seligs gedeyen, Daß wir starck werden durch dein Geist, Sonst sind wir träg, schwach, wie du weist, Der Vater woll uns zeihen.

LXXXV. 85.

BRunquell aller güter, Herrscher der gemüther, Lebendiger wind :,: Stiller aller schmertzen, Dessen glantz und kertzen Mein gmüth entzündt, Lehre meine schwache saiten Deine krafft und lob ausbreiten

2. Starcker GOttes-finger Fremder sprachen-bringer, Süsser hertzens-safft: Tröster der betrübten, Flamme der verliebten, Aller athems kraft,

Gib mir deine brunst und gaben, Dich von hertzen lieb zu haben.

3. Bräutigam der seelen, Laß mich in der hölen Deiner lieblichkeit, Ruh und zuflucht finden, Laß mich von den winden Trüber noth befreyt, Komm herfür, o gnaden-sonne, Küsse mich mit trost und wonne.

4. Theure Gottes-gabe Komm, o komm, mich labe, Sieh ich bin verschmacht: Komm, o mein verlangen, Kom mein lieb, gegangen, Dann mein hertze lacht, Wird von neuem gantz erquicket, Wann es, labsal, dich erblicket.

5. Wie ein hirschlein lechtzet Sich nach wasser sehnet Wann es wird gejagt: So pflegt mein gemüthe, HErr, nach deiner güte, Wann es wird geplagt, Tie zu seufzen, und im dürren Nach dir, reicher strom, zu girren.

6. Wahrer menschen-schöpfer, Unsers thones töpfer, GOtt von ewigkeit: Zunder keuscher liebe, Gib, daß ich mich übe Auch im creuz und leid, Alles dir anheim zu stellen, Und mich tröst in allen fällen.

7. Führe meine sachen, Meinen schlaf und wachen, Meinen tritt und gang: Glieder und gesichte, Daß mein arm gedichte, Daß mein schlecht gesang, Wandel, werck und stand für allem Dir, o Vater, mög gefallen.

8. Laß den sohn der höllen Nicht mit listen fällen Meiner tage lauf :,: Nimm nach diesem leiden Mich zur himmels-freuden, Deinen diener, auf, Da soll sich mein mund erheben, Dir ein Alleluja geben.

LXXXVI. 86.

Im Thon: JEsu, meine freude, ꝛc.

URsprung wahrer freuden, Komm in meinem leiden, Und erfreue mich :,: Strafe meine sünden, Doch, daß ich mag finden, Daß du kräftiglich Dich in mir, O werthe zier, Hast ergossen, daß dein lieben Ich hier aus mag üben.

2. Laß nicht lieb erkalten In mir, sondern halten Meines HErren wort :,: Lehre mich ergründen Diß wort, laß mich finden Hier an meinem ort, Werthes licht, was mir gebricht, Doch laß mich in meinem klagen Gleichwol nicht verzagen.

3. Auch wollst du in zeiten Mich behutsam leiten Alle wahrheit ein :,: Daß ich möge kämpfen Ritterlich und dämpfen Was mir bringet pein: Wann die sünd Auf mich geschwind Jhren stachel schiesset, mich stärcke, Daß ich trost vermercke.

4. Wann ich nun soll sterben Und mein fleisch verderben, Da verlaß mich nicht :,: Trit mir an die seite, Hilf daß ich so streite, daß ich ins gericht Ja nicht

dich! kommn, O mache frommn Mich, das in in diesem leben Blos mög hiernach streben.

LXXXVII. 87.

Jn Th. Durch Adams fall ist ganz, 2c.

Heut ist das rechte jubel-fest Der kirchen angegangen ::: Daran ein glanz sich sehen läst Des Geistes, den empfangen Der jünger schaar, Welch offenbar Von diesem himmels-regen Benetzet ist. Diß, o mein Christ, Kan hertz und muth bewegen.

2. Auf, meine seel au', und vernimm, Wie doch in allen gassen, Gehöret wird die freuden-stimm::: Euch ist die sünd erlassen, Nun seyd ihr frey, Es sind entzwey Der höllen starcke ketten, Ein sünder kan Vor jedermann Jetzt auf den schauplatz tretten.

3. Nun wird das evangelium Auf einem wunder-wagen, Des werthen Geistes weit herum Geführet und getragen. O welch ein schatz, Der seinen platz Bey frommen seelen suchet, Wer den nicht nimmt, Und ihm zustimmt, Bleibt ewiglich verfluchet.

4. Hierauf schaut man des glaubens gold, Hier wird man frey von sünden, Hier läßt ein reicher gnaden-hold Sich überflüßig finden: Hier ist das brod, So in der noth Kan unsre seelen laben, Hier finden sich Vor dich und mich Viel tausend schöne gaben.

5. Heut hat der grosse Himmels-Herr Herolden ausgesendet, Schaut seine tapfre prediger, Die haben sich gewendet An manchen ort, Da klingt ihr wort: Thut buß, ihr leut auf erden, Diß ist die zeit, Welch euch befreyt, Und lässet selig werden.

6. Es läßt die wunder-schöne braut Sich hören auf den wegen, Sie tritt hrvor und schreyet laut, Da kommut nun euer segen. Macht auf die thür, Jetzt geht herfür Der Geist mit pracht u. ehren, Der will in euch Sein herrlichs reich Erbauen und vermehren.

7. Seht, hier ist lauter trost und licht, Seht, hier sind gnaden-zeichen, Hier darf kein Christ sich fürchten nicht, Hier muß der satan weichen, Des höchsten mund Macht einen bund Mit juden und mit heyden, Trotz jedermann, Nun nichts uns kan Von GOttes liebe scheiden.

8. O grosser tag, o güldner tag, Deßgleichen nie gesehen, O tag, davor man sagen mag, Das wunder sint geschehen Im himmelreich, Als und zugleich, Hier unten auf der erden GOtt fähret auf, Des Geistes lauf Muß uns hienieden werden.

9. Der jünger zungen gleichen sich Der schallenden posaunen, Ihr haupthaar kreusen wunderlich, Das volck will schier erstaunen. Es bricht heraus In ihrem haus Ein wort von grossen thaten, O welch ein glanz, Der himmlisch glanz, Ist auf diß volck gerathen.

10. Es lassen sich luft, feur und wind Voll wunders sehn und hören. Welch, ob sie wol nicht einig sind Hie niemand doch verfehren: Des windes kraft Hat nur geschafft, Daß sich die schwachen stärcken, Wer ihn nur hat, Kan trost und rath In allem trübsal mercken.

11. O süsser tag! nun wird der geist Vom himmel ausgegossen, Der Geist, der uns der welt entreist, Und uns als reichs-genossen, Der herrlichkeit So gar befreyt, Zu JEsu lässet kommen, Ach würd ich bald Auch dergestalt An diesen ert genommen!

12. O guter Geist, regiere doch Mein hertz, daß ich dich liebe, Daß meine seel im sünder-joch Hinfort sich nimmer übe. HErr, laß mich bald Des feuers gwalt, Das himmlisch heißt, empfinden, Und alle noth, Ja selbst den tod Durch solches überwinden.

LXXXVIII. 88.

Jn Th. Was wilt tu dich betrüben.

Zeuch ein zu deinen thoren, Sey meines herzens-gast::: Der du, ta ich geboren, Mich neu gebohren hast, O hochgeliebter Geist, Des vaters und des sohnes, Mit beyden gleiches thrones, Mit beyden gleich gepreißt.

2. Zeuch ein, laß mich empfinden, Und schmecken deine kraft, Die kraft, die uns von sünden Hülf und errettung schafft. Entsündge meinen sinn, Daß ich mit reinem geiste Dir ehr und dienste leiste, Die ich dir schultig bin.

3. Ich war ein wider reben, Du hast mich gut gemacht, Der tod durchdrang mein leben, Du hast ihn umgebracht, Und in der tauf erstickt, Als wie in einer fluthe, Mit dessen tod und blute, Der uns im tod erquickt.

4. Du bist das heilige öle, Dadurch gesalbet ist Mein leib und meine seele, Dem HErren JEsu Christ Zum wahren eigenthum, Zum priester und propheten, Zum könig, ten in nöthen GOtt schützt vom heiligthum.

5. Du bist ein Geist, der lehret, Wie man recht bäten soll, Dein bäten wird erhöret, Dein singen klinget wohl, Es steigt zum himmel an: Es steigt, und läßt nicht abe, Bis der geheissen habe, Der allein helfen kan.

6. Du bist ein Geist der freuden, Von trauren hältst tu nicht, Erleuchtest uns im leiden Mit deines trostes licht Ach ja, wie manches mahl, Hast du mit süssen worten Mir aufgethan die pforten Zum güldnen himmels-saal.

7. Du bist ein Geist der liebe, Ein
freund

Pfingst-Gesänge.

freund der freundlichkeit, Wilt nicht, daß uns betrübe Zorn, zanck, haß, neid und streit. Der feindschafft bist du feind, Wilt, daß durch liebes-flammen Sich wieder thun zusammen Die voller zwietracht seyn.

8. Du, HErr, hast selbst in händen Die gantze weite welt, Kanst menschen-hertzen wenden, wie dir es wohl gefällt, So gib doch deine gnad Zum fried und liebes-banden, Verknüpf in allen landen, Was sich getrennet hat.

9. Erhebe dich, und steure Dein hertz-leid auf der erd, Bring wieder und erneure Die wohlfahrt deiner heerd! Laß blühen, wie zuvorn, Die länder, so verheeret, Die kirchen, so zerstöret Durch krieg und feuers-zorn.

10. Beschirm die policeyen, Bau unsers fürsten thron, Daß er und wir gedeyen, Schmück als mit einer kron Die alten mit verstand, Mit frömmigkeit die jugend, Mit gottesfurcht und tugend Das volck im ganzen land.

11. Erfülle die gemüther Mit reiner glaubens-zier, Die häuser und die güther Wilt segen für und für: Vertreib den bösen geist, Der dir sich widersetzet, Und was dein hertz ergötzet, Aus unserm hertzen reißt.

12. Richt unser gantzes leben Allzeit nach deinem sinn, Und wann wirs sollen geben Ins todes rachen hin: Wanns mit uns hie wird aus, So hilf uns froölich sterben, und nach dem tod ererben Des ewgen lebens haus.

LXXXIX. 89.

Mel. Freu dich sehr, o meine seele.

O Du allersüßte freude! O du allerschönstes licht :,: Der du uns in lieb und leide Unbejuchet lässest nicht: Geist des Höchsten, höchster fürst, Der du hälst und halten wirst Ohn aufhören alle dinge, Höre, höre, was ich singe.

2. Du bist ja die beste gabe, Die ein mensche nennen kan, Wann ich dich erwünsch und habe, Seh ich alles wünschen an: Ach! ergib nur, komm zu mir In mein hertze, das du bin, Da ich in der welt gebohren, Selbst zum tempel auserkohren.

3. Du wirst aus des himmels throne Wie ein regen ausgeschüttt, Bringst vom Vater und dem Sohne Nichts als lauter segen mit: Laß doch, o du werther gast, GOttes segen, den du hast Und verwaltst nach deinem willen, Mich an leib und seele füllen.

4. Du bist weis und voll verstandes, Was geheim ist, ist dir kund, Zählst den staub des kleinsten sandes, Gründst des tiefen meeres-grund. Nun du weist auch zweifels frey, Wie verderbt und blind ich sey, Drum gib weisheit, und für allen, Wie ich möge GOtt gefallen.

5. Du bist heilig, läßt dich finden, Wo man rein und sauber ist, Fleuchst hingegen schand und sünden, Wie die tauben stanck und mist. Mache mich, o gnaden-quell! Durch dein waschen rein und hell, Laß mich fliehen, was du fliehest, Gib mir was du gerne siehest.

6. Du bist, wie ein schäflein pfleget, Frommes hertzens, sanftes muths, Bleibst im lieben unbeweget, Thust uns bösen alles guts: Ach verleih, und gib mir auch Diesen edlen sinn und brauch, Daß ich freund und feinde liebe, Keinen, den du liebst, betrübe.

7. Mein hort, ich bin wohl zufrieden, Wann du mich nur nicht verstößt, Bleib ich von dir ungeschieden, Ey so bin ich gnug getröst. Laß mich seyn dein eigenthum, Ich versprech hinwiederum, Hier und dort all mein vermögen Dir zu ehren anzulegen.

8. Ich entsage allem deme, Was dir deinen ruhm benimmet, Ich will, daß mein hertz annehme Nur allein was von dir kömmt. Was der satan will und sucht, Will ich halten als verflucht: Ich will seinen schnöden wegen Mich mit ernst zuwider legen.

9. Nur allein, daß du mich starckest, Und mir treulich stehest bey, Hilf, mein helfer, wo du merckest, Daß mir hülfe nöthig sey. Brich des bösen fleisches sinn, Nimm den alten willen hin, Mach ihn allerdinges neue, Daß mein GOtt sich meiner freue.

10. Sey mein retter, halt mich eben, Wann ich sincke, sey mein stab, Wann ich sterbe, sey mein leben, Wann ich liege, sey mein grab, Wann ich wieder aufersteh, Ey so hilf mir, daß ich geh Hin, da du in ewgen freuden Wirst dein auserwählten weyden.

XC. 90.

DEs heilgen Geistes reiche gnad, Die hertzen der Apostel hat Erfüllt mit seiner mildigkeit, Geschenckt der sprachen unterscheid.

2. Die Christus hat zuvor gesendt Und heissen gehn an der welt end, Zu predgen in allen zungen Das rein wort alten und jungen.

3. Sagend zu ihnen: nehmet wahr Den heiligen Geist jetzt offenbar, Er laßt die sünd den gläubigen, Behalts den unbußfertigen.

4. Da ihr gleich vor der obrigkeit Müßt stehn mit grosser fährlichkeit, So kümmert euch darum nicht sehr, Wie ihr verantwort meine lehr.

5. Der Geist wird geben euch zur stund Verstand, und öfnen euch den mund,

Daß

Daß euch kein list noch gwalt so groß,
Von meines worts bekäntniß stoß.
6. Drum preiset des trösters wohlthat,
Der alle ding erschaffen hat, Der sünd
und irrthum von uns wendet, Die
flamm der lieb ins hertze sendet.

Von der heiligen Dreyei-
nigkeit.
XCI. 91.

DEr du bist drey in einigkeit,:,:
Ein wahrer GOtt von ewig-
keit, Die sonn mit dem tag
von uns weicht, Laß uns leuchten dein
göttlich licht.
2. Des morgens, GOtt! dich loben
wir:,: Des abends auch wir dancken
dir, Unser armes lied rühmet dich
Jetzund immer nad ewiglich.
3. GOtt Vater, dem sey ewig
ehr:,: GOtt Sohn, der ist der einig
HERR, Und dem tröster heiligen
Geist, Von nun an bis in ewigkeit.

XCII. 92.

GOTT der Vater, wohn uns bey,
Und laß uns nicht verderben,
Mach uns aller sünden frey, Und hilf
uns selig sterben, Vor dem teufel uns
bewahr, Halt uns bey vestem glauben, Und auf dich laß uns bauen, Aus
hertzens-grund vertrauen: Dir uns
lassen gantz und gar, Mit allen rechten Christen, Entfliehn des teufels
listen, Mit waffen Gottes uns rüsten.
Amen, amen, das sey wahr, So singen wir Alleluja.
2. JESU Christ, du treuer hort,
Führ uns auf rechter strassen, Der
du bist des Vaters wort, Darauf wir
uns verlassen, Du hast uns durch deinen tod Das ewig reich erworben,
Du bist das licht und leben, Vom
Vater uns gegeben, Du bist unser
himmel-brod, Gerechtigkeit und
weißheit, Du bist das haupt der
Christen, Der fried, der weg, die
wahrheit. Von Maria gebohren bist,
Gelobet seyst du, JEsu Christ.
3. Heilger Geist, die dritt person
Der gottheit gleicher ehren, Mit
dem Vater und dem Sohn, Wollst
uns den glauben mehren. Dich uns
Christ beym Vater hat Durch seinen tod erworben, Erschein uns mit
genaden, So wird das wort gerathen:
Hilf, daß sich zu Christ dem HErrn
Die arme leut bekehren, Du kanst
von Christ recht lehren, Dem bösen
satan wehren. Alleluja singen wir,
Hilf uns heilger Geist zu dir.

XCIII. 93.

JEsaia dem propheten das geschah,
Daß er im geist den HErren sitzen
sah, Auf einem hohen thron in hellem
glantz, Seines kleides saum den chor
erfüllet gantz. Es stunde zween Seraph
bey ihm daran, Sechs flügel sah er einen jeden han, Mit zween bedeckten
sie ihr antlitz klar, Mit zween bedeckten sie die füsse gar, Und mit den andern zween sie flogen frey, Gegenander ruften sie mit grossem Geschrey:
Heilig ist GOtt der HErre Zebaoth,
Heilig ist GOtt der HErre Zebaoth,
Heilig ist GOtt der HErre Zebaoth,
Seine ehr die gantze welt erfüllet hat.
Von dem geschrey zittert schwell und
balcken gar, Das haus auch gantz voll
rauchs und nebels war.

XCIV. 94.

DReyeinigkeit, der gottheit wahrer
spiegel, O licht vom licht, als
dessen allmacht flügel Sich um und
um durch diesen erdkreis streckt, Und
alle welt mit seinem schirm bedeckt.
2. Wir loben dich, so bald die sonn
erwachet, Und wann sie jetzt den
späten abend machet: Was lebt und
webt auf dieser erden weit, Ist alles,
HErr, zu deinem dienst bereit.
3. O reicher schatz, o unumschräncktes
wesen, Wer hat wohl je die heimlichkeit gelesen? O tiefer brunn, o
unerforschter pracht, Wie groß, ach
GOtt! wie groß ist deine macht?
4. Wer kann doch hier, HErr, deine
weg erfinden? Wie solt ein mensch
wohl dein gericht ergründen? Nur
weg, vernunft, nur weg, nur weg
mit dir, Dein witz der ist gar viel
zu schlecht allhier.
5. Nur immer hin, nur hin mit deinem dichten, Du kanst dich nicht in
GOttes weißheit richten: Wo GOtt
nicht selbst dich unterweisen wird, So
bleibest du verlehren und verirrt.
6. Drum lehr uns, HErr, o lehr uns
ohne trennen, In einem drey, in
dreyen eins erkennen. Ach lehr uns doch
GOtt Vater, Sohn und Geist, Daß
du ein GOtt in drey personen heißt.
7. Gib, daß von mir diß wort bey uns
stets klinge, Von ihm, durch ihn,
in ihm sind alle dinge. Dem grossen
GOtt sey ehr in ewigkeit, Ja, amen,
ja, singt alle Christenheit.
8. Dein nam ist groß, dein reich HErr,
in uns wohne, Dein will uns zwing,
ernähr uns und verschone, Versuchung
steur, erlös aus böser zeit, Dein ist
das reich, die kraft und herrlichkeit.

XCV. 95.

GOtt sey uns gnädig und barmhertzig, Und geb uns seinen göttlichen segen.
2. Er lasse uns sein antlitz leuchten,
Daß wir auf erden erkennen seine wege.
3. Es segne uns GOtt, unser GOtt, Es
segne

Am Tag Mariä Heimsuchung.

segne uns GOtt, und geb uns seinen frieden.
4. Lob und preiß sey GOtt dem Vater und dem Sohne, Und dem heiligen Geiste.
5. Wie es war von anfang, jetzt und immerdar, Und von ewigkeit zu ewigkeit, Amen.

Am Tag Johannis des Täuffers.
XCVI. 96.

Im Th. Nun welche die ihr, ꝛc.

GEbenedeyt sey GOtt der HErr, Des Israels der höchste, Dann er hat b'sucht und geschickt her, Daß er sein volck erlößte. Hat aufgericht, Wie man jetzt sicht, Von Davids haus das horen Der seligkeit, Den sündern b'reit, Die darzu sind erkohren.
2. Vor langer zeit hats zugesagt Durch den mund der propheten, Zu retten sie er ist bereit, Von den feinden aus nöthen, Von hassers hand Sie allesammt, Wie er dann hat verheissen, Barmhertzigkeit Weit ausgebreit, Den völckern ist geleistet.
3. Er hat gedacht an seinen bund, Dem Abraham geschworen, Dadurch dann auch ein jeder kund Von GOtt aus forcht erkohren, Von seindes kraft An GOtt behaft, Mit heilger forchten streben, In grechtem sinn, Gantz frey dahin, Dieweil er hat das leben.
4. Und du vielseliges kindelein, Wirst GOtts prophet genennet, Dann sein vorgänger solt du seyn, Auf daß er wird erkennet. Zur seligkeit Auch werd bereit Sein volck dahin die straffe, Wann er leg ab Ihr missethat, Macht sie so quitt und lose.
5. Durch sein barmhertzigkeit das g'schicht, Die oben rab sich leitet, Darinn gar bald den trost ersicht Der jämmerlich lag g'breitet In finsterniß Und todes-biß, Darin sogar ohn muthe, Drum unser fuß nicht schlipfen muß Auf friedens-straffen gute.

Am Tag Mariä Heimsuchung.
XCVII. 97.

MEine seel erhebt den HErren, Und mein geist freuet sich Gottes meines heylandes.
2. Dann er hat seine elende magd angesehen. Siehe, von nun an werden mich selig preisen alle kindes-kind.
3. Dann er hat grosse ding an mir gethan, Der da mächtig ist, Und deß name heilig ist.
4. Und seine barmhertzigkeit wahret immer für und für, Bey denen, die ihn fürchten.
5. Er übet gewalt mit seinem arm, Und zerstreuet die hoffärtig sind in ihres hertzens sinn.
6. Er stößet die gewaltigen vom stuhl, Und erhebet die niedrigen.
7. Die hungrigen füllet er mit gütern, Und lässet die reichen leer.
8. Er dencket der barmhertzigkeit, Und hilft seinem diener Israel auf.
9. Wie er geredt hat unsern vätern, Abraham und seinem samen ewiglich.
10. Lob und preiß sey GOtt dem Vater und dem Sohn, Und dem heiligen Geiste.
11. Wie es war im anfang, jetzt und immerdar, Und von ewigkeit zu ewigkeit, Amen.

Am Tage Michaelis des Ertz Engels.
XCVIII. 98.

HErr GOtt, dich loben alle wir, Und sollen billig dancken dir Für dein geschöpf der engel schon, Die um dich schweben in deinem thron.
2. Sie glänzen hell und leuchten klar, Und sehen dich gantz offenbar, Dein stimm sie hören allezeit, Und sind voll göttlicher weißheit.
3. Sie feyren auch und schlafen nicht Ihr fleiß ist auch dahin gericht, Daß sie, HErr Christe, um dich seyn, Und um dein armes häufelein.
4. Der alte drach und böse feind, Für neid, haß und für zorne brennt, Sein datum steht allein darauf, Wie von ihm werd zertrennt dein hauf.
5. Und wie er vor hat bracht in noth Die welt, führt er sie noch in tod, Kirch, wort, gesetz, all ehrbarkeit, Zu tilgen ist er stets bereit.
6. Darum kein rast noch ruh er hat, Brüllt wie ein löw, sucht früh u. spat, Legt garn und strik, braucht falsche list Daß er verderb, was christlich ist.
7. Indeß wachet der eng.l-schaar, Die Christo folgen immerdar, Und schützen deine Christenheit, Wehren des teufels listigkeit.
8. An Daniel wir lernen das, Da er unter den löwen saß, Deßgleichen auch dem frommen Loth Der engel half aus aller noth.
9. Dermassen auch des feuers-glut Verschont, und keinen schaden thut, Den knaben in der heißen flamm, Der engel ihn'n zur hülfe kam.
10. Also schützt Gott noch heut zu tag

Dar=

Fürm übel und für mancher plag Uns
durch die liebe engelein, Die uns zu
Wächtern geben seyn.
11. Darum wir billig loben dich,
Und dancken dir, GOtt, ewiglich,
Wie auch der lieben engel schaar,
Dich preisen heut und immerdar.
12. Und bitten dich, du wollst allzeit
Dieselben lassen seyn bereit, Zu
schützen deine kleine heerd, So hält
dein göttlich wort im werth.

XCIX. 99.

Gross-Fürst hoher Cherubinen,
 Erbherr starcker Seraphinen,
Zehnmahl hundert tausend stehen
Um dich her, dein antlitz sehen,
Tausend tausendmahl noch mehr Dir
erzeigen lob und ehr.
2. Es ist ja nicht zu ergründen,
Menschen-Freund, wer kan erfinden, Warum du so hoch uns ach-
test, Unserm heyl so sehr nachtrach-
test, Da wir staub und aschen sind,
Leichter noch als leichter wind.
3. Du befiehlest deinen thronen,
Deiner engel, daß sie wohnen,
Bey uns, stündlich uns behüten Für
des satans list und wüten, Daß sie,
Wie Elias brod bringen uns in hun-
gers noth.
4. Es muß uns ihr schutz umringen,
Wie den Loth, aus Sodom bringen, Wie den Petrum aus den ketten, Uns wie Daniel erretten, Als
er rings umschlossen war Von der
grimmigen löwen-schaar.
5. Für so grosse wunder-güte Soll
mein hertz und mein gemüthe, Meine zunge dir lobsingen, Farren ihrer
lippen bringen, Dir soll, o gedrittes
Ein, Ewig danck gesaget seyn.
6. Laß noch ferner uns begleiten,
Grosser HErr, zu allen zeiten,
Deine starcke himmels-helden,
Frohen trost im creutz anmelden:
Laß sie von uns weichen nicht, Wann
uns hülf und schutz gebricht.
7. Hilf, daß sie so lang uns dienen, Bis
im himmel wir mit ihnen, Dein so
grosses lob erklingen, Heilig! heilig!
heilig! singen, Und dann ewig heilig
für bleiben, grosser GOtt, bey dir.

C. 100.

Es stehn für GOttes throne, Die
 unsre diener sind, Der in seinm
lieben Sohne Liest aller menschen
kind; Daß er auch nicht der eines
Veracht will han, so klein es Auch
jemals ist gebohrn.
2. Sie sehn sein angesichte, Und habn
in guter acht, Was er ihn'n auszu-
richten Befiehlet tag und nacht, Da
sind die lieben engel Geschwind, regen
Ihr flügel Zu fahren hin und her.
3. Wo Christen-leute wohnen, In
häusern groß und klein, Da sie selber
nicht können Für feinde sicher seyn,
Wo nicht ein englisch lager Umher
wird aufgeschlagen, Mit steter hut
und wach.
4. Solches hat Loth erfahren, Auch
Abram mit sein'm knecht, Isaac bey
vierzig jahren, So nahm Rebeccam
recht, Jacob sah auf der lettern Die
boten Gottes klettern Auf und ab
allzumal.
5. Elias war entschlafen, Ein engel
weckt ihn auf, Elisa kriegt zu schaffen: Viel engel warten drauf: Erschienen auch den hirten, Und grosse freude
lehrten, Daß Christ gebohren wär.
6. Bey dieses kindes wiegen Der Joseph schlafen lag, Ein feind wolt
ihn bekriegen, Ein engel es ihm sagt:
Zog mit in ferne lande: Das soll in seinem frommen Glauben ein jeder Christ.
7. Auch Lazari des armen, Wann
gleich der tod ihn nimmt, Will sich
der HErr erbarmen, Die engel ihm
bestimmt, Die ihn gen himmel
bringen, Dem laßt uns alle singen,
Ewiges lob und preiß.

Andrer Theil.
In welchem verfasset
Die
Catechismus-Gesänge.

CI. 101.

GOtt, du höchster gnaden-
 hort, Verleih, daß uns dein
göttlich wort Von ohren, so
zu hertzen dring, Daß es sein
kraft und schein verbring.
2. Der einig glaub ist diese kraft,
Der steif an JEsu Christo haft.
Die werck der lieb sind dieser schein,
Dadurch wir Christi jünger seyn.
3. Verschaff bey uns auch, lieber
HErr! Daß wir durch deinen Geist je
mehr In dein'm erkänntniß nehmen
zu, Und endlich bey dir finden ruh.

CII. 102.

Im Th. O mensch bewein dein sünde.

HERR GOtt, dein treu mit gnaden leist, Und schick herab dein
heiligen Geist, Der uns die wahrheit
lehre, Und gib verstand, gmüth,
sinn und hertz, Daß uns dein wort
nicht sey ein schertz, Ja gantz zu dir
bekehre. O GOtt, dein gnade uns
beweis, Daß sich wohl schick zu deinem preiß All unser thun und lassen.
Was hindern mag, dasselbig wend,
Was fördern mag, das gib behend,
Zu wandeln deine strassen.

2. Und zeuch uns wohl, HErr, bey der zeit, Wir wissen nicht, was alter geit, Auch nicht wie viel der tagen: Zucht, glauben, forcht, fried, lieb und treu, Lehr uns dein Geist, der uns mach neu, Das woll er nicht versagen. Er b'hüt allzeit für falscher lehr, Der bösen welt auch treulich wehr, Damit sie uns nicht blende. HErr, theil aus dein barmherzigkeit, Zeig uns dadurch die seligkeit, Und hilf mit gnad zum ende.

3. Dein HErren GOtt vom himmelreich GOtt Vater und dem Sohn deßgleich, Lob, ehr und preiß wir sagen, Darzu auch dem heiligen Geist, Der uns sein trost u. gnade leist, Daß wir ja nicht verzagen, Die der gottlos verfolgt und plagt Und von ein land zum andern jagt, Weil sie ehrn deinen namen, So hilf, HErr GOtt, in dem elend, Daß sie bleibn bständig bis ans end, Durch JEsum Christum, Amen.

CIII. 103.

JEtzund so bitten wir dich, HErr, Bestätt und stärck die wahre lehr In unsern herzen allen, Dann das ist wahr, wie bös wir sind, Begehren wir doch deine kind Zu seyn, und dir zu gfallen.

2. So zeig nun GOtt dein gnad und gunst, Erfüll das hertz mit wahrer brunst Der liebe und des glaubens, Daß wir mögen, wie dirs gefällt, Das leben schliessen, und der welt Gar bald zum end urlauben.

CIV. 104.

DIß sind die heilgen zehn gebot, Die uns gab unser HERRE GOTT, Durch Mosen, seinen diener treu, Hoch auf dem berge Sinai, Kyrieleison.

2. Ich bin allein dein GOtt und HErr, Kein götter solt du haben mehr: Du solt mir gantz vertrauen dich, Von herzengrunde lieben mich, Kyriel.

3. Du solt nicht führen zu unehrn Den namen Gottes deines HErrn: Du solt nicht preisen recht noch gut, Ohn was GOtt selber redt und thut, Kyriel.

4. Du solt heiligen den siebenden tag, Daß du u. dein haus ruhen mag: Du solt von deinm thun lassen ab, Daß GOtt sein wercke in dir hab, Kyriel.

5. Du solt ehrn und gehorsam seyn Dem vater und der mutter dein, Und wo dein hand ihr'n dienen kan, So wirst du langes leben han, Kyrieleis.

6. Du solt nicht tödten zorniglich, Nicht hassen noch selbst rächen dich: Geduld haben und sanften muth, Und auch dem feinde thun das gut, Kyriel.

7. Dein eh solt du bewahren rein, Daß ja dein hertz kein ander meyn, Und halten keusch das leben dein, Mit zucht und mäßigkeiten sein, Kyriel.

8. Du solt nicht stehlen gelt noch gut, Nicht wuchern jemands schweiß noch blut Du solt aufthun dein milde hand Denen armen in deinem land, Kyriel.

9. Du solt kein falscher zeuge seyn, Nicht lügen auf den nächsten dein, Sein unschuld solt auch retten du, Und seine schande decken zu, Kyriel.

10. Du solt deins nächsten weib und haus Begehren nicht, noch etwas draus, Du solt ihm wünschen alles gut, Wie dir dein hertze selber thut, Kyrieleison.

11. Die gbot all uns gegeben sind Daß du dein sünd, o menschen-kind, Erkennen solt, und lernen wohl, Wie man vor GOtt recht leben soll, Kyriel.

12. Das helf uns der HErr JEsus Christ, Der unser mittler worden ist; Es ist mit unserm thun verlohrn Verdienen doch nur eitel zorn, Kyriel.

CV. 105.

MEnsch, wilt du leben seliglich, Und bey GOtt bleiben ewiglich, Solt du halten die zehn gebot, Die uns geboten unser GOtt, Kyrieleison.

2. Ich bin GOtt allein und HErr bin ich, Kein ander Gott soll irren dich. Trauen soll mir das hertze dein, Mein eigen reiche solt du seyn, Kyrieleison.

3. Du solt mein namen ehren schon, Und in der welt mich rufen an. Du solt heiligen den sabbath-tag, Damit ich in dir würcken mag, Kyrieleison.

4. Dem vater und der mutter dein Solt du nach mir gehorsam seyn, Niemand tödten, noch zornig seyn; Und deine ehe halten rein, Kyriel.

5. Du solt ein'm andern stehlen nicht, Auf niemand falsches zeugniß dicht, Dein's nächsten weib auch nicht begehrn, Und all sein gutes gern entbehrn, Kyrieleison.

Vom Christlichen Glauben.
CVI. 106.

WIr glauben all an einen GOtt, Schöpfer himmels und der erden, Der sich zum Vater geben hat, Daß wir seine kinder werden. Er will uns allzeit ernähren, Leib u. seel auch wohl bewahren; Allen unfall will er wehren, Kein leid soll uns widerfahren. Er sorget für uns, hüt und wacht, Es steht alles in seiner macht.

Wir glauben auch an Jesum Christ, Seinen sohn u. unsern HErren, Der ewig bey dem Vater ist, Gleicher GOtt von macht und ehren, Von Maria der Jungfrauen, Ist ein wahrer mensch gebohren, Durch den heiligen Geist

Geist im glauben, Für uns, die wir warn verlohren, Am creutz gestorben, und von dem tod Wied'r auferstanden Ist durch GOtt.
Wir glauben auch an heilgen Geist, GOtt mit vater und dem sohne, Der allen blöd'n ein tröster heist, Uns mit gaben zieret schone, Die gantze Christenheit auf erden, Hält in einem sinn gar eben. Hier all sünd vergeben werden, Das fleisch soll auch wieder leben, Nach diesem elend Ist bereit Uns ein leben in ewigkeit.

CVII. 107.

WJr glauben all an einen GOtt, Vater allmächtigen Schöpfer Himmels und der erden.
Und an JEsum Christum, seinen sohn, Unsern einigen HErren, Der empfangen ist vom heiligen Geiste, Gebohren aus Maria der Jungfrauen, Gelitten unter Pontio Pilato, Gecreutziget, gestorben und begraben. Abstieg zu höllen. Am dritten tag auferstanden von den todten, Und fuhr gen himmel, Sitzt zu der rechten Gottes des allmächtigen Vaters. Von dannen er zukünftig ist, zu richten Die lebendigen und die todten.
WJr glauben an heiligen Geiste, Eine heilige Christliche kirche, Gemeinschaft der heiligen, Ablaß der sünd, Auferstehung des fleisches, Nach diesem leben ein ewges leben, Amen.

CVIII. 108.

JCh glaub an GOtt den Vater, den allmächtigen Schöpfer himmels und der erden. Und an JEsum Christum seinen einigen sohn, Unsern HErren, Der empfangen ist vom heiligen Geist, Gebohren aus Maria der Jungfrauen, Gelitten unter Pontio Pilato, Gecreutziget, gestorben und begraben, Abgestiegen zu der höllen. Am dritten tag erstanden ist von den todten, Aufgestiegen zu den himmeln, Sitzet zu der rechten GOttes des Vaters des Allmächtigen Von dannen er künftig ist, zu richten die lebendigen und die todten. Ich glaube auch an den heiligen Geist, Eine heilige Christliche kirche, Gemeinschaft der heiligen, Ablaß der sünden, Auferstehung des fleisches, Und ein ewiges leben, Amen.

Von der Schöpfung.

CIX. 109.

Im eigenen Thon.
Oder: Freu dich sehr, o meine seele.
SChöpfer himmels und der erden, Vater, Sohn und heilger Geist, Aus nichts läst du alles werden, In sechs tagen, da du heist Himmel. wasser und die erd, Auch was drinnen geht und fährt, Herfürgehen, dir zum lobe, Uns zum nutzen und zur probe.
2. Da die erde war bedecket Mit dem wasser, und darzu In der finsterniß verstecket, Lag in ihrer ersten ruh, Sprachst du GOtt, es werde licht, Da der erste tag anbricht. Die gewässer durch die veste Theilt der andre tag aufs beste.
3. Als am dritten tag die erden Ward geschieden von dem meer, Mußten bäum und kräuter werden, Die hernach sich mehrten sehr. Sonne, mond und sternenlicht An dem vierten tag anbricht, Welche allzeit müssen machen Nacht und tag zum schlaf und wachen.
4. Nun der fünfte tag muß bringen Fisch und thiere in dem meer, In der luft zugleich muß singen Das geschwinde vögel-heer. Alle thiere, würm und vich Schaffst du GOtt, zum sechsten hie, Daß der mensch sehr reiche gaben Durch dein allmacht könte haben.
5. Laß uns auch nach unserm bilde Menschen machen, Sprachst du Gott: Welche über zahm und wilde Thiere herrschen bis zum tod. Da der mensch geschaffen war, Bließt du ihm den athem dar, Und machst ihm zu einem weibe Seine rippe aus dem leibe.
6. Diese beyde ausgezieret Mit gerecht- und heiligkeit, Mit verstand, wie sichs gebühret Waren rechte GOttes-leut. Deinem bilde gleich gesinnt, Und der mensch, dein liebes kind, Konte ohne sünd und sterben Deine seligkeit ererben.
7. Also wurde nun formiret Alle diese creatur, Auch mit segen ausgezieret, Auf daß deiner weisheit spur, Deine macht und majestät, Jedermann vor augen hätt, Dich zu kennen und zu loben, Dich zu lieben hier und droben.
8 Nun so laß dein lob erschallen, Meine seele, deinem GOtt. Der das leben gibt uns allen, Und dazu das liebe brod. Schutz und segen jederzeit: Drum so sey, mein hertz, bereit, Daß dein wort und werck vermehre Deines schöpfers lob und ehre.

Vom Vater Unser.

CX. 110.

VAter Unser im himmelreich, Der du uns alle heissest gleich Brüder seyn und dich rufen an, Und willt das beten von uns han, Glo, daß nicht bät allein der mund, Hilf, daß es geh von hertzens-grund.
2. Geheiligt werd der name dein Dein wort

Vom Vater Unser.

wort bey uns hilf halten rein, Daß wir auch leben heiliglich, Nach deinem namen würdiglich, Behüt uns, HErr, für falscher lehr, Das arm verführte volck bekehr.

3. Es komm dein reich zu dieser zeit, Und dort hernach in ewigkeit, Der heilge Geist uns wohne bey Mit seinen gaben mancherley, Des satans zorn und groß gewalt zerbrich, vor ihm dein kirch erhalt.

4. Dein will gescheh, HErr GOtt, zugleich Auf erden, wie im himmelreich: Gib uns gedult in leidens-zeit, Gehorsam seyn in lieb und leyd, Wehr und steur allem fleisch und blut, Das wider deinen willen thut.

5. Gib uns heut unser täglich brod, Und was man darf zur leibes-noth, Bhüt uns HErr, für unfried und streit, Für seuchen und für theurer zeit, Daß wir in gutem frieden stehn, Der sorg und geitzes müßig gehn.

6. All unser schuld vergib uns, HErr, Daß sie uns nicht betrüben mehr, Wie wir auch unsern schuldigern Ihr schuld und fehl vergeben gern, Zu dienen mach uns all bereit, In rechter lieb und einigkeit.

7. Fähr uns, HErr, in versuchung nicht, Wenn uns der böse Geist anficht, Zur linken und zur rechten hand Hilf uns thun starcken widerstand, Im glauben vest und wohl gerüst, Und durch des heilgen Geistes trost.

8. Von allem uebel uns erlös, Es sind die zeit und tage bös, Erlös uns von dem ewgen tod, Und tröst uns, in der letzten noth, Bescher uns auch ein seliges end, Nimm unsre seel in deine händ.

9. Amen, das ist es werde wahr. Starck unsern glauben immerdar, Auf daß wir ja nicht zweifeln dran, Was wir hiemit gebäten han, Auf dein wort in dein namen dein! So sprechen wir das Amen fein.

CXI. 111.

VAter Unser, Der du bist in dem himmel, Geheiliget werd dein nam. Zukomm dein reich, Dein will gescheh Auf erden wie in dem himmel, Unser täglich brod gib uns heut, Und vergib uns unsre schuld, Also auch) wir Vergeben Unsern schuldigern, Und führ uns nicht in versuchung, Sondern erlöse uns Von allem übel, Amen.

CXII. 112.

In Th. HErr Christ, der einig Gottes.
O Vater aller frommen, Geheiliget werd dein nam :,: Laß dein reich zu uns kommen, Dein will der mach uns zahm: Gib brod, vergib die sünde, Kein args das hertz entzünde, lös uns aus aller noth.

2. Dann dein, Herr, ist das reiche, Und auch die große krafft: Dadurch du herrschest gleiche Uber alle herrschafft. Das dir niemand kan wehren Reicht auch zu deinen ehren, Daß du uns hilfest aus.

CXIII. 113.

Mel. Christe, der du bist tag &c.
HImmlischer Vater lobesam, Geheiliget werd dein werther nam, Zukomm dein reich, dein göttlich wort Erschallen laß an allem ort.

2. Dein will gescheh, und hier auf erd Wie im himmel erfüllet werd, Gib uns heut unser täglich brod, Laß uns nicht leiden hungers-noth.

3. Wie wir vergeben gleichermaß Uns unser sünd und schuld erlaß, Gnädig uns hülf und beystand leist, Wann uns anficht der böse geist.

4. Für allem übel und gefahr, Durch deinen namen uns bewahr, Das bitten wir von hertzengrund, Und sprechen amen mit dem mund.

CXIV. 114.

Mel. Erhalt uns, HErr, bey dein.
HErr GOtt, der du mein Vater bist, Ich schrey im namen JEsu Christ Zu dir, auf dein wort, eyd und tod. Hör, helfer, rett aus aller noth.

2. Laß uns dein wort, stärck uns im geist, Hilf, daß wir thun, was du uns heist, Gib fried, schutz und das täglich brod, Behüt die deinen, treuer GOtt.

3. Errett von sünd, teufel und tod, Aus leibes- und der seelen-noth, Ein seliges stündlein uns beschehr, Dein ist das reich, kraft, preiß und ehr.

4. Auf dein wort sprech ich amen, HErr, Aus gnad mein kleinen glauben mehr, Du bist allein der vater mein, Laß mich dein kind und erbe seyn.

Von der Heil. Taufe.

CXV. 115.

CHrist unser Herr zum Jordan kam, Nach seines vaters willen :,: Von sanct Johanns die taufe nahm, Sein werck und amt zu erfüllen, Da wolt er stiften uns ein bad Zu waschen uns von sünden, Ersäufen auch den bittern tod Durch sein selbst blut und wunden, Es galt ein neues leben.

2. So hört und mercket alle wohl, Was GOtt selbst heist die taufe :,: Und was ein Christe glauben soll, Zu meiden ketzer-taufe. GOtt spricht, und will daß wasser sey, Doch nicht allein schlecht wasser Sein heiliges wort ist auch dabey, Mit reichem geist ohn maßen, Der ist allhie der täufer.

3. Solchs hat er uns bewiesen klar, Mit bilden und mit worten :,: Des vaters stimm man offenbar Daselbst am Jordan hörte. Er sprach: das ist mein lieber

ter sohn, An dem ich hab gefallen, Den will ich euch befohlen han, Daß ihr ihn höret all, Und folget seiner lehre.
4. Auch GOttes Sohn hie selber steht In seiner zarten menschheit ‚: Der heilge Geist hernieder fährt, In taubenzbild verkleidet, Daß wir nicht sollen zweiffeln dran. Wann wir getauffet werden, All drey person'n getauffet han, Damit bey uns auf erden Zu wohnen sich ergeben.
5. Sein jünger heißt der HErre Christ: Geht hin all welt zu lehren ‚: Daß sie verkehrn in sünden ist, Sich soll zur busse kehren. Wer glaubt, und sich tauffen läßt, Soll dadurch selig werden. Ein neugebohrner mensch er heißt, Der nicht mehr könne sterben, Das himmelreich soll erben.
6. Wer nicht glaubt dieser grossen gnad, Der bleibt in seinen sünden ‚: Und ist verdammt zum ewgen tod, Tief in der höllen grunde. Nichts hilft sein eigne heiligkeit, All sein thun ist verloren. Die erbsünd macht's zur nichtigkeit, Darinn er ist gebohren, Vermag ihm selbst nicht helfen.
7. Das aug allein das wasser sieht, Wie menschen wasser giessen ‚: Der glaub im geist die kraft versteht Des blutes JEsu Christi, Und ist vor ihm ein rothe fluth, Von Christi blut gefärbet, Die allen schaden heilen thut, Von Adam her geerbet, Auch von uns selbst begangen.

CXVI. 116.

Mel. Christe, der du bist tag und re.
DA JEsus an den Jordan kam, Von Johanne die tauffe nahm, Gleich als ob er ein sünder wär, Da wurd versöhnt himmel und erd.
2. Dann siehe, was wunder geschah, Den himmel man zertheilet sah, Auf erden kam der heilge Geist, In holdseliger tauben-weiß.
3. Auf den HErrn Christum setzt er sich, Bald rief ein stimm vom himmelreich: Diß ist mein Sohn, der mir geliebt, Auf ihn mein wohlgefallen steht.
4. Das ist geschehen uns zu gut, GOtt nicht ihm selbst erscheinen thut, Redet auch nicht um seinet willn, Sondern wirs hörn und glauben solln.
5. Daß der mensch sey wahr'r GOttes Sohn, Der sich im Jordan tauffen lahn, Als ein sünder, das er nicht ist, Und doch allein all sünde büßt.
6. Dadurch der himmel aufgethan, Der heilge Geist herabgefahrn, Der Vater gesagt zu uns alln, In Christo solln wir ihn gefalln.
7. Darauf empfahen wir die tauf, Werden darein genommen auf, Von

GOtt dem Vater, Sohn und Geist, Bey ihm zu seyn in ewigkeit.

CXVII. 117.

Mel. Nun welche hie ihr hofnung, rc.
HErr, schaff uns wie die kleine kind, In unschuld neu gebohren, Als wir getauft im wasser sind, Zu deinem volck erkohren. Daß dennnach sich, HErr Christ, an dich Der sündlich mensch ergebe, Daß er wohl sterb, Und nicht verderb, Mit dir ersteh und lebe.

Von der Buß, Beicht und Absolution.

CXVIII. 118.

SO wahr ich leb, spricht GOtt der HErr, Des sünders tod ich nicht begehr, Sondern daß er bekehre sich, Thu buß, und lebe ewiglich.
2. Drum Christ der HErr sein jüng'r aussandt, Geht hin, predigt in allem land Vergebung der sünd jedermann, Dems leid ist, glaubt u. will ablahn.
3. Wem ihr die sünd vergeben werdt, Soll ihr los seyn auf dieser erd: Wem ihr sie b'halt im namen mein, Dem solln sie auch behalten seyn.
4. Was ihr bindt, soll gebunden seyn, Was ihr auflößt, das soll los seyn, Die schlüssel zu dem himmelreich Hiermit ich euch geb allen gleich.
5. Wem ihr verkündigt diesen trost, Daß er durch mein blut sey erlöst, B'hält die zeugniß im hertzen sein. Derselb ist los von schuld und pein.
6. Wann uns der priester absolvirt, Sein amt der HErr Christ durch ihn führt, Und spricht uns selbst von sünden rein, Sein werckzeug ist der dien'r allein.
7. Und wann die sünd wär noch so groß, So werden wir derselben los, Durch kraft der absolution, Die verdienet hat GOttes Sohn.
8. Wem der priester aufleat sein hand, Dem löst Christ auf der sünden band, Und absolvirt ihn durch sein blut, Wers glaubt, aus gnad hat solches gut.
9. Das ist der heilgen schlüssel kraft, Sie bind't und wieder ledig macht, Die kirch trägt sie an ihrer seit, Die hausmutter der Christenheit.
10. Wem sein gewissen beißt und nagt, Die sünd ihn quält, daß er verzagt Der hält sich zu dem gnadenthron, Zum wort der absolution.
11. Lob sey dir, wahrer GOttes sohn, Für die heilig absolution, Darinn du zeigst dein gnad und gut, Für ablaßbrief'n, HErr, uns behüt.

CXIX. 119.

KLein zu dir, HErr JEsu Christ
Mein'

ht auf erden; Ich
tröster bist, Kein
werden. Von an=
ekohren, Auf erden
gebohrn. Der mir
kan, Ich ruf dich
t vertrauen han.
chwer u. übergros,
n herzen, Dersel=
tt und los Durch
merzen. Und zeig
e an, Daß du hast
han, So werd ich
t, HErr, halt mir
ir versprochen hast.
ner barmherzigkeit
sten=glauben, Auf
keit Mög inniglich
llen dingen lieben
ächsten gleich als
nd dein hülf mir
) Des teufels list

em höchsten thron,
güte, Und JEsu
sohn Der uns all=
ott dem heilgen gei=
f allzeit leiste, Da=
g seyn Hier in die=
ernach in ewigkeit.

120.

HErr! Wie groß
ch mein begangne
nand, Der helfen
zu finden.
eit, Zu dieser zeit,
e ende, Und wolt=
s mein, Würd ich
nden.
erstoß mich nicht,
b verdienet. Ach
Geh nicht ins
t mich versöhnet.
, Daß straf und
gen müssen, So
schone dort, Und
büssen.
edult, Vergib die
gehorsams herze,
Wies oft geschicht,
verscherzen.
r, Wies dünckt
nad will ichs lei=
nicht Dort ewig=
abgeschieden.
ein Ein vögelein
aum versteckt,
ht, Die luft un=
rich erschrecket.
st, Mein zuflucht
wunden, Wann
bracht in noth,
gefunden.
Ob hie der leib

Und seel voneinander scheiden, So werd ich dort Bey dir, mein hort, Seyn in ewigen freuden.
10. Ehre sey nun, GOtt Vater, Sohn, Und heilgem Geist zusammen, Zweifle auch nicht, Weil Christus spricht: Wer glaubt, wird selig, Amen.

CXXI. 121.

JEsu, der du meine seele Hast durch deinen bittern tod, Aus des teufels finstern höle Und der schweren sünden=noth Kräftiglich herausgerissen, Und mich solches lassen wissen Durch dein angenehmes wort, Sey doch jetzt, o GOtt! mein hort.
2. Treulich hast du ja gesuchet Die verlohrne schäfelein, Als sie liefen ganz verfluchet In der höllen pfuhl hinein, Ja, du satans=überwinder, Hast die hochbetrübten sünder So geruffen zu der buß, Daß ich billig kommen muß.
3. Ach! ich bin ein kind der sünden, Ach! ich irre weit und breit, Es ist nichts an mir zu finden, Als nur ungerechtigkeit: All mein tichten, all mein trachten, Heissen unsern GOtt verachten, Böslich leb ich ganz und gar, Und sehr gottlos immerdar.
4. HErr, ich muß es ja bekennen, Daß nichts gutes wohnt in mir, Das zwar, was wir wollen nennen, Halt ich meiner seele für; Aber fleisch und blut zu zwingen, Und das gute zu vollbringen, Folget gar nicht, wie es soll, Was ich nicht will, thu ich wohl.
5. Aber, HErr, ich kan nicht wissen, Wie viel meiner fehler seyn, Mein gemüth ist ganz zerrissen Durch der sünden schmerz und pein, Und mein herz ist matt von sorgen, Ach vergib mir das verborgen, Rechne nicht die missethat, Die dich, HErr, erzürnet hat.
6. JESU, du hast weggenommen Meine schulden durch dein blut, Laß es, o erlöser, kommen Meiner seligkeit zu gut! Und dieweil du so zerschlagen Hast die sünd am creutz getragen, Ey so sprich mich endlich frey, Daß ich ganz dein eigen sey.
7. Weil mich auch der höllen schrecken Und des satans grimmigkeit, Vielmals pflegen aufzuwecken, Und zu führen in den streit, Daß ich schier muß unten liegen, Ach! so hilf, HErr JEsu, siegen O du meine zuversicht Laß mich ja verzagen nicht.
8. Deine roth=gefärbte wunden, Deine nägel, kron und grab, Deine schenckel vest gebunden, Wenden alle plagen ab, Deine pein und blutigs schwitzen, Deine striemen, schläg und ritzen, Deine marter, angst und stich, O HErr JEsu, trösten mich.
9. Wann ich für gericht soll treten, Da man=

allein. Diß mein herz mit leyd ver=
menget, Das dein theures blut be=
sprenger, So am creutz vergossen ist,
Geb ich dir, HErr JEsu Christ.
11. Nun ich weiß, du wirst mir stil=
len Mein gewissen, das mich plagt,
Es wird deine treu erfüllen, Was du
selber hast gesagt: Daß auf dieser
weiten erden Keiner soll verlohren
werden, Sondern ewig leben soll,
Wann er nur ist glaubens voll.
12. HErr, ich glaube, hilf mir schwa=
chen, Laß mich ja verderben nicht,
Du, du kanst mich stärcker machen,
Wann mich sünd und tod anficht, Dei=
ner güte will ich trauen, Bis ich frö=
lich werde schauen Dich, HErr JEsu,
nach dem streit In der süssen ewigkeit.

CXXII. 122.
Mel. Auf meinen lieben GOtt.

WO soll ich fliehen hin, Weil ich
beschweret bin Mit vielen gros=
sen sünden, Wo kan ich rettung fin=
den? Wann alle welt herkäme,
Mein angst sie nicht wegnähme.
2. O JEsu, voller gnad, Auf dein ge=
bot und rath Kommt mein betrübt
gemüthe Zu deiner grossen güte, Laß
du auf mein gewissen Ein gnaden=
tröpflein fliessen.
3. Ich, dein betrübtes kind, Werf
alle meine sünd, So viel ihr in mir
stecken, Und mich so heftig schröcken,
In deine tiefe wunden, Da ich stets
heyl gefunden.
4. Durch dein unschuldig blut, Die
schöne rothe fluth, Wasch ab all mei=
ne sünde, Mit trost mein herz ver=
binde, Und ihr nicht mehr gedencke,
Ins meer sie tief versencke.
5. Du bist der, der mich tröst, Weil
du mich hast erlöst, Was ich gesün=
digt habe, Hast du verscharrt im gra=
be, Da hast du es verschlossen, Da
wirds auch bleiben müssen.
6. Ist meine bosheit groß, So werd
ich ihr doch los, Wann ich dein blut
anfasse, Und mich darauf verlasse,
Wer sich zu dir nur findet, All angst
ihm bald verschwindet.
7. Mir mangelt zwar sehr viel, Doch
was ich haben will Ist alles mir zu gute
Erlangt mit deinem blute, Damit ich
überwinde Tod, teufel, höll und sünde
8. Und wenn des satans heer Mir ganz

und leerg machen.
10. Darum allein auf dich, HErr
Christ, verlaß ich mich, Jetzt kan ich
nicht verderben, dein reich muß ich
ererben, Dann du hast mirs erwor=
ben, Da du für mich gestorben.
11. Führ auch mein herz und sinn
Durch deinen Geist dahin, Daß ich
mög alles meiden, Was mich und dich
kan scheiden, Und ich an deinem leibe
Ein gliedmas ewig bleibe.

CXXIII. 123.
Mel. O traurigkeit, o herzel.

O Angst und leyd! O traurigkeit!
Die ich jetzt muß empfinden,
Die jetzt mein gewissen nagt, Wegen
meiner sünden.
2. O furcht und graus! Das höllen=
haus, Darnach ich pfleg zu ringen,
Hat den rachen aufgesperrt, Und will
mich verschlingen.
3. O ach und weh! O schrecken=see!
Wo soll ich mich verstecken? Ach!
daß doch die tiefste gruft Möchte
mich bedecken.
4. Der erden saum Hat keinen raum,
Drinn ich kan sicher bleiben, Meine
bosheit will mich ganz In den ab=
grund treiben.
5. Wie werd ich dort So strenge wort
Für GOttes richtstuhl hören, Weil
ich mich die fleisches=lust Laß hie so
bethören.
6. O GOttes Sohn, Du gnaden=
thron, Ich flieh in deine wunden,
Drinn hab ich noch jederzeit Ruh
und linderung funden.
7. Dein heilges blut, Das mir zu gut
Am creutze ward vergossen, Ist ein
brunn, daraus das heyl Kommt auf
mich geflossen.
8. Darum, mein heyl, Laß mich jetzt
theil an deinem gnugthun haben:
Meine sünde werd hinfort In dein
grab begraben.
9. O treuer hirt, Wann satan wird
Mein üppigkeit verklagen So still
ihn durch dein verdienst, Sonst müßt
ich verzagen.

CXXIV. 124.

LJebster JEsu, das ist pein, Daß ich
soll geschieden seyn, Von dir, leben
meiner seelen! Ach, ich schreye mit
regier, Wann mich meine sünden quä=
len! Komm, HErr JEsu, helffe mir.
2. Ich bekenne dir, o GOtt, Meines
her=

Von der Buß, Beicht und Absolution.

herzens grosse noth, JEsu, meiner seelen leben, Ja so übergrosse schuld, Wollest gnädig mir vergeben, Und erzeigen deine huld.

3. Liebster JEsu, laß doch nicht Dein so helles gnaden-liecht Ueber mir verdunckelt werden Durch den schwartzen sünden-danst: Laß mich fühlen hier auf erden Deiner süßen liebe brunst.

4. Wende, JEsu, von mir nicht Dein erfreulichs angesicht, Wegen menge meiner sünden. Laß doch, sonder größern schmerz Vielmehr deinen trost empfinden Mein mit reu gekränktes herz.

5. Du bist ja mein trost, mein theil, JEsu, ja das gröste heyl, Das zum besten meiner seelen Von dem hohen himmel kam, Und ich billig soll erwählen. Es ist, HErr, dein theurer nam.

6. Ja, worinn nach dieser zeit Ich soll zu der seligkeit Ewig werden aufgenommen, JEsu, drum mit gnad erschein, Daß auch hier der zahl der frommen Ich mög zugesellet seyn.

7. Daß in diesem leben hier, Liebster JEsu, für und für Ich in guten stets mich üben, Und entzündet voller brunst, Dich von herzen möge lieben Durch des werthen Geistes gunst.

8. Vis mich wird ein besser los Bringen in des himmels schooß, Dich o JEsu, zu umfangen, Meines lebens aufenthalt. Deiner wart ich mit verlangen, Komm, HErr JEsu, komme bald.

CXXV. 125.

Mel. Ach HErr, mich armen sünder.

ACh GOtt! ich soll ichs klagen, Daß ich so elend bin? Mein herz will mir verzagen, Mein sünd liegt mir im sinn, Ich kan ihr nicht vergessen, Sie ist so groß und schwer, Sie hat mich gar besessen, Bracht in noth und gefahr.

2. In sünd'n bin ich empfangen, In sünd'n bin ich gebohrn: Viel sünd hab ich begangen, Darum bin ich verlorn, Frölich kan ich nicht werden, Den himmel anzusehn, Und schäme mich auf erden Mit meinen süß'n zu gehn.

3. Nun wolt ich ja vertrauen Deinem sohn JEsu Christ, Vest auf sein verdienst bauen, Weil er mein fürsprecher ist. So schreckt mich mein gewissen, Das zweifelt immerdar, Und spricht: dich wird verdriessen, Daß ich die sünd nicht spar.

4. Ich wolt auch herzlich gerne Vessern als leben mein, Mit werck, wort und gebärden, Fromm und dir g'horsam seyn: Ich kans so nicht vollbringen, Wie ichs oft hab gedacht, Bös g'dancken mich verdringen, Und auch des teuffels macht.

5. Was soll ich dann nur machen, Wo soll ich zuflucht han? Ich fall der höll

in rachen, Wann ich dir will entgahn. Ich komm, o GOtt, ja wieder Zu deiner barmherzigkeit, Und vor dir fall ich nieder, Mein sünd die sind mir leid.

6. Vater, dein sohn hast geben Für der ganzen welt sünd, Und jedermann soll leben, Der an ihn glauben kont. Will gleich mein herz nicht trauen, So glaub ich dannoch vest, Hilf du meinem unglauben, Dein trust die ist die best.

7. Ich bin nicht werth der güte Die du mir hast gethan, Daß für mich mit sein blute bezahlt dein lieber sohn Ich b'darfs aber nothwendig, Und glaub den worten dein, Die mir zusag'n beständig: Wer glaubt, wird selig seyn.

8. So wahr als ich selbst lebe, Sprichst du, ewiger GOtt: Mit nichten ich übergebe Den sünder in den tod, Ich will, daß er umkehre, Und ewig leb bey mir, Darum komm ich, HErr Christe, Ich komm wieder zu dir.

9. Mit deinem heiligen Geiste Mein schwachen glauben mehr, Hülf und beystand mir leiste, Sey mein gnädiger HErr. Gleit mich auf deinem wege, Wehr mich für sünd und schand, Des teufels list und schläge Wend ab mit deiner hand.

10. Segne mein leib und leben, Mein beruf und mein arbeit, Daß du mir hast gegeben Aus lauter gütigkeit. Erhör mein flehn und schreyen Und mein furchtsame wort, daß ich mich dein kan freuen, Verachtn des teuffels mord.

11. Zuletzt laß mich abscheiden Mit einem seligen end, Und nimm aus diesem leiden Mein seel in deine hand. Dafür will ich dich preisen Mit schuldiger danckbarkeit, GOtt wird mir gnad beweisen, Und helfn in ewigkeit.

CXXVI. 126.

Mel. Freu dich sehr, o meine seele.

TReuer GOtt! ich muß dir klagen, Meines herzens jammerstand: Ob dir wohl sind meine plagen Besser als mir selbst bekannt. Große schwachheit ich bey mir In anfechtung offtmals spür, Wann der satan allen glauben Will aus meinem herzen rauben.

2. Du, Gott, dem nichts ist verborgen, Weist, daß ich nichts von mir hab. Nichts von allen meinen sorgen, Alles ist, HErr, deine gab. Was ich gutes find an mir, Das hab ich allein von dir, Auch den glauben mir und allen Gibst du, wie dirs mag gefallen.

3. O mein GOtt, vor den ich trete Jetzt in meiner grossen noth, Höre, wie ich sehnlich bete, Laß mich werden nicht zu spott: Mach zu nicht des teufels werk, Meinen schwachen glauben stärk, Daß ich nimmermehr verzage, Christum stets im herzen trage.

Von der Buß, Beicht und Absolution.

4. JEsu, du brunn aller gnaden, Der du niemand von dir stößt, Der mit schwachheit ist beladen, Sondern deine Jünger tröst. Solt ihr glaube auch so klein Wie ein kleines senfkorn seyn, Wollst du sie doch würdig schätzen, Grosse berge zu versetzen.

5. Laß mich deine gnade finden, Der ich bin voll traurigkeit, Hilf du mir selbst überwinden, so oft ich muß in den streit. Meinen glauben täglich mehr, Deines geistes schwerdt verehr, Damit ich den feind kan schlagen, Alle pfeile von mir jagen.

6. Heilger Geist ins himmels throne, Gleicher GOtt von ewigkeit. Mit dem Vater und dem Sohne, Der betrübten trost und freud, Allen glauben, den ich find, Hast du in mir angezündet: Ueber mir mit gnaden walte, Ferner deine gab erhalte.

7. Deine hülfe mir zusende, O du edler herzens-gast, Und das gute werck vollende, Das du angefangen hast. Blas das kleine füncklein auf, Bis daß nach vollbrachtem lauf Allen auserwählten gleiche, Ich des glaubens ziel erreiche.

8. GOtt, groß über alle götter, Heilige Dreyeinigkeit, Ausser dir ist kein erretter. Tritt mir selbst zur rechten seit. Wann der feind die pfeil abdrückt Meine schwachheit mir aufrückt, Will mir allen trost verschlingen, Und mich in verzweifflung bringen.

9. Zeuch du mich aus seinen stricken, Die er mir geleget hat. Laß ihm fehlen seine tücken, Drauf er sinnet früh und spat. Gib kraft, daß ich allen strauß Ritterlich mög stehen aus, Und so öfters ich muß kämpfen, Hilf mir meine feinde dämpfen.

10. Reiche deinem schwachen kinde, Das auf matten füssen steht, Deine gnaden-hand geschwinde, Wis die angst fürüber geht. Wie die jugend säugle mich, Daß der feind nicht rühme sich. Er hab ein solch herz gefället, Das auf dich sein hofnung stellet.

11. Du bist meine hülf im leben, Mein fels, meine zuversicht, Dem ich leib und seel ergeben, GOtt mein GOtt, verzeuch doch nicht. Eile mir zu stehen bey, Brich des feindes pfeil entzwey. Laß ihn selbst zurücke prallen, Und mit schimpf zur höllen fallen.

12. Ich will alle meine tage Rühmen deine starcke hand, Daß du meine plag und klage Hast so gnädig abgewandt. Nicht nur in der sterblichkeit Soll dein ruhm seyn ausgebreit, Ich wills auch hernach erweisen, Und dort ewiglich dich preisen.

CXXVII. 127.

HErr JEsu Christ, du höchstes gut, Du trunquell aller gnaden! Sich doch, wie ich in meinem muth Mit sünden bin beladen, Und in mir hab der pfeile viel, Die im gewissen ohne ziel Mich armen sünder drücken.

2. Erbarm dich mein in solcher last, Nimm sie aus meinem herzen, Dieweil du sie gebüsset hast, Am holtz mit todes-schmerzen: Auf daß ich nicht mit grossem weh Zu meinen sünden untergeh, Noch ewiglich verzage.

3. Ach GOtt, wann mir das kömmet ein, Was ich mein tag begangen, So fällt mir auf mein herz ein stein, Und bin mit furcht umfangen. Ja, ich weiß weder aus noch ein, Und möcht wohl gar verlohren seyn, Wann ich dein wort nicht hätte.

4. Aber dein heilsam wort ja sagt, Daß alles wird vergeben, Was mit thränen hie wird beklagt, Und nicht soll schad'n am leben. Ja Herr, du alle gnad verheist Denen, die mit zerknirschtem geist Im glauben zu dir kommen.

5. Und weil ich dann in meinem sinn, Wie ich zuvor geklaget, Auch ein betrübter sünder bin, den sein gewissen naget, Und wolte gern im blute dein Von sünden abgewaschen seyn, Wie David und Manasse.

6. Also komm ich zu dir allhie Jn meiner noth geschritten, Und thu dich mit gebeugtem knie Von ganzem herzen bitten: Vergib mir doch genädiglich, Was ich mein lebtag wider dich Auf erden hab begangen.

7. Ach HErr, mein GOtt, vergib mirs doch, Um deines namens willen, Und thu in mir das schwere joch Der übertretung stillen, Daß sich mein herz zufrieden geb, Und dir hinfort zu ehren leb, Jn kindlichem gehorsam.

8. Stärck mich mit deinem freuden-geist, Heil mich mit deinen wunden, Wasch mich mit deinem todesschweiß Jn meiner letzten stunden. Und nimm mich einst, wann dirs gefällt, Jn wahrem glauben, von der welt, Zu deinen auserwählten. CXXVIII. 128.

HErr, ich habe mißgehandelt, Ja mich drückt der sünden last. Jch bin nicht den weg gewandelt, Den du mir gezeiget hast, Und jetzt wolt ich gern aus schrecken Mich für deinem zorn verstecken.

2. Doch, wie könt ich dir entfliehen? Du wirst allenthalben seyn. Wolt ich über see gleich ziehen, Stieg ich in die gruft hinein, Hätt ich flügel gleich den winden, Gleichwohl würdest du mich finden.

3. Drum ich muß es nur bekennen, HErr, ich habe misgethan, Darf mich nicht dein kind mehr nennen, Ach

Von der Buß, Beicht und Absolution.

nimm mich zu gnaden an! Laß die menge meiner sünden Deinen zorn nicht gar entzünden.

4. Könt ein mensch den sand gleich zählen An dem weiten mittel-meer, Dennoch wird es ihm wohl fehlen, Daß er meiner sünden heer, Daß er alle mein gebrechen Solte wissen auszusprechen.

5. Wein, ach wein jetzt um die wette, Meiner beyden augen-bach. O daß ich gnug zähren hätte, Zu betrauren meine schmach! O daß aus dem thränen-brunnen Käm ein starcker strom geronnen!

6. Ach, daß doch die strenge fluthen Ueberschwemmten mein gesicht! Und die augen möchten bluten, Weil mir wasser sonst gebricht, Ach, daß sie, wie meeres-wellen, Möchten in die höhe schwellen!

7. Aber, Christe, deine beulen, Ja, ein einzig tröpflein blut, Das kan meine wunden heilen, Löschen meiner sünden glut, Drum will ich, mein angst zu stillen, Mich in deine wunden hüllen.

8. Dir will ich die last aufbinden, Wirf sie in die tiefe see. Wasche mich von meinen sünden, Mache mich so weiß als schnee, Laß dein'n guten Geist mich treiben, Einzig stets bey dir zu bleiben.

CXXIX. 129.

Mel. Christus, der uns selig macht.

CHriste, tönig auserkohrn, Der ohn sünd empfangen, Rein und heilig bist gebohrn, Trägst ein groß verlangen Nach der menschen seligkeit, Läst sie nicht verderben, Laß mich ja zu keiner zeit In den sünden sterben.

2. Fleißig hast du mich gesucht Mit gar grossen schmerzen, Als ich, HErr, ging in der flucht Mit betrübtem hertzen, Dürftig, elend, nackt und blos In sehr schweren sünden. Laß mich durch dein marter groß Bey dir gnade finden.

3. Leyd sind mir all sünden mein, Reuen mich von hertzen, Laß sie gar vergeben seyn Durch dein tod und schmertzen. Wie Maria Magdalen Los ward ihrer sünden; Also laß mich vor dir stehn, Und genade finden.

4. Da der schächer, ob wohl spat, Sich zu dir bekehret Und ums paradies dich bat, Hast dus ihm gewähret, So behüt dein theures blut Mich und alle sünder Für der tieffen höllen-glut, Bitten deine kinder.

5. Hilf, daß bey den schäflein dein, Von all ihren sünden Durch dein blut gewaschen rein, Wir uns mögen finden, Und zu deiner rechten stehn, Auch in deinem namen Zu dir in den himmel gehn, Das helf Christus, Amen.

Um Besserung des Lebens.
CXXX. 130.

Mel. Was mein GOtt will, das &c.

HIlf mir, mein GOtt, hilf, daß nach dir Beyn hertzen mich verlange, Und ich dich suche mit begier, Wann mir wird angst und bange. Verleih, daß ich Mit freuden dich Zu meiner angst bald finde. Gib mir den sinn, Daß ich forthin Meid alle schand und sünde.

2. Hilf, daß ich stets mit reu und schmertz Mich deiner gnad ergebe: Hab immer ein zerknirschtes hertz, In wahrer busse lebe. Vor dir erschein, Hertzlich bewein All meine missethaten. Die hände mein Laß milde seyn, Dem dürftigen zurathen.

3. Die lust des fleisches dämpf in mir, Daß sie nicht überwinde. Rechtschaffne lieb und lust zu dir Im hertzen mir anzünde, Daß ich in noth, Bis in den tod Dich und dein wort bekenne, Mich auch kein trutz, Noch eigennutz, Von deiner wahrheit trenne.

4. Behüte mich für grimm und zorn, Mein hertz mit sanftmuth ziere, Reiß aus den schnöden hoffarts-dorn, Zur demuth mich anführe. Was sich noch findt Von alter sünd, Durch deinen Geist ausfege. Gib, daß allzeit Trost, fried und freud Sich in mir armen rege.

5. Den glauben stärck, die lieb erhalt, Die hofnung mache veste, Daß ich von dir nicht wancke bald, Beständigkeit ists beste. Den mund bewahr, Daß nicht gefahr Durch ihn mir werd erwecket. Speiß ab den leib, Doch daß er bleib Von geilheit unbeflecket.

6. Gib, daß ich treu und fleißig sey In dem, was mir gebühret, Laß durch ehrgeitz und heucheley Mich werden nicht verführet. Leichtfertigkeit, Haß, zank und neid Laß in mir nicht verbleiben. Verstockten sinn Und diebs-gewinn, Wollst du von mir abtreiben.

7. Hilf, daß ich folge treuem rath, Von falscher mäynung trete; Den armen helfe mit der that, Für freund und feind stets bäte; Dien jederman, So gut ich kan, Das böse haß und meide, Nach deinem wort, An allem ort, Bis ich von hinnen scheide.

Vom Heil. Abendmahl.
CXXXI. 131.

Mel. O mensch! beweine dein sünde.

ALs JEsus Christus unser HErr Wust, daß sein zeit nun komen wär Daß er von hinn'n solt scheiden,

zu tisch er mit seinen jungern saß,
Mit ihn'n das osterlämmlein aß Zuletzt vor seinem leiden. Er sprach: ich
hab herzlich begehrt, Mit euch, eh ich
getödtet werd, Essen diß osterlamme:
Dann ich sag euch, daß ich hinfort
Von diesem nicht mehr essen werd,
Bis das reich GOttes komme.
2. Als er nun also mit ihn'n saß, Er sonderlich betrachtet, Daß Ihr herz und
glaub nicht zaget, Setzt darum ein
das sacrament, Nahm das brod mit
danck in sein hand, Brachs, gab
ihn'n das, und saget: Nehmt hin, eßt,
das ist mein leichnam, Der für euch an
des creuzes stamm Soll dargegebn werden: Solchs thut, daß ihr mein denckt
darbey, Daß ich eur Herr und Heyland
sey, All die ihr glaubt auf erden.
3. Desselb's gleichen als nun gar Solch
abendmahl vollendet war, Stärckt er
sein jünger schwache, Und machet gantz
diß sacrament, Nahm auch den kelch
in seine hand, Dancket, gab ihn'n den,
und sprache: Nehmt hin, trinckt all,
das ist mein blut Des neuen testamen-
tes gut, Welchs ich ans creutz gehencket, Vergiessen werd für eure sünd:
Solchs thut, so oft ihr davon trinkt,
Daß ihr mein dabey dencket.
4. Gleichwie GOtt in Egypten that,
Da er all erstgeburt ertödt Im land in
einer nachte. Den könig Pharao er-
tränckt Im rothen meer zu grund ver-
senckt Mit aller seiner machte. Da setzt
er ein das oster-est, Daß sein volck dabey dächt und wüst Sein grosse wunderthaten, Durch welche sie geführet
aus Mit starcker hand aus dem diensts
haus Durchs roth meer trucken traten.
5. Also auch, da Christus der HErr
Durch sein blut in der taufe meer All
unsre sünd versencket. Den tod ge-
würgt, die höll zerstört, Die handschrift die das g'wissen mörd, Mit sich
ans creutz gehencket. Daß sein krafft
solchs allzeit betracht, Er selbst zum
osterlamm sich macht, Im testament
uns schaffte Sein leib zu essen in dem
brod, Im wein zu trinken sein blut
roth, Durch seines wortes krafte.
6. Wer nun diß brod nach dem kesselch
Ißt und trinkt von des HErren kelch,
Der soll sein tod verkünden: Nemlich, daß Christus GOttes Sohn Am
creutz bezahlt und genug gethan Für
unser aller sünden, Und daß uns GOtt
nun gnädig sey, So wir solchs glauben, und darbey Uns an die tauf starck
halten, So solln wir GOttes kinder
seyn, Und das himmlisch erb nehmen
ein, Das will GOtt ewig walten.
7. So prüf der mensch nun sich selbst
recht, Eh er diß sacrament empfäht,
Daß er sein hertz erkenne, Ob er im

rechten glauben steh und in wahrer
lieb hinzu geh, Daß ihn kein unbuß
trenne. Daß er ihm nicht etwas gericht, Drum, daß er unterscheidet
nicht Den leib Christi des HErren,
Daß der sünden feuertäg Durch
hülf des heiligen Geists außseg, Christo dem lamm zu ehren.
8. Darum, so laßt uns allzugleich
GOtt den vater im himmelreich Von
ganzem herzen bitten, Durch JEsum
Christum seinen Sohn, Weil der für
uns aßgnung gethan, Den tod für uns
gelitten; Daß er uns durch den heilgen Geist Sein gnad zu starckem glauben leist, Nach seinem wort zu leben
In rechter lieb und einigkeit, Und
daß er uns nach dieser zeit Die ewig
freud woll geben.

CXXXII.   132.

Schmücke dich, o liebe seele, Laß die
  duncke sünden-höle, Komm ans
helle licht gegangen, Fange herrlich an
zu prangen, Dann der HErr voll heyl
und gnaden, will dich jetzt zu gaste
laden, Der den himmel kan verwal-
ten, Will jetzt herberg in dir halten.
2. Eile, wie verlobte pflegen, Deinem
bräutigam entgegen, Der da mit
dem gnaden-hammer Klopft an deine
herzens-kammer. Oefn' ihm bald die
geistes pforten, Red ihn an mit schönen worten: Komm, mein liebster
laß dich küssen, Laß mich deiner
nicht missen.
3. Zwar in kauffung theurer waaren,
Pflegt man sonst kein geld zu sparen:
Aber du wilt für die gaben Deiner huld
kein geld nicht haben. Weil in allen
bergwercksgründen Kein solch kleinod
ist zu finden, Das die blut gefüllte
schalen Und diß manna kan bezahlen.
4. Ach! wie hungert mein gemüthe,
Menschen-freund nach deiner güte!
Ach! wie pfleg ich oft mit thränen.
Mich nach dieser kost zu sehnen! Ach!
wie pfleget mich zu dürsten Nach dem
tranck des lebens-fürsten! Wünsche
stets, daß mein gebeine Mich durch
GOtt mit GOtt vereine.
5. Beydes, lachen u. auch zittern, Lässet sich in mir jetzt wittern, Das ge-
heimniß dieser speise, Und die uner-
forschte weise Machet, daß ich früh
vermercke, HErr, die grösse deiner werke, Ist auch wohl ein mensch zu finden,
Der dein allmacht solt ergründen?
6. Nein, vernunft die muß hie weichen,
Kan diß wunder nicht erreichen, Daß
diß brod nie wird verzehret, Ob es
gleich viel tausend nähret: Und daß
mit dem saft der reben Uns wird Christi blut gegeben. Oder grossen heim-
lichkeiten, Die nur GOttes Geist
kan deuten: 7. JE-

Vom Heil. Abendmahl.

7. JEsu, meine lebens-sonne, JEsu, meine freud und wonne, JEsu, du mein ganz beginnen, Lebens-quell und licht der sinnen: Hier fall ich zu deinen füssen, Laß mich würdiglich geniessen Dieser deiner himmels speise, Mir zum heyl und dir zum preise.

8. HErr, es hat dein treues lieben Dich vom himmel abgetrieben, Daß du willig hast dein leben In den tod für uns gegeben: Und darzu ganz unverdrossen, HErr, dein blut für uns vergossen, daß uns jetzt kan kräftig träncken, Deiner liebe zu gedencken.

9. JEsu, wahres brod des lebens, Hilf, daß ich doch nicht vergebens, Oder mir vielleicht zum schaden Sey zu deinem tisch geladen! Laß mich durch diß seelen-essen Deine liebe recht ermessen, Daß ich auch, wie jetzt auf erden, Mög ein gast im himmel werden.

CXXXIII. 133.

JEsus Christus, unser heyland, Der von uns den GOttes zorn wandt, Durch das bitter leiden sein, Half er uns aus der höllen pein.

2. Daß wir nimmer deß vergessen, Gab er uns sein'n leib zu essen, Verborgen im brod so klein Und zu trincken sein blut im wein.

3. Wer sich zu dem tisch will machen, Der hab wohl acht auf sein sachen, Wer unwürdig hinzu geht, Für das leben den tod empfäht.

4. Du solt GOtt den Vater preisen, Daß er dich so wohl thut speisen, Und für deine missethat In tod sein'n sohn gegeben hat.

5. Du solt glauben und nicht wancken, Daß es sey ein speiß der krancken, Den'n ihr herz von sünden schwer, Und für angst betrübet sehr.

6. Solch groß gnad und barmherzigkeit Sucht ein herz in grosser arbeit, Ist dir wohl, so bleib davon, Daß du nicht kriegest bösen lohn.

7. Er spricht selber: kommt, ihr armen, Laßt mich über euch erbarmen! Kein arzt ist dem starcken noth, Sein kunst wird gar an ihm ein spott.

8. Hätt'st du dir das was köw'n erwerben, Was dörft ich dann für dich sterben? Dieser tisch auch dir nicht gilt, So du dir selber helfen willt.

9. Glaubst du das von herzensgrunde, Und bekennest mit dem munde, So bist du recht wohl geschickt, Und die speiß deine seel erquicket.

10. Die frucht soll auch nicht ausbleiben, Deinen nächsten sollst du lieben, Daß er dein geniessen kan, Wie dein GOtt an dir hat gethan.

Lob-Gesang nach gehaltenem Abendmahl.

CXXXIV. 134.

GOtt sey gelobet und gebenedeyet, Der uns selber hat gespeiset: Mit seinem fleische und mit seinem blute, Das gib uns, HErr GOtt, zu gute, Kyrie eleison. HErr, durch deinen heiligen leichnam Der von deiner mutter Maria kam, und das heilige blut Hilf uns HErr aus aller noth, Kyrie eleison.

2. Der heilig leichnam ist für uns gegeben Zum tod, daß wir dadurch leben Nicht grösser güte könte er uns schencken, Dabey wir sein solln gedencken, Kyrie eleison. HErr, dein lieb so groß dich g'zwungen hat, Daß dein blut an uns groß wunder that, Und bezahlet unser schuld, Daß uns GOtt ist worden huld. Kyrie eleison.

3. GOtt geb uns allen seinen gnadensegen, Daß wir gehn auf seinen wegen In rechter lieb und brüderlicher treue Daß uns die speiß nicht gereue. Kyr. HErr, dein heilger Geist uns nimmer laß, Der uns geb zu halten rechte maas, Daß dein arme Christenheit Leb in fried und einigkeit, Kyriel.

CXXXV. 135.

ICh weiß ein blümlein hübsch und fein, das thut mir wohlgefallen, Es b'liebt mir in dem herzen mein Das blümelein, Für andern blümlein allen.

2. Das blümlein ist das göttlich wort, Das uns GOtt hat gegeben, Es lässt uns durch die enge pfort, Das göttlich wort, Wohl in das ewige leben.

3. Christ ist der weg, das licht, die pfort Die wahrheit und das leben, Wer reu und leid für sein sünd hat Und bitt um gnad, Dem sinds im glauben vergeben.

4. Er spricht selber: kommt her zu mir, All die ihr seyd beladen, Ich will nach eures herzens b'gier, Das glaubet mir, Heilen all euren schaden.

5. Nehmt hin und eßt, das ist mein leib, Den ich euch jetzt thu schencken, Verschreib euch all mein guth darbey, Das glaubet frey, Daß ihr mein solt gedencken.

6. Nehmt hin und trinckt, das ist mein blut, Das für euch vergossen, Welchs gnug für eure sünde thut, So oft ihrs thut, Wie ichs euch hab gelassen.

7. Wir bitten dich HErr JEsu Christ, Wohl durch dein bitter leiden Weil du für uns gestorben bist, HErr JEsu Christ, Du wollst von uns nie scheiden.

8. Nimm uns für deine kinder an, Daß wir dich allzeit loben, Dein wort bekennen jedermann, Auf rechter bahn Durch JEsum Christum, Amen.

CXXXVI. 136.

Im Th. JEsu meine Freude rc.

JEsu, heyl und leben, Als du wurdst gegeben In den bittern tod, Da du wurdst verrathen, O der übelthaten Wegen meiner noth! Hast du für uns eingesetzt Ein gedächtniß deiner wunder, JEsu, mach mich munter.

2. JEsu, liebstes hertze, Meiner augen kertze, Meiner seelen licht, Gib mir solche gaben, Mich damit zu laben, Wenn mein hertze bricht; Laß dein leib mein speise seyn, Laß von deinem blut mich trincken, Wann mein hertz will sincken.

3. Dein leib ist mein speise Wunderlicher weise, Welche mich erhält, Daß ich nicht kan sterben, Sondern muß ererben Das, was mir gefällt: GOtt und seiner gnaden schein, Freude, fried und ewges leben, Und bey GOtt zu schweben.

4. O du himmels-speise! Baum im paradeise! Mein gerechtigkeit, Laß mich dich geniessen, Meine lust zu büssen, Komm, ich bin bereit: Mach mich satt nach deinem wort, Laß mein hertz dein tempel werden Hier auf dieser erden.

5. JEsu, brod des lebens, Laß ja nicht vergebens Mich geniessen dich, Wann mein seel sich kräncket, u. stets nach dir dencket, Komm und stärcke mich. Thue dann von deine tisch Ein klein brosamlein mir schicken, Um mich zu erquicken.

6. JEsu! fels der ehren, Wollest mir beschehren, Daß ich trinck von dir, Du hast lassen fliessen Durch viel blut-vergiessen Ströhm des lebens hier. Wann mein seel ist matt und kranck, So gib mir im wein dein blute, Daß mirs komm zu gute.

7. Dein blut ist die stärcke Aller wunderwercke, Meines lebens krafft, Niemand kans gnug preisen, Was es kan erweisen, Ja des himmels safft. So mir gibt die seligkeit Drum weist du mirs öfters schencken, Deiner zu gedencken.

8. Daß ich an dir klebe Wie ein kletam leibe, Daß ich sey bey dir, Und du in mir lebest, Und in hertzen schwebest, JEsu, für und für. Dann werd ich gewißlich nicht, Wann ich soll von hinnen scheiden, JEsu! seyn im leiden.

9. Sondern werde leben, und in'reyen schweben In des himmels thron, Dich werd ich erkennen, Meinen bruder nennen, Tragen eine kron, Die dein blut erwerben hat. Drum so will ich dich stets loben, JEsu hier u. droben.

CXXXVII. 137.

Im Th. Nun lob mein seel den rc.

WIe wohl hast du gelabet, O liebster JEsu, deinen gast:,: Ja mich so reich begabet, Daß ich jetzt fühle freud und rast. O wunersame speise! O süsser lebens-tranck! O ihr wohl, daß ich preise Mit meinem lebegang, Indem es hat erquicket Mein leben, hertz und muth, Mein geist der hat erblicket Das allerhöchste guth.

2. Du hast mich jetzt geführet, O Herr, in deinem gnaden-saal, Daselbst hab ich berühret Dein edle güter allzumal, Da hast du mir vergebens Geschencket mildiglich Das werthe brod des lebens, Das sehr ergötzet mich, Du hast mir zugelassen, Daß ich den seelen-wein Im glauben möchte fassen, Und dir vermählet seyn.

3. Bey dir hab ich gegessen Die speise der unsterblichkeit, Du hast mir voll gemessen Den edlen kelch,der mich erfreut. Ach GOtt, du hast erzeiget Mir armen solche gunst Daß billig jetzt sich neiget Mein hertz zur liebes-brunst Du hast mich lassen schmecken Das eßlich engels-brod, Hinfort kan mich nicht schrecken Welt, teufel, sünd und tod.

4. So lang ich leb auf erden, Preiß ich dich, liebster JEsu, wohl, Daß du mich lässest werden Von dir und durch dich satt und voll, Du hast mich selbst geträncket Mit deinem theuren blut, Und dich zu mir gelencket, O unvergleichlichs guth! Nun werd ich ja nicht sterben, Weil mich gespeiset hat, Der nimmer kan verderben. Mein trost, schutz, hülff und rath.

5. Wie kan ichs aber fassen. HErr JEsu, daß du mit begier, Dich hast so tief gelassen Vom himmels-saal herab zu mir? du schöpfer aller dinge Besuchest deinen knecht. Ach! hilf, daß ich dir bringe Ein hertz, das fromm und schlecht, Das gläubig dir vertraue, Damit nach dieser zeit Ich ja dein antlitz schaue Dort in der ewigkeit.

6. Du bists, der ewig bleibet, Ich aber bin dem schatten gleich, Den bald ein wind verweiset, HErr, ich bin arm, u. du bist reich, Du ist sehr groß von güte, Kein unrecht gilt bey dir, Ich bosshaft von gemüthe, Kan fehlen mir und dir, Noch kommest du hernieder Zu mir, dem sünden-mann, Was geb ich dir doch wieder, Das dir gefallen kan?

7. Ein hertz durch reu zerschlagen, Ein hertz, das gantz zerknischet ist, Das weiß ich, wird behagen, Mein heyland, dir zu jeder frist, Du wirst es nicht verachten, Demnach ich einsig bin, Nach deiner gunst zu trachten, Nimm doch in gnaden hin Das opfer meiner zungen, Dann billig wird jetzund Dein theurer ruhm besungen, HErr GOtt, durch meinen mund.

8. Hilf ja, daß diß geniessen Des edlen schatzes

9. Wohl mir, ich bin verjehen weit himmel-speiß und engel-tranck :,: Nun will ich rüstig stehen Zu singen dir lob ehr und danck. Ade! du welt getümmel, Du bist ein eitler tand: Ich seufze nach dem himmel, Dem rechten vaterland. Ade! dort werd ich leben Ohn unglück und verdruß, Mein GOtt du wirst mir geben Der wolluſt überfluß.

Dritter Theil,
in welchem verfaſſet
Die Pſalmen-Lieder.

CXXXVIII. 138.
Der 1 Pſalm.

WOhl dem menſchen, der wandelt nicht Zu dem rath der gottloſen :,: Noch auf dem weg der sünder tritt, Noch sitzt, da ſpötter koſen, Sondern hat ſeine luſt gemein Ju des HErrn geſetz allein, Und redt das tag und nachte.
2. Der wird ſeyn wie eins baumes pflanz Bey guten waſſer-bächen :,: Der ſein frucht bringt in ſommersglanz, Sein blat wird ſich nicht ſchwächen. Was er anfäht, wird glücklich ſeyn; So die gottloſen fahren hin, Gleichwie die ſpreu vom winde.
3. Die gottloſen in dem gericht Werden nicht ſtehen bleiben :,: Auch ſünder bey den g'rechten nicht, Sie werden all vertrieben. Dann GOtt kennt der gerechten weg, Und aber der gottloſen ſteg Wird durch ſein gwalt unkommen.
*Ehr ſey dem Vater und dem Sohn, Und auch dem heilgen Geiſte :,: Als es im anfang war und nun, Der uns ſein gnade leiſte. Daß wir wandeln in ſeinem pfad, Daß uns die ſünd der ſeel nicht ſchad. Wer das begehrt, ſprech Amen.

CXXXIX. 139. Der 2. Pſ.
Mel. Wo Gott der Herr nicht.

HIlf GOtt! wie geht es immer zu. Daß alles volck ſo grimmet :,: Fürſten und könig habn kein ruh, In gmein ſind ſie geſinnet Wider zu ſtreben deiner hand, Und Chriſto, den du haſt geſandt, Der ganzen welt zu helfen.

ihren böſen rath, und ihr'n anſchlag verachten. Du wirſt mit zorn ſie ſprechen an, Und ſtraffen was ſie habn gethan; Mit grimm wirſt du ſie ſchrecken.
4. Der HErr hat zum könig geſetzt Chriſtum, den ihr acht kleine :,: Auf Zion ſeinen heil'gen berg, Das iſt über ſein gemeine, Daß er ſoll kund thun überall Des Vaters ſinn und wohlgefall, und lehren ſein geſetze.
5. Er ſprach zu ihm: du biſt mein Sohn Heut hab ich dich gezielet :,: Von den todten erwecket ſchon, Und in dir auserwählet, Für erben und für kinder mein, Die glauben an den namen dein, Daß ſie all durch dich leben.
6. Die heyden will ich ſchencken dir, Mein kind, zu einem erbe :,: Daß du mit deinem wert in ihn'n Des fleiſches luſt verderbeſt. Ein neu volck ſoll dn richten an, Das meinen namen preiſen kan An allem ort auferden.
7. Darum ihr könig mercket nun, Ihr ſolt euch laſſen lehren :,: Und dieſem könig hören zu, Sein wort halten in ehren. Daß ihr GOtt lernet fürchten wol, Und wie ein hertz ihm trauen ſoll Das heißt GOtt recht wohl dienen.
8. Nehmt auf die ſtrafe williglich Daß nicht ergürn der HErre :,: Halt ihn für augen ſtetiglich Und lebt nach ſeiner lehre; Wann ſein zorn als ein feur aufgeht, Wer iſt dann, der vor ihm beſteht? Das ſind die auf ihn trauen.
*Ehr ſey dem Vater allermeiſt, Und Chriſto ſeinem Sohne :,: Und dem tröſter dem heiligen Geiſt, Gar hoch ins himmels throne, Als es im anfang und auch jetzt, Geweſen iſt und bleibet ſtets in der welt allzeit, Amen.

CXL. 140. Der 3. Pſalm.
Mel. Ach GOtt, wie lang vergiſt rc.

Ach HErr! wie ſind meiner feind ſo viel, Die ſich wider mich ſetzen :,: Sprechen: ihm GOtt nicht helfen will, Deß wollſt du mich ergötzen. Dann, Herr! du biſt vor mir der ſchild, Der mich zu ehren ſetzen willt, Und mein haupt thun aufrichten.
2. Mein ſtimm zum HErren ruffen ſoll, Vom berg wird er mich hören :,: Schlag und ſchlief; er wachet wohl, Mein feind mocht mich nicht ſtöhren. Dann GOtt der HErr mich ſelbſt erhält, Ob hundert tauſend würdn gezählt, die ſich wider mich legen.

3. Steh

Psalmen-Lieder.

3. Steh auf, o HErr! zu helfen mir, Dann du schlägst all mein feinde :,: Auf den kinbacken mit begier, Und dem gottlosen günde Brichst du ihr zähne mit gewalt, Die hülf sich, HErr! bey dir erhalt, Ueber dein volck dein segen.
* Dem HErren GOtt vom himmelreich Lob, ehr und preiß ich leiste :,: GOtt Vater, GOtt dem Sohn deßgleich, Und GOtt dem heiligen Geiste. Sein herrlichkeit, barmhertzigkeit, Grosmächtigkeit und heiligkeit Sind ewig und ohn ende.

CXLI. 141. Der 6. Ps.

Ach HErr, mich armen sünder Straf nicht in deinem zorn :,: Dein ernsten grimm doch lindern, Sonst ists mit mir verlohrn. Ach HErr! wollst mir vergeben Mein sünd, und gnädig seyn, Daß ich mög ewig leben, Entfliehn der höllen-pein.
2. Heil du mich, lieber HErre! Dann ich bin kranck und schwach :,: Mein hertz, verwundet sehre, Leidet groß ungemach. Mein gbein die sind erschrocken, Mir ist gar angst und bang Mein seel ist sehr erschrocken, Ach du, HErr, wie so lang?
3. HErr! tröst mir mein gemüthe, Mein seel rett, lieber Gott :,: Von wegen deiner güte Hilf mir aus aller noth. Im tod da ists gantz stille, Da denckt man deiner nicht Wer will doch in der hölle, Dir dancken ewiglich.
4. Ich bin von seufzen müde, Hab weder kraft noch macht :,: In grossem schweiß ich liege Durchaus die gantze nacht. Mein lager, naß von thränen, Mein gstalt vor trauren alt, So thu ich mich sehr grämen, Die angst ist mannigfalt.
5. Nun weicht, ihr übelthäter! Mir ist geholfen schon :,: Der HErr ist mein erretter, Er nimmt mein flehen an; Er hört meins weinens stimme; Es müssen falln geschwind All sein und meine feinde, Die kommen schändlich um.

CXLII. 142. Voriger Psalm.

HErr! nicht schicke deine rache :,: Ueber meine böse sache, Ob sie wohl durch übelthat Grossen zorn verdienet hat, Freylich muß ich es bekennen, Ursach hast du sehr zu brennen, Doch du wollest jetzt allein Vater und nicht richter seyn!
2. Schicke lieber o mir armen :,: Für den Eifer dein erbarmen; Heile mich, der ich vorhin Schwach und lagerhaftig bin. Siehe, wie sich ab sey kommen, Wie mir alle kraft benommen! Mache, HErr, es ja nicht lang! Marck und bein ist sterbe-kranck.
3. Für den sorgen, pein und schmertzen :,: Ist kein hertz in meinem hertzen, Mein gemüthe, das dich liebt. Ist biß auf den todbetrübt. Mein trost, kanst du noch verweilen, Hat es keine noth zu eilen? Macht dann keine hülfe sich Schwächer, als der kummer mich?
4. Kehre wieder, wieder kehre :,: Eh ich mich in angst verzehre. Reiche deine hand, o GOtt! Meiner seelen in der noth: Zwar du möchtest sie wohl hassen, Weil sie selber dich verlassen: Doch betrachte diß dabey, Was dem heyl und güte sey.
5. Menschen, die nicht mehr im leben :,: Die den geist schon aufgegeben, Wissen nichts von schuld und pflicht Und gedencken deiner nicht :,: Dann wer kan dir ehr erweisen, Wer vermag dich wohl zu preisen, Wann er schon liegt ausgestreckt Und im tiefen grabe steckt?
6. Meine müde seufzer sagen :,: Was der mund nicht weiß zu klagen, Durch mein weinen alle nacht Wird mein lager naß gemachet: Meiner augen heisse zähren, Die mir ruh und schlaf beschweren, Quellen als ein wasserfluß, Daß mein lager schwimmen muß.
7. Von der pein, die ich empfunden :,: Ist mein antlitz abgeschwunden. Ungedult macht die gestalt Mir vor meinen jahren alt, Dann ich muß von allen seiten Mit dem bösen hauffen streiten, Der mir anthut schmach und spott, Und mich ädert auf den tod.
8. Nun ihr übelthäter ziehet :,: Ihr tyrannen, auf und fliehet! Gebt ihr volck der eitelkeit Hin, woher ihr kommen seyd: Dann der HErr sieht, wann ich weine, Daß ich diß mit treue meyne, Meine thränen fliessen hin In sein hertz, und beugen ihn.
9. Er, der HErr, hat schon mein flehen :,: In genaden angesehen. Mein gemüthe, das mich regt, Hat ihm seines auch bewegt Alsobald ich ihn gebäten, Ihm für augen bin getretten, Hat auch seine güte sich Ausgebreitet über mich.
10. Für der gantzen welt auf erden :,: Sollen die nun schaamroth werden, Zittern auch für GOtt und mir, Die mich hassen für und für. Weichen müssen sie zurücke Plötzlich und im augenblicke, Und doch sehen auch dabey, Daß der HErr mein Heyland sey.

CXLIII. 143. Der 12 Ps.

Ach GOtt vom himmel sich darein, Und laß dich doch erbarmen :,: Wie wenig sind der heilgen dein, Verlassen sind wir armen. Dein wort läßt man nicht haben wahr, Der glaub ist auch erloschen gar Bey allen menschen-kindern.
2. Sie lehren eitel falsche list Was eigen witz erfindet :,: Ihr hertz nicht eines sinnes ist In Gottes wort gegründet

Der

Pfalmen-Lieder.

CXLV. 145. Der 4 Pf.

ES spricht der unweisen mund
wohl: Den rechten GOtt wir
meynen :,: Doch ist ihr hertz unglau-
bens voll, Mit that sie ihn verneinen,
Ihr wesen ist verderbet zwar, Für
GOtt ist es ein greuel gar, Es thut
ihr keiner doch kein gut.
2. GOtt selbst vom himmel sah herab Auf aller menschen kinder :,: Zu
schauen sie er sich begab, Ob er jemand
möcht finden, Der sein verstand gerichtet hätt, Mit Ernst nach GOttes
worten thät, Und fragt nach seinem
willen.
3. Da war niemand auf rechter bahn,
Sie warn all ausgeschritten :,: Ein
jeder gieng nach seinem wahn, Und
hielt verlohrne sitten. Es thät ihr
keiner doch kein gut, Wiewohl gar viel
betrog der muth, Ihr thun solt
GOtt gefallen.
4. Wie lang wollen unwissend seyn Die
solche müh aufladen :,: Und fressen dafür das volck mein, Und währn sich mit
seinm schaden Es steht ihr trauen nicht
auf GOtt, Sie ruffen ihm nicht in der
noth, Sie wolln sich selbst versorgen.
5. Darum ist ihr hertz in mer still, Und
steht allzeit in forchten :,: GOtt bey den
frommen bleiben will, Die ihm mit
glauben g'horchen. Ihr aber schmäht
des armen rath, Und höhnet alles, was
er saat Daß GOtt sein trost ist worden.
6. Wer soll Israel dem armen, Zu Zion
heyl erlangen :,: GOtt wird sich seins
volcks erbarmen, Und lösen die gefangen. Das wird er thun durch seinen
Sohn, Darvon wird Jacob wonne han
Und Israel sich freun.
*Ehr sey dem Vater u. dem Sohn Und
auch dem heilgen Geiste, Als es im anfang war und nun, Der uns sein gnade leiste. Daß wir wandeln in seinem
pfad, Daß uns die sünd der seel nicht
schad, Wer das begehrt, sprech Amen!

CXLVI. 146. Der 15 Pf.

HErr! wer wird sein wohnung
han Jn deinen zelten klage :,: Auf
deinem heilgen berge schon, Da ewig
han sein ruhe? Der unbefleckten wandel treibt, Und würcket die gerechtigkeit Wahrhaftig in sein'm hertzen.
2. Und der kein falsche zunge hat, Sein
nächsten zu betrügen :,: Nachred und
schmach er nicht gestatt, Die menschen
mit verlügen. Den schalck hat er
für nichts geacht, Die frommen hat er
groß gemacht, Die GOtt den HErren forchten.
3. Wer seinem nächsten treu leist Mit
gfährd nicht thut verführen :,: Kein
wucher er nicht von ihm heischt, Läßt
ihm die hand nicht schmieren. Wer
diese

kiese ding recht halten thut, Der bleibt ewig in sichrer hut, Mit GOtt wird er regieren.
5 Ehr sey dem Vater und dem Sohn, Und auch dem heilgen Geiste :,: Als es im anfang war und nun, Der uns sein gnade leiste, Daß wir wandeln in seinem pfad, Daß uns die sünd der seel nicht schad. Wer das begehrt, sprech Amen.

CXLVII. 147. Der 20 Ps.
Mel. Es woll uns GOtt gnädig, ꝛc.

DEr HErr erhör dich in der noth, Sein nam dich wohl behüte :,: Er send dir hülf der fromme GOtt, Und stärck dich durch sein güte. Dein Gottesdienst ihm gfällig sey, Der ihm geschicht zu ehren; Er will thun nach dem willen dein, Was dein herz wird begehren, Dein anschläg dir gewähren.

2. Dein hülf, HErr GOtt! ist unser ruhm, Daß wir in deinem namen :,: Panier aufwerfen, thaten thun. Das gbät ist ja und amen, Dabey man deine hülfe merkt, Die du deim gsalbten leistest: Wann deine rechte hand uns stärkt, Und gewaltiglich erweiset Dein gnad an uns gepreiset.

3. Auf roß und wagen trotzen sehr, Die wider uns thun streiten :,: Wir rühmen aber noch vielmehr, Daß GOtt uns steh zur seiten. Sein nam ist unser zuversicht, Die feind durch ihn wir schlagen; Sie fallen, wir stehn aufgericht, Dem König wir danksagen, Auf seine hülf wirs wagen.

CXLVIII. 148. Der 23 Ps.
DEr HErr ist mein getreuer hirt, Hält mich in seiner hute :,: Darum mir gar nichts mangeln wird Irgend an einem gute. Er gibt mir werd ohn unterlaß, Darauf wächst das wohlschmeckend gras Seines heilsamen wortes.

2. Zum reinen wasser er mich weißt, Das mich erquicken thute :,: Das ist sein fromm heiliger geist, Der mich macht wohl gemuthe. Er führet mich auf rechter straß Seiner gebotten ohn ablaß, Von wegen seines namens.

3. Ob ich wandelt im finstern thal, Förcht ich doch kein unglücke :,: In verfolgung, leiden, trübsal Und dieser welt lös tücke; Dann du bist bey mir seteiglich, Dein stab u. stecken trösten mich, Auf dein wort ich mich lasse.

4. Du breitest für mich einen tisch, Vor mein'n feinden allenthalben :,: Machst mein herz unverzagt und frisch, Mein haupt thust du mir salben Mit deinem Geist, der freuden öl, Und schenckest voll ein meiner seel, Deiner geistlichen freuden.

5. Gutes und die barmherzigkeit Laussen mir nach im leben :,: Und ich werd bleiben allezeit Im haus des HErren eben. Auf erd in der Christlichen gmein, Und nach dem tod werd ich ja seyn Bey Christo meinem HErren.

6 Ehr sey dem Vater und dem Sohn, Und auch dem heilgen Geiste :,: Als es im anfang war und nun, Der uns sein gnade leiste, Daß wir wandeln in seinem pfad, Daß uns die sünd der seel nicht schad. Wer des begehrt, sprech Amen.

CXLIX. 149. Der 25 Ps.
Mel. Es ist gewißlich an der zeit.

VOn allen menschen abgewandt, Zu dir mein seel erhoben :,: Hab ich allein, o HErr mein GOtt! Laß mich nicht werr'n bewegen, All mein vertrauen steht auf dich, Laß nicht zu schanden werden mich, Daß sich mein feind nicht freuen.

2. Es wird niemand beschämet stehn Von den'n, die auf dich trauen :,: In deiner hand sie sicher gehn, Der kauf wird sie nicht reuen: Beschämet müssen all die seyn, Die leyd anthun den armen dein, Ohn recht und alle sachen.

3. Weis deine weg, o HErre! mir, Zu dir dein steg mich ehre :,: In deiner wahrheit leite mich, Dann du bist Gott mein Herre, Mein heil u. trost, mein hülf und rath, Darauf ich mich allzeit verlaß, Und stetig poch und trotze.

4. Laß dir, mein Herr! zu herzen gehn, Und wollst daran gedencken :,: Wie all die deinen mit dir stehn, Den du dein gnad thust schencken, Von ewigkeit sie auserselen, Bewahres in dem rathe dein, Durch welchm sie selig werden.

5. Meiner jugend unwissenheit, Und aller meiner schulde :,: Wollst, HErr GOtt! ja gedencken nicht, Sondern nach deiner hulde Meiner erbarmen wollst du dich, Von allen sünden freyen mich, Um deiner güte willen.

6. Der HErr ist süß und aufgericht Alln denn, die ihm anfangen :,: Wann sie all in dem wege fehln, Wird er sie doch empfangen, Und lehren sie den willen sein, Geschrieben in ihr herz hinein, Nach seinem wohlgefallen.

7. All weg des HErren sind wahrheit, Güte und grosse gnade :,: Sein gelübde hält er treulich, Und gibt sie den'n gar balde, Die fragen nach dem worte sein, Und glaub'n, was er gelobt darein, Als uns die schrift abmahlet.

8. Um deines namens willen, HErr! Genade meiner sünde :,: Ich fürchte mich, ihr ist gar viel, Und wachsen alle stunde. Darum mich dein gesetze lehr, Daß ich den weg mag auserwählen, Der dir ist wohlgefällig.

9. Des

bin ist aus dem netze war, Darinn ich
bin verstricket. Erbarm dich mein und
sieh mich an, Dann arm bin ich, Von je=
dermann steh ganz und gar verlassen.
11. Meins herzensweh ist mancherley
Aus mancher noth mich rette:|: Schau
an, wie ich vernichtet sey, Von arbeit
ganz lieg nieder. Darum vergib die
sünde mein Sieh an, wie viel der fein=
de seyn, Die mich ohn sach verfolgen.
12. Beschütz mein seel und rette mich,
Daß ich nicht werd beschämet, Mein
hoffnung steht allein auf dich, Deß
freuen sich die frommen. So hilf nun
Gott aus aller noth Dem armen hau=
sen Israel, Der dir allein anhanget.

CL. 150. Der 31 Psalm.

JN dich hab ich gehoffet HErr! Hilf,
daß ich nicht zu schanden werd,
Noch ewiglich zu spotte, Das bitt ich
dich, Erhalte mich In deiner treu,
HErr GOtte.
2. Dein gnädig ohr neig her zu mir,
Erhör mein bitt, thu dich herfür, Eil
bald mich zu erretten, In angst und
weh, Ich lieg od'r steh, Hilf mir in
meinen nöthen.
3. Mein GOtt und schirmer, steh mir
bey, Sey mir ein burg, darinn ich
frey Und ritterlich mög streiten,
Wider mein feind, Der gar viel
seynd An mir auf beyden seiten.
4. Du bist mein starck, mein fels, mein
hort! Mein schild, mein kraft, sagt mir
dein wort Mein hülf, mein heyl, mein
leben, Mein starcker GOtt In aller
noth, Wer mag dir widerstreben?
5. Mir hat die welt trüglich gericht,
Mit lügen und mit falschem gdicht,
Viel netz und heimlich stricke, HErr!
nimm mein wahr In dieser gfahr,
B'hüt mich für falschen rücken.
6. HErr! meinen geist befehl ich dir,
Mein GOtt! mein GOtt! weich nicht
von mir, Nimm mich in deine hände,
O wahrer GOtt, Aus aller noth Hilf
mir am letzten ende.
7. Glori, lob, ehr und herrlichkeit
Sey GOtt Vater und Sohn bereit,
Dem heilgen Geist mit namen, Die
göttlich kraft Mach uns sieghaft,
Durch JEsum Christum, Amen.

CLI. 151. Der 37 Psalm.

ERzörn dich nicht, o frommer Christ!
Für neid thu dich behüte, Ob schon
der gottlos reicher ist, So hilft dich
wirst du dich Ganz sicherlich, Ohn alle
noth ernähren, Und gibt dir GOtt,
Ohn allen spott, Was dein herz thut
begehren.
3. All deine weg, aus frischem muth,
Darzu all deine sachen Befihl mit
fleiß dem Vater gut, Er wird all ding
wohl machen. Sey nur ohn sorg,
Und halt auf borg, Er wird dir
nichts ausschlagen, Dein recht und
gricht Wird wohl geschlicht, Es
kommt noch alls am tage.
4. Trotz reg dich nicht, und halt ihm
still, Dem HErren mit gedulten, Er=
zörn dich nicht, das ist sein will, Hier=
mit sich keins verschulde. Und ob es
schön Glücklich thut gehn Dem schalck
auf dieser erden, Wollst du darum
Auch nicht seyn fromm, Von GOtt
abtrünnig werden?
5. Gwiß ist's daß gar in kurzer zeit Der
gottlos sich muß schmiegen, Der jetzt
ist hoch lästert, seit Gott wird ihn bald
fast biegen. Hab nur mir acht Auf sei=
nen pracht, Er wird für ihr verschwin=
den, Gleich wie ein lust Und oder
tuft, Laßt er sich nimmer finden.
6. Wer aber hier in dieser frist Mit
jammer und mit nothe Darzu mit ar=
muth b'laden ist, Daß er kaum hat das
brode, Und dannoch nicht vom HErren
tritt, Der wird im lande bleiben,
Und haben gnug, Mit ruhm und fug,
Niemand wird ihn vertreiben.
7. Ob jetzt der gottlos führt sein
pracht, Sein zähn thut zusamm'n
beissen, Auch dräuet sehr, erzeigt
sein macht, Als wolt er gar zerreis=
sen Die frommen all, In diesem
thal, Von GOtt abtrünnig machen.
Wart nur ein weil, In schneller eil
Wird GOtt seins wütens lachen.
8. Jetzt baumt sich auf das gottlos gsind
Mit bogen und mit spiessen, Zu würg=
en alle Gotteskind, Die die sänd gern
wolt'n büssen. Der arme mann Muß
kurzum dran, Sein rücken einher hal=
ten, Doch wird der HErr Mit eigner
wehr, Ihr herz entzwey zerspalten.
9. Das wenig, so ein'm Christen thut
Allhier in zeit wird geben: Ist besser
dann das grosse gut, Deß die gottlo=
sen leben. Die rechte zeit ist nimmer
weit, Daß ihr arm wird zerbrochen,
D'm HErren sey lob, Der hält trob,
Er wird die frommen rächen.
10. Wer aber fromm und redlich ist,
Fleißt

jetzt in hohen ehren sind, Und grünen als die blumen, Die werden auch Gleich wie der rauch, Verfahren und verschwinden, Im augenblick Straft GOtt ihr tück, Die uns jetzt wollen schmähen.

12. Groß übermuth und hoffart viel Muß man von vielen leiden, Der dennoch niemand zahlen will, Er richt alls aus mit kreiden. So doch ein Christ, Ohn trug und list Einem jeden zahlt sein schulden Ohn all gesperr, Un wider wehr, Lebt er in Gottes hulden.

13. Wer jetzt von seinen wird verjagt, Daß er nirgend kan bleiben, Der sey nur frisch und unverzagt, Alles wird GOtt aufschreiben, Bis auf den tag, Dem niemand mag Auf diese welt entweichen, Ist nimmer ferr, Dann wird der HErr Die schälck all umher streichen.

14. Dann Gottes lust der steht in dem, Und will das kurzum haben, Daß sich seins namens keiner schäm Jetzt in den letzten tagen. Wer sich sein hält, Ob er je fällt, Wird er doch nicht verschmähet, Weil GOtts gewalt Ihn aufenthalt, Daß er nicht gar verschlüpfet.

15. Ich war ein kind, jetzt bin ich alt, Noch hab ich nie vernommen, Daß der in GOtt sein hoffnung stellt, In hungers-noth sey kommen. Ob andre leut Schon haben nicht, Hat doch der Christ sein speise, Und theilet mit Dem, der ihn bitt, Nach seines vaters weise.

16. Willt du des HErren hulde han, Das er dich nie thu lassen: So harre fürs auf seiner bahn, Des über thu dich massen: Dann GOtt ist rein, Und leidet kein Unflat in seinen grenzen, Was boßheit treibt, Bey ihm nicht bleibt, Er muß sich fürbas schwenzen.

17. Des frommen mund Redt nicht umsonst, Viel g'schwätz kan er vermeiden: Mit Gotts weisheit und seiner kunst Thut er lang weit vertreiben. All sein gemüth Sich fertig übt, Wie er Gotts gesätz mög fassen, Dann sinnt er nach, Und ist im fach, Daß er bleibt auf der strassen.

18. Im widerspiel übt sich der schalck Mit fleiß thut er nachtrachten, Und lauret auf, gleich wie ein falck, Meynt den Christen zu schlachten: So kommt der HErr, Nimmt ihm die

Des tauer zum creen sehen, Dann wird dein GOtt Die gottlos rott Mit schad zum land ausdecken:

20. Es ist nicht lang, ich habs erlebt, Und selbst persönlich gsehen, Daß einr in grossen ehren schwebt, und that all welt verschmähen: Er grünt daher, Als ob er wär Ein lorbeerbaum mit luste: Als ich verzog, Forscht ich ihm nach, Da war er doch vertuschet.

21. Im gottesdienst bleib unbewegt, Laß dich davon nicht bringen, Dann wer jetzt seines willens pflegt, Wird bald für freuden springen. Das ist die summ, Bleib du nur fromm, Dann wird bald ausgerottet Der gottlos hauf, Merck eben drauf, Der jetzund GOttes spottet.

22. Sey tapfer und ohn alle forcht, Laß dich kein unfall kräncken, Wohl dem, der GOttes willn gehorcht, Und sich an ihn thut hencken Aus rechtem grund Mit herz und mund; Dem wird Gott unser vater, Mit seinem geist, Wie er wohl weiß, Beystehn in aller marter.

23. Nun halt dich stet und bleib dabey Laß dir die lieb nicht nehmen, Da du must leiden groß gschrey, So wird doch GOtt wohl dämen Des teufels gsind, Und die welt kind Die jetzt hoch einher prangen; O frommer man, Kehr dich nicht dran, GOtt erlößt die gefangen.

CLII. 152. Der 38 Psalm.

Mel. Aus tieffer noth schrey rc.

HERR, straf mich nicht in deinem zorn. Züchtige mich nicht mit grimme; Oder es ist mit mir verlohrn HErr! die pfeil ich vernimme, Sie quälen mich, die hand druckt mich, Nichts gsundes ist an mir warlich Vor allem deinem dräuen.

2. Es ist kein fried in meinm gbein Für meiner grossen sünde, Mein missethat sind über mein haupt Gangen gar ungelinde: Ja wie ein groß last schynd sie, mir Zu schwer worden, das klag ich dir, GOtt! der du bist mein zusflucht.

3. Mein wunden viel stincken, o Herr! Für meiner grossen thorheit: Ich krumm und bücke mich fast sehr, Den gantzen tag im hertzeleid. Ich geh traurig, mein HErr und GOtt! Mein gantzer leib jetzt leidet noth, Nichts dran ist gesundes.

4. Nichts heilsams nunmehr an mir ist, Verstossen und zerschlagen Bin ich,

für

für dir zu aller frist, Ich muß heulen und klagen, Vor unruh, die mein hertze hat, Um meiner sünd und missethat, Darob ich mich entsetze.

5. HErr, für dir ist all mein begier, Auch ist dir unverborgen ::: Mein seufzen, das ich thu zu dir, Mein hertz bebet für sorgen. Mein kraft hat mich verlassen gar Und das licht meiner augen klar, Das ist doch bey mir nimmer.

6. Auch meine liebe freund gemein, Stehn fern von meiner plage ::: Und die mein nächsten solten seyn, Haben nach mir kein frage: Sie treten alle von mir weit, Also geschicht noch den allezeit, Die sich auf GOtt verlassen.

7. Die mir stellen der seelen nach, Die haben mich geschändet schier ::: Und die mir übel reden nach, Dichten stets mit grossem bgier Falschen eyd wider mich, o HErr! ich muß thun als wann ich taub wär, Und thun als hört ich nichts.

8. Und wie ein stummer, der sein'n mund Nicht kan aufthun zu rechter frist ::: Ich muß auch seyn zu mancher stund, Als der viel hören soll gewiß, Und ihm doch nimmer wird gestatt Die verantwortung seiner that, Gegen sein feind und lästrer.

9. Doch HErr, allein harr ich auf dich, Du wirst mir antwort geben ::: Ich dencke ja, daß sie sich nicht Ueber mich freuen oben: Wann mein fuß würde wancken wo Deß würde sie seyn schändlich froh, Die mir nichts gutes gönnen.

10. Ich bin leyder! zu leiden gemacht Und schmerzen ist bey mir ::: Deß soll ein Christ wohl nehmen acht, Wann ihn der HErr probirt. Durch leiden wird ein mensch bewährt, Der das gedultig leidt auf erd, Der ist aus GOtt gebohren.

11. Ich zeig frey an mein missethat, Bin dafür sehr sorgfältig: Daß du nach deines wortes art, Sie mir vergebest gnädig; Dann meine feinde leben noch, Sie sind von pracht und frevel hoch, Und hassen mich unbillig.

12. Um gutes sie mir arges thun, Mit undanck sie mich zahlen ::: Beweisen mir spotte und hohn, Um dieser ursach willen, Daß ich jage dem guten nach, Daher muß ich so leiden schmach Aber du hilfst mir, HErre.

13. Verlaß mich nicht, o HErre mein, Von mir sey nicht mehr ferne ::: Eil mir zu helfen, HErr! aus pein, Das wirst du ja thun gerne. Du bists allein der helfen kan, In aller noth, die uns liegt an, Durch Jesum Christum, Am.

CLIII. 153. Der 42 Psalm.

In eigenem Thon.

Oder: Werde munter mein gemüthe.

WIe der hirsch in grossen dürsten Schreyet und frisch wasser sucht ::: Also sucht dich, lebens Fürsten, Meine seel in ihrer flucht. Meine seele brennt in mir, Lechzet, dürstet, trägt begier Nach dir, o du süsses leben, Der mir leib und seel gegeben.

2. Ach wann werd ich dahin kommen, Daß ich GOttes angesicht ::: Das gewünschte licht der frommen, Schau mit meiner augenlicht? Meine thränen sind mein brod Tag und nacht in meiner noth, Wann mich schmähen meine spötter: Wo ist nun dein GOtt und retter?

3. Wann ich dann deß inne werde, Schütt ich mein hertz bey mir aus ::: Wolte gerne mit der heerde Deiner kinder in dein haus; Ja in dein haus wolt ich gern Gehen, und dir, meinem HErren, In der schaar die opfer bringen, Mit erhabner stimme singen.

4. Was bist du so hoch betrübet, Und voll Unruh, meine seel ::: Harr auf GOtt, der hertzlich liebet, Und wohl siehet, was dich qual. Ey ich werd ihm dannoch hier Frölich dancken, daß er mir, Wann mein hertz ist ihm zu ihm riechet Hilft mit seinem angesichte.

5. Mein GOtt, ich bin voller schande, Meine seele voller leyd ::: Darum denck ich dein im laute Bey dem Jordan an der seit, Da Hermonim hoch herfür, Und hingegen meine zier, Zion, ein klein wenig steiget, Und die kron und scepter neiget.

6. Deines zornes fluthen sausen Mit gewalt auf mich daher ::: Dein gericht und eifer brausen Wie das tiefse weite meer, Deine wellen heben sich hoch empor, und haben mich Mit ergrimmten wasserwogen Fast zu grund hinab gezogen.

7. GOtt der HErr hat mir versprochen, Wann es tag ist, seine güt ::: Und wann sich die sonn verkrochen, Hab ich zu ihm mein gemüth: Spreche: du mein felß und stein, Gegen welchem alles klein, Dem ich in dein schooß gesessen, Warum hast du mein vergessen?

8. Warum muß ich gehn und weinen Ueber meiner feinde wort ::: Es ist mir in meinen beinen Durch und durch als wie ein mord. Wann sie sagen: wo ist nun Dein GOtt, und sein grosses thun, Davon, wann du sicher lagest, Du so viel zu rühmen pflagest?

9. Was bist du so hoch betrübet, Und voll unruh, meine seel? ::: Harr auf GOtt, der hertzlich liebet, Und wohl siehet was dich qual. Ey ich werd dannoch hier Frölich dancken für und für, Daß er meinem angesichte Sich selbst giebt zum heyl und lichte.

CLIV.

CLIV. 154. Der 46 Psalm.

EIne veste burg ist unser GOtt, Ein gute wehr und waffen :.: Er hilft uns frey aus aller noth, Die uns jetzt hat betroffen. Der alte böse feind Mit ernst ers jetzt meynt, Groß macht und viel list Sein grausam rüstung ist, Auf erd ist nicht seins gleichen.

2. Mit unsrer macht ist nichts gethan, Wir sind gar bald verlohren :.: Es streit für uns der rechte mann, Den GOtt selbst hat erkohren. Fragst du, wer er ist? Er heißt JEsus Christ, Der HErre Zebaoth, Und ist kein andrer GOtt, Das feld muß er behalten.

3. Und wann die welt voll teufel wär, Und wolten uns gar verschlingen :.: So fürchten wir uns nicht so sehr, Es soll uns doch gelingen. Der fürst dieser welt, Wie saur er sich stellt, Thut er uns doch nicht, Das macht, er ist gericht, Ein wörtlein kan ihn fällen.

4. Das word sie sollen lassen stahn Und kein danck darzu haben :.: Er ist bey uns wohl auf dem plan Mit seinem Geist und gaben. Nehmen sie uns den leib, Gut, ehr, kind und weib, Laß fahren dahin, Sie habens kein gewinn, Das reich muß uns doch bleiben.

* Lob, ehr und preiß dem höchsten Gott, Dem Vater aller gnaden :.: Der uns aus lieb gegeben hat Sein'n Sohn für unsern schaden, Samt dem heiligen Geist, Zum reich er uns heißt, Von sünden uns reißt, Den weg zum himmel weißt, Der heif uns frölich, Am.

CLV. 155. Der 51 Psalm.

ERbarm dich mein, o HErre GOtt! Nach deiner groß'n barmhertzigkeit:.: Wasch ab, mach rein mein missethat, Ich erkenn mein sünd und ist mir leyd. Allein ich dir gesündigt hab, Das ist wider mich stetiglich, Das bös vor dir mag nicht bestahn, Du bleibst gerecht, ob man urtheilt dich.

2. Sieh HErr! in sünd bin ich gebohrn, In sünd empfing mich mein mutter:.: Die wahrheit liebst, thust offenbarn Deiner weißheit heimlich güter. Bespreng mich, HErr! mit Isopo, Rein werd ich, so du wäschest mich, Weisser dann schnee, mein g'hör wird froh, All mein gebein wird freuen sich.

3. HErr! sieh nicht an die sünde mein, Thu ab all ungerechtigkeit :.: Und mach in mir das hertze rein, Ein neuen geist in mir bereit. Verwirf mich nicht von deinm angesicht. Dein heiligen Geist wend nicht von mir, Die freud deines heyls HErr! zu mir richt, Der willig geist enthalt mich dir.

4. Die gottlosen will ich dein weg, Die sünder auch darzu lehren :.: Daß sie vom bösen falschen steg Zu dir durch dich sich bekehren. Beschirm mich, HErr! meins heyls ein GOtt, Für dem urtheil durchs blut bedeut, Mein zung verkünd dein rechts gebot, Schaff, daß mein mund dein lob ausbreit.

5. Kein leiblich opfer von mir heisch, Ich hätt dir das auch gegeben :.: So nimm nun den zerknirschten geist, Betrübts traurigs hertz darneben. Verschmäh nicht, GOtt! das opfer mein, Thu wohl nach deiner gütigkeit, Dem berg Zion, da Christen seyn, Die opfern dir gerechtigkeit.

CLVI. 156. Voriger Psalm.

O HErre Gott, begnade mich, Nach deiner gut erbarme dich, Tilg ab mein übertretung Nach deiner großn erbarmung :.: Und wasch mich wohl, o HErre Gott! Von aller meiner missethat, Und mach mich rein von sünden Dann ich thu der empfunden Und meine sünd ist stets vor mir, Ich hab allein gesündigt dir, Vor dir hab ich übel gethan, In deinen worten wirst bestahn, So man dich rechts ersuchet.

2. Sieh, in untugend bin ich gemacht, Wie mich mein mutter hat gebracht, In sünden mich empfangen, Viel sünd hab ich begangen :.: Zur wahrheit aber hast du lust, Und gabest mir auch, daß ich wußt Die weißheit dein ohn sorgen, Die heimlich ist verborgen. Besprenig mich, HErr! mit Isop schon, Daß ich werd rein, und wasch mich mit Schneeweiß, auch freud laß hören mich, Daß die gebein werden frölich, Die du so hast zerschlagen.

3. Sieh nicht auf mein sündliche statt! Tilg ab all meine missethat, HERR! wollest in mir schaffen Ein rein hertz ehu ich hoffen :.: Willigen geist erneu in mir, Verwirf mich auch nicht gar von dir, Nim nicht dein heigen Geiste Von mir, sein gnad mir leiste. Und laß mir wieder kommen her, Den trost deins heyls, o Gott mein HErr! Der freye geist erhalte mich, Die gottlosen will lehren ich, Ihr wege zu dir kehren.

4. Von blatschmiden HErr! mich errett, o Gott, du meines heils ein Gott, Daß mein zung mög erschallen, Dein g'rechtigkeit ob allen:.: HErr! thu mir auf die lippen mein, Mein mund verkünd das lobe dein Zum opfer hast kein luste Ich geb dir es auch sonste. Brandopfer auch gleich allesamt Gefallt dir nicht, sind nur ein taub Für deinem augen nur ein haß, Die opfer Gottes sind aber das, Ein gar zerbrochen geiste.

5. Ein zerbrochen und zerschlagen hertz Wirst du nicht werfen hinterwärts, Und wirst es nicht verachten, Das kan ich wohl betrachten:.: O HErre Gott! thu wohl Zion Nach deinem gutem willen schon, Jerusalem sie mauren Werden

Psalmen-Lieder.

den wieder erbauen. Dann wirst du haben lust und freud zum opfer der gerechtigkeit, Zu den brand-opfern deinem muth, So wird man dann die kälber gut Auf deinem altar legen.

CLVII. 157. Der 61 Psalm.
Mel. Wär GOtt nicht mit uns ꝛc.

HJlf GOtt aus deinem gnaden-thron, Hör unser bitt u. schreyen. Aus gnaden unser stets verschon, Gib fried u. gut gedeyen: Gib unser obrigkeit dein gunst, Langs leben, weisheit, rechte brunst Zu deinem wort u. lehre.
1. Regier sie HErr! mit deinem Geist, Erleucht gemüth und sinne, Mach sie in dein'm gehorsam vest, Dein lieb in uns stets brenne. Ohn dich ist sonst all sorg verlorn, All weisheit ist zu narrheit wor'n, Wo du nicht selbst regierest.
2. Gib du frommn und getreue räth, Amtleut und diener gute, Die achten dein ehr, nam und recht, Hab'n dein gesetz in hute: Und lassen ihn'n befohlen seyn Den g'meinen nutz und kirchen dein, Und fliehen stolz und geitze.
3. Darnach so laß die obrigkeit, Die du uns hast gegeben, Sitzen vor dir auf ihren eyd, In deiner forchte leben, Daß sie bleiben vor dein'n augen recht, Und wandeln auf dein'n wegen schlecht, Laß sie auch nicht verführen.
5. Behüte sie für tyranney, Für eignem zorn und rache, Laß sie seyn stetig gut und treu, Thu ihren thron groß machen, Und segne ihr regierung gut, Gib ihr ein feinen rechten muth, Daß sie ihr volck werth halten.
6. Sey gnädig, HErr! der obrigkeit, Und allen unterthanen, Uns all mit deinem Geiste leit, So wolln wir deinen namen hoch rühmen, HErr! und singen groß, So lang wir lebn ohn unterlaß, Ach GOtt! thu uns erhören.
7. Beschütz für feinden allezeit, Die wir den fried groß achten, Das los gesind treib von uns weit, Die nichts dann unruh machen. Gib fried o Herr! erhalt dein wort, Zeig deine güt, o treuer hort! Dir sey lob, preis u. ehre.

CLVIII. 158. Der 65 Psalm.
ZU Zion wird dein nam erhoben, O GOtt! mit lob und preis, Und was die leut hie angloben, Bezahlen sie mit fleiß. Dann weil du das gebät der schwachen Erhörest für und für, Will alles fleisch heran sich machen, Und kommt, o GOtt! zu dir.
2. Es drücket uns, Herr! unsre sünde, Gleich einer schweren last, Darum vergebung uns verkünde, Wie du verheissen hast. Wohl dem, den du hast auserkohren, Daß er bey dir mag seyn, Und mag zu deines tempels thoren Stets gehen aus und ein.
3. Dein vorhof ist voll heyl, voll ehre, Voll lust und trost und pracht, Drum frommer GOtt, uns jetzt erhöre, Nach deiner rechten macht. Wohl allen, welche dir vertrauen, Auf erden und umher, Und die das hohe ufer bauen Am ungezähmten meer.
4. Die berge stehen ausgerüstet, Bevest durch deine kraft, Du bist mit starcker macht gerüstet, Und nimmst das meer in haft. Das grosse brausen muß sich stillen, Die wellen schlafen ein, Der völcker grimm muß deinem willen Auch unterworfen seyn.
5. Den leuten hebet an zu grauen, Sie stehen in gefahr, Wann du mit zeichen pflegst zu dräuen, Um selbe gegend dar. Du machest frölich, was da wohnet, Wann jetzt die sonn aufgeht, Wann sie sich hinterm berg erhebet, Und abends schlafen geht.
6. Du suchest heim die dürre saaten, Das land hast du gedüngt, Daß sein getrayde muß gerathen, Und reiche früchte bringe. Das brünlein GOttes muß stets fliessen, Kein wasser fehlt ihm je, Und muß die felder bie begiessen, Dann also bauts du sie.
7. Du tränckest mit fruchtbarem regen Der früchten dürstigkeit, Du giebest zum gewächse segen, Und pflüg- und erndte-zeit. Das land kanst du mit fülle zieren, Dein hand die krönt das jahr, Und wo nur deine füß hinrühren, Trieft es vom fette gar.
8. Die wohnung in den wüsten wäldern Ist sett und wie durchspickt, Die hügel lachen samt den feldern, Daß man sich gar erquickt: Man sieht die schaaf im anger weyden, Das korn steht dick und schön: Es jauchzet alles gar für freuden, Und macht ein groß gethön.

CLIX. 159. Der 67 Psalm.
ES woll uns GOtt genädig seyn, Und seinen segen geben, Sein antlitz uns mit hellem schein Erleucht zum ewgen leben: Daß wir erkennen seine werck, Und was ihm lieb auf erden, Und JEsus Christus heyl und stärck Bekannt den heyden werden, Und sie zu GOtt bekehren.
2. So dancken GOtt, und loben dich Die heyden überalle, Und alle welt die freue sich, Und sing mit grossem schalle: Daß du auf erden richter bist, Und läst die sünd nicht walten, Dein wort die hut und weyde ist, Die alles volck erhalten, In rechter bahn zu wallen.
3. Es dancke GOtt, und lobe dich Das volck in guten thaten, Das land bringt frucht und bessert sich, Dein wort ist wohl gerathen. Uns segne Vater und der Sohn, Uns segne GOtt der heilig Geist,

Geist, Dem alle welt die ehre thut, Für ihm sich förchten allermeist. Nun sprecht von hertzen: Amen.

CLX. 160. Der 79 Psalm.

Im Th. Mag ich unglück nicht widerst.

Es sind die heyden wild und herb, HErr, in dein erb Mit grossem grim gefallen ::: Die habn den heilgen tempel dein Genommen ein, Darum jetzund muß schallen Unreinigkeit, Daß dieser zeit Dein heilge stadt Zu klagen hat, Sie sey ein steinhauf worden.

2. Sie habn die leichnam deiner knecht Wid'r GOtt und recht, Zu fressen übergeben ::: Den vögeln unterm firmament. Und wie mans nennt, Den wilden thieren darneben. Vergossen blut, Nun fliessen thut Uns heiligthum, Wie wasserstrom; So greulich ding sie worden.

3. Es ist niemand, der sie begräbt, Daher sich hebt Viel schmach auf allen eiten ::: Wir und die unsern hab'n das von Nur spott und hohn, Umher bey allen leuten. Wie lang wilt du, HErr, sehen zu, Deins eifers feur, So ungeheur, In dein'm zorn brennen lassen?

4. Schütt auf die heyden deinen grimm Mit donnersstimm, Die dich, HErr, nicht erkennen ::: Und auf die fremde königreich, Den heyden gleich, Die dich ihrn HErrn nicht nennen. Dann Jacobs stamm Sind sie fast gram, Sie fressn ihn auf, Ein wüst steinhauf Sind seiner städte gassen.

5. Gedenck nicht vorger missethat, Erzeig uns gnad, Dann wir fast dünn sind worden ::: Hilf, unser heiser, unser GOtt, Für angst und spott Behüt uns Christen-orden, Deins namens ehr Rett mehr und mehr, Und mach uns frey, All sünd vergeih, Um deines namens willen.

6. Warum läst du die heyden sagn Und hönisch fragn: Wo ist nun GOtt ihr HErre? ::: Laß untern heyden werden kund, HERR, deinen bund, Ihr anschlag ihnen sperre. Deins völckleins sach Vollsühr mit rach, Ihr theures blut Noch schreyen thut, Will sich nicht lassen stillen.

7. Das seufzen ver dich kommen laß, Die thränen faß Der g'angnen, die u. id fliessen ::: Behalt nach deinem grosen arm, Den schändlich'n schwarm Die todes-kinder heissen. HErr, übe rach, Vergilt die schmach, Damit sie dich So freventlich Haben oft hoch geschändet.

8. Wir aber, dein volck, lieber GOtt, Ein arme rott, Doch schäfflein deiner weyde ::: Dir wolln wir dancken ewiglich, Und loben dich In treue und in hyde, Damit dein rhun Im heilig-

thum, Nach aller g'bühr, Schall für und für, Bis amen alles endet.

CLXI. 161. Der 85 Psalm.
In eignem Thon.
Oder: Hilf HErre GOtt uns würm.

HErr, der du vormals hast dein land Mit gnaden angeblicket ::: Und des gefangnen Jacobs band Gelöst und ihn erquicket: Der du die sünd und missethat, Die dein volck vor begangen hat, Hast väterlich verziehen.

2. HErr, der du deines eifers glut Zuvor hast abgewendet ::: Und nach dem zorn das süsse guth Der lieb und huld gesendet: Ach fromines hery, ach unser heyl, Nimm weg und heb auf in der eil, Was uns betrübt und kränket.

3. Lösch aus, HErr, deinen grossen grimm Im brunnen deiner gnaden ::: Erfreu und tröst uns wiederum Nach ausgestandnem schaden. Wilt du dann zürnen ewiglich, Und sollen deine fluthen sich Ohn alles end ergiessen?

4. Wilt du, o Vater, uns dann nicht Dann einmal wieder laben ::: Und sollen wir an deinem licht Nicht wieder freude haben? Ach geuß aus deines himmels haus, HErr, deine güt und segen aus Auf uns und unsre häuser!

5. Ach! daß ich hören solt das wort Erschallen bald auf erden ::: Daß frieden solt an allem ort, Wo Christen wohnen werden, Ach, daß uns doch Gott sagte zu Des krieges schluß, der wassen ruh, Und alles unglücks ende!

6. Ach, daß doch diese böse zeit Sich stelt in gute tagen ::: Damit wir in dem grossen leyd Nicht mögen gantz verzagen: Doch ist ja GOttes hülfe nah, Und seine gnade stehet da All denen, die ihn fürchten.

7. Wan wir nur fromm sind, wird sich GOtt Schon wieder zu uns wenden ::: Den krieg und alle andre noth, Nach wunsch, und also enden, Daß seine ehr in unserm land Und über alle werd erkannt, Ja stetig bey uns wohne.

8. Die güt und treue werden schön Einander grüssen müssen ::: Gerechtigkeit wird einhergehn, Und friede wird sie küssen. Die treue wird mit lust und freud Auf erden blühn, Gerechtigkeit Wird von dem himmel schauen.

9. Der Herr wird uns viel gutes thun, Das land wird früchte geben: Und die in seinem schoosse ruhn, Die werden davon leben. Gerechtigkeit wird dannoch stehn, Und stets in vollem schwange gehn, Zur ehre seines namens.

CLXII. 162. Der 91 Psalm.
Im Th. Aus tieffer noth schrey ich 2c.

HEr in dem schutz des höchsten ist, Und sich GOtt thut ergeben ::: Der spricht: du HErr, mein zuflucht

trnomp jähretten mag, jedoch kein
pfeil, der da fleucht bey tag, Weil dir
fein wort thut leuchten.
3. Kein pestilentz dir schaden kan, Die
in dem finstern schleichet :,: Kein seuch
noch kranckheit rührt dich an' Die im
mittag umstreichet. Ob tausend stür=
ben dir bey seit Und zehen tausend an=
derweit, Sol es dich doch nicht treffen.
4. Ja du wirst auch noch lust und freud
Mit deinen augen sehen :,: An der
gottlosen herzeleid, Wann vergel=
tung wird geschehen. Weil der HErr
ist dein zuversicht, Und dir der höchst
sein'n schutz verspricht, Drum, daß
du ihm vertrauest.
5. Kein übels wird begegnen dir, Kein
plag dein haus wird rühren :,: Dann
er sein'n engel für und für Befiehlet,
dich zu führen, Und zu behüten für
unfall, Auf händen tragen überall,
Daß kein stein dein fuß letze.
6. Auf löwn und ottern wirst du gehn,
Und treten auf die drachen :,: Auf jun=
gen löwen wirst du stehn, Ihr zähn u.
gift verlachen. Dann dir der keines scha=
den kan, Kein seuch kommt den von an=
dern an, Der auf Gott thut vertrauen.
7. Er begehrt mein aus hertzensgrund,
Und hefft auf meine güte :,: Drum
helf ich ihm zu aller stund, Ich will ihn
wohl behüten. Ich will allzeit sein hel=
fer seyn, Drum, daß er kennt den na=
men mein, Deß soll er sich ja trösten.
8. Er ruft mich an als seinen GOtt,
Drum will ich ihn erhören :,: Ich steh
ihm bey in aller noth, Ich will ihm
hülf gewähren. Zu ehren ich ihn brin=
gen will, Langs leben ihm auch geben
will, Mein heyl will ich ihm zeigen.
§ Ehr sey dem Vater und dem Sohn
Und auch dem heilgen Geiste :,: Als es
im anfang war und nun, Der uns sein
gnade leiste. Daß wir wandeln in sei=
nem pfad daß uns die sünd der seel nit
schad. Wer das begehrt, sprech Amen.

CLXIII. 163. Der 100 Psalm.
Mel. GOtt des himmels und der :c.

Alle welt, was kreucht und webet,
 Was im feld und häusern ist :,:
Was nur stimm und zunge hebet,
Jauchze GOtt zu jeder frist, Dienet
ihm, wer dienen kan, Trett mit lust
vor ihn heran.
2. Sprecht: der Herr ist unser meister,
Er hat uns aus nichts gemacht :,: Er
hat unser leib und güter An die lichte

Nun lob, mein seel, den HErren,
 Was in mir ist den namen sein :,:
Sein wohlthat thut er mehren, Ver=
giß es nicht, o hertze mein! Hat dir dein
sünd vergeben, Und heilt dein schwach=
heit groß, Errett dein armes leben,
Nimmt dich in seinen schooß, Mit rei=
chem trost beschüttet, Verjüngt, dem
adler gleich, Der könig schafft recht,
behütet, Die leid'n in seinem reich.
2. Er hat uns wissen lassen Sein heilig=
es recht und sein gericht :,: Darzu
sein gut ohn massen, Es mangelt an
sein'r erbarmung nicht. Sein'n zorn
läßt er wohl fahren, Straft nicht nach
unsrer schuld, Die gnad thut er nicht
sparen, Den blöden ist er hold, Sein
güt ist hoch erhaben Ob den'n, die
förchten ihn, So weit der ost vom
abend, Ist unser sünd dahin.
3. Wie sich ein vatr erbarmet Ueber
sein junge kindlein klein :,: So thut
der HErr uns armen, So wir ihn
kindlich fürchten rein. Er kennt das
arm gemächte, GO.t weiß, wir sind
nur staub, Gleich wie das gras zu
rechnen, Ein blum und fallends
laub, Der wind nur drüber wehet,
So ist es nimmer da, Also der mensch
vergehet, Sein end ist ihm nah.
4. Die GOttes= gnad alleine Steht
vest und bleibt in ewigkeit :,: Bey
seiner lieben gemeine, Die stets in
seiner furcht bereit: Die seinen bund
behalten, Er herrscht im himmelreich.
Ihr starcken engel waltet Seins lobs,
und dient zugleich Dem grossen
HErrn zu ehren, Und treibt sein heil=
ges wort. Mein seel soll auch ver=
mehren Sein lob an allem ort.
5. Sey lob und preis mit ehren GOtt
Vater, Sohn und heilgem Geist :,:
Der well in uns vermehren' Was er
aus gnaden uns verheist, Daß wir ihm
vest vertrauen, Gänzlich uns lassn auf
ihn Von hertz an ihm bauen, Deß
unser herz, muth und sinn Ihm fröhlich
thun anhangen, Drauf singen wir zur
stund: Amen, wir werdens erlangen,
Glaubn wir von hertzengrund.

CLXV. 165 Der 110. Psalm.
In eignem Thon.
Oder: Es ist das heyl uns kommen :c.

DEr HErr sprach zu sein'm höchsten
 thron ZuChristo meinem Herren :,:
Du

Du bist mein eingebohrner Sohn, Dir gebührt ein göttlich ehre. Setz dich zu meiner rechten hand, Biß daß ich leg dein feind allsamt Zum schemel deiner füsse.

2. Der HErr wird dir auch aus Zion Deins reiches scepter senden :‚: Dein wort soll sich da heben an Und gehn biß zur welt enden. Daß du solt herrschen gantz und gar Ueber all deiner feinde schaar, Daß sie ihr sünde büssen.

3. Wann du wirst durch das leiden dein Den tod und sünd bekriegen :‚: Wird dir dein volck gantz willig seyn, Durch dich im glauben siegen. Dir werden deine kind gebohr'n, Wie der thau, kühl und auserkohr'n, Früh von der morgenröthe.

4. Der HErr geschworn hat über dich, Und wird ihn nicht gereuen :‚: Du bist ein priester ewiglich, Den gottsdienst zu verneuen, Gantz nach der weis Melchisedeck; Das alt opfer muß gar hinweg, Wann du dich selbst läßt tödten.

5. Doch wird der HErr stets bey dir seyn, Und stehn zu deiner rechten :‚: Und straffen mit ewiger pein, All die dir widerfechten, Zur zeit, wann einst sein zorn ergrimmt, Die gwaltig könige hinnimmt, Wird sie mit macht zerschmeissen.

6. Er wird herrlich mit grossem pracht Unter den heyden richten :‚: Er wird thun gar viel grosse schlacht, Wider die, so ihn vernichten. Er wird dem fürsten dieser welt, Der sich ihm stets zuwider stellt Sein böllisch reich zerreissen.

7. In schwachheit leiden creutz und tod, Wird er die zeitlich sterben :‚: Und überwinden alle noth; All Gottes güter erben : Und auferstehn am tritten tag, Daß er ewig regieren mag. Ein könig über himmel und erden.

9. Dafür wir sagen ehr und lob, Das wir den Heyland haben :‚: Singen und freuen uns alle ob, Dancken für seine gaben, Wie er uns zu sein'm wort bericht, So wird glauben und zweiffeln nicht, Solln wir dort seig werden.

CLXVI. 166. Der 112. Ps.

Mel. Wie der hirsch in grossem ic.

Wohl dem der den HErren scheuet und sich fürcht für seinem Gott, Selig ist sich hertzlich freuet Zu erfüllen sein gebot, Wer den höchsten liebt und ehrt, Wird erfahren, wie sich mehrt, Alles, was in seinem leben Ihm vom himmel wird gegeben.

2. Seine kinder werden sehn, Wie die rosen in der blüt. Sein geschlecht wird einher gehen Voller gnad und Gottesgüt Und was diesen leib erhält, Wird der herrscher aller welt

Reichlich und mit vollen händen Ihnen in die häuser senden.

3. Des gerechte thun der frommen, Steht gewiß und wancket nicht :‚: Solt auch gleich ein wetter kommen, Bleibt doch GOtt der HErr ihr licht, Tröstet, stärcket, schützt und macht, Daß nach außgestandner nacht, Und nach hochbetrübtem weinen, Freud und sonne wieder scheinen.

4. GOttes gnad, huld und erbarmen Bleibt den frommen immer vest, Wohl dem, der die noth der armen Ihm zu hertzen gehen läßt, Und mit liebe guttes thut, Den wird GOtt das höchste guth, Gnädiglich in seinen armen, Als ein liebster vater, warmen.

5. Wann die schwartzen wolcken blitzen Von dem donner in der lufft, Wird er ohne sorge sitzen, Wie ein vöglein in der lufft: Er wird bleiben ewiglich, Auch wird sein gedächtniß sich hie und da auf allen seiten Wie die edlen zweig ausbreiten.

6. Wann das unglück an will kommen, Das die roben sünder plagt, Bleibt der muth ihm unbenommen, Und das hertze unverzagt; Unverzagt ohn angst und pein, Bleib das hertze, das sich sein Seinem GOtt und HErrn ergiebet, Und die, so verlassen, liebet.

7. Wer bereitest gern erfreuet, Wird vom höchsten wohl ergötzt: Was die milde hand ausstreuet, Wird vom himmel hoch ersetzt. Wer viel giebt, erlanget viel, Was sein hertze wünscht und will, Das wird GOtt mit gutem willen Schon zu rechter zeit erfüllen.

8. Aber seines feindes freude Wird er untergeben sehn, Er, der feind, für grossem neide Wird zerbeissen seine zähn; Er wird einrichen, und mit griß, So das glück mißgönne ihm Und doch damit gar nichts wehren, Sondern sich nur selbst verzehren.

CLXVII. 167. Der 114. Ps.

Da Israel aus Egypten zog. Und das hauß Jacob von dannen flog, Von diesem frembden volcke :‚: Da war Juda jetzt sein heiligthum, Und Israel seine herrschaft fromm, Unter des bitteres wolcke. Das meer sah das, und floh zur hand, Der Jordan sich zurücke wandt, Die berge sprungen auch daher In aller höhe, wie die widder Die hügel wie die junge schaaf, Erfreuen sich in solchem lauf, Allel. Alleluja.

2. Was war dir meer, daß du also flagst Und dir Jordan, daß du zurücke zagst, Du Israel that kommen :‚: Ihr berg, laß ihr springet, wie die widder, Ihr hügel, wie die jungeschaaf daher? Also han wirs vernommen Vor dem Herrn, vor Gott Jacob dem er-

mach-

mächtigen Gebet die gantze erde schon,
Der die felsen verwandeln kan, In
wasserssee zerfliessen thut, Und stein
in wassersbrunnen gut. Allel. Allel.

CLXVIII. 168. Der 115 Pf.

Nicht uns, nicht uns, o ewiger
HErr! Sondern dein'm namen
gib die ehr, Um deiner güt und
treue:,: Warum solln wir seyn der
heyden spott, Daß sie sprechen: wo
ist nun ihr GOtt? Das muß uns
all gereuen. Dann unser GOtt im
himmel ist, Er macht alles, was ihn
gelüst, So jener götzen geschnitzet sind
Aus silber, gold, von menschen hand,
Sie haben mäuler und reden nicht,
Hab'n augen und doch kein gesicht,
Allel. Alleluja.
2. Sie haben ohr'n und hören nicht,
Habn nasen und doch kein geruch, Ist
ihn'n ein grosser fehle :,: Sie haben
händ und greiffen nicht, Haben füß
und gehn doch kein tritt, Kein red in
ihrer kehle. Die solche machn, sind
gleich also, Und die auf sie auch hoffen
do, Doch Jsrael und auch Aaron, und
die den HErren fürchten thun, Die
hoffen auf den HErren mild, Der ist
ihr grosse hülf und schild, Allel. Allel.
3. Der HErr denckt an uns gnädiglich,
Und wird uns segnen ewiglich, Mit
seinen heilgen gaben :,: Wird segnen
das haus Jsrael schon, Und auch segnen
das haus Aaron, Alle die an ihm glauben. Er wird auch segnen alle die, Die
GOtt den HErren fürchten hie, Sie
seyen reich, klein oder groß, Der HErr
wird auch sein besser loß Zu diesen segen hinzu thun, Auf euch und eure
kinder schon, Allel. Alleluja.
4. Ihr seyds, die der HErr g'segnet
hat, Durch welchen himmel und erden
stahtt, Und alles was darinnen :,: Der
himmel aus allen himmeln schon, Jst
ewig dem HErrn unterthan, Die erd
den menschens-kindern. Die todten
werden dir, o HErr. Kein lob verjähen
nimmermehr, Noch die da fahren in
der still Hinunter bis zu ihrem ziel:
Wir aber sind zum lob bereit Dem
HErren bis in ewigkeit, Allel. Allel.
5. Dem HErren GOtt im himmelreich, GOtt Vater und GOtt Sohn
deßgleich, Und GOtt dem heilgen
Geiste :,: Dem gwaltigen HErr'n Zebaoth, Der will uns helfen aus aller
noth, Lob, ehr und preiß ich leiste.
O heiliger anfang und auch end, Dein
göttlich gnad von uns nicht wend,
Daß wir wandeln in deinem pfad,
Daß uns die sünd der seel nicht schad,
Wer das begehrt auf dieser erd,
Sprech Amen, daß wirs werd'n ge-
währt, Allel. Alleluja.

CLXIX. 169. Der 117 Psalm.

Lobet den HErrn, ihr heyden all,
Lobt GOtt von hertzensgrunde :,:
Preißt ihn, ihr völker allzumal, Danckt
ihm zu aller stunde, Daß er euch auserwählet hat, Und mitgetheilet seine
gnad, Jn Christo seinem Sohne.
2. Dann seine groß barmhertzigkeit
Thut über uns stets walten :,: Sein
wahrheit, gnad und gütigkeit Erschei-
net jung und alten, Und währet bis
in ewigkeit, Schenckt uns aus gnad
die seligkeit, Drum singet Alleluja.

CLXX. 170. Der 119. Psalm.

Mel. O mensch bewein dein sünde.

Es sind doch selig alle, die Jm rechten glauben wandeln hie Jm gsetz
GOttes des HErren, Sie sind doch selig allesamt, Die sein zeugniß zur augen han, Von hertzen ihn begehren.
Dann welches übelthäter sind, Die
wandeln nicht als GOttes kind, Auch
seine weg nicht halten. Ach Herre Gott
in himmelreich, Du hast geboten
fleißiglich, All dein gebot zu halten.
2. O GOtt! daß alles leben mein Gerichtet würd nach g'fallen dein, Zu halten deine rechte, Dann würd ich nicht
zu schanden gahn, Wann ich gantz flei-
sig schaute an Deine gebot all schlechte; So danck ich dir mit hertzlichkeit
Der gericht deiner gerechtigkeit, Die
du mich lehrst mit massen, Dann deine recht ich halten will, Mit deiner
gnad du zu mir eil, Thu mich nicht
gar verlassen.
3. Wie bessert nun ein jüngling zart
Sein'n weg, dann so er sich bewahrt,
Nach deinen worten allen Hab ich von
gantzem hertzen mein Gesucht, o HErr!
nicht laß mich hin Von dein'n geboten
fallen! So hab ich doch die rede dein
Verborgen in mein hertz hinein, Daß
ich vor dir nicht sündige. Gebenedey du,
HErre GOtt! Lehr mich durch deine
güt und gnad, Daß ich dein rechte finde.
4. Nun hab ich mit den lefzen mein
Alle gericht des mundes dein Bekennet
und erzehlet, Jn weg deiner zeugniß,
o HErr: Mit lust zu wandeln hab ich
mehr Dann all reichthum erwählet. Jn
deinm be ehl red ich allein, Dann menschen gsetz sind gar nicht rein Jch schau
auf deine pfade, Nach deinen rechten
lust mich viel Dein wort ich nicht verlassen will, Verleih du mir die gnate.
Lob, ehr und preiß im süssen thon,
Gott Vater hoch ins himmels-thron
Von hertzen sey gesungen Dem Heyland Christo seinem sohn, Der lehr uns
seinen willen thun, So ist uns schon
gelungen: Dem heilgen Geist desselben
gleich, Der stärck uns zu dem himmelreich, Und treib uns recht zusammen:

Daß

Daß wir Christum, den gnaden-schatz,
Zum heyl finden in GOttes gsatz, Wer
das begehrt, sprech Amen.

CLXXI. 171. Der 121 Psalm.
In Th. Vater unser im himmelreich.
Wann ich in angst und nöthen bin,
  Und all mein trost ist gar dahin,
So heb ich auf mein augen hoch Zum
HErrn um hülf, und denck ihm nach,
Und wart bis mir geholfen werd Von
dem GOtt himmels und der erd.
2. Er hält mich auf der rechten bahn,
Und wird mein fuß nicht gleiten lan:
Der HErr ist, der mich selbst behüt,
Ob gleich der feind trotzt, tobt und
wüt. Der Israel schützt und vertritt,
Der wacht allzeit, u. schlummert nicht.
3. Ob dich des tags die sonne sticht,
Der kalte mond des nachts ansicht,
Doch kommt des HErren hülf zur
hand, Hält über dir sein rechte hand,
Mit seinem schatten, hülf und hut,
Daß dir kein unglück schaden thut.
4. Zum schutz ist stets der HErr bereit, Für allem übel allezeit, Den
trost verzeucht er nicht so lang, Behüt
dein ausgang und eingang, Hilft dir
zuletzt aus allem leyd, Von nun an
bis in ewigkeit.
5 Ehr sey GOTT in dem höchsten
thron, Und Christo seinem einzgen sohn,
Samt dem tröster heiligen Geist,
Der uns sein hülf allzeit beweist,
Dem sey lob, preiß gesagt allzeit,
Von nun an bis in ewigkeit.

CLXXII 172. Voriger Psalm.
In eigenem Thon.
Oder: Wann wir in höchsten nöthen.
JCh heb mein augen sehnlich auf
  Und seh die berge hoch hinauf Was
mir mein GOtt vom himmels-thron
Mit seiner hülf zu statten komm.
2. Mein hülfe kommt mir von dem
HErrn, Er hilft uns ja von hertzen
gern, Himmel und erd hat er gemacht,
Er hält über uns hut und wacht.
3. Er führet dich auf rechter bahn,
Wird deinen fuß nicht gleiten lahn,
Setz nur auf GOtt dein zuversicht,
Der dich behütet, schläfet nicht.
4. Der treue hüter Israel Bewahret
dir dein leib und seel. Er schläft nicht
weder tag noch nacht, Wird auch nicht
müde von der wacht.
5. Für allem un'all gnädiglich Der
fromme GOtt behütet dich, Unter
dem schatten seiner gnad Bist du gesichert früh und spat.
6. Der sonnen blitz, des mondes schein
Sollen dir nicht beschwerlich seyn,
GOtt wendet alle trübsal schwer Zu
deinem nutz, und seiner ehr.
7. Kin übels wird begegnen dir, Des
HErren schutz ist gut dafür, in gnad

bewahrt er deine seel, Vor allem leyd
und ungefäll.
8. Der HErr denn ausgang stets bewahr, Zu weg und steg gesund dich
spar, Bring dich zu haus in sein'm geleit, Von nun an bis in ewigkeit.

CLXXIII. 173. Der 124 Ps.
Wär Gott nicht mit uns diese zeit,
  So soll Israel sagen :,: Wär
GOtt nicht mit uns diese zeit, Wir
hätten müssn verzagen: Die so ein armes häuslein sind, Veracht, von so viel
menschenkind, Die an uns setzen alle.
2. Auf uns ist so zornig ihr sinn, Wo
Gott das hätt zugeben :,: Verschlungen hätten sie uns hin, Mit gantzem
leib und leben. Wir wärn als die ein
flut ersäuft, Und über die groß wasser
läuft, Und mit gewalt verschwemmet.
3. GOtt lob und danck, der nicht zu-
gab, Daß ihr schlund uns mögt fangen :,: Wie ein vogel des stricks kommt
ab, Ist unser seel entgangen. Strick
ist entzwey, und wir sind frey, Des
HErren namen steh uns bey, Des
GOtts himmels und erden.
* Ehr sey dem Vater und dem Sohn,
Und auch dem heilgen Geiste :,: Als es
im anfang war und nun, Der uns sein
gnad leiste. Daß wir wandeln in
seinem pfad, Daß uns die sünd der
seel nicht schad, Wer das begehrt,
sprech Amen.

CLXXIV. 174. Voriger Ps.
WO GOtt der HErr nicht bey uns
  hält, Wann unsre feinde toben :,: Und er unsrer sach nicht zu-
fällt, Im himmel hoch dort oben, Wo
er Israels schutz nicht ist, Und selber
bricht der feinde list, So ist's mit uns
verlohren.
2. Was menschen kraft und witz anfäht, Soll uns billig nicht schrecken :,:
Er sitzet an der höchsten stätt, Er wird
ihr'n rath aufdecken. Wann sie's aufs
klügste greifen an So geht doch GOtt ein
andre bahn, Es steht in seinen händen.
3. Sie wüten fast und fahren her, Als
wolten sie uns fressen: Zu würgen
steht all ihr begehr Gotts ist bey ihr'n
vergessen. Wie meeres wellen einher
schla'n, Nach leib und leben sie uns
stahn, Des wird sich GOtt erbarmen.
4. Sie stellen uns wie keyern nach,
Nach unserm blut sie trachten :,:
Noch rühmen sie sich Christen auch,
Die GOtt allein groß achten. Ach
GOtt! der theure name dein Muß
ihrer schalckheit deckel seyn, Du
wirst einmal aufwachen.
5. Aufsperren sie den rachen weit, Und
wollen uns verschlingen :,: Lob u. danck
sey Gott allezeit, Es wird ihn'n nicht gelingen. Er wird ihrn strik zureissen gar
Und

deiner hülf erwarten.

7. Die feind sind all in deiner hand, Darzu all ihr gedancken :,: Ihr an: schläg sind dir wohl bekannt, Hilf nur, daß wir nicht wancken. Ver: nunfft wider den glauben ficht, Auffs künfftge will sie trauen nicht, Da du wirst selber trösten.

8. Den himmel und auch die erden hast du, HErr GOtt, gegründet :,: Dein licht laß uns hell werden, Das hertz uns werd entzündet In rechter lieb des glaubens rein, Bis an das end be: ständig seyn. Die welt laß immer murren.

¶ Ehr sey dem Vater und dem Sohn, Und auch dem heilgen Geiste :,: Als es im anfang war und nun, Der uns sein gnade leiste, Daß wir wandeln in seinem pfad, Daß uns die sünd der seel nicht schad, Wer das begehrt, sprech Amen.

CLXXV. 175. Der 125 Psalm.

NUn, welche ihre hoffnung gar Auf GOtt den HErren legen :,: Die bleiben stets unwandelbar, Und kan sie nichts bewegen. Ihr glaub ist satt, Kein mangel hat, Von Gott hat er die stärcke, Darum spricht man Sie werdn bestahn, Gleichwie Zion der berge.

2. Dann um die statt Jerusalem Da ist gar viel gebürge :,: Damit der feind kein zugang nähm, Daß er sie nicht erwürge :,: Also thut GOtt In aller noth, Sein glaubig volck umge: ben, Und bey ihm stahn Von jugend an Und bis ins ewig leben.

3. GOtt ist gerecht und allweg gut, Er wird auch nicht zulassen :,: Der sünde und gottlosen ruth Ueber die gottsge: nossen, Auf daß der grecht Nicht werd geschwächt, Daß er in sünd nicht fal: le. Mit seiner hand, Das doch GOtt wend, Behüt die frommen alle.

4. O HErr, thu wohl den frommen all, Die recht im glauben leben :,: Die aber treten in abfall, Und sich in irr: thum geben, Die wird der HErr Ver: werffen fern, Mit den sündern zerstö: ren. Aber ohn fehl Hab Israel Den frieden GOtts des HErren.

* Ehr sey dem Vater und dem Sohn, Und auch dem heiligen Geiste :,: Als es im anfang war und nun, Der uns sein gnade leiste, Daß wir wandeln, Und stets handeln, Zur ehr göttlichem na:

seyn wie ein traum, Und unser zung wird seyn voll ruhm, Und unser mund voll lachens.

2. Da wird man unt'r den beyden sagn: Groß sind des Herren thaten :,: Die er an ihn gethan ohn klagn, Ihr freud wird drob gerathen. Er hat grosses an uns gethan, Wollst uns, HErr sehn in gna: den an, Und unser gfängnuß wenden.

3. Wie du dort kontst gegen mittag Das roth meer trocken machen :,: Die wei: nend säen und mit klag Den edlen saa: men tragen, Mit freuden werdn sie erndten sein, Mit freuden wieder kom: men heim, Und ihre garben bringen.

4. Dem HErren GOtt vom himmel: reich Lob, ehr und preiß ich leiste :,: GOtt Vater, GOtt dem Sohn des: gleich, Und GOtt dem heilgen Geiste, Sein herrlichkeit, barmhertzigkeit, Großmächtigkeit und heiligkeit Sind ewig und ohn ende.

CLXXVII. 177. Der 127 Ps.

WO GOtt zum haus nicht gibt sein gunst, So arbeit't jedermann umsonst, Wo GOtt die stadt nicht selbst bewacht, So ist umsonst der wächter wacht.

2. Vergebens, daß ihr früh aufsteht, Darzu mit sorgen schlafen geht, Und eßt eur brod mit ungemach, Dann wems GOtt gönnt, gibt ers im schlaf.

3. Nun sind sein erben unser kind, Die uns von ihm gegeben sind, Gleich wie ein pfeil ins starcken hand, So ist die jugend GOtt bekannt.

4. Es soll und muß dem gschehen wohl, Der dieser hat sein köcher voll, Sie werden nicht zu schand noch spott Vor ihrem feind bewahrt sie GOtt.

¶ Ehr sey GOtt Vater und dem Sohn, Samt heilgem Geist in einem thron, Welchs ihm auch also sey bereit, Von nun an bis in ewigkeit.

CLXXVIII. 178. Der 128 Ps.

WOhl dem, der in GOttes furcht steht, Und auch auf seinen wegen geht, Dein eigen hand dich nähren soll, So gehts dir recht und geht dir wohl.

2. Dein weib wird in dein'm hause seyn Wie ein reben voll trauben sein, Und dein kinder um deinen tisch, Wie öl-pflantzen gesund und frisch.

3. Sieh so reich segen hängt dem an, Wo in Gottesfurcht lebt ein mann, Von

wirst sehen kindes-kind, Und daß
Israel friede sind.

CLXXIX. 179. Der 130 Pf.

Aus tieffer noth schrey ich zu dir,
HErr GOtt! erhör mein ruffen,
Dein gnädig ohr neig her zu mir, Und
meiner bitt sie offen. Dann so du
wilt das sehen an, Was sünd und unrecht ist gethan, Wer kan, HErr! vor
dir bleiben?

2. Bey dir gilt nichts dann gnad und
gunst, Die sünde zu vergeben, Es ist
doch unser thun umsonst Auch in dem
besten leben. Vor dir niemand sich
rühmen kan, Deß muß sich fürchten
jedermann, Und deiner gnade leben.

3. Darum auf GOtt will hoffen ich,
Auf mein verdienst nicht bauen, Auf
Ihn mein hertz soll lassen sich, Und seiner güte trauen, Die mir zusagt sein
werthes wort, Das ist mein trost und
treuer hort, Deß wil ich alzeit harren.

4. Und ob es währt biß in die nacht Und
wieder an den morgen, Doch soll mein
hertz an GOttes macht Verzweiffeln
nicht noch sorgen, So thu Israel rechter art, Der aus dem geist erzeuget
ward, Und seines GOtt's erharre.

5. Ob bey uns ist der sünden viel, Bey
GOtt ist viel mehr gnade, Sein hand
zu helfen hat kein ziel, Wie groß auch
sey der schade. Er ist allein der gute
hirt, Der Israel erlösen wird Aus
seinen sünden allen.

* Ehr sey dem Vater und dem Sohn
Und auch dem heilgen Geiste, Als es
im anfang war und nun, Der uns sein
gnade leiste. Daß wir wandeln in
seinem pfad, Daß uns die sünd der
seel nicht schad, Wer das begehrt,
sprech Amen.

CLXXX. 180. Der 133 Pf.

Nun sieh, wie fein und lieblich ist,
Recht brüderlich zu leben:,: Nach
einigkeit in JEsu Christ Mit reinem
hertzen streben: Dann einerley gesin-
ner seyn, Verschafft einander dulden
fein, Und von sich mäßig halten, Da
will die lieb selbst walten.

2. Es möcht so köstlich nimmer seyn,
Die lieblich balsam salben:,: Die Aaron floß vom haupt herein Im bart
und allenthalben: Als köstlich ist die
einigkeit Der allgemeinen Christenheit, Auf GOttes wort gegründet,
Dergleichen man nicht findet.

Sein'n segen lassen walten :,: Mit
trost und hülf in aller noth Ob solchen tapfer halten: Verheisset ferner
auch darzu In diesem elend gute ruh,
Und dort das ewig leben Durch Christum ihn'n zu geben.

CLXXXI. 181. Der 137 Pf.

An wasserflüssen Babylon Da sassen wir mit schmertzen, Als wir gedachten an Zion, Da weinten wir von
hertzen. Wir hiengen auf mit schwe-
rem muth Die harfen und die orgeln
gut An ihre bäum der weyden, Die
drinnen sind in ihrem laub, Da musten wir viel schmach und schand Täglich von ihnen leiden.

2. Die uns gefangen hielten lang, So
hart an selben orten, Begehrten von
uns ein gesang Mit gar spöttlich worten, Und suchten in der traurigkeit
Ein frölich gsang in unserm leyd: Ach
lieber thut uns singen Ein lobgesang,
ein lieblein schon Von den gedichten
aus Zion, Das frölich thut erklingen.

3. Wie sollen wir in solchem zwang
Und elend jetzt vorhanden Dem Herren
singen ein gesang So gar in fremden
landen, Jerusalem, vergeß ich dein, So
wolle GOtt der rechten mein Vergessn
in meinem leben, Wann ich nicht dein
bleib eingedenck, Mein zunge oben an
sich henck Und bleib am gaumen kleben.

4. Ja wann ich nicht mit gantzem fleiß
Jerusalem! dich ehre, Im anfang deiner freuden preiß, Von jetzt und im-
mermehre. Gedenck der kinder Edom
sehr An tag Jerusalem, o HErr! Die
in ihr boßheit sprechen: Reiß ab,
reiß ab zu aller stund, Vertilg sie gar
bis auf den grund, Den boden wolln
wir brechen.

5. Du schnöde tochter Babylon, Wirst
dafür leiden müssen: Der HErr wird
geben dir den lohn, Und dich recht
lassen büssen Dein'n übermuth und
boßheit groß, Und messen dir mit
solchem maß, Wie du uns hast gemessen; Er wird gewiß all deine sünd
Dir vorhalten, und dich geschwind
In schutt zusammen stürtzen.

§ Ehr sey dem Vater und dem Sohn,
Und auch dem heilgen Geiste, Als es
im anfang war und nun, Der uns sein
gnade leiste, Daß wir in diesem jammerthal Von hertzen scheuen überall
Der welt gottloses leben, Und streben

cken, so ich han, Vor dir, o Gott! eröffnet: stahn, Erkenust mein thun und lassen. Dann du bist stets um meinen pfad, Der ringsweiß, um mein lager gaht, Spähest aus all mein strassen.

2. Es ist kein wort in meinem mund, Noch red auf meiner zungen :,: Das dir mit alles vor sey kund Eh sie werd gredt noch gsungen. Ich geh, steh, was ich immer thu, So bist du da, u. sihst mir zu; Ohn dich nichts guts vollbringe, Du richt'st es dann vor in mir an, Dein hand mich kräftig führt auf die bahn, Mir mag sonst nichts gelingen.

3. Ich bin zu schwach in mein'm verstand, Solch heimlichkeit zu erkangen :,: Vernunft treibt daraus nur ein tand, Im glauben wirds empfangen. Wo soll ich hingehn vor dein'm geist, Der aller hertzen g'dancken weiß, Dein angesicht weiß mein fliehen, Fahr ich gen himmel, so bist du da, Auch in die höll und anderswo, Kan mich dein nicht entziehen.

4. Nähm ich flügel der morgenröth, Und blieb an end des meeres :,: Dein hand mich wird in aller noth Erhalten und ernähren. Sprach ich; finsterniß decken mich, So gilt der tag und nacht dir gleich, Die nacht leucht wie der tag: Bey dir ists nicht finster ist, All heimlich sünd zu aller frist, Dir niemand mag verschlagen.

5. Mein nieren hast in deiner gwalt, Auch all mein heimlich lüste :,: Wie ich in mutterleib war gestalt Ohn mich hast zugerüstet. Dein rechte hand war stets ob mir, Von hertzensgrund dess danck ich dir, Dein wunderlichen thaten, Damit du mich machst wundersam, Mein seel solch gutthat wohl vernahm, Laß es zu ziel dein'm rathe.

6. All mein gebein hast du gezählt, Da ich solt gbildt werden :,: Dein augen auch auf mich gestellt, Da ich lag in der erden: In mutterleib noch unbereit, Des kein vernunft nicht weiß bescheid, Mein tag vor dir sind gezählet, Darvon noch zu kein mensch mag thun, In dein'm buch all geschrieben stehn, Wie lang dus hast erwählet.

7. Wie köstlich sind vor mir, o GOtt, Dein vielfältig gedancken :,: Ihr sum des sands am meere hat, Von dir werd ich nicht wanken. So ich vom tod auch sonst aufwach, Dein gnad mich halt in aller sach; Bey dir werde ich blei-

zuviderseyn, Darwider allzeit strebe, Darum sie mir all werden feind, Viel schmach und leyds erzeigen seynd. Wollst mir das siegen geben.

9. Erforsch mich, HErr! erfahr mein hertz, versuch all mein gedancken :,: Und sih, ob mein thun hinterwärts Auf einig seit woll wanken: Ob ich sey g'treten ab der bahn. Laß mich, o Gott! nicht strbaß gahn, Auf rechten weg mich leite, Der dir gefall und ewig sey, Mein gewissen, leib und seel dir frey Ewig stets sey bereitet.

Ehr sey dem Vater und dem Sohn, Und auch dem heilgen Geiste :,: Als es im anfang war und nun, Der uns sein gnade leiste. Daß wir auf diesem jammerthal Von hertzen schauen überall Der welt gottloses leben, Und streben nach der neuen art, Darzu der mensch gebildet ward, Wer das begehrt, sprech Amen.

CLXXXIII. 183. Der 143 Ps.
Mel. Zion klagt mit angst und rc.

GOtt! mein Gott! du wollst beysteh'n Wegen deiner wahrheit mir :,: Hören mein gebät und flehen, Mich nicht lassen für und für: Richte ja nicht deine knecht, Niemand ist vor dir gerecht, Niemand wird vor dir gefunden, Ausser sünd und euterwunden.

2. Schaue, wie mein feind mich dränget, Wie er meine seele gar :,: Niederdrücket, zur erden zwinget, Und nun dichtet auf gefahr. Er mich in das finstre steckt, Wie die todten in der welt. Mein geist voller angst hinfähret, Und mein hertze sich verzehret.

3. Ich gedencke, GOtt, der zeiten Unsrer väter, ruft mein mund:,: Deine thaten muß ausbreiten, Und der nachwelt machen kund: Ich sag allen vöckern an, Was du, grosser GOtt! gethan. Ich ausbreite meine hände, Und in noth mich zu dir wende.

4. Wie ein kind, so man entwehnet, Stets an seine mutter denckt :,: So sich meine seele sehnet, Und um dich so schmertzlich kräncket. HErr! nach dir sie allzuhand Dürstet als ein dürres land, Sie geht ausser dir im leiden, Und hat weder lust noch freuden.

5. HErr, mein retter! mich erhöre, Dann mein geist vergehet schier :,: Du du bist mein ruhm und ehre, Ach! verbirge nicht von mir Mein Gott, deines

antlitz licht, Laß mich denen gleichen nicht, Welche fündlich vor den jahren In die tiefe grube fahren.
6. Leite mich nach wohlgefallen, Der du meine zuflucht bist :,: Rette mich von denen allen, Die mir stellen nach mit list: Rette meinen schimpf und spott, Du, du bist mein HErr und GOtt, Mich dein guter geist regiere, Und auf ebner bahne führe.
7. GOtt, um deines namens willen, Um dein selbst, HErr Zebaoth :,: Wirst du meine seele stillen, Und sie retten aus der noth: Du wirst meiner feinde schaar plötzlich, tilgen gantz und gar, Weil vor dir ich ängstlich flehe, Und in deinen diensten stehe.

CLXXXIV. 184.
Der 146 Psalm.

Mel. Wär GOtt nicht mit uns &c.

MEin seele soll aus hertzens-grund Dich loben GOtt mein HErre :,: Dir soll lobsingen sters mein mund, Und preisen hoch dein ehre. Ich will mein gantzes lebenlang Dir, GOtt, mein'm HErren, sagen danck, Dieweil ich bin auf erden.
2. Dir g'hört, HErr GOtt! preiß, ehr und lob, Du helfen kanst alleine :,: All fürsten sind auch erd und staub, Wie andre menschen g'meine, Darauf sich niemand lassen soll, Ihr hülf taugt doch nicht überall Wann rechte noth uns drücket.
3. Es sey ein mensch wie groß er kan, Den geist muß er aufgeben :,: Zu seiner zeit muß er davon, Er kan nicht ewig leben. Zur erd er wieder werden muß, So ist dann alle hoffnung aus, All anschläg sind verlohren.
4. Wohl dem, der GOtt den HErrn anrufft, Und sich ihm gantz vertrauet :,: In noth, tod, zu ihm allein laufft, Von hertzen auf ihn bauet. Wohl ihm, er nicht verderben kan, Weil GOtt sich sein nimmt selber an, Der wird ihn wohl bewahren.
5. Der HErr gewißlich helfen kan, Sein macht die hat kein ende :,: Dann himmel, meer und erden-plan Gemacht habn seine hände Und alles was darinnen ist, Auch ist sein zung vest und gewiß, Dann er hält ewig glauben.
6. Vertrau du GOtt, und ruf ihn an, So du gewalt must leiden :,: Er helfen will, dazu auch kan, Er ist auf beiner seiten, Er schaffet recht in solcher noth, Und kan der bösen übermuth Gar bald mit schrecken stillen.
7. In theurer zeit und hungers-noth GOtt auch die seinen nähret :,: Er gibt ihnn ihre speiß und brod, Mit segen er sie nähret. GOtt auch ihr gfängnis wenden kan, Die feinde bald zurück schlan, Und die gefangen lösen.
8. GOtt macht sehend so da sind blind, Die hertzen er erleuchtet :,: Und die niedergeschlagen sind Er wiederum aufrichtet. Wer handelt recht und GOtt vertraut, Auf seine gnad und wahrheit baut Der wird von GOtt geliebet.
9. Auch nimmt sich GOtt der frembling an, Die waysen er auch nähret :,: Will sie kurz unbeleidigt han, Ihr litt er sie gewähret. Die wittwen er erhalten will, So sie ihm trauren in der still, Und will ihr selber pflegen.
10. GOtt will zerstören mit gewalt Gottloser leut anschläge :,: Daß ihr fürnehmen an hör bald, Zurück treibt er ihr wege, Daß all ihr thun den krebsgang geh, Und ihr freud nicht lang besteh, Machts schnell mit ihn ein ende.
11. Der HErr ist könig ewiglich, Hat all's in seinen händen :,: Der HErr regiert gewaltiglich, Von anfang bis ans ende. Von nun an bis in ewigkeit, Zion! du rechte Christenheit, Solt singen Alleluja.

CLXXXV. 185. Der 147 Pſ.

LObet den HErren, lobet den HErren Dann er ist sehr freundlich, Es ist sehr köstlich unsern GOtt zu loben, Unsern GOtt zu loben. Sein lob ist schön und lieblich anzuhörn. Lobet den HErren, Lobet den HErren.
2. Singt geg'n einander, Singt geg'n einander, Dem HErren mit dancken, Lobt ihn mit harfen unsern GOtt den werthen, Unsern GOtt den werthen: Dann er ist mächtig und von grossen kräften Lobet den HErren, Lobet den HErren.
3. Er kan den himmel, Er kan den himmel Mit wolcken bedecken, Er giebt den regen, wann er will auf erden, Wann er will auf erden. Er läßt gras wachsen hoch auf dürren bergen. Lobet den HErren, Lobet den HErren.
4. Der allem fleische, Der allem fleische Giebet seine speise, Dem vieh sein futter väterlicher weise, Väterlicher weise, Den jungen raben, die ihn thun anruffen. Lobet den HErren, Lobet den HErren.
5. Er hat keine luste, Er hat keine luste An der stärk des rosses, Noch wohlgefallen an jemandes beinen, An jemandes beinen. Er hat gefallen an den'n, die auf ihn trauen. Lobet den HErren, Lobet den HErren.
6. Dancket dem HErren, Dancket dem HErren, Schöpfer aller dingen, Der brunn des lebens thut aus ihm entspringen, Thut aus ihm entspringen, Gar hoch vom himmel her aus seinem

seinem hertzen. Lobet den HErren,
Lobet den HErren.
7. O JEsu Christe, O JEsu Christe,
Sohn des allerhöchsten, Gib du die
gnade allen frommen Christen, Allen
frommen Christen, Daß sie deinen
namen ewig preisen, Amen. Lobet
den HErren, Lobet den HErren.

CLXXXVI. 186. Der 150 Pf.
Mel. Hertzlich thut mich verlang.

Lobet GOtt unsern HErren In seinem
heiligthum :,: Zu lobe seinen
ehren, Macht herrlich seinen ruhm:
Lobt ihn im firmamente, Da seine
gros gewalt Und sein starck regimente
Zu sehn ist mannigfalt.

2. Lobet mit hertz und munde All seine
wunderthat :,: Die er zu aller
stunde Häuffig verrichtet hat. Ob seiner
majestäten und grossen herrlichkeit,
Thut sein lob weit ausbreiten
In alle ewigkeit.

3. Lobet ihn frölich alle Mit der posaunen
klang :,: Dem Herren zu gefallen,
Macht ein lieblich gesang Mit
psalter, harff'n und geigen Samt andern
instrument; Mit paucken, pfeiff'n
und reigen Preiset sein lob behend.

4. Des HErren namen alle Lobet mit
säiten-spiel :,: Mit hellem cymbel-
schalle Macht seines lobes viel, Mit
cymbeln, die wohl klingen, Rühmt
seine gütigkeit. Von seinem lob thut
singen Immer und allezeit.

5. Es soll den HErren loben Und preisen
immerdar :,: Im himmel hoch dort
oben Die engelische schaar, Deßgleichen
auch auf erden, Alles, was
odem hat, Soll seines ruhms voll
werden, Preisen sein wunderthat.

6. Amen, mit mund und hertzen
Sprecht, o ihr glaubig schaar :,: All
traurigkeit und schmertzen Treibt von
euch gantz und gar, Seyd frölich in
dem HErren, Und lobt ihn allezeit,
Er wird in freud verkehren All euer
hertzeleid.

7. Er wird euch reichlich geben Alls,
was euch nöthig ist :,: Allhier in diesem
leben Und dort zu aller frist Wird
euch in himmel führen, Und selig machen
gar, Thuts mit einem eyd betheuren,
Amen, das werde wahr.

✱✱✱✱✱✱✱✱✱✱✱✱✱✱✱✱✱✱

Vierter Theil,
In welchem verfasset
Geistreiche Lehr-Gesänge.
Von der Rechtfertigung, wie
auch vom Wort GOttes und der
Christlichen Kirche.

Von der Rechtfertigung.

CLXXXVII. 187.

Durch Adams fall ist gantz verderbt
Menschlich natur und
wesen :,: Dasselb gift ist auf
uns geerbt. Daß wir nicht
kont'n genesen Ohn GOttes
trost, Der uns erlöst hat von dem
grossen schaden, Darein die schlang
Evam bezwang, GOtts zorn auf sich
zu laden.

2. Weil dann die schlang Evam hat
bracht, Daß sie ist abgefallen :,: Von
GOttes wort, welchs sie veracht, Dadurch
sie in uns allen Bracht hat den
tod, So war je noth, Daß uns auch
GOtt solt geben Sein'n lieben sohn,
Den gnaden-thron, In dem wir möchten
leben.

3. Wie uns nun hat ein fremde schuld
In Adam all verböhnet :,: Also hat
uns ein fremde huld In Christo all
versöhnet. Und wie wir all Durch
Adams fall Sind ewges tods gestorben
:,: Also hat GOtt, Durch Christi
tod, Verneut, das ward verdorben.

4. So er uns dann sein'n Sohn hat
gschenckt, Da wir sein feind noch waren,
Der für uns ist ans creutz gehenckt,
Getödt, gen himmel g'fahren; Dadurch
wir seyn Vom tod und pein Erlöst, so
wir vertrauen An diesen hort, Des vaters
wort, Wem wolt für sterben grauen?

5. Er ist der weg, das licht, die pfort,
Die wahrheit und das leben, Des vaters
rath und ewges wort, Den er uns
hat gegeben Zu einem schutz, Daß wir
mit trutz An ihn vest sollen glauben,
Darum uns bald Kein macht noch
gwalt Aus seiner hand wird rauben.

6. Der mensch ist gottlos u. verflucht,
Sein heyl ist auch noch ferren :,: Der
trost für einem menschen sucht, Und
nicht bey Gott dem Herren. Dann wer
ihm will Ein ander ziel Ohn diesen tröster stecken, Den mag gar bald Des teufels
gwalt Mit seiner list erschrecken.

7. Wer hofft in GOtt und dem vertraut,
Der wird nimmer zu schanden:,:
Dann wer auf diesen felsen baut, Ob
ihm gleich geht zu hauden Viel unfals
hie, Hab ich doch nie Den menschen sehen
fallen, Der sich verläst auf Gottes
trost, Er hilfft sein'n gläubgen allen.

8. Ich bitt, o HErr! aus hertzengrund,
Du wollst nicht von mir nehmen :,:
Dein heiliges wort aus meinem mund
So wird mich nicht beschämen Mein
sünd und schuld, Dann in dein huld
Setz ich all mein vertrauen, Wer sich
nur vest Darauf verläst, Der wird
den tod nicht schauen.

9. Mein fussen ist dein heiligs wort Ein

Von der Rechtfertigung.

brennende lucerne ::, Ein licht, das
mir den weg weist fort; So dieset
morgensterne In uns aufgeht, So bald
versteht Der mensch die hohen gaben,
Die GOttes Geist Denn g'wiß verheist, Die hoffnung darein haben.

CLXXXVIII. 188.

Es ist das heyl uns kommen her Von
gnad und lauter güte ::, Die werck
die helfen nimmermehr, Sie mögen
nicht behüten, Der glaub sieht JEsum
Christum an, Der hat gnug für uns
all gethan, Er ist der mittler worden.
2. Was GOtt im gsetz geboten hat, Da
man es nicht kont halten ::, Erhub sich
zorn u. grosse noth Vor GOtt so man-
nigfalten. Wenn fleisch wolt nicht heraus der geist, Vom gsetz erfordert allermeist, Es war mit uns verlohren.
3. Es war ein falscher wahn dabey,
Gott hätt sein gsetz drum geben, Als
ob wir möchten selber frey Nach seinem willen leben. So ist es nur ein
spiegel zart, Der uns zeigt an die sün-
dig art. In unserm fleisch verborgen.
4. Nicht möglich war dieselbig art
Aus eignen kräften lassen ::. Wiewohl
es oft versuchet ward, Doch mehrt
sichs sünd ohn massen. Dann glei-
ßners werck GOtt hat verdammt, Und
jedem fleisch der sünden schand An-
zeit war angebohren.
5. Noch muß das gsetz erfüllet seyn,
Sonst wärn wir all verderben ::, Darum schickt Gott sein sohn herein, Der
selber mensch ist worden. Das gantz gesetz hat er erfüllt, Damit seins vaters
zorn gestillt, Der über uns gieng alle.
6. Und wann es nun erfüllet ist Durch
den, der es kont halten :, So lerne jetzt
ein frommer Christ Des glaubens recht
gestalte: Nicht mehr dann lieber HErre mein, Dein tod wird mir das leben
seyn, Du hast für mich bezahlet.
7. Daran ich keinen zweifel trag, Dein
wort kan nicht betrügen ::, Nun sagst
du, daß kein mensch verzag, Das wirst
du nimmer lügen. Wer glaubt an
dich, und wird getauft, Demselben
ist der himmel erkauft, Daß er nicht
werd verlohren.
8. Er ist gerecht vor GOtt allein, Der
diesen glauben fasset ::. Der glaub
gibt uns von ihm den schein, So er die
werck nicht lässet. Mit GOtt der
glaub ist wohl daran, Dem nächsten
wird die lieb guts thun, Bist du aus
GOtt gebohren.
9. Es wird die sünd durchs gsetz erkannt, Und schlägt das gwissen nieder ::. Das evangelium kommt zur
hand, Und stärckt den sünder wieder:
Es spricht: nur kreuch zum creuz
herzu, Im gsetz ist weder rast noch
ruh, Mit allen seinen wercken.
10. Die werck kommen gewißlich her
Aus einem rechten glauben ::, Wann
das nicht rechter glaube wär, Wollst
ihn der werck berauben, Doch macht
allein der glaub gerecht, Die werck
die sind des nächsten knecht, Darbey
wirn glauben mercken.
11. Die hofnung wart der rechten zeit,
Was GOttes wort zusaget ::, Wann
das geschehen soll zur freud Seyt Gott
sein gewisse tage, Er weiß wohl, wanns
am besten ist, Und braucht an uns kein
arge list, Deß solln wir ihm vertrauen.
12. Ob sichs anließ, als wolt er nicht,
Laß dich es nicht erschrecken ::. Dann
wo er ist am besten mit, Da will ers
nicht entdecken. Sein wort laß dir gewisser seyn: U. ob dein herz spräch lauter nein, So laß doch dir nicht grauen.
13. Sey lob und ehr mit hohen preis
Um dieser guttat willen :, GOtt
Vater, Sohn und heiligem Geist, Der
well mit gnad erfüllen. Was er in uns
angefangen hat, Zu ehren seiner majestät, Daß gheiligt werd sein name.
14. Sein reich zukommen, Alß will's uf
erd Gscheh, wie in himmels threue ::,
Das täglich brod ja heut uns werd,
Wollst unser schuld verschonen, Als
wir auch unsern schuldnern thun, Laß
uns nicht in versuchung stahn, Lös
uns vom übel, Amen.

CLXXXIX. 189.

Nun freut euch lieben Christen
gmein, Und laßt uns frölich springen, Daß wir getrost u. all in ein Mit
lust und liebe singen. Was GOtt an
uns gewendet hat Und seine süsse wunderthat, Gar theur hat ers erworben.
2. Dem teufel ich gefangen lag, Im
tod war ich verlohren, Mein sünd
mich quälet nacht und tag, Darinn ich
war gebohren. Ich fiel auch immer tiefer drein, Es war kein guts am leben
mein, Die sünd hat mich besessen.
3. Mein gute werk die galten nicht, Es
war mit ihn'n verdorben, Der frey will
hasset Gottes gricht, Er war zum guten
erstorben Die angst mich zu verzweiffeln trieb, Daß nichts dann sterben bey
mir blieb, Zur höllen muß ich sinken.
4. Da jamert Gott in ewigkeit Mein
elend übr die massen Er dacht an sein
barmherzigkeit, Er wolt mir helfen
lassen. Er wandt zu mir sein vater-
herz, Es war bey ihm fürwahr kein
scherz, Er ließ sein bestes kosten.
5. Er sprach zu seinem lieben Sohn
Die zeit ist hie zu erbarmen, Fahr hin
meins herzens werthe kron, Und sey
das heyl der armen: Und hilf ihn'n aus
der sünden noth, Erwürg für sie den
bittern tod, Und laß sie mit dir leben.
6. Der Sohn dem Vater ghorsam ward,
Er

Von der Rechtfertigung. 69

Er kam zu mir auf erden :,: Von einer
jungfrau rein und zart, Er wollt mein
bruder werden. Gar heimlich führt
er sein gewalt, Er gieng in einer ar=
men gstalt, Den teufel wolt er fangen.
7. Er sprach zu mir: halt dich an mich,
Es soll dir jetzt gelingen : Ich geb mich
selber ganz für dich, Da will ich für
dich ringen; Dann ich bin dein, und du
bist mein, Und wo ich bleib, da sollt du
seyn, Uns soll der feind nicht scheiden.
8. Vergiessen wird man mir mein blut,
Darzu mein leben rauben :,: Das leid
ich alles dir zu gut, Das halt mit ve=
stem glauben, Dein tod verschlinget das
leben mein, Mein unschuld trägt die
sünde dein, Da bist du selig worden.
9. Gen himmel zu dem Vater mein
Fahr ich aus diesem leben :,: Da will
ich seyn der meister dein, Den Geist
will ich dir geben, Der dich in trüb=
sal trösten soll. Und lehren mich erken=
nen wohl, Und in der wahrheit leiten.
10. Was ich gethan hab und gelehrt,
Das sollt du thun und lehren :,: Da=
mit das reich Gottes werd gemehrt, Zu
lob und seinen ehren, Und hüt dich für
der menschen g'sazz, Davon verdirbt
der edle schaz, Das laß ich dir zuletzte.

CXC. 190.

Herr Christ, der einig Gottes
Sohn, Vaters in ewigkeit :,:
Aus seinem herzen entsprossen, Gleich=
wie geschrieben steht: Er ist der mor=
genstern, Sein glanz streckt er so
ferne Für andern sternen klar.
2. Für uns ein mensch gebohren In
letzten theil der zeit :,: Der mutter
unverlohren Jhr jungfräulich keusch=
heit, Den tod für uns zerbrochen,
Den himmel aufgeschlossen, Das
leben wiederbracht.
3. Laß uns in deiner liebe Und er=
käntniß nehmen zu :,: Daß wir im
glauben bleiben, Und dienen im geist
so, Daß wir hie mögen schmecken
Dein süßigkeit im herzen, Und dür=
sten stets nach dir.
4. Du schöpfer aller dinge, Du väter=
liche kraft :,: Regierst von ende zu en=
de, Kräftig aus eigner macht, Das
herz uns zu dir wende, Und kehr ab
unsre sinne, Daß sie nicht irrn von dir.
5. Ertöd uns durch dein güte, Erweck
uns durch dein gnad :,: Den alten
menschen kränke, Daß der neu leben
mag, Wohl hie auf dieser erden,
Den sinn und all begehrden, Und
g'danken ha'n zu dir.
6. Lob, ehr sey GOtt dem Vater, Und
Christo seinem Sohn : : Der uns, als
ein wohlthäter Von sünd erlöst schon
Dem heilgen Geist all zungen Sey
preis u, ehr gesungen Ju alle ewigkeit.

CXCI. 191.

Mel. Jch ruf zu dir, HErr JEsu ꝛc.
Also hat GOtt die welt geliebt, Daß
er Christum hat geben :,: Sein lieb=
sten Sohn in tod betrübt Daß wir nun
ewig leben. O GOtt! wie groß ist dei=
ne lieb, Die kein mensch kan von her=
zen Ganz ermessen. O HErre GOtt!
gib gnad, Daß wir deß nimr vergessen.
2. Christus hat uns zum himmel bracht
Ohn aller menschen stärcke :,: Allein
der glaube selig macht, Und alle unsre
wercke: Darum, wer glaubt an JE=
sum Christ, Der hat das ewig leben.
Merkt gar eben! Dann wo nicht glau=
be ist, Mag kein mensch selig werden.
3. Wer nicht glaubt der ist schon ver=
taust, Als Christus selbst thut sagen :,:
Nimmermehr er sich deß erbarmt, Der
trozt auf werck ohn glauben. An leib
und seel wird er geplagt Kan auch kein
trost erlangen, Liegt gefangen Alhie
ohn alle gnad, Ewig in todes=banden.
4. Wer glaubig bleibt bis an sein end,
Der wird gwiß selig werden :,: Und
Christum frey ohn forcht bekennt,
Für aller welt auf erden, Den wird
er auch im höchsten thron Vor GOtt
mit ehrn bekennen, Und ihn nennen
Seinen miterben schon, Deß freud
wird seyn kein ende.

CXCII. 192.

Mel. Mag ich unglück nicht widerst.
HErr! ich bekenn von herzengrund,
Auch mit dem mund, Nichts soll
mich davon wenden :,: Daß niemand
sonst mein Heyland ist, Als JEsus
Christ, Der wahre GOtt ohn Ende,
Der mir zu gut, Mein fleisch und
blut genommen an, Drum er nicht
kan Mich armen sünder hassen.
2. Gebohrn ist er ein kleines kind, Für
meine sünd Jn windeln eingehüllet :,:
Die jugend mit mühseligkeit, Ar=
muth und leyd Jst worden ganz erfül=
let. Er hat gewacht, Sich matt ge=
macht; Er ward gestäupt, Sein heilig
haupt Mit dornen scharf gekrönet.
3. Er ward ans creuzes=holz gehenkt,
Mit gall getränkt, Und fiel in todes=
banden :,: Doch wiederum am dritten
tag, Nach seiner plag, Jst er vom tod
erstanden, Mit herrlichkeit Zur him=
mels=freud Gegangen ein, Frey aller
pein, Gesezt zu deiner rechten.
4. So schaue deinen Sohn doch an,
Was er gethan: Laß mich in ihm gnad
finden :,: Du hast mich armen nicht
veracht, Ganz frey gemacht Von mei=
ner schweren sünden! Durch Soh=
nes tod Dein knecht aus noth Hast du
erlöst: Wer sich deß tröst, Den kanst
du nicht verdammen.
5. Der treu hirt jezt kommt vor dich,

Von der Rechtfertigung.

Und träget mich Das schaaf auf seinem rücken. Das schaaf, das ganz verirret war, Gieng mit gefahr, Es war in satans stricken: Das hat er bracht Aus eigner macht, Wie du begehrt, Zu deiner heerd, Zur heerde der gerechten.

6. Mich, den die welt ganz listiglich Von dir zu sich Mit ihrer lust gezogen:,: Bringt jetzt dein Sohn in deinen schooß, von stunden los, Aus lieb hierzu bewogen: Ich war sehr weit Durch üppigkeit In vollem trapp Gewichen ab, Jetzt bin ich dir nachzukommen.

7. Was satanas mit bösem sinn Geraubet hin, Und von dir weggetrieben:,: Das bringt dein Sohn zu deiner heerd, Aufs neu bekehrt: Zu denen, die dich lieben. Er stellet dir Jetzt wieder für Den knecht, der sich Muthwilliglich Von dir verlauffen hatte.

8. Also hab ich nun gnad, o GOtt! Durch Christi tod, Den er für mich erduldet:,: Und ob ich wohl bey mir befind, Daß meine sünd All höllenpein verschuldet: So hab ich doch Die hoffnung noch, Durch deinen Sohn, Den gnaden-thron, Ich werd nicht seyn verlohren.

9. Die thür zum schönen paradieß Hat er gewiß Durch sein blut aufgeschlossen:,: Das aus den wunden mildiglich Am creutze sich Mit strömen hat ergossen. Ich glaube vest, Daß du nicht läst, O frommer GOtt! In angst und noth, Der eis mit glauben fasset.

CXCIII. 193.

Mel. HErr JEsu Christ, du höchstes.

Wann dein hertzliebster Sohn, o GOtt! nicht wär erden kommen:,: Und hätt, da ich in sünden todt, Mein fleisch nicht angenommen: So müst ich armes würmelein Zur höllen wandern in die pein Um meiner unthat willen.

2. Jetzt aber hab ich ruh und rast, Darf nimmermehr verzagen:,: Weil er die schwere sünden-last Für mich hat selbst getragen. Er hat mit dir versöhnet mich, Da er am creutz ließ tödten sich, Auf daß ich selig würde.

3. Drum ist getrost mein hertz und muth, Mit kindlichem vertrauen, Auf diß sein rosinfarbes blut Will ich mein hoffnung bauen: Das er für mich vergossen hat Gewaschen ab die missethat, Daß ich schneeweiß bin worden.

4. In seinem blut erquick ich mich, Und kom zu dir mit freuden, Ich suche gnad demüthiglich Von dir soll mich nichts scheiden. Was mir erworben hat dein Sohn, Durch seinen tod und marterkron, Kan mir kein teufel rauben.

5. Nichts hilft mich die gerechtigkeit, Die vom gesetz herrühret, Wer sich in eignem werck erfreut: Wird jämmerlich verführet. Des HErren JEsu werck allein, Das machts daß ich kan selig seyn, Weil ich vest an ihn glaube.

6. GOtt Vater! der du alle schuld auf deinen Sohn geleget; HErr JEsu! dessen lieb und huld All meine sünde träget; O heilger Geist! deß gnad und kraft Allein das gute in mir schafft, Laß mich ans end beharren.

CXCIV. 194.

Wann meine sünd mich kräncken, O mein HErr JEsu Christ:,: So laß mich wohl bedencken, Wie du gestorben bist: Und alle meine schulden-last, Am stamm des heiligen creutzes Auf dich genommen hast.

2. O wunder ohne maßen, Wer es betrachtet recht:,: Es hat sich martern lassen Der HErr für seine knecht: Es hat sich selbst der wahre GOtt Für mich verlohrnen menschen Gegeben in den tod.

3. Was kan mir dann nun schaden Der sünden grosse zahl?:,: Ich bin bey GOtt in gnaden, Die schuld ist allzumal Bezahlt durch Christi theures blut, Daß ich nicht mehr darf fürchten Der höllen quaal und glut.

4. Drum sag ich dir von hertzen Jetzt und mein lebenlang:,: Für solche pein und schmertzen, O JEsu! lob und danck: Für deine noth und angst geschrey, Für dein unschuldig sterben, Für deine lieb und treu.

5. HErr! laß dein bitter leiden Mich reitzen für und für:,: Mit allem ernst zu meiden Die sündliche begier, Daß mir nie komme aus dem sinn Wie viel es dich gekostet, Daß ich erlöset bin.

6. Mein creutz und meine plagen, Sols seyn auch schmach und spott:,: Hilf mir gedultig tragen, Gib, o mein HErr und GOtt! Daß ich verläugne diese welt, Und folge dem creutzel, Das du mir vorgestellt.

7. Laß mich an andern üben, Was du an mir gethan:,: Und meinen nächsten lieben, Gern dienen jederman. Ohn eigennutz und heuchelschein, Und wie du mir erwiesen Aus lauter lieb allein.

8. Laß endlich deine wunden Mich trösten kräftiglich:,: In meinen letzten stunden, Und deß versichern mich: Weil ich auf dein verdienst nur trau, Du werdest mich annehmen, Daß ich dich ewig schau.

CXCV. 195.

Mel. Christus, der uns selig macht.

JEsu! meiner seelen licht, Freude meiner freuden, Meines lebens zuversicht, Nimm doch für dein leiden Diesen schlechten danck hier an, So viel meine

Von der Rechtfertigung.

meine seele Immermehr dir bringen kan In der schwachheits-höle.
2. Ich erwog es hin und her, Was dich doch bewogen, daß du so viel hertz-beschwer Hast auf dich gezogen, Daß du angst, gewalt und noth, Schläg und hohn in banden, Lästerung, und creutz und tod Willig ausgestanden.
3. Gottes wohlgewogenheit, Vaters lieb und güte, Deine hertzens freundlichkeit Und dein treu gemüthe, JEsu! hat es ausgebracht, Daß kein mensch verzaget, Wann der sünden meng und macht Die gewissen naget.
4. O du wunderbarer, rath Den man nie ergründet! O der unerhörten that, Die man nirgends findet! Was der mensch, der erden-knecht, Trotzig hat verbrochen, Wird an GOtt, der doch gerecht, Durch und durch gerochen.
5. Meine wilde schand-begier Hat dich so zuschlagen, Diese kranckheit hab ich dir, JEsu! aufgetragen: Meine schuld und missethat Hat dich so verbürget, Biß sie dich auch endlich hat Unrecht hingewürget.
6. Alle strafe, der ich war Tag u. nacht verbunden, Liegt auf dir nun gantz und gar, Und durch deine wunden Wird uns fried und heyl gebracht, Drum will mir geziemen, Deine starcke liebes-macht Ewiglich zu rühmen.
7. Laß doch dieser sicherheit Gleichfals mein gewissen Zwischen angst und tod und streit Kräftiglich geniessen! Ach, ach! meines hertzens hertz! Wirf durch deine schmertzen Meine schmertzen hinterwärts Fern aus meinem hertzen.
8. Und wie schnell mein hertz erschrickt Uber straf u. sünden, So schnell wird es gleich erquickt Mit den gnaden-winden. JEsu! sieh, ich falle dir Mit zerknirschter busse Und mit besserungs-begier Glaubens-kühn zu fuße.
9. Nun ich weiß worauf ich bau, und bey wem ich bleibe Welchem versprach ich mich trau, und wen ich glaube, JEsu! du bist es allein, Der mich hält und schützet, Wann gleich alle höllen-pein Auf mich schießt und blitzet.
10. Ich will, weil ich mit dir frey Werd im himmel erben, HErr! in deinen armen treu Leben und auch sterben, Wis man frölich sagen wird Nach den todes-banden: Sieh, dein bräutgam und dein hirt, JEsus, ist vorhanden.

CXCVI. 196.
Mel. Freu dich sehr, o meine :c.

SEy mir tausendmal gegrüsset, Der mich je und je geliebet :,: JEsu! der du selbst gebüsset, Das, womit ich dich betrübst. Ach! wie ist mir doch so wohl, Wan ich knien und liegen soll An dem creutze, da du stirbest, Und um meine seele wirbest.
2. Ich umfange, hertz und küsse Der-gekränckten wunden zahl :,: Und die purpur-rothen flüsse, Deine füß und nägelmal. O wer kan doch, schönster fürst! Den so hoch nach uns gedürst, Deinen durst und liebs-verlangen Völlig fassen und umfangen?
3. Heile mich, o heyl der seelen, Wo ich kranck und traurig bin :,: Nim den schmertzen, die mich quälen, Und den gantzen schaden hin, Den mir Adams fall gebracht, Und ich selbsten mir gemacht Wird, o artzt, dein blut mich neyen, Wird sich all mein jammer setzen.
4. Schreibe deine blutge wunden Mir, HErr! in das hertz hinein :,: Daß sie mögen alle stunden Bey mir unvergessen seyn. Du bist doch mein liebstes guth, Da mein gantzes hertze ruht: Laß mich hie zu deinen süssen Deiner lieb und gunst geniessen.
5. Diese füße will ich halten Auf das best ich immer kan :,: Schaue meiner hände falten Und mich selbsten freundlich an. Von dem hohen creutzes-baum, Und gib meiner bitte raum, Sprich: laß all dein trauren schwinden, Ich, ich tilg alle deine sünden.

CXCVII. 197.
Mel. Was mein Gott will, das :c.

SEy wohl gegrüsset, guter hirt! Und ihr, o heilige hände :,: Voll rosen, die man preisen wird Bis an des himmels ende! Die rosen, die ich meyn allhie, Sind deine maal und plagen, Die dir am end in deine händ am creutze sind geschlagen.
2. Du zählst mit beyden händen dar Die edlen rothen gulden :,: Und bringst die gantze menschen-schaar Dadurch aus allen schulden. Ach laß von mir, O liebster! dir die hände hertzlich drücken, Und mit dem blut, Das mir zu gut vergossen, mich erquicken!
3. Wie freundlich thust du dich doch zu, Und greifst mit beyden armen :,: Nach aller welt, in lieb und ruh Uns ewig zu erwarmen. Ach HErr! sieh hier, Mit was begier Ich armer zu dir trete! Sey mir bereit, Und gib mir freud Und trost, darum ich bäte.
4. Jeuch allen meinen geist und sinn Nach dir und deiner höhe :,: Gib, daß mein hertz nur immerhin Nach deinem creutze flehe, Ja, daß ich mich Selbst williglich Mit dir ans creutze binde, Und mehr und mehr Tödt und zerstör In mir des fleisches sünde.
5. Ich hertz und küsse wiederum Aus rechtem treuen hertzen :,: HErr! deine händ, und sage ruhm Und danck für ihren schmertzen. Darneben geb Ich

Von der Rechtfertigung.

Ich, weil ich leb; In diese deine hände, Herz, seel und leib, Und also bleib
Ich dein bis an mein ende.

CXCVIII. 198.

O reicher Gott im throne, Mittheil
uns deine gnad: Wohl durch dein
menschheit frone, Daß unser seel nicht
schad, Die welt, die ist umfangen So
gar mit schwerer noth, Vergißt ist
durch die schlangen, Ein lange zeit
vergangen, Das noch kein ende hat.

2. Das göttlich wort mit schalle liegt
warlich an dem tag: Darum so schickt
euch alle, Und mercket, was ich euch sag:
Es naht sich gegen dein ende, Darvon
der HErre sait. GOtt woll sein gnade
senden, Das wir uns zu ihm wenden
Durch sein barmherzigkeit.

3. Es ist kein fried auf erden, Sehen
wir, leider! wohl: Dieweil wir darauf leben, Die welt steckt boßheit voll.
Wo ist die lieb des nächsten? Das
acht man jetzund klein. Es möcht
wohl GOtt erbarmen, Es geht nur
üb'r die armen In aller welt gemein.

4. O sünder! du solt denken Nicht recht
hast du gethan: GOtt wird dirs euch
nicht schencken, Laß dirs zu herzen gahn.
Was Christus hat gesprochen, Wie
saget Matthäus schreibt, Habt ihr
mein gebot zerbrochen Das bleibt nicht
ungerochen Durch sein gerechtigkeit.

5. Mich freun die wort des Herren Ve-
währt aus Abraham: Dann die Gottes
kinder werden, Den Lazrum zu ihm
nahm. Komm, Herr! mit deiner güte,
Du weist die rechte zeit. Du kanst uns
wohl behüten; Deß freut sich mein
gemüthe, Daß wir leben in ewigkeit.

6. Ich mein im geist die armen, Ihr
solt mich recht verstahn: Der möcht
sich GOtt erbarmen, Ihr dörft nicht
weiter gahn. Was Jesus hat verheissen, Das wird der Vater thun,
Darum so laßt uns fleißen, Das
uns die schlang nicht beisse, Wir
wollen ihr widerstahn.

7. Kürzlich will ich beschließen Dis
mein gesang mit schall: Lasset euch
nicht verdriessen, Und gebt den armen
bald, Das ihr nicht werd't vergiftet
Mit einem argen wahn, Seyd allezeit
geflissen, Die lieb hand soll nicht
wissen, Was die recht hat gethan.

CXCIX. 199.

Nun höret zu ihr Christen-leut,
Wie leib und seel gegenander
streit, Allhie auf erd in dieser zeit
Hab'n sie ein stetigs kriegen, Keins
mag vorm andern fliehen.

2. Der leib der spricht: ich bin gesund, Ich hab noch viel der guten
stund. Ob mir das traurig alter kömt,
Will ich in freuden leben, Nach leiblichen lüsten streben.

3. Die seele spricht: ich rath dirs nicht,
Ach förchst du nicht Gottes strenges gericht, Du hast dich in der tauf verpflicht Nach GOttes willen zu leben,
Sein'm wort nicht widerstreben.

4. Der leib spricht: ich bin stolz und
fein, Mit guten gesellen beym kühlen
schad, Da will ich frisch und frölich
seyn, Mit singen, springen, tanzen,
Wils wagen auf die schanzen.

5. Die seel spricht: denck an reichen
mann, Der sich nahm zeitlich wollust an, Der ward mit leib und seel
karvon, Ward in die Höll begraben,
Als Christus selbst thut sagen.

6. Der leib spricht: was acht ich der
sag, Ich hab vor mir noch manchen
tag, Darinn ich mich wohl bessern
mag, Und mich von sünden kehren,
Wann sich mein traurn thun mehren.

7. Die seel spricht: du hast kein gewalt, Du seyest gleich jung oder alt,
GOtt hat dich im augenblick gefällt,
Den abends als den morgen, Die stund
ist dir verborgen.

8. Der leib spricht: es sey früh oder
spat, Ich seh vor mir die weltlich groß,
Ein jeder tracht nach zeitlich'm guth,
Darnach will ich auch streben, Dies
weil ich hab das leben.

9. Die seele spricht: es kommt die
zeit, Das leib- und seel vonnander
scheid, Was hilft dich dann dein groß-
ser geiz, Du must zu aschen werden,
Dann du bist gemacht von erden.

10. Der leib der spricht: du machst
mir bang, Erst mich nach ewger freud
verlangt, Christus heiße mir zum anfang, Und mich zum Vater gebähren,
Mein trauren will sich mehren.

11. Die seele spricht: ich treib kein
scherz, GOtt fordert ein zerknirschtes
herz, Der leib muß absterben mit
schmerz, Dann er ist zeitlich gebohr-
en, Den würmern auserkehren.

12. Der leib der spricht: o GOtt mein
HErr! Hilf, das ich mich durch Christum kehr, O heilger Geist! mein
glauben mehr, Hilf mir es zeitlich er-
kiesen, Mich trösts in ewige freyden.

13. Die seele spricht: nun hab ich
recht, Wiewol ich bin ein unnütz
knecht, O GOtt! du bist allein gerecht, Lös mich vons teufels banden,
Dann du aus creuz bist gangen.

14. Wo hat dieses lied ein end, GOtt
woll, daß jeder sein herz erkennt, Und
sich von sünd'n zu Christo wendt, So
wird er zu uns kehren, Die ewig
freud beschehren.

CC. 200.

Mel. Herzlich lieb hab ich dich, rc.

Vor gericht, Herr Jesu! steh ich hie, Zu
dir beyg ich meines herzens knie,
Kan

4. Allein, HErr! du must solches thun, Doch gar aus lauter gnaden: Wer sich des tröst, Der ist erlöst, Und kan ihm niemand schaden. Ob wolten gleich Pabst, Keyser, reich, Sie und dein wort vertreiben, Ist doch ihr macht Geg'n dir nichts g'acht, Sie werdens wohl lassn bleiben.

5. Hilf, HErre GOtt! In dieser noth, Daß sich auch die bekehren, Die nichts betracht'n, Dein wort veracht'n, Und wollens auch nicht lehren. Sie sprechen schlecht, Es sey nicht recht, Und habens nie gelesen, Auch nie gehört Das edle wort, Ist's nicht ein teuflisch wesen?

6. Ich glaub g'wiß gar Daß es sey wahr, Was Paulus uns thut schreiben: Es muß geschehn Daß all's vergehn, Dein göttlich wort soll bleiben In ewigkeit. Wär es auch leid Viel hart verstockten hertzen, Kehrn sie nicht um, Werden sie drum Leiden gar grosse schmertzen.

7. GOtt ist mein HErr, So bin ich der, Dem sterben kommt zu gute, Dadurch uns hast Aus aller last Erlöst mit deinem blute. Deß danck ich dir, Drum wirst du mir Nach dein'r verheissung geben, Was ich dich bitt, Versag mirs nit, Im tod und auch im leben.

8. HErr! ich hoff je, Du werdest die In keiner noth verlassen, Die dein wort recht Als treue knecht, Im herz'n und glauben fassen: Giebst ihn'n bereit Die seligkeit, Und läßt sie nicht verderben. O HErr! durch dich Bitt ich, laß mich Frölich und selig sterben.

CCIV. 204.

Mel. O mensch, bewein dein 2c.

O HErr! dich thun wir ruffen an, Dann uns sonst niemand helfen kan In diesen schweren zeiten: Schau, wie der feind so grausam wüt, Dafür uns, lieber HErr behüt, Und hilf uns ihn bestreiten: Wir sind sonst gantz und gar verlohrn, Ob wir schon haben deinen zorn Auf uns schwerlich geladen, So denck doch, daß wir sind getauft, Dazu mit Christi blut erkauft, Derhalb wollst uns begnaden.

2. HErr! eilends uns mit hülf erschein, Und laß die sach dein eigen seyn, Weil es der Christen glauben Und deiner kirchen heyl betrifft, Darwider der feind jammer stift, Will uns deins worts berauben, Dann heißt du zu solcher

schwer, So wird bey uns dein göttlich
ehr Sammt deinem lob verschwinden,
Das wollst du HErr! mit nichten
thun, Sondern durch Christum deinen
Sohn, Uns deix hülf lassen finden.
3. Seit nun der feind so grewlich tobt,
Und auch der todten keiner lebt Die
zu der höll absteigen, So gstats nicht,
daß er uns ausreut, Dein Christen
gib ihm nicht zur beut, Dein macht
wollest erzeigen, Das bitten wir dich
in gedult, Durch Christi, deines
Sohns unschuld, Die er für uns getragen: Und ruffen dich um beystand
an, Weil uns sonst niemand helfen
kan, Laß uns HErr! nicht verzagen.
4. Dann sonst bleibt dein nam unbe-
kennt, Niemand Christum seinen beyland nennt, Weil ihn der feind so hasset: Auch werd der heilge Geist ver-
spott, So man spricht: wo ist euer
Gott? Er hat euch gar verlassen. O
lieber Gott! dasselb betracht, Und hilff
uns, HErr mit aller macht Dein lob
und ehr erhalten, So wollen wir in
aller noth Ganz willig, auch biß in
den tod, Dein gnade lassen walten.

CCV. 205.

WIe schön leuchtet der morgenstern, Voll gnad und warheit
von dem HErren, Die süsse wurzel
Jesse, Du sohn Davids, aus Jacobs
stamm, Mein könig und mein bräutigam, Hast mir mein herz besessen:
Lieblich, Freundlich, Schön und herrlich, Groß und ehrlich, Reich von gaben, Hoch und sehr prächtig erhaben.
2. Ey mein perle, du werthe kron,
Wahrer GOttes und Marien Sohn,
Ein hochgebohrner könig, Mein herz
heist dich ein lilium, Dein süsses
evangelium Ist lauter milch und honig, Ey mein Blümlein, Hosianna,
Himmlisch manna, Das wir essen,
Deiner kan ich nicht vergessen.
3. Geuß sehr tief in mein herz hinein, Du heller Jaspis und rubin,
Die flammen deiner liebe, Und erfreu
mich, daß ich doch bleib An deinem
auserwählten leib Ein lebendige rib-
be. Nach dir ist mir, Gratiosa, Cöli
rosa, Kranck und glimmet, Mein herz
durch liebe verwundet.
4. Von GOtt kommt mir ein freuden-
schein, Wann du mit deinem äugelein Mich freundlich thust anblicken,
O HErr JEsu! mein trautes guth,
Dein wort, dein geist, dein leib und
blut Mich innerlich erquicken, Nimm
mich Freundlich In dein arme, Daß
ich warme Werd von gnaden, Auf
dein wort, komm ich geladen.
5. HErr GOtt Vater, mein starcker
held, Du hast mich ewig vor der welt
in deinem Sohn geliebet, Dein Sohn
hat mich ihm selbst vertraut, Er ist
mein schaz, ich bin sein braut, Sehr
hoch in ihm erfreuet: Eja, eja, Hym-
lisch leben Wird er geben Mir dort
oben, Ewig soll mein herz ihn loben.
6. Zwingt die saiten in cythara, Und
laßt die schöne musica Ganz freudenreich erschallen, Daß ich möge mit
JEsulein, Dem wunder-schönen
bräutgam mein, In steter liebe wallen. Singet, Springet, Jubiliret,
Triumphiret, Dancket dem HErren,
Groß ist der könig der ehren.
7. Wie bin ich doch so herzlich froh,
Daß mein schaz ist das A und O, Der
anfang und das ende: Er wird mich
doch zu seinem preiß Aufnehmen in
das paradeis. Deß klopf ich in die
hände. Amen, Amen, Komm du schöne Freuden-krone, Bleib nicht lange,
Deiner wart ich mit verlangen.

CCVI. 206.

MEin schönster und liebster freund
unter den leuten, Der unter den
rosen stets pflegte zu weiden War von
mir gegangen, dieweil ich geschlafen Ich
wurde verlassen wol unter den schafen
2. Was soll ich nun machen, wo soll ich
ihn finden? Ich lieffe zur eichen, Ich
lieffe zur linden. Ich rufte mit heller
stimm durch die steinrize, Gleich wie
der hirsch schreyet in brennender hize.
3. Ich liefe durch wälder u. alle stadt-
gassen, Ich suchte auf allen gepflaster-
ten strassen, Da kont ich doch nirgends, den meine seel liebet Antreffen,
drum war ich von herzen betrübet.
4. Ich sucht ihn mit fackeln, ich sucht
ihn mit lichtern, Die wächter zu mitternacht machten mich schüchtern,
Sie schlugen mir wunden viel ganz
ungeheuer, Die hüter der mauren
mir nahmen den schleyer.
5. Ihr töchter zu Zion, helft mir ihn
doch suchen, Das bitt ich, sonst muß ich
mein leben verfluchen. Dann ich bin fast
müde von suchen u. lauffen, Ich möchte blut weinen, die haare ausrauffen.
6. Ihr töchter zu Zion von tugend und
ehren, Euch thu ich bey himmel und erden beschwören, Wenn ihr den, den
meine seel liebet, werdt sehen, So sagt
ihm, ich möchte für liebe vergehen.
7. Und als ich kaum hatte die rede
vollendet, Und mich von den töchtern
zu Zion gewendet, Da sah ich, da fand
ich, den meine seel liebet, Und deme
mein herze sich gänzlich ergiebet.
8. Er kam auf den bergen mit hüpfen
und springen, Gleichwie ein reh, welches die jäger umringen, Schön, weiß
und roth war er vor andern geschmücket, Sein haupte von golde und seiden gesticket.

Die augen die blincketen wie augen der tauben, Ganz völlig wie stehen an reben die trauben, Die backen die sahen wie sträuchlein in garten, So von apotheckern bereitet schön werden.
10. Wie schön und wie prächtig war er doch zu sehen, Vor andern erwählet, wie cedern hoch stehen, Aus seiner kehl bächlein, wie zucker-saft flossen, Aus welchem es schmecket ob honig ergossen.
11. Mein liebster bräutigam, JEsus, meine liebe, Ich bitte inbrünstig, mich nimmer betrübe. Ihr töchter Jerusalem, sagt mir auf erden, Ob auch ein solcher gefunden mag werden?
12. Der, den ich verlohren, und nunmehr gefunden, Der liebt mich inbrünstig durch schmerzen und wunden, Ja will ihn nicht lassen, und von ihm nicht scheiden, Ich will ihn hinbringen nach hause mit freuden.
13. Nun laß ich nicht komm in vorigen jammer, So schließ ich dich, JEsu, ins herze, die kammer, Mit herzlichen küssen dich lieblich umfange, Und damit erstatte mein sehnlich verlangen.

CCVII. 207.

Mel. Erhalt uns, HErr, bey ꝛc.

Starcker GOtt ins himmels thron, Wach auf, und hilf durch deinen sohn, Schau, wie hat sich der feind gerüst, Daß er dein liebe kirch verwüst.
2. Wir wissen keinen widerstand. Herr! ohn dein macht und starke hand, Drum mach dich aber auf den plan, Du bist der rechte krieges mann.
3. Uns kränkt im herzen nichts so sehr, Als daß dein's namens wort und ehr So gar schrecklich geschändet wird, Und manches menschen seel verführt.
4. Der feind frolocket zwar sehr und lacht, Weil er es so gar hoch gebracht, Sein datum steht auf lauter krieg, Und meynt, er habe schon den sieg.
5. Aber du im himmel hoch, wahrer GOtt! lebst gleichwohl noch, Die sach ist dein, das wort ist dein, Drum laß es dir befohlen seyn.
6. Es muß vergehn, o himm'l und erd, Eh daß dein kirch vertilget wird, Ohn dich, hat sie kein aufenthalt. Drum brich des feindes groß gewalt.
7. Steh doch bey uns, streit wider ihn, Damit der bluthund nicht gewinn, Vergiß, HErr! der gefangnen nicht, Und tröste die, so er hinricht.
8. Behüt uns, und das gantze land, Gib uns ihm ja nicht in sein hand, Erhalt uns, HErr! dein liebes wort, Daß wir dich loben hier und dort.

CCVIII. 208.

Mel. Mag ich unglück nicht widert.

In GOtt hab ich's gestellt, Wie's ihm g'fällt, Drinn will ich mich ergeben, Von ihm laß ich in keiner noth, Er ist mein GOtt Im tod und auch im leben: Hab nie geacht Ein' menschen macht, Bey GOtt ich bleib, Was guth und leib, Er kan mir's wieder geben.
2. Ob diese welt schon tobet sehr, Ob reiner lehr, Und will mich davon führen, Muß sie GOtts wort doch lassen stahn, Und sein danck han, Er kan ihr'm trutz bald steuren: GOtt ist mit mir Nach all'r begier, Die sach ist sein, Er weiß allein Das recht hinaus zu führen.
3. Drum wird er mich verlassen nicht, Nach seiner pflicht, Er kan mich wohl behüten, Viel wohlthat hat er mir erzeigt, Wie sich's eräugt. Nach aller seiner güte, Hält sey mir vest, Mich nicht verläßt In angst und noth, In creutz und tod, Zu ihm steht mein gemüthe.
4. Seins worts will ich mich nehmen an, Davon nicht lan, So lang ich leb auf erden, Damit der reinen lehre schatz Von menschen-satz Mög recht geläutert werden. Menschlich gedicht Bestehet nicht Gotts wort allein Gibt hellen schein Und zeigt das ewig leben.
5. So hilf mir nun, HErr JESU Christ Zu aller frist Daß mir's ja wohl gelinge, Dein geist, gnad und kraft mir auch gib, Daß ich dich lieb Und fürcht für allen dingen. Was kan die welt, Die auf mich hält, GOtt ist mein hort, Sein ewigs wort, Das wird mit macht durchdringen.

CCIX. 209.

Meinen JEsum laß ich nicht, Weil er sich für mich gegeben, So erfordert meine pflicht, Klettenweiß an ihm zu kleben. Er ist meines lebens licht, Meinen JEsum laß ich nicht.
2. JEsum laß ich nimmer nicht, Weil ich soll auf erden leben: Ihm hab ich voll zuversicht, Was ich bin und hab, ergeben. Alles ist auf ihn gericht Meinen JEsum laß ich nicht.
3. Laß vergehen das gesicht, Hören, schmecken, fühlen, weichen; Laß das letzte tages-licht Mich auf dieser welt erreichen. Wann der lebens-faden bricht, Meinen JEsum laß ich nicht.
4. Ich werd ihn auch lassen nicht, Wenn ich nun dahin gelanget, Wo vor seinem angesicht Frommer Christen glaube pranget. Mich erfreut sein angesicht, Meinen JEsum laß ich nicht.
5. Nicht nach welt, nach himmel nicht Meine seele wünscht und sehnet: JEsum wünscht sie, und sein licht, Der mich hat mit GOtt versöhnet, Der mich freyet vom gericht Meinen JEsum laß ich nicht.
6. JEsum laß ich nicht von mir, Geh

ihm ewig an der seiten, Christus läßt mich für und für zu dem lebens-bächlein leiten. Selig, der mit mir so spricht: Meinen JEsum laß ich nicht.

CCX. 210.

Meinen JEsum laß ich nicht, Dann er ist allein mein leben. Wer ihn hat, dem nichts gebricht: Er kan sich zufrieden geben, Er gerath in was für noth. Wärs auch satan, sünd und tod.
2. Meinen JEsum laß ich nicht, Weil kein besser freund auf erden, Dann er, JEsus, unser licht, Springt in allerley beschwerden Mir getreulich an die seit, Liebt mich bis in ewigkeit.
3. Meinen JEsum laß ich nicht, Wann mich alle menschen hassen, Und der feinde macht einbricht, Auch gedencket so zu fassen, Daß ich gleich soll untergehn, Bleibt mir sein errettung stehn.
4. Meinen JEsum laß ich nicht, Wann mich meine sünden quälen, Wann mein hertz und satan spricht: Sie sind groß, und nicht zu zählen, Spricht er: sey getrost, mein kind! Ich, ich tilg all deine sünd.
5. Meinen JEsum laß ich nicht, Wann mir bricht in letzten zügen Meiner schwachheit angesicht, Da erst, da hilft er mir siegen. Ja ins letzte weltgericht Lässet er mich kommen nicht.
6. Meinen JEsum laß ich nicht, Dann er wird auch mich nicht lassen: Dieses glaub ich anders nicht, Und er wird mich nimmer hassen. Darum sprech ich: ihn, mein licht! Meinen JEsum laß ich nicht.

CCXI. 211.

Mel. Freu dich sehr, o meine seele.

Schönster JEsu! liebstes leben, Meiner seelen auffenthalt, Dir hab ich mich gantz ergeben, Ob ich wohl gar ungestalt: Will ich dannoch lieben dich, Dann ich weiß, du liebest nach: Drum will ich vest an dir hangen, Und mit liebe dich umfangen.
2. Andre mögen freude haben An der falsch-geschminckten welt, Die mit allen ihren gaben Bald zergehet, bald zerfällt. Nur mein JEsus soll es seyn, Den ich lieben will allein, Und von dem ich nicht will weichen, Soll ich schon des tods erbleichen.
3. Andre mögen wollust lieben, Und darinnen lange jahr Sich mit grossen freuden üben, JEsum lieb ich immerdar; Andre mögen gold und geld Halten für ihr liebstes gelt: JEsu will ich mich vertrauen, Und auf ihn beständig bauen.
4. Nun, was frag ich nach der erden, Und nach dem, was drinnen ist; Dann mir kan nichts liebers werden, Als

mein Heyland, JEsus Christ. Nach dem himmel frag ich nicht, Dann ich habe mich verpflicht, Meinem JEsu treu zu bleiben, Nichts soll mich von ihm vertreiben.
5. Es mag krachen, es mag knallen, Dieses rund-gebaute zeit, Es mag liegen, es mag fallen, Ich steh als ein starcker held. Dann mein JEsus ist bey mir: Der, der wird mich für und für, Als mein beystand mächtig schützen, Wider aller teufel blitzen.
6. JEsus JEsus ist mein leben, Ich verbleib ihm zugethan, Ihm soll seyn hiermit ergeben Alles, was ich geben kan: Meine sinnen, werck und wort, Alles soll, o liebster hort! Dir gestellet seyn zu ehren, Nichts soll mich von dir abkehren.
7. JEsum, JEsum will ich lieben, Hier und dort in ewigkeit: Solten mich gleich die betrüben, Aller jammer, alles leyd. Was frag ich nach höll und tod? JEsus hilft mir aus der noth, Der wird mich ins leben führen, Da die seinen jubiliren.

CCXII. 212.

Ach bleib bey uns, HErr JEsu Christ, Weil es num abend worden ist, Dein göttlich wort, das helle licht Laß ja bey uns auslöschen nicht.
2. In dieser letzten betrübten zeit Verleih uns, HErr! beständigkeit, Daß wir dein wort und sacrament Rein erhalten bis an unser end.
3. HErr JEsu! hilf, dein kirch erhalt, Wir sind gar sicher, faul und kalt, Gib glück und heyl zu deinem wort, Damit es schall an allem ort.
4. Erhalt uns nur bey deinem wort, Und wehr des teufels trug und mord: Gib deiner kirchen gnad und huld, Fried, einigkeit, muth und gedult.
5. Ach GOtt! es geht gar übel zu, Auf dieser erd ist keine ruh, Viel secten und viel schwärmerey Auf einem hauffen kommen herbey.
6. Den seltzen geistern wehre doch, Die sich mit gwalt erheben hoch, Und bringen stets was neues her, Zu fälschen deine rechte lehr.
7. Die sach und ehr, HErr JEsu Christ! Nicht unser, sondern ja dein ist. Darum so sieh zu denen bey, Die sich auf dich verlassen frey.
8. Dein wort ist unsers hertzens trutz, Und deiner kirchen wahrer schutz, Dabey erhalt uns, lieber HErr! Daß wir nichts anders suchen mehr.
9. Gib, daß wir leb'n in deinem wort, Und darauf ferner fahren fort Von hinnen aus dem jammerthal, Zu dir in deinen himmels-saal.

Fünf-

Christlichen Lebens- und Wandels-Liedern.

Fünfter Theil,
In welchem verfasset
Christlichen Lebens- und Wandels-
wie auch
gemeiner Noth Lieder:

Das gülden A. B. C.

CCXIII. 213.

Mel. O JEsu Christ, meins leb.

Allein auf GOtt sey dein vertrau'n, Auf menschen-hülf sollt du nicht bau'n, GOtt ists allein, der glauben hält, Sonst ist kein glaub mehr in der welt.

Bewahr dein ehr, hüt dich für schand, Ehr ist fürwahr dein höchstes pfand. Wirst du die schanz einmal versehn, So ists um deine ehr geschehn.

Claf nicht zu viel, sondern hör mehr, Das wird dir bring'n lob, preiß und ehr, Mit schweigen sich verredt niemand, Claffen bringt manch'n in sünd und schand.

Dem grossen weich, acht dich gering, Daß er dich nicht in unglük bring, Dem kleinen auch kein unrecht thu, So bleibst du stets in rast und ruh.

Erheb dich nicht mit stolzem muth, Wann du bekommen hast groß guth, Es ist dir nicht darum gegeben, Daß du dich dadurch solst erheben.

Frömmigkeit laß gefallen dir, Vielmehr dann gold, das glaub du mir, Wann geld und gut sich von dir scheidt, So weicht doch nicht die frömmigkeit.

Gedenck der arm'n zu aller frist, Wann du von GOtt gesegnet bist, Sonst dir das wiederfahren kan, Was Christus sagt vom reichen mann.

Hat dir jemand was guts gethan, Da solt du allzeit dencken an, Es soll dir seyn von herzen leyd, An dir zu spüren undanckbarkeit.

In deiner jugend solt du dich Zur arbeit halten fleißiglich, Hernach gar schwer die arbeit ist, Wann du zum alter kommen bist.

Kehr dich auch nicht an jedermann, Der dir vor augen dienen kan, Nicht alles geht von herzensgrund, Was schön und lieblich redt der mund.

Laß kein unfall verdriessen dich, Wann das glück gehet hinter sich, Anfang und ende sind nicht gleich, Wie solches gar oft findet sich.

Mäßig im zorn sey allzeit, Um klein ursach erheb kein streit, Durch zorn das herze wird verblendet, Daß niemand recht damit erkennt.

Nicht schäm dich, rath ich allermeist, Daß man dich lehr, was du nicht weist, Wer etwas kan, den hält man werth, Den ungeschickten niemand begehrt.

O Merck, so einer führt ein klag Vor dir, daß du so bald der sag, Nicht glaubest auch nicht richtest fort, Sondern hör erst des andern wort.

Pracht und hoffart meid überall Daß du nicht kommest in unfall, Mancher wär ein behaltner mann, Hätt er hoffart und pracht gelan.

Quad von niemand gedenck noch sprech, Dann kein mensch lebet ohn gebrech, Redest du all's nach deinem will'n, Man wird dich gar bald wieder stilln.

Ruf GOtt in allen nöthen an, Er wird gewißlich bey dir stahn, Hilft ein'm jeden aus der noth, Der nur nach seinem willen thut.

Sich dich wohl für, die zeit ist bös, Die welt ist falsch u. sehr gottlos Wilt du der welt sehr hangen an, Ohn schad und schand kommst nicht darvon.

Tracht stets darnach, was recht gethan, Ob dich schon nicht lobt jedermann, Es kans doch niemand machen so, Daß jedermann gefallen thu.

Verlaß dich nicht auf irrdisch ding, All zeitlich guth verschwindt gering, Darum der mensch gar weißlich thut, Der allein sucht das ewig guth.

Wann jemand mit dir hadern will, So rath ich, daß du schweigest still, Und ihm nicht helfest auf die bahn, Da er gern wolt ein ursach han.

Xerxes verließ sich auf sein heer, Darob ward er geschlagen sehr, So du must kriegen, GOtt vertrau, Sonst allezeit den frieden bau.

Ye läng'r je mehr kehr dich zu GOtt, Daß du nicht kriegst des teufels spott, Der mensch ein solchen lohn wird han, Wie er im leben hat gethan.

Zier all dein thun mit redlichkeit, Bedencke zum end den letzten b'scheid, Dann vorgethan und nachbedacht, Hat manchen in groß leyd gebracht.

CCXIV. 214.

Kommt her zu mir, spricht Gottes Sohn, All die ihr seyd beschweret nun, Mit sünden hart beladen, Ihr jungen, alten, frau'n und mann, Ich will euch geben, was ich han, Will heilen euren schaden.

2. Mein joch ist süß, mein bürd ist g'ring, Wer mirs nachträgt in dem gebing, Der höll wird er entweichen:
Ich

Ich will ihm treulich helffen trag'n,
Mit meiner hülf wird er erjag'n
Das ewig himmelreiche.
3. Was ich gethan und g'litten hie,
In meinem leben spat und früh, Das
sollt ihr auch erfüllen. Was ihr gedencket, ja redt und thut, Das wird
euch alles recht und gut, Wanns
g'schicht nach GOttes willen.
4. Gern wolt die welt auch selig seyn,
Wann nur nicht wär die schwere pein,
Die alle Christen leiden, So mag es je
nit anders seyn, Darum ergeb sich nur
darein, Wer ewig pein will meiden.
5. All creatur bezeuget das, Was
lebt im wasser, laub und gras, Sein
leiden kans nicht meiden: Wer dann
in GOttes nam'n nicht will, Zuletzt
muß er des teufels ziel Mit schwe-
rem g'wissen leiden.
6. Heut ist der mensch schön, jung und
lang, Sieh! morgen ist er schwach und
kranck, Bald muß er auch gar sterben:
Gleich wie die blumen auf dem feld,
Also muß auch die schnöde welt In
einem huy verderben.
7. Die welt erzittert ob dem tod,
Wann ein'r liegt in der letzten noth,
Dann will er erst fromm werden.
Einer schafft diß, der ander das,
Sein'r armen seel er gantz vergaß,
Dieweil er lebt auf erden.
8. Und wann er nimmer leben mag, So
hebt er an ein grosen klag, Will sich erst
Gott ergeben. Ich fürcht fürwahr, die
göttlich gnad, Die er allzeit verspottet
hat, Wird schwerlich ob ihm schweben.
9. Ein'm reichen hilft doch nicht sein
gut, Dem jungen nicht sein stoltzer
muth, Er muß aus diesem reyen.
Wann einer hätt die gantze welt,
Silber und gold, und alles geld,
Noch muß er an den reihen.
10. Dem g'lehrten hilft doch nicht
sein kunst, Der weltlich pracht ist
gar umsonst, Wir müssen alle sterben, Wer sich in Christo nicht erfreut, Weil er lebt in der gnaden-
zeit, Ewig muß er verderben.
11. Höret und merckt, ihr lieben Kind,
Die jetzund GOtt ergeben sind, Laßt
euch die müh nicht reuen. Halt stets
an heilgen GOttes wort, Das ist
eu'r trost und höchster hort, GOtt
wird euch schon erfreuen.
12. Nicht übel ihr um übel gebt,
Schaut, daß ihr die unschuldig lebt,
Laßt euch die welt nur äffen. Gebt
GOtt die rach und alle ehr, Den
engen steg geht immer her, GOtt
wird die welt schon straffen.
13. Wann es gieng nach des fleisches
muth, In gunst, gesundheit, grossem
guth, Würdt ihr gar bald erkalten.
Darum schickt GOtt die trübsal her,

Damit eu'r fleisch gezüchtigt werd,
Zur ewgen freud erhalten.
14. Ist euch das creutz bitter u. schwer,
Gedenkt, wie beiß die hölle wär, Darein die welt thut rennen. Mit leib und
seel muß leiden seyn, Ohn unterlaß die
ewig pein, U. mag doch nit verbrennen.
15. Ihr aber nach dieser zeit
Mit Christo haben ewge freud, Daran sollt ihr gedencken. Es lebt kein
mann, der außsprechen kan Die glori
und den ewgen lohn, Den euch der
HErr wird schencken.
16. Und was der ewig gütig GOtt
In seinem wort versprochen hat, Geschworn bey seinem namen, Das hält
und gibt er gwiß fürwahr, Der helf
uns in der engel-schaar, Durch JE-
sum Christum, Amen.

CCXV. 215.
Ich ruf zu dir, HErr Jesu Christ, Ich
bitt, erhör mein klagen, Verleih mir
gnad zu dieser frist Laß mich doch nicht
verzagen. Den rechten glauben, Herr !
ich meyn, Den wollest du mir geben,
Dir zu leben, Meinem nächsten nutz
zu seyn, Dein wort zu halten eben.
2. Ich bitt noch mehr, o HErre GOtt!
Du kanst es mir wohl geben, Daß ich
nicht wieder werd zu spott, Die hoffnung gib darneben, Voraus, wann ich
muß hie davon, Daß ich dir mög vertrauen Und nicht bauen Auf alles mein
thun, Sonst wird mich's ewig reuen.
3. Verleih, daß ich aus hertzens-grund
Mein feinden mög vergeben, Verzeih
mir auch zu dieser stund, Schaff mir
ein neues leben. Dein wort mein
speiß laß allweg seyn, Damit mein
seel zu nähren, Mich zu wehren,
Wann unglück geht daher, Das mich
bald möcht abkehren.
4. Laß mich kein lust noch furcht von dir
In dieser welt abwenden, Beständig
seyn ans end gib mir, Du hasts allein
in händen. Und wem dus gibst, der
hats umsonst, Es mags niemand erwerben, Noch erwerben, Durch werke deiner gnad, Die uns errett vom sterben.
5. Ich lieg im streit und widerstreb,
Hilf, o HErr Christ ! mir schwachen,
An deiner gnad allein ich kleb, Du
kanst mich stärcker machen, Kömt nun
anfechtung, HErr ! so wehr, Daß sie
mich nicht umstoßen, Du kanst maß-
sen, Daß mirs nicht bring gefahr,
Ich weiß, du wirsts nicht lassen.
6. O HErr ! wir ruffen all zu dir, Vernimm unser elende, Und schleuß uns
auf die gnaden-thür, Den tröster zu uns
sende, Der uns recht leit auf deinem
weg, Daß wir nicht allweg weichen,
Und dergleichen, Daß wir den rechten
steg Zum himmelreich erreichen.

CCXVI.

und Wandels-Lieder.

CCXVI. 216.

Von GOtt will ich nicht lassen,
Dann er läßt nicht von mir :‚:
Führt mich auf rechter strassen, Da
ich sonst irret sehr. Er reicht mir seine hand, Den abend als den morgen,
That er mich wohl versorgen, Sey
wo ich woll im land.

2. Wann sich der menschen hulde Und
wohlthat all verkehrt :‚: So find sich
GOtt gar balde, Sein macht und
gnad bewährt: Und hilft aus aller
noth, Errett von sünd und schanden,
Von ketten und von banden, Und
wanns auch wär der tod.

3. Auf ihn will ich vertrauen In meiner schweren zeit, Es wird mich nicht
gereuen, Er wendet alles leyd. Ihm
loß es heimgestellt, Mich leib, mein
seel, mein leben Sey GOtt dem
HErrn ergeben, Er machs, wies ihm
gefällt.

4. Es thut ihm nichts gefallen, Dann
was mir nützlich ist, Er meynts gut
mit uns allen, Schenkt uns den HErren Christ, Sein allerliebsten Sohn,
Durch ihn er uns bescheret, Was
leib und seel ernähret, Lobt ihn ins
himmels-thron.

5. Lobt ihn mit herz und munde,
Welchs er uns beydes schencket, Das
ist ein selge stunde, Darin man sein
gedenckt, Sonst verdirbt alle zeit, Die
wir zubring'n auf erden, Wir wollen
selig werden, Und bleib'n in ewigkeit.

6. Auch wann die weit vergehet Mit
ihrem stolz und pracht, Wed'r ehr noch
guth bestehet Welchs vor war hoch
geacht. Wir werden nach dem tod hier
in die erd begraben, Wann wie geschlafen haben, Will uns erwecken GOtt.

7. Die seel bleibt unverlohren, Geführt in Abrahams schooß, Der leib
wird neu gebohren, Von allen sünden
loß. Ganz heilig, rein und zart, Ein
kind und erb des HErren, Daran muß
uns nicht irren Des teufels listig art.

8. Darum, ob ich schon dulde Hier
widerwärtigkeit, Wie ich auch wohl
verschulde, Kommt doch die ewigkeit,
Ist aller freuden voll, Dieselb ohn
einigs ende, Dieweil ich Christum
kenne, Mir wiederfahren soll.

9. Das ist des Vaters wille, Der uns
erschaffen hat, Sein Sohn hat guts
die fülle Erworben und genad. GOtt
der heilige Geist Im glauben uns regieret, Zum reich des himmels führet.
Ihm sey lob, ehr und preiß.

* Den höchsten GOtt dort oben,
Samt Christo seinem Sohn, Wollen
wir alle loben, Den heilgen Geiste
fron Zu dieser letzten zeit, Die wollen uns auch geben Endlich das ewig
leben, Mit höchster wonn und freud.

CCXVII. 217.

Von grund des herzens mein Hab
ich mir auserkohren, Den
HErren mein, Zu loben ihn Mit heller stimm Bin ich allzeit bereit, Dann
er mein herz erfreut, Bey ihm ist
trost zu finden, Immer und allezeit.

2. Richt da, o HErr mein sach, Bey dir
bin ich erhöret, Mit mir zum end es
mach, Du weist es wohl, Wanns gschehen soll, Dir ist die stund bekannt, Steht
alls in deiner hand, Du wirst mich nie
verlassen, Sey wo ich woll im land.

3. Solchs tröst ich mich im leyd, Wann
ich an GOtt gedencke, So wird mein
herz erfreut, Aufs glück ich bau, Und
GOtt vertrau, Der kan wohl helfen
mir, Zu ihm steht mein begier, Wer
bey ihm thut anklopfen, Verlaßt er
nimmermehr.

4. Viel unglück, hohn und spott Muß
ich jetzunder leiden, Doch hab ich dich,
mein GOtt, Du wirst mein leyd
Wenden in freud, Du weist die zeit
und stund, Drum lobet dich mein
mund, Du bist der rechte helfer, Und
auch der rechte grund.

5. Laß auch von GOtt nicht ab, So
lang ich hab das leben, Bis man mich
trägt ins grab, Da ruh ich fein Samt
all den mein, Keins mich aufwecken
mag, Dann GOtt am jüngsten tag,
Zu der ewgen freuden, Dann nimmt
ein end mein klag.

6. Allein GOtt ehr und preiß Dem vater aller gnaden, Schenckt uns das paradeiß, Nach dieser zeit Die ewig
freud, Das helf uns alln zugleich Gott
vater im himmelreich, Das wir dich
allzeit loben, Hier und dort ewiglich.

CCXVIII. 218.

Mensch, willt du hinfort selig seyn,
Und dich GOtt recht ergeben,
So must du trauen ihm allein, Dar-
bey auch Christlich leben.

2. Dann GOtt ist aller gnaden voll
In wercken und in worten, Und lehret, wie man wandeln soll, Den weg
zur himmels-pforten.

3. Der himmels-fürst, HErr JEsu
Christ, Hat uns dein gnad erworben,
Da er für uns gedultig ist Aus lieb
am creutz gestorben.

4. Er ist gestorben uns zu gut, In grosser pein und schmerzen, Hat uns erkauft mit seinem blut, Des danck ich
ihm von herzen.

5. Von sünden waschet er uns rein
Durch sein blut, gibt das leben, Wer
ihm nur will gehorsam seyn, Und sich
zur buß begeben.

6. GOtt nimmt im himmel keinen an,
Er thut dann buß auf erden, Drum
schencket er uns seinen Sohn, Au daß
wir selig werden,   7. Leh-

7. Lehr uns, o HErr, durch deinen
Geist uns hier a. so beweisen, Damit
wir dort auch allermeist Dich ewig
mögen preisen.

CCXIX. 219.

Ob es gleich bisweilen scheinet,
Als ob GOtt verließ die seinen,
Ey so weiß und glaub ich diß, GOtt
hilft endlich noch gewiß.

2. Hülfe, die er aufgeschoben, Hat er
ihm nicht aufgehoben, Hilft er
nicht zu jeder frist, Hilft er doch,
wanns nöthig ist.

3. Gleich wie väter nicht bald geben,
Wornach ihre kinder streben, So hat
GOtt auch maaß und ziel, Er gibt,
wie und wenn er will.

4. Seiner kan ich mich getrösten, Was
die noth am allergrößten Er ist gegen
seine kind Mehr als väterlich gesinnt.

5. Trotz dem teufel, trotz dem trachen,
Ich kan ihre macht verlachen, Trotz
des schweeren creutzes jetz, GOtt
mein Vater lebet noch.

6. Trotz des bittern todeszähnen,
Trotz der welt und allen denen, Die
mir sind ohn ursach feind, GOtt im
himmel ist mein freund.

7. Laß die welt nur immer neiden,
Will sie mich nicht länger leiden, Ey
so frag ich nichts darnach, GOtt ist
richter meiner sach.

8. Will sie mich gleich von sich treiben, Muß mir doch der himmel bleiben, Wann ich nur den himmel krieg,
Hab ich alles zur genüg.

9. Welt, ich will dich gerne lassen,
Was du liebest, will ich hassen, Liebe
du den erden-koth, Und laß mir nur
meinen GOtt.

10. Ach HErr! wann ich dich nur habe, Sag ich allem andern abe, Legt
man mich gleich in das grab, Ach,
HErr! wann ich dich nur hab!

CCXX. 220.

Mel. Ach HErr, mich armen sünder.

Ist GOtt für mich, so trete, Gleich
alles wider mich, So oft ich ruf
und bäte, Weicht alles hinter sich. Hab
ich das haupt zum freunde, Und bin
beliebt bey GOtt: Was kan mir thun
der feinde Und widersacher rott.

2. Nun weiß und glaub ich veste, Ich
rühms auch ohne scheu, Daß GOtt
der höchst und beste Mir gänzlich gün-
stig sey, Und daß in allen fällen Er mir
zur rechten steh, Und dämpfe sturm
und wellen, Und was mir bringet weh.

3. Der grund, drauf ich mich gründe,
Ist Christus und sein blut, Das machet, daß ich finde Das ewig wahre gut.
An mir und meinem leben, Ist nichts
auf dieser erd, Was Christus mir gegeben, Das ist der liebe werth.

4. Mein JEsus ist mein ehre, Mein
glantz und schönstes licht, Wann der
nicht in mir wäre, So dürft und könt
ich nicht Vor Gottes augen stehen Und
vor dem sternen-sitz, Ich müste stracks
vergehen Wie wachs ins feuer-hitz.

5. Der, der hat ausgelöschet Was mit
sich führt der tod, Der ists, der mich
rein waschet Macht schneeweis was ist
roth: In ihm kan ich mich freuen, Hab
einen heldenmuth, Darf kein gericht-
te scheuen, Wie sonst ein sünder thut.

6. Nichts, nichts kan mich verdammen, Nichts nimmet mir mein hertz,
Die höll und ihre flammen, Die sind
mir nur ein scherz: Kein urtheil mich
erschrecket, Kein unfall mich betrübt, Weil mich mit flügeln decket
mein Heyland, der mich liebt.

7. Sein Geist wohnt mir im hertzen,
Regiert mir meinen sinn, Vertreibet
furcht und schmertzen, Nimmt allen
kummer hin: Gibt segen und gedeyen,
Dem, was er in mir schafft. Hilft mir
das ebba schreyen aus aller seiner kraft.

8. Und wann an meinem orte Ohn
furcht und schrecken findt, So seufzt
er, spricht er worte Die unaussprechlich sind, Mir zwar und meinem munde, GOtt aber wohl bewust, Der an des
hertzens-grunde Ersiehet seine lust.

9. Sein Geist spricht meinem geiste
Manch süsses trostwort zu, Wie
GOtt dem blöde leiste, Der bey ihm
suchet ruh, Und wie er hat erbauet
Ein edle neue stadt, Da aug und her-
tze schauet, Was es geglaubet hat.

10. Da ist mein theil und erbe Mir
prächtig zugericht, Wann ich gleich
fall und sterbe, Fällt doch mein himmel
nicht Muß ich auch gleich hie feuchten
Mit thränen meine zeit, Mein JEsus
s. sein leiden Durchsüsset alles leid.

11. Wer sich mit dem verbindet, Den
satan fleucht und haßt, Der wird verfolgt, und findet Ein hohe schwere last
Zu leiden und zu tragen, Geräth in
hohn und spott, Das creutz und alle
plagen Die sind sein täglich brod.

12. Das ist mir nicht verborgen, Doch
bin ich unverzagt, GOtt will ich lassen sorgen, Dem ich mich zugesagt,
So koste leib und leben, Und alles,
was ich hab, An dir will ich vest kleben, Und nimmer lassen ab.

13. Die welt die mag zerbrechen, Du
stehst mir ewiglich, Kein brennen,
hauen, stechen Soll trennen mich und
dich: Kein hunger und kein dürsten,
Kein armuth, keine pein, Kein zorn
des grossen fürsten Soll mir ein hin-
drung seyn.

14. Kein engel, keine freuden, Kein
thron, kein herrlichkeit, Kein lieben

und Wandels-Lieder.

und kein leiden, Kein angst und fährlichkeit, Was man nur kan erdenken, Es sey klein oder gros, Der keines soll mich lenken Aus deinem arm und schoos.

15. Mein herze geht in springen, Und kan nicht traurig seyn, Ist voller freud und singen, Sieht lauter sonnenschein, Die sonne, die mir lachet, Ist mein HErr JEsus Christ Das, was mich singend machet, Ist, was im himmel ist.

CCXXI. 221.

O GOtt, du frommer GOtt, Du brunnquell aller gaben! Ohn den nichts ist was ist, Von dem wir alles haben: Gesunden leib gib mir, Und daß in solchem leib Ein unverletzte seel Und rein gewissen bleib.

2. Gib, daß ich thu mit fleiß, Was mir zu thun gebühret, Worzu mich dein befehl Zu meinem stande führet, Gib, daß ichs thue bald, Zu der zeit, da ichs soll, Und wann ichs thu, so gib, Daß es gerathe wohl.

3. Hilf, daß ich rede stets, Womit ich kann bestehen: Laß kein unnützlich wort Aus meinem munde gehen: Und, wann in meinem amt Ich reden soll und muß, So gib den worten kraft und nachdruck ohn verdruß.

4. Find sich gefährlichkeit, So laß mich nicht verzagen, Gib einen heldenmuth, Das creutz hilf selber tragen, Gib, daß ich meine feind Mit sanftmuth überwind, Und wann ich raths bedarf, Auch guten rath erfind.

5. Laß mich mit jedermann In fried und freundschaft leben, So weit als christlich ist: Wilt du mir etwas geben An reichthum, guth und geld, So gib auch diß darbey, Daß von unrechtem guth Nichts untermenget sey.

6. Soll ich in dieser welt Mein leben höher bringen, Durch manchen sauren tritt Hindurch ins alter dringen, So gib gedult! für sünd Und schanden mich bewahr, Auf daß ich tragen mag Mit ehren graue haar.

7. Laß mich an meinem end Auf Christi tod abscheiden, Die seele nimm zu dir Hinauf zu deinen freuden. Dem leib ein räumlein gönn, Bey frommer Christen grab, Auf daß er seine ruh An ihrer seiten hab.

8. Wann du die todten wirst An jenem tag erwecken, So thu auch deine hand Zu meinem grab ausstrecken. Laß hören deine stimm, Und meinen leib weck auf, Und führ ihn schön verklärt Zum auserwählten hauf.

9. GOtt Vater dir sey preiß Hier und im himmel oben, HErr JEsu, Gottes Sohn! ich will dich allzeit loben, O heilger Geist, dein ruhm Erschall je mehr und mehr, Dreyeiniger HErr und GOtt, Dir sey lob, preiß und ehr.

CCXXII. 222.

Mel. Werde munter, mein gemüthe!

NUn mein herz sich GOtt ergiebet, Und auf den die hoffnung setzt, Ob ich dann gleich werd betrübet, Habe ich doch, was mich ergötzt: Dann so groß ist keine noth Läg ich auch gar in dem tod, Daß es GOtt nicht könte wenden, Und zu meinem besten enden.

2. Wann ich hier nun nichts mehr habe, Und in armuth leben muß, Ist doch GOtt mein theil und gate, Ja mein rechter überfluß: Dann weil er mein Vater ist, Wird er auch zu jeder frist Mich, sein armes kind, versorgen; Ists nicht heut, so wirds seyn morgen.

3. Ob auch ganze ström und wellen Grosser widerwärtigkeit, Ueber mich zusammen schwellen, Wird doch GOtt in allem leid Mich erhalten treulichlich, Daß die wasserwogen mich Nicht umstossen, noch ertrinke, Ob ich gleich ein wenig sinke.

4. Laß darum die welt auch schmähen, Hassen und verfolgen mich, Ja nach gut und ehr mir stehen, Toben, wüten grausamlich: Wird jedoch zu ihrem trutz Mich verbergen GOttes schutz, Und vor allem ihrem schrecken Mich mit seinen flügeln decken.

5. Wolte mich der HErr auch tödten, Lässt ihn mein herz doch nicht, Er hilft mir aus meinen nöthen, Er bewahrt meins lebens licht, Ob er sich schon anders stellt, Und bey sich verborgen hält, Daß er leib und seel mir schencket, Weiß ich doch, daß er dran denkt.

6. Zwar, wer mit zum berg gehöret, Da des Höchsten wohnung ist, Wird mit mangel oft beschweret, Wann er GOttes gut vermisst: Aber bald erfähret er auch, Daß, wann GOtt nach seinem brauch, Seine güte läßt aufgehen, Ihm versöhnung sey geschehen.

7. Gottes liebe kinder müssen Den gottlosen seyn ein ziel, Daß sie tapfer auf sie schiessen, Wann sie treiben ihre spiel Aber bald versteckt sie GOtt, Daß die bose menschen-rott In der höle seiner gnaden Ihnen nichtes mehr kan schaden.

8. Diß sind GOttes alte sitten, Wann wir sollen frölich seyn, Setzet er uns erstlich mitten In die schwerste creutzes pein, Sollen wir aus aller noth, Leget er uns in den tod: Will er, daß wir sollen siegen, Läst er uns erst unten liegen.

9. Ach! wie frische und zerschlägt GOtt so manche fromme seel, Manches herz wird wohl gefeget, Ja gepresst zum rechten öl: Macht es darum GOtt zu nicht? Nein, er kochet ein gericht,

richt, Darzu solt du wasser tragen, Das wirst du GOtt nicht versagen.
10. Warum bist du dann betrübet, Unruhig und voller pein, Meine seele! die GOtt lieset, Kan ja ohne creuz nicht seyn. Darum harre nur auf GOtt, Dann dem HErren Zebaoth Werde ich noch danck erweisen, Und zur seine hülfe preisen.

CCXXIII. 223.
Mel. Wies GOtt gefällt, so gefällt.

1. Ich hab in GOttes hertz und sinn Mein hertz und sinn ergeben, Was böse scheint, ist mir gewinn, Der tod selbst ist mein leben: Ich bin ein sohn deß, der den thron Des himmels aufgezogen. Ob er gleich schlägt, Und creuz auflegt, Bleibt doch sein hertz gewogen.

2. Das kan mir fehlen nimmermehr, Mein vater muß mich lieben, Wann er mich auch gleich wirfft ins meer, So wil er mich nur üben; Und mein gemüth In seiner güt Gewöhnen vest zu stehen: Hätt ich dann fiel, Laß seine hand Mich wieder zu erhöhen.

3. Ich bin ja von mir selber nicht Entsprungen noch formiret, Mein GOtt ists, der mich zugericht, An leib und seel gezieret: Der seelen sitz, Mit sinn und witz, Den leib mit fleisch und beinen: Wer so viel thut, Deß hertz und muth Kans nimmer böse meynen.

4. Woher wolt ich mein aufenthalt Auf dieser welt erlangen? Ich wäre längstens tod und kalt, Wo mich nicht Gott umfangen Mit seinem arm, Der alles warm, Gesund und frölich machet, Was er nicht hält, Das bricht und fällt, Was er erfreut, das lachet.

5. Zudem ist weisheit und verstand Bey ihm ohn alle massen, Zeit, ort und stund ist ihm bekannt Zu thun und auch zu lassen, Er weiß wann freud, Er weiß wann leyd, Uns, seinen kindern diene; Und was er thut, Ist alles gut, Obs noch so traurig schiene.

6. Du denckest zwar, wann du nicht hast Was fleisch und blut begehret, Als sey mit einer grossen last Dein glück und heyl beschweret, Hast spät und früh Viel sorg und müh, An deinen wunsch zu kommen, Und denckest nicht, Daß was geschicht, Gescheh zu deinem frommen.

7. Fürwahr, der dich geschaffen hat, Und ihm zur ehr erbauet, Der hat schon längst in seinem rath Ersehen, und beschauet, was wahrer treu, Was dienlich sey Dir und den deinen allen. Laß ihm doch zu Daß er nur thu Nach seinem wohlgefallen.

8. Wanns GOtt gefällt, so kans nicht seyn, Er wird dich letzt erfreuen, Was du jetzt nennest creuz und pein, Wird dir zum heyl gedeyen: Wart in gedult, Die gnad und huld Wird sich doch endlich finden: All angst und quaal Wird auf einmal, Gleich wie ein dampf verschwinden.

9. Das feld kan ohne ungestümm Gar keine früchte tragen, So fällt auch menschen wohlfahrt um Bey lauter guten tagen. Die aloe bringt bittres weh, Macht gleichwol rothe wangen: So muß ein hertz Durch angst und schmertz Zu seinem heil gelangen.

10. Ey nun, mein GOtt, so fall ich dir Getrost in deine hände, Nimm mich, und mach du es mit mir, Bis an mein letztes ende, Weil du wohl weist, Daß meinem geist Dadurch sein nutz entstehe, Und bei te ehr Je mehr und mehr Sich in dir selbst erhöhe.

11. Wilst du mir geben sonnenschein, So nehm ichs an mit freuden, Solls aber creuz und elend seyn, Will ichs gedultig leiden. Soll mir allhier Die lebens-thür Noch ferner offen stehen, Wie du mich führst, und führen wirst, So will ich gern mitgehen.

12. Soll ich dann auch des todes weg Und finstre strassen reisen, Wohlan, so tret ich bahn und steg, Den mir dein augen weisen: Du bist mein hirt, Der alles wird Zu solchem ende kehren, Daß ich einmal In deinem saal Dich ewiglich möge ehren.

CCXXIV. 224.

1. Zeitlich ehr und zeitlich guth, Wollust und aller übermuth Ist eben wie ein gras, Aller pracht und stoltzer ruhm Verfällt wie ein wiesenblum. O mensch! bedenk eben das, Und versorge dich doch bas.

2. Dein end bild dir täglich für, Gedenk, der todt sey vor der thür, Und will mit dir davon, Er klopfft an, du must heraus, Da wird nun nichts anders draus, Hättest du nun recht gethan, So fändest du guten lohn.

3. Wann die seel von hinnen fährt, Und der leib von würm'n verzehrt, Wieder wird aufferstehn, Alsdann vor göttlicher krafft, Geben sollen rechenschafft, O wie wird er da beschn, Weil er jetzt will müßig gehn!

4. Dann dort wird ein reines hertz Vielmehr gelten dann alle schätz, Und aller menschen guth. Wer sich hie versöhnt mit GOtt, Der wird dort nicht leiden noth: Wer jetzt Gottes willen thut, Der wird dort seyn wohlgemuth.

5. Ein gut gewissen allein, Ist besser dann edelgestein, Und köstlicher dann gold: Wer es von Christo erlangt, Und ihm ordentlich anhangt, Dem vergiebt GOtt seine schuld, Steht ihm bey, und ist ihm huld.

6. Kein

6. Kein reichthum, auch kein gewalt, Kein zierheit noch schöne gestalt Hilft was zur seligkeit, Es sey dann das herz zugleich In göttlichen gaben reich, Und gezieret mit geistlichkeit, In Christi theilhaftigkeit.

7. Christus redet offenbar Und spricht zu aller menschen schaar: Wer mit mir herschen will, Der nehm auch sein kreuz auf sich, Unterwerf sich williglich, Halt sich nach meinem beyspiel, Thu nicht, wie sein Adam will.

8. O mensch! sieh an JEsum Christ, So fern er dir zum beyspiel ist, Und untergib dich gar; Nimm auf dich sein süsses joch, Und folge ihm getreulich nach, So kommst du zur engelschaar, die dein warten immerdar.

9. Glaub dem HErrn aus herzensgrund, und bekenn ihn mit deinem mund, Und preis ihn mit der that; Thu ihm fleißig deine pflicht Wie dich sein wort unterricht, So wird er mit seiner gnad Dir beystehn in aller noth.

10. Richte dich nach seiner lehr, Und gieb ihm allzeit lob und ehr Mit unterthänigkeit. Sprich herzlich mit innigkeit: O GOtt in dreyeinigkeit! Dir sey dank und herrlichkeit Hier und dort in ewigkeit.

CCXXV. 225.

In dem leben hier auf erden Ist doch nichts als eitelkeit Bös exempel, viel beschwerden, Plage, klage, müh, und streit, Kummer, sorgen, angst und noth, Krankheit und zuletzt der tod.

2. O so denke drauf im herzen, Fommer Christi, mit allem fleiß, Wie du solche noth und schmerzen Brechen kanst als grundes-eis; Laß aus deinem herzen nicht Diesen treuen unterricht.

3. Habe deine lust am HErren, Laß ihn seyn dein höchstes guth! Er ist nah und nicht so ferren, Einzusprechen trost und muth: Seine gnad und starke hand Gehet durch das ganze land.

4. Augen-lust und schnöde freude Ueppigkeit, als wust und koth Vor den augen Gottes meire, Wilt du seyn befreyt vom tod, Deinen leib, das faß der ehrn Solt du nimmermehr versehrn.

5. Nimm dir vor für andern allen, Was du thust, nur Gott allein Mit dem glauben zu gefallen, Voller lieb ohn argen schein; Beichte deine sünd und schuld, So bekommst du Gottes huld.

6. Nimmer gehe falsch im handeln, Noch im reden, noch im thun, Wilt du vor dem HErren wandeln, Der maleins auch selig ruhn, Liebe wahrheit, recht und zucht, Als des geistes rechte frucht.

7. Eitle ehr und pracht verachte, Demuth, lieb und niedrigkeit, Nach dem himmel ernstlich trachte, Trag gedultig kreuz und leid: GOtt thut seinem nicht mehr an, Als was er ertragen kan.

8. Stets ans ende hier gedenke Und an Christi kreuz und tod, In sein wunden dich einsenke, Also kommst du aus der noth, Von der pein und bösen zeit Zur gewünschten seligkeit.

CCXXVI. 226.

Mel. O welt! ich muß dich lassen.

O Welt! sieh hier dein leben Am stamm des kreuzes schweben! Dein heil sinkt in den tod! Der grosse fürst der ehren Läßt willig sich beschweren Mit schlägen, hohn und grossem spott.

2. Tritt her, u. schau mit fleiß, Sein leib ist ganz mit schweisse Des blutes überfüllt! Aus seinem edlen herzen, Für unerschöpftem schmerzen, Ein senfzer nach dem andern quillt.

3. Wer hat dich so geschlagen, Mein heil! und dich mit plagen So übel zugericht? Du bist ja nicht ein sünder, Wie wir und unsre kinder; Von missethaten weißt du nicht.

4. Ich, ich und meine sünden, Die sich wie kräulein finden Des sandes an dem meer, Die haben dir ereget Das elend, das dich schlaget, Und das betrübte marter-heer.

5. Ich bins, ich sollte büssen An händen und an füssen Gebunden in der höll: Die geisseln und die banden, Und was du ausgestanden, Das hat verdienet meine seel.

6. Du nimst auf deinen rücken Die lasten, so mich drücken Viel schwerer als ein stein; Du bist ein fluch, dargegen Verehrst du mir den segen, Dein schmerze muß mein labsal seyn.

7. Du setzest dich zum bürgen, Ja, lässest dich gar würgen Für mich und meine schuld; Für mich läßt du dich krönen Mit dornen, die dich höhnen, Und leidest alles mit gedult.

8. Du springst ins todes rachen, Mich frey und los zu machen Von solchem ungeheur; Mein sterben nimst du ab, Vergräbst es in dem grabe, O unerhörtes liebes-feur!

9. Ich bin, mein heil verbunden All augenblick und stunden Dir überhoch und sehr! Was leib und seel vermögen, Das soll ich billig legen Allzeit an deinen dienst und ehr.

10. Nun, ich kan nicht viel geben In diesem armen leben, Eins aber will ich thun: Es soll dein tod und leiden, Bis leib und seele scheiden, Mir stets in meinem herzen ruhn.

11. Ich wills vor augen setzen, Mich stets daran ergötzen Ich sey auch, wo ich sey: Es soll mir seyn ein spiegel Der

unschuld, und ein siegel Der lieb und unverfälschten treu.

12. Wie hefftig unsre sünden Den frommen GOtt entzünden, Wie rach und eifer gehn: Wie grausam seine ruthen, Wie zornig seine fluthen, Will ich aus diesem leiden sehn.

13. Ich will daraus studiren, Wie ich mein hertz soll zieren Mit stillem sanftem muth: Und wie ich die soll lieben, Die mich so sehr betrüben Mit wercken, so die bosheit thut.

14. Wann böse zungen stechen, Mir glimpf und namen brechen, So will ich zähmen mich: Das unrecht will ich dulden, Dem nächsten seine schulden Verzeihen gern und williglich.

15. Ich will mich mit dir schlagen Ans creutz, und dem absagen, Was meinem fleisch gelüst: Was deine augen hassen, Das will ich fliehn und lassen, So viel mir immer möglich ist.

16. Dein seuftzen und dein stöhnen, Und die viel tausend thränen, Die dir geflossen zu, Die sollen mich am ende In deinem schoos und hände Begleiten zu der ewgen ruh.

Gemeiner Noth Lieder.
CCXXVII. 227.

Was mein GOtt will, das g'scheh allzeit, Sein will der ist der beste :,: Zu helfen denn er ist bereit, Die an ihn glauben veste, Er hilft aus noth, Der fromme GOtt, Und tröst die welt ohn maßen, Wer GOtt vertraut, Vest auf ihn baut, Den will er nicht verlassen.

2. GOtt ist mein trost, mein zuversicht, Mein hoffnung und mein leben :,: Was mein GOtt will, das mir geschicht, Will ich nicht widerstreben. Sein wort ist wahr, Dann all mein haar Er selber hat gezählet, Er hüt und wacht, Stets für uns tracht, Auf daß uns gar nichts fehlet.

3. Darum will ich von dieser welt Abscheid'n nach GOttes willen :,: Zu meinem GOtt, wanns ihm gefällt. Will ich ihm halten stille. Mein arme seel Ich GOtt befehl In meiner letzten stunde. O frommer GOtt! Sünd, höll und tod Hast du mir überwunden.

4. Noch eins, HErr, will ich bitten dich, Du wirst mir's nicht verjagen :,: Wann mich der böse geist anficht, Laß mich, HErr, nicht verzagen. Hülf, steur und wehr, O GOtt mein HErr! Zu ehren deinem namen, Wer das begehrt, Dem wirds gewährt, Drauf sprech ich frölich: Amen!

CCXXVIII. 228.

Wie nach einer wasser-quelle Ein hirsch schreyet mit begier :,: Also auch mein arme seele Ruft und schreyt HErr GOtt zu dir. Nach dir, lebendigen GOtt, Sie dürst und verlangen hat. Ach! wann soll es dann geschehen? Daß ich dein antlitz mag sehen.

2. Tag und nacht mir meine zähren. Sind wie ein speiß oder brod :,: Wann ich das hör mit beschweren, Daß man fragt: wo ist dein GOtt? Ich schütt dann mein hertz gar aus, Und denk, wie ich in GOttes haus Geh mit leuten, die lobsingen, Hüpfen und mit freuden springen.

3. Mein seel, was thust du dich kränken, Was machst du dir selber quaal :,: Hoff zu GOtt, und thu gedenken, Ich werd ihm danken einmal: Der mir hilft, wann er nur richt Auf mich sein klar angesicht: Mein GOtt, weh ist meiner seelen, Die sich grämen thut und quälen.

4. Dann ich denk an dich, mein HErre, Jenseit dem Jordaner land :,: Und dem berg Hermon so ferne, Auch dem berg Mizar genannt, Ein abgrund dem andern ruft, Wann über mir in der luft Deine ungestüme brausen, Und über mein haupt hersausen.

5. Alle deine wasserwogen, Deine wellen allzumal :,: Über mich zusammenschlagen. Doch tröst ich mich in trübsal: Daß du helfen wirst bey tag, Daß ich des nachts singen mag, Dich als meinen heyland preise, Anruf und anbät mit fleiße.

6. GOtt, mein fels, will ich dann sagen: Wie vergißt du mein so gar :,: Wann mich meine feind so plagen, Daß ich traure immerdar. Ihr schmähwort und falscher mund Mich bis aufs gebein verwund, Dann sie täglich ihr red treiben: Schau, wo nun den GOtt mag bleiben!

7. Mein seel, was thust du dich kränken, Was machst du dir selber quaal :,: Hoff zu GOtt, und thu gedenken, Ich werd ihm danken einmal: Der mir sein hülf sichtbarlich Stellt vor augen, u. der sich ferner wird hernach erklären Als den meinen GOtt u. HErren.

CCXXIX. 229.

GOtt ist mein heyl, mein hülf und trost, Mein hofnung, mein vertrauen :,: Der mich durch sein blut hat erlöst, Auf ihn will ich vest bauen. Dann ich hab all mein zuversicht Zum lieben GOtt gericht, Dann er verläßt die seinen nicht.

2. Verläßt mich dan die welt allgar Und was da ist auf erden: So trau ich meinem Herrn u. Gott, Sein hülf müsse mir

Gemeiner Noth Lieder.

aus werden. Dann ich hab all mein zuversicht Zum lieben GOtt gericht, Dann er verläßt die seinen nicht.

3. Die seinen hat der gütig HErr Allzeit aus nöth'n gerissen:,: Wie Daniel, und andre mehr Oeffentlich thun ausweisen. Dann ich hab all mein zuversicht Zum lieben GOtt gericht, Dann er verläßt die seinen nicht.

4. Nicht mehr b'gehr ich von meinem GOtt, Dann das ich möcht, ererben:,: Ein ehrlichs leben nach seinem g'bot, Darnach ein seligs sterben. Dann ich hab all mein zuversicht Zum lieben GOtt gericht, Dann er verläßt die seinen nicht.

CCXXX. 230.

Mel. Hilf HErre GOtt 2c.

Hilf HErre GOtt dein völklein dein, In den g'fährlichen zeiten:,: Laß uns in nöthen nicht allein, Behüt auf allen seiten, Stärk uns in aller angst u. noth, Dein feind wehr sein anschläg und rath, O treuer GOtt und HErre!

2. In deinem wort sind wir so blind, Lassen uns auch nicht wehren:,: Hanz dein wie das verlohrne Kind Ohn alles wiederkehren. Das trachten unser herz'n allem Will zum bösen geneiget seyn, Das laß dich, HErr, erbarmen.

3. Wend ab von uns all falsche list, Darinn wir täglich wüten::: Allein du unser retter bist, Wollst uns gnädig schüten. Wir sind doch in diesem elend Geschöpf und werke deiner hand, Wolln uns, HErr, dir ergeben.

4. Nimm uns, HErr, wieder zu dir hein, Was gleich die feinde sprechen:,: Unser herz mach lauter und rein, Mit schulden thu nicht rächen. Wiewohl wir viel sünd auf uns han Verzeih die durch dein liebsten Sohn, Dß wir deir'n namen preisen.

5. Dein HErren GOtt vom himmelreich, Zum preiß und seinen ehren:,: Wollen wir allzeit singen gleich. Damit wir sein lob mehren, Deß nam ist wunderbarlich groß, Sein königreich ohn alle maß, Der helf uns frölich, Amen.

CCXXXI. 231.

Mel. Wann mein stündlein vorhand.

Betrübtes herz sey wohlgemuth, Thu nicht so sehr verzagen:,: Es wird noch alles werden gut All dein schmerzen u. klagen Wird sich in lauter frölichkeit Verwandelt in gar kurzer zeit. Das wirst du wohl erfahren.

2. Harre auf GOtt, weil dir bewust, Daß er sich thut erbarmen:,: Der elenden, und hat kein lust An dem schreyen der armen, Die will er nicht in ewigkeit Lassen in ihrem herzenleyd, Sondern daraus erretten.

3. Wann dich vater und mutter läßt Stecken in deinen nöthen:,: So zweifel nicht, sondern glaub vest, Wolte man dich gleich tödten: Daß dich der HErr doch nimmer aufs, Laß dich nicht irren der welt lauf, Sondern trau GOtt alleine.

4. Wär gleich noch einst so groß die noth, Laß dich es nicht erschrecken:,: Es soll der g'rechte doch sein brod Nicht suchen an eim stecken. David spricht: ich bin gewest jung Hab auch) erlebt der jahr genung, Und habs noch nie gesehen.

5. Hie geht es zu oft gar ungleich, Der arme muß sich schmiegen:,: Wer nur geld hat u. Ist sehr reich Wer dem muß man sich biegen. Wer nicht hat grosser herren gunst, Dem hilft auch nicht sein beste kunst: Er muß darnieder liegen.

6. GOtt aber hat ein ander art, Was die welt thut verlachen:,: Und was hie wird gedrücket hart Das pflegt er groß zu machen. Die stolzen stösset er vom stuhl Giet ihm'n zu lohn den höllischen pfui, Der vom schwefel stets brennet.

7. Drum, meine seel, verzage nicht, Halt vest auf GOtt den HErren:,: Ob dir jezund gwalt geschicht, Halt still, und leid sie gerne. Es wird noch kommen wohl die zeit, Daß GOtt heimsuchen wird die leut, Die dich jezund betrüben.

CCXXXII. 232.

Hast du dann, JEsu, dein angesicht gänzlich verborgen:,: Daß ich die stunde der nächte muß warten bis morgen? Wie hast du doch, Süssester, mögt annoch Bringen die traurigen sorgen?

2. Must du dann, liebste, dich, also von herzen betrüben:,: Daß ich ein wenig zu lange bin aussen geblieben? Weist du dann nicht, Wie sich mein herze verpflicht, Dich stets und ewig zu lieben.

3. Meine betrübete geister die weinen von herzen:,: Weil nun die flammen und funken der brennenden kerzen In liebes-glut, Leider, dein zörnen austhut Solt ich dann dieses verschmerzen?

4. Ach du bekümmerte seel sey frölich im herzen:,: Stille die traurige sorgen und quälende schmerzen: Keine sündfluth Tilget die feurige glut Meiner lieb-brennenden kerzen.

5. Wilt du mich lassen in nöthen, O JEsu verderben:,: Ey nun, so lasse mich, süsser, doch seliglich sterben: Auf daß ich kan Dorten die himmlische bahn Endlich aus gnaden ererben.

6. Richte dich, liebste, nach meinem gefallen, und glaube:,: Daß ich dein seesten-hirt immer und ewig verbleibe, Der dich ergözt, Und in den himmel versetzt, Aus dem gemarterten leibe.

7. Muß ich in diesem betrübten und zeitlichen leben Gleich in des todes ge-
fähr=

Gemeiner Noth Lieder.

fährlichen schranken stets schweben, So wird mir dort JEsus am seligen ort Himmlische freyheit doch geben.
8. Traue nur sicher, und bleibe beständig im glauben, Obgleich tod, teufel und hölle sich brüsten und schnauben, Sollen sie doch Nicht in ihr höllisches joch Dich aus den händen mir rauben.
9. Hiermit so will ich gesegnen die irdischen freuden; Hiermit so will ich vom zeitlichen leiden abscheiden. Ewige lust Wird mir bald werden bewust, Wann mich der himmel wird weiden.
10. Herzlich verlangende seele nach himlischen freuden! Ey nun, so schicke dich, selig von hinnen zu scheiden! Tröste dich mein, Daß ich dein hirte will seyn, Und dich erquicken und weyden.
11. Ade, o erde! du schönes doch schnödes gebäude, Ade, o wollust! du süsse doch zeitliche freude! Bey dir, o welt! Mir es nicht länger gefällt, Darum zu JEsu ich scheide.
12. Ach nun willkomen, mein erbtheil vom vater gegeben! Erbe die schätze des himmels und ewigen lebens, Da du mit mir, Für diß welt-leiden allhier, Ewig in freuden solt schweben.

CCXXXIII. 233.

Mel. HErr Christ, der einig GOttes.

DEr HErr hat mich verlassen, Mit seufzen Zion spricht, Der HErr hat mein vergessen, Und achtet meiner nicht. O weh! o weh mir armen! Wer will sich mein erbarmen In meinem grossen leid!
2. Ganz trostlos muß ich leben, Gleich einem waiselein, Im elend herum schweben Und stets betrübet seyn. Wo ich mich nur hin wende Meines jammers kein ende, Sey ich auch weit und breit.
3. Es gehen alle wetter Der trübsal über mich, Aber da ist kein retter, Der mein annähme sich; GOtt will ihm meine schmerzen Nicht lassen gehn zu herzen, Ob ich gleich zu ihm schrey.
4. Er will mich nicht erhören, Sein gnaden-angesicht Thut er von mir wegkehren, Will mich ansehen nicht; Wem soll ich es doch klagen? Für leid muß schier verzagen, O weh der grossen noth.
5. Zion, mein häuflein kleine, Laß nur dein zagen seyn! Von herzen ich dich meyne, Spricht GOtt der HErre dein: Ich will dich nicht verlassen, Dein will ich nicht vergessen, Das glaub ganz sicherlich.
6. Kan auch ein weib vergessen Ihrs jungen kindleins klein, Daß sie solte verlassen Ihr eigen fleisch und bein Das unter ihrem herzen Gelegen, und mit schmerzen Von ihr gebohren ist?
7. Vielmehr wird sich erbarmen Das mütterliche weib Des dürftigen und armen Söhnleins von ihrem leib, Daß sie selbst lieber sterben Möcht, als lassen verderben Das arme waiselein.
8. Und ob schon so vergessen Dörft eine mutter seyn, Daß sie würde verlassen Das arme würmelein. So will bey meiner treue, Ich(glaub mir das ohn scheue) Doch nicht vergessen dein.
9. Siehe, in meine hände Dich hab gezeichnet ich, Daß ich bis an dein ende Nicht will verlassen dich. Bey meinem theuren namen Soll das Ja seyn und Amen In alle ewigkeit.

CCXXXIV. 234.

Mel. Wo GOtt der HErr nicht rc.

HErr Jesu Christ du höchstes gut, Von dem all guad entsprießet, Sich doch, wie man der Christen blut So unverschämt vergießet! Des teufels zorn ist ganz entbrannt, Er wüt und tobt in allem stand, Und will uns gar verschlingen.
2. Ach HErr! beschütz dein arm gemein, Thu alles unglück wenden, Und laß doch nicht den namen dein In uns so greulich schänden; Bezahl der braut von Babylon All ihre schmach und stolzen hohn, Den sie uns hat bewiesen.
3. Erleucht die herzen, die dich nicht Aus einfalt recht erkennen, Sondern unwissend wider dich, Wie Saul, aus eifer rennen; Dies aber thun aus freyem muth, Denselben halts ja nicht zu gut, sondern stoß sie hinunter.
4. Erhalt uns im erkäntniß dein, Daß wir darinnen bleiben, Und uns im heissen sonnen-schein Darvon nicht lassen treiben, Sondern mit deinem geist behaft Vollbringen gute ritterschaft Im leben und im sterben.

CCXXXV. 235.

Mel. Vater unser im himmelreich.

DIß ist doch ja die letzte zeit, Davon der HErr hat prophezeyt, Wunder und zeichen sind gemein Viel sind und schaud bey groß und klein, Der glaub verlischt, die lieb erkalt, Das spüret man bey jung und alt.
2. Hochmuth und pracht nimmt überhand; Krieg, theurung, sterben sind im land; Darum wach auf, o herze mein! Steh auf vom schlaf der sünden dein; Sey stets im glauben wohl bereit! Deins HErren zukunft ist nicht weit.
3. HErr JEsu Christ, mein heil und trost! Du hast mich ja theuer erlöst, Ach! sieh, ich schweb hier in der welt, Mir sind viel tausend ney gestellt, Wie leichtlich könnt das gehen an, Daß ich auch lief die breite bahn.
4. Die welt kan gar zu listig seyn, Ihr gottlos wesen schmücken fein; Der teufel reizt zur sünden-lust, Er spricht:

ein

ein sünd sey leicht gebüst, Mein schwaches fleisch ist bald gefällt, Es hat sonst lust zum lauf der welt.

5. HErr JEsu Christ, thu du das best, Halt mich allzeit im glauben vest, Ich bin ja, HErr, dein fleisch und bein, Ein gliedmaß an dem leibe dein, Mein HErr und GOtt, laß nicht von mir, Auf daß ich auch nicht laß von dir.

6. Der welt lauf läuft nur in die höll O HErr! bewahr mir meine seel, Durch deinen Geist regier mich recht, Daß ich nicht sey der sünden knecht, Hilf, daß der feind mit seiner list An mir nichts hab zu aller frist.

7. Mein glaub ist wohl gering und klein, Noch trau ich, HErr, auf dich allein, Und thu mich gantz ergeben dir, Ich weiß, es wird gelingen mir, Du wirst mein hertz wider all noth Bevestigen biß in den tod.

8. Kommt nun creutz, trübsal, hertzenleid, Krieg, kranckheit, theurung, bangigkeit, Und ich zu pulver werd verbrannt, Noch bleib ich vest in deiner hand, Dann mir muß alles heylsam seyn, Dieweil ich trau dem namen dein.

9. JEsu, mit dir wolt ich bestehn, Wolt gleich die welt zu grunde gehn, Es mag zagen ein heuchel-christ, Und wer ohn glaub und hoffnung ist, Ich wart auf dich, HErr, komm nur heut, Daß ich eingeh zu deiner freud.

10. Indeß mein GOtt, so bitt ich doch, Weil ich das elend baue noch, Erhalt dein wort, gieb fried und ruh, Die schweren zeiten lindern thu, Gib nahrung und gut regiment, Glaub, lieb und hoffnung biß aus end.

CCXXXVI. 236.

Mel. Aus tieffer noth schrey ich zu rc.

HErr JEsu Christ, ich schrey zu dir Mit gantz betrübter seele, Dein allmacht laß erscheinen mir, Und mich nicht also quäle. Viel grösser ist die angst und schmertz, So anstürst und turbirt mein hertz, Als daß ichs kan erzählen.

2. HErr JEsu Christ, erbarm dich mein, Nach deiner grossen güte, Und mit erquickung bald erschein Mein'm traurigen gemüthe, Welches elendig wird geplagt, Und ohne hülfe gar verzagt, Dieweils kein trost kan finden.

3. HErr JEsu Christ, groß ist die noth, Darinn ich jetzt thu stecken, Ach hilf, du allerhöchster GOtt, Schlaf nicht, laß dich erwecken, Niemand ist der mir helfen kan, Kein mensche nimmt sich meiner an, Ich darfs auch niemand klagen.

4. HErr JEsu Christ, du bist allein Mein hoffnung und mein leben, Drum will ich in die hände dein Mich gantz und gar ergeben O HErr! laß meine zuversicht Auf dich zu schanden werden nicht, Sonst bin ich gantz verlassen.

5. HErr JEsu Christe, GOttes sohn! Zu dir steht mein vertrauen, Du bist der rechte gnaden-thron, Wer nur auf dich thut bauen, Dem stehst du bey in aller noth, Hilfst ihm im leben und im tod, Darauf ich mich verlasse.

6. HErr JEsu Christ, das elend mein Thu gnädiglich ansehen, Durch die heilig fünf wunden dein Erhör mein g'bät und flehen, Welchs tag und nacht mit angst und schmertz Zu dir ausgeust mein traurigs hertz, Ach laß dichs doch erbarmen.

7. HErr JEsu Christ, wann ist die zeit Nach deinem wohlgefallen Hilf mir durch dein barmhertzigkeit Aus meinen ängsten allen. Zerstör den anschlag meiner feind, Die mir zu starck und mächtig seynd, Laß mich nicht unterdrücken.

8. HErr JEsu Christ, die g'schwister mein, Mit leib und auch der seele, In deine huld und gnad hinein Ich treulich thu befehlen, Schütz sie durch dein barmhertzigkeit, Und wend in freud mein grosses leyd, Welchs ich dir schmertzlich klage.

9. HErr JEsu Christ, ich weiß kein rath, Des elends los zu werden, So du nicht hilfst durch deine gnad, So lang ich leb auf erden: Wann es dir dann also gefällt, Daß ich also seyn soll gequält, So gib mir kraft und stärcke.

10. HErr JEsu Christ, verleih gedult, Hilf mir mein creutz auch tragen, Wend nie von mir ab deine huld, Und so du mich wilst plagen, Es zeitlich hie am leibe thu, Gib mir der armen seelen ruh, Daß sie dort bey dir sey.

11. HErr JEsu Christ, das glaub ich doch Aus meines hertzens grunde, Du wirst mich wohl erhören noch Zu rechter zeit und stunde, Dann du hast mich noch nie verlan, Wann ich dich hab gerufen an, Deß ich mich hertzlich tröste.

12. HErr JEsu Christ, einiger trost, Zu dir will ich mich wenden, Mein hertzleid ist dir wohl bewust, Du kanst und wirst es enden, In deinen will'n sey es gestellt, Machs, lieber GOtt, wie dirs gefällt, Dein bin und will ich bleiben.

13. HErr JEsu Christ, die seufzer mein, So ich jetzt vor dich bringe, Besprenge mit dem blute dein, Damit sie hindurch dringen. Und erweichen das vater-hertz, Daß er abwend all noth und schmertz, Die uns von dir woll'n trennen.

14. HErr JEsu Christ, mit hülf erschein All'n armen und elenden, Die jetzt in grossen nöthen seyn, Thu dich

Gemeiner Noth-Lieder.

zu ihnen wenden, Mit starker hand
heraus sie reiß, Dafür sie dir dort lob
und preiß Ewiglich sagen werden.

CCXXXVII. 237.

Mel. Ach was soll ich sünder machen!

WArum bist du so betrübet Liebste
seel, was traurest du? Lebst in
kummer und unruh? Meynstu den, daß
dich Gott hingiebet? Nein! verzage du
nur nicht, JEsus ist dein zuversicht.
2. Will die sünden-last dich drücken,
Quält dich deine missethat, Und weißt
weder hülf noch rath, So will JEsus
dich erquicken; Komm zu ihm u. zweifle
nicht, JEsus ist dein zuversicht.
3. Kommet satan auch getreten, Hält
mit ach und zittern dir Deine schwere
rechnung für: Weiß ihn hin zur schä-
delstätten, Da die handschrift ist gericht, JEsus ist dein zuversicht.
4. Schrecket dich dann das gewissen,
Wie mit dir es werde gehn, Wann du
vor gericht wirst stehn, Und das urtheil
hören müssen: Hier ist der, der für
dich spricht, JEsus ist dein zuversicht.
5. Siehst du, daß bey trüben stunden
Gottes zorn entzündet sich, Komm zu
JEsu, birge dich In die höle seiner
wunden, Bis die schwarze wolke
bricht, JEsus ist dein zuversicht.
6. Sperrt die hölle ihren rachen Gegen dich mit voller glut, JEsus hat
mit seinem blut Sie gelöschet und
den drachen Ganz und gar dahin gericht, JEsus ist dein zuversicht.
7. Ob der blasse tod dir raubet Deinen
werth-vertrauten freund, Und euch
gar zu trennen meynt: Wer an JEsum
Christum glaubet, Bleibet in dem
tode nicht: JEsus ist dein zuversicht.
8. Wann die zunge nichts kan sprechen, Wann die augen nichts mehr
sehn, Das gehör auch will vergehn;
Wann das herze nun muß brechen,
Bleib getreu in deiner pflicht, JEsus
ist dein zuversicht.
9. Laß es kosten leib und leben, Gut,
blut, alles was du hast, Mach dir darum keinen prast: JEsus will dirs wieder geben; Wann der grosse tag anbricht, JEsus ist dein zuversicht.
10. JEsus ist dein trost im leide, JE-
sus ist dein fels und heyl, JEsus ist
dein bester theil, JEsus ist die höchste
freude, JEsus ist dein stab und licht,
JEsus ist dein zuversicht.

CCXXXVIII. 238.

WEr nur den lieben GOtt läst
walten, Und auf ihn hoffet allezeit, Den wird er wunderlich erhalten In allem creuz und traurigkeit:
Wer GOtt dem Allerhöchsten traut,
Der hat auf keinen sand gebaut.
2. Was helfen uns die schwere sorgen, Was hilft uns unser weh und
ach? Was hilft es, daß wir alle
morgen Beseufzen unser ungemach?
Wir machen unser creuz und leid
Nur grösser durch die traurigkeit.
3. Man halte nur ein wenig stille,
Und sey doch in ihm selbst vergnügt,
Wie unsers GOttes gnaden-wille,
Wie sein allwissenheit es fügt: GOtt
der uns ihm hat auserwählt, Der
weiß euch sehr wohl, was uns fehlt.
4. Er kennt die rechte freuden-stun-
den, Er weiß wohl, wann es nützlich
sey: Wann er uns nur hat treu erfunden, Und merket keine heucheley, So
kommt GOtt, eh wirs uns versehn,
Und lässet uns viel guts geschehn.
5. Denk nicht in deiner trangsals-
hize, Daß du von GOtt verlassen
seyst, Und daß der GOtt im schoose
size, Den er mit stetem glücke speist:
Die folgend zeit verändert viel, Und
tezet jeglichem sein ziel.
6. Es sind ja GOtt gar schlechte sachen, Und ist dem höchsten alles gleich,
Den reichen klein und arm zu machen, Den armen aber groß und reich.
GOtt ist der rechte wunder-mann,
Der bald erhöhn, bald stürzen kann.
7. Sing, bet und geh auf GOttes
wegen, Verricht das deine nur getreu, Und trau des himmels reichem
segen, So wird er bey dir werden neu,
Dann welcher seine zuversicht Auf
GOtt setzt, Den verläßt er nicht.

CCXXXIX. 239.

WAs Gott thut, das ist wol gethan,
Es bleibt gerecht sein wille,
Wie er fängt meine sachen an, Will
ich ihm halten stille. Er ist mein Gott,
Der in der noth Mich wol weiß zu erhalten, Drum laß ich ihn nur walten.
2. Was Gott thut, das ist wol gethan,
Er wird mich nicht betrügen, Er führet mich auf rechter bahn, So laß ich
mich begnügen An seiner huld, Und
hab geduld, Er wird mein unglück
wenden, Es steht in seinen händen.
3. Was Gott thut, das ist wohl gethan,
Er wird mich wohl bedenken, Er, als
mein arzt und wunderman, Wird mir
nicht gift einschenken Für arzney:
GOtt ist getreu, Drum will ich auf
ihn bauen, Und seiner güte trauen.
4. Was Gott thut, das ist wol gethan,
Er ist mein licht und leben, Der mir
nichts böses gönnen kan. Ich will mich
ihm ergeben, In freud und leid. Es
kommt die zeit, Da öffentlich erschei-
net, Wie treulich er es meynet.
5. Was Gott thut, das ist wol gethan,
Muß ich den kelch gleich schmecken,
Der bitter ist nach meinem wahn. Laß
ich

Gemeiner Noth Lieder.   89

laß mich doch nicht schrecken, Weil
doch zuletzt Ich werd ergötzt. Mit süssem
trost im hertzen, Da weichen alle
schmertzen.
6. Was GOtt thut, das ist wohl gethan,
Darbey will ich verbleiben. Es
mag mich auf der rauhen bahn Noth,
tod und elend treiben, So wird GOtt
mich Gantz väterlich In seinen armen
halten, Drum laß ich ihn nur
walten.

Sechster Theil,
in welchem verfasset
Creutz- und Anfechtungs-Lieder.

CCXL. 240.

Wann wir in höchsten nöthen
seyn, Und wissen nicht wo
aus noch ein, Und finden
weder hülf noch rath, Ob
wir gleich sorgen früh und spat.
2. So ist das unser trost allein, Daß
wir zusammen insgemein, Dich anruffen,
o treuer GOtt, Um rettung
aus der angst und noth.
3. Und heben unser augen und hertz Zu
dir in wahrer reu und schmertz, Und
suchen der sünden vergebung, Und aller
strafen linderung.
4. Die du verheissest gnädiglich Allen,
die darum bitten dich, Im namen
deins Sohns JEsu Christ, Der
unser heyl und fürsprecher ist.
5. Drum kommen wir, o HErre
GOtt, Und klagen dir all unser noth,
Weil wir jetzt stehn verlassen gar Zu
grosser trübsal, angst und gfahr.
6. Sieh nicht an unser sünde groß,
Sprich uns derselb'n aus gnaden los,
Steh uns in unserm elend bey, Mach
uns von allen plagen frey.
7. Auf daß von hertzen können wir
Nachmals mit freuden dancken dir,
Gehorsam seyn nach deinem wort,
Dich allzeit preisen hie und dort.
§ Ehr sey dem Vater und dem Sohn,
Samt heilgem Geist in einem thron,
Welchs ihm auch also sey bereit Von
nun an bis in ewigkeit.

CCXLI. 241.
Mel. Vater unser im himmelreich.

NImm von uns, HErr, du treuer
GOtt, Die schwere straf und
grosse noth, Die wir mit sünden ohne
zahl Verdienet haben allzumal, Behüt
vor krieg und theurer zeit, Vor
seuchen, feur und grossem leyd.

2. Erbarm dich deiner bösen knecht,
Wir bitten gnad und nicht das recht.
Dann so du, HErr, den rechten lohn
Uns geben wollst nach unserm thun,
So müst die gantze welt vergehn, Und
könt kein mensch vor dir bestehn.
3. Ach HErr GOtt, durch die treue
dein, Mit trost und rettung uns erschein,
Beweis an uns dein grosse
gnad, Und straf uns nicht auf frischer
that, Wohn uns mit deiner güte bey,
Dein zorn und grimm fern von uns sey.
4. Warum wilt du doch zornig seyn
über uns arme würmelein? Weist du
doch wohl, o grosser GOtt, Daß wir
nichts sind dann erd und koth, Es ist
ja vor dein'm angesicht Unser schwachheit
verborgen nicht.
5. Die sünd hat uns verterbet sehr,
Der teufel plagt uns noch vielmehr,
Die welt, auch unser fleisch und blut
Uns allezeit verführen thut, Solchs
elend kennst du, HErr, allein, Ach
laß uns dir befohlen seyn.
6. Gedenck an deins Sohns bittern tod,
Sieh an sein heilige wunden roth, Sie
sind ja für die gantze welt Die zahlung
und das lösegeld, Deß trösten wir uns
allezeit, U. hoffen auf barmhertzigkeit.
7. Leit uns mit deiner rechten hand,
Und segne unser statt und land, Gib
uns allzeit dein heiliges wort, Behüt
fürs teufels list und mord, Bescher
ein seligs ständelein, Auf daß wir
ewig bey dir seyn.

CCXLII. 242.
In vorigem Thon.

ACh GOtt, wie manches hertzeleyd
Begegnet mir zu dieser zeit, Der
schmale weg ist trübsal voll, Den ich
zum himmel wandeln soll, Wie
schwerlich läßt sich fleisch und blut
Zwingen zu dem ewigen gut.
2. Wo soll ich mich dann wenden hin?
Zu dir, HErr JEsu, steht mein sinn,
Bey dir mein hertz trost, hülf und
rath Allzeit gewiß gefunden hat,
Niemand jemals verlassen ist, Der
hat gebaut auf JEsum Christ.
3. Du bist der grosse wunderthäter,
Das zeigt dein amt und dein person,
Welch wunderding hat man erfahrn,
Daß du, mein GOtt, bist mensch gebohrn,
Und führest uns durch deinen
tod Gantz wunderlich aus all'r noth.
4. JEsu, mein HErr und GOtt allein,
Wie süß ist mir der name dein,
Es kan kein trauren seyn so schwer,
Dein süsser nam erfreut vielmehr,
Kein elend mag so bitter seyn, Dein
süsser nam der lindert's fein.
5. Ob wir gleich leib und seel verschmacht,
So gib doch HErr, daß
ichs nicht acht, Wann ich dich hab, so
hab

hab ich wohl, Was mich ewig erfreuen
soll, Dein bin ich ja mit leib und seel,
Was kan mir thun sünd, tod und höll?
6. Kein besser treu auf erden ist,
Dann nur bey dir, Herr JEsu Christ,
Ich weiß, daß du mich nicht verläst,
Dein zusag bleibt mir ewig vest, Du
bist mein rechter treuer hirt, Der
mich ewig behüten wird.
7. JEsu! mein freud, mein ehr und
ruhm, Meins hertzens schatz und mein
reichthum, Ich kan es ja nicht zeigen
an, Wie hoch dein nam erfreuen kan,
Wer glaub und lieb im hertzen hat,
Der wirds erfahren mit der that.
8. Drum hab ich oft und viel geredt,
Wann ich an dir nicht freude hätt,
So wolt ich den tod wünschen her, Ja
daß ich nie gebohren wär, Dann wer
dich nicht im hertzen hat, Der ist
gewiß lebendig tod.
9. JEsu! du edler bräutgam werth,
Mein höchste zierd auf dieser erd, An
dir allein ich mich ergötz Weit über alle güldne schätz, So oft ich nur gedenk
an dich, All mein gemüth erfreuet sich.
10. Wann ich mein hoffnung stell zu
dir, So fühl ich freud und trost bey
mir, Wann ich in nöthen bin und sing,
So wird mein hertz recht guter ding.
Dein Geist bezeugt, daß solches frey
Des ewgen lebens vorschmack sey.
11. Drum will ich, weil ich lebe noch,
Das creutz dir frölich tragen nach,
Mein GOtt, mach mich darzu bereit,
Es dient zum besten allezeit, Hilf
mir mein sach recht greiffen an, Daß
ich mein lauf vollenden kan.
12. Hilf mir auch zwingen fleisch und
blut, Für sünd und schanden mich behüt, Erhalt mein hertz im glauben
rein, So leb und sterb ich dir allein.
JEsu mein trost, hör mein begier, O
mein Heyland, wär ich bey dir!
13. Ja ich will gewiß bey dir seyn,
Wie mir zusagt das wahr wort dein,
Da werd ich recht bey dir leben, Und
in's himmels freuden schweben, Und
stets preisen deinen namen, JEsu!
hilf mir darzu, Amen.

CCXLIII. 243.

Als ich unglück nicht widerstahn,
Muß ungnad han, Der welt für
mein recht glauben :,: So weiß ich
doch, das ist mein kunst, Gotts huld
und gunst Die muß man mir erlau-
ben. GOtt ist nicht weit, Ein kleine
zeit Er sich verbirgt, Wisser erwürgt,
Die mich seins worts berauben.
2. Nicht, wie ich woll, jetzund mein sach
Weil ich bin schwach, Und GOtt mich
furcht läßt finden :,: So weiß ich, daß
sein gwalt bleibt vest, Ists allerbest,
Das zeitlich muß verschwinden. Das

ewig guth) Macht
bey ich bleib, W
GOtt helf mir's
3. All ding ein weil
HErr JEsu Chri
stehn zur seiten :,:
unglück mein, Als
wider mich thut
daran Auf dies
du wilt, GOtt i
wird mich wohl be
§ Dem GOtt und
Ein jeder sing Lev,
freuden :,: Dem
JEsu Christ, Der
uns armen heyd
Geist Auch aller
werth Auf dieser
uns nicht scheiten

CCXLI

Mel. Nun jauchze
WAs wilt du
meine liebe
hertzlich lieben, D
Vertrau dich ihm
alles machen, U
chen, Wie dir's wi
2. Dann GOtt ver
sich auf ihn verlä
den seinen, Die
Läßt sich's an wu
gar nicht grauen,
du schauen, Wie G
3. Auf ihn magst
mit frischem muth
erjagen, Was dir
Dann was GOtt
niemand verhinder
schen kindern So v
4. Wann auch selb
saten trotziglich,
stellen Sich setze
er doch mit spott
lassen, Damit er
Dann dein werck
5. Er richts zu sei
ner seligkeit, Soll
kans wehren, W
so leyd: Wil's
nicht, So kans ni
Es muß zurücke
will, das geschieh
6. Drum ich mich
es heimgestellt,
sonst strebe, Dann
Sein will ist mei
bleibt der beste,
veste. Wohl dem,

CCXL

WArum betrü
hertz, Beküm
gest schmertz Nu
auth? Vertrau
GOtt, Der alle d

Anfechtungs-Lieder.

2. Er kan und will dich lassen nicht, Er weiß gar wohl, was dir gebricht, Himmel und erd ist sein. Mein Vater und mein HErre GOtt, Der mir beysteht in aller noth.

3. Weil du mein GOtt und Vater bist, Dein kind wirst du verlassen nicht, Du väterliches herz, Ich bin ein armer erdenkloß, Auf erden weiß ich keinen trost.

4. Der reich verläst sich auff sein guth, Ich aber will vertrauu mein'm Gott, Ob ich gleich werd veracht: So weiß ich, und glaub vestiglich, Wer GOtt vertraut, dem mangelts nicht.

5. Elia, wer ernähret dich, Da es so lange regnet nicht? In so schwer theurer zeit? Ein wittwe aus Sidonier land, Zu welcher du von Gott warst gsandt.

6. Da er lag unterm wacholderbaum, Ein engel GOtts vom himmel kam, Und bracht ihm speiß und tranck: Er gieng gar einen weiten gang, Biß zu dem berg Horeb genannt.

7. Des Daniels GOtt nicht vergaß, Da er unter den löwen saß Sein engel sandt er hin Und ließ ihm speise bringen gut Durch seinen diener Habacuc.

8. Joseph in Egypten verkauffet ward, Vom könig Pharao gefangen hart Um seiner gottsfürchtigkeit, GOtt macht ihn zu ein'm grossen herrn, Daß er könt vatr und brüdr ernähren.

9. Es verließ auch nicht der g'treue GOtt Die drey männer im feur-rosen roth, Sein engel sandt er hin, Bewahrt sie für des feuers-glut, Und half ihnen aus aller noth.

10. Ach GOtt! du bist noch heut so reich, Als du bist g'wesen ewiglich, Mein vertrauu steht gantz zu dir, Mach mich an meiner seelen reich, So hab ich gnug hier und ewiglich.

11. Der zeitlich'n ehr will ich gern entbehrn, Du wollst mir nur das ewge gewährn Das du erworben hast Durch deinen herren bittern tod, Das bitt ich dich, mein HErr und GOtt.

12. Alles was ist auf dieser welt Es sey silber, gold oder geld, Reichthum und zeitlich gut Das währt nur eine kleine zeit, Und hilfft doch nicht zur seligkeit.

13. Ich danck dir Christ, o GOttes Sohn! Daß du mich solchs hast erkennen lahn Durch dein göttliches wort, Verleih mir auch beständigkeit Zu meiner seelen seligkeit.

14. Lob, ehr und preiß sey dir gesagt Für alle dein erzeigte wohlthat, Und bitt demüthiglich, Laß mich nicht von dein'm angesicht Verstossen werden ewiglich.

CCXLVI. 246.

Mel. In dich hab ich gehoffet HErr.

VErzage nicht, o frommer Christ! Der du von GOtt erschaffen bist, Ob gleich die zeit ist schwere, Vertrau du deinem lieben GOtt, Er wird dich wohl ernähren.

2. Hat er die doch zu seiner zeit Im augenblick dein seel und leib Auch das natürlich leben Ohn all dein müh, sorg und arbeit, Im mutterleib gegeben.

3. Ernähret ja GOtt die vögelein, Die doch gar nichts thun samulen ein Und in den lüften schweben. Sie säen nicht, sie erndten nicht, Noch frist ihn'n GOtt das leben.

4. Das sind die klein wald-vögelein, Die uns zu gut erschaffen seyn, Sind wir doch gar viel besser, Wie soll dann GOtt vergessen dein, Weil du dich auf ihn verlassest?

5. Sieh an die schönen blümlein zart Im weiten feld an allem ort, Wachsen aus staub und erden, Die doch so bald in schneller fahrt Zu nichte müssen werden.

6. Ob sie schon sind dahin gericht, Daß sie nähen und spinnen nicht, Doch schmückt sie GOtt so schöne, Also, daß ihnen nichts gebricht An zierd und schöne.

7. Weil GOtt kleidet das grüne gras, Und ziert es schön über die maas, Das doch gar bald verdorret: Wie vielmehr wird GOtt uns das thun, Dieweil er für uns sorget?

8. Wie ein vater für seinen sohn, Also wird GOtt uns treulich thun, Wie uns Christus thut sagen: Drum seyd getrost, spricht GOttes Sohn, Und laßt die heyden zagen.

9. Wer ist, der seiner läng einverleibt, Ob er gleich drum hat grosse qual. Mit sorgen kan zusetzen? Ob er gleich leidt groß ungemach, Und kümmert sich im hertzen.

10. Laß fahren, was nicht bleiben will, Dann GOtt der HErr nach seinem ziel Hat allbereit gemessen Dein theil, Und wird dirs geben wohl, Er wird dein nicht vergessen.

11. Sprich nicht im mangel und in noth: Wo werden wir dann nehmen brod, Daß wir nicht hunger leiden? Wir haben gar ein klein vorrath, Womit wollen wir uns kleiden?

12. Dann der himmlische Vater weiß, Der für uns trägt die sorg allein, Weiß wohl, was wir bedürffen, Sieh nur, daß du die sorge dein Im glauben auf ihn thust werffen.

13. Such erst sein reich und g'rechtigkeit, Und sey in dem allzeit bereit, Fleißig vor allen dingen So werden dir zu rechter zeit All sachen wol gelingen.

14. Wann sichs anließ, als woltemit Noth, angst, mangel u. auch dazu Unglück mit hauffen komen, So laß dich nicht

nicht erschrecken thun, Glaub, es
wird seyn dein fromaner.
15. Wirst du nun alle deine noth
Im leben biß in den tod, Nach
Gottes willen tragen, Kommt zeit,
kommt rath, der treue Gott wird
dich nicht lassen verzagen.
16. Hilf, helfer, hilf aus aller noth:
Bescher uns euch das täglich brod,
Hilf allen glaubigen leuten, Die jetzt
leiden groß angst und noth, In diesen
schweren zeiten.
17. Verlaß uns nicht, HErr JEsu
Christ: Weil du auch arm gewesen
bist, Und in kummer so schwere, So
hilf uns auch zu jeder frist, An leib
und seel uns nähre.
18. Du gibst allhie auf dieser welt:
Ein'm jeden nicht viel guth und geld,
Du weißt die rechte masse, Jedoch
wirst du, wann dirs gefällt, Ja keiner
noth uns lassen.
19. Dann guth und geld nicht alles
zeit: In noth, angst und gefährlichkeit Den menschen kan erfreuen,
Vielmehr am guten, gewissen leit,
Solchs thut das gemüth erfreuen.
20. Ein gut g'wissen nimmt man mit
sich: Das glaub ein Christ gantz sicherlich, Wann man scheidet von
hinnen, Sonst bleibet alles hinter
sich, Wann wir das recht besinnen.
21. Darum halt immer vest an
GOtt: Es sey so groß als wohl die
noth, Laß dir nichts liebers werden.
Wer GOtt vertraut, ihm gnügen
läßt, Der ist der reichst auf erden.
22. Wann uns nun naht jetzund der
tod: So tröst du uns, o HErre Gott,
Um deines Sohnes namen, Hilf uns
endlich aus aller noth, Durch JEsum
Christum, Amen.

CCXLVII. 247.

Mel. Nun GOtt lob! es ist vollbr.

HErr, wie lange willt du doch Mir
dein hülf und trost versagen? Soll
ich meines trübsals joch Immerzu noch
länger tragen? Sollen deiner güte
strahlen Mein gesicht nicht bemahlen?
2. Soll mein armes seelelein Tag und
nacht erbärmlich sorgen? Soll die
schwere hertzens-pein Mich so ängsten
alle morgen? Willt du diese, die mich
hassen, Ueber mich sich freuen lassen?
3. Schaue doch aus deinem saal,
Schaue doch vom hohen throne, Und
erwege meine quaal, Leuchte mir, der
ich hie wohne In des elends trübem
lande: Freye mich vom todes-bande.
4. Laß dein feinde ja nicht zu, Daß er
diesen ruhm mag haben, Daß nun
meine lust u. ruh Lieg in seiner macht
vergraben: Daß mein widersacher sie-
get, Und mein geist darnieder lieget.

5. Doch ich hoff, und bin erfreut, Wegen deiner grossen güte, Je mein hertz
ist iets bereit, HErr, aus danckbarem
gemüthe Dir ein lobgesang zu singen,
Dann du hilfst in allen dingen.

CCXLVIII. 248.

Mel. Mag ich unglück nicht widerst.

O GOtt, verleih mir deine gnad,
Sey hülf und rath, Ich muß sonst
gar verzagen, Es sind der feind so
grausam viel, In diesem ziel, Die
mich von dir wollen jagen. Mir hat die
welt Ihr netz gestellt, Das sündlich
fleisch Mich von dir heischt, O HErr,
dir thu ichs klagen.
2. Der teufel ist der erste feind Er reist
und greint Uns treibet viel böse tücke,
Und hat doch niemand scheuen tren,
Das macht er kan Den schalck gar höf-
lich schmücken In gleißnerey So mancherley Er sich verbirgt, Viel volcks erwürgt, Wann ers von dir thut zücken.
3. Der diesem mörder mich bewirt,
HErr, durch dein gut, In mir mach
rein das hertze, Wo du nicht selber
bauest das haus Vor diesem graus, So
fällts mit grossem schmertze. Wo du
nicht bist, HErr JEsu Christ, Selbst
helfer groß, Vor diesem stoß, So ists
um mich ein schertze.
4. Darum, o HErr, thu mir beystahn
Von jetzund an Biß an mein letztes
ende, So will ich frölich wagen dran
Alls, was ich han, Dein treu thu mir
nur senden, So bleib ich vest, Obgleich
zerberst Die welt all gar, Der teufel
schaar soll mich von dir nicht wenden.
5. Wann schon die welt und teufel all
In diesem thal Auf einem hanfen stün-
den: So ist doch bey dir trost und frist,
HErr JEsu Christ, Du kanst sie überwinden. Ich fahr daher Und wans schon
wär, Auch jedermann, Liegt mir nichts
dran, Bey dir laß ich mich finden.
6. Es kommt der tag, und ist nicht weit,
Der bringt groß leyd Den die sich jetzt
lan schrecken, Und glauben nicht in
dieser noth An dich, o Gott, Wirst ihr
schalckheit aufdecken, Und strafen sie
Immer und je, Auch ewiglich, o Gott,
thu mich Ju Christo auferwecken.
7. Du wirst helfen aus aller qual Dem
Israel, Wann kommen wird dein tage,
Und wirst verdammen durch dein recht
Das gottloß g'schlecht Die jetzt an dir
verzagen. Ich tret zu dir, o HErr,
hilf mir, Nicht von mir wend An meinem end, Ich wills frey tapfer wagen.

CCXLIX. 249.

Mel. Was mein GOtt will, das rc.

Frisch auf mein seel verzage nit GOtt
wird sich dein erbarmen. Rath, hülf
wird er dir theilen mit, Er ist ein
schutz der armen, Obs oft geht hart,

Ju

Anfechtungs-Lieder.

Im ro#en-garten kan man nicht allzeit sitzen, Wer GOtt vertraut, Hat wohl gebaut, Den will er ewig schützen.

2. Diß hat Joseph, der fromme mann, Sehr oft,und viel erfahren, Von David, Job, man lesen kan, Wie sie in unrath waren; Noch hat sie GOtt In ihrer noth Gnädiglich behütet, Dann wer GOtt traut, Hat wohl gebaut, Wann noch der feind so wütet.

3. Troy sey dem teufel und der welt, Von GOtt mich abzuführen, Auf ihn mein hofnung ist gestellt Sein guthat thu ich spüren. Dann er mir hat Gnad büß u. reth In seinem Sohn verheissen. Wer GOtt vertraut, Hat wohl gebaut, Wer wolt mich anders weisen?

4. Wann böse leut schon spotten mein, Mich gantz und gar verachten, Als solt GOtt nicht mein helfer seyn, Dannoch will ichs nicht achten. Der schuzherr mein Ist GOtt allein, Dem hab ich mich ergeben, Dem ich vertrau, Vest auf ihn bau, Der kan mich noch erheben.

5. Ob sichs bisweilen schon anließ, Als wolt mich GOtt nicht schützen, Und hätt die welt mein überdruß, Wolt mich dazu auch trutzen, So weiß ich doch, Er wird mich noch Zu seiner zeit nicht lassen, Wer GOtt vertraut, Hat wohl gebaut, Wie kann er mich dann hassen?

6. Darum freu dich, mein liebe seel, Es soll kein noth nicht haben: Welt, sünd, tod, teufel u. die höll Sollen dir ewig nicht schaden. Daß Gottes Sohn, Der gnaden-thron, Hat sie all überwunden. Auf GOtt vertrau, Vest auf ihn bau, Der hilft zu allen stunden.

7. Der keinen er verlassen hat, Die nach sein'm willen leben: Um gnad, hülf suchen früh und spat, Sich ihm gäntzlich ergeben, Glaub, lieb, gedult, Bringt GOttes huld, Darzu ein gut gewissen. Wer GOtt vertraut, Vest auf ihn baut, Der solls ewig geniessen.

8. Wer aber hülf bey menschen sucht, Und nicht bey GOtt dem HErren, Derselb ist gottlos u. verflucht, Kommt nimmermehr zu ehren. Dann GOtt allein Will helfer seyn In JEsu Christi namen, Wer solches glaubt, Und Gott vertraut Soll selig werden, Amen.

CCL. 250.

JEsu, meine freude, Meines hertzens weide, JEsu, meine zier :,: Ach wie lang, ach lange Ist dein hertzen bange, Gottes lamm, mein bräutigam, Ausser dir soll mir auf erden Nichts sonst liebers werden.

2. Unter deinem schirmen Bin ich für den stürmen Aller feinde frey :,: Laß den satan wittern, Laß die feind erbittern, Mir steht JEsus bey: Ob es jetzt gleich kracht und blitz, Ob gleich sünd und helle schrecken, JEsus will mich decken.

3. Troy dem alten trachen, Troy des todes rachen, Troy der furcht darzu :,: Tobe welt und springe, Ich steh hier und singe In gar sichrer ruh. GOttes macht hält mich in acht, Erd und abgrund muß verstummen, Ob sie noch so brummen.

4. Weg mit allen schätzen, Du bist mein ergötzen, JEsu! meine lust :,: Weg, ihr eitlen ehren, Ich mag euch nicht hören, Bleibt mir unbewußt. Elend, noth, creutz, schmach und tod Soll mich, ob ich viel muß leiden, Nicht von JEsu scheiden.

5. Gute nacht, o wesen! Das die welt erlesen, Mir gefällt du nicht :,: Gute nacht, ihr sünden! Bleibet weit dahinten, Kommt nicht mehr ans licht. Gute nacht, du stoltz und pracht, Dir sey gantz, du laster-leben, Gute nacht gegeben.

6. Weicht, ihr trauer-geister: Dann mein freuden-meister, JEsus, tritt herein :,: Denen, die GOtt lieben, Muß auch ihr betrüben Lauter zucker seyn. Duld ich schon hie spott und hohn, Dennoch bleibst du auch im leid, JEsu, meine freude.

7. Vater aller ehren, Laß dein wort uns lehren, Daß dein reich hier sey :,: Es gescheh dein wille, Unsern hunger stille, Mach uns sünden frey. Führ uns in versuchung nicht Sondern führ uns aus dem leide, JEsu meine freude.

8. JEsu, ich befehle Dir mein leib und seele, JEsu bleib bey mir :,: Dir ich mich ergebe, Ich sterb oder lebe, JEsu, meine zier. JEsu, meine freud und ruh, Meine seel in deine hände Nimm am letzten ende.

CCL. 251.

JEsu, meines hertzens freud, Süsser JEsu! Meiner seelen seligkeit, Süsser JEsu! Des gemüthes sicherheit Süsser JEsu! JEsu, süsser JEsu!

2. Tausendmal gedenck ich dein, Mein erlöser, Und begehre dich allein, Mein erlöser! Sehne mich bey dir zu seyn, Mein erlöser, JEsu, mein erlöser!

3. Weide mich, und mach mich satt, Himmels-speise, Träncke mich, mein hertz ist matt, Seelen-weide, Sey du meine ruhe-statt, Ruh der seelen, JEsu, ruh der seelen!

4. Nichts ist lieblicher als du, Liebste liebe! Nichts ist freundlicher als du, Milde liebe! Auch nichts süssers ist als du, Süsse liebe, JEsu, süsse liebe!

5. Ich bin kranck komm, stärcke mich, Meine stärcke! Ich bin matt, erquicke mich, Süsser JEsu! Wann ich sterb,

so tröste mich. Du mein tröster,
JEsu, du mein tröster!

CCLII. 252.

Mel. HErr, ich habe mißgehandelt.

Gute nacht ihr eitle freuden, Gute
 nacht, du falsche welt, Sehet
doch, welch angst und leiden Jetzt
aussteht der lebens-held! Wie er zittert, wie er ringet, Daß sein blut
auch von ihm bringet.
2. Wie soll ich dann wollust pflegen,
Und, o schnöde welt! mit dir Gehen
auf den breiten wegen Der verderbli-
chen begier? Nein, ich will nun JEsu
leben, Hiermit gute nacht euch geben.
3. Ich mag euch durchaus nicht hören,
Die ihr bald ein frommes hertz Mit
dem anschn könt bethören, Hebet euch
nur hinterwärts, Ihr sollt mich nicht
mehr verblenden, Noch von JEsu
mich abwenden.
4. Besser ists mit JEsu leiden Hohn,
verachtung, schmach und spott, Als
von ihm seyn abgeschieden, Und bey der
gottlosen rott Hier in grossen ehren sitzen, Und dort in der hollen schwitzen.
5. Weg mit hoffart, stoltz und prangen, Weg mit allem übermuth, Meines heylands haupt und wangen
Trieffen überall von bluts Und dem
schmertzern aller frommen Sind die
kleider selbst genommen.
6. Ach! das haupt muß dornen tragen, Und die glieder prangen noch, Ja,
der HErr muß blösse klagen, Und der
knecht stoltzieret doch, O du falsch,
beschranktes gleissen, Wer kan dich
doch billig heissen.
7. Weiche schwelgen, weiche sauffen,
Den dein wesen macht, daß mich Furcht
u. schrecken überlauffen, Wan ich nur
bedencke, wie sich Auch zu ihrem grossen
schaden, Viel in weltlust überladen.
8. Und dein schöpfer aller dinge Hats
so gut nicht können seyn, Daß, als er
am creutz nun bienge, In der schwer-
sten todes pein Er sein mattes hertz zu
laben Hätt ein tröpflein mögen haben.
9. Drum geb ich euch schnöden sünden
Hiermit nochmals gute nacht, Weichet fern und bleibt dahinten, Ihr
habt GOtt die angst gemacht, Daß er
klaget ohne massen, Wie sein GOtt
ihn hab verlassen.
10. Daß der lebens-HErr verstirbet,
Und daß er ein fluch jetzt ist, Der den
segen uns erwirbet, Das soll mich, jeder frist Von der sünden-bahn ab-
schrecken, Und zu wahrer buß erwecken.
11. Habe danck, o freund der seelen Für
die angst u. traurigkeit, Für die striemen, noth und qualen, Für des todes
ritterfeit, Die du hast, von sünd und
schanden Uns zu retten, ausgestanden.

12. Gib, daß wir forthin bereuen Unser
sünden schwere last, Und die straffe
nicht erneuen, Die du jetzt bezahlet
hast: Sondern dir uns gantz ergeben,
Und nach deinem willen leben.

CCLIII. 253.

Sey gegrüsset, Jesu! gütig Ufer alle maas sanftmüthig, Ach! wie bist
du so zerschmissen, Und dein gantzer
leib zerrissen: Laß mich deine liebe
erben, Und darinnen selig sterben.
2. JEsu, GOtt, mein heyl und leben,
Meines hertzens trost darneben, Beut
mir deine hand zur seiten, Wann ich
werde sollen streiten; Laß mich deine
liebe erben, Und darinnen selig sterben.
3. JEsu! schone meiner sünden, Weil
ich mich zu dir ihn finden Mit betrübtem geist n. hertzen. Dein blut lindert
meinen schmertzen: Laß mich deine liebe erben, Und darinnen selig sterben.
4. O du roth und weisse quelle, Kühle
meine matte seele, Wann ich werde
unten liegen, Hilf mir ritterlich obsiegen: Laß mich deiner lieb geniessen,
Und mein leben drinn beschliessen.
5. O wie freundlich kanst du laben, Jesu! alle die dich haben, Die sich halten
an dein leiden, Können seliglich abscheiden: Laß mich deiner lieb geniess-
sen, Und mein leben drinn beschliessen.
6. Wann der feind mich thut anklagen,
Laß mich, Jesu! nicht verzagen, Wann
ich aus dem elend fahre, Meine seele
du bewahre, Singen immer heilig,
heilig, Alsdann bin ich ja recht selig.
7. Süsser JEsu! gnaden-sonne, Mein
schatz, höchste freud u. wonne, Laß mich
ewig, ewig loben, Mit den engeln dich
hoch troben: Singen immer heilig,
heilig, Alsdann bin ich ja recht selig.

CCLIV. 254.

Du, o schönes welt-gebäude, Magst
 gefallen wem du wilt, Deine
scheinbarliche freude Ist mit lauter
angst umhüllt, Denen die den himmel
hassen, Will ich ihre weltlust lassen:
Mich verlangt nach dir allein, Allerschönstes JEsulein.
2. Mühe, die der arbeit menge Und
der heisse strahl beschwert, Wünschen, daß des tages länge Werde
durch die nacht verzehrt, Daß sie nach
so vielen lasten Können sanft und süsse rasten: Ich wünsch jetzt bey dir zu
seyn, Allerschönstes JEsulein.
3. Ach! möcht ich in deinen armen
So, wie ich mir wünschen wolt, Allerliebster schatz erwarmen, So wolt
ich das feinste gold, Das in Ophir
wird gegraben, Nicht für die ergöt-
zung haben, Wann ich könte bey dir
seyn, Allerliebstes JEsulein.
4. Andre mögen durch die wellen Und
durch

Anfechtungs=Lieder.   95

durch wind und klippen gehn, Ihren
handel zu bestellen, Und da sturm und
noth ausstehn: Ich will meine glau=
bens=flügel Schwingen an der ster=
nen=hügel, Ewig da bey dir zu seyn,
Allerschönstes JEsulein.
5. Tausendmal pfleg ich zu sagen, Und
noch tausendmal darzu, Ach würd ich
ins grab getragen, Ey so käm ich ja
zur ruh, Und mein bestes theil
würde, Frey von dieser leibes=bürde,
Jz, und ewig um dich seyn, Aller=
schönstes JEsulein.
6. Komm, o tod! du schlafes=bruder,
Komm und führe mich nur fort, löse
meines schiffleins=ruder, Bringe mich
in sichern port: Es mag, wer da will,
dich scheuen, Du kanst mich vielmehr
erfreuen: Dann durch dich kom ich
hinein Zu dem schönsten JEsulein.
7. Ach! daß ich den leibes=kercker Heu=
te noch verlassen müst, Und käm an
den sternen=ercker, Wo das haus der
freuden ist, Da wolt ich mit wort=
gepränge Bey der engel grossen men=
ge Rühmen deiner gottheit schein,
Allerliebstes JEsulein.
8. Doch weil ich der seelen auen Und
den güldnen himmels=saal Jetzt nicht
kan nach wünschen schauen, Und muß
hier im thränen=thal Noch ein kum=
mer=faden spinnen, Ey so sollen mei=
ne sinnen Unterdeß doch bey dir seyn,
Allerschönstes JEsulein.

CCLV. 255.
Im vorigen Thon.

JEsu, meiner seelen wonne, JEsu
meine beste lust, Jesu, meine freu=
den=sonne, Jesu, dir ist ja bewust, Wie
ich dich so hertzlich liebe, Und mich oh=
ne dich betrübe, Drum, o JEsu! komm
zu mir, Und bleib bey mir für u. für.
2. JEsu, mein hort und erretter, JE=
su, meine zuversicht, JEsu, starcker
schlangen=treter, JEsu, meines lebens
licht! Wie verlanget meinem hertzen,
JEsulein! nach dir mit schmertzen,
Komm! ach komm! ich warte dein,
Komm, o liebstes JEsulein!
3. Kommst du? ja du kommst gegan=
gen, JEsu, du bist schon allhier: Klop=
fest starck an mit verlangen Hier an
meines hertzens thür: Bleibe doch nicht
draussen stehn! Wilt du wieder von
mir gehn! Ach! ich lasse dich durchaus
Nicht weggehn von meinem haus.
4. Ach! wie solte ich dich lassen, JEsu,
wieder von mir gehn, Meine wohl=
fahrt müst ich hassen, Wann ich liesse
diß geschehn: Wohne doch in meinem
hertzen, So muß alle noth und schmer=
tzen Weichen alsobald von hier, Wann
du, JEsu, bist bey mir.
5. Ach! nun hab ich endlich funden Den,

den meine seele liebt, Der sich mit
mir hat verbunden, Und sich selbsten
für mich gibt, Den will ich nun vest
umfassen, Und durchaus nicht von mir
lassen, Bis er mir den segen spricht,
Meinen JEsum laß ich nicht.
6. Wohl mir, daß ich JEsum habe,
O wie veste halt ich ihn, Daß er mir
mein hertze labe, Wann ich kranck und
traurig bin, JEsum hab ich, der mich
liebet, Und sein leben für mich gie=
bet, O! drum laß ich JEsum nicht,
Wann mir gleich das hertze bricht.
7. Muß ich alles gleich verlassen, Was
ich hab in dieser welt, Will ich doch im
hertzen fassen Meinen JEsum, der ge=
fällt Mir vor allen andern schätzen, An
dem ich mich kan ergötzen, Er ist meine
zuversicht Meinen JEsum laß ich nicht.
8. Ach! wer wolte JEsum lassen, JE=
sum laß ich nimmermehr, Andre mö=
gen JEsum hassen, Jesum ich allein be=
gehr, Jn der gut= und bösen tagen,
Daß er mir mein creutz helf tragen,
Weil er ist der weg und licht, Laß ich
meinen JEsum nicht.
9. Ich könt in der höllen liegen Jmmer=
fort ohn alle zahl, Und mich wie ein
schlacht=schaaf biegen Jn dem schwe=
fel=pfuhl und quaal: Ja der tod solt
ewig nagen Mein gewissen, auch mich
plagen: Aber JEsus riß heraus Mich
aus satans folter=haus.
10. JEsus hat durch seine wunden
Mich gesund gemacht und heil, Daran
denck ich alle stunden, Weil er ist mein
bestes theil, Dann durch seinen tod
und sterben Macht er mich des him=
mels=erben, Und das glaub ich sicher=
lich, JEsus machet selig mich.
11. Nun, wie solt ich JEsum lassen,
Weil er mir so wohl gethan, Und mich
von der breiten strassen Hat geführt
gen himmel an: JEsum will ich im=
mer lieben Jn den freuden und betrü=
ben, JEsum laß ich nicht von mir,
Weil ich leb auf erden hier.
12. Wann die welt mit ihren netzen
Mich zu boden fällen will, Und die
andern sich ergötzen An demselben af=
fen=spiel: Will ich meinen Jesum fas=
sen Jn mein arm, und ihm nicht lassen,
Bis ich werd mit ihm zugleich Herr=
schen in dem himmelreich.
13. Demnach mögen andre weyden
Sich in dieser eitelkeit, Mich soll
nichts von Jesu scheiden Jn der ewgen
seligkeit, Die mir JEsus hat erwor=
ben, Da er ist für mich gestorben,
Drum, o welt! fahr immer hin,
Wann ich nur bey JEsu bin.
14. Wann ich nur kan JEsum haben,
Nach dem andern frag ich nicht, Er
kan meine seele laben, Und ist meine

jus

zuversicht, In den letzten todes-zügen, Wann ich hülflos da muß liegen, Und mir bricht der augen licht, Laß ich meinen JEsum nicht.
15. Solt ich meinen JEsum lassen, Wer wird in der letzten noth Auf der finstern todes-strassen Bey mir stehen, wann der tod Seine grausamkeit ausübet, Und die meinigen betrübet, Und der teufel mich anficht, Laß ich meinen JEsum nicht.
16. JEsum will ich nur lieb haben, Dann er übertrifft das gold, Und all andre theure gaben, So kan mir der sünden sold An der seelen gar nicht schaden, Weil sie ist von sünd entladen, Ob er gleich den leib ersticht, Laß ich dannoch JEsum nicht.
17. JEsus bleibet meine freude, Meines hertzens trost und saft. JEsus steuret allem leyde, Er ist meines lebens kraft: Meiner augen licht und sonne, Meiner seelen schatz und wonne, O drum laß ich JEsum nicht Aus dem hertzen und gesicht.
18. JEsus ist der feinde schrecken, JEsus ist der höllen zwang: Drum wird er mich auferwecken Durch posaunen hellen klang. Da ich dann erneuert werde, Anferstehen aus der erde, JEsum schaun von angesicht Meinen JEsum laß ich nicht.
19. Ach wie wird mich JEsus hertzen, Meiner augen trost und licht. Alle thränen, alle schmertzen Wischen von dem angesicht: Und mit grossem jubiliren Mich zur himmelsfreud einführen, Drum so höret alle her, JEsum laß ich nimmermehr.

CCLVI. 256.
Im eigenen Thon.

Ach GOTT! erhör mein seufzen und wehklagen, Laß mich in meiner noth nicht gar verzagen, Du weist mein schmertz, Erkennst mein hertz, Hast du mirs aufgelegt, so hilf mirs tragen.
2. Ohn deinen willen kan mir nichts begegnen, Du kanst verfluchen und auch wieder segnen Bin ich dein kind, Und habs verdient, Gib warmen sonnenschein nach trüben regnen.
3. Pflantz mir gedult durch dein'n geist in mein hertze, Und hilf, daß ich es acht für keinen schertze, Zu keiner zeit Wend ab mein leid, Durch march und bein dringt mir der grosse schmertze.
4. Ich weiß, du hast meiner noch nicht vergessen, Daß ich für leyd mir solt mein hertz abfressen, Mitt'n in der noth Denck ich an Gott, Wann er mich schon mit creutz u. angst thut pressen.
5. Es hat kein unglück nie so lang gewähret, Es hat doch endlich wieder aufgehöret, Beut mir dein hand, Und machs ein end, Auf dieser erd-mein hertz sonst nichts begehret.
6. Soll ich noch mehr um deinet willen leyden, So steh mir, HErr! mit deiner kraft zur seiten Fein ritterlich, Beständiglich, Hilf mir mein widersacher all bestreiten.
7. Daß ich durch deinen geist mög überwinden, Und mich allzeit in deinem haus laß finden, Zum preiß und danck, Mit lobgesang, Mit dir thu ich aus liebe mich verbinden.
8. Daß wir in ewigkeit bleiben beysammen, Und ich allzeit dein auserwählten namen Preiß hertziglich, Das bitt ich dich, Und sing von meines hertzens grunde, Amen.

CCLVII. 257.
Mel. Freu dich sehr, o meine seele.

Zion klagt mit angst und schmertzen, Zion Gottes werthe stadt, Die er trägt in seinem hertzen, Die er ihm erwählet hat. Ach! spricht sie, wie hat mein GOtt Mich verlassen in der noth, Und läßt mich so harte pressen, Meiner hat er gantz vergessen.
2. Gott, der mir hat vest versprochen, Seinen beystand in dem leyd, Läßt mich nun vergeblich pochen An die thür der gnaden-zeit. Ach! will er dann für und für Grausam zürnen über mir? Käns und will er sich der armen, Jetzund nicht wie ver erbarmen?
3. Zion, o du vielgeliebte! Sprach zu ihr des HErren mund, Du bist jetzund die betrübte, Seel und geist ist dir verwundt. Doch stell alles trauren ein, Wo mag eine mutter seyn, Die ihr eigen kind kan hassen, Und aus ihrer sorge lassen.
4. Ja, wann man auch solte finden Einen solchen mutter-sinn, Da die liebe kan verschwinden, So bleib ich doch wer ich bin: Meine treu bleibt gegen dir, Zion! o du meine zier, Du hast mir mein hertz besessen, Deiner kan ich nicht vergessen.
5. Laß dich nicht den satan blenden, Der sonst nichts als schrecken kan: Siehe, hier in meinen handen Hab ich dich geschrieben an: Wie kan es dann anders seyn? Ich muß ja gedencken dein. Deine mauren will ich bauen, Und dich fort und fort anschauen.
6. Du bist mir stets vor den augen, Du liegst mir in meinem schooß, Wie die kindlein, die noch saugen, Meine treu gegen dir ist groß, Dich und mich soll keine zeit, Keine noth, gefahr und streit, Ja der satan selbst nicht scheiden: Bleib getreu in deinem leyden.

CCLVIII.

Anfechtungs-Lieder.

CCLVIII. 258.

ACh! was soll ich sünder machen? Ach was soll ich fangen an? Mein gewissen klagt mich an, Es beginnet aufzuwachen, Diß ist meine zuversicht, Meinen JEsum laß ich nicht.

2. Zwar es haben meine sünden meinen JEsum oft betrübt, Doch weiß ich daß er mich liebt, Und er läst sich gnädig finden, Ob mich gleich mein sünd ansicht, Meinen Jesum laß ich nicht.

3. Ob gleich schweres creuy und leiden, So bey Christen oft entsteht, Mir sehr hart entgegen geht, Solls mich doch von ihm nicht scheiden, Er ist mir ins hery gericht, Meinen JEsum laß ich nicht.

4. Ich weiß wohl, daß unser leben Oft nur als ein nebel ist, Dann wir hie zu jeder frist Mir dem tode sind umgeben, Obs gleich heute nicht geschicht, Meinen JEsum laß ich nicht.

5. Sterb ich bald, so komm ich abe Von der welt beschwerlichkeit, Ruhe bis zur vollen freud, Und weiß, daß im finstern grabe Jesus ist mein helles licht, Meinen JEsum laß ich nicht.

6. Durch ihn werd ich wieder leben, Dann er will zu rechter zeit Wecken mich zur seligkeit, Und die ehrenkrone geben, Muß ich schon erst vors gericht, Meinen JEsum laß ich nicht.

7. JEsu, du solt mein verbleiben, Wie ich komme an den ort, Welcher ist der himmels port, Und daselbst auch einverleiben Meine seele deinem licht, Meinen JEsum laß ich nicht.

CCLIX. 259.

Mel. Ach GOtt erhör mein seufzen.

ACh GOtt! ach GOtt! ach hast du mein vergessen? Wilst du mich mit des creuyes last zerpressen? Die böse rott Hat mir mit spott, Den thränen-becher über voll gemessen.

2. Wie lang, ach HErr, wie lang soll ich mich qualen? Wie gar zerknirschest du der frommen seelen. Des todes pfeil, Und donners keil, Erhaschen mich, Und sind fast nicht zu zählen.

3. Nun meine seel, laß dich besänftigstillen, Und murr nicht wider deines GOttes willen. Wer GOtt vertraut, Vest auf ihn baut, Den will er nach dem leyd mit freud erfüllen.

4. Geh hin und frag die lang-bejahrte greisen, Ob sie in ihrem leben können weisen Nur einen mann, Der sagen kan, GOtt laß ihn sonder trost von hinnen reisen.

5. Vergleichest du den himmel mit der erden? Der raben farb den wollen-weissen heerden? Die herrlichkeit Wird nach der zeit Uns ewig, ewig offenbaret werden.

6. Bin ich bis an der erden end vertrieben, So bin ich doch in GOttes hand geschrieben. Die für und für Ist hart auf mir, Wann er mich schläget, will ich ihn doch lieben.

7. So hat GOtt meiner nimmer nicht vergessen, Ob mich gleich noth und tod fast aufgefressen. Das sonnenrad Folgt trübem pfad, Der lorbeercrany den klag und traur-cypressen.

CCLX. 260.

Mel. O du schönes welt-gebäude.

EPhraim, was soll ich machen? Spricht des Allerhöchsten mund: Soll ich deiner angst nicht lachen Dich verderben auf den grund? Israel, soll ich dich schüyen, Dich nicht vielmehr lassen schwiyen In der drangsal, in der noth, Dich verfolgen auf den tod?

2. Soll ich nicht vielmehr erkiessen Also mit dir umzugehn, Wie mit Adama vor diesem? Wie Zeboim ist geschehn, Aber mein hery und gemüth Hält vielmehr ob gnad und güte, Mein sinn heget jederzeit Flammen der barmherzigkeit.

3. Meine liebe, die ich trage Zu dir, trautes Ephraim! Ist so brünstig, daß die plage Meines herben zornes grim Gar zu boden niederlieget, Wird bestritten und besieget, Es muß aller angst u. pein Aller qual vergessen seyn.

4. Dann ich bin nicht aus dem orden, Wie ihr menschen-kinder seyd: Ich bin GOtt, so niemals worden, Sondern war vor aller zeit: Ich bin, der die wolcken machet, Der dich, Israel, bewachet, Ich bin deines lebens zier, Und der heiligst unter dir.

CCLXI. 261.

Mel. HErr JEsu Christ, du höchstes.

NOch dannoch must du drinn nicht gany In traurigkeit versincken; GOtt wird den süssen trostes-glany Schen wieder lassen blincken: Steh in gedult, wart in der still, Und laß GOtt machen wie er will, Er kans nicht böse machen.

2. Ist dann diß unser erstes mal, daß wir betrübet werden? Was haben wir als angst und qual Bisher gehabt auf erden? Wir sind wol mehr so hoch gekränkt, Und hat doch GOtt uns drauf gesch enkt Ein stündlein voller freude.

3. So ist auch GOttes meynung nicht, Wann er uns unglück sendet, Als solte drum sein angesicht Gany von uns seyn gewendet: Nein, sondern dieses ist sein rath, Daß der, so ihn verlassen hat, Durchs unglück wieder kehre.

4. Dann das ist unsers fleisches muth, Wann wir in frenden leben, Daß wir dan unserm höchsten gut Am ersten urlaub geben, Wir sind von erd, und hal-

ten werth Vielmehr was hier auf die=
ser erd, Als was im himmel wohnet.
5. Denn fährt uns Gott durch unsern
sinn, Und läßt uns weh geschehen:,: Er
nimt oft, was uns lieb, dahin, Damit
wir aufwarts sehen Und uns zu seiner
gut und macht, Die wir bisher nicht
groß geacht, Als kinder wieder finden.
6. Thun wir nun das, ist er bereit Uns
wieder anzunehmen:,:Macht aus dem
leyde lauter freud Und lachen aus dem
grämen Und ist ihm das gar schlechte
kunst, Wen er umfängt mit lieb und
gunst, Dem ist geschwind geholfen.
7. Drum falle, du betrübtes heer In
demuth vor ihm nieder:,: Sprich:
HErr! wir geben dir die ehr, Ach! nim
uns sünder wieder In deine gnade,
reiß die last, Die du uns aufgeleget
hast, Hinweg, heil unsern schaden.
8. Dann gnade gehet doch für recht, Zorn
muß der liebe weichen:,: Wann wir
erliegen, und sind schlecht Will GOtt
erbarmen reichen, Diß ist die hand, die
uns erhält, Wo wir die lassen, bricht!
und fält All unser thun in hauffen.
9. Auf GOttes liebe must du stehn,
Und dich nicht lassen fällen:,: Wann
auch der himmel ein wolt gehn, Und alle
welt zuschellen: GOtt hat uns gnade
zugesagt, Sein wort ist klar, wer sich
drau wagt, Dem kan es nimer fehlen.
10. So darfst du auch an seiner kraft
Gar keinen zweifel haben:,: Wer ist's,
der alle dinge schafft? Wer theilt aus
alle gaben? GOtt thut's, und das ist
auch der mann, Der rath und that er=
finden kan, Wann jederman verzaget.
11. Deucht dir die hülf unmüglich
seyn, So solt du gleichwohl wissen:,:
GOtt räumt uns dieses nimmer ein,
Daß er sich laß einschliessen In un=
sers sinnes engen stall, Sein arm ist
frey, thut überall Viel mehr, als wir
verstehen.
12. Was ist sein ganzes werthes reich,
Als lauter wunder=sachen:,: Er
hilft uns baut, wann wir uns gleich
Des gar kein hoffnung machen, und
das ist seines namens rühm, Den du,
wann du sein heiligthum Wilt sehen,
ihm must geben.

CCLXII. 262.

Mel. Au meinen lieben GOtt:c.
MAn spricht: wen Gott erfreut,
Hat gmeiniglich groß leyd, Doch
wird sein leyd verkehret, Und ewiger
freud gewähret, GOtt kan dein leyd
wol stillen, U. dich mit freud erfüllen.
2. Angst, noth, trübsal und pein Muß
stets im vortrab seyn, Da nach so thut
bereiten Das glück auf allen seiten:
GOtt kan dein unglück stillen, Und
dich mit freud erfüllen.
3. Nicht dich zum widerstand, Wann

dir wird seyn bekannt, Daß man auf
dich will lauren, Und bringen dich in
trauren: GOtt kan dein trauren stil=
len, Und dich mit freud erfüllen.
4. Trau nicht ein'm jeden wort, Glaub
mir, ich hab's gehört, Wem du viel
traust ohn massen, Der wird dich oft=
mals hassen. GOtt kan dein hasser
stillen, Und dich mit freud erfüllen.
5. In widerwärtigkeit Ruf GOtt,
er ist nicht weit, So wird er für dich
kämpfen, Und deine feinde dämpfen:
GOtt kan dein feind wohl stillen, Und
brechen ihren willen.
6. Nun ist es einmal wahr, Es fält
von dir kein haar, So kan dir niemand
schaden, Wann's Gott nicht will ge=
statten: GOtt kan dein schaden stil=
len, Und dich mit freud erfüllen.
7. Bist du in angst und noth, So trau
allein aufGOtt, Dann findest du zum
letzten, Daß dir's gereicht zum besten:
GOtt kan dein angst wohl kehren,
Das wird ihm niemand wehren.
8. In dieser welt allein Auf GOtt
den HErren dein Solt du in noth ver=
trauen, Es wird dich nicht gereuen:
GOtt kan dein noth wohl stillen, Und
dich mit freud erfüllen.
9. Nach jedem winter kalt, Erfolgt
der sommer bald: Also nach jedem
schmerzen Erfolgt auch freud im her=
zen: GOtt kan dein schmerzen wen=
den, Er hat's in seinen händen.
10. Die blümlein auf dem feld, Auch
alles wild im wald, Wann's der win=
ter verheeret, Der somm'r sie wiedr
ernähret: GOtt kan dein winter weh=
ren, Den sommer wiederkehren.
11. Es hat wohl eh geschneyt, Vorhin
vor dieser zeit, Darnach so scheint die
sonne, Bringt uns viel freud und
wonne: GOtt kan den schnee wohl
stillen, Und dich mit freud erfüllen.
12. Mit dem elende dem Solt du zu=
frieden seyn, Dann wann die noth
am grösten, Will dich GOtt selber
trösten: GOtt kan dein elend stillen,
Und dich mit freud erfüllen.
13. Ach GOtt! ich bitt allein, Kans
seyn der wille dein, Daß sich mein
trübsal ende, Und sich mein unglück
wende: GOtt kan mein unglück wen=
den Zu einem seligen ende.
14. Nach jedem herzeleyd Erfolgt
auch wieder freud: Ich hoff auf GOtt
mit treuen, Es soll mich nicht ge=
reuen: GOtt kan mein herzleyd stil=
len, Nach sein'm göttlichen willen.

CCLXIII. 263.

Schwing dich auf zu deinem GOtt,
Du betrübte seele. Warum liegst
du GOtt zum spott In der schwer=
muths=höle? Merckst du nicht des sa=
tans

Anfechtungs-Lieder.

uns list? Er will durch sein kämpfen Deinen trost, den JEsus Christ Dir erworben, dämpfen.

2. Schüttle deinen kopf, und sprich: Fleuch, du alte schlange, Was erneurst du deinen sich, Machst mir angst und bange? Ist dir doch der kopf zerknickt, Und ich bin durchs leiden Meines Heylands dir entzückt In den saal der freuden.

3. Hab ich was nicht recht gethan, Ist mirs leyd von herzen, Dahingegen nehm ich an Christi blut und schmerzen: Dann das ist die ranzion Meiner missethaten, Bring ich das vor Gottes thron Ists mir wohl gerathen.

4. Stürme teufel, und du tod, Was könt ihr mir schaden? Deckt mich doch in meiner noth GOtt mit seiner gnaden. Der GOtt, der mir seinen Sohn Selbst verehrt aus liebe, Daß der ewge spott und hohn Mich dort nicht betrübe.

5. Schreye, tolle welt! es sey Mir GOtt nicht gewogen, Es ist lauter teuscherey. Und im grund erlogen: Wäre GOtt mir gram und feind, Wär er seine gaben, Die mein eigen worden seynd, Wohl behalten haben?

6. Dnn was ist im himmels-zeit? Was im tiefen meere? Was ist gutes in der welt, Das nicht mir antwörte? Wem brennt das sternen-licht? Wer zu ist gegeben luft und wasser? dient es nicht Mir und meinem leben?

7. Ich bin GOttes, GOtt ist mein, Wer ists, der uns scheide? Dringt das liebe creuz herein Mit dem bittern leide? Laß es dringen, kommt es doch Von geliebten Händen, Bricht und kriegt geschwind ein loch, Wann es GOtt will wenden.

8. Kinder, die der vater soll ziehn Zu allen guten, Die gedeyhen selten wohl Ohne zucht und ruthen. Bin ich dann ein Gotteskind, Warum will ich fliehen, Wann er mich von meiner sünd Auf was guts will ziehen?

9. Es ist herzlich gut gemeint Mit der Christen plagen, Wer hie zeitlich wohl geweint, Darf nicht ewig klagen: Sondern hat vollkomme lust Dort in Christi garten, Dem er einig recht bewust. Endlich zu gewarten.

10. Gotteskinder seyn zwar Traurig und mit thränen; Aber endlich bringt das jahr Wornach sie sich sehnen: Dann es kommt die erndte-zeit, Daß sie garben machen, Da wird all ihr gram und leyd Lauter freud und lachen.

11. Ey, so faß, o Christenherz, Alle deine schmerzen, Wirf sie frölich hinterwärts, Laß des trostes kerzen Dich entzünden mehr und mehr; Gib dem

grossen namen Deines GOttes preis und ehr; Er wird helfen, Amen.

CCLXIV. 264.

Wer GOtt vertraut, Hat wohl gebaut In himmel und auf erden ::: Wer sich verläst Auf JEsum Christ, Dem muß der himmel werden. Darum auf dich All hoffnung ich Ganz vest und steif thu setzen. HErr JEsu Christ, Mein trost du bist In todes noth und schmerzen.

2. Und wanns gleich wär Dem teufel sehr Und aller welt zuwider ::: Dannoch so bist Du JEsu Christ, Der sie all schlägt darnieder; Und wann ich dich, Nur hab um mich Mit deinem Geist und gaben, So kan fürwahr Mir ganz und gar Wedr tod noch teufel schaden.

3. Dein trest ich mich Ganz sicherlich Damit du kanst mir wohl geben Was mir ist noth, Du treuer GOtt, Ja diesem und jenem leben Gib wahre rex Mein herz erneu, Errette leib und seele. Ach höre, HErr! Diß mein begehr, Und laß mein bitt nicht fehlen.

CCLXV. 265.

Mel. Herzlich thut mich verlang.

Keinen hat Gott verlassen Der ihm vertraut allzeit, Ob ihn schon viel drum hassen, Geschicht ihm doch kein leyd. GOtt will die seinen schützen, Zuletzt erheben hoch, Und geben, was ihm nützet hie zeitlich und auch dort.

2. Allein ichs GOtt heimstelle, Er machs, wies ihm gefällt, Zu nutz meiner armen seele. In dieser bösen welt Zu nichts kann creuz und leiden Und muß auch also seyn, Dann die zeitliche freud Bringt uns die ewge pein.

3. Treulich will ich GOtt bitten, Und nehmen zum beystand, In allen meinen nöthen Ihn besser als mir bekant: Um gdult will ich sichs bitten In alln anliegen mein, Er wird mich wohl belehren, Und mein beschirmer seyn.

4. Alles glück und unglücke Das kommt allein von GOtt. Ich weiche nicht zurücke, Wank nicht in meiner noth, Wie kan er mich dann hassen Der treu nothhelfer mein, Wann meine noth am grösten, Will er stets bey mir seyn.

5. Reichthum und alle sich hie Und was der welt gefält, Drauf ich mein sinn nicht setze, Das bleibt doch in der welt Mein schatz hab ich im himmel, Der JEsus Christus heist. Ist er vor alle tage. Schenckt mir den heiligen Geist.

6. Ihn hab ich eingeschlossen In meines herzens schrein, Sein blut hat er vergossen Für mich arme würmelein, Mich damit zu erlösen Von ewger angst und pein, Wie könt auf dieser erden Doch grössre liebe seyn?

J   7. So

7. Soll ich mich nicht erzeigen dank=
bar für seine gnad? Ich geb mich GOtt
zu eigen Mit allem, was ich hab, Wie
er's will weiter machen, Sey ihm all's
heimgestellt, Ich befehl GOtt meine sachen, Er mach's, wie's ihm gefällt.
8. Amen, nun will ich schliessen, JE-
su, in name͏̈n dein. HErr, durch dein
blutvergiessen, Laß mich dein erbe
seyn, So hab ich all's auf erden, Was
mich erfreuet schon, Im himmel soll
mir werden Die ewge freud und kron.

CCLXVI. 266.

WAnn dich unglück thut greiffen
an, Und unfall will sein willen
han, So ruf zu GOtt im glauben
vest, Jn keiner noth er dich verläßt.
2. Ob du gleich hast viel böse zeit,
Ein jederman dich haßt und neidt,
Greif zum gebät ohne ablan, GOtt
steht dir bey, er will dich han.
3. Er schützt dich recht, er schützt dich
wohl, Jn keiner noth man zweifeln
soll, GOtt ist ein fürst, der retten thut,
Aus trauren macht er freud und muth.
4. Drum solt du ihm vertrauen gar,
Er ist bey dir in noth und gfahr. Er
sieht gar wohl das unglück dein, Es
gschicht nichts ohn den willen sein.
5. Drum setz ihm weder ziel noch maas
Er weiß gar wohl wie, wann und was
Dir nützlich ist zu dieser frist, Er
braucht an uns kein arge list.
6. Trag nur gedult in leiden dein,
Befiehl dich in den willen sein, Dann
er weiß wohl die rechte zeit, Wann
er soll wenden creutz und leyd.
7. All haar dein's haupt's gezählet
seynd, Es schadt dir nicht dein ärgster
feind, Er wird an dir zu schand und
spott, Er bringt sich selbst in angst
und noth.
8. HErr JEsu Christ, das bitt ich dich,
Jn deinem schutz befehl ich mich, Erhalt mich vest im glauben rein, Laß
mich dein kind und erbe seyn.
9. Amen, Amen, HErr JEsu Christ
Der du schutzherr und Heyland bist,
Bescheer uns auch ein seligs end,
Nimm unsre seel in deine hand.

CCLXVII. 267.

TRau auf GOtt in allen sachen,
Die dich jetzo traurig machen:
Trau auf GOtt in allen dingen, Die
dir zu dem hertzen dringen.
2. Trau auf GOtt in seelen=plagen,
Wann dich deine sünden nagen, Dann
GOtt ist in solchen schmertzen Ein
recht pflaster für die hertzen.
3. Trau auf GOtt, wann tod und
hölle, Wann der teuffel ist zur stelle,
Und dir von verdammen saget, GOtt
ist's, der ihn alsbald jaget.
4. Trau auf GOtt im bösen glücke,
Dann GOtt ist dir eine brücke, Drauf

du sichern stand kaust haben, Wann
viel unglück um dich traben.
5. Trau auf GOtt, wann böse seuchen
Jn dem land herummer schleichen,
Dann er kan dich also decken, Daß
dich keine darf anstecken.
6. Trau auf GOtt in kriegsgefahren
Dann er weiß dich zu bewahren, Er
kan machen, daß die feinde Werden
deine besten freunde.
7. Trau auf GOtt in hungers=nöthen,
Dann wird dich kein hunger tödten,
Wächset gleich kein korn auf erden,
Da wird brod aus steinen werden.
8. Trau auf Gott in dürren zeiten,
Dann wird er vom himmel leiten
Seines segens ströhm und quellen,
Die dein hertz zufrieden stellen.
9. Trau auf GOtt wann's stürmt und
schneyet, Wann die donner=wolcke
schreyet, Wann dich trift das böse
wetter, Da ist Gott auch dein erretter.
10. Trau auf GOtt in allen sachen,
Dann er kan die aufschläg machen,
Trau auf GOtt in allen dingen,
Dann wirst du ein danck=lied singen.

CCLXVIII. 268.

Mel. Was mein GOtt will ꝛc.

WJes GOtt gefällt, so gfällt mir's
auch, Und laß mich gar nichts irren, Ob mich zu zeiten beißt der rauch,
Und wann sich schon verwirren All sachen gar, Ich weiß fürwahr, GOtt
wird's zuletzt wohl richten, Wie er's
will han, So muß es gahn, Soll's
seyn, so sey's ohn dichten.
2. Wie's GOtt gefällt, zufried ich
bin, Das nörig laß ich fahren: Was
nicht seyn soll, stell ich GOtt heim,
Der will mich recht erfahren, Ob ich
auch will Jhm halten still, Wird doch
GOtt gnad beschehren, Jch zweifle
nicht, Soll's seyn, man spricht, So
sey's, wer kan's GOtt wehren?
3. Wie's GOtt gefällt, so gfällt mir's
wohl, Jn allen meinen sachen, Was
GOtt versehen hat einmal, Wer kan
es anders machen? Drum ist umsonst
Welt=witz und kunst, Es hilft nicht
haar ausrauffen, Man murr od'r
beiß, Soll's seyn, so sey's, Wird doch
sein'n weg naus lauffen.
4. Wie's GOtt gefällt, so soll's ergahn, Will mich darein ergeben, Wolt
ich sein willen widerstahn, So muß ich
bleiben kleben. Dann gwiß fürwahr,
All tag und jahr Bey Gott sind ausge-
zählet. Ich schick mich drein, Es gscheh
soll's seyn, So sey's bey mir erwählet.
5. Wie's GOtt gefällt, so soll's ergahn,
Jn lieb und auch im leyde, Dahin ich
mein sach gestellt hab, Daß sie mir sollen beyde Gefallen wohl, Durch mich
auch soll Ja oder nein nicht schrecken,

Schwartz

Anfechtungs-Lieder.

Schwartz oder weiß, Solls seyn, so
seys, GOtt wird wohl gnad erwecken.
6. Wies GOtt gefällt, so laufs hinaus, Ich laß die vöglein sorgen, Kommt
mir das glück heut nicht zu haus, So
wird es doch seyn morgen. Was mir
beschehrt, Bleibt unverwehrt, Ob
sichs schon thut verziehen: Danck
GOtt mit fleiß, Solls seyn, so seys,
Er wird mein glück wohl fügen.

7. Wies GOtt gefällt, dasselb ich will,
Und weiter nichts begehren, Mein'r
sach hat GOtt gesetzt ein ziel, Dabey
wirds bleiben werden. Das leben mein
Setz ich auch drein, Auf guten grund
zu bauen, Und nit aufs eis, Solls seyn
so seys, Will GOtt allein vertrauen.

8. Wies GOtt gefällt, so nehm ichs
an, Um gdult will ich ihn bitten. Er
ists allein der helfen kan, Und wann ich
schon wär mitten In angst und noth,
Läg gar im tod, Kan er mich wohl erretten Gewaltger weiß, Solls seyn, so
seys. Ich gwinns, wer nur will wetten.

CCLXIX. 269.

Mel. Nun welch hie ihr hoffnung.

Wie mirs GOtt schickt, so nehm
ichs an, Geduldig will ichs
leiden, In meiner noth ruf ich ihm
an, Mag ihm nicht widerstreben. Er
machs mit mir, wies ihm gefällt, Auf
ihn steht mein vertrauen, In meiner
noth, Bis in den tod, Das wird
mich nicht gereuen.

2. In angst und noth leb ich dahin,
HErr, thu mir gnad verleihen, Daß
ich im creutz geduldig bin, Wollst mir
mein sünd verzeihen, Die ich auf erd
begangen hab, Die reuen mich von
hertzen, HErr JEsu Christ, Mein
mittler bist, Wend mir mein leyd
und schmertzen.

3. Dein wunden tief und blut so roth
Hast du für mich vergossen, Und geben hin für mich in tod, Drauf will
ich mich verlassen. Wie in der schrift
geschrieben ist, Johanns thuts uns
verkünden: Das blut des HErren
JEsu Christ Wäscht uns von allen
sünden.

4. Drum ob ich schon von jedermann
Verlassen bin auf erden, GOtt wird
auf meiner seiten stahn, Mein trost
und zuflucht werden. Dann er ist starck
mit seiner hand, Dem teufel kan er
wehren, Und mir das ewig vaterland
Und seligkeit bescheren.

5. Durch JEsum Christ, sein lieben
sohn, Der für uns hat gelitten, Die
schuld bezahlt und gnug gethan, Den
laßt uns treulich bitten, Daß er
durch sein barmhertzigkeit, Uns wahre buß im leben, Und dort hernach in
ewigkeit Die seligkeit well geben.

CCLXX. 270.

Mel. Kommt her zu mir, spricht rc.

ACh HErr, du allerhöchster GOtt,
Sieh an die schwere grosse noth,
In gantzen teutschen landen, Solch
rauben, brennen, blut und mord Von
den Christen noch nie gehört, Seit die
welt hat gestanden.

2. Bey uns ist jamm'r und grosse noth,
Sieh du darein, du treuer GOtt,
Unsr elend laß dich erbarmen. Sieh
du nicht an die grosse sünd, Damit
wirs wohl haben verdient, Komm du,
und hilf uns armen.

3. Kläglich so ruffen wir dich an, Viel
grosser sünd habn wir gethan, Geführt ein gottlos leben. Dein heilges
wort so gar veracht, Dasselbe nicht
einmal betracht, O GOtt, wollst uns
vergeben.

4. Die warnung frommer diener dein
Haben wir nur gehört allein, Kein buß
hat man vernommen: Derwegen alle
diese plag, Die wir jetzt sehen alle
tag Auf einen haufen kommen.

5. Ehrgeitz der ist gerissen ein, Ein jeder will der beste seyn, Kein maß will
man nicht halten: Dahin ein jeder dicht
und tracht, O hätt er nur weltlichen
pracht! Bey jungen und bey alten.

6. Fluchen und schwören nimmt überhand, Mann achts für keine sünd und
schand, Niemand läst ihms solch wehren. Die unzucht ist so gar gemein,
Es wissens auch die kinder klein, Die
alten thun kies lehren.

7. Guth und geld liebet alle welt,
Nach solchem sie stets tracht und stellt
Darnach steht ihr verlangen. Es sey
mit fug, glimpf oder recht, Es gilt ihr
alles gleich und schlecht, Damit thut
sie fast prangen.

8. Hoffart hat doch nie gut gethan.
Schau alle reich auch Babylon, Wo
sind sie doch hinkommen? Also wirds
gwiß uns auch ergehn, Es will doch
niemand busse thun, Das hab ich
wohl vernommen.

9. Ich weiß es wohl, du glaubst es
nicht, Heiß mich ein thorn, wans nicht
geschicht, Allweg hat mans gesehen,
Wann man göttlich warnung veracht,
Kein wunder-zeich'n will nehm'n in
acht, Pharao ists auch geschehen.

10. Krieg und blut ist zuvor der thür
Theurung und hunger ruckt herfür,
Pestilentz thut herschweben. Das
macht allein die grosse sünd, Damit
wirs haben wohl verdient, Auch unser gottlos leben.

11. Laßt uns bessern, ist hohe zeit, Die
axt schon an dem baume leit, Drey ruthen sind gebunden: Krieg, pestilenz u.
theurung, Sind das nicht strafn und
plagn

plagen genung In unsern teutschen
landen?
12. Man glaubt doch nit, nur alls veracht, Vergangne straf man nit betracht
Ist hin, ist schon vergessen. O du gottloses Sodome, Es steht dir nicht zu rathen mehr, Das kan ich wohl ermessen
13. Ninive, die gar grosse stadt, Von
warnung sich bekehret hat, Bessert ihr
gottlos leben Wie lang haben wir nun
gehört Die warnung GOttes heiliges
worts? Uns zu keiner buß begeben.
14. O GOtt! wie sind wir also blind,
Erbarm dich doch der kleinen kind,
Dein gnad thu uns beweisen. Von
uns wend dein gerechten zorn, Wir
sind sonst ganz und gar verlohrn, Ewig
wölln wir dich preisen.

CCLXXI. 271.
Mel. Erhalt uns, HErr, bey ꝛc.
HErr GOtt und schöpfer aller ding.
Dein armer hauf und schäflein
gring, Schreyen zu dir in aller noth,
Hilf uns, o lieber HErre GOtt!
2. Mach dich nun auf, und schweig doch
nicht, Die harte noth uns jetzt ansicht,
Zu helfen uns, du, HErr, aufwach,
Und sich mit gnad auf diese sach.
3. Du hirt und Heyland unsrer seel,
Der du siehst unsre herzens-qual, Laß
ja erscheinen deine macht, Erweck dein
g'walt, hab auf uns acht.
4. Hilf deiner kirch und armen gmein,
Dann du, HErr, kanst solch's thun allein, Daß wir empfinden deinen trost,
Werden aus aller noth erlöst.
5. Wir sind, HErr! in der letzten zeit,
Da alles ungflück häufig reut, Hilfst
du nicht deiner armen schaar, So ists
mit uns verlohren gar.
6. Drey heer uns stets entgegen sind,
Welt, fleisch, und teufels bösgesind,
Dargegen sind wir viel zu gring,
Gib durch dein hülf, daß uns geling.
7. HErr JEsu Christ, dich bitten
wir, Mit deinem Geiste uns regier,
Der uns in trübsal t' bösen thu, Damit wir mögen haben ruh.
8. Sind wir doch, o HErr! deine kind,
Die durch dein blut erlöst sind, Erbarm dich deiner Christenheit, Daß
sie dich lob in ewigkeit.
9. Lob, ehr und danck im höchsten thron
GOTT Vater, und sein'm eing'en
Sohn, Und heilgem Geist dem bösen
werth. Wir geben alles lob auf erd.
10. Wie es im anfang gwesen ist
So bleibet es zu aller frist, Wie er
sich selbst hat offenbahrt, Durch sein
wort, werck, ja doch von art.

CCLXXII. 272.
Mel. Werde munter, mein gem.
Liebster JEsu! deine liebste Deine dir
erwählte braut, Ist nun werden die

betrübteste. Marck und bein ist meine
haut Sind verdorret und verschmacht,
Und ich seufze tag und nacht LEbO JEsu
doch die deine In dem elend nit alleine.
2. Weil ich mein betrübtes leben,
Liebster JEsu! wolte gern Dir auch zu
versehen geben, Aber mir der weg so
fern, So hat meine liebes-Pein Durch
diß kleine brieflein, Liebster! mich
dahin getrieben, Daß ich dir hab zu-
geschrieben.
3. Nachdem ich durch unglücke, Er-
ler bräutigam! werther freund, Heb
durchs teufels list und tücke, Die mir
nachgeschlichen seynd, Dich verlohren,
meinen freund, Ob denn so ganz kläglich weint, Meine seele, mag ich werden Nimmer froh auf dieser erden.
4. Niemand mag sonst mir elenden
Meine höllen-heisse pein, Meinen
schmerz und jammer wenden, Als nur
liebster, du allein. Wann du nicht
mein elend hörst, Und dich wieder zu
mir kehrst, Werd ich arme endlich sterben, Und in meiner quaal verderben.
5. JEsu, höre doch mein klagen, Wo
soll ich betrübte hin, Die ich schier
kein wort kan sagen, Und von heulen
heiser bin? Wann da thier und vöglein In den wäldern lustig seyn,
Muß ich da mit heissen zähren Meinem bittern jammer wehren.
6. Liebster, wilt du dich der armen
Gar nicht wieder nehmen an, Laß ich
meiner plag erbarmen, Was für ruhm
gibt es dir dann, Wann du aus dem
elend hier Nicht einmal auch hilfst
mir, Wann du, liebster, zu wirst
geben, Daß ich büsse ein das leben.
7. Ach mein herz war voller freuden,
Und erquicket noch so sehr, Wolt auch
gerne alles leiden, Wann mein schatz
nur bey mir wär. Wann ich dich nur
haben solt. Hätt ich, was ich wünschen
wolt, Werd ich dich auch nicht bald sehen, Muß ich ganz für leyd vergeh'n.
8. Hast du nicht reich, treu und leben,
JEsu, mir gesaget zu, Warum wilt
du dann hingeben Mich den wölfen,
Wilt dann du So ein armes schäf'lein
lassen aus der heerd allein? Wilt du
einer so vergessen, Und es wölfe lassen fressen?
9. Ich bin dir ja treu geblieben, Ach
wie hab ichs dann ver duldt, Daß dein
süsses egen-lieben Mich beraubet deiner huld? Siehst du nicht die quaal
und pein Der getreuen liebsten dein,
Die so schmerzlich heult und klaget,
Und mit liebes-pein sich plaget.
10. Kröch ich in die tiefste klüfte Stieg
ich auf die berge hoch, Flüg ich in die
hohe lüfte, In ein holes felsen loch,
Wann ich auch ganz äusserst wär, ein
lem

Anfechtungs-Lieder. 103

dem ende von dem meer, Dessen tiefe nicht zu gründen, Weiß du mich doch wohl zu finden.

11. Darum komm zu mir gelauffen, JEsu, und laß ja nicht zu, Daß die fluthen mich ersaufen, Setze mich doch einst zur ruh, Doch was klagst du, meine seel, Dein freund weiß ohn allen fehl Gar wohl, wie es um dich stehet, Und wie übel dir es gehet.

12. Gib doch deine turteltauben Nicht den wilden thieren zu theil, Laß nicht ihre seele rauben, Sondern zeige ihr dein heyl. Dencke doch an deinen eyd Und sprich: nunmehr ist es zeit, Daß ich deiner, schatz, gedencke, Und dir meinen himmel schencke.

CCLXXIII. 273.

JEsu! JEsu! du bist mein, Weil ich soll auf erden wallen, Laß mich gantz d'in eigen seyn, Laß mein leben dir gefallen, Dir will ich mich gantz ergeben, Im tod und auch im leben, Und vertraue dir allein, JEsu! JEsu! du bist mein.

2. JEsu! JEsu! du bist mein, Wann die schwere creutzes=bürde Mich drückt härter als ein stein. Halt ich's für der Christen würde, Da hast selber creutz getragen, Warum solt ich's dann abschlagen, Wann das creutz sey mir dringet ein, Jesu! Jesu! du bist mein.

3. JEsu! JEsu! du bist mein, Wann mich freund und feind verlassen, Und ich hülflos geh allein, Und weiß keinen trost zu fassen, So wollst du dich zu mir wenden, Und den guten Geist mir senden, Der mir seinen trost geust ein, JEsu! JEsu! du bist mein.

4. JEsu! JEsu! du bist mein, Wann ich muß des todes sterben, Weil ich durch das leiden dein Hoff die seligkeit zu erben, Wo sich enden wird mein leiden, Und sich finden fried und freuden, Wo ohn alle quaal und pein, JEsu! JEsu! du bist mein.

CCLXXIV. 274.

O JEsu! wie so lang Soll ich allhier noch leben? Mir ist sehr angst und bang, Komm JEsu! mir entgegen, Gib mir nach dieser zeit Die wahre himmels=freud, Wo alle frommen schweben.

2. Du süsser seelen=gast, Kom, JEsu! mich zu laben, Ich finde keine rast, Wo ich dich nicht kan haben. Du freudenbringer du, Komm, bringe mich zur ruh, So fühl ich himmels=freude.

3. Ist doch in dieser zeit, Darinnen wir jetzt schweben, Nichts als nur krieg und streit Mit falscher freud umgeben, Hier ist ja keine ruh, Drum flieh ich, JEsu! zu, Gib mir dein freuden=leben.

4. Komm, JEsu! gib dich mir, Ich will mich dir ergeben, Ach komm, du hertzens=zier, Komm, JEsu, du mein leben, Komm, komm, du himmels=kron, Komm, JEsu, meine wonn, Laß mich an dir stets kleben.

5. O welt, bleib wie du willt, Mit deinen falschen schätzen, Mein JEsus süß und mild, Wird mich mit freud ergötzen. Er ist mein reicher schatz, Die welt findt keinen platz, Sie kan mich nicht mehr letzen.

6. Fahr hin, du thränen=thal, Mein JEsus voller freuden, Nimmt mich in seinen saal, Da weder tod noch leiden, Da, wo die gnadensonn In steter freud und wonn Thut seine schäflein weiden.

CCLXXV. 275.

Mel. O HErre GOtt, dein göttlich.

ACh GOtt mein HErr, Wo kommts doch her, Daß niemand hie kan dulden, Uns arme leut, Die ungescheut Dein wort mit glauben hulden! Geduldig, still, In beschwerung viel Uns hüten gern für sünden, Da doch ohn leyd, Türck, jud und heyd Ihrn raum und platz stets finden.

2. Das macht, o Christ, Des teufels list Und grimm zu diesen zeiten, Der lügen treibt, Und kräftig bleibt Mit mord auf allen seiten, Und hilft mit scheinn Den dienern sein, Schafft durch sie sein verlangen, Allein Gottes wort kan seinen ort In dieser welt erlangen.

3. Diß ist die art Des schifflein zart, Drin Noa ist erhalten, Welchs schwebet fort, Jetzt hie bald dort In sturmwind unzerspalten, Luft, wasser, feur Gantz ungeheur Sind ihm feindlich entgegen, Doch muß satan Es schweben lan, Ohn Gott gilt kein vermögen.

4. Dann Jesus Christ Mit drinnen ist, Und ob er schon scheint schlaffen, So wacht er doch, Und sorget noch, Er wird uns nicht verlassen. Zu seiner zeit Wird gantz bereit Sein hülf sich lassen finden, Dargegen bald Des teufels gwalt Mit seinem reich verschwinden.

5. Tob noch so sehr, Du tolles meer, Bedeck das schifflein kleine, Du alter brach, Halt kein gemach, Spey feur in Christi gmeine, Du Antichrist, Brauch macht und list, Trutz feur und schwerdt darneben, Schaff gleißnerey, Haß krieg, untreu, GOtt kennt die seinen eben.

6. Diß schifflein klein Muß dannoch seyn Und bleiben unversehret, Und soll's dir seyn Ein plag und pein Wirst du's doch GOtt nicht wehren. Hie ist der HErr, Der wind und meer, Und all's nach seinem willen Regiert und hält, Wie's ihm gefällt, Wer will sein'n eifer stillen?

7. Auch ist nicht fern Der morgen stern

Der diese nacht wird enden, Nah ist
das land, Das wohlbekannt, Da wir
das schiff hinwenden: Hilf treuer Gott
Aus aller noth, Daß wir den port erlangen, Nach welcher zeit Dein Christenheit So sehnlich thut verlangen.

CCLXXVI. 276.

1. O Grosser GOtt von macht und
reich von gütigkeit, Wilt du das
gantze land straffen mit grimmigkeit?
Vielleicht möchten noch fromme
seyn, Die thäten nach dem willen
dein, Der wollest du verschonen, Nicht
nach den wercken lohnen.

2. O grosser GOtt von ehr, diß ferne
sey von dir, Daß bös und fromm zugleich die strenge straf berühr. Der
möchten etwa funfzig seyn, Die thäten nach dem willen dein, Der wollest
du verschonen, Nicht nach den wercken lohnen.

3. O grosser GOtt von rath, laß die
barmhertzigkeit Ergehen, und halt ein
mit der gerechtigkeit. Der möchten
fünf u. vierzig seyn, Die thäten nach
dem willen dein, Der wollest du verschonen Nicht nach den wercken lohnen.

4. O grosser GOtt von stärck, schau an
das arme land, U. wende von der straf
dein ausgestreckte hand. Der möchten
etwa vierzig seyn, Die thäten nach
dem willen dein, Der wollst du verschonen, Nicht nach den wercken lohnen.

5. O grosser GOtt von muth, laß doch
erweichen dich, Weil das elend gehabt
so ist erhöhet sich. Vielleicht möchten
der dreyßig seyn, Die thäten nach dein
willen dein, Der wollest du verschonen, Nicht nach den wercken lohnen.

6. O grosser Gott von gnad, erhör auch
unser stimm, Und in dem hohen thron
das seufzen tief vernimm. Der möchten etwa zwantzig seyn, Die thäten nach
dem willen dein, Der wollest du verschonen Nicht nach den wercken lohnen.

7. O grosser Gott von that, schau, wie
die arme erd Von deiner mildigkeit
noch einen wunsch begehrt. Der möchten etwa zehen seyn, Die thäten nach
dem willen dein, Der wollest du verschonen, Nicht nach den wercken lohnen.

8. O grosser Gott von lob, wann ja das
maaß erfüllt, Der sünden, und aus
zorn uns gar verderben wilt? So
möchten doch die kinderlein Thun
nach dem rechten willen dein, Drum
wollest du verschonen, Nicht nach den
wercken lohnen.

9. O grosser GOtt von treu, weil dann
vor dir nichts gilt, Dann dein sohn
JEsus Christ, der deinen zorn gestillt:
So sich doch an die wunden fein,
Sein grosse angst und schwere pein,
Um seiner willen schone, Und nicht
nach wercken lohne.

CCLXXVII. 277.

1. JAmmer hat mich gantz umgeben,
Elend hat mich angethan, Trauren
heist mein kurtzes leben, Trübsal führt
mich auf den plan. GOtt der hat mich
gar verlassen, Keinen trost weiß ich zu
fassen, Hier auf dieser unglücks-bahn.

2. Grausamlich bin ich getrieben Von
des HErren angesicht, Als ich ihn allein zu lieben, Nicht gedacht an meine
pflicht, Drum muß ich so kläglich stie-
ben, Doch es ist mir recht geschehen,
Mein GOtt rief, ich hört ihn nicht.

3. Ach, mein schifflein will versincken,
Recht auf diesen sünden-meer, GOttes grimm läst mich ertrincken, Denn
sein hand ist viel zu schwer, Ja, mein
schifflein läst sich jagen Durch ver-
zweiflungs-angst und plagen, Gantz
entauchert hin und her.

4. GOtt hat mich jetzt gar vergessen,
Weil ich nicht an ihn gedacht, Meine
sünd hat er ermessen, Und sich meinen
feind gemacht. Daß ich ringen muß
die hände, Sein erbarmung hat ein
ende, Schier bin ich zur höllen bracht.

5. Wo ist rath und trost zu finden, Wo
ist hülf in dieser noth? HErr, wer
rettet mich von sünden, Wer erlöset
mich vom tod? Ich gedencke zwar der
zeiten, Da du pflegst für uns zu streiten, Wann wir lagen gar im koth.

6. Aber nun hat sich geendet Deine
lieb und grosse treu, Ach! dein hertz
ist abgewendet, Und dein grimm wird
täglich neu Du bist gar von mir gegangen, Nur dein zorn hält mich gefangen, Ich verschwinde wie die sprey.

7. Höllen-angst hat mich getroffen,
Mein gewissen quälet mich, Kein erlösung ist zu hoffen, Ich empfinde to-
des-pfeil! Und ein unaufhörlichs sterben, HErr, ich eile zum verderben,
Ich vergehe jämmerlich.

8. Grauen hat mich überfallen Zittern
hat mich angesetzet Schwerlich kan ich
nunmehr lallen, Angst und furcht hat
mich bedeckt, Ach! ich wandel jetzt die
strassen Da ich mich muß martern lassen, O wie wird mein geist erschreckt?

9. Will mir dann kein trost erscheinen?
Spür ich gar kein gnaden-licht?
Nein, vergeblich ist mein weinen,
Mein gebet das hilft mir nicht: Über
mich verlassnen armen Will kein helfer sich erbarmen Ich bin tod, mein
hertz zerbricht.

10. Liebste seel, hör auf zu schreyen,
Deines klagens ist zu viel, Nach dem
trauren kommt das freuen, Hertzens-
angst hat auch ihr ziel. Wechsel ist in
allen sachen, Nach dem heulen kommt
das lachen, GOtt der treibt mit dir
sein spiel.

Anfechtungs-Lieder.   105

11. Ist dein Heyland von dir gangen, Er wird wieder kommen schon, Und mit freuden dich umfangen, Recht wie den verlohrnen sohn. Hat dein liebster dich verlassen? Ey er kan dich nimmer lassen, Seine güt ist doch dein lohn.

12. Hat dich GOtt dahin gegeben, Daß dich satan sichten soll, Und das creutz dich mache beben: Er meynet doch alles wohl; Diß sind seiner liebe zeichen, Die doch keiner kan erreichen, Wann er nicht ist glaubensvoll.

13. Ob dich dein gewissen naget, Ob dein geist bekümmert ist, Ob der höllen furcht dich plaget, Ob dich schrecket des teufels list: Traure nicht, GOtt wird es wenden, Und dir grosse lindrung senden, Waß du nur gedultig bist.

14. Moses hat diß auch erfahren Und sein bruder Aaron, Noah, und die mit ihm waren Sahen nicht die gnaden-sonn. David, Joseph und Elias, Petrus, Paulus und Tobias, Trugen auch ihr theil davon.

15. Sey zufrieden, liebe seele! Willig trägst du solche last, Hier in dieser unglücks-höle Weiß man doch von keiner rast, Drum so stille nur dein zagen, Und bedenk, es sind die plagen, Die du längst verdienet hast.

16. Brausen jetzt die wasserwogen, Morgen ändert sich das meer, Ist dir heut ein freud entzogen Morgen komt sie wieder her. Ist dir aller trost entgangen, Sey zufrieden, dein verlangen Wird erfüllet nach begehr.

17. Was betrübst du dich mit schmerzen? Stille doch und harr auf GOtt, Danken will ich ihm von herzen, Daß ich werde nicht zu spott. Ob er mich gleich würde tödten, Hilft er mir dannoch aus nöthen, Er der starke Zebaoth.

18. HErr, errette mich mit freuden Aus der höllen grausamkeit, Hilf mir daß ich auch im leiden Dir zu dienen sey bereit, Gibst du nur des geistes gaben, Daß sie mir die seele laben, Tret ich frölich an den streit.

CCLXXVIII. 278.

Ach HErr du vater Jesu Christ, Erhör mein kläglich stimme, Straf mich ja nicht zu dieser frist, In deinem zorn und grimme Gib ja nicht HErre verdienten lohn, Mit deiner straffe mein verschon, Daß ichs ertragen möge.

2. Durch Christum, HErr erbarme dich, Und sey mir sünder gnädig. Ich bin gar schwach und jämmerlich, Mein herz von trost ist ledig. Gebein u. seel erschrocken sind, Ach heile mich, mach mich gesund, Du rechter seelen artzte!

3. Ach HErr, wie lang solls währen noch, Laß deinen zorne stillen, Errett mein seel, und hilf mir doch Um deiner güte willen. Groß ist ja dein barmherzigkeit, Im tod gar keine danckbarkeit, Die höll wird dir nicht danken.

4. Vielseufzen hat mich müd gemacht, Für grosser angst ich schwitze, Daß ich um bette schwimmen möcht, Mit thränen ichs auch netze. Mir ist verfallen mein gestalt, Und ist vor trauren worden alt, In allen meinen ängsten.

5. All übelthäter weicht von mir, Der HErr erhört mein weinen, Mein flehen auch erhöret er, Läßt mir sein gnad erscheinen. Es müssen alle seinde mein Geschänet seyn, sehr erschrecken seyn, Zuruck sich plötzlich kehren.

CCLXXIX. 279.

Mel. Wie der hirsch in grossen rc.

Weg mein herz mit den gedanken, Als ob du verstossen wärst: Bleib in Gottes wort und schranken, Da du anderst reden hörst. Bist du bös und ungerecht, Ey so ist GOtt fromm und schlecht: Hast du zorn und tod verdienet, Stucke nicht, GOtt ist versöhnet.

2. Du bist, wie die menschen alle Angesteckt mit sünden-gift, Welches Adam mit dem falle Samt der schlangen angesisst: Aber so du kehrst zu Gott, Und dich besserst hats nicht noth, Sey getrost, GOtt wird dein flehen Und abbitten nicht verschmähen.

3. Er ist ja kein bär noch löwe, Der sich nur nach blute sehnt, Sein herz ist zu lauter treue, Und zur sanftmuth angewöhnt. GOtt hat einen vater-sinn, Unser jammer jammert ihn, Unser unglück ist sein schmerze, Unser sterben kränckt sein herze.

4. So wahrhaftig als ich lebe Will ich keines menschen tod, Sondern daß er sich ergebe An mich aus dem sünden-koth. Gottes freud ist, wann auf erd Ein verirrter wiederkehrt, Will nicht daß aus seiner heerde, Das geringst entzogen werde.

5. Kein hirt kan so fleißig gehen Nach dem schaaf, das sich verlauft, Sollst du Gottes herze sehen, Wie sich da der kummer häuft: Wie es dürstet, lechzt und brennt Nach dem, der sich abgetrennt Von ihm und auch von den seinen, Würdest du vor liebe weinen.

6. Gott der liebt nicht nur die frommen Die in seinem hause seynd Sondern auch die ihm genommen Durch den grimmigen seelen-feind: Der dort in der höllen sitzt, Und den menschen herz erhitzt, Wider den, der, wann sich reget Sein fuß, alle welt beweget.

7. Dannoch bleibt in liebes-flammen Sein verlangen allzeit groß, Ruft und locket uns zusamen In den weiten himels schoos. Wer sich da nur stellet ein, Suchet frey und los zu seyn, Aus

des satans reich und rachen, Der
macht GOtt und engel lachen.
8. GOtt, und alles heer hoch droben
Dem der himmel schweigen muß,
Wann sie ihren schöpfer loben, Jauchzen über unsre buß: Aber was gesündigt ist, Das verdeckt er und vergißt,
Wie wir ihn beleidigt haben, Alles,
alles ist vergraben.
9. Kein see kan sich so ergiessen, Kein
grund kan so grundlos seyn, Kein
strom so gewaltig fliessen, Gegen GOtt
ist alles klein: Gegen GOtt und seine huld, Die er über unsre schuld
Alle tage läßet schweben, Durch das
gantze sünden-leben.
10. Nun so ruh and sey zufrieden
Seele! die du traurig bist, Was wilt
du dich viel ermüden, Da es nicht
vonnöthen ist. Deiner sünden grosses
heer, Wie es scheinet, ist nicht mehr
Gegen GOttes herz zu sagen, Als
was wir mit finger u tragen.
11. Wären tausend welt zu finden,
Von dem Höchsten zugericht, Und du
hättest alle sünden, Die darinnen sind
verricht, Wär es viel, doch lange nicht
So viel, daß das volle licht Seiner
gnaden hie auf erden Dadurch könt
erlöschet werden.
12. Mein GOtt! ö'ne mir die pforten Solcher gnad und gütigkeit, Laß
mich allzeit aller ort n Schmacken
deine süßigkeit: Ziehe mich und treib
mich an, Daß ich dich, so gut ich kan,
Wiederum umfang und liebe, Und ja
nun nicht mehr betrübe.

CCLXXX. 280.

Mel. Nicht so traurig, nicht so sehr.
Ich erhebe, HErr! zu dir Meiner
beyden augen-licht, Mein gesicht
ist für und für Zu den bergen aufgericht: Zu den bergen, da herab Ich
mein heil und hülfe hab.
2. Meine hülfe kommt allein Von des
höchsten hände her, Der so künstlich,
hübsch und sein Himmel, erde, luft
und meer, Und was in dem allem ist,
Uns zum besten ausgerüst.
3. Er nimt deiner füsse tritt, O mein
hertze! wohl in acht, Wann du gehest,
gehet er mit, Und bewahrt dich tag und
nacht. Sey getrost, das höllen-heer
Wird dir schaden nimmermehr.
4. Siehe, wie sein auge wacht, Wann
du liegest in der ruh, Wann du schläf-
fest, kommt mit macht Auf dein bett
geflogen zu Seiner engel güldne
schaar, Daß sie deiner nehmen wahr.
5. Alles was du bist und hast, Ist um-
ringt mit seiner hut, Deiner sorgen
schwere last Nimt er weg, macht alles
gut. Leib und seel hält er verdeckt,
Wann dich sturm und wetter schreckt.

6. Wann der sonnen hitze brennt, Und
des lebens-kräfte bricht, Wann dich
stern und monde blendt Mit dem klaren angesicht, hat er seine starke haut
Dir zum schatten fürgewandt.
7. Nun er fahre immer fort, Der
getreue fromme hirt, Bleibe stets
dein schuld und hort, Wann dein herz
geängstigt wird, Wann die noth wird
viel und groß, Schließt er dich in seinen schooß.
8. Wann du sitzest, wann du stehst,
Wann du redest, wann du hörest, Wan
du aus dem hause gehst, Und zurücke
wieder kehrest, Wann du trittst aus
oder ein, Will er dein gefährte seyn.

CCLXXXI. 281.

Nicht so traurig, nicht so sehr Meine seele sey betrübt, Daß dir
GOtt glück, gut und ehr Nicht so viel
wie andern gibt, Nimm vorlieb mit
deinem GOtt, Hast du GOtt, so hats
nicht noth.
2. Du, noch einig menschen-kind, Hast
kein recht in dieser welt, Alle die geschaffen sind, Sind nur gäst in frem-
dem zelt, GOtt ist HErr in seinem
haus, Wie er will, so theilt er aus.
3. Bist du doch darum nicht hier, Daß
du erden haben solt, Schau den himmel über dir, Da, da ist dein edles
gold Da ist ehre, da ist freud, Freud
ohn end, ehr ohne reid.
4. Der ist albern der sich kränkt Um ein
hand voll eitelkeit, Wann ihm GOtt
dargegen schenkt Schätze der beständigkeit, Bleibt der centner dein gewinn, Fahr der heller immer hin.
5. Schaue alle güter an, Die dein herz
für güter hält, Keines mit dir geben
kan, Wann du gehest aus der welt, A-
les bleibet hinter dir, Wann du tritst
ins grabes thür.
6. Aber was die seele nährt, GOttes
huld und Christi blut, Wird von kel-
ner zeit verzehrt, Ist und bleibet allzeit gut. Erden-gut zerfällt und bricht
Seelen-gut verschwindet nicht.
7. Ach wie bist du doch so blind, Und
im denken unbedacht, Augen hast du,
menschen-kind, Und hast doch noch nie
betracht Deiner augen helles glas,
Siehe, welch ein schatz ist das.
8. Zähle deine finger her, Und der andern glieder zahl, Keins ist, das dir
unwerth wär, Ehrst und liebst sie allzumal, Keines gibst du weg um gold,
Wann man dirs abnehmen wolt.
9. Nun, so gehe in den grund Deines
herzens, das dich lehrt, Wie viel gutes alle stund Dir von oben wird beschert: Du hast mehr als sand am meer
Und wilst doch noch immer mehr.
10. Wüste, der im himmel lebt, Daß

Anfechtungs-Lieder.

d gut, Wornach so
Dein   verderbtes
Bürde seine frem-
lassen unerfreut.
liebe voll, Und von
en, Wann du wünn-
bl, Wie dein wunsch
dirs gut, so gehts er
e, spricht er: nein,
det sein geist Dir
aus Manna, das die
: und schmücket es
er wählet dir zum
zu guth und theil.
empor Du betrüb-
das seufzen, nimm
glaubens freuden-
wann dich die nacht
traurig macht.
himmels-sohn, Dein
nd ziel, Rühre stets
n Deines danckes
dir schon gegeben
du würdig bist.
ebens lauf Allzeit
t, Wie es kommt,
ein wohl bedacht ge-
widrig, laß es gehn.
l bleibt dir stehn.

XII. 282.

it angst und schm.
urigen gemüther.
vollen wiederkehr
dessen güther Kein
ehrn, Dessen macht
Dessen gnade wie-
n eifer ungestürt
eibt unverkürtzet.
s ja zerrissen, Mit
icht, Und uns, da er
sehr erbärmlich zu-
wegen unverzagt!
lgt und plagt, Wird
er sünden Wieder
den.
e uns umfangen,
em arm entzwey.
vergangen, Macht
ey, Daß wir, wann
durch die himmels
h auf erneuter er.
und leben werden.
an acht drauf haber
eisse sehn, Was für
d gaben Uns vor
Da wird dieses nu-
ns sorge seyn, Daß
uns nennen, Mö-
hl erkennen.
ich zu uns machen
genröth, Uber wel-
l Bey der gantzen
ird kommen un-
u der rechten zeit,

Voller süsser kraft und segen, Wie die
früh- und spaten regen.
6. Ach, wie will ich dich ergötzen, O
mein hochgeliebtes volck! Meine gnade soll dich netzen, Wie ein ausge-
spannte wolck: Eine wolcke, die das
feld, Wann der morgen weckt die
welt, Und die sonne noch nicht leuchtet,
Mit dem frischen thau befeuchtet.

CCLXXXIII. 283.

MEine seele laß es gehen, Wie es
in der welt jetzt geht, Meine seele, laß es stehen, Wie es jetzund geht
und steht, Liebste seele, halte stille,
Dencke, das ist GOttes wille.
2. Ist die welt dir gleich zuwider, Und
bist deiner feinde spott, Drücken dich
gleich feinde nieder, So vertrau du
deinem GOtt, Liebste seele, halte stille, Dencke, das ist GOttes wille.
3. Ist in deines hertzens-kammer Nichts
als lauter hertzenleyd, Plaget dich
manch grosser jammer, Hier in dieser
sterblichkeit, Liebste seel, halte stille,
Dencke, das ist GOttes wille.
4. GOtt pflegt die getreuen hertzen,
Wann sie durch sein creutz bewährt,
Wohl zu trösten nach dem schmertzen,
Und thut, was sie nur begehrt: Liebste seele, halte stille, Dencke, das ist
GOttes wille.
5. Auf den regen scheint die sonne, Also kommet lust auf leyd, Auf die angst
folgt lauter wonne, Freud kommt auf
traurigkeit, Liebste seele, halte stille,
Dencke, das ist GOttes wille.
6. Solt du von der welt abscheiden,
Scheide nur getrost zu GOtt, GOtt
gibt auf das scheiden freude, Freude
gibt er auf die noth, Liebste seele, halte stille Dencke, das ist GOttes wille.

CCLXXXIV. 284.

JSt jemand so, wie ich, So lebt er
jämmerlich, Worüber ich muß
weinen, Will mir doch nicht erscheinen, Was ich such mit begier, Ver-
birget sich vor mir.
2. Im himmel ist das guth, Darinn
mein hertze ruht. Hinauf sieht mein
verlangen, Dich, JEsu! zu umfangen,
Ich such und finde nicht, Was mir so
hoch gebricht.
3. Was mir sonst werden kan, Steht
meiner lieb nicht an, Die welt mit
ihren schätzen Kan mich doch nicht ergötzen, Die wollust dieser erd Ist keiner liebe werth.
4. Ich lieb was ewig bleibt, Was keine zeit vertreibt, Was meine seele
nähret, Was keine fluth verzehret,
Und keine glut verbrennt, Kein unglück von mir trennt.
5. Ich lieb und werd gequält: Dann
was ich hab erwählt, Giot sich nicht zu
geniess-

genießen. Wie solte nicht verdrießen
Stets lieben ohne frucht, Nicht fin=
den was man sucht.
6. Wie lang hab ich geweint, Weil
mir kein trost erscheint! Wie lang hab
ich geklaget, Daß mich die liebe pla=
get! Stund nicht mein hertz und sinn
Nach JEsu immer hin?
7. Ach himmel, thu dich auf, Ich
komm in vollem lauf, Laß mich nur
eins erblicken Den, der mich kan er=
quicken, Ach! JEsu, laß mich ein,
War oft mein seufzerlein.
8. Umsonst ist alles doch, Ich muß am
schweren joch Des lebens länger zie=
hen, Umsonst ist mein bemühen. Was
mir solt süsse seyn, Das bringet
bittre pein.
9. Ich will doch nicht aufhören Zu
lieben und zu ehren Den meine seele
liebet. Obgleich die lieb betrübet,
Ob ich sein nicht genieß, Ist doch das
lieben süß.
10. Der wille bringt die kron, Ist
sonst kein ander lohn, Das ungestill=
te sehnen Vermischet mit den thrä=
nen. Muß mitten in der pein Ein
süsses labsal seyn.

CCLXXXV. 285.

JSt jemand so wie ich, So lebt er
seliglich, Was ich sucht alle stun=
den, Hab ich nun einst gefunden, Ich
bin der sorgen los, Und sitz in JEsu
schoos.
2. Ich aß das thränen=brod, Und
grämte mich schier tod, Ich ließ das
welt=getümmel, Und bat hinauf gen
himmel Mein hertz und sinn gericht,
Allein ich fand ihn nicht.
3. Die welt drang auf mich zu, Ver=
sprach mir süsse ruh, Die wollust,
güldne zeiten, Die hoffart, herrlich=
keiten, Die augen = lust, viel guth,
Zu lencken meinen muth.
4. Fahr welt, fahr immer hin,
Sprach ich in meinem sinn, Dann dei=
ne lieblichkeiten Verblühen mit den
zeiten, Bey dir ist kein gewinn,
Fahr welt, fahr immer hin.
5. Kaum war diß wort gedacht, Da
mirs schon freude bracht, Er gab sich
zu geniessen Mit tausend liebes=küs=
sen, Den meine seele liebt, Der mich
vorhin betrübt.
6. Halt ein du thränen=bach, Du hertz
erzwungnes ach, Jetzt kommt nach bit=
term leiden Mit vielen süssen freu=
den JEsus, der liebste freund, Den
meine seele meynt.
7. Mein seufzen ist erhört, Mein
weinen ist gekehrt In lachen, mein be=
trüben In süß erwüntschtes lieben,

Der himmel tröpfelt ab Die werthe
seelen=gab.
8. Was mir bracht bittre pein, Muß
jetzo süsse seyn, Je bitterer im betrü=
ben, Je süsser in dem lieben, Ver=
wandelt mit der zeit, In völlig ewig=
keit.
9. Diß quälet mich annoch, Daß ich
vom lebens=joch Nicht kan erlöset
werden: Ach reiß mich von der erden,
Daß ich in ewigkeit Geniesse diese
freud.
10. Ich bin des lebens satt, Von vie=
lem creutze matt, Die erde macht mir
bange, Mein JEsu, wie so lange! Ach
nimm mich aus der welt, Ins güldne
himmels=zelt.

CCLXXXVI. 286.

SElig, ja selig, wer willig erträget
Dieser zeit leiden, verachtung
und streit, Welches nach dieser ver=
gänglichkeit pfleget Mit sich zu brin=
gen die ewige freud. Dieser zeit lei=
den nimmt ende behende, Himmlische
freude beharret ohn ende.
2. Dieser zeit leiden das quälet gelin=
de, Dieser zeit leiden vergehet wie
schnee, Schwindet geschwinde wie
schwindende winde, Quälen der see=
len bringt ewiges weh. Dieser zeit
leiden nimmt ende behende, Quälen
der seelen beharret ohn ende.
3. Dieser zeit schmerzen im hertzen ver=
schmerzen, Stehet gerüsteten Christen
wohl an. Welches im hertzen sind bren=
nende kertzen, So uns erleuchten die
himmlische bahn. Selig, wer dieser
zeit schmertzen erduldet, Droben im
himmel wirds doppelt verschuldet.
4. Dieser zeit plagen sind leichtlich
geschlagen, Gegen der ewigen hölli=
schen quaal: Dieser zeit plagen uns
nagen und jagen Hin zu der freude
im himmlischen saal. Dieser zeit
plagen die fallen behende, Himmli=
sche freude beharret ohn ende.
5. Endlich, nach dieser zeit schmerzen
und leiden, Werden wir (welches ge=
wiß wird geschehn,) Scheiden aus
leiden und neiden zur freuden. Wel=
ches kein sterbliches auge geseh'n:
Solches uns allen aus gnaden wollge=
ben Christus, die wahrheit, der weg
und das leben.
6. Selig, drum selig, wer willig er=
träget Dieser zeit leiden, verachtung
und streit, Welches nach dieser
vergänglichkeit pfleget Mit sich zu
bringen die ewige freud. Selig,
wer alles um JEsu erduldet, Dro=
ben im himmel wirds doppelt ver=
schuldet.

Siebens=

Siebenter Theil,

In welchem verfaſſet
Die Lieder,

ſo in Kriegs- und Friedens-Zeiten, wie auch Ungewitter, Theurung und Sterbens-Läuften zu gebrauchen.

In Kriegs-Zeiten.

CCLXXXVII. 287.

Mel. O Herre GOtt, dein göttlich.

GIb fried zu unſer zeit, o HErr! Groß noth iſt jetzt vorhanden, Der feind begehrt nichts anders mehr, Dann daß er bring zu ſchanden Den namen Chriſt, Und dämpf mit liſt Wahren Gottesdienſt auf erden. Solchen erhalt, Durch dein gewalt, Du hilfſt allein in gefährden.

2. Gib fried, den wir verlohren han, Durch unglauben und bös leben. Dein wort haſt uns geboten an, Dem wir all widerſtreben. Dann wir zum theil Diß unſer heyl Mit frevelem gewalt austreiben; Zum theil ohn grund Bekennen rund, Ohn hertzlich frömmigkeit bleiben.

3. Gib fried, auch deinen geiſt uns ſend, Der unſer hertz durch reue Und leyd um unſer ſünd behend, In Jeſu Chriſt erneue. Auf daß dein gnad All ſchand und ſchad, All forcht und krieges-laſte Von uns abkehr Dadurch dein ehr Bey allem volck erglaſte.

CCLXXXVIII. 288.

Mel. Durch Adams fall iſt gantz ꝛc.

GIb fried, o frommer treuer GOtt, Du Vater aller gnaden, Wend ab die groß vorſtehend noth, Verhüt all unſern ſchaden. Der feind mit macht Dahin nur tracht, Die völcker zu verheeren, Die deinen ſohn, Den heyland fromm, Bekennen, lob'n und ehren.

2. Gib fried, o JEſu! lieber HErr, Du ſchützer deiner heerde, Es lauget an dein amt und ehr, Dein Gottesdienſt ſo werthe. Solchs alls der feind Mit ernſt jetzt meynt, Wills hindern und ausrotten, Hie ſteh uns bey, HErr JEſu frey, Die feinde nach) zu ſpotte.

3. Gib fried, o HErr GOtt heil'ger Geiſt, O tröſter aller bidden, Dein hülf uns jetzt und allzeit leiſt, Laß ein kirch nicht veröden, Das g'bät erweck, Den glauben ſtärck, Gib wahre buß und reue, Die feinde ſtürtz, Dein volck beſchütz, Auf daß ſichs ewig freue.

4. O heilige dreyfaltigkeit, Glück, heyl und kraft verleihe, All unſer ſünd und ſchwer bosheit Nach vaters art verzeihe, Damit dein gnad, All ſchand und ſchad, All forcht und kriegs-gefährde Von uns abkehr, Dadurch dein ehr Bey allem volck kund werde.

CCLXXXIX. 289.

Mel. Kommt her zu mir, ſpricht ꝛc.

VErzage nicht, du häuflein klein, Ob ſchon die feinde willens ſeyn, Dich gäntzlich zu verſtören: Und ſuchen deinen untergang, Davon dir wird recht angſt und bang, Es wird nicht lange währen.

2. Drum laßt uns haben klein gedult, Iſt pabſt uns feind, GOtt iſt uns huld, Er lacht der feinde toben: Er wirds mit ihn'n nicht machen lang, Wolln bald ſehn ihren untergang, Ewig GOtt dafür loben.

3. Durch Chriſt, den rechten kriegesmann, Der ſelbſt mit uns iſt auf dem plan, Die feinde allzuſammen Zu ſchlagen, ſtürtzen mit gewalt, Damit ſein kirch das feld behalt, Zu ehren ſeinem namen.

4. Tröſte dich nur, daß deine ſach Iſt GOttes, dem befehl die rach, Und laß es ihm ſchlecht walten: Er wird durch ſeinen Gideon, Den er wohl kennt, dir helfen ſchon, Dich und ſein wort erhalten.

5. Durch Abraham hat er den Loth Geriſſen aus der feinde rott, Mit weib, haab, vieh und kindern. Jacob durch ſeines engel ſchaar Thät er retten aus groſſer gfahr, Sein angſt und ſorge lindern.

6. Der Pharao im rothen meer Muſt ſchändlich mit ſein'm gantzen heer Umkommen und erſauffen. Sennaherib, der zornig held, Geſchlagen worden aus dem feld, Der ſtraf kont nicht entlauffen.

7. Mit GOttes hülf der Joſaphat Viel feinde überwunden hat, Erwürget und erſchlagen. In GOttes namen ſiegs-panier Können wir aufwerfen dort und hier, Und auf ſein hülf es wagen.

8. So wahr GOtt GOtt iſt und ſein wort, Muß welt, teufel und höllen-pfort, Und was dein thut anhangen, Endlich werden zu hohn und ſpott, GOtt iſt mit uns und wir mit GOtt, Den ſieg wolln wir erlangen.

9. Drum ſey getroſt, du kleines heer, Streit ritterlich für Gottes ehr, Und laß dir gar nicht grauen: GOtt wird den feind'n nehmen den muth, Daß ſie ſterben

In Kriegs-Zeiten.

sterben in ihrem blut. Wirst du mit
augen schauen.
10. Amen, das gib, HErr JESU
Christ, Dieweil du unser schutzherr
bist, Hilf uns durch deinen namen:
So wollen wir, deine gemein, Die
dafür allzeit danckbar seyn, Und fröhlich singen, Amen.

CCXC. 290.

Hilf, HErre GOtt, uns würmelein, Sonst müssen wir verzagen,
Warum wilt du so zornig seyn, Dich
unser gar entschlagen? Sind wir doch
dein ererbtes guth, Erworben durch
dein theures blut, Ach HErr! erbarm dich unser.
2. Unfried, theurung auf aller seit,
Kranckheit und pestilentz, Habn sich
schon starck zum streit bereit, Zu plagen unsre grentze. Wach auf, wach
auf, hertzliebster GOtt! Verlaß uns
nicht in dieser noth, Ach HErr! erbarm dich unser.
3. Sieh nicht an unser schwere sünd,
Die dich treibt uns zu straffen, O
JEsu, hertzengüldnes kind. Nun
krieg thu von uns schaffen. Dein
frieden-geist gib jedem stand, Glück
und auch ruh dem teutschen land, Ach
HErr! erbarm dich unser.
4. Laß uns fallen in deine händ, Wir
wollen lieber sterben, Als daß krieg
herrscht in unserm land, Und uns zu
grund verderben. Zerbrich, zerbrich die
blutge ruth, Wirf sie ins feur, o Vater gut, Ach! ach! erbarm dich unser.
5. O treuer GOtt in ewigkeit, Unser
gebät erhöre, Tröst uns in dieser traurigkeit, Und unsern glauben mehre,
Ach! wie ist uns so angst und bang,
HErr JEsu Christ, bleib ja nicht lang,
Erbarm dich unser! Amen.

CCXCI. 291.

Mel. Wann wir in höchsten nöthen.

ACh GOtt! dein arme Christenheit
Jtzt allenthalben verfolgung leidt,
Sie wird gepreßt, geängstet sehr, Sie
kans fast nicht ertragen mehr.
2. Die feind toben gewaltiglich, Mit
mord und brennen grausamlich, Es
wird verheert all mit gewalt, Man
schonet weder jung noch alt.
3. Es ist zwar unser sünden-schuld,
Doch hab, o lieber GOtt, gedult Mit
uns elenden würmelein, Schon unser
armen kinderlein.
4. HErr JEsu, thu bey uns das best,
Treib von uns solche fremde gäst, Den
türcken und all andre feind, Die deinem wort zuwider seynd.
5. Damit ferner dein liebes wort Jn
fried und ruh an allem ort Rein, unverfälscht gepredigt werd, So lang
wir lebn auf dieser erd.
6. Ach du hertzliebster JEsu Christ,

Weil alls nu s höchste kommen ist,
Und allen menschen wird sehr bang,
So bleib nun nicht mehr außen lang.
7. Mit deiner hülf, die wir begehrn,
Jn unser noth ohn alls aufhörn, Ach
komm, und rett uns arme leut, Aus
dieser kriegs-beschwerlichkeit.
8. Heb auf den krieg, nimm weg das
schwerdt, Eh wir dadurch werden
verzehrt, Beschehr gewünschten frie-
denstand, Bey uns und auch in andern land.
9. Hilf HErr und helfer gnädiglich,
Wend ab die straffen väterlich, Wir
wolln dich preisen danckbarlich, Hie
zeitlich und dort ewiglich.

CCXCII. 292.

DU frieden-fürst, Herr Jesu Christ,
Wahr'r mensch u. wahrer GOtt,
Ein starcker nothhelfer du bist Jn leben und im tod. Drum wir allein Jn
namen dein Zu deinem Vater schreyen.
2. Recht grosse noth uns stösset an Von
krieg und ungemach, Daraus uns niemand helfen kan, Dann du, drum
führ die sach, Dein Vater bitt, daß er
ja nicht Jm zorn mit aus weit fahren.
3. Gedenck, HErr! jetzund an dein amt,
Daß du ein fried-fürst bist. Und hilf
uns gnädig allesamt, Jetzund zu dieser
frist Laß uns hinfort Dein göttlich
wort Jm fried noch länger schallen.
4. Verdient haben wir alles wohl, Und
selbsten's mit gedult, Doch deine gnad
grösser seyn soll, Dann unser sünd
und schuld, Darum vergib Nach deiner lieb, Die du vest zu uns trägest.
5. Es ist groß elend und gefahr, Wo
pestilentz regiert, Viel grösser aber
ists fürwahr, Wo krieg geführet wird,
Da wird veracht, Und nicht betracht,
Was recht und löblich wäre.
6. Da fragt man nicht nach ehrbarkeit Nach zucht und nach gericht,
Dein wort liegt auch zu solcher zeit,
Und geht im schwange nicht, Drum
hilf uns, HErr! Treib von uns ferr
Krieg und all schädlich wesen.
7. Erleucht auch unsern sinn u. her: Durch
den geist deiner gnad, Daß wir nicht
treiben drauß ein schertz, Der unser
seelen schad, O JEs Christ, Allein du
bist, der solch's wohl kan ausrichten.

CCXCIII 293.

Mel. Singen wir aus hertzensgr.

TReuer wächter Jsrael, Deß sich
freuet leib und seel, Der da weis-
sest alles leyd Deiner armen Christenheit, O du wächter! der du nicht
schläfst noch schlummerst, zu uns
richt Dein hülfreiches angesicht.
2. Schau, wie grosse noth und quaal,
Trifft dein volck jetzt überall, Täglich
wird der trübsal mehr, Hilf, ach hilf

In Kriegs-Zeiten.

schütz deine ehr, Wir verderben, wir vergehn, Nichts wir sonst vor augen sehn, Wo du nicht bey uns wirst stehn.

3. Hoherpriester JEsu Christ, Der du eingegangen bist In den heiligen ort zu GOtt, Durch dein creutz und bittern tod, Uns versöhn mit deinem blut, Ausgelöscht der höllen glut, Wiederbracht das höchste guth.

4. Sitzst auch heut ins Vaters reich, Ihm an macht und ehren gleich, Unser mittler und patron, Seine höchste freud und kron, Den er in dem hertzen trägt, Wie sich selbst zu lieben pflegt, Dem er keine bitt abschlägt.

5. Kläglich schreyen wir zu dir, Klopffen an die gnaden-thür, Wir, die du mit höchsten ruhm Dir erkaufft zum eigenthum, Deines Vaters zorn abwend, Der mit lauter feur jetzt brennt, Und schier alle welt durchrennt.

6. Zeig ihm deine wunden roth, Red von deinem creutz und tod, Und was du noch hast gethan, Zeig ihm unsertwegen an, Sage, daß du unsre schuld Hast bezahlet mit geduld, Und erlanget gnad und huld.

7. JEsu! der du JEsus heist, Als ein JEsus hülfe leist. Hilf mit deiner starcken hand! Menschen-hülf hat sich gewandt. Eine mauer um uns bau, Daß dem feinde dafür grau, Und mit zittern sie anschau.

8. Liebster schatz, Immanuel, Du beschützer meiner seel, GOtt mit uns in aller noth, Neben uns und in uns GOtt, GOtt für uns in aller zeit, Trotz dem, der uns thut ein leyd, GOttes straf ist ihm bereit.

9. Deines Vaters starcker arm Komm und unser sich erbarm. Laß jetzt sehen deine macht, Drauf wir hoffen tag und nacht. Aller feinde koppel trenn, Daß dich alle welt erkenn, Aller hertzen HErren renn.

10. Andre trauen ihrer kraft, Ihrem glück und ritterschaft: Deine Christen sehn auf dich, Trauen dir sich vestiglich, Laß sie werden nicht zu schand, Bleib ihr helfer und beystand, Sind sie dir doch gantz bekannt.

11. Gürte dein schwerdt an die seit, Als ein held, der für sie streit, Und zerschmettre deine feynd, So viel ihr auf erden seynd, Auf die hälse tritt du ihn, Leg sie dir zum schemel hin, Und brich ihren stoltzen sinn.

12. Du bist ja der held und mann Der den kriegen steuren kann, Der da spieß und schwerdter bricht, Der die bogen macht zunicht, Der die wagen gar verbrennt, Und der menschen hertzen wend, Daß der krieg gewinnt ein end.

13. JEsu! wahrer frieden-fürst, Hast der schlangen ja zerknirscht Ihren kopf durch deinen tod, Wiederbracht den fried bey GOtt; Gib uns frieden gnädiglich, So wird ein volck freuen sich, Dafür ewig preisen dich.

CCXCIV. 294.

Mel. Erhalt uns, HErr, bey deinem.

NUn mach uns heilig, HErre GOtt, Und sich an unsre grosse noth, Sey jetzund deinem volck gnädig, Von sünden mach es gantz ledig.

2. O GOttes-lamm, HErr JESU Christ, Der du für uns gestorben bist, Wir bitten dich sehr fleißiglich, Gib uns den frieden stetiglich.

3. O milder GOtt, heiliger Geist, Dein gnad uns allzeit tröstlich leist, Tröst unser schwach und blöd gemüth, Durch dein überschwengliche güt.

4. O heilige Dreyfaltigkeit, Und ewige allmächtigkeit, Wir bitten dich gantz inniglich, Erhör uns allzeit gnädiglich.

CCXCV. 295.

Mel. Auf meinen lieben GOtt, rc.

IN unsrer krieges-noth Trauen wir allein auf GOtt, Er wird uns nimmer verlassen, Ob uns die feinde schon hassen, Er kan die feinde schlagen, Die uns denken zu plagen.

2. Sind schon der feinde viel, Hab'n sie doch all ihr ziel, Wie weit sie sollen kommen, Daß sie nicht schadn den frommen: Mehr sind auf unser seiten, Als die wider uns streiten.

3. Wird schon der feinde macht Von ihnen groß geacht, Daß sie sich drauf verlassen, Trotzen ehn alle massen, GOtt kan sie gar bald dämpfen, Daß sie aufhörn zu kämpfen.

4. Berathschlagen sie sich Wider uns listiglich, GOtt kan ihrn rath aufdecken, Die feinde all erschrecken, Daß ihre falschen tücke Müssen gehn gar zurücke.

5. Sind schon die feinde nah, GOtt ist viel näher da Mit seinen himmels-heeren, GOtt kan den feinden wehren, Daß sie zurücke weichen, Oder werden zu leichen.

6. O du HErr JEsu Christ, Der du ein fried-fürst bist, Bescher wieder friede, Wir sind des krieges müde, Treib den krieg aus dem lande, Gib glück zu allem stande.

7. Laß auch an allem ort Dein seligmachend wort Gantz unverfälscht erklingen, Und dir allein lobsingen. So wolln wir deinen namen Mit freuden preisen. Amen.

Frieß-

Friedens-Lieder.

CCXCVI. 296.
Mel. Singen wir aus hertzensgr.

Lobet GOtt, ihr Christen all, Singet ihm mit grossem schall, Singet, rühmet, preiset ihn hoch, Daß er in gnaden noch, Seine gnad zu uns gewandt, Und den lieben fried gesandt Wieder auch in unser land.

2. Ach! wie waren wir zuvor In so mancher grosser gefahr, Hatten weder rast noch ruh, Musten fast täglich darzu Rennen, lauffen, reissen aus, Alles lassen stehn zu hauß, Wusten doch oft nicht wo nauß.

3. Ja so groß war der unfall, Daß nicht zu beschreiben all, Alle plagen haussenweiß Haben wir gestanden aus Wer es hat erfahren nicht Soll es wohl vor ein gedicht Halten, wann es wird bericht.

4. Aber je grösser mein Christ, Die noth verhin g'wesen ist, Je mehr du solt denken dran, Und dirs lassen liegen an, Solches zu erkennen sein, Daß wir mögen insgemein GOtt dem HErren danckbar seyn.

5. Und dann auch darneben ihn Bitten, daß er woll forthin Unser lieber vater seyn, Und dergleichen straf und pein Von uns treulich wenden ab Und über uns seine gnad walten lassen früh und spat.

6. Ey so kommen dann nun wir, O du höchster GOtt zu dir, Und bitten demüthiglich, Erhör uns genädiglich, Und all unser sünd verzeih, Die wir erkennen mit reu, Gnädig und barmhertzig sey.

7. Laß den lieben friedens-stand Nicht wieder von unserm land Wegen unser missethat, O du lieber frommer GOtt, Aufgehoben werden, nein! Laß denselben blühen, fein, Und beständig bey uns seyn.

8. Theurung und pestilentz Wende fern von unser grentz, Steh uns bey, o treuer GOtt, Errett uns aus aller noth, Dem satan steuer und wehr, Daß er uns in kein gefahr Bringe, oder sonst verfehr.

9. Gib uns auch dein göttlich wort, Unser trost und höchster hort, Nun, und forthin allezeit, In der gantzen Christenheit, Samt den sacramenten rein, Das soll uns viel lieber seyn, Als was mag auf erden seyn.

10. Unsre liebe obrigkeit Segne, führ, regier und leit, Für sie treulich sorg und wach, Damit sie kein ungemach, Kein unfall berühren thu, Erhalt sie in fried und ruh Lang, frisch und gesund darzu.

11. Unsere gantze gemein Laß dir auch befohlen seyn, Samt der stadt und bürgerschaft, O du unendliche kraft, Deine reiche milde Hand Spüren laß in jedem stand, In der stadt und auf dem land.

12. Alles, was uns lieb und werth, Was du uns, o Gott bescheret, Unser hauß, hof, weib und kind, Unser vieh, unser gesind, Und was sonst noch weiters mehr Zur nothdurft gehörig, HErr, Reichlich segne und vermehr.

13. Schwangre, säugern, krancke leut, Oder welche sonst mit leyd Und trübsal umgeben sind, Jhrer beschwerung entbind, Steh ihnen in gnaden bey, Christliche gedult verleih, Jhr helffer und tröster sey.

14. Ja, gib uns allen zugleich Jn kein ewig himmelreich, Einzugehn nach dieser zeit, Schencke uns die ewig freud, Alsdann wollen wir erst recht Preisen dich als deine knecht, Hier seyn wir doch gar zu schlecht.

15. Nun, du wirst es thun, o GOtt, Wann wir nur in keiner noth Etwan werden muthwilliglich, Aus den augen setzen dich, Dessen wir versichert seyn, Sprechet nun im namen dein, O JEsu, das Amen fein.

CCXCVII. 297.
Mel. Ach GOtt und HErr, rc.

Wohl stehts im land, In allem stand, Wann fried darin regieret: Der fried ernähret, Unfried verzehrt, Als guts der fried gebieret.

2. Dem fried nachjag, In lieb vertrag Wanns nicht so gleich zugehet: Auf krieg und streit Kommt hertzeleyd, Verwüstung draus entstehet.

3. O GOtt, mein HErr, Dem satan wehr, Daß er uns nicht betrübe, Gut policey Und fried verleih, Daß eins das ander liebe.

4. So wollen wir Uns für und für Der danckbarkeit befleissen, Und dich allzeit Jn ewigkeit Erheben hoch und preisen.

CCXCVIII. 298.
Mel. Ach bleib bey uns, HErr rc.

Ach höchster GOtt, wie können wir Nur immermehr gnug dancken dir, Daß du den edlen frieden werth Uns hier auch wiederum bescheret.

2. Wir bitten dich, erhalte du Uns allzeit in solcher ruh: Vor theurung und vor pestilentz Bewahr auch gnädig unsre grentz.

3. Verleih durch deines geistes gnad, Daß wir vor aller missethat Uns hüten, und all insgemein Hierfür recht mögen danckbar seyn.

4. Gib uns und unsrer obrigkeit Dein gnad und segen allezeit, Nimm uns endlich auf in dein reich, Daß wir dich loben ewiglich.

Wann

Wann es sehr wittert.
CCXCIX. 299.

Mel. Allein zu dir, HErr JEsu rc.

WJe groß, o GOtt, ist deine macht, Die du läst sehn und hören, Wann dein ergrimmter donner kracht Wann sich blitzen empören. Wie schröcklich bist du von gewalt, Dein herrlichkeit ist mannig falt, Wir arme sünder wissen nicht, Wie das geschicht Ob himmel, luft und erde bricht.

2. Den erden-kreis bewegest du, Daß seine gründe beben, Die berge wackeln sonder ruh, und alles land darneben. Die dicke wolcken trennen sich, GOtt selber donnert grausamlich, Die blitze leuchten weit und breit Nichts ist befreyt, Dann erd und wasser stehn im streit.

3. Das erdreich stehets und erschrickt, Es schmeltzen berg und hügel, Wann mancher mensch den blitz erblickt Hätt er wohl gerne flügel, Dann auch des starcken donners macht, O HErr, bezeuget deinen pracht, Und wir so grober sünden voll, Erkennen wohl, Daß GOttes hand uns straffen soll.

4. Nun unser ist allein die schuld, Daß wir diß wohl verdienen, Trag aber, HErr, mit uns gedult Und laß dich bald versühnen. Du vaters-hertz von anbeginn, Wo sollen wir jetzt fliehen hin, Wir sind vor deinem grimm und zorn So gar verlohrn, Wird gnade nicht für recht erkohrn.

5. Wir arme würmlein allzumahl Versammlen uns zu schreyen, Zu dir aus diesem jammerthal, Du wolltest uns befreyen In diesem wetter für gefahr, HErr, laß uns nicht so gantz und gar Im starcken donner untergehn, Laß doch geschehn, Daß wir dich wiedrum gütig sehn.

6. Du bist ja groß von lauter gnad, Ach rüste dich zu schützen, Dein armes volck, daß uns nicht schad Im wetter feur und blitzen: Laß uns, o Vater, treffen nicht Ein schlag, der berg und felsen bricht, Beschirm uns vor des d.nners macht, Der schröcklich kracht, Zuvörderst in der finstern nacht.

7. Bewahr uns, HErr, leib, guth und haus, Halt uns im vesten glauben, Laß uns die furcht durch diesen strauß Der hoffnung nicht berauben. Für einem bösen schnellen tod Behüt uns ja, sieh in der noth Jetzt deinen schwachen kindern bey, Damit wir frey Erhalten leben und gebäu.

8. Das vieh im feld, auch laub und saat Sey dir jetzt anbefohlen, Von niemand anders kan man rath Als bloß von dir bey holen. Du schützest uns mit sichrer hut, Für schlossen, hagel-wasserfluth. Ja, was wir haben in der welt, Wann dirs gefält, Das bleibt in sicherheit gestellt.

9. Es mag ja donner, hagel, blitz, Wind oft ein land vernichten, Darzu das wasser, wind und hitz HErr, dein gebot ausrichten. Verfahren uns aber gnädiglich, Laß dis gewitter legen sich, Ich weiß, du bist von gnaden reich, Wer ist dir gleich? Sprich: daß der donner von uns weich.

10. Ach! laß dein treues vater-hertz In dieser angst uns sehen, Es muß ja deiner kinder schmertz Dir schwer zu hertzen gehen: Drum schütz uns, HErr, zu jeder frist, Durch unsern heyland JEsum Christ, So wollen wir dich in der zeit Erheben weit, Und preisen in der ewigkeit.

Nach geendigtem wetter.
CCC. 300.

Mel. Wann wir in höchsten nöthen.

ALlmächtiger und starcker GOTT, Du hocherhabner Zebaoth, Jetzt haben wir gehöret an Mit zittern, was dein allmacht kan.

2. Wir loben, preisen, fürchten dich, Die wir gleich jetzt so grausamlich Erschrocken deine macht gesehn, Für welcher niemand kan bestehn.

3. O grosser GOtt, wir dancken dir, Daß wir für furcht erstarret schier; Geprüfet hoch zu dieser frist, Daß du noch unser vater bist.

4. Du hast erhöret in der noth, Dein volck, das schier für schrecken tod, Und uns in dieser schweren zeit Erwiesen viel barmhertzigkeit.

5. Ach HErr, wann trübsal kommt herbey, Und du vernimmst ein angst-geschrey, Wann wir für zagen werden bleich, So bist du ja von liebe reich.

6. Du gibst auf alles fleißig acht, Hast diese stund an uns gedacht, Als an den Noah in der fluth, Dem du gefristet leib und guth.

7. Du hast uns, HErr, in dieser noth Bewahrt für einem schnellen tod, Gleichwie du dort der jünger schaar Erhieltest in des meers gefahr.

8. Es hat uns weder feur noch hitz, Noch donner, noch ein starcker blitz, Noch auch der hagel in der bahn Des ungewitters leyd gethan.

9. Was du verheissen vor der zeit, Daß uns der flammen grausamkeit Im wenigsten nicht schaden soll, Ist nun erfüllet recht und wohl.

10. Du hast verhütet feur und brand, Dazu mit deiner gnaden hand Gehalten mich

Um gedeyliche Witterung.

mich auf mein begehr, Wie dort sanct
Petrum auf dem meer.
11. Dein hand und schatten hat bedecket lind, die wir waren sehr erschreckt,
Du hast beschirmet unsern leib, Auch
hauß und hof, gut, kind und weib.
12. Dem satan bieltest du zu trutz, O
grosser GOtt! Uns starcken schutz Ja,
stundest bey uns in gefahr, Bis daß
dein zorn fürüber war.
13. Du hast dein freundlichs angesicht
In dieser noth verborgen nicht, Du
hast erwiesen in der that, Daß deine
treu kein ende hat.
14. Für solche wohlthat dancken wir,
Als reinen hertzen billig dir, Ja geben dir mit höchstem fleiß In dieser
stunde lob und preiß.
15. Und obs gleich wenig nützen kan,
So nimm doch unser opfer an, Das
auf dem altar JEsu Christ Im glauben dir gewidmet ist.
16. Verleih uns gnad, o du mein licht,
Daß nimmer wir vergessen nicht Der
wohlthat, die dein hülf und hand Auf
uns, dein armes volck, gewand.
17. Hilf, daß es uns zur busse treib,
Und frömmigkeit nicht aussen bleib,
Auf daß, wann plötzlich bricht herein
Dein tag, wir ja nicht sicher seyn.
18. O süsser JEsu, mag uns fromm,
O du mein liebster Heyland! komm,
Ich wart auf dich mit höchstem fleiß,
Und opfre dir lob, ehr und preiß.

Um gedeyliche Witterung.
CCCI. 301.
Mel. Wann wir in höchsten nöthen.
GOtt Vater! der du deine sonn
Läst scheinen über bös und
fromm, Und der gantzen welt damit
leuchst, Mit reg'n und thau die erd
befeuchtst.
2. Die berg machst du von oben naß,
Und läst drauf wachsen laub und graß,
Zu gäng und fels gut erz du legst,
Fried, schutz und recht du selber trägst.
3. Du gibst auch reichlich brod und
wein, Daß unser hertz kan frölich seyn,
Du deckst auch unsre sünde zu Dein
wort bringt uns trost, fried und ruh.
4. So bitten wir dein gnad und güt,
Dein wort und fried uns stets behüt,
Die frucht der erden uns bewahr, und
gib uns jetzt ein reiches jahr.
5. Ein fruchtbar wetter uns bescher,
Dem hag'l und ungewitter wehr,
Schnee, regen, wind und sonnenschein
Allzeit dein'm wort gehorsam seyn.
6. Heuschrecken, raupen sind dein ruth
Alles das schaden an früchten thut,
Solch ungezifer, HErr! vertreib,
Daß dein gab unbeschädigt bleib.

7. Denck, daß wir arme würmelein
Dein gschöpf, erbgut und kinder seyn,
Und warten auf dein milde hand, uns
aus dein'm wort und werck bekannt.

Um Sonnenschein.
Die liebe sonn uns scheinen laß, Heiß
wachsen erd, trod, kraut u. gras,
Daß leut und vieh ihr nahrung hab,
Und dich erkenn'n aus deiner gab.

Um gedeylichen Regen.
Durch Christ, dein'n Sohn, hör unser
bitt, Theil uns ein'n gnädgen regen mit, Und krön das jahr aus deiner hand, Mit dein fußstapfen düng
das land.
10. Den HErrn von Zion man dich
nennt, In aller welt dein gut man keñt,
Hörst unser bitt und hilfst allein, Gib
gnad, daß wir dir danckbar seyn.

Zur Zeit der Theurung.
CCCII. 302.
Mel. Ach GOtt vom himmel sieh rc.
Ach HErre, du gerechter GOtt,
Wir habens wohl verdienet, Mit
unserm sünd und missethat, Daß unser
feld nicht grünet, Das menschen und
vieh traurig seyn, Wann du zuschleust den himmel dein, So müssen
wir verschmachten.
2. Herr unser sünd bekennen wir, Die
wollst du uns vergeben, All unser
hoffnung steht zu dir, Trost, hülf, thu
uns verleihen, Gib uns regen und segen dein, Um deines namens willn allein, HErr, unser GOtt und tröster!
3. Gedencke, HErr! an deinen bund
Um deines namens willen, Bitten,
wir dich aus hertzen-grund, Und thu
unser noth stillen Vom himmel mit dem
regen dein: Dann dein ist ja der himm'l
allein, Ohn dich kan es nicht regnen.
4. Kein ander götz vermag es nicht,
Daß er sollt regen geben, Den himmel
hast du zugericht, Der inen du thust
schweben, Allmächtig ist der name
dein, Solchs kanst du alles thun allein, HErr unser GOtt und tröster!

CCCIII. 303.
Mel. Ich ruf zu dir, HErr JEsu rc.
Mein sach hab ich zu GOtt gestellt
In meinen grossen nöthen, Was
ihm geliebet, mir gefällt, Ob er mich
gleich wird tödten, Will ich doch hoffen stets auf ihn, In meinen bösen
tagen Nicht verzagen, Hoffen, er wird
mein creutz Gewißlich helfen tragen.
2. Das volck Jsrael grosse noth Vom
Pharaone litten, Noch half ihn'n aus
der treue GOtt, Zum trost, wann wir
ihn bitten, Daß er uns auch erretten
will, Doch nur wanns ihm gefället, Oft
sich

In Sterbens-Läuften. 115

sich findet, Als hab er uns verlan, Sich doch zu uns gesellet.

3. Drum will ich auf seine gnad In meinem elend bauen, Und auf ihn hoffen früh und spat. Das kan mich nicht gereuen. Ich will in seinen weisen rath Mein leib und seel befehlen, Ihm heimstellen, Ob mirs gleich übel geht, Mich doch darob nicht qualen.

4. Dann ob mir leib und seel verschmacht, Und ist kein hülf vorhanden, So weiß ich, er gibt auf mich acht, Daß ich nicht werd zu schanden: Er ist meines hertzens-trost und freud, Mein heyl, mein krafft, mein leben Kan mir geben Was mir allhier ist gut, Und dort zum ewigen leben.

5. Wann hertzens-angst ist übergroß, Kein mensch kan mirs abwenden, Und kan davon nicht werden los, Dann durch ein selig ende: Drum komm, HERR JEsu! nur behend, Nimm mich aus dem elende, In deine hände, Und hilf, daß ich mein lauf Zur seligkeit vollende.

6. Dann ist allein die herrlichkeit, Das reich, die kraft, die ehre, Bekannt ist dein barmhertzigkeit Im himmel und auf erden: Drum zweifl ich nicht, HErr JEsu Christ, Du einer weises-namen, In deinem namen Sey mein gebät erhört: Drauf sprech ich frölich, Amen.

In Sterbens-Läuften.

CCCIV. 304.
Mel. Ach GOtt vom himmel ꝛc.

WJe tröstlich hat dein treuer mund, O liebster GOtt! verheissen, Daß wann uns krankheit will zu grund Und in die gruben reissen, Und wir mit rechter zuversicht Vor dich zu treten säumen nicht, Du wollt uns nicht zerschmeissen.

2. Ach HErr, wir haben diese plag Uns auf den hals gezogen, Die pest ist leider diese tag Und schleunigst zugeflogen, Es hat die seuch uns angesteckt, Das grab hat machen schon bedeckt, Ob man es recht erzogen.

3. Der tod will uns den schaafen gleich Durch hitz und krankheit schlachten, Sehr viele macht er kalt und bleich, Die nicht daran gedachten. Pest ist noch schneller als das schwerdt, Das ohne scheu und reu verzehrt, Noch will man es nicht achten.

4. Nun mag ich nicht verstocket seyn, Ich will mich schuldig nennen. Gesündigt hab ich dir allein, Bin würdig drum zu brennen, Wie mancher schon durch solche ruth In dieser pest und krankheit thut: Die schuld muß ich bekennen.

5. Ja habe nicht dein göttlichs wort Mit andacht angehöret, Oft hat mir ein verkehrter ort Den guten sitt verstöret: Der teufel, wollust, fleisch und welt Von welchen uns wird nachgestellt, Die haben mich bethöret.

6. Ach GOtt! wir haben geld und gut Für alles nur begehret, Wir haben unsern frechen muth Kein uprigkeit gewehret, Diß ist nun worden rest und gifft, Das unsre schwachheit leider trifft, Ja marck und bein verzehret.

7. Wir haben diesen madensack Sehr herrlich ausgeschmücket, Der kurtz hernach gar sehr erschrack, Als ihn der schmertz gedrücket. Wo dienet nun die hoffart zu? Der krancke leib liegt ohne ruh, Auch bis ins grab gelücket.

8. Wir haben unser gantzes land und häuser oft beflecket Mit unzucht, greuel, sünd und schand, Es wäre da nichts bedecket, Und hiesses gleich noch einst so schlimm, Was wunder, daß uns Gottes grimm So heiß hat angestecket.

9. Nun, treuer Gott! wie können nicht Des unrechts uns entfreyen, Wir kommen vor dein angesicht, Um trost dich anzuschreyen, Es dringet uns der grosse schmertz, Wir bringen ein zerschlagen hertz, Das bittet um verzeihen.

10. Auf unserm knie liegen wir, Und unsre augen weinen, Es schreyen tag und nacht zu dir Die grossen samt den kleinen: Vergib uns doch die misse-that, Die dich so hart erzürnet hat, Laß deine gnad uns scheinen.

11. Nimm von uns diese scharfe ruth, Hör auf uns so zu plagen: HErr, straf uns, als ein vater thut. Damit wir nicht verzagen. Im glauben hab ich dich gefaßt, Hilf mir und andern diese last Jetzt gnädig auch ertragen.

12. Du bist doch helfer in der noth, Bey dir ist rath zu finden, Du kanst die krankheit, ja den tod Gantz siegreich überwinden. Du schlägst zu zeiten eine beul, Und kanst jedoch dieselb in eil Als unser artzt verbinden.

13. Nun, HErr! bezeichne thor und thür Mit Christi blut und sterben, Daß, wann der würger geht herfür, Wir nicht durch ihn verderben. Sey gnädig, HErr! und laß uns bald Gesunde leiber und gestalt Durch deine güt erwerben.

CCCV. 305.
Mel. Hilf, HErre GOtt uns ꝛc.

ACh lieben Christen! seyd getrost, Wie thut ihr so verzagen? Weil uns der HErr heimsuchen thut, Laßt uns von hertzen sagen: Die straf wir wohl verdienet han, Solchs muß bekennen jedermann, Niemand darf sich ausschliessen,

2. In deine hand uns geten wir, O GOtt, da lieber vater, Dann unser wandel ist bey dir, Hie wird uns nicht gerathen, Weil wir in dieser hütten seyn, Ist nur elend, trübsal und pein, Bey dir der freud wir warten.
3. Kein frucht das weitzen=körnlein bringt, Es fall dann in die erden, So muß auch unser irdischer leib Zu staub und aschen werden, Eh er kommt zu der herrlichkeit, Die du, HErr Christ, uns hast bereit, Durch deinen gang zum Vater.
4. Was wollen wir dann fürchten sehr, Den tod auf dieser erden, Es muß einmal gestorben seyn, Wie wohl ist hie gewesen, Welcher wie Simeon ent= schafft, Sein sinn erkennt, Christum ergreift, So muß man selig werden.
5. Dein seel bedenk, bewahr dein leib, Laß GOtt den Vater sorgen, Sein engel deine wächter seyn, Behüt'n dich für all'm argen, Ja, wie ein henn ihr küchelein Bedeckt mit ihren flüge= lein, So thut der HErr uns armen.
6. Wir wachen oder schlafen ein, So sind wir doch des HErren, Auf Chri= stum wir getauffet seyn, Der kan dem satan wehren. Durch Adam auf uns kommt der tod, Christus hilft uns aus aller noth, Drum loben wir den Herren
* Ehr sey dem HErren JEsu Christ, Der für uns all gestorben, Und wie= der auferstanden ist, Des vaters huld erworben, Daß wir nun nicht in A= dams fall Umkommen und auch ster= ben all, Sondern das leben erben.

CCCVI. 306.

Mel. Aus tieffer noth schrey ich :c.
Zu dir allein in dieser noth Wir dei= ne kinder rufen, Auf dich, du gna= denreicher GOtt, Steht unser trost und hoffen, Du wollest in dem zorne dein Dein'r gnaden ja eindächtig seyn, Und uns nicht gar verderben.
2. Voll bosheit leider ist biß land Den sünden gantz ergeben, Dannoch viel frommen dir bekannt Nach deinem willen leben, Dann du ein kirch an die= sem ort Dir hast versamlet durch dein wort, Die wollst du nicht verlassen.
3. Der größte hauf dich HErr, veracht, Sich an dein wort nicht kehren, Ob wir gleich wolten mit unser macht, Können wir ihn nicht wehren, Seynd wir darum in zuversicht, Du werdest uns ja lassen nicht Ihrer bosheit ent= gelten.
4. Mit sünden sind wir sehr beschwert Die sind auch leid uns armen, Dein'r ruthen sind wir ja wohl werth, Wollst dich aber erbarmen, Wegnehmen un= sre missethat, Die Christ für uns ge= tragen hat, U. väterlich uns züchtgen.
5. Du hast doch nie ohn hülf und trost Die deinen, GOtt, verlassen, Israel tu errettet hast Im meer auf troc= ner strassen, Da sonst all hülf verlosch ren war, Hast beschützt allein dein volk aus g'fahr, Der feind kont ihn'n nicht schaden.
6. Also auch jetzt komm uns zu steur, Die wir sitzen ein sorgen, Daß wir nicht werden vom schwerdt und feur Umbracht heut oder morgen. Den jammer, den wir bald gesehn, An mann und weib, und kindern klein, Laß ja nicht wieder kommen.
7. Das land den Christen geben ist, Schon vor viel hundert jahren, Auf daß sie deinen namen, Christ Die hey= den sollen lehren. Sie aber haben ge= sucht vielmehr Ihr'n eigen nutzen, lust und ehr, Deiner wenig geachtet.
8. Das hast du mit gedult so lang HErr GOtt, können vertragen, Nun wachstdu auf, und machst uns bang, Daß wir für augst verzagen, Dein gricht, vater, ist immer recht, Wir thun wie kinder, die man schlägt, Die sprechen nicht warumme?
9. Vor längst ist verdient dieser lohn, Bisher hast uns geborget Daß es endlich so wird zugehn, Sich viel haben besorget, Ven diesem wetter gweissagt viel, Muß fühlen, der nicht glauben will, Mit schand und schaden lernen.
10. HErr Christ, in dieser grossen gfahr Dich bitten wir von hertzen, Dein arme schäflein ja bewahr, Daß sie die wölf nicht fressen. In deinen schutz wir seel und leib, Haus, hof und guth auch kind und weib, Allein dir thun beschlen.
11. Unsrer herrschaft gib guten sinn, Daß sie sich recht bekehre, Und sich halt nach dem worte dein, Zu deinem lob und ehre, In deiner forchte nüch= tern sey Partheylichkeit sich mache frey, Gericht und recht erhalte.
12. Der unterthan viel tausend sind, Die dein wort nicht mög'n hören, Die laß nicht länger bleiben blind, Den weg zu dir sie lehre. Wo dein ehr nicht befördert wird, Kein glück auch da kan seyn beschert, Wie kan man dir vertrauen.
13. Zu retten uns in dieser noth, Fürsten und Herr'n erwecke, Gib rath, gib heldenmuth Damit der feind erschrecke. Wann wir dar= nach den frieden schon Durch deine hülf erlanget han, Ewig wolln wir dir dancken.
14. Diß lied von uns gesungen ist, Dich HErr GOtt zu bewegen, Erbarm dich unser, o JEsu Christ, Unsr hertz thut zu dir nahen, Mein nam allein ist dir bekannt, Mein leben steht in deiner hand, Auf menschen ich nicht bau'.

In Sterbens-Läuften.

CCCVII. 307.
Mel. Es ist das heyl uns kommen.

Ach wie elend ist unsre zeit Allhier auf dieser erden! Gar bald der mensch darnieder leit, Wir müssen alle sterben. Allhier in diesem jammerthal Ist müh und arbeit überall, Auch wann es wohl gelinget.

2. Ach! Adams fall und missethat Solch's alles auf uns erben; O GOtt, gib du uns guten rath, Daß wir's erkennen lernen. Daß wir so blind und sicher seyn Mitten in trübsal und in pein, Das ist ja zu erbarmen.

3. HErr GOtt, du unser zuflucht bist, Dein hülfe thu uns senden, Der du der deinen nicht vergißt Die sich zu dir nur wenden. Mit deinem Geiste steh uns bey, Ein seliges stündlein uns verleih, Durch Jesum Christum, Amen.

CCCVIII. 308.
Mel. Ach HErr, mich) armen sünder.

In diesen schweren zeiten, Wer weiß, wer heute stehst :,: Der jetzt ohn alles leiden Aus seinem hause geht, Dem kan's gar leicht geschehen, Daß er kommt heim und stirbt, Und wo er nicht versehen, Mit leib und seel verdirbt.

2. Wer selig hofft zu sterben, Und nicht in ewigkeit :,: Will leib und seel verderben, Der mache sich bereit Zu stund und augenblicke, Durch wahre buß zum tod, Daß, wie es GOtt ihm schicke, Die seele sey aus noth.

3. Dann: sünder, deine sünden, Die dich und deinen GOtt :,: Von freundschaft thun entbinden, Ursachen dir den tod ,: Und solche schwere plagen Die unser land und stadt Jetzund so hart muß tragen, Um ihre missethat.

4. Ich schick mich abzuscheiden, Gar gern von dieser welt :,: Entbind mich von dem leiden, Wann dir's, mein GOtt, gefällt. Soll ich an dieser plage, die ich sehr wohl verschuldet, Beschließen meine tage, So gib mir nur geduld.

5. Hie schneide, brenn und säge, Und mich mit quaal und pein :,: So hart du wilt, belege, Laß nur das leiden dem An mir nicht seyn vergehens, Und nimm mich nach der pein, Du frieden-fürst des lebens, In deinen himmel ein.

Morgen-Gesang zur Pest-zeit.

CCCIX. 309.
Mel. Ach GOtt und HErr, wie re.

GOtt lob und danck, daß ich nicht kranck in dieser nacht bin worden, Daß ich gesund Mit meinem mund Dich lob in meinem orden.

2. Ich bitte dich, Behüte mich Auch ferner diesen tage, Und straf mich nicht in dein'm gericht, Durch die graßirend plage.

3. Erhöret sehr Hab ich dich, HErr, Mit meinen schweren sünden, Doch schau die buß, Ich fall zu fuß, Und hoffe gnad zu finden.

4. Wie lang wilt du Dann schlagen zu Auf die betrübte sünder? Zuff doch die ruth Ins feuers glut, Und trö st' deine kinder.

5. Halt ein, o GOtt, In dieser noth, Mit sterben und verderben, Soll dann der rest An dieser pest, So gantz abscheulich sterben?

6. HErr, von uns nimm Den schweren grimm, Und laß denselben sincken, Schenck creutz und pein Uns nicht mehr ein, Den becher auszutrincken.

7. Du weißt ja wohl, Daß keiner soll, Der auf dich hofft, verderben, Drum wirst du, GOtt, In dieser noth Dein kind nicht lassen sterben.

8. Verschone mein, In dieser pein, Auf daß ein jeder schaue, Daß der nicht komm in nöthen um, Der seinem GOtt vertraue.

9. Doch schreib ich dir Kein maß nicht für, Dein will der ist der beste, Ist es mir gut, So nimm die ruth, Und schlaa mich mit der peste.

10. Dann hertzlich gern, Ohn alles sperrn, Fall ich in deine hände, Und schließ darein Die seele mein An meinem letzten ende.

11. Darum trutz tod, Sammt pest und noth, Ihr könnt nur zeitlich schaden, Und bringen hin, Da, wo ich bin All meiner pein entladen.

12. O Eins und Drey, Ich gebe frey Nun aus in deinem namen, Du bist mein schild Mach's wie du wilt, Ich sprech darzu mein Amen.

Abend-Gesang zur Pest-zeit.

CCCX. 310.
Mel. Mein wallfahrt ich vollendet.

GOtt der uns diesen tag bewacht, Dem sey nun lob gesungen :,: Daß er durch seine starcke macht Uns heute beygesprungen, Damit uns nicht ein schneller tod Hat plötzlich überfallen, Und in so schwerer grosser noth Erhöret unser lallen.

2. Dir, grosser GOtt, bekennen wir Die menge unsrer sünden :,: Wir bitten aber, laß vor dir Uns doch gnade finden, Und dich der grossen niederlag, HErr JEsu, doch erbarmen, Und treib der seuchen schwere plag Von uns verlaßnen armen.

J. Wend.

3. Wend, HERR! von uns die
pestilentz, Die um uns her thut
schleichen:,: Laß sie doch unser Hauß
und grentz O JESU! nicht erreichen, Steh da uns bey mit deiner gnad, Die kräftig in den schwachen, Und hilf, daß uns die Pest
nicht schad, Reiß uns aus ihrem
rachen.

4. Du starcker GOtt, dein folgen
muß Wind, meer und auch die erden :,: Wir sollen dir durch buß zu
fuß, Und wollen frömmer werden.
Sprich nur ein wort durch deinen
mund, So heilet was geschlagen,
Und bleibet frisch was noch gesund
Von diesen schweren plagen.

5. Weil uns die schwartze nacht um-
giebt, So laß uns sicher schlafen :,:
Wer GOtt vertraut, und seinen
liebt, Dem können solche straffen
Auch krümmen nicht ein eintzigs haar
Es sey dann GOttes wille, Drum
tät uns schick dich zur gefahr, Und
halt dem HErren stille.

6. Verzage nicht in deinem leyd,
GOtt wird dich nicht verderben :,:
Du bist des HErren allezeit, Im
leben und im sterben. Solt du dann
sterben, sterbe hin, Ihm GOtt
dein seel ergeben, Ist doch der tod
uns ein gewinn, Und Christus unser
leben.

7. Hat doch der mensch kein fried
noch ruh, Dieweil er lebt auf erden :,: Bis daß er thut die augen zu,
Da möcht es besser werden, Dann ist
er von der harten schlacht Des bösen feinds entsprungen, Und frey von
allem creutz gemacht, Mit dem er oft
gerungen.

8. Darum geb ich mich willig drein,
Und hoff auf GOtt den HErren :,:
Es muß einmal gestorben seyn, Was
soll ich mich viel sperren? Wer heut
einschläft, ist morgen schon Aus diesem welt-getümmel, Und prangt
mit unterwelckter kron Bey seinem
GOtt im himmel.

9. Dir, JESU! sey es heimgestellt, Mein leben und mein sterben :,: Mach du es mit mir wies dir
gefällt, Nur daß ich mög ererben
Die hohe gnad, o JEsulein! Daß
ich in meinem leben Nur möge dein
thürhüter seyn, Das wollest du mir
geben.

10. Und sterb ich gleich, so sterb ich dir
Du bist ja auch gestorben :,: Und hast
ein ewigs leben mir Durch deinen tod
erworben. Diß ist mein trost, darauf ich mich Behertzt nun lege schlafen. Wer busse thut, und hofft auf
dich, Ruht unter deinen waffen.

Achter Theil.

In welchem verfasset.

Allgemeine Lob- und Danck-Lieder.

CCCXI. 311.

Te DEUM Laudamus.

HERR GOTT, dich loben
wir, HErr GOTT, wir
dancken dir! Dich GOTT
Vater in ewigkeit Ehret
die welt weit und breit.

2. Alle engel und himmels-heer, Und
was da dienet deiner ehr, Auch Che-
rubim und Seraphim, Singen immer mit hoher stimm:

3. Heilig ist unser GOtt, Heilig ist
unser GOtt, Heilig ist unser GOtt,
Der HErre Zebaoth.

4. Dein göttlich macht und herrlichkeit Geht über himm'l und erden
weit. Der heiligen zwölf boten zahl,
und die lieben propheten all.

5. Die theuren märtrer allzumal
Loben dich, HErr! mit grossem schall.
Die gantze werthe Christenheit
Rühmt dich auf erden allezeit.

6. Dich, GOtt Vater, im höchsten
thron, Deinen rechten und einigen
Sohn, Den heilgen Geist und tröster
werth, Mit rechtem dienst sie lobt
und ehrt.

7. Du könig der ehren, JEsu Christ,
GOtt Vaters ewger Sohn du bist: Der
Jungfrau'n leib nicht hast verschmäht,
Zu erlösen das menschlich geschlecht.

8. Du hast dem tod zerstört sein macht,
Und all Christen zum himmel bracht:
Du sitzst zur rechten GOttes gleich,
Mit aller ehr ins Vaters reich.

9. Ein richter du zukünftig bist Alles,
was todt und lebend ist. Nun hilf
uns, HErr! den dienern dein, Die
mit deinem theuren blut erlöst seyn.

10. Laß uns im himmel haben theil
Mit den heilgen in ewgen heyl.
Hilf deinem volck, HErr JEsu Christ!
Und segne, was dein erbtheil ist.

11. Wart und pfleg ihr zu aller zeit,
Und heb sie hoch in ewigkeit. Täglich
HErr GOtt! wir loben dich, Und
ehrn dein'n namen stetiglich.

12. Behüt uns heut, o treuer GOtt,
Für aller sünd und missethat. Sey
uns gnädig, o HErre GOtt! Sey uns
gnädig in aller noth.

13. Zeig uns deine barmhertzigkeit,
Wie unsre hoffnung zu dir steht, Auf
dich hoffen wir, lieber HErr, Zu schanden laß uns nimmermehr, Amen.

CCCXII.

Lob- und Danck-Lieder.

CCCXII. 312.

Allein GOtt in der höh sey ehr, Und danck für seine gnade ;,: Darum daß nun und nimmermehr uns rühren kan kein schade : Ein wohlgefalln GOtt an uns hat, Nun ist groß fried ohn unterlaß, All fehd hat nun ein ende.

2. Wir loben, preißn, anbäten dich, Für deine ehr wir dancken ;,: Daß du GOtt Vater ewiglich Regierst ohn alles wancken. Gantz ungemessn ist deine macht, Fort g'schicht, was dein will hat bedacht, Wohl uns des seinen HErren.

3. O JEsu Christ! Sohn eingebohrn Deines himmlischen Vaters ;,: Versöhner der'r, die warn verlohrn, Du stiller unsers haders. Lamm GOttes, heiliger HErr und GOtt, Nimm an die bitt von unsrer noth, Erbarm dich unser aller.

4. O heilger Geist! du höchstes gut, Du allerheilsamster tröster: Fürs teufels g'walt fortan behüt, Die JEsus Christus erlöset Durch grosse mart'r und bittern tod Wend ab all unser jammer und noth, Darzu wir uns verlassen.

CCCXIII. 313.

Mel. Vater unser im himmelreich.

All ehr und lob soll GOttes seyn, Er ist und heist der höchst allein: Sein zorn auf erden hat ein end, Sein fried und gnad sich zu uns wend, Den menschen das gefalle wohl, Dafür man hertzlich dancken soll.

2. Ach lieber Gott! dich loben wir Und preisen dich mit gantz'r begier, Auch kniend wir anbeten dich, Dein ehr wir rühmen stetiglich, Wir dancken dir zu aller zeit Und deine grosse herrlichkeit.

3. HErr GOtt im himmel könig bist, Ein Vater, der allmächtig ist, Du GOttes Sohn vom Vater bist Ewig gebohrn, HErr JEsu Christ, HErr GOtt, du zartes GOttes Lamm, Ein Sohn auß Gott des Vaters stamm.

4. Der du der welt sünd trägst allein, Wollst uns gnädig, barmhertzig seyn, Weil du für uns gelitten pein, Laß dir unsr bitt gefällig seyn, Der du gleich sitzst dem Vater dein, Wollst uns gnädig, barmhertzig seyn.

5. Du bist und bleibst heilig und rein, Ueber alles der HErr allein Der allerhöchst allein du bist, Du lieber Heiland JEsu Christ, Samt dem Vater u. heilgem Geist In gleicher majestät gepreißt.

6. Amen das ist gewißlich wahr, Das bekennt aller engel schaar Und alle welt so weit und breit Dich lobt und ehret allezeit; Von nun an bis in ewigkeit Sey dir lob, preiß und ehr bereit.

CCCXIV. 314.

JEsu! du mein liebstes leben, Meiner seelen bräutigam, Der du dich für mich gegeben An des bittern creutzes-stam. JEsu, meine freud und wonne, Du mein hoffnung, schatz und theil, Mein erlösung, schmuck und heyl Hirt und könig, licht und sonne, Ach! wie soll ich würdiglich, Mein HErr JEsu preisen dich!

2. O du allerschönstes wesen! O du glantz der herrlichkeit! Von dem Vater auserlesen Zum erlöser in der zeit, Ach! ich weiß, daß ich auf erden, Der ich bin ein schnöder knecht, Heilig, selig und gerecht Ohne dich kan nimmer werden, Herr, ich bleib ein böser Christ Wo dein gnad nicht mit mir ist.

3. Ey, so komm, du trost der heyden, Komm, mein liebster, stärcke mich! Komm, erquicke mich mit freuden, Komm, und hilf mir gnädiglich Eile bald, mich zu erleuchten, GOtt, mein hertz ist schon bereit, Komm mit deiner süßigkeit, Leib und seel mir zu beleuchten, Komm, du klares sonnenlicht, Daß ich ja verirre nicht.

4. Komm, mein liebster! laß mich schauen, Wie du bist so wohl gestalt, Schöner als die schönste frauen, Allzeit lieblich, nimmer alt. Komm, du aufenthalt der siechen, Komm, du lichter gnaden schein Komm du süsses blümelein, Laß mich deinen balsam riechen, Du mein leben, komm heran, Daß ich dein geniessen kan.

5. Ach wie wird dein freundlichs-blicken Allerliebster seelen-schatz! Meinen geist in mir erquicken, und ihn führen auf den platz, Da er solche lust empfindet, Die nicht zu vergleichen ist. Deine lieb, HErr JEsu Christ, Ist es, die mich gar entzündet, Die mein hertz zu tag und nacht Auch im leiden freudig macht.

6. Schaff in mir noch hier auf erden, Daß ich wie ein blümlein fest Dir mög eingepflantzet werden! Diesen schatz halt ich fürs best. Auch viel lieber als rubinen, Theurer als den güldnen sand, Schöner als den diamant, Die zur blossen hoffart dienen, Weisser als der perlen schein, Wann sie noch so köstlich seyn.

7. O du paradieß der freuden! Das mein geist mit schmertzen sucht. O du starcker trost im Lyden! O du frische lebens-frucht! O du himmelsüsser bissen! Wie bekommst du mir so wohl, Ja, mein liebster schatz der soll Mich in höchster wollust küssen, Gib mir deinen zarten mund, Dann so wird mein hertz gesund.

8. Herr, ich bitte dich, erzeige, Daß du reden wilst in mir, Und die welt gantz in mir schweige, Treibe deinen glantz herfür, Daß ich bald zu dir mich kehre

lehre. Und dein wort, der edle schatz, Find in meinem hertzen platz, Daß mich deine wahrheit lehre Daß ich sünd und laster frey, Dir, mein GOtt, gefällig sey.
9. Lieblich sind dein edle hütten Schön von gnad und himmels-gunst, Da du pflegest außzuschütten Deiner süssen liebe brunst. Meine seele, Gott, verlanget Daß ich frölich möge stehn Und mit klaren augen sehn Wie dein hohe wohnung pranget, Leib und seel erfreuen sich, HErr, in dir gantz inniglich.
10. Wohl den menschen, die da leben Deine wohlthat immerdar, Und durch deinen schutz von oben Sich beschirmen vor gefahr, Die dich heissen ihre stärcke, Die ihr leben in der ruh Und der tugend bringen zu, Daß man rühmet ihre wercke. Christen, die also gethan, Treten frey des himmels bahn.
11. Dieses, JEsu, schafft dein lieben, JEsu, GOttes liebster sohn: Das dich in die welt getrieben, Von des hohen himmels-thron. O wie tröstlich ist dein leiden, O wie heilig ist dein wort Das uns zeigt des lebens pfort, Daß wir uns in freuden weyden, Wo die grosse fürsten-schaar Dir zu dienst ist immerdar.
12. Machet weit die hohen pforten, Oeffnet thür und thor der welt, Wünschet glück an allen orten, Sehet, da kommt unser held: Sehet, er kommt einzuziehen Als ein ehren-könig, pflegt, Wann er seinen feind erlegt. Alles volck soll sich bemühen hoch zu preisen unsern GOtt, GOtt, den grossen Zebaoth.
13. Hochgelobet, hochgeehret Sey des HErren theurer nam, Herrlich ist sein reich vermehret, Das aus gnaden zu uns kam. Er ist Gott, der uns gegeben Seel und leib auch ehr und gut, Der durch seiner engel hut Schützet unser leib und leben: Dancket ihm zu aller frist, Weil der HErr so freundlich ist.

CCCXV. 315.

Mel. JEsu, meine freude, meines.

JEsu, meine liebe, Die ich oft betrübe Hier in dieser welt! Dir danckt mein gemüthe, Wegen deiner güte Die mich noch erhält. Die mir oft Gar unverhofft Hat geholfen in dem klagen, Noth, leyd, angst und zagen.
2. Nun, ich will dran-dencken, Wann ich werd in kräncken Und in ängsten seyn: Wo ich werde stehen, Wo ich werde gehen, Will ich dencken dein. Ich will dir, Heyl, für und für Danckbar seyn in meinem hertzen, Dencken dieser schmertzen.
3. Ich bat dich mit thränen, Mit leyd, angst und sehnen, Mein aug und gesicht Hub ich auf, und schrye, Neigte meine knie, Stand auch, aufgericht, Ich gieng hin und her, mein sinn War bekümmert und voll sorgen, Durch die nacht am morgen.
4. Ich, als ich nicht sahe, Daß du mir so nahe, Sprach zu dir im sinn: Ich kan nicht mehr bäten, Komm, mein heyl, getreten, Sonst sinck ich dahin! Ja, ich sinck, Ey, sprach dein winck, Halt, meynst du, daß ich nicht lebe, Noch fort um dich schwebe?
5. Ich war noch im glauben, Den mir doch zu rauben Satan war bemüht, Der die armen seelen, In der leibes-höhlen, Vielmals nach sich zieht. Ich sprach doch: Ich glaube noch: Glaubt ich nicht, wie welt ich bäten, Noch vor dich hintreten.
6. HErr, wer zu dir schreyet, Seine sünd außspeyet, Ruft dich hertzlich an Aus getreuem hertzen, Dessen grosse schmertzen Wirst du, HErr, alsdann, Wann er vest Glaubt, tid) nicht läßt, Als die deine selbst empfinden, Tilgen seine sünden.
7. Drum, o meine liebe, Die ich oft betrübe Hier in dieser welt Dir danckt mein gemüthe, Wegen deiner güte; Die mich noch erhält: Die mir o. t Gar unverhofft Hat geholfen in dem klagen, Noth, leyd, angst und zagen.

CCCXVI. 316.

Mel. Wie schön leuchtet der morg.

ICH will, o Vater, allezeit Erheben deine gütigkeit, Daß du von so viel jahren, Mich hast behütet wunderbar, Wie ich mein lebtag immerdar, Auch diese woch erfahren. Singet, Bringet GOtt dem HErren Nah und ferren, Danck und ehre, Jedermann sein lob vermehre.
2. Du führst durch deinen gnaden-schein Aus aller trübsal, noth u. pein, Den, der zu dir nur schreyet. Durch Christum gibst du deinen geist, Der uns den weg zur busse weist, und innerlich erfreuet. Laß mich, Bitt ich, Deine güte Im gemüthe Fort empfinden, Ohn anfechtung meiner sünden.
3. Sieh ja dasselbe nicht mehr an, Was ich hab wider dich gethan, In nächstverwichnen tagen: Nimm zur versöhnung Christi blut, Der uns gelitten hat zu gut, Und völlig abgetragen, Was sich Täglich Noch für sünden Ja uns finden, Drum wir schwachen Zu dem gnaden-thron uns machen.
4. Mein seel und leib und all das mein Laß dir, o HErr, befohlen seyn, Ich will dir alles geben. Wend ab noth, angst und hertzeleid, Du vater der barmhertzigkeit, In meinem gantzen leben, Daß ich Frölich Deinen willen Mög erfüllen, Stets dich lieben, Auch die lieb am nächsten üben.

5. Gib

5. Gib, daß mir deiner ruhe tag Mein innre ruh befördern mag, Durch deines wortes stärcke :,: Daß mir dasselb durchs hertze dring, Und hundertfältig früchte bring, Des glaubens rechte wercke. Von dir Laß mir Brünnlein fliessen, Sich ergiessen, Daß ich bleibe Ein reiß, das in dir beeleibe.
6. Verleihe, daß in dieser welt Mein hofnung sey auf dich gestellt, Und ich dir gantz vertraue :,: Daß ich die wahre ruh und freud Erlange dort ohn einig leyd, Wann ich GOtt ewig schaue. Durch dich Werd ich Grosse gaben Ewig haben Bey dir oben, Deinen namen will ich loben.

CCCXVII. 317.

Mel. HErr, ich habe mißgehand.

GOtt, du stifter aller wonne, Dessen gnadenschein durchwirckt :,: Was allhier die heisse sonne Mit dem weiten strahl umzirckt, Dich muß aller athem loben, Was auf erden, unten, oben.
2. Alles wild, was auf den heyden, Was durch büsch und hecken geht :,: Alles rindvieh auf der weyden, Was im stall und hürden steht, Was auf bäum und felsen klimmet, Was durch see und flüsse schwimmet.
3. Auch die schaar, die man in lüften Allenthalben singen hört, Und die ohne kunst und schriften Uns die sorgen meiden lehrt Muß vor dir die stimm erheben Muß vor furcht die ehre geben.
4. Alle gräslein in den feldern, Alles was in gärten blüht :,: Alle bäumlein in den wäldern, Alles, was man grünen sieht, Muß, wann gleich die menschen schweigen, Deinen ruhm und macht bezeugen
5. Wie solt ich dann diß verhelen, Was das stumme laubwerck preist :,: Solt ich nicht vielmehr erzehlen, Was du, HErr, mir hast beweist? Mir, der ich mit bösen leben Anlaß dir zum zorn gegeben.
6. Du hast mich aus nichts formiret, Hast von sünden mich erlöst :,: Hast mich mit verstand gezieret, Und durch deinen geist getröst, Hast mich dir zum dienst erwählet, Von verdammniß losgezählet.
7. Du läßt mir zu gut außspriessen Bäume, kräuter, öl und most :,: Daß ich dessen kan geniessen, Gibst mir wild und vieh zur kost: Erde, meer und luft kan geben, Was mir noth in meinem leben.
8. Wer kan deine gut erzählen? HErr diß ist vor mir zu viel: Zeit und wort und kräfte fehlen, Dann dein hülf ist ohne ziel :,: Drum so laß mein kindisch lallen Dir, in einfalt, HErr, gefallen.

CCCXVIII. 318.

Nun laßt uns GOtt dem HErren Dancksagen, und ihn ehren Von wegen einer gaben, Die wir empfangen haben.
2. Den leib, die seel, das leben Hat er allein uns geben, Dieselben zu bewahren, Thut er sein fleiß nicht sparen.
3. Nahrung giebt er dem leibe, Die seel muß uns auch bleiben, Wiewohl tödtliche wunden Sind kommen von sünden.
4. Ein artzt ist uns gegeben Der selber ist das leben, Christus für uns gestorben, Hat uns das heyl erworben.
5. Sein wort, sein tauf, sein nachtmahl, Dient wider allen unfall, Der heilig Geist im glauben Lehrt uns darauf vertrauen.
6. Durch ihn ist uns vergeben Die sünd, geschenckt das leben, Im himmel solln wir haben O GOtt, wie grosse gaben.
7. Wir bitten deine güte, Wollst uns hinfort behüten, Die grossen mit den kleinen, Du kanst's nicht böse meynen.
8. Erhalt uns in der wahrheit, Gib ewigliche freyheit, Zu preisen deinen namen, Durch JEsum Christum, Amen.

CCCXIX. 319.

In vorigen Thon.

Nun lasset GOttes güte Uns führet zu gemüthe, Kommt, lasset uns erwegen Des frommen Vaters segen.
2. Eh wir aus licht gesetzet, Hat er uns hoch geschätzet, Und hat uns eingeschrieben Zum leben und zum lieben.
3. Da wir noch sind gelegen Ohn regen und bewegen, Ohn menschen-hülf und sorgen, Der mutter auch verborgen.
4. Hat er allein uns geben Die glieder und das leben, Ohn einig unsern heller War küchen da und keller.
5. Er hat zu rechter stunde Volkömmlich und gesunde Auf seiner Engel wagen Uns in die welt getragen.
6. Er hat uns eingenommen In die gemein der frommen Gemacht zu seinem erben. Die auch im tod nicht sterben.
7. Er gibt uns zu erkennen Sein wort daß wir ihn nennen Ein vater und ernährer, Und alles guts bescherer.
8. Er gibt für unsre sünde Sein eingebohrnes kinde, Und läßt es für uns würgen, Als einen rechten bürgen.
9. Diß lasset uns bedencken Wenn uns die sorgen kräncken. Wer seinen sohn hergiebet, Der's. ib aufs höchste liebet.
10. Solt er uns was versagen? So wir ihm gläubig klagen, Was wir vonnöhten haben Zur hüll, zur speiß, zum lohn.
11. Die vögel in den lüften Die thierlein in den klüften, Die blümlein auf den wegen, Uns müssen widerlegen.

12. Der

12. Der sie so treulich heget, Und ihrer fleißig pfleget, Solt eines himmels erben Er denken zu verderben?
13. O vater! vater giere, Daß deine grosse liebe Wir inniglich betrachten, Und so gering nicht achten.
14. O vater! uns beschere, Zu deinem lob und ehre, Daß wir dir recht vertrauen, Und gänzlich auf dich bauen.
15. Wann wir nur dieses haben, So werden uns die gaben Die wir zu diesem leben Bedürfen, wohl gegeben.
16. Eh himmel und die erden zu nichte müsten werden, Als solten seyn verlassen, Die fleischess sorge fassen.

CCCXX. 320.

Nun dancket alle GOtt, Mit herzen, mund und händen :,: Der grosse dinge thut, An uns und allen enden: Der uns von mutter leib Und kindes-beinen an Unzählig viel zu gut, Und jetzo noch gethan.
2. Der ewig reiche GOtt Woll uns bey unserm leben :,: Ein immer fröhlich herz Und edlen frieden geben, Und uns in seiner gnad Erhalten fort und fort, Und uns aus aller noth Erlösen hier und dort.
3. Lob, ehr und preiß sey GOtt, Dem Vater und dem Sohne :,: Und dem der beyden gleich, Im höchsten himmels-throne: Dem dreyeinigen GOtt, Als er ursprünglich war, Und ist, und bleiben wird Jetzund und immerdar.

CCCXXI. 321.
In voriger Melodie.

HErr GOtt dich loben wir: Regier HErr unsre stimmen :,: Laß deines Geistes glut In unsern herzen glimmen. Komm, komm, o edle flamm, Ach komm zu uns allhier. So singen wir mit lust: HErr GOtt, dich loben wir.
2. HErr GOtt dich loben wir: Wir preisen deine güte :,: Wir rühmen deine macht Mit herzlichem gemüthe. Es steiget unser lied Bis an des himmels thür, Und tönt mit grossem schall: HErr GOtt, dich loben wir.
3. HErr GOtt, dich loben wir Für deine grosse gnaden :,: Daß du das vaterland Von krieges-last entladen: Daß du uns blicken läst Des güldnen friedens zier, Drum jauchzet alles volck: HErr GOtt, dich loben wir.
4. HErr GOtt, dich loben wir, Die wir in langen jahren, :,: Der waffen schweres joch Und frechen grimm erfahren: Jetzt rühmet unser mund Mit herzlicher begier: GOtt lob! wir sind in ruh, HErr GOtt, wir danken dir.
5. HErr GOtt, dich loben wir, Daß du die pfeil und wagen :,: Schild, bogen, spieß und schwerdt Zerbrochen und zerschlagen; Der strick ist nun entzwey, Darum so singen wir Mit herz und zung und mund: HErr GOtt, wir dancken dir.
6. HErr GOtt, dich loben wir, Daß du uns zwar gestrafet:,: Jedoch in deinem zorn Nicht gar hast weggeraffet, Es hat die vater-hand Uns deine gnaden thür Jetzt wieder aufgethan: HErr GOtt, wir danken dir.
7. HErr GOtt, wir dancken dir, Daß du kirch, land und häuser: Den frommen fürsten-stamm Und dessen grüne reiser Bisher erhalten hast! Gib ferner gnad allhier, Daß auch die nachwelt sing, HErr GOtt, wir dancken dir.
8. HErr GOtt, wir dancken dir, Und bitt.n, du wollst geben :,: Daß wir auch künftig stets In guter ruhe leben Krön uns mit deinem guth Erfülle nach gebühr, O Vater! unsern wunsch! HErr GOtt, wir dancken dir.
9. HErr GOtt, wir dancken dir Mit orgeln und trompeten :,: Mit harffen und bandor, Posaunen, geigen, flöten, Und was nur athem hat, Erthön jetzt für und für: HErr GOtt, wir loben dich, HErr GOtt, wir dancken dir.

CCCXXII. 322.

WAs lobes soll'n dir wir, o Vater, singen? Dein that kan keines menschen zung aus bringen.
2. Du hast uns wahre siegel ausgedrücket, Dabey wir deine gunst und güte schmecken.
3. Den bösen Pharao im meer erwürget, Israel in der wüsten mit brod versorget.
4. Darbey wir sollen lernen heut und morgen, Daß du wilt unser leib und seel versorgen.
5. Zu beweisen deine hohe wunderwercke, Hast du zerknirschet der Hethiter stärcke.
6. Darzu ein ewgen bund mit uns gemachet, Wohl dem, der mit dem herzen darauf achtet.
7. O vater, deine reden sind beständig, Gerichte, warheit, werke deiner hände.
8. Du sendest die erlösung den gefangnen, Und trägest weg den raub mit hohem prangen.
9. Theur, schrecklich, unvergänglich, ist dein name, Wer den fürchtet, der wird zur weisheit kommen.
10. Lob ehr und danck, muß dir, o Vater, werden, In ewigkeit, auch hie auf dieser erden.

CCCXXIII. 323.

Nun dancket all, und bringet ehr, Ihr men chen in der welt, Dem, dessen lob der engel-heer, Im himmel stets vermelet.
2. Ermuntert euch und singt mit schall GOtt in erm höchstenguth, Der seine wunder überall Und grosse dinge thut.

3. Der

3. Der uns von mutter-leibe an Frisch und gesund erhält. Und wo kein mensch nicht helfen kan, Sich selbst zum helfer stellt.

4. Der, ob wir ihn gleich hochbetrübt, Doch bleibet gutes muths, Die straf erläst, die schuld vergibt Und thut uns alles guts.

5. Er gebe uns ein frölichs hertz, Erfrische geist und sinn, Und werf all angst, furcht, sorg und schmertz Ins meeres tiefe hin.

6. Er lasse seinen frieden ruh'n In Israelis land Er gebe glück zu unserm thun, Und heyl zu allem stand.

7. Er lasse seine lieb und gut Um, bey und mit uns gehn, Was aber ängstet und bemüht, Gar ferne von uns stehn.

8. So lang dieses lebens währt, Sey er stets unser heyl, Und wann wir scheiden von der erd, Verbleib er unser theil.

9. Er drück, wann das hertze bricht Uns unsre augen zu, Und zeig uns drauf sein angesicht Dort in der ewgen ruh.

CCCXXIV. 324.

JEsu, wollst uns weisen, Deine werck zu preisen Ohn dich, ohn dich mögen wir nichts enden : : Herrlich'n reichen segen Hast du uns gegeben Ach, hilf, ach hilf, daß wirs erkennen. Nächst dir, du edler hort, Der grösste schatz, dein wort Nimmt weg all unser schmertzen, Macht frölich unsre hertzen : Es schallt, es schallt, es schallt Im land jetzt mit gewalt. Selten gaben gibt dein geist Dein dienern allermeist Christlich himmelreich zu mehren : : Allein, allein, allein Dein soll die ehre seyn.

2. Schutz und fried im lande Heyl in unserm stande Ist ja, ist ja HErr Christ dein segen : : Mitten untern feinden Rettest du die deinen, In dir, in dir ist kraft und leben. Regenten weit u. breit. Getreue obrigkeit Hast du uns Herr, gegeben, Gute gesetz darneben : : Es kan, es kan, es kan Durch dich alle wohl bestahn. Recht täglich policey. Auch ämter mancherley Abust du, HErr Christ, erhalten Bey jungen u. bey alten : : Zeigst uns, zeigst uns, zeigst uns Diß all's aus lauter gunst.

3. O, wie gar viel gaben Muß der hausstand haben, Gleichwohl, gleichwohl haben wir nicht mangel : : Zweiffeln darf ihr keiner, Dann der HErr nicht einen Verläst, verläst, so ihm anhangen. Schuh, kleider, schaaf und rind Haus, äcker, weib und kind, Auch andre schätz und beute, Theilt er uns aus noch heute : : Christlich, Christlich Christlich Hierum wir preisen dich. HErr, segne kirch und schul, Haushaltung und rathstul Schütz, laß blühen und wachsen Ruh fried auf allen strassen : : Nur dir, nur dir, nur dir, HErr Christ, lobsingen wir.

CCCXXV. 325.

Bey Confirmation der Kinder.

HErr GOtt, du bist von ewigkeit, Und bleibst ohn alley wandel : : Mit uns verändert sich die zeit In allem thun und handel: Wie bald ist es geschehn, Daß viel menschen abgehn Die uns erzogen und gelehrt, Wie man recht lebt und dich ehrt Wie man recht lebt und dich ehrt.

2. Der Moses und der Aaron Haben ihr zeit regieret : : David und Natan sind darvon, Ihr keiner wiederkehret Nachfolger ihrem stand Hast du, HErr GOtt, gesandt. Durch sie gebauet für und für Der kirchen und der stadt thor, Der kirchen und der stadt thor.

3. Solch deine gnad ist widerfahrn Auch unserm vaterlande : : Die unsrer jugend meister warn, Sind nicht mehr all vorhanden. Gib, daß an ihrer statt Der wachsend hauf gerath, Das Christlich regiment besteh, Und kindes-kindern wohl geh, Und kindes-kindern wohl geh.

4. Darzu verleih uns, lieber HErr GOtt Vater, glück und segen : : Gib deines Geistes kraft zur lehr, Von JEsu Christi wegen: Der uns erworben hat zeitlich und ewig gnad, Dem sey mit dir und deinem Geist Ewiges lob, ehr und preiß, Ewiges lob, ehr und preiß.

Neunter Theil.

In welchem verfasset

Morgen-Mittag- und Abend-Gesänge.

Morgen-Gesänge.

CCCXXVI. 326.

AUs meines hertzens grunde Sag ich dir lob und danck : : In dieser morgenstunde Darzu mein lebenlang, O GOtt in deinem thron, Dir zu lob, preiß und ehren, Durch Christum unsern HErren, Dein'n eingebohrnen Sohn.

2. Daß du mich aus genaden In dieser vergangnen nacht : : Für g'fahr und allem schaden Behütet und bewacht. Ich bitt demüthiglich, Wollst mir mein sünd vergeben, Wormit in diesem leben Ich hab erzörnet dich.

3. Du wollest auch behüten Mich gnä-

Morgen-Gesänge.

zig diesen tag :,: Fürs teufels list und wüten, Für schaden und für schmach, Für feur- und wassers-noth, Für armuth und für schanden, Für ketten u. fär banden, Für bösem schnellen tod.

4. Mein leib, mein seel, mein leben, Mein weib, guth, ehr und kind :,: In deine händ thu geben Dazu mein haußgesind. Ist dein geschenck u. gab Mein eltern und verwandten, Geschwister und bekannten, Und alles was ich hab.

5. Dein engel laß auch bleiben, Und weichen nicht von mir :,: Den satan zu vertreiben, Auf daß der bös feind hier In diesem jammerthal Sein tück an mir nicht üb, Leib und seel nicht betrübe, Und bring mich nicht zu fall.

6. GOtt will ich lassen rathen, Dann er allding vermag :,: Er segne meine thaten, Mein vornehmen und sach, Dann ich ihm heimgestellt Mein leib, mein seel, mein leben Und was er mir sonst geben Er machs wies ihm gefällt.

7. Darauf so sprech ich amen, Und zweifle nicht daran :,: GOtt wird es allzusammen Ihm wohlgefallen lan, Und streck nun auß mein hand, Greif an das werck mit freuden, Darzu mich GOtt bescheiden, In mein'm beruff und stand.

CCCXXVII. 327.
In vorigem Thon.

UNser obrigkeit woll GOtt geben, Und allen predgern fromm :,: Ein gsund und langes leben, Zu ehren seinem nam: Auf daß sie mögen frey, Sein göttlich wort uns lehren. Wollt sie auch sonst bewahren Für irrthum und ketzrey.

2. GOtt woll gnädig beschirmen Den rath und gantz gemein :,: Die reichen wie die armen, Sie seyn groß oder klein, In seinem schutz allein, Für pestilentz und hunger Für krieg, armuth und kummer Wohl nach deim willen sein.

3. Mein gsicht mir, Herr, verleihe, Bis an mein letztes end :,: Und wir auch benedeye Die arbeit meiner händ! Auf daß ich auch was hab Für mich in schweren zeiten, Und daß ich armen leuten Kan geben eine gab.

4. Ach HErr, hilf mir vollenden Die schwere lebens-zeit :,: Dein hülfe thu mir senden, Und sey von mir nit weit. Wann ich heunt schlafen geh, Daß ich mög fröhlich fahren, Und mit der Christen schaaren Zum leben auferfteh.

5. Nun wolln wir dancken und loben Den HErren allezeit :,: Für seine grosse gaben, Die er uns hat bereit: Bitten demüthiglich, Daß er nach diesem leben Den himmel uns woll geben, Die freud und seligkeit.

6. Darum, ihr lieben Christen, Seyd stets hierzu bedacht :,: Hüt euch fürs teufels-listen Seyd auch nüchtern u. wacht. Bittet demüthiglich, Daß wir mögen stettiglich, Bey GOtt bleiben ewiglich, Immer und allezeit.

CCCXXVIII. 328.

ICh danck dir, lieber HErre, Daß du mich hast bewahrt :,: In dieser nacht so gfahre, Darinn ich lag so hart. Mit finsterniß umfangen, Darzu in grosser noth Daraus ich bin entgangen, Gnist du mir, HErre GOtt.

2. Mit danck will ich dich loben O du mein GOtt und HErr :,: Im himmel hoch dort oben, Den tag mir auch gewähr. Warum ich dich thu bitten, Und auch dein will mag seyn, Leit mich in deinen sitten, U. ttich den will'n mein.

3. Daß ich, HErr, nicht abweiche Von deiner rechten bahn :,: Der feind mich nicht er schleiche, Damit ich irr möcht gahn Erhalt mich durch dein güte Das bitt ich fleißig dich, Fürs teufels list und wüten, Damit er setzt an mich.

4. Den glauben mir verleihe An dein sohn JEsum Christ :,: Mein sünd mir auch verzeihe Allhie zu dieser frist. Du wirst mirs nicht versagen Wie du verheissen hast, Daß er mein sünd thu tragen, Und lös mich von der last.

5. Die hoffnung mir auch giebe, Die nit verderben läst: Darzu ein Christlich liebe Zu dem, der mich verletzt. Daß ich ihm guts erzeige, Such nicht darinn das mein Und lieb ihn als mich eigen, Nach all dem willen dein.

6. Dein wort laß mich bekennen Für dieser argen welt :,: Auch mich dem diener nennen, Nicht fürchten gwalt noch gelt, Das mich bald mög ableiten Von deiner wahrheit klar, Wollst mich auch nicht abscheiden Von der Christlichen schaar.

7. Laß mich den tag vollenden, Zu lob dem namen dein :,: Auch mich nicht von dir wenden, Aus end beständig seyn. Behüt mir leib. und leben, Darzu die frücht im land, Was du mir hast gegeben, Steht alls in deiner hand.

8. HErr Christ, dir lob ich sage, Für deine wohlthat all :,: Die du mir all mein tage Erzeigt hast überall. Dein namen will ich preisen, Der du allein bist gut. Mit deinem leib mich speisest, Tränckst mich mit deinem blut.

9. Dein ist allein die ehre Dein ist allein der ruhm :,: Die rach dir niemand wehre, Dein segen zu uns komm. Daß wir im fried entschlaffen, Mit gnaden zu uns eil, Gib uns des glaubens waffen, Fürs teufels listig pfeil.

CCCXXIX. 329.

ICh danck dir schon durch deinen sohn, O GOtt, für deine güte, Daß du mich

Morgen-Gesänge.

mich heut in dieser nacht So gnädig hast behütet.
2. In welcher nacht ich lag so hart, Mit finsternis umfangen, Von aller sünd geplaget ward, Die ich mein tag begangen.
3. Drum bitt ich dich aus herzen grund, Du wollest mir vergeben All meine sünd die ich begunt In meinem bösen leben.
4. Und wollest mich auch diesen tag In deinem schutz erhalten, Daß mir der feind nichts schaden mag Mit listen manigfalten.
5. Regier mich nach dem willen dein, Laß mich in sünd nicht fallen, Auf daß dir mög das leben mein Und all mein thun gefallen.
6. Dann ich befehl mein leib u. seel Und alls in deine hände In meiner angst u. ungefäll. HErr, deine hülf mir sende.
7. Auf daß der Fürste dieser welt Kein macht an mir nicht finde, Dann wo mich nicht dein gnad erhält, Ist er mir viel zu gschwinde.
8. Ich hab es all mein tag gehört, Menschen-hülf ist verlohren, Drum steh mir bey, o treuer GOtt, Zur hülf bist du erkohren.
9. Allein GOtt in der höh sey preiß, Samt seinem eingen Sohne In einigkeit des Heilgen Geists, Der herrscht ins himmels throne.

CCCXXX. 330.

GOtt des himmels und der erden, Vater, Sohn und Heilger Geist :,: Der es tag und nacht läst werden, Sonn und mond uns scheinen heist, Dessen starcke hand die welt, und was drinnen ist, erhält.
2. GOtt, ich dancke dir von herzen Daß du mich in dieser nacht :,: Für gefahr, angst, noth und schmerzen Hast behütet und bewacht, daß des bösen feindes list Mein nicht mächtig worden ist.
3. Laß die nacht auch meiner sünden seyn mit dieser nacht vergehn :,: O HErr JEsu, laß mich finden Deine wunden offen stehn, Da alleine hülf und rath Ist für meine missethat.
4. Hilf daß ich auch diesen morgen Geistlich auferstehen mag :,: Und für meine seele sorgen Daß wann nun dein jüngster tag Uns erscheint, und dein gericht, Ich dafür erschrecke nicht.
5. Führe mich, HErr und begleite Meinen gang nach deinem wort :,: Sey u. bleibe du auch heute Mein beschützer und mein hort. Nirgends als von dir allein Kan ich recht bewahret seyn.
6. Meinen leib und meine seele, Samt den sinnen u. verstand :,: Grosser Gott ich dir befehle Unter deine starcke hand HErr, mein ehre und mein ruhm, Nimm mich auf, dein eigenthum.
7. Deinen engel zu mir sende, Der des bösen feindes macht :,: List und anschlag von mir wende, Und mich hab in guter acht: Der auch endlich mich zur ruh führe nach dem himmel zu.
8. Höre, GOtt, was ich begehre, Vater, Sohn und Heilger Geist :,: Meiner bitt mich, HErr, gewähre, Der du sel st mich bitten heist: So will ich dich hier und dort Herzlich preisen fort und fort.

CCCXXXI. 331.

Wie schön leuchtet der morgenstern Vom firmament des himmels-errn Die nacht ist nun vergangen: All creatur macht sich herfur Des edlen lichtes pracht u. zier Mit freuden zu empfangen. Was lebt, Was schwebt, Hoch in lüften, Tief in klüften, Läst zu ehren Seinem GOtt ein danck-lied hören.
2. Du, o mein herz, dich auch aufricht, Erheb dein stimm, und säume nicht, Dem HErren dein lob zu bringen Dann HErr, du bists, dein lob gebührt, Und dem man billig musicirt, Dem man läst innig klingen, Mit fleiß Danck, preiß, Daß von weiten Freuden-säiten Man kan hören, Dich, o mein Heyland, ehren.
3. Ich lag in stolzer sicherheit, Sah nicht, mit was gefährlichkeit Ich diese nacht umgeben :,: Des teufels list und büberey, Die höll, des todes tyranney Stund mir nach leib und leben Daß ich, Schwerlich Wär entkommen, Und entnommen Diesen banden, Wann du mir nicht beygestanden.
4. Allein, o Jesu meine freud, In aller angst und traurigkeit, Du hast mich heint befreyet :,: Du hast der feinde macht gewehrt, Mir sanft und süsse ruh beschehrt, Deß sey gebenedeyet. Mein muth, Mein blut, Soll nun singen Soll nun springen, All mein leben, Soll dir danckes-lieder geben.
5. Ey mein HErr, süsser lebens hort, Laß ferner deine gnaden-pfort Mir heut auch offen bleiben :,: Sey meine burg und vestes schloß, Und laß kein feindliches geschoß Daraus mich nimer treiben Stell dich Für mich Hin zu kämpfen, Und zu dämpfen Pfeil und eisen, Wann der feind will macht beweisen.
6. Geuß deiner gnaden reichen strahl, Auf mich vom hohen himmels-saal, Mein herz in mir verneue :,: Dein guter geist mich leit und führ Daß ich nach meiner amts gebühr Zu dem mich innig freue. Gib rath Und that, Daß mein sinnen Und beginnen Stets sich wenden, Seinen lauf in dir zu enden.
7. Wend unfall ab, kans anders seyn, Wo nicht, so geb ich mich darein, Ich will nicht widerstreben :,: Doch komm,

L 2 o süsser

o süsser morgen-thau. Mein hertz erfrisch, daß ich dir trau, Und bleib im creutz ergeben, Bis ich endlich nach dem leiden zu den freuden werd erhoben, Da ich dich kan ewig loben.
8. Indeß, mein hertze sing und spring, In allem creutz sey guter ding, Der himmel steht dir offen:,: Laß schwermuth dich nicht nehmen ein, Denck, daß die liebsten kinderlein allzeit das unglück treffen, Drum so sey froh, Glaube veste Daß das beste So bringt frommen Wir in jener welt bekommen.

CCCXXXII. 332.
Mel. Auf meinen lieben GOtt.
1. Ob und danck sag ich dir, Du meine himmels-zier, Daß ich gesund aufstehe, Du hüter auf der erde, Send deiner gnaden wercke, Du, meines lebens stärcke.
2. Daß mich in dieser nacht Der höllen löwen-macht, Nicht gäntzlich hat verderbet, Mit angst und noth gefährdet, Das ist, die burg der frommen, Von deiner allmacht kommen.
3. Ach nimm doch, nimm dich doch Auch meiner ferner noch In gnaden an, und hüte, Du unerschöpfte güte, Daß mich kein unfall rühre, Und keine sünd abführe.
4. Den teufel und die welt, So tausend netze stellt, Die deinige zu binden, Laß mich, HErr überwinden, Laß deine gnade scheinen Mir und den lieben meinen.
5. Gieß deines geistes schein In meine seele ein, Daß ich heut deinen willen In allem mög erfüllen, Nur nach der tugend strebe, Und ausser sünden lebe.
6. Rühre meinen unverstand Mit deiner weißheit hand! Daß ich in deinen wegen, Durch deines Geistes segen, In ehrbarn thun und wandel Vollführe meinen handel.
7. Ach! unterrichte mich; HErr JEsu, ohne dich Und deines Geistes gaben Ist alles, was wir haben, Nur finsterniß, drum lehre, Und rede, HErr, ich höre.
8. Eröffne du das hertz, Daß es sich jeder schertz Nach dir und nach der ehre Der wahren weißheit kehre, Daß meine blöde sinnen Nichts wider dich beginnen.
9. O Grosser GOtt! gib du Doch meiner seelen ruh Dir sey es heimgestellet, Thu was dir wohlgefället, Beschütze, segne, lehre, Erhalte, nähre, mehre.

CCCXXXIII. 333.
1. DEr tag vertreibt die finstre nacht Ihr lieben Christen seyd muntr und wacht, Preiset GOttten HErren.
2. Die engel singen immerdar, Und loben GOtt mit grosser schaar, Der alles regieret.
3. Die hähn und vögel mancherley, Die loben GOtt mit ihr'm gschrey, Der sie speist und kleidet.
4. Der himmel, erd und auch das meer, Dem HErren geben lob und ehr, Thun sein wohlgefallen.
5. Alles, was je geschaffen ward, Ein jeglich ding nach seiner art, Preiset seinen schöpfer.
6. Ey mensch, du edele natur, O du vernünftig creatur, Sey nicht so verdrossen.
7. Gedenck, daß dich dein HErr und GOtt Zu seinem bild erschaffen hat, Daß du ihn erkennest.
8. Und liebest ihn aus hertzengrund, Bekennest auch mit deinem mund, Sein also geniessest.
9. Weil du nun seinen geist gekost, Und seiner gnad genossen hast, So danck ihm von hertzen.
10. Sey munter, fleißig bät' und wach, Sieh, daß du stets in deiner sach Treu erfunden werdest.
11. Du weist nicht, wann der HErre kömmt, Dann er ihm keine zeit bestimmt, Sondern stets heist wachen.
12. So üb dich nun in deinem bund, Lob ihn mit hertzen! that und mund, Danck ihm seiner wohlthat.
13. Sprich: o Vater in ewigkeit, Ich danck dir aller gütigkeit, Mir bisher erzeiget.
14. Durch JEsum Christum, deinen Sohn, Welchem samt dir im höchsten thron, All engel lobsingen.
15. Hilf HErr daß ich dich gleicher weiß soll nun an allezeit lob und preiß In ewigkeit, Amen.

CCCXXXIV. 334.
1. O GOtt, ich thu dir dancken, Daß du durch deine güt:,: Mich hast fürs teufels wancken In dieser nacht behüt Also, daß er mich kein Hat müssen lassen schlafen Und mir mit seinen waffen Nicht können schädlich seyn.
2. Beschütze mich auch heute Für grosser angst und noth:,: Für gottsvergessnen leuten, Und für einem schnellen tod: Für sünden und für schand, Für wunden u. für schlägen, Für ungerechtem segen, Für wasser und für brand.
3. An meinem geist mich stärcke, So wol auch an dem leib: Daß ich meins amtes wercke Mit allen freuden treib, Und thu nach meiner pflicht? So viel als mir befohlen, Bis daß du mich wirst holen Zu deinem hellen licht.
1. Mein gsichte HErr verleibe Bis an mein letztes end:,: Und anstig beneheye Die arbeit meiner händ, Damit ich auch, was hat für mich in schweren,

achten

6. Erhalt mir leib und leben, So lang es dir gefällt :,: Und thu mir, HErr, nur geben Den schatz in jener welt, So gilt mir alles gleich, Und bin es wohl zu frieden Ob ich schon nicht hienieden Bin für den menschen reich.

7. O HErr, hilf mir vollenden Mein saure lebens-zeit :,: Thu mir dein hülfe senden, Und sey nicht allzuweit, Wann ich heim schlafen geh, Auf daß ich friedlich fahre, Und mit der Christen-schaare Zum leben auferstech.

CCCXXXV. 335.

O Christe, morgensterne, Leucht uns mit hellem schein, Schein uns vons himmels throne An diesem dunckeln ort, Mit deinem reinen wert.

2. O JEsu, trost der armen, Mein hertz heb ich zu dir, Du wirst dich mein erbarmen, Dein gnade schencken mir, Das trau ich gäntzlich dir.

3. Ich kan und mag nicht schlafen, Ich kan nicht frölich seyn, Mir ist verwundt mein seele, Und förcht der höllen pein, O Christ erbarm dich mein.

4. O JEsu, lieber HErre, Du einger Gottes Sohn, Von hertzen ich begehre, Du wollst mir hülfe thun, Du bist der gnaden-thron.

5. Du hast für mich vergossen Dein rosenfarbes blut, Das laß mich HErr geniessen, Tröst mich durch deine güt, Hilf mir, das ist mein bitt.

6. Ist dir verwundet so sehre Die arme seele dein, Thu dich nur zu mir kehren, Ich will dein helfer seyn, Vergeben schuld und pein.

7. Laß du von sünden abe, Und sey ein frommer Christ, Ich will dich selber laben, Und schencken meinen Geist, Der dich zum himmel weist.

8. Ich will dich selber speisen Mit meinem leib und blut, Mein lieb an dir beweisen, Und will dir theilen mit Mein schatz und höchstes guth.

9. O JEsu, lob und ehre Sing ich dir allezeit, Den glauben in mir mehre, Daß ich nach dieser zeit Mit dir eingeh zur freud.

CCCXXXVI. 336.

Mel. Nun laßt uns GOtt dem ꝛc.

WAch auf mein hertz, und singe Dem schöpfer aller dinge, Dem geber aller güter, Dem frommen menschen-hüter.

2. Heint, als die duncklen schatten Mich die sonne schauen.

3. Dein wort das ist geschehen, Ich kan das licht noch sehen, Für noth bin ich befreyet, Dein schutz hat mich verneuet.

6. Du willt ein opfer haben, Hier tring ich meine gaben: Mein weyhrauch, farrn und widder Sind mein gebät und lieder.

7. Die wirst du nicht verschmähen, Du kanst ins hertze sehen, Und weist wohl, daß zur gabe Ich ja nichts bessers habe.

8. So wollst du nun vollenden Dein werck an mir, und senden, Der mich an diesem tage Auf seinen händen trage.

9. Sprich ja zu meinen thaten, Hilf selbst das beste rathen: Den anfang mitt und ende, Ach HErr, zum besten wende.

10. Mit segen mich beschütte, Mein hertz sey deine hütte, Dein wort sey meine speise, Bis ich gen himmel reise.

CCCXXXVII. 337.

Mel. Aus meines hertzens grunde.

BEwahr mich, GOtt, mein Herre, In dieser morgenzeit :,: Dein gnade zu mir kehre, Die erd und himmel breit Und wie du mich behüt Die nacht, daß ich in schaden darin nicht bin gerathen, Der Tag mich auch vertrit.

2. Bewahr mir, GOtt, mein seele, Dein allertheurstes pfand :,: Dann ich sie dir befehle, Halt sie in deiner hant, Daß sie nicht fall in sünd, Von deiner gnad nicht wancke, Allzeit an dich gedencke, Des himmels guth empfind.

3. Bewohr mir, GOtt, mein leben Mein leib, der seelen hauß :,: Den du mir hast gegeben, Mein werck zu richten aus. Daß ich es wohl vollbring, Zu deinem willen lebe, Nach gottseligkeit strebe, Und mir alls wohl geling.

4. Bewahr mir, GOtt, mein sinne, Die hüter meiner seel :,: Daß allo, was ich beginne, Folge deinem befehl. Wend ab mein gantz gemüth Von allen irrdischen dingen, So leicht zu fallen tringen, Auf dich mein auge sicht.

5. Bewahr mir, GOtt, mein glieder Des leibes dienerin :,: Mein zung und augen lieder, Händ, füß, alls was ich bin. Dein geist mein kraft beweg, Daß meine zung dir singe, Dein hand mein werck vollbringe Dir gantz zu ehren leb.

6. Bewahr mic GOtt mein ehre, Behüt für sünd und schand :,: Daß ich fein ehrbar führe Meinen beruf und stand.

stand. Mein ziel die tugend sey, Darnach ich allzeit trachte, All üppigkeit verachte, Die welt-lust mir verzeih.
7. Bewahr mir, GOtt, mein güther, Den leib zum unterhalt :,: Daß ich niemand zuwied.r, Mein amt glücklich verwalt, Und nach des himmels schluß Im schweiß mein brod erwerbe, Den segen GOttes erde, Der allein nähren muß.
8. Bewahr mir, GOtt, mein freunde, All die mir sind verwandt :,: Bey welchen ich trost finde In allem unglück-stand. Wend ab all ungemach, Mein feinde kehr zurücke, Zu schanden mach ihr tücke, Dir stell ich heim die sach.
9. Bewahr mir, GOtt, mein glauben, Mein hofnung und gedult :,: Die sind'n mich nicht berauben Deiner lieb, gnad und huld. Dein guter Geist mich treib, Daß ich das böse meide, Dir trau in allem leyde, Aus end beständig bleib.

CCCXXXVIII. 338.

Mel. Ich danck dir, lieber HErre.

Danck sey GOtt in der höh In dieser morgen-stund, Durch den ich wied'r aufstehe Vom schlaf, frisch und gesund Mich hatte zwar gebunden Mit finsterniß die nacht, Ich hab sie überwunden Durch GOtt der mich bewacht.
2. Wiedrum thu ich dich bitten, O schutz-herr Israel: Du wollst treulich behüten Den tag mein leib und seel, All Christlich obrigkeiten, Unser schul und gemein, In diesen bösen zeiten, Laß dir befohlen seyn.
3. Erhalt uns durch dein güte Bey gsunder reiner lehr, Für ketzerey behüte, Streit für dein wort und ehr, Daß wir dich allzusammen Loben in einem geist, Sprechen: des HErren namen Sey groß und hoch gepreist.
4. Dem leibe gib darneben Nahrung und guten fried, Ein gsund und mäßig leben, Darzu ein frölich gemüth, Daß wir in allen ständen Tugend und ehrbarkeit Lieben, und fleiß drauf wenden, Als rechte Christen-leut.
5. Gib mildiglich dein segen, Daß wir nach dein geheiß Wandeln auf gu'en wegen, Thun unser amt mit fleiß, Daß ein jeder sein netze Auswerf, und auf dein wort Sein trost mit Petro setze, So geht die arbeit fort.
6. Was dir gereicht zu ehren, Und der gemein zu nütz, Das will der satan wehren Mit list und grossem trutz, Doch kan ers nicht vollbringen, Weil du, HErr JEsu Christ Herrschest in allen dingen, Und unser beystand bist.
7. Wir sind die zarten reben, Der weinstock selbst bist du, Daran wir wachsen und kleben Und bringen frucht

darzu: Hilf, daß wir an dir bleiben Und wachsen immermehr, Dein guter geist uns treibe Zu werken deiner ehr.

CCCXXXIX. 339.

GOtt, der du selber bist das licht, Deß gut und treue stirbet nicht, Jetzt sey ich lob gesungen :,: Nachdem durch deine grosse macht Der helle tag die finstre nacht So kräftig hat verdrungen Und deine gnad und wunderthat Mich, als ich schlief, erhalten hat.
2. Laß ferner mich in deinem schutz, O Vater, für des satans trutz Mit freuden jetzt aufstehn :,: Damit ich diesen ganzen tag Dich ja zu meinem nutzen mag Im glauben frölich sehen: Vor allem sey du selber mir Das licht des lebens für und für.
3. Des glaubens licht in mir bewahr Ach! stärck und mehr es immerdar, Erwecke treu und liebe :,: Die hofnung mach in nöthen vest, Hilf, daß ich mich aufs allerbest Auch in der demuth übe, Daß deine furcht stets vor mir steh Und ich auf guten wegen geh.
4. HErr, halte meinen gang gewiß, Treib von mir aus die finsterniß, Und bosheit meines herzens. :,: Behüte mich den ganzen tag Für aberglauben, zorn und plag, Auch für verbottnem scherzen Bewahre mich für stolzem pracht Und allem was mich lästernd macht.
5. Gib, daß ich dir gehorsam sey, Und mich vor zanck und hader scheu Auf daß der sonnen strahlen :,: Mich diesen tag nicht zornig sehn, Und nachmals traurig untergehn, Ach! laß mich nicht bezahlen Dem nächsten seine bitterkeit, Mit eifer, feindschaft, grimm und neid.
6. Für unzucht und für böser lust, Für kargheit und des geitzes wust Behüte mich in gnaden :,: Gib, daß die falschheit dieser zeit, Zusamt der ungerechtigkeit, Mein herz ja nicht beladen, Ach! daß dein helles angesicht Doch solche sünd erblicke nicht.
7. O treuer GOtt, erweck in mir Nur einen hunger stets nach dir, Daß mich die welt verlichre :,: Ja, lehre mich, du starcker held, Zu thun allein was dir gefält, Dein guter Geist mich führe. Damit ich ausser bösem wahn Stets wandeln mög auf ebner bahn.
8. Befiehl auch deiner engel-schaar, Daß sie mein leben für gefahr Den ganzen tag beschützen :,: Und auf den händen tragen mich, Daß nicht der satan grausamlich Mich könn allhier beschmitzen, So werd ich gegen seinen stehn Und unverzagt auf drachen gehn.
9. So nimm von mir, o vater hin Mein herz, gedancken, muth und sinn, Hilf

das

daß ich dir vertraue:,: Schüt auch, du getreuer hert; Mein dichten, reden, werck und wort, Damit ich klüglich schaue, Mein GOtt, auf deines namens ehr Auch meines nächsten nutz vermehr.

10. HErr JEsu Christe, laß allein Mich armen ein gefäsſe ſeyn, Und werckzeug deiner gnaden:,: Richt all mein thun, beruf und stand, Halt über mir dein hülf und hand, So kan mir niemand schaden, Auch wollest du ganz gnädiglich Für den verläumdern schützen mich.

11. Mit hertz und mund ich dir befehl HErr Jesu meinen leib und seel, Auch ehr und gut darneben:,: Wann ich nun sitze, geh und steh, Alsdann so schaffe, daß ich sey Herr, über mich dich schwetzen, Gib ja, daß deine gnaden-hand Sey nimmer von mir abgewandt.

12. Für bösen pfeilen die bey tag Auf erden bringen grose plag, Als für des todes seuche:,: Für pestilentz behüte mich, Damit sie nicht so grausamlich Bey nacht herummer schleiche. Bewahr uns auch für krieges-noth, Wend einen bösen schnellen tod.

13. Gib, lieber HErr, zu dieser frist, So viel zum leben nöthig ist, Doch nur nach deinem willen:,: Wann du die speiß und nahrung hie Mit gnaden segnest spat und früh, Kanst du mich reichlich füllen, Doch, daß man deine milde gab Auch nicht zum bösen mißtrauch hab.

14. Allein zu dir hab ich gesetzt Mein hertz, o Vater, gib zuletzt auch mir ein seliges ende:,: Auf daß ich deinen jüngsten tag Mit grosser freud erwarten mag, Drauf streck ich aus die hände: Ach komm, HErr JEsu! komm, mein ruhm, Und nimm mich in dein Eigenthum.

Christlicher Segen.

15. Mein GOtt und Vater segne mich Der Sohn erhalte gnädiglich, Was er mir hat gegeben:,: Der Geist erleuchte tag u. nacht Sein antlitz über mich mit macht, Und schütze mir mein leben. Nur dieses wünsch ich für und für: Der friede GOttes sey mit mir.

Mittags-Gesänge.
CCCXL. 340.

Mitten wir im tage sind Von der sonn umgeben:,: Wie soll doch ein menschen-kind Sein thun wohl anlegen? Mit dir, HErr Gott alleine; Wers also angefangen hat, Dem muß weiters gehn von statt Alles mit seinem GOtt, Alles in seiner noth. Alls, was er ihm vorgenommen, O ewiger GOtt! Das muß wohl bekommen, Dir zu ehr uns ihm zum trost. Erbarm dich unser.

2. Mitten an dem tage lehrt Uns die schöne sonne:,: Wem der himmel sey beschehrt Und wer drein soll kommen, Die glaubigen alleine, So berew'n ihr missethat, Und glauben an Gottes gnad, Allein das heyl suchend, Allein das heyl findend, Allein bey Christo ihrem HErrn, O ewiger GOtt! Laß uns bald hinkehren Zu der rechten trost-sonne. Erbarm dich unser.

3. Mitten durch den tage kommt Keins besser im leben:,: Als welches zu aller stund Leib und seel ergeben Thut dir, HErr GOtt, alleine, Darneben fort treibt sein arbeit, Sich übt in gottseligkeit, Das lebet recht Christlich, Das leidt gedultiglich, Das stirbet darauf auch seliglich, O ewiger GOtt, Laß uns bußfertiglich Also den tag vollenden. Erbarm dich unser.

CCCXLI. 341.
Mel. Allein zu dir, HErr JEsu ꝛc.

Vergib uns, lieber HErre GOtt, Du vater aller güter:,: All unser sünd und missethat, Für schaden uns behüte. Und wend von uns dein strenge gericht, Mit deinem Geist verlaß uns nicht, Daß wir im rechten glauben rein, Dir HErr, allein, Heut dienen und gehorsam seyn.

2. Erbarm dich unser, JEsu Christ, Du quellend brunn der gnaden:,: Und hilf uns, dann allein du ist, Der wehren kan all'm schaden. Errett dein volck aus aller noth, Das du mit deinem theuren blut Erlöset hast von schuld und rein, Der sünden sein, Mit trost und rath allzeit erschein.

3. Erhör, GOtt Vater, unser bitt, Hilf uns, und sey uns gnädig:,: HErr Christ hör uns und für uns tritt, Auf daß wir seyn freymüthig. Erhör uns Heiliger Geist zugleich, In unser noth nicht von uns weich, Du willt ja nicht des sünders tod, O treuer GOtt, Hilf uns endlich aus aller noth.

Abend-Gesänge.
CCCXLII. 342.

Werde munter, mein gemüthe, Und ihr sinnen geht herfür:,: Daß ihr preiset Gottes güte, Die er hat gethan an mir Daß er mich den ganzen tag Für so mancher schweren plag, Hat erhalten und beschützet, Daß mich satan nicht beschmützet.

2. Lob und danck sey dir gesungen, Vater der barmhertzigkeit:,: Daß mir ist mein werck gelungen, Daß du mich für allem leyd. Und für sünden mancher art, So getreulich hast bewahrt,

Auch

Au:h die feind hinweg getrieben,
Daß ich unbeschädigt blieben.
3. Keine Klugkeit kan ausrechen Dei=
ne gut und wunderthat :,: Ja, kein
redner kan aussprechen Was dein
hand erwiesen hat. Deiner wohlthat
ist zu viel, Sie hat weder maas noch
ziel, Ja, du hast mich so geführet,
Daß kein unfall mich berühret.
4. Dieser tag ist nun vergangen, Die
betrübte nacht bricht an :,: Es ist hin
der sonnen prangen, So uns all erfreuen kan, Stehe mir, o Vater,
bey, Daß dein glanz stets vor mir sey,
Und mein kaltes hertz erhitze, Wann
ich gleich im finstern sitze.
5. HErr, verzeihe mir aus gnaden Alle sünd und missethat :,: Die mein armes hertz beladen, Und so gar vergiftet hat, Daß auch satan durch sein
spiel Mich zur höllen stürtzen will,
Da kanst du allein erretten, Straffe
nicht mein übertretten.
6. Bin ich gleich von dir gewichen,
Stell ich mich doch wieder ein :,: Hat
uns doch dein Sohn verglichen Durch
sein angst und todes pein. Ich verläugne nicht die schuld, Aber deine
gnad und huld Ist viel grösser als die
säule. Die ich stets in mir befinde.
7. O du licht der frommen seelen, O
du glanz der ewigkeit :,: Dir will ich
mich gantz befehlen, Diese nacht und
allezeit. Weise doch, mein GOtt, bey
mir. Weil es nunmehr dunckel sey r.
Da ich mich so sehr betrübe, Tröste
mich mit deiner liebe.
8. Schütze mich fürs teufels netzen,
Für der macht der finsterniß :,: Die
mir manche nacht zusetzen, Und ergie-
gen viel verdrieß. Laß mich dich, o
wahres licht, Nimmermehr verliehren
nicht, Wann ich dich nur hab im hertzen
Fühl ich nicht der seelen schmertzen.
9. Wann mein augen schon sich schlie=
sen, Und ermüdet schlafen ein :,: Muß
mein hertz dannoch geflissen, Und auf
dich gerichtet seyn. Meiner seelen
mit begier Träume stets, o GOtt, von
dir, Daß ich vest an dir verbleibe, Und
auch schlafend dein verbleibe.
10. Laß mich diese nacht empfinden
Eine sanft und süsse ruh :,: Alles übel
laß verschwinden. Decke mich mit segen zu Leib und seel, muth und blut,
Weib und kinder, haab und guth,
Freude, feind und hausgenossen,
Sind in deinen schutz geschlossen.
11. Ach! bewahre mich für schrecken
Schütze mich für überfall :,: Laß mich
Franckheit nicht aufwecken, Treibe
weg des krieges schall Wende feuer u.
wassers-noth, Pestilenz und schnellen
tod, Laß mich nicht in sünden sterben,
Noch an leib und seel verderben.

12. O du grosser GOtt, erhöre, Was
dein kind gebäten hat, JEsu, den ich
stets verehre, Bleibe ja mein schutz
und rath, Und mein hort, du werther
geist Der du freund und tröster heist,
Höre doch, mein sehnlichs flehen,
Amen, ja, es soll geschehen.

CCCXLIII. 343.

CHrist der du bist der helle tag, Vor
dir die nacht nicht bleiben mag :,:
Du leuchtest uns vom Vater her,
Und bist des lichtes prediger.
2. Ach lieber HErr, behüt uns heint
In dieser nacht fürm bösen feind, Und
laß uns in dir ruhen fein, Daß wir
fürm satan sicher seyn.
3. Ob schon die augen schlaffen ein,
So laß das hertz doch wacker seyn :,:
Halt über uns dein rechte hand, Daß
wir nicht fall'n in sünd und schand.
4. Wir bitten dich, HErr JEsu Christ,
Behüt uns für des teufels list Der
stets nach unsern seelen tracht, Daß
er an uns hab keine macht.
5. Sind wir doch dein ererbtes guth,
Erworben durch dein theures blut:
Das war des ewgen Vaters rath,
Als er uns dir geschencket hat.
6. Besiel dein'm engel, daß er kommt,
und uns bewach, dein eigenthum: Gib
uns die lieben wächter zu, Daß wir
fürm satan haben ruh.
7. So schlaffen wir im namen dein,
Dieweil die engel bey uns seyn. Du
heilige Dreyfaltigkeit, Wir loben
dich in ewigkeit.

CCCXLIV. 344.

CHriste der du bist tag und licht,
Vor dir ist, HErr, verborgen nichts,
Du väterliches licht glantz, Lehr
uns den weg der warheit gantz.
2. Wir bitten dein göttliche kraft,
Behüt uns, HErr, in dieser nacht,
Bewahr uns, HErr, für allem leid,
GOtt, Vater der barmhertzigkeit.
3. Vertreib den schweren schlaf, HErr
Christ, Daß uns nicht schad des feindes list, Das fleisch in züchten reine
sey, So sind wir mancher sorgen frey.
4. Wann unsre augen schlaffen ein,
So laß das hertz doch wacker seyn, Beschirm uns dein GOttes rechte hand, Und
lös uns von der sünden band.
5. Beschirmer, HErr, der Christenheit, Dein hülf allzeit sey uns bereit.
Hilf uns, HErr GOtt, aus aller
noth, Durch dein heilig fünf wunden roth.
6. Gedenck, o HErr, der schweren zeit
Darinn der leib gefangen leit, Die
seele, die du hast erlöst, Der gib,
HErr JEsu, deinen trost.
7. GOtt Vater sey lob, ehr und preiß,
Darzu auch seinem Sohne weiß, Des
heil=

Abend-Gesänge. 131

heilgen Geistes gütigkeit, Von nun an bis in ewigkeit.

CCCXLV. 345.
Mel. Ich danck dir, lieber HErre.

DEr tag hat sich geneiget, Die nacht herver gethan :,: GOtt sey gebenedeyet, Der uns beschützet hat. Durch seine milde güte Erhält er leib und seel, GOtt woll uns fort behüten Für allem ungefäll.

2. Nichts ist auf dieser erden, Das da beständig bleibt :,: Allein die güt des Herren Währt bis in ewigkeit. Drauf steht all'r menschen hofnung, GOtt läßt die seinen nicht, In ihn setz ich all hoffen, Mein trost und zuv'rsicht.

3. Ihm hab ich mich ergeben In dieser argen welt :,: Es ist der menschen leben Wie blümlein auf dem feld: Des morgens in dem thaue Stehn sie gefärbet schön, Bald werd'n sie abgehauen, verderb'n von stunden an.

4. Vergib mir, lieber HErre, Mein sünd und missethat :,: Ich hab gesündigt sehre, Und bitt, HErr, um genad. Warn du mir wolt'st zuschreiben Mein sünd und auch mein schuld, Wo solt ich vor dir bleiben, Den tod hätt ich verschuldt.

5. Ich bitt nur gnädiglichen Durch Christum allermeist :,: Mach mich von sünden ledig, Gib mir den heiligen Geist Der mich weise und lehre, Ja der mich leit und führ, Auf daß ich nimmermehre Dein gnad und hülf verlier.

6. Mein leib, mein seel, mein leben Haus, ehr, und all mein gut :,: Was du mir hast gegeben, Befehl ich in dein hut: In dein göttliche hände, Behüt mich gnädiglich, Gib mir ein seligs ende, Und nimm mich in dein reich.

CCCXLVI. 346.
Mel. Christ, der du bist der helle ꝛc.

DEs morgens, wann ich früh aufsteh, Und des abends zu bette geh, Sehn meine augen, HErr, auf dich, HErr JEsu, dir befehl ich mich.

2. In die heilig fünf wunden dein, Da kan ich ruhn und sicher seyn, Mit leib und seele, haab und guth, Mein schatz ist dein heiliges blut.

3. Dann, o HErr Christ, am creutzesstamm, Dein heiliges blut die sünd hinnahm, Drum ich wach oder schlafe ein, Thu du, HErr, allzeit bey mir seyn.

4. Dein engel mir stets halten wacht, Drum ich tod, teufl und feind nicht acht, Dann wo ich bin, bist du bey mir, Mein glück und creutz kommt all's von dir.

5. Ich leb od'r sterb, so bin ich dein, Darum ich dir die seele mein Befehl jetzund und auch im tod, Nimm sie zu dir, o treuer GOtt.

CCCXLVII. 347.
Mel. Ach bleib bey uns, HErr ꝛc.

HInunter ist der sonnenschein Die finstre nacht bricht starck herein, Leucht uns, HErr Christ, du wahres licht, Laß uns im finstern wandeln nicht.

2. Sey sey dank, daß du uns den tag für schaden, g'fahr und mancher plag Durch deine engel hast behüt, Aus gnad und väterlicher güt.

3. Womit wir hab'n erzörnet dich Dasselb verzeih uns gnädiglich, Und rechn' es unsrer seel nicht zu, Laß schlafen uns in fried und ruh.

4. Durch dein engel die wach bestell, Daß uns der böse feind nicht fäll, Für schreck'n, gespenst und feuers-noth, Behüt uns heint, o treuer GOtt.

CCCXLVIII. 348.
Mel. An wasserflüssen Babylon.

HErr JEsu Christ, du GOtt der ruh, Du schutzherr deiner glieder :,: Schickst uns der sorgen anstand zu, indem die nacht kommt wieder. Du bist der hüter Israel, Ein hirt der ausbetrübten seel! In deiner kirchen bürden Sind wir gesichert tag und nacht, Daß uns der höllen-wölffe nacht Nicht macht zu beute würden.

2. Sind wir, o GOtt, auf deiner weyd Des tages irr gegangen :,: So ist uns solches hertzlich leyd, Und tragen nun verlangen, Zu lauffen nach der rechten heerd, Die keine plag und seuch gefährt, Die hier wohl wird bewachet. Getreuer GOtt, schau doch nicht in Das übel, so wir heut gethan, Und uns betrübet machet.

3. Verleih uns, HErr, doch deine gnad Und deine grose güte :,: Die uns bisher beschirmet hat Für unser feinde wüten. Laß uns ohn alle plag und klag Erwachen mit dem hellen tag, Ohn sorgen, traum und weinen. HErr, der du nimmer schlaffest nicht, laß über uns dein angesicht Mit gnaden-glantze scheinen.

4. Wann aber diese finstre nacht Die letzte solte werden :,: Und daß des letztes schnelle macht Uns raffte von der erden: So laß uns selig schlafen ein, Daß wir auch bey den schäflein Zur rechten hande stehen, Und nicht mit jener böcke schaar Versstossen werden immerdar, Und in die hölle gehen.

5. Indem wir aber noch der zeit, Das elend müssen bauen :,: So laß uns stets die ewigkeit Vor unsern augen schauen, Daß wir dir, höchster GOtt, allein In wahrer furcht ergeben seyn, und unsern nächsten lieben, Und unsers namens ehr und ruhm Erlangen in dem Christenthum, Wie GOtt uns vorgeschrieben.

349

CCCXLIX. 349.
Mel. Hertzlich thut mich verlangen.

Allts GOtt, mein werk ich lasse, Die senn feyrabend meldt:,: Sie hat vollendt ihr strasse, Schleicht wieder in ihr zelt. So mögen auch mein sachen Ruhen zu dieser zeit, Ich will feyrabend machen Mit schuldger danckbarkeit.

2. Mein augen, hertz und hände, O JEsu! GOttes Sohn:,: Zu dir ich nunmehr wende, Zum schuldgen tages=lohn, Dann du bist selbst getretten An meine werckstatt gut, Hast mir helfen arbeiten, Regiert mein sinn und muth.

3. Mein haupt hast du gestärket, Mein'n fingern geben kraft:,: Hab dein segen vermercket, Der allein frommen schafft, Daher ist wohl gerathen Mein arbeit und mein kunst, Ohn dich geht nichts von statten, Ohn dich ist alls umsonst.

4. Drum ich von hertzen grunde Dich Herr GOtt lob und preiß:,: In dieser abend=stunde Und bitt mit gantzem fleiß, Du wollest gnädig hören Mein arm versorgebät Das gut in mir vermehren Durch dein barmhertzigkeit.

5. Gleich wie vor alten zeiten Du hast viel guts erzeigt:,: Des abends denen leuten, Der'n hertz sich zu dir neigt. Und vest auf dich gebauet: So wollst du auch geruhn, (Wie unser hertz dir trauet,) Uns liebs und guts zu thun.

6. Als Noah hat gelassen Ein täublein aus sein'm schiff:,: Kehrt es wieder sein strassen, Und bracht ein frieden=brief: Zur vesper=zeit im munde Führets ein blblatt grün, Daraus Noah verstunde, Des HErren zorn wär hin.

7. Zwey heil'ge engel kamen Des al ends zu dem Loth:,: In ihren schutz ihn nahmen Wider die gottloß rott. Er, asstten den propheten, Bald fiel schwefel und feur. Macht den gottlosen städten Ihr freud und frevel theur.

8. Gleicher weise wir lesen, da Elider prophet:,: Im hungerland gewesen, Hört, was der HErre thät. Vögel gedienet haben Zu tisch dem GOttesmann, Abends und morgens raben brod und fleisch brachten ran.

9. So wollst du, HErr, uns geben Abend=und morgen=brod:,: Und was zu diesen leben Uns allenthalben ist noth:,: D in engel wollst uns schicken Auf daß er uns bewahr Fürs teufels list und stricken, So sind wir ohn gefahr.

10. Erhöre unser bitten, Ach HErr! du treuer GOtt:,: Die stadt wollst du behüten, Für feur und aller noth. Und weil die völcker toben, Erregen krieg und streit, So sende uns von oben Den fried zu unsrer zeit.

11. Ja weils will finster werden Ums wort der großen=licht:,: Der satan auf der erden Viel ketzerey anricht, So bleib sey und HErr Christe, Mit deiner gnad und schein Dein werthes wort uns friste, Alsdann wir sicher seyn.

12. Hiermit ich dann vollende Mein tags=geschaft und sach:,: Und bitt hertzlich zu ende, HErr, den feyrabend mach, Drauf der sabath anrechet Der ehne zahl der jahr, Der ewiglich bestehet, Amen, das werde wahr.

CCCL. 350.
Mel. O Christe, morgensterne.

In dieser abend=stunde Erheb ich meine stimm, Und lob aus hertzensgrunde, GOtt, mit den Seraphim, O HErr, mein lied annimm.

2. Du hast gantz abgewendet Noth und gefährlichkeit, Und dich) zu mir gewendet In dieser bösen zeit, Die voller angst und leyd.

3. Die sünde mir vergeben, Die strafen abgelenckt, Und deinen reichen segen Mir völlig eingeschenckt, Gespeiset und getränckt.

4. Mich und mein hausgenossen, Sammt meinem haab und guth, Hast du gantz unverdrossen Genommen in dein hut, O reiche leibes=fluth.

5. Die arbeit meiner hände Hast du befördert heut, Daß sie gebracht zum ende Mit großer nutzbarkeit, Drum ich dein lob ausbreit.

6. Ich gebe dir die ehre. O wahrer HErr und GOtt, Hilf, daß ich sie vermehre In freud und aller noth, Und endlich in dem tod.

7. Ich rühme deine gaben, Und bitte ferner dich, Wollst leib und seele laben, Des setans macht zerbrich, So schlaf ich sicherlich.

8. Dein starcker arm mich decke Wann ich entschlofen bin, Daß mich kein unglück schrecke Noch etwas meinen sinn Zum bösen neige hin.

9. Hilf, daß ich wohl erwege, Was doch der schlaf andeut, Wann ich mich niederlege Ist mir das bett allzeit Des grabes ähnlichkeit.

10. Da sterb ich gleichsam abe, Da hör und seh ich nicht, Da reh ich wie im grabe, Weiß nicht was dann geschicht, Bis da der tag anbricht.

11. Bald sich ich auf mit freuden, Empfinde neue kraft, Und schmeck in meinen leiden Des wortes GOttes saft, Welchs trost und friede schafft.

12. Also werd ich in wonne Dort lieblich schauen an Dich, JEsu meine sonne, Dann du fürjedermann, Für mich auch g'nung gethan.

13. Darum ob ich gleich sterbe Am letzten stündelein, Dannoch ich nicht verderbe,

verbe, Zur ruhe geh ich ein, Be=
freyet aller pein.
14. Eh ich von hinnen fahre, Bitt
ich, o frommer GOtt! Mich väter=
lich bewahre Für bösem schaden
tod, Hilf mir aus aller noth.
15. So bitt ich alle sünden, In mei=
nem lobgedicht, Und seh auf Christi
wunden, Alsdann mir nichts ge=
bricht, O herzens zuversicht.
16. Zu singen lob und ehre Dir,
HErr, bin ich bereit, Den schwachen
glauben mehre, Daß ich nach dieser
zeit Mit dir eingeh zur freud.

CCCLI. 351.

Mel. Freu dich sehr, o meine ꝛc.

Unsre müden augen=lieder Schlies=
sen sich jetzt schläfrich zu:,: Und
des leibes matte glieder Grüssen
schon die abend=ruh, Dann die dunk=
le finstre nacht, Hat des hellen tages
pracht In der tiefen see verdecket,
Und die sternen aufgesteckt.
2. Ach! bedenck, eh du gehst schlafen,
Du, o meines lebens gast:,: Ob du
den, der dich erschaffen, Heute nicht
erzörnet hast? Thu, ach thu bey zei=
ten buß, Geh, und fall ihm auch zu
fuß, Und bitt ihn, daß er aus gna=
den Dich der strafe woll entladen.
3. Sprich: HErr, die ist unverhol=
ten, Daß ich diesen tag vollbracht:,:
Anders, als du mir befohlen, Ja, ich
habe nicht betracht Meines amtes ziel
und zweck. Habe gleichfalls deine weg
Schändlich, o mein GOtt, verlassen,
Bin gefolgt der wollust=strassen.
4. Ach HErr, laß mich gnad erlangen,
Gib mir nicht verdienten lohn:,: Laß
mich deine huld umfangen, Sieh an
deinen lieben Sohn, Der für mich ge=
nug gethan, Vater, nimm den bürgen
an. Dieser hat für mich erwidert,
Was mein unart hat verschuldet.
5. Oefne deiner güte fenster, Sende
deine wacht herab:,: Daß die schwar=
zen nacht=gespenster, Daß des todes
finstres grab, Daß das übel, so bey
nacht Unsern leib zu fällen tracht,
Mich nicht mit einem netz umdecke,
Noch ein böser traum mich schrecke.
6. Laß mich, HErr, von dir nicht wan=
ken. In dir schlaf ich sanft und wohl;
Gib mir heilige gedancken, Wenn ich
gleich schlafens voll, So Laß doch
den geist in mir Zu dir wachen für
und für, Bis die morgenröth ange=
het. Und man von dem bett aufstehet.
7. Vater, droben in der höhe Dessen
nam uns theuer und werth:,: Dein
reich komm, dein will geschehe, Unser
brod werd uns beschehrt, Und vergib
uns unsre schuld, Schenck uns deine
gnad und huld, Laß uns nicht versu=
chung tödten: Hilf uns, HErr, aus
allen nöthen.

CCCLII. 352.

Mel. O welt, ich muß dich lassen.

Nun ruhen alle wälder, Vieh, men=
schen, stadt und felder, Es schläft
die gantze welt: Ihr aber meine sin=
nen, Auf, auf, ihr solt beginnen,
Was eurem schöpfer wohlgefällt.
2. Wo bist du, sonne blieben? Die
nacht hat dich vertrieben, Die nacht
des tages feind: Fahr hin, ein andre
sonne, Mein JEsus, meine wonne,
Gar hell in meinem hertzen scheint.
3. Der tag ist nun vergangen, Die
gülde ne sterne prangen Am blauen
himmels=saal: Also werd ich auch ste=
hen, Wann mich wird heissen gehen,
Mein GOtt aus diesem jammerthal.
4. Der leib eilt nun zur ruhe, Legt
ab das kleid und schuhe, Das bild der
sterblichkeit, Die zieh ich aus, da=
gegen Wird Christus mir anlegen
Den rock der ehr und herrlichkeit.
5. Das haupt, die füß und hände
Sind froh, daß nun zum ende, Die
arbeit kommen sey: Herz, freu dich,
du solt werden Vom elend dieser er=
den, und von der sünden arbeit frey.
6. Nun geht, ihr matten glieder,
Geht hin, und legt euch nieder, Der
betten ihr begehrt: Es kommen stund
und zeiten, Da man euch wird berei=
ten Zur ruh ein bettlein in der erd.
7. Mein augen stehn verdrossen, Im
huy sind sie geschlossen, Wo bleibt
dann leib und seel? Nimm sie zu dei=
nen gnaden, Sey gut für allen scha=
den, Du aug und wächter Israel.
8. Breit aus die flügel beide, O JE=
su, meine freude, Und nimm dein
küchlein ein, Will satan mich ver=
schlingen, so laß die englein singen:
Diß kind soll unverletzet seyn.
9. Auch euch ihr meine lieben, Soll
heinte nicht betrüben Ein unfall noch
gefahr: GOtt laß euch selig schlafen,
Stell euch die güldne waffen Uns
bett, und seiner engel schaar.

CCCLIII. 353.

Das walt nun zu dieser frist, GOtt
Vater in ewigkeit:,: Das walt
mein HErr JEsus Christ, Mein
beschützer allezeit: Das walt GOtt
der heilige Geist, Der mir allzeit hül=
fe leist. Hochgelobet und gepreist.
2. GOtt Vater ins himmelsthron,
Dir sag ich lob, ehr und danck, JEsu
Christe Gottes Sohn, Dich preiß ich
mein lebenlang, und du Gott heiliger
Geist, Meine seel dich rühmt und
preißt,Weil ein athem in mir ist.
3. Das du mich aus lauter gnad Heut
diesen vergangnen tag Für gefahr und
allem

allein schad hast behütet und bewacht,
Ich bitt, noch ferner dich, Lieber Gott
behüte mich diese nacht genädiglich.
4 Dann in deine hand allein Gäntzlich mich befehlen thu :‚: Meinen
leib und all das mein, Auch mein arme seel darzu: Schütz mich durch der
engel wacht, Daß der satan gar kein
macht An mir finde tag und nacht.

CCCLIV. 354.

Mein augen schließ ich jetzt in Gottes namen zu, Dieweil der müde leib begehret seine ruh, Weiß
aber nicht, ob ich den morgen werd
erleben, Es könte mich vielleicht der
tod noch heint umgeben.
2. Drum sag ich dir, o Gott, von
hertzen lob und danck, Ich will auch
solches thun hinfort mein lebenlang,
Weil du mich diesen tag hast wollen
so bewahren, Daß mir kein ungelück
hat können widerfahren.
3. Du hast des teufels list von mir
gantz abgekehrt, Der als ein grimmi-
ger löw zu fressen mich begehrt: Beschütz auch diese nacht mich, HErr,
durch deine waffen, Wann als ein rot-
des bild der leib wird liegen schlafen.
4. Regiere mein gemüth, und richt es
gantz zu dir, Daß keine böse lust durch
träume mich berühr, Auch deinen engel mir an meine seite setze, Daß mich
der satan nicht mit seiner list verletze.
5. Also, wann morgens ich das tage-
licht erblick, Ich mich gar willig
dann zu deinem lobe schick. Ihr sorgen weichet hin; du aber, HErr,
verleihe Den gliedern ihre ruh, Daß
mir der schlaf geteye.
6. Und so ja diese nacht mein ende
käm herbey, So hilf, daß ich in dir,
o JEsu, wacker sey, Auf daß ich seliglich und sanft von hinnen scheide,
Dann führe meine seel hinauf zur
himmels-freude.

CCCLV. 355.
Mel. Christus der ist mein leben.

Ach bleib mit deiner gnade Bey uns
HErr JEsu Christ, Daß uns hinfort nicht schade Des bösen feindes list.
2. Ach bleib mit deinem worte Bey uns
erlöser werth, Daß uns beyd hier und
dorte Sey trost und heyl beschehrt.
3. Ach bleib mit deinem glantze Bey
uns, du werthes licht, Dem warheit
uns beschantze, Damit wir irren nicht.
4. Ach bleib mit deinem segen Bey
uns, o reicher Herr, Dein gnad und all
vermögen In uns reichlich vermehr.
5. Ach bleib mit deinem schutze Bey
uns, du starcker held, Daß uns der
feind nicht trutze, Und fäll die böse
welt.
6. Ach bleib mit deiner treue Bey uns
mein HErr und GOtt, Beständigkeit
verleihe, Hilf mir aus aller noth.

Morgen-Mittag-und Abend-Gesänge.
CCCLVI. 356.

Vor deinen thron tret ich hiemit,
O GOtt! und dich demüthig bitt,
Wend dein genädig angesicht Von
mir, dem armen sünder, nicht.
2. Du hast mich, o GOtt Vater,
mild, Gemacht nach deinem ebenbild,
In dir web, schweb und lebe ich, Vergehen müst ich ohne dich.
3. Errettet hast du mich gar oft, Gantz
wunderlich und unverhoft, Da nur
ein schritt, ja nur ein haar Mir
zwischen tod und leben war.
4. Verstand und ehr hab ich von dir,
Des lebens nothdurft gibst du mir,
Darzu auch einen treuen freund, Der
mich in glück und unglück meynt.
5. GOtt Sohn, du hast mich durch
dein blut Erlöset von der höllen glut,
Das schwer gesetz für mich erfüllt,
Dadurch des Vaters zorn gestilt.
6. Wann sünd und satan mich anklagt
Und mir das hertz im leib verzagt Alsdann brauchst du dein mittler-amt,
Daß mich der Vater nicht verdamnt.
7. Du bist mein fürsprach allezeit,
Mein heyl, mein trost und meine
freud, Ich kan durch kein verdienst allein Hier ruhig und dort selig seyn.
8. GOtt Heiliger Geist, du höchste
krafft, Des gnade in mir alles schafft,
Ist es was guts an leben mein, So
ist es warlich lauter dein.
9. Dein ists, daß ich GOtt recht erkenn, Ihn meinen HErrn und Vater
nenn, Sein wahres wort und sacrament
Behalt und lieb bis an mein end.
10. Daß ich vest in anfechtung steh,
Und nicht in trübsal untergeh, Daß
ich im hertzen trost empfind, Zuletzt
mit freuden überwind.
11. Drum dancke ich mit hertz und
mund Dir, GOtt, in dieser morgen-
(mittag) (abend) stund, Für alle
güte, treu und gnad, Die meine
seel empfangen hat.
12. Und bitt, daß deine gnaden-hand
Bleib über mir heut (heint) ausge-
spannt: Mein amt, guth, ehr, freund,
leib und seel, In deinen schutz ich dir
befehl.
13. Hilf, Daß ich sey von hertzen fromm,
Damit mein gantzes Christenthum
Aufrichtig, und rechtschaffen sey,
Nicht augenschein und heucheley.
14. Erlaß mich meiner sünden schuld
Und hab mit deinem knecht geduld;
Zünd

stand in mir glauben an und lieb,
In jenem leben hofnung gib.
15 Ein seliges ende mir beschehr,
Am jüngsten tag erweck mich, HErr,
Daß ich dich schaue ewiglich, Amen,
amen, erhöre mich.

&c;&c;&c;&c;&c;&c;

Zehenter Theil,
In welchem verfasset
Bitt= und Danck=Lieder,
vor und nach dem Essen,
Wie auch
Reise= und Wiegen=
Lieder.

Vor dem Essen.
CCCLVII. 357.
Mel. Erhalt uns, HErr, bey deinem.

Beschehr uns, Herr, das täglich
brod, Für theurung und für
hungers=noth, Behüt uns
durch dein lieben sohn, GOtt
Vater, in dem höchsten thron.

2. O HErr, thu auf dein milde hand,
Mach uns dein gnad und güt bekannt: Ernähr uns, deine kinderlein,
Der du speist alle vögelein.

3. Erhörst du doch der raben stimm,
Drum unser bitt, HErr, auch vernimm. Dann aller ding du schöpfer
bist, Und allem vieh sein futter gibst.

4. Gedenck nicht unsrer missethat
Und sünd, die dich erzürnet hat: Laß
schienen dein barmherzigkeit, Daß
wir dich lob'n in ewigkeit.

5. O HErr, gib uns ein fruchtbar
jahr, Den lieben kornbau uns bewahr
Für theurung, hunger, feuch und
streit Behüt uns, HErr, zu aller zeit.

6. Unser lieber Vater du bist, Weil
Christus unser bruder ist, Drum
trauen wir allein auf dich, Und wolln
dich preisen ewiglich.

CCCLVIII. 358.
Mel. Ach bleib bey uns, HErr :c.

Zwey ding, o HErr, bitt ich von dir,
Die wollest du nicht wegern mir,
Weil ich in diesem leben bin, Eh mich
mein stündlein nimmt dahin.

2. Verfälschte lehr, abgötterey,
Auch lügen ferne von mir sey, Armuth und reichthum gib mir nit,
Doch dieses ich noch ferner bitt.

3. Ein ziemlich nothdurft schaff dem
leib, Daß ich kan nähren kind u. weib,
Daß kein groß noth und mangel sey,
Und auch kein überfluß dabey.

4. Sonst, wann ich würd zu satte
seyn, Verläugnet ich den HErren
mein, Und sagte: was frag ich nach
GOtt, Ich bin versorgt in aller noth.

5. Oder, wann armuth drückte mich,
Zum stehlen möcht gerathen ich, Oder
mit sünd trachten nach guth, Ohn
GOttes scheu, wie mancher thut.

6. Des HErren segen machet reich,
Ohn alle sorg, wann du zugleich In
deinm stand treu und fleißig bist,
Und thust, was dir besohlen ist.

CCCLIX. 359.
Mel. Singen wir aus herzen :c.

Zweyerley bitt ich von dir, Zweyerley trag ich dir für, Dir, der alles
reichlich gibt, Was uns dient und
dir beliebt, Gib mein bitten, das du
weist, Eh ich sterb, und sich mein
geist Aus des leibes banden reist.

2. Gib, daß ferne von mir sey Lügen
und abgötterey: Armuth, das die masse
bricht, Und groß reichthum gib mir
nicht: Allzu arm und allzu reich,
Ist nicht gut, stürzt beydes gleich,
Unser seel ins sünden=reich.

3. Laß mich aber, o mein heyl, Nehmen mein bescheiden theil, Und bescherre mir zur noth Hie mein täglich
bißlein brod: Ein klein wenig, da
der muth Und ein gut gewissen ruht,
Ist fürwahr ein grosses guth.

4. So assen möcht im überfluß Ich ein
pfladen überdruß, Dich verläugnen,
dir zum spott Fragen: wer ist HErr
und GOtt? Dann das herz ist frechheit voll, Weiß oft nicht, wann ihm
ist wohl, Wie es sich erheben soll.

5. Wiederum, wanns siehet blos,
Und die armuth wird zu gros, Wird
es untreu, stiehlt und stellt Nach des
nächsten guth und geld: Thut gewalt,
braucht ränck und list, Ist mit unrecht ausgerüst, Fragt gar nicht,
was Christlich ist.

6. Ach, mein GOtt! mein schatz, mein
licht! Dieser keines ziemt mir nicht:
Beydes schändet deine ehr, Beydes
stürzt ins höllen=meer: Drum so gib
mir satt und hüll Also, wie dein herze
will, Nicht zu wenig, nicht zu viel.

CCCLX. 360.
Mel. HErr Christ, der einig :c.

Dich bitten wir deine kinder, o Vater, HErre GOtt :,: Mach unser
sorgen minder, gib uns das täglich brod
Erhalt uns unser leben, Das du uns
hast gegeben, Bis wir jens erben dort.

2. Segne mit dem munde, Was du
uns hast beschehrt :,: Daß es uns sey
gesunde, Die kraft werd in uns gmehrt,
In deinem dienst zu bleiben, Die
werck der lieb zu treiben, Allzeit gegen jedermann.

3. Wollst

Gesänge nach dem Essen.

3. Wollst deine lieb beweisen, Und allen schaffen rath :/: Zu hungrige speisen, Mit gütern machen satt. Daß wir dich alle loben, Dein gut herab von oben, Erkennen stets mit danck.

Nach dem Essen.
CCCLXI. 361.

SIngen wir aus hertzen-grund, Loben GOtt mit unserm mund, Wie er sein gut an uns beweist, So hat er uns auch gespeist, Wie er thier und vög'l ernährt, So hat er uns auch beschehrt, Welch's wir jetzund hab'n verzehrt.

2. Lob'n wir ihn als seine knecht, Das sind wir ihm schuldig von recht, Erkenn'n wie er uns hat geliebt, Dem menschen aus gnaden gibt, Daß er von bein, fleisch und haut artlich ist zusamm'n gebaut, Daß er des tages licht anschaut.

3. Alsbald der mensch sein leben hat, Seine küche vor ihm staht, In dem leib der mutter sein Ist er zugerichtet sein; Ob es ist ein kleines kind, Keinen mangel doch nirgends findt, Biß es auf die welt herkommt.

4. GOtt hat die erde zugericht, Läßts an nahrung mangeln nicht, Berg und thal die macht er naß, Daß dem vieh auch wächst sein graß. Aus der erden wein und brod, Schaffet GOtt, und gibts uns satt, Daß der mensch sein leben hat.

5. Das wasser muß uns geben fisch, Die laßt GOtt tragen zu tisch, Eyr von vögeln eingelegt, Werden junge draus gehecket, Müss'n der menschen speise seyn, Hirsche, bärn, schaaf, rind'r und schwein, Schaffet GOtt, und gibts allein.

6. Dank'n wir sehr und bitten ihn, Daß er uns geb des Geistes sinn, Daß wir solches recht versteh'n, Stets nach sein'n geboten gehn, Seinen namen machen groß In Christo ohn unterlaß, So sing'n wir recht des gatias.

7. Das gratias das singen wir, HErr GOtt Vater, wir dancken dir, Daß du uns reichlich hast gespeist, Dein lieb und treu an uns beweist. Darum wir dir danckbar seyn, Loben auch den namen dein, Herr, dir sey die ehr allein.

CCCLXII. 362.

DAncket dem HErren, dann er ist sehr freundlich, Und seine güt und wahrheit bleibet ewiglich.

2. Der als ein barmhertziger, gütiger GOtt, Uns dürftige creaturen gespeiset hat.

3. Singet ihm aus hertzen-grund mit innigkeit, Lob und danck sey dir, GOtt Vater, in ewigkeit.

4. Der du uns, als ein reicher milder Vater, Speisest und kleidest deine elende kinder.

5. Verleih, daß wir dich recht lernen erkennen, Und nach dir, ewigen schöpfer, uns sehnen.

6. Durch JEsum Christum, deinen allerliebsten Sohn, Welcher unser mittler ist worden vor deinem thron.

7. Der helf uns allesamt allhie zugleiche; Und mach uns erben in seins Vaters reiche.

8. Zu lob und ehre seinem heilgen namen, Wer das begehrt, der sprech von hertzen, Amen.

CCCLXIII. 363.
Mel. HErr Christ, der einig ꝛc.

HErr GOtt, nun sey gepreiset, Wir sagn dir grossen danck :/: Du hast uns wohl gespeiset, Und geben guten tranck. Dein mildigkeit zu mercken; Und unsern glaub'n zu stärcken, Daß du seyst unser GOtt.

2. Ob wir solchs haben genommen Mit lust und übermaß :/: Dardurch wir möchten kommen Vielleicht in deinen haß, So wollst es uns aus gnaden, o HErr, nicht lassen schaden, Durch Christum deinen Sohn.

3. Also wollst allzeit nähren, HErr, unser seel und geist :/: In Christo gantz bekehren, Und in ihr machen friß. Daß wir ihm hunger meiden, Starck seyn in allem leyden, Und leben ewiglich.

Reise-Gesänge.
CCCLXIV. 364.
Mel. Diß sind die heilgen zehn geb.

JN Gottes namen reisen wir, Seiner gnaden begehren wir Des vaters güt behüt uns heut, Bewahr uns unser seel und leib, Kyrieleison.

2. Christus sey unser geleitsmann, Bleibe stets bey uns auf der bahn Und wend von uns des feindes list, Und was sein'm wort zuwieder ist, Kyriel.

3. Der Heilig Geist auch ob uns halt, Mit seinen gaben mannigfalt, Tröst stärke uns in aller noth, Und führ uns wieder heim mit GOtt, Kyriel.

CCCLXV. 365.
Mel. Wann wir in höchsten nöth.

HErtz-allerliebster Vater mein, Ich bitt durch Christ, den Sohne dein, Für unfall wollst behüten mich, Auf dieser reise gnädiglich.

2. Wollst selbst nach der verheissung dein Ein feurig mauer um mich seyn, Damit ich hie an seel und leib, Daheim an haus, hof, kind und weib,

3. Fürm bösen feind und schnellen tod Für räubern, feur und wassers-noth,
Für

Den teuffel und all böse leut Von mir verjag und fern abtreib.
6. Mit GOtt geleit mich glücklich aus, Und frölich wieder bring zu haus. Lob, preiß und ehr will ich dafür Aus hertzens-grunde sagen dir.

Wiegen-Gesang.
CCCLXVI. 366.
Mel. Lobt GOtt ihr Christen ꝛc.

NUn schlaf mein liebes kindelein, Und thu dein äuglein zu, Der lieb GOtt will dein vater seyn, Drum schlaf in guter ruh, Drum schlaf in guter ruh.
2. Dein vater ist der liebe GOtt, Und wills auch ewig seyn, Der leib und seel dir geben hat, Wohl durch die eltern dein, Wohl durch die eltern dein.
3. Und da du warst in sünd gebohrn, Wie menschen-kinder all, Und lagst darzu in GOttes zorn, Um Adams sünd und fall, Um Adams sünde.
4. Da schenkt er dir sein lieben Sohn, Den gibt er in den tod, Der kam auf erd'n vom himmels thron, Half dir aus aller noth, Half dir aus aller noth.
5. Ein kindlein klein ward er gebohrn, Am creuz sein blut vergoß, Damit stilt er seins Vaters zorn, Macht dich von sünden los, Macht dich von sünden los.
6. Hör, was dir Christ erworben hat, Mit seiner marter groß, Die heil. tauf, das selig bad, Aus seiner seiten floß, Aus seiner seiten floß.
7. Darum bist du nun neu gebohrn, Durch Christi wunden roth, Verschlungen ist GOttes grimmig zorn, Dein'r schuld bist quitt und los, Dein'r schuld bist quitt und los.
8. Mit seinem Geist er dich regiert, Aus lauter lieb und treu, Der auch dein zartes hertzlein rühtt, Und macht dich gar span neu, Und macht dich ꝛc.
9. Er sendt dir auch sein engelein, Zu hüten tag und nacht, Daß sie bey deiner wiegen seyn, Und halten gute wacht, Und halten gute wacht.
10. Damit der böse geist kein theil An deiner seelen find, Das bringt dir alles Christi heyl, Drum bist ein selges kind, Drum bist ein selges kind.
11. Dem vater und der mutter dein Befehl ich dich mit fleiß, Daß sie dein Zacharias Hänselein So wirst du jetzig seyn, So wirst du selig seyn.
14. Der Heilig Geist der segne dich, Bewahr dich allezeit, Sein heilger nam behüte dich, Schütz dich für allem leyd, Schütz dich für allem leyd.
15. Amen, amen, das ist ja wahr, Das sagt der heilig Geist, Geb GOtt, daß du von heut zu jahr Ein gottselig kind seyst, Ein gottselig kind seyst.

Eilfter Theil.
In welchem enthalten
Sterb- und Leichen-Gesänge.

CCCLXVII. 367.

WAnn mein stündlein vorhanden ist, Und ich soll fahrn mein straße, So gleit du mich, HErr JEsu Christ, Mit hülf mich nicht verlasse: Mein seel an meinem letzten end Befehl ich, HErr, in deine händ, Du wirst sie wohl bewahren.
2. Mein sünd mich werden kräncken sehr, Mein gwissen wird mich nagen, Dann ihr sind viel, wie sand am meer, Doch will ich nicht verzagen, Gedencken will ich an dein tod, HErr JEsu, deine wunden roth, Die werden mich erhalten.
3. Ich bin ein glied an deinem leib, Deß tröst ich mich von hertzen, Von dir ich ungescheiden bleib, In todesnoth und schmertzen. Wann ich gleich sterb, so sterb ich dir, Ein ewges leben hast du mir, Mit deinem tod erworben.
4. Weil du vom tod erstanden bist, Werd ich im grab nicht bleiben Mein höchster trost dein auffarth ist, Todsfurcht kan sie vertreiben. Dann wo du bist, da komm ich hin, Daß ich stets bey dir leb und bin, Drum fahr ich hin mit freuden.
5. So fahr ich hin zu JEsu Christ, Mein arm thu ich ausstrecken, Ich schlaffe ein und ruhe fein, Kein mensch kan mich auwecken, Dann JEsus Christus GOttes Sohn, Der wird die himmels-thür aufthun, Mich führn zum ewgen leben.

Da

Da nun Elias seinen lauf
der hat vollendet, Da gleit ihn
GOtt gen himmel nauf, Ein wagen er
ihm sendet, Wagen und roß warn wie
ein feur, Darauf fuhr der prophet so
theur Jm wetter auf gen himmel.
* Mit leib und seel er dahin fuhr Mit
feuer flammen umgeben, Uns zum bey-
spiel, trost und fiewr Daß wir nach die-
sem leben Zu GOtt anfahrn allzu-
gleich Mit leib u. seel ins himmelreich
Wann Christ der HErr wird kommen.
* Eliam auf dem berg Thabor Die
jünger Christi sahen, Der viel jahr
hat gelebt zuvor. Drum soll kein
mensch verzagen. Ein ewges leben ist
gewiß, Da jetzt Elias lebt und ist,
Dahin solln wir auch kommen.
* Elias vor dem jüngsten tag Soll
wieder komm'n auf erden, Daß er der
bösen welt ansag, Wie Christus kom-
men werde. Aber der theure Gottes
mann, Hat sich schon hörn und sehen
lan, Drum ist das end nicht ferne.

CCCLXVIII. 368.

HErr JEsu Christ, wahr'r mensch
und GOtt, Der du littst mar-
ter, angst und spott, Für mich am
kreuz auch endlich starbst, Und mir
dein's vaters huld erwarbst.
2. Jch bitt durchs bitter leiden dein,
Du wollst mir sünder gnädig seyn,
Wann ich nun komm in sterbens noth,
Und ringen werde mit dem tod.
3. Wann mir vergeht all mein gesicht,
Und meine ohren hören nicht, Wann
meine zunge nichts mehr spricht, Und
mir für angst mein herz zerbricht.
4. Wann mein verstand sich nicht be-
sinnt Und mir all menschlich hülf zer-
rinnt, So komm, o HErr Christ, mir
behend, Zu hülf an meinem letzten end.
5. Und führ mich aus dem jammerthal
Verkürz mir auch des todes quaal,
Die bösen geister von mir treib, Mit
deinem geist stets bey mir bleib.
6. Biß sich die seel vom leib abwend,
So nimm sie, HErr, in deine händ,
Der leib hab in der erd sein ruh, Biß
sich der jüngst tag naht herzu.
7. Ein frölich auferstehn verleih An
jenem gericht mich fürsprecher sey,
Und meiner sünd nicht mehr gedenk,
Aus gnaden mir das leben schenk.
8. Wie du hast zugesaget mir Jn dei-
nem wort, das treu ich dir: Für-
wahr, fürwahr, euch sage ich, Wer
mein wort hält und glaubt an mich,
9. Der wird nicht kommen ins gericht,
Und den tod ewig schmecken nicht,
Und ob er gleich hie zeitlich stirbt,
Mit nichten er drum gar verdirbt.
10. Sondern ich will mit starker hand
Jhn reissen aus des todes band, Und
zu mir nehmen in mein reich, Da
soll er dann mit mir zugleich,
11. Jn freuden leben ewiglich, Dar-
zu hilf uns ja gnädiglich! Ach HErr,
vergib all unser schuld, Hilf, daß wir
warten mit gedult,
12. Bis unser stündlein kommt her-
bey, Auch unser glaub stets wacker sey
Dein'm wort zu trauen vestiglich,
Bis wir entschlafen seliglich.

CCCLXIX. 369.

JCh hab mein sach GOtt heimge-
stellt, Er machs mit mir, wies
ihm gefällt. Soll ich allhie noch län-
ger leben, Nicht widerstreben, Sein'm
willn thu ich mich ganz ergeben.
2. Mein zeit und stund ist, wann Gott
will, Jch schreib ihm nicht vor maaß
noch ziel. Es sind gezählt all härlein
mein, Beyd gros und klein, Fällt kei-
nes ohn den willen sein.
3. Es ist allhier ein jammerthal, Angst,
noth u. trübsal überall. Des bleibens
ist ein kleine zeit, Voll mühseligkeit.
Und wers bedenkt ist immr'im streit.
4. Was ist der mensch? ein erdenkloß,
Von mutter leib ist er nackt und
bloß, Bringt nichts mit sich auf diese
welt, Kein guth noch geld, Nimmt
nichts mit sich, wann er hinfällt.
5. Es hilft kein reichthum, geld noch
guth, Kein kunst, noch gunst, noch
stolzer muth, Fürn tod kein kraut ge-
wachsen ist, Mein frommer Christ,
Alles, was lebt, sterblich ist.
6. Heut seyd wir frisch, gesund und
stark, Morgen seyd wir todt, und
lieg'n im sarg, Heut blüh'n wir wie
die rosen roth, Bald krank und todt,
Jst allenthalben müh und noth.
7. Man trägt eins nach dem andern
hin, Wohl aus dem aug'n, wohl aus
dem sinn, Die welt vergisset unser
bald, Sey jung od'r alt, Auch unsrer
ehren mannigfalt.
8. Ach HErr, lehr uns bedenken wohl,
Daß wir sind sterblich allzumahl,
Auch wir allhie kein bleibens han,
Müss'n all davon Gelehrt, reich,
jung alt oder schön.
9. Das macht die sünd, o treuer Gott,
Dadurch ist komm'n der bittre tod,
Der nimmt und frißt all menschen-
kind, Wie er sie findt, Fragt nicht,
wes stands od'r ehrn sie sind.
10. Jch hab hie wenig gut' e tag. We'n
täglich brod ist mich und klag. Wann
mein GOtt will, so will ich mit heu-
fahrn in fried, Sterbn ist mein
gewinn und schadt mir nicht.
11. Und ob mich schon mein sünd an-
ficht, Dannoch will ich verzag'n
nicht, Jch weiß, daß mein getreuer
GOtt Für mich in tod S. in'n liebsten
sohn gegeben hat. 12. Der

Sterb- und Leich-Gesänge.

12. Derselbig mein HErr JEsus Christ, Für all mein sünd gestorben ist, Und auferstanden mir zu gut, Der höllen glut gelöscht mit seinem theuren blut.

13. Drum leb und sterb ich allezeit Von ihm, a der bitt'r tod mich nicht scheid, Ich leb oder sterb, so bin ich sein, Er ist allein Der einig trost und helfer mein.

14. Das ist mein trost zu aller zeit, In allem creutz und traurigkeit, Ich weiß daß ich am jüngsten tag Ohn alle klag Werd aufersehn aus meinem grab.

15. Mein frommer und getreuer GOTT All mein gebein bewahren thut, Da wird nicht eins vom libe mein, Sey groß oder klein, Unkommen noch verlohren seyn.

16. Mein lieben GOtt von angesicht Werd ich anschaun, dran zweifl ich nicht In ewiger freud und seligkeit, Die mir bereit, Ihm sey lob, preiß in ewigkeit.

17. O Jesu Christe Gottes sohn, Der du für mich hast gnug gethan, Ach schleuß mich in die wunden dein, Du bist allein Der einig trost und helfer mein.

18. Amen, mein lieber frommer GOtt, Bescher uns allen ein selgen tod, Hilf, daß wir mögen allzugleich Bald in dein reich Kommen und bleiben ewiglich.

CCCLXX. 370.

Mel. Ach HErr, mich armen sünder.

Herrlich thut mich verlangen Nach einem selgen end ::: Weil ich hie bin umfangen Mit trübsal und elend: Ich hab lust anzuschauen Von dieser bösen welt, Sehn mich nach ewgen freuden, O JEsu, komm mir bald.

2. Du hast mich ja erlöset Von sünd, tod, teufel, höll ::: Es hat dein blut gekostet Drauf ich mein hoffnung stell, Warum sollt mir dann grauen Fürm tod und höllischen gsund, Weil ich auf dich thu bauen, Bin ich ein selges kind.

3. Wann gleich süß ist das leben, Der tod sehr bitter mir ::: Will ich mich doch ergeben Zu sterben willig dir, Ich weiß ein besser leben, Da mein seel fähret hin, Deß freu ich mich gar eben, Sterben ist mein gewinn.

4. Der leib zwar in der erden Von würmern wird verzehrt ::: Doch auferwecket werden Durch Christum schön verklärt, Wird leuchten als die sonne, Leben ohn alle noth, In himlisch'r freud und wonne, Was schadt mir dann der tod?

5. Ob mich die welt auch reitzet Länger zu bleiben hier ::: Und mir auch immer zeiget Ehr, geld, guth, all ihr zier, Doch deß ich gar nicht achte, Es währt ein kleine zeit, Das himmlisch ich betrachte, Das bleibt in ewigkeit.

6. Wann ich gleich auch nun scheide, Von meinen freunden gut ::: Das mir und ihn'n bringt leide, Doch tröst mir meinen muth, Daß wir in grossen freuden zusammen werden komm'n, Und bleiben ungescheiden In himmelischen thron.

7. Ob ich auch hinterlasse Betrübte kinderlein, Dern noth mich übr die masse jammert im hertzen mein: Wil ich doch gerne sterben Und trauen meinem GOtt, Der wird sie wohl versorgen Retten aus aller noth.

8. Was thut ihr so viel zagen, Ihr arme wayselein ::: Solt euch GOtt hülf versagen, Der speist die raben klein? Frommer wittwer und wayssen Ist er der vater treu, Trotz dem, der sie thut haissen, das glaubt ohn alle scheu.

9. Gsegn' euch GOtt der HErre Ihr vielgeliebte mein ::: Trauret nicht allzusehre Ueber den abschied mein, Beständig bleibt im glauben, Wir werden in kurtzer zeit Einander wieder schauen Dort in der ewgen freud.

10. Nun will ich mich gantz wenden zu dir, HErr Christ allein ::: Gib mir ein selges ende, Send mir dein engelein: Führ mich ins ewig leben, Das du erworben hast Durch dein leiden und sterben Und blutigen verdienst.

11. Hilf, daß ich ja nicht wancke Von dir, HErr JEsu Christ ::: Den schwachen glauben stärcke Ja mir zu aller frist, Hilf mir ritterlich ringen, Dein hand die halt mich vest, Daß ich mag fröhlich singen Das consummatum est.

CCCLXXI. 371.

In eigner Melodie.
Oder: Wann mein stündlein vorh.

HErr JEsu Christ, ich weiß gar wohl, Das ich einmal muß sterben ::: Wann aber das geschehen soll, Und wie ich werd verderben Dem leibe nach, das weiß ich nicht, Es steht allein in deim'm gericht, Du weist mein letztes ende.

2. Und weil ich dann, als dir bewust, Weil durch deins Geistes gabe ::: An dir allein die beste lust In meinem hertzen habe: Und gewißlich gläub, daß du allein Mich hast von sünden g'waschen rein, Und mir dein reich erwerben.

3. So bitt ich dich HErr JEsu Christ, Halt mich bey der gedancken ::: Und laß mich ja zu keiner frist Von dieser meynung wancken, Sondern darbey verharren vest Bis daß die seel aus ihrem nest Wird in den himmel kommen.

4. Tantz sehr, so gib durch deine hand Mir ein vernünftig ende ::: Das ich mein seel fein mit verstand Befehl in deine hände: Und so im glauben sanft und froh, Auf meinem bettlein oder stroh, Möge von hinnen fahren.

5. Wo du mich aber in dem feld, durch raub auf frembder grentze ::: In wassers noth,

noth, hitz oder kält, Oder durch pestilentze, Nach deinem rath wollst nehmen hin, So richt nicht, HErr, nach meinem sinn, Den ich im leben führe.
6. Wo aber ich aus schwachheit groß Mich ungebührlich hielte ::: Gieng etwan oder läge bloß, Und unbescheiden redte, So laß michs, HErr, entgelten nicht, Weils wider mein bewust geschicht, Und mich nicht kan besinnen.
7. O HErr, gib mir in todes-pein Ein säuberlich gebärde ::: Und hilf, daß mir das hertze mein Feind sanft gebrochen werde, Und wie ein licht ohn alles weh Auf dein unschuldig blut vergeh, Das du für mich vergossen.
8. Jedoch ich dich nicht lehren will, Noch dir mein end vorschreiben: Sondern dir allweg halten still Bey deinem wort verbleiben Und glauben daß du, als ein fürst Des lebens, mich erhalten wirst Ich sterb gleich wie ich wolle.
9. Derhalben ich in meinem sinn Mich dir thu gantz ergeben ::: Dann sieh, der tod ist mein gewinn; Du aber bist mein leben: Und wirst mein leib ohn alle klag, Das weiß ich g'wiß am jüngsten tag Zum leben auferwecken.

CCCLXXII. 372.
Mel. Mein wallfahrt ich vollend.

Nun gute nacht ihr liebsten mein, Jetzt trägt man mich von hinnen ::: Mein leib zu leg'n ins grab hinein, Daß er sanft ruh darinnen: Die seel ist allbereit bey GOtt, Da wird sie ewig getröstet, Mit mir hats nunmehr keine noth, Bin von all'm leyd erlöset.
2. Was traurt ihr dann, daß ich hinscheid Laßt nur euer trauren fahren: Ich bin kommen zur ew'gen freud, Ihr seyt in all'n gefahren. Ich geh voran, ihr kommt hernach, Dencht, wie werd'n wir uns fr'uen, Wann Gottvon allem ungemach Uns ewig wird befreyen.
3. Fürwahr die gantz welt ich nicht nähm, Daß ich ein einig minute :: Zu euch in diß elend mehr käm, So groß ist jetzt das gute, Das mir GOtt hat gegeben ein Im himmel, o welch freude! Kommt bald hernach, ihr liebsten mein, Was habt ihr hie? nur leide.
4. Ade, behüt euch GOtt, ade! Die ihr denkt nachzukommen ::: Den weg zum himmel ich jetzt geh, Da gwißlich Alle frommen Zusammen bringt der jüngste tag. Was acht'n wir dann das scheiden? Ohn einig leyd, ohn alle klag Wir uns werden ewig freuen.
5. Ach GOtt, verleih, wer nach mir bleibt, In diesem armen leben ::: Daß er fromm werd in der gnad'n-zeit, Und sich dir gantz ergebe. Daß er dort hör: du frommer Christ, Geh ein zu dein's HERRN freuden. Ach helfs, du

frommr HErr JEsu Christ, In allen gnaden, Amen.

CCCLXXIII. 373.

Mitten wir im leben sind, Mit dem tod umfangen :;: Wen such'n wir, der hülfe thut, Daß wir gnad erlangen? Das bist du, HErr, alleine. Uns reuet unsre missethat, Die dich Herr, erzörnet hat: Heiliger HErre GOtt, Heiliger starcker GOtt, Heiliger barmhertziger Heyland, Du ewiger GOtt! Laß uns nicht versincken In der bittern todes-noth, Kyrieleison.
2. Mitten in dem tod anficht Uns der höllen rachen :;: Wer will uns aus solcher noth Frey und ledig machen? Das thust du, HErr alleine. Es jammert dein barmhertzigkeit, Unser sünd und grosses leyd: Heiliger HErre GOtt, Heiliger starcker GOtt, Heiliger barmhertziger Heyland, Du ewiger GOtt! Laß uns nicht verzagen Für der tiefen höllen-glut, Kyriel.
3. Mitten in der höllenangst Unser sünd uns treiben :;: Wo sollen wir dann fliehen hin, Da wir mögen bleiben? Zu dir, HErr Christ, alleine. Vergossen ist dein theures blut, Das gnug für die sünde thut, Heiliger Herre GOtt, Heiliger starcker GOtt, Heiliger barmhertziger Heyland! Du ewiger GOtt! Laß uns nicht entfallen Von des rechten glaubens trost, Kyr.

CCCLXXIV. 374.

Mein wallfahrt ich vollendet hab, In diesem bösen leben :;: Jetzund trägt man mich in das grab, Darauf thut sich anheben Ein neue freud und seligkeit Bey Christo meinem HErtzen, Die allen frommen ist bereit, Diß ist die kron der ehren.
2. Der leib der thut verwesen gar, Und muß zu staube werden :;: Doch wird daraus ein körper klar, Welcher nicht mehr auf erden; Sondern hiernächst bey JEsu Christ, Ohn jammer und elende, Wird seyn und bleiben zu aller frist Der sich von GOtt nicht wende.
3. Solch ewig leben hat er mir Und alln Christen erworben :;: Der tod hat gwart vor meiner thür, Bis ich jetzt bin gestorben: Und dieses ist der sünden schuld, Wir müssen einmal sterben, Jedoch beweist er seine huld, Sein glaub'gen nicht verderben.
4. Sondern wie ein weitzkörnelein Gesäet wird mit fleisse :;: Vermodert und grünt hernach sein; Also auch gleicherweise All fromme Christen die auf erd Ein weil verscharret bleiben. Steh'n doch hernach auf unversehrt Mit schönen klaren leiben.
5. Ich hab auf mein HErrn JEsum Christ mein hoffnung, thun und lassen :;:

Sterb- und Leich-Gesänge.

sen :,: Gestellt, der auch zu jeder frist
Mein heyland ist gewesen: Der wird
mein liebe freunde hier, Welche ich
hinterlassen, Beschirmen, und mit
grosser zier Endlich auch zu sich fassen.
6. Darum laßt fahren all traurigkeit,
Thut mich nicht mehr beweinen :,:
In mir ist nichts, dann lauter freud,
Weils GOtt so gut thut meynen.
Mein seele preiset GOtt den HErrn
Für solch freudenreich leben, Was
könnt ihr herrlichers begehrn? GOtt
wolls euch all'n auch geben.

CCCLXXV. 375.

Mit fried und freud ich fahr dahin
In GOttes wille, G'trost ist
mir mein hertz und sinn, Sanft und
stille, Wie GOtt mir verheissen hat:
Der tod ist mein schlaf worden.
2. Das macht Christus, wahr'r Gottes sohn, Der treue heyland, Den du
mich, HErr, hast sehen lan Und machst
bekannt, Daß er sey das leben und
heyl In noth und auch im sterben.
3. Den hast du allen vorgestellt Mit
grossen gnaden, Zu seinem reich die
gantze welt Heissen laden, Durch dein
theuer heylsam wort, An allem ort
erschollen.
4. Er ist das heyl und selig licht Für
die heyden, Zu erleuchten die dich
kennen nicht, Und zu weyden: Er ist
deins volcks Israel, Der preiß, ehr,
freud und wonne.

CCCLXXVI. 376.

O Welt! ich muß dich lassen, Ich
fahr dahin mein strassen, Ins
ewig vaterland: Mein geist will ich
aufgeben, Darzu mein leib und leben
Seyen in GOttes gnädig hand.
2. Mein zeit ist nun vollendet, Der
tod das leben endet, Sterben ist mein
gewinn: Kein bleiben ist auf erden,
Das ewig muß mir werden, Mit
fried und freud ich fahr dahin.
3. Ob mich gleich hat betrogen, Die
welt, von GOtt gezogen Durch schand
und zauberey: Will ich doch nicht verzagen, Sondern mit glauben sagen,
Daß mir mein sünd vergeben sey.
4. Auf GOtt steht mein vertrauen,
Sein angsicht will ich schauen, Warlich durch JEsum Christ: Der für
mich ist gestorben, Des Vaters huld
erworben, Mein mittler er auch worden ist.
5. Die sünd mag mir nicht schaden Erlöst bin ich aus gnaden, Umsonst, durch
Christi blut: Kein werck kommt mir
zu frommen, So will ich zu ihm kommen, Allein durch wahren glauben gut.
6. Ich bin ein unnütz knechte, Mein
thun ist viel zu schlechte, Dann daß
ich ihm bezahl Damit das ewig leben

Umsonst will er mirs geben, Und nicht
nach mein'm verdienst und wahl.
7. Drauf will ich fröhlich sterben, Das
himmelreich ererben, Wie er mirs hat
bereit! Hie mag ich nicht mehr bleiben,
Der tod thut mich vertreiben, Mein
seel sich von mein'm leibe scheidt.
8. Damit fahr ich von hinnen, O welt
thu dich besinnen, Dann du must auch
hernach: Thu dich zu GOtt bekehren,
Und von ihm gnad begehren, Im
glauben sey du auch nicht schwach.
9. Die zeit ist schon vorhanden, Hör
auf von sünd und schanden, Und richt
dich auf die bahn Mit bäten und mit
wachen, Sonst alle irrdische sachen,
Solt du gäntzlich hinfahren lan.
10. Das schenck ich dir am ende, Abe,
zu GOtt mich wende, Zu ihm sieht
mein begehr: Hüt dich für pein und
schmertzen, Nimm mein abschied zu
hertzen, Meins bleibens ist jetzt hier
nicht mehr.

CCCLXXVII. 377.

Christus der ist mein leben Sterben
ist mein gewinn, Dem thu ich mich
ergeben, Mit freud fahr ich dahin.
2. Mit freud fahr ich von dannen, Zu
Christ dem bruder mein, Auf daß ich
zu ihm komme, Und ewig bey ihm sey.
3. Nun hab ich überwunden Creutz,
leiden, angst und noth, Durch sein
heilig fünf wunden Bin ich versöhnt
mit GOtt.
4. Wann meine augen brechen, Mein
athem geht schwer aus, Der mund
nicht mehr kan sprechen, HErr,
nimm mein seuftzen auf.
5. Wann mein hertz und gedancken
Vergehn gleich wie ein licht, Das hin
und her thut wancken, Wann ihm
die flamm gebricht.
6. Alsdann sein sanft und stille,
HErr, laß mich schlafen ein, Nach
deinem rath und willen, Wann
kommt mein ständelein.
7. Und laß mich an dir kleben, Gleich
wie ein klett am kleid, Und ewig bey
dir leben, In ewger wonn und freud.
8. Amen, das wirst du Christe, Verleihen gnädiglich, Mit deinem Geist
mich rüste, Daß ich fahr seliglich.

CCCLXXVIII. 378.

Auf meinen lieben GOtt, Trau ich
in angst und noth, Er kan mich allzeit retten Aus trübsal angst und
nöthen, Mein unglück kan er wenden, Steht alls in seinen händen.
2. Ob mich mein sünd anficht, Will
ich verzagen nicht, Auf Christum
will ich bauen, Und ihm allein vertrauen, Ihm thu ich mich ergeben, In
tod und auch im leben.
3. Ob mich der tod nimmt hin, Sterben

Sterb- und Leich-Gesänge.

ist mein gewinn, Und Christus ist mein leben, Dem thu ich mich ergeben, Ich sterb heut oder morgen, Mein seel wird er versorgen.
4. O mein Herr JEsu Christ, Der du so gdultig bist Für mich am creutz gestorben, Hast mir das heyl erworben, Auch uns allen zugleich Das ewig himmelreich.
5. Amen zu aller stund, Sprech ich aus hertzens-grund, Du wollest uns thun leiten, HErr Christ zu allen zeiten, Auf daß wir deinen namen Thun ewig preisen, Amen.

CCCLXXIX. 379.

Hertzlich lieb hab ich dich, o mein HErr. Ich bitt du wollst seyn von mir nicht fern Mit deiner hülf und gnaden :,: Die gantze welt nicht er-freuet mich, Nach himmel und erden frag ich nicht, Wann ich dich nur kan haben. Und wann mir gleich mein hertz zerbricht, So bist du doch mein zuversicht, Mein heyl und meines hertzens trost, Der mich durch sein blut hat erlöst. HErr JEsu Christ, Mein Gott und HErr, Mein GOtt und HErr, In schanden laß mich nimmermehr.
2. Es ist ja, HErr, dein geschenk und gab, Mein leib, seel und alles was ich hab, In diesem armen leben: Damit ichs brauch zum lobe, dein Zum nutz und dienst des nächsten mein, Wollst mir dein gnade geben. Behüt mich, HErr, für falscher lehr, Des satans mord- und lügen mehr Zu allem creutz erhalte mich, Auf daß ichs trag gedultiglich, HErr JEsu Christ, Mein HErr und GOtt Mein HErr u. GOtt Tröst mir mein seel in todes noth.
3. Ach HErr laß dein liebe engelein, Am letzten end die seele mein In Abrahams schooß tragen :,: Den leib in seinem schlaffkämmerlein Gar sanfft ohn einig quaal und pein Ruhn bis am jüngsten tage. Alsdann vom tod erwecke mich, Daß meine augen sehen dich In aller freud, o Gottes sohn, Mein heyland und mein gnaden-thron. HErr JEsu Christ, erhöre mich, Erhöre mich, Ich will dich preisen ewiglich.

CCCLXXX. 380.

Mel. Aus tiefer noth schrey ich rc.

HErr GOtt, mein jammer hat ein end, Ich fahr aus diesem leben :,: Mein seel befehl in deine hand, Die du mir hast gegeben. Ich bitt, HErr, sey gnädig mir, Und nimm mich väterlich zu dir, Mein geist zu dir thut streben.
2. Weil ich bie leb in dieser zeit, Hab ich viel sünd begangen :,: Dein väterlich barmhertzigkeit Nicht danckbarlich empfangen. Solchs reut mich, HErr,

von hertzen-grund, All augenblick und alle stund, Laß mich, HErr, gnad erlangen.
3. Mein hoffnung steht zu aller frist Auf deine grosse güte :,: Und meinen heyland JEsum Christ, Der woll mein seel behüten, Daß sie nicht weich von deiner gnad, Und mir des feinds gewalt nicht schad, Noch sein grausames wüten.
4. Christus hat für mich gnug gethan, Am stamm des creutzes gelitten :,: Den sehe ich mit glauben an, Für mich hat er gestritten, Den tod, teufl und höll überwand, Und sie vertilget gar zu grund, Ihr macht gäntzlich zerschnitten.
5. Des halt ich mich, mein HErr und GOtt. Thu mich darauf verlasen :,: Daß mir nicht schad der leibtich tod, Frölich fahr ich mein strassen, Zu meinem HErren JEsu Christ, Der jetzund mein begleiter ist, Das weiß ich bestermassen.
6. Amen, das ist gewißlich wahr, Und kan mich nicht betrügen :,: Daß ich ins ewig leben fahr, Mein glaub wird mirs nicht lügen. Dann ich mit Christo ewiglich, Und allen heilgen seliglich, Des tods macht will obsiegen.

CCCLXXXI. 381.

Freu dich sehr, o meine seele, Und vergiß all noth und quaal :,: Weil dich nun Christus dein HErr, Must aus diesem jammerthal: Aus trübsal und gefängnuß heyt Solt du fahren in die freud, Die kein ehre hat gehöret, Und in ewigkeit auch währet.
2. Tag und nacht hab ich geruffen Zu dem HErren meinem Gott :,: Weil mich stets viel creutz getroffen, Daß er mir hülf aus der noth. Wie sich sehnt ein wandersmann, Daß sein weg ein end mög han: So hab ich gewünschet eben Daß sich enden möcht mein leben.
3. Dann gleichwie die rosen stehen Kunter dornen spitzig gar :,: Also auch die Christen gehen In lauter angst und gefahr. Wie die meeres wellen sind, Und der ungestüme wind: Also ist allhie auf erden Unser lauf voller beschwerden.
4. Die welt, teufel, sünd und hölle, Unser eigen fleisch und blut :,: Plagen stets hier unsre seele, Lassen uns bey keinem muth. Wir sind voller angst und plag, Lauter creutz sind unsre tag, Wann wir nur gebohren werden, Jammer gnug findt sich auf erden.
5. Wann die morgenröth herleuchtet, Und der schlaf sich von uns wendt :,: Sorg und kummer daher streichet, Müh findt sich an allem end. Unsre thränen sind das brod, So wir essen früh und spat, Wann die sonn nicht mehr thut scheinen, Ist nichts dann klagen und weinen.
6. Drum

Sterb- und Leich-Gesänge.

6. Drum, Herr Christ, du morgensterne, Der du ewiglich aufgehst: Sey von mir jetzund nicht ferne, Weil mich dein blut hat erlöst: Hilf, daß ich mit fried und freud Mög von hinnen fahren heut. Ach! sey du mein licht und strasse, Mich mit beystand nicht verlasse.
7. In dein seite will ich fliehen, An meinem bittern todes gang:,: Durch deine wunden will ich ziehen Ins himlische vaterland, In das schöne paradeis Drein der schächer that sein reiß Wirst du mich, HErr Christ, einführen, Mit ewiger klarheit zieren.
8. Ob mir schon die augen brechen, Das gehöre gar verschwindet:,: Und mein zung nicht mehr kan sprechen, Der verstand sich nicht besinnt, Bist du doch mein licht, mein hort, Das leben, der weg, die pfort, Du wirst mich selig regieren, Die recht bahn gen himmel führen.
9. Laß dein engel mit mir fahren, Auf Elias wagen roth:,: Und meine seele wohl bewahren, Wie Lazarus nach seinem tod: Laß sie ruhn in deinem schooß, Erfüll sie mit freud und trost, Bis der leib kommt aus der erden, Mit dir wird vereinigt werden.
10. Freu dich sehr, o meine seele, Und vergiß all noth und quaal:,: Weil dich nun Christus, dein HErr, Ruft aus diesem jammerthal. Seine freud und herrlichkeit Solt du sehn in ewigkeit, Mit den engeln jubiliren In ewigkeit triumphiren.

CCCLXXXII. 382.

Mel. Ach HErr, mich armen sünder.

Ich hab mich GOtt ergeben, Dem liebsten vater mein:,: Hier ist kein immer leben, Es muß geschieden seyn, Der tod kriegt mir kein schaden, Er ist nur mein gewinn: Darum in GOttes gnaden Fahr ich mit freuden hin.
2. O welt, wer dir vertrauet, Du schnöde böse welt:,: O welt, wer auf dich bauet, Derselb gewißlich fällt. Gunst die thut manchen blenden, Eh er sich recht bedenkt, Thust du dich von ihm wenden, Dein falschheit manchen kränckt.
3. Welt, deiner ich nicht achte Mit deinem übermuth:,: Vielmehr ich höher achte Christum, das höchste gut. Mit ihm kan ich bestreiten Mein feinde ritterlich, Die jetzt an aller seiten Sich legen wieder mich.
4. Er kan mit freud erfüllen Das traurig herze mein:,: Und all mein kummer stillen, Darzu des todes pein. Drum will ich frölich dringen Aus diesem jammerthal, Ich weiß, mir wirds gelingen Ewig in GOttes saal.
5. Drum welt, ich thu dich lassen Mit deinem schnöden pracht:,: Und fahe dahin mein strassen, Ade zu guter nacht. Christo bin ich ergeben, Die welt geh immer hin, Dann Christus ist mein leben, Sterben ist mein gewinn.
6. Nach leid viel freud und wonne, Werd ich im himmel han:,: Und leuchten wie die sonne Ewig bey GOttes sohn: Das leib und seel sich freuen, Und sagn ihm lob und danck, In jenem schönen mayen Mit meinem lobgesang.

CCCLXXXIII. 383.

Eitelkeit, eitelkeit, vieler verderben, Eitelkeit allezeit fertig zu sterben, Meide mein gantzes herb, meide mein leben, Welches dem ewigen bleibet ergeben.
2. Nichtigkeit, nichtigkeit, zittert als blätter, Wanckende frühlings-zeit, trügendes wetter, Laß dich nur andere suchen und finden, Mich soll der himmel ihm ewig verbinden.
3. Flüchtigkeit, flüchtigkeit, stinckende brücke, Arm an lust, reich an leid, schule der tücke, Ich will mich nimmermehr mit dir verstricken Sondern ins ewige himmels-feld rücken.
4. Ewigkeit, ewigkeit, ach mein verlangen, Ewigkeit, freudens-zeit, laß dich umfangen. Komm, o mein aufenthalt, komm, o mein hoffen, Treff ich dich, alsdann ist alles getroffen.
5. Packe dich, eitelkeit vieler verderben, Nichtigkeit, deine zeit eile zum sterben, Packe dich, flüchtigkeit, folge dem winde, Aber, o ewigkeit, komme geschwinde.

CCCLXXXIV. 384.

SO wünsch ich nun ein gute nacht Der welt, und laß sie fahren:,: Ob sie mir gleich viel jammers macht, GOtt wird mich wohl bewahren. Ich meynt die welt Wär eitel geld, Befind es nun viel anders.
2. Ein hirsch von schlangen angesteckt, Nach frischem wasser schreyet:,: Also hat mich zum durst erweckt Die welt vermaledeyt. Auch macht mir bang Die alte schlang, Daß ich zu GOtt muß weinen.
3. Wann komm ich in dein paradeis, Da schon viel Christen wohnen:,: Und sagen dir lob, ehr und preiß, Bekleidet mit der sonnen? Wann seist du mich Ins himmelreich, Daß ich dein antlitz schaue.
4. Mein seel hat noth und leidet quaal, Daß ich so lang muß harren:,: Gespannet, auf dem jammerthal, Als zög ich schwere karren. Da treibt ihr'n spott Die falsche rott Mit mir in meinem nöthen.
5. Sie sagen ja, wo bleibt dein GOtt? Ja, daß er dir erscheine:,: Der hohn kränckt

tränckt mir mein Herz und Blut, Daß ich für Trübsal weine. Ey komm doch bald Mein aufenthalt, Und reiß mich von der Erden.
6. Ey nimm mich in dein Freuden-Saal Von dir bereitet droben :,: Da dich die Patriarchen all Mit den Propheten loben Und da die Schaar Der Engel klar Um deinen Thron her schweben.
7. Was kränckest du dich, mein arme Seel, Sey still und thu nicht wancken: GOtt ist mein Burg, mein Trost und Heyl, Deß werd ich ihm noch dancken, Drück dich, und leid Ein kleine zeit, Nach Angst kommt Freud und Wonne.
8. Das Kräutlein Patientia Wächst nit in allen Garten :,: Ach GOtt! schaff du mir immerdar, Daß ich kann deiner warten. Sonst bin ich sehr betrübt und schwer Von Angst auf dieser Erden.
9. Ich seh, daß dein Zorn wie ein Fluth Dein gantzes Land begegnet :,: Und daß es schrecklich brausen thut, Wo sich dein Grimm erhebet. Die Wellen gar Ich auch erfahr, Samint deinen Wasserwogen.
10. Darum bin ich der Welt so müd, All Tag und Nacht ich weine :,: Und laß nicht ab, bis deine Gut Verheissen mir erscheine. Nun eil doch fort, Mein treuer Hort, Und nimm mich hin mit Frieden.
11. Wie lang soll ich die Traurig gehn Da mich die Feinde plagen :,: Es ist ein Mord in meinem Bein, Daß sie gantz höhnisch fragen: Sag an, wo ist Dein JEsus Christ? Ja, daß er dich erlöse.
12. Gedult, gedult, du traurig Seel, Gedult ist hie vonnöthen :,: Bis uns der lieb Immanuel Von diesen argen Kröten Wohl zu sich reiß Ins Paradeiß, Da werden wir ihm dancken.

CCCLXXXV. 385.

Ich weiß, daß mein Erlöser lebt, Ob ich schon hie auf Erden Hab sund gethan und sterbe :,: All meine Feinde sind erlegt Nicht einer kan mir schaden, So groß ist GOttes Gnade, Welcher mir seinen lieben Sohn JEsum Christ hat geschencket, Liebers war nicht in seinem Thron, Liebers war nicht in seinem Thron, Hieran mein Hertz gedencket, Hieran mein Hertz gedencket.
2. Er wird hernach mich aus der Erd Leiblich wieder erwecken, Mich soll kein Feind mehr schrecken :,: Höll, Teufel, Tod oder was mehr Entgegen ist der Freuden, Räumt er auf mit seinem Leiden. Trotz, daß ihm etwas wiederbell, Zertreten ist die Schlange, O HErr, mein Seel ich dir befehl, O HErr, mein Seel ich dir befehl, Gnad ist bey dir die Menge, Gnad ist bey dir die Menge.
3. Zu dir hab ich mein Zuversicht Und werde nicht betrogen Sey bey den un-erzogen :,: Auf daß sie durch dein Wort erleucht Christen werden und bleiben, Himmlische Güther lieben: Selig vollenden diese Zeit, Samt den, so deinen Namen Erkennen und in Ewigkeit, Erkennen und in Ewigkeit, Neu dich anschauen, Amen, Neu dich anschauen, Amen.

CCCLXXXVI. 386.

Mel. Hertzlich thut mich verlang.

Valet will ich dir geben Du arge falsche Welt :,: Dein sündlich böses Leben Durchaus mir nicht gefällt, Im Himmel ist gut wohnen, Hinauf steht mein Begier, Da wird GOtt ewig lohnen Dem, der ihm dient allhier.
2. Rath mir nach deinem Hertzen, O JEsu GOttes Sohn :,: Soll ich je dulten Schmertzen, Hilf mir, HErr Christ, davon, Verkürtz mir alles Leiden, Stärck meinen blöden Muth, Laß mich selig abscheiden, Setz mich in dein Erb-gut.
3. In meines Hertzens Grunde, Dein Nam und Creutz allein :,: Funckelt all Zeit und Stunde, Drauf kan ich fröhlich seyn. Erschein mir in dem Bilde, Zu Trost in meiner Noth, Wie du, HErr Christ, so milde, Dich hast geblut zu Todt.
4. Verbirg mein Seel aus Gnaden In deine offne Seit :,: Rück sie aus allem Schaden In deine Herrlichkeit. Der ist wohl hie gewesen, Der kommt ins Himmels Schloß, Der ist ewig genesen, Der bleibt in deinem Schoos.
5. Schreib meinen Nam aufs beste Ins Buch des Lebens ein :,: Und bind mein Seel gar veste Ins schöne Bündelein Der'n, die im Himmel grünen, Und vor dir leben frey, So will ich ewig rühmen, Daß dein Hertz treu sey.

CCCLXXXVII. 387.

Mel. Wo GOtt der HErr nicht ic.

HErr, wie du wilt, so schicks mit mir, Im Leben und im Sterben :,: Allein zu dir steht mein Begier, Laß mich, HErr, nicht verderben. Erhalt mich nur in deiner Huld, Sonst wie du wilt, gib mir Gedult, Dein Will der ist der beste.
2. Sucht, Ehr und Treu verleih mir, HErr, Und Lieb zu deinem Worte :,: Behüt mich, HErr, für falscher Lehr, Und gib mir hier und dorte, Was mir dient zu der Seligkeit Wend ab all uns Gerechtigkeit In meinem gantzen Leben.
3. Wann ich einmal nach deinem Rath Von dieser Welt soll scheiden :,: Verleih, o HErr, mir deine Gnad, Daß es geschehn mit Freuden, Mein Leib und Seel befehl ich dir, O HErr, ein selig's End gib mir, Durch JEsum Christum, Amen.

2. Forthin ist mir beygelegt Der gerechten crone, Die mir wahre freud erregt In des himmels throne. Forthin meines lebens licht, Denn ich hie vertrauet, Nemlich GOttes angesicht, Meine seele schauet.

3. Dieser schnöden bösen welt Jämmerliches leben, Mir nun länger nicht gefällt. Drum ich mich ergeben Meinem JEsu, da ich bin Jetzt in lauter freuden, Dann sein tod ist mein gewinn, Mein verdienst sein leyden.

4. Gute nacht, ihr meine freund, Alle meine lieben: Alle, die ihr um mich weint, Laßt euch nicht betrüben Diesen abtritt, den ich thu. In die erde nieder, Schaut, die sonne geht zur ruh, Kommt doch morgen wieder.

CCCLXXXIX. 389.

Welt hinweg, ich bin dein müde, Ich will nach dem himmel zu, Da wird seyn der rechte friede, Und die stolze seelen=ruh. Welt, bey dir ist krieg und streit, Nichts, dann lauter eitelkeit, In dem himmel allezeit, Friede, ruh und seligkeit.

2. Wann ich werde dahin kommen, Werd ich aller kranckheit los, Und der traurigkeit entnommen, Ruhe sanft in GOttes schoos. In der welt ist angst und noth, Endlich gar von bittre tod, Aber dort ist allezeit Friede, freud und seligkeit.

3. Was ist hier der erden freude? Nebel, dampf und hertzenleyd. Hier auf dieser schmertzen=beyde Findt sich lauter ausgestreut. Welt, bey dir ist krieg und streit, Nichts, dann lauter eitelkeit, In dem himmel allezeit Friede, ruh und seligkeit.

4. Unaussprechlich schöne singet GOttes auserwählte schaar: Heilig, heilig, heilig klinget In dem himmel immerdar. Welt, bey dir ist spott und hohn, Und ein bittrer jammerthon, Aber dort ist allezeit Friede, freud und seligkeit.

5. Nichts ist hier dann lauter weinen, Keine freude bleibet nicht. Will uns gleich die sonne scheinen, So verhem in die nacht das licht. Welt, bey dir ist angst und noth, Sorgen und der bittre tod. In dem himmel allezeit Friede, freud und seligkeit.

6. Nun, es wird dannoch geschehen, Daß ich auch in kurtzer zeit Meinen heyland werde sehen In der grossen krieg und streit, All ihr thun ist eitelkeit, In dem himmel allezeit Friede, ruh und seligkeit.

8. Zeit, wann wirst du doch andres chen, Stunden o wann schlaget ihr? Daß ich mich doch mag besprechen Mit dem Schönsten für und für. Welt du hast nur sturm und streit, Laater quaal und traurigkeit, Aber dort ist allezeit Friede, ruh und seligkeit.

9. Jetzt will ich mich fertig machen, Daß mein thun vor dir besteh, Daß, wenn alles wird zerkrachen, Es heiß: komme, und nicht: geh! Welt, bey dir ist angst=geschrey, Sorge, furcht und heucheley, In dem himmel allezeit, Friede, ruh und seligkeit.

CCCXC. 390.

Mel. HErr JEsu Christ, ich 2c.

Spann aus, spann aus, ach frommer GOtt! Spann mich aus meinem karren, Erlöß mich von der quaal und noth. Ich kan kaum länger harren: Der welt und lebens bin ich satt. Vor angst der seelen müd und matt, Daß ich begehr zu sterben.

2. Dann, was ist doch die schnöde welt? Was ist auch unser leben? Ein nichtig nichts, das nicht gefällt Dem, der dir ist ergeben. Drum eil ich aus dem jammerthal In dir in deinem freudenssaal, Daß ich bey dir stets bleibe.

3. Gleich wie der, welcher auf dem meer Ein'n schifferuch soll erleiden, Sich der anfuhrt sehnet sehr, Die wellen zu vermeiden: So dürstet meine seel nach dir Drum komm, o HErr, und hilf nur mir, Daß ich den port erlange.

4. So bitter kan der tod nicht seyn, Will ihn frölich umfangen, Weil mein Herr Jesus hat allein Mit ihm so umgegangen, Daß er ihn bis aufs haupt erlegt Und kraft in seinen händen trägt Daß er zum schlaf muß werden.

5. Wie ich mich demnach niemals scheu in meinem bett zu schlafen, Also von hertzen ich mich freu, Daß du, GOtt, wollst verschaffen, Daß nur ein süsser schlaf soll seyn Der tod mir ohne furcht und pein, Daß er mich zu dir führe.

6. So spann doch aus, ach frommer GOtt! Spann mich aus meinem karren, Erlöß mich von der quaal und noth, Ich kan nicht länger harren. Der welt und lebens bin ich satt, Vor angst

angst der seelen müd und matt, Daß ich begehr zu sterben.

CCCXCI. 391.

HErr GOtt, nun schleuß den himmel auf, Mein zeit zu end sich neiget: Ich hab vollendet meinen lauf, Deß sich mein seel sehr freuet: Hab gnug gelitten, Mich müd gestritten, Schick mich fein zu, Zur ewigen ruh, Laß fahren was auf erden, Will lieber selig werden.

2. Wie du mir, HErr, befohlen hast, Hab ich mit wahrem glauben Mein'n lieben Heiland aufgefaßt In mein arm, dich zu schauen: Hoff zu bestehen, Will frisch eingehen, Vom thränenthal, In freuden-saal, Laß fahren was auf erden, Will lieber selig werden.

3. Laß mich nun, HErr, wie Simeon Im frieden zu dir fahren, Befehl mich Christo deinem Sohn, Der wird mich wohl bewahren: Wird mich recht führen, Im himmel zieren Mit ehr und kron, Fahr drauf darvon Laß fahren was auf erden, Will lieber selig werden.

CCCXCII. 392.

Mel. Wann mein stündlein vorh.

Ach GOtt! ich muß in traurigkeit Mein leben nun beschließen, Dieweil der tod von meiner seit So eilends hat gerissen Mein treues herz, der tugend schein, Deß ich muß jetzt beraubet seyn. Wer kan mein elend wenden.

2. Wann ich an ihre freundlichkeit Gedenck in meinem herzen, Die sie mir hat zu jeder zeit, In freud und auch in schmerzen, Erwiesen ganz beständiglich, Mein creuz und weinen mehret sich, Für angst möcht ich vergehen.

3. Bey wem soll ich an dieser welt Rechtschaffne liebe finden? Der meiste theil nicht glauben hält, Die treu will gar verschwinden. Ich glaub und red es ohne scheu, Die best ist doch getraute treu, Die muß ich jetzt entrathen.

4. Fürwahr, mir geht ein scharffes schwerdt Jetzund durch meine seele, Die abzuscheiden oft begehrt Aus ihrer leibes-höle. Wo du nicht, o HErr JEsu Christ, In solchem creuz mein tröster bist, Muß ich für leyd verzagen.

5. O treu-geliebtes selges herz! Zu dir will ich mich wenden, In diesem meinem grosen schmerz, Ob sich mein angst wolt wenden. Ich will betrachten deinen stand, Wie GOtt dir alles creuz gewandt In höchste freud und wonne.

6. Kein angst und trübsal, weh und noth, Kan dich jetzund verletzen, Im himmel thut der fromme GOtt Mit liebe dich ergötzen. Die seele schaut mit lust und freud Die heilige Dreyfaltigkeit Mit allen auserwählten.

7. Der höchst hat dich in seinem schoos Und wischet dir ab die thränen: Erfüllet dich mit freuden groß, Darnach wir uns auch sehnen. Du sitzest bey der engel schaar, Lobsingest Gott frey ohn gefahr, Mit süssem thon und schalle.

8. Der leib der ruht gar sanft und fein, Ohn alle quaal und sorgen: Für allem unglück groß und klein Liegt er darein verborgen, Kein beinlein, ja kein stäubelein, Wird dir davon verlohren seyn, Die engel dich bewahren.

9. In kurzer zeit wird JEsus Christ Dich wieder auferwecken: Und weil du auch sein schäflein bist, Wird er die hand ausstrecken, Dich führen in sein himmelreich, Daß du mit leib und seel zugleich Bey ihm sollt ewig bleiben.

10. Du kommst nicht wieder her zu mir In diß betrübte leben: Ich aber komm hinauf zu dir, Da werd ich mit dir schweben, In höchster freude, wonn und lust, Die deine seele täglich kost, Drauf ich mich herzlich freue.

11. O! wie mit grosser freudigkeit Wolln wir einander kennen, Da wird uns dann zu keiner zeit Der bittre tod mehr trennen. Ach! welche freude wird da seyn, Wann ich dich, die ich jetzt bewein, Mit freuden werd umfangen.

12. Diß will ich stets in traurigkeit Mir zu gemüthe führen, Erwarten in gedult der zeit, Wie Christen will gebühren. GOtt alles trostes steh bey mir, Und mich durch deinen geist regier, Zu seines namens ehren.

CCCXIII. 393.

EIn würmlein bin ich arm und klein, Mit todes-noth umgeben. Kein trost weiß ich in marck und bein, In sterben und im leben: Dann daß du selbst, HErr JEsu Christ, Ein armes würmelein worden bist, Ach GOtt! erhör mein klagen.

2. Laß mich, o Christ, an deinem leib Ein grünes zweiglein bleiben, Mit deinem Geist, HErr, bey mir bleib, Wann sich mein seel soll scheiden: Wann mir vergeht all mein gesicht, Und meines bleibens ist mehr nicht Allhier auf dieser erden.

3. So laß mich nicht in dieser noth Umkommen noch verzagen: Komm mir zu hülf, du treuer GOtt, Mein angst hilf mir auch tragen. Denck, daß ich bin am leibe dein Ein glied und grünes zweigelein, Im fried laß mich hinfahren.

4. Gedenk, HErr, an den theuren eyd, Den du selbst hast geschworen: So wahr du lebst von ewigkeit, Ich solt nicht seyn verlohren, Und soll nicht kommen ins gericht, Den tod ewiglich schmecken nicht, Dein heyl wollst du mir zeigen. 5. Ach

Sterb- und Leich-Gesänge.

5. Ach GOtt! laß mir ein leuchte seyn, Dein wort zum ewigen leben. Ein seliges ende mir verleih, Ich will mich dir ergeben. Ich will dir trauu, mein HErr und GOtt, Dann du verläßt in keiner noth, Die deiner hülf erwarten.

6. Darauf will ich nun befehle dir Mein seel in deine hände. Ach treuer GOtt! steh vest bey mir, Dein Geist nicht von mir wende: und wann ich nicht mehr reden kan, So nimm den lezten seufzer an, Durch JEsum Christum, Amen.

CCCXCIV. 394.
Mel. Vater unser im himmel.

HIe lieg ich armes würmelein, kan regen weder arm noch bein, Für angst mein hertz im leib zerspringt, Mein leben mit dem tode ringt, Vernunft und alle sinn sind matt, Meines lebens bin ich müd und satt.

2. Darum, HErr JEsu, zu mir eil, Vertreib des teufels feurig pfeil Der um mich jetzt thut brüllen her, Gleich wie ein löw und grausam bär, Daß mich von deiner lieb nicht scheid Kein anfechtung, kein angst noch leyd.

3. HErr, laß mich in dem reiche dein Nur der geringste diener seyn, Den vesten glauben mir verleih, Daß ich gerecht und selig sey, Erlöset durch dein theures blut, Von sünd, tod, und der höllen glut.

4. HErr, wann mein stündlein kommt heran, So laß dein engel um mich stahn, Daß sie mein seel ins himmels-saal Heimführen aus dem jammerthal, Und sie da bleib in deiner hand, Als dein durchs blut erworbnes pfand.

* Ehr sey GOtt in dem Höchsten thron, Und Christo seinem einigen Sohn, Samt dem tröster, dem heiligen Geist, Der uns sein hülf allzeit beweist, Dem sey lob, preiß gesagt allzeit, Von nun an bis in ewigkeit.

CCCXCV. 395.
Mel. O welt, ich muß dich lassen.

GOtt lob, die stund ist kommen, Da ich werd aufgenommen Jns schöne paradeiß. Jhr eltern dörft nicht klagen, Mit freuden sollt ihr sagen: Dem höchsten sey lob, ehr und preis.

2. Wie kans GOtt besser machen? Er reist mich aus dem rachen, Des teufels und der welt: Die jetzt wie löwen brüllen, Jhr grimm ist nicht zu stillen, Bis alles übern hauffen fällt.

3. Diß sind die letzte tage, Da nichts als angst und plage Mit hauffen bricht herein. Mich nimmt nun GOtt von hinnen, Und lässet mich entrinnen Der überhäuften noth und pein.

4. Kurz ist mein irrdisch leben, Ein bessers wird mir geben GOtt in der ewigkeit: Da werd ich nicht mehr sterben, Jn keiner noth verderben, Mein leben wird seyn lauter freud.

5. GOtt eilet mit den seinen, Läßt sie nicht lange weinen Jn diesem thränenthal. Ein schnell und selig sterben Jst schnell und glücklich erben Des schönen himmels ehrensaal.

6. Wie öfters wird verführet Manch kind an dem man spüret Rechtschaffne frömmigkeit. Die welt, voll list und tücke, Legt heimlich ihre stricke Bey tag und nacht, zu jederzeit.

7. Jhr netze mag sie stellen Mich wird sie nun nicht fällen, Sie wird mir thun kein leyd. Denn wer kan den verlegen, Den Christus seyt wird seyn Jns schloß vollkommner sicherheit.

8. Zuvor bracht ich euch freude, Jetzt nun ich von euch scheide, Betrübt sich euer hertz. Doch, wann ihrs recht betrachtet, Und was GOtt thut, hochachtet, Wird sich bald lindern euer schmertz.

9. GOtt zählet alle sünden, Er schlägt und heilet wunden, Er kennet jedermann. Nichts ist jemals geschehen, Das er nicht vergleichen: Als, was er thut, ist wolgethan.

10. Wann ihr mich werdet finden Vor GOtt, frey aller sünden. Jn weisser seyden stehn, Und tragen sieges-palmen Jn händen, und mit psalmen Des HErren ruhm und lob erhöhn.

11. Da werdet ihr euch freuen, Es wird euch hertzlich reuen, Daß ihr euch so betrüet. Wohl dem, der GOttes willen Gedencket zu erfüllen, Und ihm sich in gedult ergiebt.

12. Ade! nun seyd gesegnet: Was jetzund euch begegnet, Jst andern auch geschehn.; Viel müssens noch erwehren. Nun, GOtt woll euch bewahren Dort wollen wir uns wiedersehn.

CCCXCVI. 396.

HIe lieg ich armes würmelein, Und schlaf in meinem ruhbettelein, Mein leib bescheid ich dieser erd, Bis daß ich auferwecket werd: Mein seel befehl ich dir, HErr Christ, Die mit deinem blut besprenget ist.

2. Du hast mich geschaffen und erlößt, Drum bist du auch mein einiger trost, Dir hab ich g'lebt u. g'traut hertzlich, Dir bin ich g'storben seliglich: Drum kan ich euch keins andern seyn, Dann dein allein, O HErr GOtt mein.

3. Wann dein zeit ist, so komm, HErr Christ, Du weist wohl, wanns am besten ist: Ruf mich und weck mich frölich auf, Laß mich seyn bey dem seligen hauf, Der ewig dich wird schauen an, Und in dir freud und wonne han.

4. Nun segne euch GOtt der HErr

148 Sterb- und Leich-Gesänge.

mein, Ihr lieben brüder und schwesterlein Die ihr in mein schlaffäm-
merlein Aus lieb mich, habt begleitet
sein. Hilf GOtt, daß wir im himmelreich Einander wieder sehn zugleich.
5. Nun geht zu hauß, ihr Christen-
leut, Und schicket euch euch allezeit
Zur seelgen stund und ruhestatt, Christus uns alln erworben hat Ein ewigs
leb'n im himmelreich, Dahin hilf
uns GOtt all'n zugleich.

CCCXCVII. 397.

Mel. HErr JEsu Christ, meines leb.

Nun lieg ich armes würmelein,
Und ruh in meinem schlaffäm-
merlein, Ich bin durch einen sanften
tod Entgangen aller angst und noth.
2. Was schadets mir, daß mein gebein
Muß in der erd verscharret seyn?
Mein seelgen schwebet ohne leyd Im
himmels-glantz und herrlichkeit.
3. In solchem schmuck, in solcher zier
Prang ich vor GOttes thron allhier,
Mein JEsulein ist meine lust, Mein
labsal, meine beste kost.
4. Was frag ich nun nach jener welt?
Mein JEsulein mich küst und hält,
In ihm erfreu ich mich allein, Ohn
es kan ich nicht fröhlich seyn.
5. Mit weinen war ich erst gebohren,
Zum jauchzen bin ich nun erkohren:
Ich singe mit der engel schaar Das
ewig neue jubeljahr.
6. Nichts liebers meine zunge singt,
Nichts reiners meinen ohren klingt,
Nichts süssers meinem hertzen ist,
Als mein hertzliebster JEsus Christ.
7. Drum, liebe eltern, höret auf zu
klagen meinen kurtzen lauf. Ich bin
vollkommen worden bald: Wer seelig
stirbt, ist gnugsam alt.
8. Bedencket meinen freuden-stand,
Und wie es in der welt bewandt:
Bey euch ramoret krieg und streit,
Hier Herrschet fried und frölichkeit.
9. Wer auf der erden lange lebt, Derselb auch lang an sünden klebt, Muß
streiten oft mit fleisch und blut, Das
manchem weh und bange thut.
10. Ja, leiden muß er creutz und noth,
Und noch wohl einen langen tod: Hier
hab ich schon nach kurtzem streit Erlangt die cron der herrlichkeit.
11. Wie manches kind fällt sich zu tod,
Wie manches stirbt in wassers-noth,
Wie leidet manches lange qual, Eh
es kommt aus dem jammerthal.
12. Solt es euch dann nicht tröstlich
seyn, Daß ich so sanft geschlafen ein?
Daß mir das liebe JEsulein Ver-
kürtzet meine todes-pein.
13. Drum legt die hand auf euren
mund, Und sehet auf GOtt, der euch
verwundt, Der euch zu heilen ist bereit, Wann dienet eurer seligkeit.
14. An jenem tag wir werden gehn,
Da vor GOtt gros und kleine stehn,
Zur himmelischen Christags-freud,
Mit höchster ehr und herrlichkeit.

CCCXCVIII. 398.

Mel. Hertzlich thut mich verlang.

Ich war ein kleines kindlein Gebohrn auf diese welt :,: Aber
mein sterbe-stündlein Hat mir GOtt
bald gestellt, Ich weiß gar nichts zu
sagen, Was welt ist und ihr thun,
Nichts dann noth in mein'n tagen
Hab ich gebracht davon.
2. Mein allerliebster vater, Der mich
zur welt erzeugt :,: Und mein hertz-
liebste mutter, Die mich selbst hat
gesäugt, Die folg'n mir nach zum
grabe, Mit seufzen inniglich, Vor
GOtt hats so wolln haben, Er nimmt
mich auf zu sich.
3. Er nimmt mich auf zu gnaden, Zum
erben in sein reich :,: Der tod kan mir
nicht schaden Ich bin den engeln gleich
Mein leib wird wieder leben In ruh
und ewger freud, Mit sammt der seele
schweben In grosser herrlichkeit.
4. Ade, ihr meine lieben, Du vat'r
und mutter-hertz :,: Thut euch nicht
mehr betrüben Vergesset diesen schmertz
Mir ist sehr wohl geschehen, Ich leb
in wonn und freud, Ihr sollt mich
wieder sehen, Dort in der ewigkeit.

CCCXCIX. 399.

Mein junges leben hat ein end,
Mein freud und auch mein
leyd :,: Mein arme seele soll behend
Scheiden von meinem leib. Mein
leben kan nicht länger stehn, Es ist
sehr schwach, es muß vergehn, Es
fährt dahin mein freud.
2. Es fährt dahin ein weiten weg,
Mein seel mit grossem leyd :,: Mein
leib man traurig ins grab legt Wie
aschen er zerstäubt, Als wenn er nie gewesen wär, Auch nimmermehr wär
kommen der Aus meiner mutter leib.
3. Ade, ade, o welt ade, Verlassen muß
ich dich :,: Zu dir hab ich kein freud
nicht mehr Von dir muß scheiden ich :
Zu dir hab ich kein freud noch ruh,
Man drückt mir dann die augen zu,
Das muß ich klagen dir.
4. Ich klag nicht, daß ich scheiden soll,
Von dir, du schnöde welt :,: Allein
mein hertz ist trauerns voll, Daß
mich mein sünd überfällt, Die ich
mein tag begangen hab, Die hilft
mir von mein'm leben ab, Und
bringt mein leib ins grab.
5. O JEsulein, du höchster GOtt, Was
hab ich doch gethan :,: All meine sünd
und missethat Klagen mich hefftig an,
Dannoch will ich verzagen nicht Vor
dein'm göttlichen angsicht, Um gnad
ruf ich dich an.

Sterb- und Leich-Gesänge.

6. Ach HErre Gott, mein creuz und noth Ertrag ich mit gedult :,: Und bitt dich, liebes Jesulein, Wollst mir verzeihn mein schuld, Und mich nehmen zu gnaden an, Gelaßten zorn sey weit hintan, Du edler ehren preiß.
7. Ach! sieh doch an die höchste flamm, Jesu, du könig milte :,: Angst schlagt über mein haupt zusamm, Und mich verzehren will: Mein herz gfatt wie ein gründer stein, Und ist bekleidt mit angst u. pein, Ach hilf mir doch davon.
8. Kein freud ich in der welt mehr hab, Verlassen will ich sie :,: All meine freundgesegnen nun, Es muß geschieden seyn. Darum will ich jetzt lassen ab, Zurichten mir ein trauriges grab, Darinn mein leib ruh hat.
9. Gesegn euch Gott, stern, sonn und mond, Desgleichen laub und gras :,: Und alles auf der erden grün, Und was der himmel schleust. Ich befehl mich nun dem schutz-herrn mein, Mit allen lieben engelein, Ade, zu guter nacht.

CCCC. 400.

Alle menschen müssen sterben, Alles fleisch vergeht wie heu: Was da lebet muß verderben, Soll es anders werden neu. Dieser leib der muß verwesen, Wann er anders soll geniesen der so grossen herrlichkeit, Die den frommen ist bereit.
2. Drum so will ich dieses leben, Weil es meinem GOtt beliebt, Gern und willig von mir geben, Bin darüber nicht betrübt. Dann in meines JEsu wunden Hab ich nun erlösung funden, Und mein trost in todes-noth Ist des HErren JEsu tod.
3. JEsus ist für mich gestorben, Und sein tod ist mein gewinn, Er hat mir das heyl erworben, Drum fahr ich mit freuden hin, Hier aus diesem welt-getümmel, In den schönen GOttes-himmel, Da ich werde allezeit Schauen die Dreyfaltigkeit.
4. Da wird seyn das freuden-leben, Da viel tausend seelen schön Seynd mit himmels-glanz umgeben, Dienen GOtt für seinem thron: Da die Seraphinen prangen, Und das hohe lied anfange: Heilig, heilig, heilig heist, GOtt der Vater, Sohn und Geist.
5. Da die patriarchen wohnen, Und propheten allzumal: Wo auf ihren ehren-thronen Sitzet die gewählte zahl, Wo, in so viel tausend jahren, Alle frommen hingefahren, Da wir unserm GOtt zu ehrn Ewig alleluja hörn.
6. O Jerusalem, du schöne, Ach wie helle glänzest du: Ach! wie lieblich lobgethöne Hört man da in sanfter ruh. O der grossen freud und wonne,

Jetzo gehet auf sie sonne, Jetzo gehet an der tag, Der kein ende nehmen mag.
7. Ach! ich habe schon erobert Alle diese herrlichkeit: Jetzo werd ich schön geschmücket Mit dem weissen himmels-kleid, Und der güldnen ehren-crone, Siehe da für GOttes throne, Schaue welche freuden an, Die ich nicht beschreiben kan.
8. Hier will ich nun ewig wohnen, Liebster schatz zu guter nacht. Eure treu wird GOtt belohnen, Die ihr habt an mir vollbracht. Liebsten kinder und verwandten, Schwäger, nachbarn und bekannten, Lebet wohl, zu guter nacht. GOtt sey dank, es ist vollbracht.

CCCCI. 401.

Ach! wie sehnlich wart ich der zeit, Wann du, HErr, kommen wirst, Und mich aus diesem herzenleyd Zu dir in himmel führst.
2. Hie ist mein leib der krankheit voll Bis er kommt in den tod: Dort aber wirst du's machen wohl, Daß er sey ohne noth.
3. Hie legt man den leib in die erd, Die würmer ihn verzehren: Dort aber wird er schön verklärt Durch dich, als wie ein stern.
4. Hie fehlt's der seel an dem verstand, Ihr wissen stückwerk ist: Dort wirst du in dem vaterland Geben weißheit und list.
5. Hie bin ich mit der sünd befleckt, Muß streiten mit fleisch und blut: Dort wird es all's seyn weggelegt Bey dir das höchstes guth.
6. Hie muß ich sehn was eitel ist, Die welt mit ihrem pracht: Dort aber werd ich dich, HErr Christ, Schauen und dein allmacht.
7. Hier ist die freud ein schlechte freud, Und währet auch nicht lang: Dort wird sie währn in ewigkeit, Mit aller engel gsang.

CCCCII. 402.

Mel. Lasset ab ihr meine lieben.

Gleichwohl hab ich überwunden, Gleichwohl seelig obgesiegt. Aber weh den höllen-hunden, Die so feindlich mich berriegt. Des erwürgten lammes blut Hat verlöscht der pfeile glut, Welche von des satans schaar in mein herz geschossen waren.
2. Laßt nur auch den sarg besticken, Und den schönsten siegs-kranz, Meines leichnams haar bedecken, Gleich als gieng ich in den tanz, Weil die seele triumphirt Und sich mit der creu neziert, Die im himmel alle frommen So recht wohl gekämpft, bekommen.
3. Ihr, die ich muß hinterlassen, Was soll dieser unmuth seyn? Diese klag

N 2

ihn alle maſſen. Hat der mißgunſt
großen ſchein: Kränkt es etwa euren
ſinn, Daß ich abgeſchieden bin?
Mein, erwegt, was iſt mein ſcheiden?
Welt und ihren kummer meiden.
4. Und das niemand ſich betrübe,
Wißt, daß mich nicht angſt und
noth Scheiden kan von GOttes
liebe, Weder leben noch der tod:
Nicht, was herrſchet in der luft,
Nicht des finſtern abgrunds kluft,
Noch was ſonſt mag ſeyn zu nennen,
Wird von GOtt mich ewig trennen.
5. Ja, es wird ein tag ſich finden, Daß
auch ihr befreyt der welt, Und ge-
ſchieden von den ſünden, Mir ſollt
werden beygeſellt. Da wir GOtt, das
wahre licht, Werden ſehn von angeſicht, Dann ſoll insgeſamt kein leyden
Uns von JEſu Chriſto ſcheiden.

CCCCIII. 403.

Nun GOtt lob! es iſt vollbracht
Aller jammer, angſt und ſchmerzen, Welt zu tauſend guter nacht,
Ich erfreue mich von herzen, Daß
ich jetzo ſoll hinfahren In den auserwählten ſchaaren, Da wird mir geben Chriſtus mein leben, Ewige freude, Engliſche weyde.
2. Denket doch, was iſt die welt? Was
iſt aller menſchen leben? Was iſt gro-
ſes guth und geld, Und in hohen ehren
ſchweben? Nichts als lauter eitelkeit,
Kummer, ſorg und herzenleyd, Endlich zum grabe, Damit ſchad abe, Und
wird vergeſſen, Wo wir geſeſſen.
3. Scepter und die güldne cron Mögen nicht dem tod entlaufen, Kriegen
eben ſolchen lohn, Wie der arme bett-
lers hauffen, Klein und groß hat ſeine noth, Jung und alt erwiſcht der tod.
Kommet die ſtund, Gehen zu grund
Alle zugleiche, Arme und reiche.
4. Nun bedenk ein jeder Chriſt, Ob
auch so gottesfurcht und liebe Noch allhie zu finden iſt, Wie ſicht teutſch-
land ſo trübe? Die gerechtigkeit iſt
krank, Neid und feindſchaft, krieg
und zank. Gehe im ſchwange, Chri-
ſten iſt bange, Wünſchen ihr leben
Von ſich zu geben.
5. Drum verlanget mich allein ſelig
aus der welt zu gehen, Und bey meinem GOtt zu ſeyn, Daß ich vor ihm
möge ſtehen Anzuſchauen ſeine macht,
Und der auserwählten pracht, Da ſie
jetzt alle Chriſtum mit ſchalle Loben
und ſingen, Jauchzen und ſpringen.
6. Zwar dem fleiſch kommts ſauer an,
Von den freunden abzuſcheiden: Doch
wann ich gedenk daran, Wie ich komm
zu großen freuden, Scheid ich gern,
weils GOtt gefällt. Dem ich alles
heimgeſtellt, Der wird euch geben

Segen und leben, Der wird euch lehren, Schützen und nähren.
7. Nun, GOtt lob, es iſt vollbracht,
So will ich mit freuden fahren, Nun
zu tauſend guter nacht, GOtt der wolle
euch bewahren: Alle, die ihr mich geliebt, Und euch über mich betrübt,
Machet ein ende, Folget behende, Laſſet euch geben Himmliſches leben.

CCCCIV. 404.

Ach wie nichtig, ach wie flüchtig Iſt
der menſchen leben! Wie ein nebel
bald entſteht, Und bald wiederum
vergehet, So iſt unſer leben, ſehet!
2. Ach wie nichtig, ach wie flüchtig Sind
der menſchen tage. Wie ein ſtrom be-
ginnt zu rinnen, Und mit lauffen nicht
halt innen, So fährt unſre zeit von hinn.
3. Ach wie nichtig, ach wie flüchtig Iſt
der menſchen freude: Wie ſich wechſeln
ſtund u. zeiten, Licht und dunkel, fried
u. ſtreiten, So ſind unſre frölichkeiten.
4. Ach wie nichtig, ach wie flüchtig Iſt
der menſchen ſchöne! Wie ein blümlein
bald vergehet, Wann ein rauhes lüft-
lein wehet, So iſt unſre ſchöne, ſehet!
5. Ach wie nichtig, ach wie flüchtig Iſt
der menſchen ſtärke! Der ſich wie ein
löw erwieſen Überworfen mit den rie-
ſen, Den wirfts bald ein kleine drüſen.
6. Ach wie nichtig, ach wie flüchtig Iſt
der menſchen ülücke! Wie ſich eine ku-
gel drehet, Die bald da, bald dorten
ſtehet, So iſt unſre glücke, ſehet.
7. Ach wie nichtig, ach wie flüchtig Iſt
der menſchen ehre! Ueber den, den man
hat müſſen Heunt die hände köſtlich küſ-
ſen, Tritt man morgen gar mit füßen.
8. Ach wie nichtig, ach wie flüchtig
Iſt der menſchen dichten! Der, ſo
kunſt hat lieb gewonnen, Und manch
ſchönes werk erſonnen, Wird zuletzt
vom tod erronnen.
9. Ach wie nichtig, ach wie flüchtig Iſt
der menſchen wiſſen! Der das wort kont
prächtig führen, Und vernünftig diſcu-
riren, Muß bald allen wiz verlieren.
10. Ach wie nichtig, ach wie flüchtig
Sind der menſchen ſchätze! Es kan
gluth und fluth entſtehen, Dadurch,
eh wir uns verſehn, Alles muß zu
trümmern gehen.
11. Ach wie nichtig, ach wie flüchtig
Iſt der menſchen herrſchen! Der
durch macht iſt hoch geſtiegen, Muß
zuletzt aus unvermögen In dem grab
darnieder liegen.
12. Ach wie nichtig, ach wie flüchtig Iſt
der menſchen prangen! Der in purpur
hoch vermeſſen, Iſt als wie ein GOtt
geſeſſen, Deſſen wird im tod vergeſſen.
13. Ach wie nichtig, ach wie flüchtig
Sind der menſchen ſachen! Alles, alles, was wir ſehen, Das muß fallen

Sterb- und Leich-Gesänge.

und vergehen. Wer GOtt fürcht,
bleibt ewig stehen.

CCCCV. 405.

Fleuch mein seelchen auf zu GOtt,
Laß der welt ihr ungemäße:,: Fol=
ge nur dem frommen Leib, Sieh nur
nicht einmal zurück. Für die nich=
tigkeit der erden, Für die flüchtigkeit
der zeit. Soll dir nun der himmel
werden, In der langen ewigkeit.
2. Da du deinen schöpfer grüßst, Da
du deines Heylands wunden:: In den
treuen hirten siehst, Und den tröster
hast gefunden: Alles, alles wirst du
wissen. Was wir hier im dunkeln sehn,
Und im finstern strauchelm müssen,
Wird für die im lichte sehn.
3. Trinkest du den thränen=bach, Und
must hier viel angst=brod essen:,:
Wohl dir, all dein Ungemach Wirst du
ewiglich vergessen: Dann dich wird
dein GOtt vergnügen, Nach so man=
cher jammer=see, O wie sanfte wirst
du liegen, In dem schooße Abraha.
4. Bis der jüngste Tag anbricht, Da
du wirst den leib anziehen:,: Und
dein frohes Angesicht, Wieder aus der
erde blühen. Eile, JEsu, mit ver=
langen Warten wir der seelen dein,
Laß mich dich doch bald umfangen,
O du liebstes JEsulein!

CCCCVI 406.

O HErre GOtt! In meiner noth
Ruf ich zu dir, Du hilfst mir.
Mein Leib und seel Ich dir befehl, In
deine hand, Dein engel send, Der mich
bewahr, Wann ich hinfahr, Von
dieser welt, Wann dirs gefällt.
2. O JEsu Christ! Gestorben bist Am
kreutzes=stamm. O Gotteslamm Dein
wunden roth In aller noth Dein theu=
res blut Komm mir zu gut Dein leiden
und sterben Mach mich zu m erben, In
deinem reich, Dein'n engeln gleich.
3. O heiliger Geist! Ein tröster heist,
An meinem end, Dein trost mir send,
Verlaß mich nicht, Wann mich anficht
Des teufels=g'walt, Und todsgestalt,
Nach deinem Wort, o treuer hort,
Wollst du mir geben Das ewge leben.

CCCCVII. 407.

Ach! was ist doch unser leben?
Nichts als nur ein elend schwe=
ben: Wann es gut gewesen ist, Ist
es müh zu jeder frist.
2. Ach! was ist doch unsre zeit?
Nichts als nur ein steter streit: Da
nur eins das andre haßt, Da kein
fried, kein ruh noch rast.
3. Was ist unsre frömmigkeit? Ei=
ne unvollkommenheit: Niemand kan
damit bestehn, Wann GOtt ins ge=
richt will gehn,
4. Ach! was ist doch guth und geld?
Nichts als nur ein koth im feld;

Heute reich, und morgen arm, Reich=
thum bringet sorg und harm.
5. Ach! was ist doch ampt und ehr?
Nur ein leben mit beschwer: Wer
viel gaben hat allhier, Wird geneh=
det für und für.
6. Ach! was ist doch Menschen=gunst?
Nur ein blauer nebel=dunst: Lieber,
trau dem freunde nicht, Weil auch
bruder=liebe bricht.
7. Ach! was ist doch fröhlichkeit? Eine
ungesunde zeit, Davon offt die seel ver=
dirbt Mancher vor der zeit hinstirbt.
8. Ach! was haß und was vor neid
Tragen gegen uns die leut? Hie ist
zorn, verläumdung dort, Also gehets
fort und fort.
9. Ach! wie krank und ungesund
Sind wir menschen manche stund?
Daß kein glied zu finden ist, Dem
nichts mangelt noch gebricht.
10. Ach! was ist doch unser tod? Nur
ein ende aller noth: Da wir ohne creuz
und pein Bey GOtt können ewig seyn.
11. Drum freu ich mich allezeit Auf
die werthe himmels=freud: Da uns
gar nichts mangeln wird, Da nur
freude wird gespürt.
12. Freude, die kein ohr berühret, Die
keins menschen herz gespürt. Freude
inn=und äusserlich auf die freude
freu ich mich.

CCCCVIII. 408.

SAg, was hilft alle welt, Mit ih=
rem guth und geld? Alles ver=
schwindt geschwind, Gleich wie der
rauch vom wind.
2. Was hilt der hohe thron, Das
scepter und die cron? Scepter und
regiment Hat alles bald ein end.
3. Was hilft seyn hübsch und fein
Schön wie die engel seyn? Schönheit
vergeht im grab, Die rosen allen ab.
4. Was hilft ein goldgelbs haar, Au=
gen crystallen klar, Lefzen, corallen
roth, Alles vergeht im tod.
5. Was ist das güldne stück, Von gold=
zier und geschmück? Gold ist nur ro=
the erd, Die erd ist nicht viel werth.
6. Was ist das roth gewand, Das pur=
per wird genannt? Von schnecken aus
dem meer, kommt aller purpur her.
7. Was ist der seidenpracht, Wer hat
den pracht gemachet? Es haben würm
gemacht Den ganzen seiden pracht.
8. Was sind dann solche ding, Die wir
nicht schätzen gering? Erd, wurm, koth,
schn ken=blut Ists das uns zieren thut.
9. Fahr hin, o welt fahr hin, Bey dir
ist kein gewinn, Das ewig achtst du
nicht, hast hier dein erndt und schnitt.
10. Fahr hin, leb wie du wilt, Hast
gnung mit mir gespielt, Die ewigkeit
ist nah, zu leben ich anfah.

CCCCIX. 409.

Mel. Freut dich sehr, o meine rc.

1. Laſſet ab von euren thränen, Und vergeſſet euer leyd :,: Die ſich nach dem himmel ſehnen, Nach der cron der herrlichkeit, Deren iſt auf erden bang, Und das lebẽ viel zu lang, Biss iſt, daß ſie hoch betraurẽ, Wann ſie lang im elend daurẽ.

2. Wie iſt, daß jemand an erden lang zu barẽ halten ſoll :,: Was zu wünſchen alt zu werden? Welchen menſchen GOtt iſt hold, Heit dem eilet er herauſs, In ſein ſchönes freudenhauſs. Lang in dieſer welt umgeben, Heiſt viel creuß und roth ausſtehen.

3. Eine wahre Chriſten-ſeele wünſcht ihr allezeit den tod :,: Und brechet des grabes-höhle, da der körper wird zu koth: Dann ſie fährt zum leben hin, und der tod iſt ihr gewinn. Wann der kerker muß zer fallen, Kann ſie frey gen himmel wallen.

4. Was verweßlich in der erden Die vermoderung verzehrt :,: Unverweſslich muß ihr werden Wiederum der Leib gewährt, Sterblich wird geſchmelzet ein, Was dort ſoll unſterblich ſeyn: Wann wir werden auferwachen, Das heißt gold aus kupfer machen.

5. Wem vergleicht ſich diſs leben? Einem übergöldtẽ glas :,: Einer zarten ſpinnen-weben, Einer dunnen waſſer-blas, Einem nichts werthen ſchaum, Einem auntichtigen traum, Einem graßlein auf der wieſen, Einem ſäug geſäugtẽ kinde.

6. Einem ſaten ſchwach geſponnen, Einem bau, der kracht und bricht :,: Einem häuslein in der ſonnen, Einem ausgehenden licht: Einem kurzen fäuslein rauſch ruh, Einem ſchnellen waſſer fall, Einer luft, ſo nicht zu haſchen, Einem fünckein in der aſchen.

7. Heute prangt der mann wol und praſet Gleichsals war er gar ein Gott: Morgen er die ſchuld bezahlet, So verfallẽ er wahre der tod. Wie ſich ein spritlentag Lichtlich oft verwandeln mag, So iſt auch mit ihm geſchehen, Eh mans ſich recht umgeſehen.

8. Wehe dem, der in ſeiner jugend In deſs zarten alters-blüt :,: Jung von jahren alt von tugend, Seines jammers ende ſieht, und gen himmel ſteigt empor. Ha der engel freuden-chor, Da leyd, ſchmerzen angſt und jähren Sich in fröhlichkeit verkehren.

9. Dann wer ſelig dahin fähret, Da kein tod mehr klopfet an :,: Der iſt alles deſs gewähret, was er ihm nur wünſchen kann: Er iſt in der veſten ſtadt, Da GOtt ſelber wohnung hat,

Er iſt in das ſchieſs geführet, Das kein unglück nicht berühret.

10. Wer Gott dahin hat erhoben, Der verlacht Noth und geſahr :,: Ein tag iſt viel beſſer droben, Dann hierunten tauſend jahr. Stehn die zarten blumen wohl, Sind die ſternen glanzes voll: Den wir jetzund hier beweinen, Der wird dort noch heller ſcheinen.

11. Drum laßt uns die thränen ſparen, Und uns ſchicken auch mit fleiß, Daß wir ſelig mögen fahren Die gewünſchte himmels-reiß, Und des lebens kurze zeit Geben um die ewigkeit. Chriſtlich in dem HErren ſterben, Heißt das himmelreich erwerben.

CCCCX. 410.

Mel. Nicht ſo traurig, nicht ſo rc.

1. Freunde, ſtellt das weinen ein, O wiſcht die thränen von den wangen, Was ſoll doch das klagen ſeyn, Daſs ich von euch weggegangen? Trauret nicht um meinen tod, Ich bin frey von aller noth.

2. Da mein leib darnieder fiel, Fiel auch mit ihm ſeind darnieder: Meiner ſeelen höchſtem ziel Ware je mein Tiſch zuwider. Weil mein leib nun weggeräft, Iſt mir ſüſs ruh geſchafft.

3. Aus dem kerker geh ich aus, Aus der angſt und aus dem jammer :,: Bis mich GOtt ins himmelshauſs Ruft aus meiner erdenkammer. Was klagt ihr den tod ſo an, der nichts arges mir gethan.

4. Sag was dieſes leben ſey? Iſt es nicht ein ach zu nennen :,: Der von ſternen niemals ſrey? Alle müſſet ihr bekennen, Daß mein ſchwerer gang vollbracht, Da ich gebe gute nacht.

5. Was ich elend und für leyd Müſt ihr täglich noch erfahren, Die ihr auf der erden ſeyd? Wie könnt ihr euch gnug verwahren? Der nur bleibet unverletzt, Der ins ſichre grab geſetzt.

6. Bin ich tod, was iſt es mehr? Ich bin auf die welt gekommen :,: Klaget ihr dann nun ſo ſehr, Daſs ich bin hinweg genommen? Man kommt in der welt ihr hauſs, Daſs man wieder geh hinaus.

7. Ferner hat mein JEſus mir dort die ſeeligkeit erworben :,: Geh ich ein ins grabes-thür, Ich bin dannoch unverdorben. Durch des HErren auferſtehn werd ich in den himmel gehn.

8. Seht mit muntrem angeſicht, Wie ich werd ins grab geſenket :,: Darum es iſt mein leben nicht Ewig von mir abgelenket: Es ſoll mir in jener welt Schöner werden zugeſtellt.

9. Stirbt ein Chriſt, ſo ſtirbt ſein leib Auch ſein tod ſtirbt mit dem ſterben :,: Ich erwarte nur der freud die ich ewig

Sterb- und Leich-Gesänge.

soll werden. Zeitlichkeit fahr immer
hin, Weil ich jetzt verewigt bin.
10. Freunde, stellt das weinen ein,
Wischt die thränen von den wangen: : Was soll doch das klagen seyn,
Daß ich von euch weggegangen?
Trauret nicht um meinen tod, Ich
bin frey von aller noth.

CCCCXI. 411.

Hört auf mit trauren und klagen,
Ob dem tod soll niemand zagen.
Er ist gestorben als ein Christ, Sein
tod ein gang zum leben ist.
2. Der sarg und grab deun wird geziert, Der leib ehrlich begraben wird.
Daß wir glauben, er sey nicht tod, Sondern schlaf, und ruh sanft in Gott.
3. Wohl scheints, als sey nun als dahin Weil er da liegt ohn muth und
sinn, Doch soll sich bald finden wieder
Leben und kraft in all'n gliedern.
4. Bald werden diese toden-bein
Erwarmen, und sich fügen sein zusammen mit kraft und leben. Gott
wirds herrlich wieder geben.
5. Der leichnam, der jetzt liegt und
starr, Wird nun gar bald in samtelle-
fahrt Sanneren in lüften unbeschwert
Weil's wie die seele leicht hinfährt.
6. Ein waitzen-körnlein in der erd liegt
erst ganz tod oder, und unwerth, doch
kommts herfür gar fein und zart, Und
bringt viel frucht nach seiner art.
7. Der leib gemacht von erden-kloß,
Sey liegen in der erden-schooß, Und
soll da ruhen ohne leyd, Biß er vom
tod wieder aufsteht.
8. Der leib war der seelen-häuslein,
Da blies Gott mit seinem athem
drein. Ein edel herz, recht muth ent-
stan War durch die gabe Christi drinn.
9. Den körper aus ehren tritt, Biß
ihn Gott wieder auserwählt, Der
seins geschöpfs geehret wird, Welch
war nach seinem bild formirt.
10. Sich! daß am kam derselbe tag,
Da Christus nach seiner zusag Wird
herver bringen ganz und gar, Was in
die erd verscharret war.

CCCCXII. 412.

Mel. Zion klagt mit angst und rc.

Lasset ab ihr meine lieben, Lasset ab
von traurigkeit:: Was wollt ihr
euch noch betrüben? Weil ihr des
versichert seyd, daß ich alle qual
und noth überwunden, Und bey Gott
Mit den auserwählten schwebe, Voller freud, und ewig lebe.
2. Dreen tod soll man beklagen, Die
dort in der höllen-peyn:: Müssen leiden alle plagen, So nur zu erden seyn
seyn. Die Gott aber nimmt zu sich
In den himmel gleich wie mich, Und
mit lauter wollust tränket, Wer ists
der sich darob kränket?

3. In des Herren Jesu wunden Ha-
bich mich gestossen ein:: Da ich alles richtlich funden, Wodurch ich kan
selig seyn. Er ist die gerechtigkeit,
Die vor Gott gilt jederzeit, Wer
dieselb ergreift in glauben, Dem kan
nichts den himmel rauben.
4. Niemand sag: ich sey umkommen,
Ob ich gleich gestorben bin:: Mein
Gott hat mich hingenommen, Sterben ist jetzt mein gewinn. Für den
unglück hat er mich Hingeraft so väterlich: Jetzt kan mich kein trübsal
pressen, Aller angst ist nun vergessen.
5. Der leib schläft in seiner kammer
Ohne sorgen sanft und wohl:: Und
verschläft den grossen jammer, Dessen
jetzt die welt ist voll. Meine seele
schauet an Den, so nichts, als lieben
kan' Der auf seinen schooß mich setzet,
Und mit höchster freud ergötzet.
6. In der welt ist nichts zu finden,
Als nur thüring, pest und streit,:
Und was mehr ist die grossen sünden
Bringen für beschwerlichkeit: Sonderlich kommt noch ein schwerdt, Das
der Christen herz durchfähret. O viel
besser selig sterben, Dann durch diesen zwang verderben.
7. Solcher noth bin ich entgangen,
Nichts ist, das mich ängsten kan::
Fried und freud hat mich umfangen,
Kein feind kan mich kränken an: : Ich
ein sicher erwählt Ju des Herren hand
der mich Ihm zum eigentlich erworben, Da er ist am creuz gestorben.
8. Euch wird meine liebste freuden,
Die ihr wohnet in der welt:: Schli-
ten wieder alle winde Gottes Sohn,
der starke held, So und steht ihm
nur getreu Seine gnad ist täglich
neu: Wer betrogen will betrügen,
der muß wie die seinen versiegen.
9. Nun, ich will euch dem befehlen,
Der sich euch an bauern nimmt:: Der die
thränen pflegt zu zählen, Dem sein
herz voll liebe rinnet, Der wird euch
in eurem leyd Stärken, und zu seiner
zeit An den ort, da ich bin, führen,
Und mit höchster klarheit zieren.
10. Da wird uns der tod nicht scheiden, Der, uns jetzt geschieden hat::
Gott selbst wird uns alsdann weyden Unterfreuen in seiner statt. Ewig
ewig werden wir, In dem paradeiß
allhier, Mit einander jubiliren, Und
ein englisch leben führen.

CCCCXIII. 413.

Nun laßt uns den leib begraben,
Daran wir kein zweiffel haben,
Er wird am jüngsten tag aufstehn,
Und unverweßlich hervür gehn.
2. Erd ist er, und von der erden, Wird
auch zur erd wieder werden, Und von

der erd wieder auffstehen, Wann Gottes posaun wird angehn.

3. Sein seele lebt ewig in GOtt, Der sie allhier aus lauter gnad, Von aller sünd und missethat, Durch seinen Sohn erlöset hat.

4. Sein jammer, trübsal und elend Ist kommen zu ein'm seeligen end, Er hat getragen Christi joch, Ist gestorben und lebt doch noch.

5. Die seele lebt ohn alle klag, Der leib schläft bis am jüngsten tag, An welchem GOtt ihn verklären, Und ewger freud wird gewähren.

6. Hie ist er in angst gewesen, Dort aber wird er genesen, In ewger freud und wonne, Leuchten wie die helle sonne.

7. Nun lassen wir ihn hie schlafen, Und gehn all heim unsere strassen Schicken uns auch mit allem fleiß, Dann der tod kommt uns gleicher weis.

8. Das helf uns Christus unser trost, Der uns durch sein blut hat erlöst Vons teufels g'walt und ewger pein Ihm sey lob, preiß und ehr allein.

Zwölfter Theil,
In welchem verfasset
Die Gesänge vom jüngsten Gericht, Auferstehung
der Todten, und darauf erfolgenden Ewigkeit, im Himmel und in der Hölle.

CCCCXIV. 414.

GOtt hat uns Evangelium gegeben, daß wir werden fromm: Die welt acht's solchen schatz nicht hoch, Der mehrer theil trägt nichts darnach. Das ist ein zeichen vor dem jüngsten tag.

2. Man fragt nicht nach der guten lehr, Der geiz und wucher noch vielmehr, Hat überhand genommen gar, Noch sprechen sie: es hat kein g'fahr. Das ist ein zeichen vor dem jüngsten tag.

3. Täglich erdenkt man neue rän, Das sind jetzt der gottlosen schwerdt, Damit sie alles guth zu sich Gern wolten reissen g'waltiglich. Das ist ein zeichen vor dem jüngsten tag.

4. Man rühmt das evangelium, Und will doch niemand werden fromm, Fürwahr man spott den lieben GOtt Noch sprechen sie, es hat kein noth. Das ist ein zeichen vor dem jüngsten tag.

5. Es ist doch eitel büberey, Die welt treibt grosse schinderey, Als ob kein GOtt im himmel wär, Das armuth muß sich leiden sehr. Das ist ein zeichen vor dem jüngsten tag.

6. Die schatz der kirchen nimmt man hin, Das wird ihn'n bringen kein gewinn, Die armen läßt man leiden noth, Und nimmt ihn'n aus dem mund das b. oc. Das ist ein zeichen vor x.

7. Die schatz der kirchen sind ihr gift, Sie sind von ihnen nicht gestift, Noch nehmen sie das kirchenguth, Sieh, was der leidig geiz nicht thut. Das ist ein zeichen vor dem jüngsten tag.

8. Man fragt nicht nach GOtt dem HErrn nicht mehr, Die welt stinkt gar nach eitel ehr, Die hoffart nimmt ganz überhand, Betrügen, lügen, ist kein schand. Das ist ein zeichen vor x.

9. Wo bleibt die brüderliche lieb, Die ganze welt ist voller dieb, Kein treu noch glaub ist in der welt, Ein jeder spricht: hätt ich nur geld, Das ist ein zeichen vor dem jüngsten tag.

10. Die welt will ihr nicht lassen wehr'n, An GOttes wort will sich niemand kehr'n, Sie haben nicht gelernet mehr, Dann nur fressen und sauffen sehr. Das ist ein zeichen vor dem jüngsten tag.

11. Ihr größte kunst ist panquetirn Und in der biererey statt ir'n, Das kan sie aus der massen wohl, Die welt ist aller schalkheit voll. Das ist ein zeichen vor dem jüngsten tag.

12. Die liebe senfte kan nicht mehr Zusehen, und entzieht sich sehr, Darum verlirt sie ihren schein, Das mag ein grosse trübsal seyn. Das ist ein zeichen vor dem jüngsten tag.

13. Der mond und sternen ängsten sich. Und ihr gestalt sieht jämmerlich, Wie gern sie wolten werden frey Von solcher grossen tyrerey. Das ist ein zeichen vor dem jüngsten tag.

14. Darum komm, lieber HErre Christ, Das erdreich überdrüßig ist, Zu tragen solche höllenbränd, Drum machs einmal mit ihr ein end, Und laß uns sehn den lieben jüngsten tag.

CCCCXV. 415

Mel. Nun freut euch Gottes kinder.

IHr lieben Christen, freut euch nun Bald wird erscheinen GOttes sohn, Der unser bruder worden ist, Das ist der lieb HErr JEsu Christ.

2. Der jüngste tag ist nun nicht fern, Komm, JEsu Christe, lieber HErr, Kein tag vergeht, wir warten dein, Und wollen gern bald bey dir seyn.

3. Verrathen ist widerchrist, Sein heucheley und arge list Sind offenbar und gar am tag, Des führt er täglich grosse klag.

4. Du

6. Er sprach: nun will ich sterben gern,
Weil ich gesehn hab meinem Herrn,
Doch soll es nicht gestorben seyn,
Sondern mit friede fahr ich fein.
7. So warten wir nun auch der stund,
Und bitten dich von herzensgrund.
Du wollest nicht ausbleiben lang,
Und straf'n einmal die alte schlang.
8. Die alle welt ermordet hat, Und
kan nicht lügens werden satt, Die
nimmt samt ihrer läster=schul, Und
wirf sie in den feur'gen pfuhl.
9. Dein liebe kinder warten all,
Wann doch einmal die welt zerfall,
Und wann des teufels reich zergeh,
Und er in ew'gen schanden steh.
10. Er ist's, der deinen namen schändt,
Und der die armen leut verblendt,
Der böse geist sucht seinen ruhm, Und
hindert daß sein reich nicht komm.
11. Was du befiehlst, das lästert er,
Und tobt darwider greulich sehr,
Was uns beschert dein milde hand,
Das nähm uns gern der höllen=brand.
12. Der satan läst nicht ab zu wehr'n,
Daß sich so wenig leut bekehr'n, Er
wendt die leut von deinem wort, Und
richtet an haß, neid und mord.
13. Der teufel bräch't uns gern zu fall
Und wolt uns gar verschlingen all, Er
tracht nach leib, seel, guth und ehr,
HErr Christ, dem rothen drachen wehr.
14. Die welt kan nun nicht länger
stehn, Ist schwach und alt, sie muß
vergehn: Sie kracht an allen orten sehr,
Und kan die last nicht tragen mehr.
15. Die creatur nicht länger kan Der
eitelkeit seyn unterthan, Und wolt
gern wieder werden frey Von tür=
cken=mord und heuchelcy.
16. Der feind hat sie so hart be=
schwert, Und alle gut ordnung ver=
kehrt, Drum wär sie gern samt uns
erlöst, Wir hoffen all auf deinen trost.
17. Die alten väter warten all, Wann
du erscheinst mit grossem schall, Mit
aller lieben engel=schaar, Drauf war=
ten sie manch hundert jahr.
18. Ey, lieber HErr, eil zum gericht,
Laß sehn dein herrlich angesicht, Das
wesen der dreyfältigkeit, Das heil
uns GOtt in ewigkeit.

CCCCXVI. 416.

ES ist gewißlich an der zeit, Daß
Gottes sohn wird kommen:,: In sei=
ner grossen herrlichkeit, Zu richten bös

mähr, Daß alles fleisch soll leben.
3. Ein buch wird da gelesen bald, Da=
rinnen steht geschrieben:,: Wie GOtt
wird richten jung und alt, Soll nichts
verborgen liegen. Da, wird ein jeder
seinen lohn empfangen, was er hat
gethan In seinem ganzen leben.
4. Hilf, du heilig Dreyfältigkeit, Daß
mein namen werd gefunden:,: Im buch
des leben allezeit, In meiner letzten
stunden. Weich nicht von mir, HErr
JEsu Christ, Der du allein mein helfer
bist Du wollst von mir nicht scheiden.
5. Was werd ich armer sünder dann
Vor deinem richtstuhl sagen:,: Was
werd ich für ein fürsprech hab'n Der
mein sach wird austragen? Das wirst
du thun, HErr JEsu Christ, Dieweil
daß du gestorben bist, All sünder zu
erlösen.
6. Wann ich HErr, meine sünd be=
denk, Mein augen die thun weinen:,:
Wann ich die ewig freud bedenk, Mein
herz thut sich erfreuen. HErr, hilf,
daß ich dein angesicht Mög sehen mit
meinen augen=licht In dem ewigen leb'.
7. HErr JEsu Christ, du machst es
lang In diesen bösen tagen:,: Es wird
den leuten werden bang, Laß sie doch
doch nicht verzagen. Schick ihn'n den
tröst'r, den heil'gen Geist, Der sie
leit in das himmelreich, Durch JE=
sum Christum, Amen.

Eine andere Composition.
Mel. Nun freut euch lieben Christ.

ES ist gewißlich an der zeit, Daß
Gottes sohn wird kommen:,: In sei=
ner grossen herrlichkeit, Zu richten bös
und frommen, Dann wird das lachen
werden theur, Wann alls wir vergehn
im feur, Wie Petrus davon schreibet.
2. Posaunen wird man hören gehn An
aller welt ihr ende:,: Darauf bald
werden auferstehn All toden gar be=
hende, Die aber noch das leben han,
Die wird der HErr von stunden an
Verwandlen und verneuen.
3. Darnach wird man ablesen bald
Ein buch, darinn geschrieben:,:
Was alle menschen jung und alt Auf
erden han getrieben. Da dann gewiß
ein jedermann Wird hören, was er
hat gethan In seinem ganzen leben.
4. O weh demselben, welcher hat Des
HErren wort verachtet:,: Und nur
auf erden früh und spat Nach grossem
guth,

gut getrachtet, Der wird fürwahr
gar kahl bestehen, Der mit dem satan
müssen gehen Von Christo in die hölle.
5. O JEsu, ruff zur selben zeit, Vor=
wegen deinen wunden :,: Daß ich im
buch der seligkeit Werd eingezeichnet
funden, Daran ich dann auch zweifle
nicht, Dann du hast ja den seine ge=
richt, Und meine schuld bezahlet.
6. Derhalben mein fürsprecher sey,
Wann du nun wirst erscheinen :,: Und
laß mich aus dem buche frey, Dar=
innen stehn die deinen, Auf daß ich
samt den brüdern mein Mit dir geh
in den himmel ein, Den du uns hast
erworben.
7. O JEsu Christ, du machst es lang
Mit deinem jüngsten tage; Den men=
schen wird auf erden bang Von wegen
vieler plage. Komm doch, komm doch,
du richter groß, Und mach uns in ge=
naden los, Von allem übel, Amen.

CCCCXVII. 417.

Mel. Ach HErr, mich armen sünder.

1. Acht HErr, mich armen sünder.
Seit ab von sünden alle, Laßt ab und
zweifelt nicht :,: Daß Christus wird
mit schalle Bald kommen zum gericht.
Sein stuhl ist schon bereit, Der HErr
kommt offenbar, Er kommt und wird
begleitet Von einer grossen schaar.
2. Erschrick, o sichre seele, Diß ist der
letzte tag :,: Dein leib kommt aus der
höle, Darinn er schlafend lag. Da
must du stehn entdecket, Und hören
an mit scheu, Wie Christus selber
scheidet Den weizen von der spreu.
3. Wohl dir, so du geschmücket In
wahren glauben bist :,: Alsdann wirst
du gerücket Hinauf zu JEsu Christ.
Weh aber dir von herzen, Drückt dich
der sünden joch, Der satan wird mit
schmerzen Dich stürzen in sein loch.
4. Was wird der richter machen? Der
richter nicht allein :,: Er wird zugleich
in sachen Dein wahrer zeuge seyn.
Dann wirst du sehr erschrecken, Wann
du den urtheils plan Der richter wird
aufdecken, Was du ihm du gethan.
5. Wie wirst du doch bestehen Für sei=
nem grossen zorn :,: Wann er dich
lasset sehen Die wunden, schläg und
dorn, Und was er mehr getragen,
O schnöder knecht, vor dich, Bald
wird dich Christus fragen: Mensch,
warum schlugst du mich?
6. Hab ich nicht gern vergossen Mein
blut für deine schuld? Ward ich nicht
vest geschlossen, Litt ich nicht mit ge=
dult Die nie verdiente straffen Und
marter tag und nacht Bis ich ameren
entschlafen, Hab ich alles vollbracht?
7. Wie hast du mir nun vergelten Mir
was ich dir gethan :,: Oft hast du
mich gescholten, Bist oft der sünden

bahn Mit dem verfluchten hauffen
Nur mir zu spott und hohn, In si=
cherheit gelauffen, War das nicht sei=
nen lohn?
8. Ach GOtt! wie wird erschüttern
Alsdann ein sünders kind :,: Israel
muste zittern, Als er den starken wind
Das donnern und das blitzen, Samt
der posaunen schall, Hört auf des ber=
ges spitzen, Da schrie es überall.
9. Wie wird der sünder schreyen, Was
ihm der richter fragt :,: Warum er nicht
mit treuen Gethan, was ihm gesagt?
Wie wer er können schauen Ein sol=
ches angesicht, Das ihm mit angst und
grauen Leib, seel und geist zerbricht.
10 Wer kan die schand erreichen, Die
er erdulden muß :,: Der durch den tod
thut schleichen Ins grab ohn alle buß,
Und soll hernachmals sehen Viel hei=
lige mit pracht Bey GOtt dem richter
stehen, Der ihm sein urtheil macht.
11. Die grossen GOttes=männer Ver=
fluchen den zugleich :,: Den frechen
friedens=trenner, Der satan's kirch
und reich, Gesüchet zu vermehren Aus
böser lust allein, Und muß nun aller
ehren Dafür entsetzet seyn.
12. O himmel! es erschallet Der sün=
der klage=geschrey :,: Ihr berg und hü=
gel fallet, Und knirschet uns entzwey:
Bedeckt uns für dem pfule, Dieweil
zu dieser frist Das lämmlein auf dem
stuhle so gar ergrimmet ist.
13. HErr lehre mich ~erkennen~ Doch
diesen jüngsten tag :,: Daß ich zu dir
mich lenken Und christlich leben mag.
Und wann ich dann soll stehen Vor
deinem angesicht, So laß mich fröhlich
sehen Dein klares himmels=licht.

CCCCXVIII. 418.

Wacht auf! ruft uns die stimme
Der wächter sehr hoch auf der
zinne :,: Wach auf, du stadt Jerusa=
lem: Mitternacht heißt die stunde,
Sie rufen uns mit hellem munde:
Wo seyd ihr klugen jungfrauen?
Wohlauf! der bräutgam kommt, Steht
auf, die lampen nehmt, Allelujah!
Macht euch bereit Zu der hochzeit,
Ihr müsset ihm entgegen gehn.
2. Zion hört die wächter singen, Das
herz thut ihr für freuden springen,
Sie wachet, und steht eilend auf :,:
Ihr freund kommt vom himmel präch=
tig, Von gnaden stark, von wahrheit
mächtig, Ihr licht wird hell, ihr stern
geht auf: Nun komm, du werthe cron,
HErr JEsu, GOttes Sohn, Hosianna!
Wir folgen all Zum freuden=saal,
Und halten mit das abendmahl.
3. Gloria sey dir gesungen, Mit men=
schen= und mit engel=zungen, Mit har=
fen und mit cymbeln schön: Von zwölf
perlen

verlen sind die p'orten An teiner stadt wir sind consorten Der engel hoch um deinem thron. Kein aug hat je gespürt Kein ohr jemals gehört, Solche freude, Des sind wir froh, Jo, jo, jo, jo, jo, Ewig in dulci jubilo.

CCCCXIX. 419.

Mel. Herzlich thut mich verlangen.

Wacht auf, ihr Christen alle, Wacht auf mit allem fleiß :,: In diesem jammerthale, Wacht auf, es ist nun zeit, Der HErr wird balde kommen, Der tag will abend han, Die sünd'r wird er verdammen, Wer mag vor ihm bestahn?

2. Geld, guth kan uns nicht retten, Uns hilft nicht hoher muth :,: Du must es karz verlassen Wann kommt der bittre tod. All bist du schön von farben, All bist du jung und reich, GOtt kan dich bald verderben, Im augenblick der zeit.

3. Darum, ihr Christen alle, Die ihr zusammen seyd :,: Laßt euren hochmuth fallen, Und wartet auf die zeit, Wollet ihr bey GOtt leben, So sucht das ewig gut, Er wirds euch reichlich geben, Und helfen aus aller noth.

4. GOttes wort ist uns gegeben Aus gross'r barmherzigkeit :,: Daß wir darnach sollen leben, Und machen uns bereit. So laßt uns dann uns fassen, Und kleben vest daran, Wolln wir das nun verlassen So ist's mit uns gethan.

5. Ach wär der nicht gebohren, Der GOttes wort veracht :,: Das licht hat er verlohren, Er wandelt in der nacht, Voll laster und voll schande, Und spottet GOttes wort, O weh, dein grossn elende, Sein seel ist ew'g ermordt.

6. So laßt uns nun GOtt danken Mit pflegen und geschenck :,: An arme leut und krancken, Der seyd stets eingedenk. Christ wird sich eu'r erbarmen, Und also reden an: Was ihr gethan den armen, Das habt ihr mir gethan.

Vom ewigen Leben.

CCCCXX. 420.

Mel. Aus meines herzens grunde.

HErr Christ thu mir verleihen Zu singen deinem geist :,: Mich thut herzlich erfreuen, Was himmlisch ist und heißt, Ein himmlisch paradeiß, Darinn von allem bösen Der HErr mich wird erlösen, Bereitet ich mir weiß.

2. Ein tag ist angesezet Von GOtt dem HErren mein :,: Mein herz ist sehr ergozet, Wann ich gedenk daran, Den jüngsten tag ich meyn, Da mich der HErr erwecken, Und frölich wird erquicken, Mit seinen aistern rein.

3. Tod, sünd, noth, kranckheit schmerzen, Angst, jammer und elend :,: Und was betrübt die herzen, In bissel hat ein end. Fahr hin all traurigkeit, Mein GOtt, dem ich getrauet, Ein freuden-saal gebauet Hat mir in ewigkeit.

4. Er wird freundlich umfangen, Und trösten meine seele :,: Darnach steht mein verlangen, Das ist mein trost und heyl. Da wird sein lieber sohn Abwischen alle thränen, Von denen, die hie weinen, Und leiden schmach und hohn.

5. Mein leib, mein seel verkläret Soll leuchten wie die sonn :,: Und was mein herz begehret, Wird kommen zum lohn, Daß dort in jenem reich An schönheit und gebärden Wir alle sollen werden Den lieben engeln gleich.

6. Da werden wir mit freuden Den heyland schauen an :,: Der durch sein blut und leyden Den himmel aufgethan. Da wird für augen klar GOtt vater mit dem sohne, Darzu die dritt persone Uns werden offenbar.

7. Hie müssen wir noch lallen, Gleich wie die kinderlein :,: Dort aber in uns allen Der HErr wird selber seyn. In jener sommer-zeit Wird GOtt mit freud und wonne Erscheinen, wie die sonne, Der ganzen Christenheit.

8. Da findet sich beysammen, Was scheidet hie der tod :,: Die nur auf Christi namen Entschlaffen sind in Gott. Der ehmall sein gemahl, Sohn, töchter und bekannten, Freund, brüder und verwandten, Die leben allzumal.

9. Darzu viel tausend menschen, So wir niemals gesehn :,: Die alten patriachen, Propheten groß und klein Der zwölf apostel zahl, Die märtrer mit den cronen, Viel mann und weibespersonen, Die GOtt gedienet all.

10. Die werden uns annehmen, Als ihre brüderlein :,: Auch werden sich nicht schämen Die eng'l hiebey zu seyn; Die frommen geisterlein Uns werden mit verlangen Ganz brüderlich umfangen, Und mengen mitten ein.

11. Da dörfen wir nicht frage, Wer ist der oder die? :,: Was unsre augen sehen, Das alles kennen sie. Das stückwerk höret auf, Wie werden uns wohl kennen, Von rechter liebe brennen, Die nimmer höret auf.

12. Da wird man hören klingen Das himmlisch sautenspiel :,: Der himmels chor wird bringen In GOtt der freuden viel. Das liebe JEsulein, Inmittelst uns sein drücken, Und freundlich wird anblicken Mit seinen äugelein.

13. Mit

13. Mit den engeln gantz frölich Wir singen werden GOTT: O heilig, heilig, heilig Ist der HErr Zebaoth. Ein neues freuden-lied, Glori, lob, ehr und weißheit, Kraft, reichthum, heyl und klarheit Sey GOTT in ewigkeit.

14. Kein ohr hat nie gehöret, Es hat kein aug gesehn Die freud, so den bescheret, Die GOttes erben seyn. Wann ich solchs nehm in acht, Thut sich mein hertz hoch schwingen, Und geht in vollen springen, Daß ich die welt veracht.

15. Drum wolln wir nicht verzagen, Die jetzt in trübsal seynd: Ob schon die welt thut plagen, Und uns ist spinnen feind. Es währt ein kleine zeit, Der held wird bald hertraben, Und ewiglich uns laben, Sein Sein hülf ist gewiß nicht weit.

CCCCXXI. 421.

Ich weiß, wie ein ewigs himmelreich, Das ist gantz schön gebauet Nicht von silber noch rothem gold, Mit GOttes wort gemauret.

2. Darinnen wohnet GOttes sohn, Das JEsus-kindlein fromme, Zu welchem all mein hoffnung steht, Bis daß ich zu ihm komme.

3. Ein armer pilgrim bin ich genannt, Muß wandern meine straßen, Wohl in das ewig vaterland, Bitt, wollst mich nicht verlaßen.

4. Du bist erlöst mit dem blut mein, Ich hab dich lieb von hertzen, Trag nur gedult im leiden dein, Will wenden deine schmertzen.

5. Wann du bist fromm und brauchst bey zeit Die heilgen sacramenten, All deiner sünd und missethat Will ich nicht mehr gedencken.

6. Wann du gleich bist von jedermann Verlaßen hie auf erden, Will ich auf deiner seiten stahn, Dein trost und zuflucht werden.

7. Weinen das war mein erste stimm, Mit weinen war ich gebohren, Mit weinen trägt man mich wieder hin, Den würmern zur speiß erkohren.

8. Doch weiß ich, daß dieser mein leib Im grabe nicht werde bleiben, Am jüngsten tag von engeln schön Erweckt zur ew'gen freuden.

9. Das wöll uns helfen JEsu Christ, Der für uns ist gestorben, und uns durch seinen bittern tod Das himmelreich erworben.

10. Laß uns preisen alle zugleich Den HErren all zusammen Für seine grosse gütigkeit, Durch JEsum Christum, Amen.

CCCCXXII. 422.

Mel. Hertzlich thut mich verlangen.

Hertzlich thut mich erfreuen Die liebe sommer-zeit: Wann Gott wird schon verneuen Alles zur ewigkeit Den himmel und die erden Wird GOtt neu schaffen gar, All creatur soll werden Gantz herrlich, hübsch und klar.

2. Die sonn wird neu und reine Der mond, die sterne all: Gar vielmal heller scheinen, Daß man sich wundern soll. Das firmament gemeine Wird GOtt auch schmücken fein, Das wird er thun alleine, Zur freud den kindern sein.

3. Also wird GOtt neu machen Alles so wunderlich: Für schön heit soll es lachen, Und alles freuen sich. Von gold und edelsteine Die welt wird seyn geschmückt Mit perlen groß und kleine, Als wär ausgespickt.

4. Kein zung kan nicht erreichen Die ewig zier heit groß: Mann kans mit nichts vergleichen, Die wort sind viel zu bloß. Darum müssen wir solches sparen Bis an den jüngsten tag, Dann wollen wirs erfahren, Was GOtt ist und vermag.

5. Dann GOtt wird uns bald alle, Was je gebohren ist, durch sein posaun mit schalle, In seinem sohn JEsu Christ, Mit unserm fleisch erwecken, Zu grosser herrlichkeit, Und uns klärlich entdecken Die ewig seligkeit.

6. Er wird uns unser leben, Den leib mit haut und haar, Gantz völlig wieder geben Das ist gewißlich wahr. Uns leib und seel verklären, Schön, hell, gleich als die sonn, Nach lust, wie wirs begehren, Und geben freud nie wonn.

7. Sein engel wird auch schicken Der HErr Christ, unser trost: Entgegen ihm zu rücken, Der uns aus leid erlost, Wird uns gar schön entfangen Mit aller heil'gen schar, In seine arm umfangen, Wird uns erfreuen gar.

8. Da werden wir mit freuden Den heiland schauen an, Der durch sein blut und leiden Den himmel aufgethan. Die lieben Patriarchen, Propheten allzumal, Die Märtrer und Aposteln, Bey ihm in grosser zahl.

9. Die werden uns annehmen Als ihre brüderlein: Sich unser gar nicht schämen, Und mengen mitten ein. Wir werden alle treten Zur rechten JEsu Christ, Als unsern GOtt anbäten, Der unsers fleisches ist.

10. Er wird zur rechten seiten Uns freundlich sprechen zu: Kommt ihr gebenedeyten Zu meiner ehr und ruh, Nun sollet ihr ererben Meins lieben vaters reich, Welchs ich euch thät erwerben, Drum seyd ihr erben gleich.

11. Als

Vom ewigen Leben.

11. Alsdann wird GOtt recht richten Die gottlos böse welt: Das höllisch feur soll schlichten Die sünd mit baarem geld. Dem teufel und sein rotte Die heuchler und mammons=knecht, Wird GOtt zu schand und spotte Verurtheilen gerecht.

12. Wird sich ganz zornig stellen Zu den zur lincken hand: Ein recht gleich urtheil fällen, Mit worten so genañt: Geht hin ihr ganz verfluchten, Zum höllischen feur erkañt, Ins teufels strick geflochten, In ewgen tod und band.

13. Also wird GOtt erlösen Uns ganz von aller noth: Vom teufel, allem bösen, Von trübsal, angst und spott: Von trauren, weh und klagen, Von kranckheit, schmerz und leyd: Von schwermuth, sorg und plagen, Von aller bösen zeit.

14. Dann wird der HErr Christ führen Uns, die wir ihm vertraut: Mit grossem jubiliren, Zum vater seine braut. Der wird uns bald schön zieren, Und freundlich lachen an, Mit edlem balsam schmieren, Mit schmuck begaben schon.

15. Die braut wird GOtt neu kleiden, Mit seinem eignen schmuck: In gülden stück und seiden, In einem bunten rock. Ein gülden ring antecken, Der lieb zum wahren pfand, Ihr schand auch wohl zudecken, Daß sie nicht werd erkannt.

16. Gott wird sich zu uns kehren Einm jeden segen auf Ein gülden kron der ehren, Und herzen freundlich drauf, Wird uns an sein brust drücken, Aus lieb ganz väterlich, An leib und seel uns schmücken, Mit gaben mildiglich.

17. Er wird uns fröhlich leiten Ins ewig paradeiß: Die hochzeit zubereiten, Zu seinem lob und preiß. Da wird seyn freud und wonne, In rechter lieb und treu, Aus GOttes schatz und brunne Uns täglich werden neu.

18. Da wird man hören klingen Die rechten seyten=spiel: Die musica wird bringen In GOtt der freuden viel. Die engel werden klingen, All heilgen Gottes gleich, Mit himmlischen zungen singen Ewig in GOttes reich.

19. Kein ohr hat je gehöret, Kein menschlich aug gesehen Die freud, so den'n bescheret, Die GOtt ihm auserseh'n. Sie werden GOtt anschauen Von hellem angesicht, Leiblich mit ihren augen, Das ewig wahre licht.

20. GOtt werden sie erkennen, Die heilig Trinität: In GOttes liebe brennen Sein wesen und sein rath, Wird GOtt ihr'n augen gönnen, Und was er ist und hat. Auch Gottes kinder nennen, In GOttes kraft und that.

21. Also wird GOtt erfüllen, Alles durch seine kraft, Wird alles seyn in allem, Durch seinen geist und kraft. Wird sich selbst ganz zu eigen Uns geben völliglich, Und all sein guth uns zeigen In Christo stetiglich.

22. Mit GOtt wir werden halten Das ewig abendmahl: Die speiß wird nicht veralten Auf GOttes tisch und saal. Wird werden frauchte essen Vom baum des lebens gut, Vom brunn des lebens=flüsse Trincken zugleich mit GOtt.

23. All unser lust und willen, Was unser herz begehrt: Was wir nur wünschen wollen, Soll alles seyn gewährt. Deß werden wir uns freuen, GOtt loben ewiglich, in wahrer lieb und treuen Uns lieben herzüglich.

24. Wir werden stets mit schalle Vor Gottes stuhl und thron, In freuden singen alle Ein neues lied gar schön: Lob, ehr, preiß, kraft und stärke, GOtt vater und dem sohn, Des heiligen geistes wercke Sey lob und danck gethan.

25. Solch freuden-lied ohn schmerzen Wird sein der lob-gesang: Aus freud und lust der herzen, Der auserwählten danck. Die freud wird ewig bleiben, Und nimmermehr vergehn, Viel grösser dann wirs glauben, Vor GOtt im wercke stehn.

Frölich pfleg ich zu singen, Wann ich
solch freud betracht: Und geb in
vollem springen, Mein herz vor freuden lacht! Mein g'müth thut sich hoch schwingen Von dieser welt mit macht, Sehn mich nach solchen dingen, Der welt ich gar nicht acht.

27. Drum wollen nicht verzagn. Die jetzt in trübsal seynd: Und die die welt thut plagen, Und ist ihn'n wieder feind. Sie wollen ihr creuz tragen In friede mit gedult, Auf GOttes wort sich wagen, Sich trösten seiner huld.

28. Wer GOttes reich und gaben Mit Christo erben will, Der muß die trübsal basen Vervielfacha viel Dar soll ihm aber lagen, Es währt ein kleine zeit, Der beid wird bald vertragen, Sein hülf ist g'wiß nicht weit.

29. Indeß die welt mag heucheln, GOtt spotten immerhin: Um gnuges willen schmeicheln, Klug seyn in ihrem sinn: Ihr sachen listig bergen, Nachdem der wind herweht, Ans fordert der wahrheit schweigen, Was jetzt im schatte geht.

30. Man laß die welt nur toben Und redlich lauffen an: Es sitzt im himmel droben GOtt lob, ein starcker mann, Der wird gar bald erwachen, Der ewig sitzen kan. Der richter aller sachen, Er ist schon auf der bahn.

31. Der bräutgam wird bald rufen,

Kommt

Kommt all ihr hochzeit-gäst: Hilf
GOtt, daß wir nicht schlafen, In schu-
den schlummern vest. Bald has'n in
ru ern händen Die lampen, öl und
licht, Und dürfen uns nicht wenden
Von seinem angesicht.
32. Der könig wird bald kommen, Die
hochzeit-gäst lesen: Wer vor ihm
wird erscheinen, Dem wirds gar übel
gehn. O GOtt! hilf, daß wir haben
Das rechte hochzeit-kleid, Den glanz-
den deine gaben, Zu geben recht bescheid.
33. Ach HErr, durch deine güte, Führ
mich auf rechter bahn: HErr Christe
mich behüte, Sonst wicht ich irre
gahn. Halt mich im glauben veste, In
dieser bösen zeit, Hilf, Daß ich mich
fest rüste Zur ewigen hochzeit-freud.
34. Hiemit will ich beschliessen Das
noch sommer-lied: Es wird gar bald
außspriessen Die ewig sommer-blüt,
Das ewig jahr, herfliessen, GOtt geb
im selben jahr, Daß wir der frücht
geniessen. Amen, das werde wahr.

CCCCXXIII. 423.
Mel. Was mein GOtt will, das rc.

O Blindheit! bin ich dann der welt
Zu dienen nur erschaffen: Und
hat mein schöpfer mich bestellt, Daß
ich soll emsig gaffen Nach eitlem gut,
Und meinen muth Auf solche thorheit
setzen, Die leichtlich kan Den klügsten
mann An leib und seel verletzen.
2. Mein GOtt, erschaffen hast du mich
Zu deinem freuden-leben: Das weiß
und gläub ich vestlich, Kan doch nicht
recht erheben Mein herz zu dir, Und
für und für Nach solchem leben trachten, Es ist mir leyd, Daß in der zeit
Ich dieses nicht kan achten.
3. Laß fleisches-welt und augen-lust
In mir nicht länger walten: Ein bessers ist mir ja bewust, Daran ich mich
soll halten. Laß meinen sinn Sich
schwingen hin, Zu dir mit freud und
wonne, Du bist mein licht Und zuversicht, Ja meiner seelen sonne.
4. O Vater! laß dein schwaches kind
Stets deine liebe suchen: Welt ist
nur dampf, welt ist nur wind, Die
welt will ich verfluchen. Drein unter-
thenn lauf in der bahn, Zu dienen seinem fürsten. Es soll fürwahr Mich
immerdar Nach deiner gnade dürsten.
5. Wann creutz und trübsal kömt heran, So laß mich nicht verzagen: Dein
wort ist, daß mir helfen kan. Mein
elend leicht ertragen Ich weiß ja wol,
Wie daß ich soll Mit dir, HErr, ewig
leben. Solt ich dann nicht O du mein
licht, Nach solcher wohlfahrt streben.
6. Was ist doch alles creutz und noth?
Was ist doch alles leiden? Was her-

zens-angst, was gar der tod? Was
schnell und traurig scheiden. Wann ich
nur mag Den grossen tag Der herrlichkeit betrachten, Und aus der welt Ins
himmels-zelt Zu Zions stadt mich lencken.
7. O schönste stadt, o GOttes haus,
O haus voll freud und wonne: Ich
wünsch aus dieser welt hinaus, Daß
ich die freuden-sonne, Das klare licht
Und angesicht Des allerhöchsten
schaue, Ja daß ich mich Herzinniglich
Mit meinem GOtt vertraue.
8. Ach! ach! wann wird mein bräutigam Mich einmal kommen heissen:
Wann wird er mich aus diesem
schlamm Und eitlem leben reissen?
Wann werd ich doch Diß schwere joch
Von meinen schultern legen? Wann
wird sich mir Doch thun herfür Des
himmels freud und segen?
9. Wann soll ich doch dein angesicht,
O liebster JEsu, sehen? Wann werd
ich einst in deinem licht, O licht der
seelen stehen? Du lieblichs bild, Treu,
fromm und mild, Wann werd ich aufgenommen, Daß aus der zeit, Zur
ewigkeit Ich schleunig möge kommen?
10. Was irr ich hier im jammerthal,
In diesem fremden lande? Ja leid
hieselbst so manche quaal, So manchen
spott und schande, Ich will heraus,
Des vaters haus Kan ich zur wohnung haben, Ja dieser ort, Wird mich
hinfort Mit höchster wollust laben.
11. O möcht ich armer doch befreyt
Von aller angst und schrecken: Dem
unaussprechlich herrlichkeit In seinem
leben schmecken. O süsse kraft, O le-
bens-saft, Wann werd ich dich empfinden, Laß mich die welt, doch als
ein held, Ganz siegreich überwinden.
12. O schönste stadt, o klares licht, O
süßigkeit ohn ende: O freud, o fried,
O zuversicht! Ergreif mich doch behende. Laß nu ich von hier, Du schönste
zier, Zur herrlichkeit bald scheiden:
Dann ich bin dein, Und du bist mein,
Darauf fahr ich hin mit freuden.

CCCCXXIV. 424.

O Ewigkeit, du donner-wort, O
schwerd das durch die seele fehrt,
O anfang sonder ende: O ewigkeit,
zeit ohne zeit. Ich weiß für grosser
traurigkeit Nicht, wo ich mich hinwende, Mein ganz erschrocknes herz
erbebt, Daß mir die zung am gaumen klebt.
2. Kein unglück ist in aller welt, Das
endlich mit der zeit nicht fällt, Und
ganz wird aufgehoben: Die ewigkeit
hat nur kein ziel, Sie treibet fort und
fort ihr spiel, Läßt nimmer ab zu to-
sen, Ja, wie mein heyland selber
spricht: Aus ihr ist kein erlösung nicht.

Vom ewigen Leben.

3. O ewigkeit! da macht mir bang, O
ewig, ewig ist zu lang, Hie gilt fürwar
kein scherzen: Denn, wann ich diese
lange nacht, Zusamt der grossen pein
betracht, Erschreck ich recht von herzen. Nichts ist zu finden weit und
breit, So schröcklich als die ewigkeit.

4. Wie acht ich wasser, feur und
schwerdt, Diß alles ist kaum nennens
werth, Es kan nicht lange dauren.
Was wir's, wann gleich ein tyrann,
Der funfzig jahr kaum leben kan
Mich endlich ließ vermauren? Ge-
fängniß, marter, angst und pein Die
können ja nicht ewig seyn.

5. Wann der verdammten grose quaal
So manches jahr als an der zahl Hie
menschen sich ernähren: Als manches
stern der himmel hegt Als manches laub
das erdreich trägt, Noch endlich solte
währen, So wäre doch der pein zuletzt
Ihr recht bestimmtes ziel gesetzt.

6. Nun aber, wann du die gefahr Viel
hundert tausend tausend jahr Hast
kläglich ausgestanden: Und von den teufeln solcher frist Ganz grausamlich ge-
martert bist, Ist doch kein schimpf vorhanden. Die zeit, so niemand zählen
kan, Die fänget stets von neuen an.

7. Liegt einer krank, und ruhet gleich
Im bette, das von golde reich, Recht
fürstlich ist gezieret: So hasset er
doch solchen pracht, Auch, so, daß er die
ganze nacht Ein kläglich leben führet. Er zählet jeden glocken-schlag,
Und seufzet nach dem lieben tag.

8. Ach! was ist das? die höllen pein
Wird nicht wie leibes-kranckheit seyn
Und mit der zeit sich enden, Es
wird sich der verdammten schaar Im
feur und schwefel immerdar Mit
zorn und grimm umwenden. Und di
ihr unbegreiflichs leyd Soll währen
bis in ewigkeit.

9. Ach GOtt! wie bist du so gerecht,
Wie strafest du die bösen knecht In
heissen pfuhl der schmerzen: Au
kurze sünden dieser welt Hast du se
lange pein bestellt. Ach nimm diß
wohl zu herzen, Und merck auf diß
o menschen-kind! Kurz ist die zeit,
der tod geschwind.

10. Ach fliehe doch des teufels strick
Die wollust kan ein augenblick, Uns
länger nicht ergözen: Dafür wilt du
dein teufels beul, Hernachmals in der
teufels hey, Hin zur vergeltung sezen
Ja schwer tausch, ja wohl gewagt,
Das bey den teufeln wird beklagt.

11. So lang ein GOTT im himme
lebt, Und über alle wolcken schwebt
Wird solche marter währen: Es
wird sie plagen kält und hiz, Angst
hunger, schröcken, feur und bliz. Un
sie doch nicht verzehren. Dann wir

sich enden diese pein, Wann GOTT
nicht mehr wird ewig seyn.

12. Die marter bleibet immerzu,
Als anfangs sie beschlossen war. Sie
kan sich nicht vermindern: Es ist ein
arbeit sonder rath, Sie nimt nie ab Tag
und seufzer zu Bey jenen jamer-kin-
dern. O sünder, deine missethat Empfindet weder trost noch rath.

13. Wach auf o mensch vom sünden-
schlaf, Erinnere dich verlornes schaf
und begehr bald dein leben: Noch auf
es ist doch hohe zeit, Es kommt heran
die ewigkeit, Die deinen lohn zu geben. Vielleicht ist heut der letzte tag,
Wer weiß noch wie man sterben mag.

14. Laß doch die wollust dieser welt.
Pracht, hoffart, reichthum, ehr und
geld, Dir länger nicht gebieten:
Schau an die grosse sicherheit, Die
falsche welt und böse zeit, Zusamt des
teufels wüten. Wer allen dingen hab
in acht Die vorerwehnte lange nacht.

15. O du verfluchtes menschen-kind,
Von sinnen toll, von herzen blind, Laß
ab die welt zu lieben: Ach! ach! sol
dann der höllen-pein, Da mehr dan
tausend hencker seyn, Dein end dich
betrüben? Wo lebt ein so beredter
mann, Der dieses werck aussprechen kan?

16. O ewigkeit, du donner-wort, O
schwerdt, das durch die seele bohrt, O
anfang ohne ende: O ewigkeit, zeit
ohne zeit, Ich weiß vor grosser traurigkeit Nicht, wo ich mich hinwende.
Nimm du mich, wann es dir gefällt,
HErr JEsu, in dein freuden-zelt.

Von der Verklärung unse-
ser Leiber in dem ewigen
Leben.

CCCCXXV. 425.

Mel. An wasser-flüssen Babylon.

Ach GOtt! wann kommt die liebe
zeit, In der ich werd ablegen?! Des fleisches last, der sünden kleid, Und einst der ruhe pflegen? Wann wird dein schönster himmels-
glanz Dann meinen leib verkläre
ganz? Wann wirst du mich begraben
Mit der versprochnen ehr und wonn,
Auf daß ich wie die klare sonn Im
himmel möge traten?

2. Diß leben ist ein siechen-haus, Darin
wir uns stets quälen: So bald wir
aber gehn heraus, Uns fröhlich zu ver-
nählen Mit GOtt in einem freuden-
sal So wissen wir von keiner quaal
Noch kranckheit mehr zu sagen, Da sto-
set sich kein züberlein Kein zahn, kein
schwin

Vom ewigen Leben.

schwindel, gicht und stein, Noch außer leibes=plagen.

3. Wir werden seyn den engeln gleich, Wie Christus selbst bekennet: Nun ist kein geist in GOttes reich, Den etwan kranckheit brennet. Ein engel lebt gesund und starck So wird auch unser fleisch und marck, Von keiner schwachheit wissen. Ein solcher leib, frisch, klar und rein, Wird dort in jenem leben seyn, Von aller plag entrissen.

4. Da werden wir nicht als ein licht, Noch wie das gold im dunckeln: Noch als ein lieblichs angesicht Der schönsten weiber funckeln. Ach nein, der helle morgen=stern, Der leuchtet nicht so klar und fern, Als wir dort werden glänzen. Wir werden so verkläret seyn Daß unser glantz den sonnenschein Am himmel wird ergäntzen.

5. Da werden, als der sternen glantz Getreue lehrer leuchten; Und wie die sonn am abend=tantz, Wann sie sich will befeuchten. Ja dieser leib, der nichtig ist, Wird unser heyland JEsus Christ Mit solchem pracht verklären, Daß wir in jener herrlichkeit Der fehler gantz und gar befreyt, Nichts werden mehr begehren.

6. Weg Alexander, trolle dich Mit deinen güldnen lumpen: Der Crösus ist nur lächerlich Mit so viel silberklumpen. Hier sollen nicht geachtet seyn Darius auserlesne stein, Und was sonst herrlich pranget. Weit grösser ist der edle schatz, Den er besitzt, der den platz In Gottes reich erlanget.

7. Wir werden mit schnäuigkeit Den engeln uns vergleichen, Ja gar im augenblick der zeit Platz, ort und ziel erreichen. So, daß wir fahren in der lufft, Viel schneller als der donner rufft Vom himmel bis zur erden. Der leib gantz hurtig, frisch und schwang, Erst ohne brod, fleisch und getranck, Gar schön erhalten werden.

8. Hier muß man von der bösen welt Viel plag und trübsal leiden, Uns wird von satan nachgestellt. Man fürchtet sich vor beyden. In jenem leben wohnen wir In friedens=häusern, für und für, Man darf nicht sorge tragen, Daß uns der feinde tyranney, Noch böse list beschwerlich sey, Noch uns die teufel plagen.

9. Wird das nicht grosse herrlichkeit Im himmel seyn zu nennen, Wann wir von sünd und tod befreyt Die menschen werden kennen, Die wir mit augen nie gesehn. Wie dort dem Adam ist geschehn, Mit Eva seinem weibe. Wie Petrus Mosen bald erkannt, Und Stephanus den HErren fand, Als er noch war im leibe.

10. Hier muß man durch den tod zu= setzt Noch gar zersplittert werden: Und dieser leichnam wird versetzt In einen schooß der erden. Dort weiß man nichts von solcher noth, Da soll, da kan, da muß der tod Durchaus nicht mehr regieren, Da werden wir alsdann zugleich, O freud o wenn, in GOttes reich Ein ew'ges leben führen.

11. Ach GOtt, wann kommt die süsse stund, In der ich werde stehen Verkläret herrlich und gesund, Mit freuden anzusehen. Wie meine feind erleget sind, Und ich als GOttes erd und kind Soll ewig, ewig wohnen, Mit weissen kleidern angethan, In seiner fried und freuden=bahn, Geschmückt mit güldnen cronen.

Von der ewigen Verdammniß.
CCCCXXVI. 426.

Mel. Es ist gewißlich an der zeit.

Erschröcklich ist es, daß man nicht Der höllen pein betrachtet: Ja, daß sie fast als ein gedicht Von vielen wird geachtet: Da doch kein augenblick vergeht, Daß nicht ein hauf im sarge steht, Vom würger abgeschlachtet.

2. Halt ein, o mensch, mit deinem lauf, Es ist ja leicht geschehen, Daß dich gereut der schlimme kauf, Drum bleib ein wenig stehen: Wir wollen erst das bösen=loch, Den schwefel=pfuhl, des satans joch, Mit rechtem ernst besehen.

3. Merck auf, der du mit grossem pracht Hie lässest häuser bauen: Du wirst in jener finstern nacht Dergleichen nimmer schauen: Der höllen=wohnung ist ein schlund, Ja tiefe pfütz, in welcher grund Du fallen wirst mit grauen.

4. Da findet sich kein schöner saal, Kein vorhaus, keine kammer: Es heist und ist ein ort der quaal, Den satans starcke klammer Fest an einander hat verpicht, Es ist ein wehhaus ohne licht, Ein schwefel=loch voll jammer.

5. Man wird dich auch an diesem ort Nicht sanft zu wagen bringen: Ach nein, du must mit grauen fort, Und in den abgrund springen. Es wird, so bald du fährst davon, Wie Dathan und den Abiram, Die hölle dich verschlingen.

6. Gedenk jetzt nicht, wie kan es seyn, Daß dieser ort kan fassen; Solch eine meng, und so viel pein Die sünder fühlen lassen? O menschen=kind! die höll ist weit, Ihr seyd ist groß, die statt ist breit Von angst und marter=gassen.

7. In

Von der ewigen Verdammniß.

7. In diesem loch ist gar kein licht,
Noch heller glantz zu finden, Die
liebe sonne scheinet hie nicht, Man
tappet wie die blinden. Hie leuchtet
weder mond noch stern, Ein höllen-
kind das lebt von fern, In schwartz
verbrannten gründen.

8. Hie steiget auf ein dicker rauch Erschröcklich anzusehen: Ein rechter
pech- und schwefel-schmauch, Der
überall muß gehen Fleisch nach, der
billig wird genannt Angst, jammer,
marter, quaal und brand, Darfür
man nicht kan stehen.

9. Wer mag ermessen den gestanck,
Der hie auch wird gefunden: Der
strenge gifft kan machen kranck Unmöglich die gesunden: Es ist wie dicker koth
und feur, Durch ihn wird alles ungeheur, Das stincken überwinden.

10. Diß grosse feld hegt einen brand,
Der sich warg und traurig scheinet:
Doch brennet diß verfluchte land
Mehr als der sünder meynet. Bey
diesen flammen kan er sehn Die plagen, welche dort geschehn, Die man
zu spät beweinet.

11. Diß höllen-feur ist schröcklich
heiß, Kan stein und stahl verzehren,
Der ewig angst- und todes-schweiß
Wird die verdammten nähren. Das
feur, brennet grausam zwar, Ver-
brennet doch nicht gantz und gar Die,
so den tod begehren.

12. In dieser traur- und jammer-nacht
Ist lauter angst und schrecken: Ach
höret wie, der donner kracht, Es blitzt
an allen ecken, Es prasselt stets an diesem ort, Die wilde brausen fort und
fort, Der hagel bleibt nicht stecken.

13. Ein jeder sünder hat sein loch, In
dem er sich muß quälen: Dann unter
diesem teufels-joch Hat einer nicht zu
wählen. Man darf nicht schweiffen
hin und her Des satans macht fällt
viel zu schwer, Er hat da zu befehlen.

14. Die stoltzen werden allzumal, Dort
bey einander sitzen: Die sauffer werden in der quaal, Den süssen wein aus-
schwitzen: Den schinderen wird die
gnade theur, Die hurer wird das höllisch feur Ja ewigkeit erhitzen.

15. Wer ist, der das erdulden kan Was
die verdammten leyden: Ihr freche
sünder denckt daran, Ihr müßet mög-
lich-schreyen. Ist euch der kercker hier zu
viel? Ach GOtt! das ist nur kinder-
spiel. Dort wird es anders schreyen.

16. Mußt du nicht hier gefangen
seyn, Wie wirst du dann erliegen: O
mensch, der vollen angst und pein,
Den rauch, gestanck, das klagen, Die
finsternis, des donners macht? Heut
ist die zeit, bald gute nacht Der argen
welt zu sagen.

Litaney,
Oder, demüthige Verbitt vor die allgemeine noth.

CCCCXXII. 427.

Kyrie, Eleison,
Christe, Eleison,
Kyrie, Eleison,
Christe Erhöre uns.

HErr GOtt Vater im himmel,
  Erbarm dich über uns.
HErr GOtt Sohn, der Welt Heyland,
  Erbarm dich über uns.
HErre GOtt heiliger Geist,
  Erbarm dich über uns.
Sey uns gnädig,
  Verschon uns, lieber HErre GOtt.
Sey uns gnädig,
  Hilf uns, lieber HErre GOtt.
Für allen sünden,
Für allem Irrsal,
Für allem Uebel,
Für des Teufels Trug und List,
Für bösem schnellen Tod,
Für Pestilentz und theurer Zeit,
Für Krieg und Blutvergiessen,
Für Aufruhr und Zwietracht,
Für Hagel und Ungewitter,
Für Feuer und Wassers-Noth,
Für dem ewigen tod,
  Behüt uns lieber HErre GOtt.
Durch dein heilig Geburt,
Durch deinen Todes-Kampf und blu-
tigen Schweiß,
Durch dein Creutz und Tod,
Durch dein heilig Auferstehung und
Himmelfahrt,
In unser letzten Noth,
Am jüngsten Gericht,
  Hilf uns, lieber HErre GOtt.
Wir arme Sünder bitten,
  Du wollst uns erhören, lieber
  HErre GOtt.
Und deine Heil. Christliche Kir-
  che regieren und führen,
Alle wahre Bischöffe, Pfarr-
  herrn und Kirchendiener im
  heylsamen Wort und heili-
  gem Leben erhalten,
Allen Rotten und Aergernissen
  wehren,
Alle Irrige und Verführte wie-
  der bringen,
Den Satan unter unsre Füsse
  treten,
Treue Arbeiter in deine Erndte
  senden,
Deinen Geist und Kraft zum
  Wort geben,
Allen Betrübten und Blöden
  helfen und sie trösten,

Erhör uns, lieber HErre GOtt.

Allen Königen und Fürsten in die Fried und Eintracht geben.
Unserm Kayser stetten Sieg wieder seine feinde gönnen,
Unsere hohe Landes-Fürstliche Obrigkeit und Fürstliche Herrschaft samt allen deren Hochst-Angehörigen und Verwandten leiten, segnen und schützen,
Die Fürstliche Räthe, Befehlshaber, Beamten und Diener mit deinem geist regiren,
Die Christliche hohe und andere Schulen kräftiglich erhalten,
Unsere ganze Stadt, Rath und Gemeine segnen und behüten,
Allen, so in Noth und Gefahr seynd, mit Hülf erscheinen,
Allen Schwangern und Säugerinnen fröliche Frucht und Gedeyen geben,
Aller Kinder und Krancken pflegen und warten,
Alle, die um Unschuld gefangen sind, los und ledig lassen,
Alle Wittwen und Weysen vertheidigen und versorgen,
Aller menschen dich erbarmen,
Unsern Feinden, Verfolgern und Lästerern vergeben und sie bekehren,
Die Früchte auf dem Lande geben und sie bewahren,
Und uns gnädiglich erhören,

O JEsu Christe, GOttes Sohn, Erhör uns, lieber HErre GOtt.
O du GOttes-Lamm, das der Welt Sünde trägt,
Erbarm dich über uns.
O du GOttes-Lamm, das der Welt Sünde trägt,
Erbarm dich über uns.
O du GOttes-Lamm, das der Welt Sünde trägt,
Verleih uns steten Fried.
Christe, Erhöre uns.
Kyrie, Eleison.
Christe, Eleison.
Kyrie, Eleison, Amen.

Von der Welt Bosheit, so zur Buße vermahnet.
CCCCXXVIII. 428.

ACh GOtt, thu dich erbarmen, Durch Christum deinen Sohn, Uber reich und über armen, Hilf, daß wir busse thun, Und sich ein jeder erkennen thut: Ich fürcht, GOtt hab gebunden ein ruth. Er will uns damit strafen, Den hirten mit den schaafen, Es wird ihm keiner entlauffen.

2. GOtt hat uns lang geruffen, Durch seine treue kurcht, Die ohren sind uns nicht offen, Darum geschicht uns recht. Sein straf wir haben in dem land, Ich fürcht, ihr'r sind mehr vor der hand, GOtt woll sie von uns wenden, Und seine gnade senden, Es steht in seinen händen.

3. Es geschehn groß wunder-zeichen, Noch schlag'n wir all's in wind, Die uns solten erweichen, So gar sind wir verstockt, Daß wir die wahrheit kennen nicht, Wie uns jetzt GOttes wort bericht, Daß wir uns daran kehrten, Und seiner gnad begehrten, Nicht so darwider sperrten.

4. Aerger ist nie gewesen Von anbegin der welt, Ein jeder mags wohl lesen, Was Christus hat gemeldt. Kein lieb noch glaub auf erden ist, Ein jeder braucht sein tück und list, Der reich den armen zwinget, Und ihm sein schweiß aberinget, Daß ihm sein groschen klinget.

5. Wer kan alles ermessen, Was treibt die welt mit uns? Mit ihrem sauffen und fressen, Hochmuth und grossen pracht? GOtt wirds die länge leiden nicht, Schau, daß dich nicht erhasch, sein gericht. Sonst bist ewig verkehren, Dem teufel auserkohren, Wär besser nie gebohren.

6. GOtt eilt gewiß zum ende, Das zeigt all creatur, Er wird kommen behend, Daß haben wir schön figur. Das glaubet der gottlose nicht, Der wohl in seinem hertzen spricht: Es kan noch lang seit währen, Wir wolln schlemmen und zehren, Der teufel thut sie's lehren.

7. Die welt läßt nun nicht abe, Das wild vielköpfig thier, Man werf sie denn ins grabe, Es wird geschehen schier. Der teufel hats dahin gebracht Daß man GOtt und sein wort veracht, Fragt nichts nach seinem gebote, Treibt daraus nur ein spotte, Sagt wohl, es sey kein GOtt.

8. Die axt ist schon geleget Dem bann an seine wurtz, Als uns Johannes zeuget, Ins feuer muß er kurtz. Wohl dem, der es zu hertzen nimmt, Und wacht, wann sein erlöser kommt. Liebt allezeit das gute, Der wird seyn wohl behütet Vor der höllischen glute.

9. Christi sein prophecey Ist nun erfüllet zwar, Ein jeder merck dabey Und nehm es eben wahr, Daß er sein leben anders schick, Und Christum in sein hertz verstrick, Niemand weiß seine stunde, Spricht GOtt aus seinem munde, Die welt wird gehn zu grunde.

10. Solchs alles ist verborgen In der gottlosen sinn, Da sieht man alle morgen, Wie laufft sie weit dahin, Daß sie

nur kriegt das zeitlich gut Das ewig sie vergessen thut, Daran will niemand dencken, Thut leib und seel versencken, Manch Christen theures kräncken.

11. GOtt hat in seiner hute All die er hat erweckt, Erkaufft durch Christi blute Am creuz hoch ausgestreckt, Da er uns all erlöset hat Vom teufel, sünd und ew'gen tod, Ist selbst für uns gestorben, Des vaters huld erworben, Sonst wärn wir all verdorben.

12. Diß lied sey jetzt gesungen Der gantzen Christenheit, Den alten und den jungen, Und dem sein sünd ist leyd, Der bitte GOtt allzeit um gnad, Daß er nimmer in sünden lad, Der helf uns allzusammen, Zu lobe seinem namen, Durch JEsum Christum, Amen.

Nützliche Todes-Betrachtung.

CCCCXXIX. 429.

Mel. Mein Wallfahrt ich vollendet.

1. Der grimmig tod mit seinem pfeil, Thut nach dem leben zielen :/: Sein bogen schießt er ab mit eil Mit ihm läßt er nicht spielen. Das leben verschwind, Wie rauch im wind, Kein fleisch mag ihm entrinnen, Kein guth noch schatz Beym tod find platz, Du must mit ihm von binnen.

2. Wann dir das letzte stündlein kömt, So heißts urlaub genommen :/: All freund verlassen dich die stund, Kein g'sell will mit dir kommen. Du must allein Dich geben drein, Zu reisen fremde strassen, Hast guts gethan, So trags davon, Sonst wird man dir nichts lassen.

3. Dein angesicht wird fallen ein Dein äuglein werden brechen :/: Das hertz in grossen ängsten seyn, Der mund kein wort mehr sprechen. Dein schön gestallt Wird werden alt, Der puls wird nimmer lauffen, Der todesschweis Macht dir gar heiß, Da kommt die noth mit hauffen.

4. Dem du zuvor warst lieb und werth Dein bringst du jetzt ein grausen :/: Der vor bey dir all tag einkehrt, Der bleibet jetzt wohl draussen. Schleicht heimlich für bey deiner thür, Kein g'sell will dich mehr kennen, Du liegst im bett, Und seufzest stet, Das gewissen wird dich brennen.

5. Das fleisch wird stinken wie ein aas Kein mensch mag bey ihm bleiben :/: Wird ihm verstopffen mund und nas, Dich aus der g'mein vertreiben. Du must hinaus, Bald aus deinem haus, Die leut ob dir erschrecken, Man deckt dich zu, Du schläfst in ruh, Niemand wird dich auwecken.

6. Bald nach dem tod mit deinem leib Wird man dem grab zu eilen :/: Der letzte trost von kind und weib, Ist weinen sehr und heulen. Ein halben tag Ist kaum ihr klag, Alsdann sie werden lachen, Man wirfft dich nein, Es muß nur seyn, Man thuts kein'm anders machen.

7. Im grab verborgen warten dein Viel kröten und auch schlangen :/: Die werden daß dein hausg'sind seyn, Dich grüssen mit verlangen. Ihr gasterey wird dort seyn frey, Keins darf die zech bezahlen Sie kriechen nein Bis auf die bein, Manches nach ihrem g'fallen.

8. Dein freundschaft wird ein kleine zeit Um deinen tod sehr klagen :/: Ein mantel und ein schwartzes kleid Ein halbes jährlein tragen, Dann sagt die rott, Genad ihm GOtt, Dein werden sie bald vergessen, Theilen dein haab, So du im grab Von würmern wirst gefressen.

9. Wann dann verlossen ist ein jahr, Dann bist du schon vergessen :/: Der dich sucht, findt kein haut noch haar, Fragt, wer bist du gewesen? Deine hirnschaal Ist worden kahl, Dein äuglein sind gefressen, Man sieht allein Die todten-bein, Die welt hat dein vergessen.

10. Kein mensch auf erd uns sagen kan Wann wir von hinnen müssen :/: Bald der tod kommt und klopffet an, So muß man ihm aufschliessen. Er nimmt mit g'walt Hin jung und alt Thut sich für niemand scheuen: Des königs stab Bricht er flugs ab, Und führt ihn an den reyen.

11. Ein engen sarg wird er da han, Für seinen königssaale :/: Das dach wird auf der nasen stahn, Merckt auf ihr fürsten alle. Ihr Majestät Wird dort sein rath Beym bettlern halten und wohnen, In wenig jahr So habt ihrs gar, Die welt pflegt so zu lohnen.

12. Wo bleibet dann dein land und leut Dein grosses gut und leben :/: Einem fremden ist dein sitz bereit, Kein hahn wird nach dir krehen. Deine pallast Und mauren vest Wird man darnieder reissen, Du liegst im grab, Und bist schabab, Must jetzt die würme speisen.

13. Wann du nun bist genommen hin, Kein mensch wird nach dir fragen :/: Wohl aus den augen, aus dem sinn, Thut das g'mein sprichwort sagen. All lieb und treu Wird man oben schen Ins grab mit dir einscharren, Dann wem die welt So wohl gefällt, Muß letztlich zu ihr fahren.

14. Der

14. Der tod urplötzlich als ein dieb
Thut heimlich hernach schleichen ⁚ Es
sey dir gleich leyd oder lieb, Du kanst
ihm nicht entwichen, Sein pfeil ist
gift, Wann er dich trift, Must du
dich bald einmachen, Er nimmt dich
mit, Es hilft kein bitt, Drum sich
zu deinen sachen.

15. Vielleicht ist das der lezte tag,
Den du noch hast zu leben ⁚ O
mensch veracht nicht, was ich sag,
Nach tugend solt du streben. Wie
mancher mans Wird müssen dran,
So hofft auf lange jahren, Und muß
noch heint, Weil die sonn scheint, Zur
höll hinunter fahren.

16. O fleisch, du schändlicher madensack, Wie viel hast du betrogen ⁚ Die
dir geglaubet und vertraut, D in
wahrheit ist erlegen. Wer dir vertraut, Schau auf sein haut. Er wirds
wohl müssen zahlen, In höllischem
feur, Da all ding theur, Neut ihn
zu tausendmahlen.

17. Darum, o mensch, sey stets bereit,
Thu allzeit männlich wachen ⁚ Wann
der tod kommt zu seiner zeit, Will dir
den garaus machen, So rauff du dich
Gwiß sicherlich Ja kampf mit ihm
begeben. Die ewig cron trägt du davon, Wann du wohl endst dein leben.

18. All creatur laß fahren hin, Dein
schöpfer solt du lieben ⁚ Was du
verlierst, ist dein gewinn, Kein eitel
laß dich betrüben. Mit seel und leib
Dich ihm verschreib, Und laß ihn darnach walten, So wird er dich Glaub
sicherlich, In seinem schutz erhalten.

19. Wer dieses liedlein hat gemacht,
Und erstlich neu gesungen ⁚ Der hat
den tod gar oft betracht, Letzlich mit
ihm gerungen. Liegt jetzt im bett, Es
thut ihm wohl, Tief in der erd verborgen. Schau auf sein sach, Du must
hernach, Es sey heut oder morgen.

Neuer Anhang.

Bitt- und Buß- Ge-
sänge.

CCCCXXX. 420.

Mel. Wann wir in höchsten nöthen.

JEsu Christe, wahres licht,
Erleuchte die, dich, kennen
nicht, Und bringe die zu deiner heerd, Das ihre seel auch
selig werd.

2. Laß mit deinen gnadenschein,
Die im irrthum verfahret seyn, Nach
die, so heimlich sichet an, In ihrem
sinn, ein falscher wahn.

3. Und was sich sonst verlauffen hat
Von dir, das suche du mit gnad, Und
sein verwundt gewissen heil, Laß sie
am himmel haben theil.

4. Den tauben bitte das gehör, Die
stummen richtig reden lehr. Die, so
bekennen wollen frey, Was ihres herzens glaube sey.

5. Erleuchte, die da sind verblendt,
Bring her, die sich von uns gewendt,
Versamle, die zerstreuet gehn,
Mach veste, die im zweiffel stehn.

6. So werden sie mit uns zugleich
Auf erden und im himmelreich, Hier
zeitlich und dort ewiglich, Für solche
gnade preisen dich.

CCCCXXXI. 431.

Mel. Herzliebster JEsu, was hast rc.

WEnd ab deinen zorn, lieber
GOtt, mit gnaden, Und laß
nicht weiter deine blutige ruthe Nicht
uns nicht streng nach unsern missethaten, Sondern nach güte.

2. Dann so du wolltest nach verdienste
strafen, Wer könnte deinen grimm
und hand ertragen? Alls müst vergehen, was du hast geschaffen, Für
deinen plagen.

3. Vergib. HErr, gnädig unsre grose
schulde, Laß über das recht deine gnade walten, Der du zu schonen pflegst
nach groser hulde, Uns zu erhalten.

4. Sind wir doch arme würmlein,
staub und erden, Mit er süld,
schwachheit, noth und tod beladen,
Warum sollen wir gar zu nichte werden Im zorn, ohn gnaden.

5. Sich an deines Sohns creutz und
bitter leyden, Der uns erlöset hat
mit seinem blute, Und eröfnet lassen sein herz und seiten, Der welt
zu gute.

6. Warum, ach vater! laß uns nicht
verderben, Dein gnad und geist
durch Christum, wollst uns geben,
Nach uns zugleich des himmelrei-
ches erben, Mit dir zu leben.

CCCCXXXII. 432.

Mel. Ach was ist doch unser rc.

JEsu, retter in der noth, HErr,
wahres seelen-brod, Du treib-
bort und mein panier, Oefne mir die
himmels-thür.

2. Freye mich der sünden-last, Wie
du mir versprochen hast, O du meines lebens ein horn, Stille deines
vaters zorn.

3. Wende einen herben grimm,
Meine plagen von mir nimm, Laß
des wahren glaubens licht Ja bey
mir verlöschen nicht.

4. Schaue

4. Schaue, JEsu meine noth, Ohne dich so bin ich tod, Ohne dich ist gantz dahin Meines hertzens muth und sinn.
5. JEsu, ach! entzeuch mir nicht Dein huldreiches angesicht, Sihe mich in gnaden an, Der du für mich gnug gethan.
6. Meine sünden sind sehr gros, Mache mich derselben los, Hilf, daß deine lieb und huld überwege meine schuld.
7. Säure meinen sündengeist Von d.r weit=lust allermeist; Ach! erneure meinen sinn, Daß ich nicht sey, was ich bin.
8. JEsu, JEsu, segne mich, Soll ich anders lassen dich, Sprich mir trost und leben zu, O du himmels=wollust du.
9. Deine starke liebes=glut Löschet keine wasser=fluth, Sie ist tieffer als das meer, Höher als das sternen=heer.
10. Laß mich dir seyn eingesencket, Aasser dir mich alles kräncket, Laß ach liebster Heyland! mich Stets vollkömmlich schmecken dich.
11. Deines namens süßigkeit Sey versiegelt jederzeit Fest in meines hertzens schrein, Mir laß lauter JEsus seyn.
12. JEsus, was durchs ohre bricht. JEsus, was das angesicht, JEsus, was die zunge schmäcket, Und wornach die hand sich strecket.
13. JEsus sey m.i.r speiß und tranck, JEsus sey mein lobgesang JEsus sey mein gantzes all, JEsus sey mein freuden=schall.
14. Endlich laß, du höchstes guth, JEsu, laß dein theures blut, Deine wunden, deine pein, Meine rast im tode seyn.

Andachts = Gesänge vor und bey dem H. Abendmahl.

CCCCXXXIII. 433.

Mel. HErr, ich habe mißgehand.

Wohl mir, JEsus, meine freude, Ladet mich zu seinem mahl! Auf mein hertz, und dich bereite, Eile zu dem kirchen=saal; Laß den eiffer nicht erkalten, JEsus will das nachtmahl halten.
2. Auf, mein hertz! in voll'm springen, Eile deinem JEsu zu: Auf! dir soll es jetzt gelingen, Hier ist wahre seelen=ruh: Ruhe soll sie frey von sünden, Bey des Herren nachtmahl finden.
3. Ach! jadem seyn hertz bestreitet Noth und tod mit gleicher macht, Hat er dir den tisch bereitet, Und aus reiner lieb bedacht, Wie er sich mit dir mög letzen, Dich, zu einem erben setzen.
4. Hier hast du das brod, das leben, Hier hast du den frohen leib, Den er in den tod gegeben. Dir zu gut, auf daß er bleib Deine kost, und meine seele, Seelen=hunger dich nicht quäle.
5. Siehst du, was da kommt gerunnen, Wie mit rothem lebens=safft Fliessen fünf frey ofne brunnen? JEsu! deiner liebe kraft Allen armen hieher wincket, Spricht: ihr lieben, alle trincket.
6. Hungrig komm ich auch nach gnaden, Durstig nach barmhertzigkeit, Der (sie) ich gleichsam bin beladen Zu des lammes hochzeit=freude: Himmlisch mann'g mich ergötzet, JEsus blut die seel benetzet.
7. GOtt geb, daß ich dieses schencken, Christi leibs und bluts allhier Nehm zu seinem angedencken, Und betrachte für und für, Wie sein leib am creutz entblösset, Und sein blut mich hat erlöset.
8. Nun will ich mit danck und ehren Meines JEsu, weil ich bin, Lieb und lob mit lob vermehren, Mein durch ihn erneurter sinn. Soll in JEsu sich erfreuen: GOtt wird darzu gnad verleihen.

CCCCXXXIV. 434.

Mel. O HErre GOtt, dein göttl.

Mein seel, dich reca, Und lustig sey Mit glauben wohlgezieret:,: Zur mahlzeit schön Wirst du heut gehn, Zu der dich Christus führet, Merck auch mit fleiß, Die werthe speiß, Sein leib für dich gegeben, Der tranck ist gut, Sein theures blut Stärckt dich zum ewigen leben.
2. Wann deine sünd Dich wolln geschwind Zur höllen niederdrücken:,: Diese edle tisch Machet dich frisch, Thut dich lieblich erquicken, Ihr sünder schwer, Kommt doch hieher, Die last legt von dem hertzen, Der artzt so reich Christus wird euch Heilen all euren schmertzen.
3. Zum gastmahl hier All pflegen wir Mit kleidern uns zu schmücken:,: Putz dich auch fein Im hertzen dein, Thu dich recht darzu schicken. Mit himmels=brod Versieht dich GOtt Bey diesem tisch von oben: Der selb dich träncket, Das leb'n dir schencket, Drum thu ihn hertzlich loben.
4. Von hertzen will ich freuen mich, Daß mich der HErr geladen:,: Er ist ja mein, Und ich bin sein, Meine seel ist wohl gerathen. Seht ich beklag, Daß mancher mag Die freude nicht bedencken: Und läßt sich nicht Mit zuversicht Aus diesem kelch so träncken.
5. Ay! ich kom heut Mit höchster freud HErr Christ, zu deinem tische:,: Und stell mich ein Zur mahlzeit dein Mein leib und seel erfrische. Wasch mich ja rein

rein Von sünden mein, Du höchster
GOtt aus gnaden, So kan nun nicht
Der bösewicht An meiner see'l schaden.
6. Ein ängstigs hertz, Zeitslang mit
schmertz Von wegen seiner sünden:,:
Sehnlich ich bitt, Veracht ja nicht,
Laß mich vergebung finden. Kein
opffer sonst Ich deiner gnast Auf dieser welt kan bringen: O HErr, laß
mein Erschreckt gebein, Für freuden
wieder springen.
7. Die mahlzeit dich, HErr Christ,
und mich Vereinbt himmlischer weise:,: Bleib doch in mir, Und ich in
dir, Daß ich dich ewig preise. Gewiß
ich weiß, Daß da mit fleiß Viel tausend engel stehen, Wann wir so fein
Im glauben rein Zum tisch des HErren gehen.
8. Wann in der näh Ich recht anseh
Den kelch in diesen stunden :,: Denck
ich, dem blut, Als eine fluth, Fließ
aus dein'n heiligen wunden. Wie es
zugeh, Ich nicht versteh, Und will
nicht disputiren: Wort und element
Ein sacrament, Heilig constituiren.
9. In dieser sach Bin ich ja zu schwach,
Gar wunderbarer weise :,: Der glaube sein Führt's hertze mein Zu der
herrlichen speise. Aus priesters hand
Diß edle pfand Mir armen wird gegeben: Dadurch ich mich Starck sicherlich, Daß ich werd ewig leben.
10. Ach GOtt! wie starck Durch bein
und marck Dein freud mir jetzt thut
bringen :,: Wie sehn ich mich, HErr
Christ, durch dich, Nach himmlischen
dingen, Mich dünckt, als sey Der himmel frey, Wie Stephano, mir offen:
Dein liebe hat, In höchster gnad,
Mein seel so süß getroffen.
11. Zur freude mein Violen rein Beweglich laßt erklingen :,: Von hertzen
muth Muteten gut In harmonie bald
singen. Die orgeln auch Nach altem
brauch Im tempel GOttes schöne
Posaunenklang Ziert den gesang Mit
lieblichem getöne.
12. Auf daß die gäst Zu diesem fest
herüber jubiliren: Und sich uns heut
Ihr traurigkeit Aus ihrem g'müth
verlieren. Ey, daß nur bald Die eng'l
mit schall, Mein seel führten außerle-
ben, Ins himmels threon, Da mir ein
cron Die hand des HErrn wird geben.
13. HErr laß die freud Zu keiner zeit
Aus meinem hertzen weichen :,: Deins
geists gewiß Ist warlich diß, Der in
mir wohnt, ein zeichen. O daß ich solt,
Wie gern ich wolt, Dein antlitz nur
bald schauen, Doch ich deß will, In
hoffnung still, Erwarten mit vertrauen.
14. Erhalt nur mich Gantz sicherlich
In glauben auf dein worte :,: So will

ich schlecht Ein treuer knecht Allẞ auf
gebliche sein warten. Unterdeß ich
Ergebe mich, Und laß im creutz dich
walten: Ich werd einmal Ins himmels saal Die ewige tafel halten.

CCCCXXXV. 435.

Mel. O JEsu Christ, meins lebens.

O JEsu! du mein bräutigam, Der
du aus lieb ans creutze kamm
Für mich den tod gelitten hast, Ge-
nommen weg der sünden last.
2. Ich komm zu deinem abendmahl,
Verderbt durch manchen sünden-fall,
Ich bin kranck, unrein, nackt und
bloß, Blind und arm, ach! mich
nicht verstoß!
3. Du bist der artzt, du bist das licht
Da bist der HErr, dem nichts gebricht
Du bist der brunn der herrlichkeit,
Du bist das rechte hochzeit-kleid.
4. Darum, HErr JEsu, bitt ich dich,
In meiner schwachheit heile mich,
Was unrein ist, das mache rein,
Durch deinen hellen gnaden-schein.
5. Erleuchte mein verfinstert hertz,
Zünd an die schöne glaubens-kertz,
Mein armuth in reichthum verkehr,
Und meinem fleische steur und wehr.
6. Auf daß ich dich, du wahres brod
Der engel, wahrer mensch und GOtt,
Mit solcher ehrerbietung nehm, Wie
dir das rühmlich, mir bequem.
7. Lösch alle laster aus in mir, Mein
hertz mit lieb und glauben zier, Und
was sonst ist von tugend mehr, Das
pflantz in mir zu deiner ehr.
8. Gib, was uns nütz an seel und leib,
Was schädlich ist, fern von mir treib:
Komm in mein hertz, laß mich mit dir
Vereinigt bleiben für und für.
9. Hilf, daß zu deiner wahrheit kraft
Das bös in mir werd abgeschafft, Erlassen unser sünd und schuld, Erlangt
des vaters lieb und huld.
10. Vertreibe alle meine feind, Die
sichtbar und unsichtbar seynd! Den
guten fürsatz, den ich führ, Durch
deinen geist vest mach in mir.
11. Mein leben, sitten, sinn und pflicht
Nach deinem heiligen willen richt;
Ach, laß mich meine tag in ruh Und
friede Christlich bringen zu.
12. Bis du mich, o du lebens-fürst!
Zu dir in himmel nehmen wirst,
Daß ich bey dir dort ewiglich An deiner tafel freue mich.

Trost-Gesänge in aller-
ley Noth und Anliegen.

CCCCXXXVI. 436

Warum solt ich mich dann grämen? Hab ich doch JEsum noch,
Wer

Neuer Anhang.

Wer will mir den nehmen? Wer will mir den himel rauben, Den mir schon Gottes Sohn Beygelegt im glauben?
2. Nackend lag ich auf dem boden, Da ich kam, Da ich nahm Meinen ersten odem: Nackend werd ich auch hinziehen, Wann ich werd Von der erd Als ein schatten fliehen.
3. Guth und blut, leib seel und leben, Ist nicht mein; GOtt allein Ist es, ders gegeben: Will es wieder zu sich kehren Nehm ers hin! Ich will ihn Dannoch fröhlich ehren.
4. Schickt er mir ein creutz zu tragen, Dringt herein Angst und pein, Solt ich dran verzagen; Der es schickt, der wird es wenden, Er weiß wohl, Wie er soll All mein unglück enden.
5. GOtt hat mich bey guten tagen Oft ergötzt; Solt ich jetzt Auch nicht etwas tragen? Fromm ist GOtt, und schärft mit massen Sein gericht Kan mich nicht Gantz und gar verlassen.
6. Satan, welt und ihre rotten, Können mir Nichts mehr hier Thun, als meiner spotten; Laß sie spotten, laß sie lachen, GOtt mein heyl Wird in eil Sie zu schanden machen.
7. Unverzagt und ohne grauen Soll ein Christ, Wo er ist, Stets sich lassen schauen; Wolt ihn auch der tod aufreiben, Soll der muth Dannoch gut Und sein stille bleiben.
8. Kan uns doch kein tod nicht tödten, Sondern reist Unsern geist Aus viel tausend nöthen, Schließt das thor des bittern leyds, Und macht bahn, Daß man kan Gehn zur himmels-freuden.
9. Allda will in süssen schätzen Ich mein hertz Auf den schmertz Ewiglich ergötzen; Hier ist kein recht guth zu finden; Was die welt In sich hält, Muß im huy verschwinden.
10. Was sind dieses lebens güther? Eine hand Voller sand Kummer der gemüther; Dort, dort sind die edle gaben, Da mein hirt Christus wird Mich ohn ende laben.
11. HErr, mein hirt, brunn aller freuden, Du bist mein, Ich bin dein, Niemand kan uns scheiden; Ich bin dein weil du dein leben, Und dein blut Mir zu gut in den tod gegeben.
12. Du bist mein, weil ich dich fasse, Und dich nicht, O mein licht, Aus dem hertzen lasse: Laß mich, laß mich hin gelangen, Da du mich Und ich dich Lieblich werd umfangen.

CCCCXXXVII. 437.

Mel. Allein zu dir, HErr, JEsu rc.

GOtt ist mein heyl, gleich hülf und trost, Mein hofnug und vertrauen: Er hat mich durch sein blut erlöst, Auf ihn will ich vest bauen. Er hilfet mir aus aller noth, Und steht mir bey in leb'n und tod. Drum hab ich diese zuversicht Und bins bericht, Daß GOtt verläßt die seinen nicht.
2. Verläßt mich welt, freund haab und guth Und was sonst ist auf erden: So glaub ich doch mit freyem muth, Von GOtt soll mir hülf werden: Er will uns weder hie noch dort verlassen wie er uns im wort Durch seinen lieben sohn verspricht, Er trieget uns nicht, Dann GOtt verläßt die seinen nicht.
3. Die seinen hat der liebe HErr Allzeit aus noth gerissen: Wie Daniel und andre mehr Thun offenbahr zu wissen. Der fromme Joseph war in noth, Desgleichen Moses, aber zu GOtt hatten sie ihre zuversicht, Das band nicht bricht; Dann GOtt verläßt die seinen nicht.
4. Nicht mehr begehr ich hie von Gott, Dann daß ich mög ererben: Ein ehrlichs leben nach sein'm gebot, Und darnach selig sterben, Daß ich leb hie nach seinem wort, Also, daß ich auch lebe dort, Wann er wird kommen zum gericht. Damit man sicht, Daß GOtt verläßt die seinen nicht.

CCCCXXXVIII. 438.

WIr dancken dir, HErr JEsu Christ, Daß du vom himmel kommen bist Und hast als ein könig gerecht Erlößt das gantz menschlich geschlecht.
2. Und zu Jerusalem zeuchst ein, Sanftmüthig auf ein'm eselein, Das volck singt hosianna schon, Und ehr sey GOtt im höchsten thron.
3. Also wollst, HErr, auch bey uns seyn, In un'er hertzen ziehen ein, Daß uns der teufel, tod und sünd, Mit seiner macht nicht überwind.
4. So wollen wir mit grossem schall, Deinen namen rühmen überall, Wis wir in himmel gehen ein, Zu dir und deinen engelein.

CCCCXXXIX. 439.

MEin gemüth erfreuet sich, JEsu, wann ich denck an dich, Mein betrübter sinn und muth, JEsulein, mein himmels-guth.
2. Wann ich meinen JEsum seh, Und in grossen sorgen steh, So erwallet mein gemüth, Jesulein von deiner güt.
3. Alle musie in der welt, Was der mensch vor lieblich hält, Lauten, harpfen, zincken-klang, Mit der geige spielet dar.
4. Posaun- und trompeten-schall, Und der dulcianen schall, Mit der flöten sanften thon Lobet Jesum, Gottes sohn.
5. Jhr regalen blaset auf, Spielet süsse lieder drauf, Setzt den zincken an der mund, Lobet Jesum alle stund.
6. Rühren nicht die vögelein Morgens ihre

ihre jüngelein? So geschwind der tag
anbricht, lassen sie das dancken nicht.
7. An des tages zwölften sind Aus der
wasser tiefen grund Spielen alle fische=
lein, Und dem schöpfer danckbar seyn.
8. Als wild und grüner heyd, Wann
es gibt nach seiner weyd, So ver=
traut es seinem GOtt, Der versor=
gets in der noth.
9. Mensch, o mensch, du ebenbild,
Wie erzeigst du dich so wild? Sor=
gest nur dein lebenlang Für die klei=
der, speiß und tranck.
10. Dencke doch an jenen tag, Da man
ewig leben mag, Mit den kleidern an=
gethan Die niemand zerreissen kan.
11. Diese kleider, solche zier, Christus
ist das hüls=panier, So er uns aus lieb
erwarb, Da er an dem creutze starb.

CCCCXL. 440.

Mel. Wer nur den lieben GOtt ꝛc.

Ach! wie betrübt sind fromme see=
len Allhier in dieser jammer=
welt :‖: Wer kan ihr leyden alles zeh=
len, Das sie wie gar gefangen hält?
Es quälet mich und kräncket sehr, Ach
wann ich nur im himmel wär.
2. Ich mag mich, wo ich will, hinwen=
den, So seh ich nichts, als tausend
noth :‖: Ein jeder hat sein creutz in
händen, Und sein bescheiden thränen=
brod, Ich bin betrübet allzusehr, Ach
wann ich nur im himmel wär.
3. Hier lebt der mensch ja stets im
jammer, Mit jammer kommt die
abendruh :‖: Mit jammer geht er aus
der kammer, Mit jammer bringt er
alles zu; Das macht das leben frey=
lich schwer, Ach wann ich nur ꝛc.
4. Hier kan das glücke zwar was ma=
chen, Doch kommts nicht jedem in das
haus :‖: Dem einen bringt es stets zu
lachen, Dem andern preßt es thränen
aus, Ich bin betrübet allzusehr, Ach
wann ich nur im himmel wär.
5. Im himmel wird das creutz der er=
den, Und was mich hie zu boden
drückt :‖: Zu lauter güldnen kronen
werden, Ach wär ich doch schon hinge=
rückt, Ich bin betrübet allzusehr, Ach
wann ich nur im himmel wär.
6. Ey du mein liebster JEsu, führe,
Ey führe mich doch aus der welt :‖:
Schließ auf die güldne himmels=thü=
re, Worauf mein hertz am meisten
hält. Ich achte nun der welt nicht mehr
Ach wann ich nur im himmel wär.

CCCCXLI. 441.

Mel. Ich danck dir, lieber HErre.

Die nacht ist nun verschwunden Mit
ihrer dunckelheit :‖: Die sonn hat
überwunden Des schlafens stille zeit,
Ihr helles licht bestrahlet Den run=
den erdenskloß, Den nur die luft be=
pfählet: GOtt deine güt ist gros!

2. Wie kan sich gnug erheben, HErr,
deine güt und treu :‖: Du fristest mir
mein leben, Dein güt ist täglich neu,
Du hast mich so beschützet In der ver=
gangnen nacht, Das ich nicht bin be=
schmutzet Durchs satans grosse macht.
3. Dir hab ichs, HErr, zu dancken,
Daß ich erhalten bin :‖: In sichren
wohlfahrts=schrancken, Ach nimm das
opfer hin, Das opfer meiner zungen,
Das dir zu dienste steht Drauf sey dir
lob gesungen, So weit der himel geht.
4. Verzeih es mir aus gnaden, Was ich
mißthan an dir :‖: Behüte mich für
schaden, Bleib heut und stets bey mir:
Was du mir hast gegeben, Gesund=
heit, ehr und guth, Darzu mein ar=
mes leben, Steht all's in deiner hut.
5. Dir will ich das befehlen, Was mir
am liebsten ist :‖: Mich aber selbst ver=
mählen An dich, HErr JEsu Christ,
Gib, daß ich ja für sünden Mich hüte
diesen tag, Auch selbst mich überwin=
den, Und dir vertrauen mag.
6. Dein engel müssen bleiben Zur je=
den zeit bey mir :‖: Und alles unglück,
treiben Sehr weit von meiner thür.
HErr! gibst du mir von oben Glück,
ruh und sicherheit, So soll mein hertz
dich loben Hier und in jener zeit.

CCCCXLII. 442.

Mel. In dem leben hier auf erden.

Sey gegrüßet, heyl der heyden,
Sey gegrüßet, heyl der welt :‖:
Der du durch dein bitter leyden,
Nicht durch rothes gold und geld,
Mich erlöset, und gebracht Aus der
finstern höllen=nacht.
2. Ich, ich habe zugerichtet, JEsu,
diesen jammer dir. :‖: Den du gäntz=
lich hast geschlichtet, JEsu, dir sey
danck dafür, Dir sey danck in ewig=
keit Für erlangte sicherheit.
3. Sey du mir in meinem hertzen, Re=
ge, trauter JEsu, mich :‖: Daß ich
sehne mich mit schmertzen, Aechtze nach
dir stetiglich: JEsu, sey mein stetes
wort, Auf der zungen fort und fort.
4. JEsu, laß mich zu dir steigen An
das creutze, laß es zu :‖: Und nach dir
mein haupte neigen, Ich weiß, JEsu,
ich weiß, du Wirst dich dessen wegern
nicht, Du erwünschte zuversicht.
5. Laß mich in die wunden kriechen,
Laß mich als ein bienelein :‖: Gnädig
deinen balsam riechen, Seelen=honig
saugen ein, Ferner an das creutz hinan
Mich sehr veste schwingen kan.
6. Ich will sterben, ich will leben, JE=
su, jederzeit bey dir :‖: Deinem willen
mich ergeben, Willig mit dir kleiden
hier, Was dich kümmert, kümmert
mich, Was du willst, das will auch ich.

7. Hilf

7. Hilf mir, daß auch meine liebe Ge=
gen dir beständig sey: Daß sie keine
lust betrübe, Sondern bleibe rein
und frey, Meine freude sey allein
Deine krancke creutzes pein.
8. Weichet nur, ihr Welt gedancken!
O du tand der eitelkeit ::: Du magst
wo du wilt, hinwancken, Ich ergebe
mich bereit Meinem JEsu, daß ich
bin. Es mag alles fallen hin.

CCCCXLIII. 443.

Mel. In dich hab ich gehoffet ꝛc.

KOmm, himmlisch licht, heiliger
Geist, Der du ein schatz der men=
schen heist Mit dein'm göttlichen
glantze, An diesem ort Dein geist und
wort Ju unsre hertzen pflantze.
2. Du bist der brunn der weißheit
schön, Das leben und die ehrencron,
Ein geber aller gaben, Von dir, o
GOtt. Was odem hat, Durch dei=
nen geist muß haben.
3. Eröfne auch zu dieser stund Unsern
verstand, hertz, ohren, mund, Dein
göttlich flamm uns sende, Damit
trübsal Uns je niemahl Vom wah=
ren glauben wende.
4. Für solche wohl that wollen wir Mit
hertz und mund lobsingen dir, Unser
gemüth vermehren, Ju diesem fest Aufs
allerbest Uns deiner gnaden freuen.

CCCCXLIV. 444.

Mel. Allein zu dir, HErr JEsu Chr.

O Grosses werck, geheimniß=voll,
Das höchlich zu verehren ::: O
werck, das stündlich in uns soll Durch
seine kraft vermehren Bereitung un=
rer schweren schuld, Furcht, glauben,
hofnung und gedult, Zucht, lieb, und
aller tugend zahl: O himmels=saal,
O hochgepriesnes abendmahl.
2. Hie ist des lebens baum gesetzt, Des=
selben blätter heilen ::: Was durch den
satan war verletzt Mit so viel sünden=
pfeilen, Hie ist das holtz gantz voller
saft, Von früchten süß, sehr groß von
kraft, Ja, dessen edle süßigkeit Zu aller
zeit Vertreibt des todes bitterkeit.
3. Hie ist das rechte himmels=brod Von
GOtt uns selbst gegeben ::: Das für
den wohlverdienten tod Uns wieder
bringt das leben: Diß ist der Christen
unterhalt, Diß macht die seelen wohl=
gestalt, Diß ist der engel speiß und
tranck, Dafür ich danck GOtt singen
will mein lebenlang.
4. Hie ist die rechte bundes=lad, Hie ist
der leib des Herren ::: Von weißheit
gut, und grosser gnad, Hie schau ich
gleich von ferren, Die wunder=schöne
himmels=schul, Den tempel sein den
gnaden=stul, Hie find ich ja das höchste
guth, Das theure blut, So mir er=
quicket seel und muth.
5. Hie ist die rechte himmelspfort, Hie

steht der engel leiter ::: Israel's auser=
wählter ort, Und seiner lust bereiter.
Hier steigen wir mit vollem lauf Ju
Christo stracks zum himmel auf, Der
uns durch ihn ist zuerkannt, O hertz=
lichs band, O allerliebstes vaterland.
6. Ach schauet, wie der HErr uns liebt.
Wie hoch er uns verehret ::: Indem er
sich uns selber gibt, Und freundlich zu
uns kehret: Bedencket, wie er uns ge=
macht Zum kürtz seiner grosen pracht:
Ja, wie er unser fleisch ergötzt, Das er
zuletzt Zu seiner rechten hand gesetzt.
7. Das fleisch, das nun erhöhet ist, Ju
Gottes stadt zu leben: Das wird uns
hie zu dieser frist Durch Christum
selbst gegeben, So wird sein wesen
uns zu theil, So finden wir der see=
len heyl. So bleiben wir in GOttes
huld, Und unser schuld Wird überse=
hen mit gedult.
8. Wie kan uns der zuwider seyn, Der
uns so freundlich reichet ::: Sein
fleisch und blut im brod und wein,
Der nimmer von uns weichet? Wie
kan uns lassen aus der acht, Der uns
so treflich hat bedacht. Indem er un=
ser Missethat, O Gottes rath, Durch
seinen sohn vertilget hat.
9. Wie kan forthin des satans stärck
Uns Christen überwinden ::: Dieweil
durch dieses gnadenswerck Wir grosse
kraft empfinden? Hat doch dißmahl
uns so erquicket, Das uns kein feind
mehr unterdrückt. Drum, satan,
komme nur zum streit, Wir sind be=
reit Zu spotten deiner grausamkeit.
10. Was achten wir des leibes noth,
Der krancken glieder schmertzen? Hie ist
artzney in aller noth, Ein edler trance
zum hertzen, Ja, Christi fleisch ist sol=
cher art, Da alles durchgeheilet ward.
Hie ist sein seiten=wasser feil Dadurch
in eil Selbst sich wird der höllen pfeil.
11. O GOttes fleisch, o heiliges blut,
Das auch die engel ehren ::: O him=
mels=frisch, o höchstes guth! Wem ir
furcht sich kehren Die kräft und ähre=
nen, wunder=voll. HErr, meiner see=
ten ist so wohl. Es trift sie schon in
dieser quaal Ein frenden=strahl, O
hochgepriesnes abendmahl!

CCCCXLV. 445.

Mel. Es ist gewißlich an der zeit.

ICh will von meiner missethat Zum
HErren mich bekehren ::: Du wol=
lest selbst mir hülf und rath Hierzu, o
GOtt bescheren, Und deines guten
geistes kraft, Der neue hertzen in uns
schaft, Aus gnaden mir gewähren.
2. Natürlich kan ein mensch doch nicht
Sein elend selbst empfinden ::: Er ist
ohn deines wortes licht Blind, taub, ja
tod in sünden. Verkehrt ist will, ver=
stand

stand und thau: Des grossen jammers wolst du nun, O vater, mich entbinden.
3. Klopf durch erkenntniß bey mir an, Und führ mich wohl zu sinnen : : Was böses ich vor dir gethan, Du kanst mein herz gewinnen: Daß ich aus kummer und beschwer Laß über meine wangen her Viel heisser thränen rinnen.
4. Wie hast du doch auf mich gewandt Den reichthum deiner gnaden: Mein leben danck ich deiner hand, Du hast mich überladen Mit ehr, gesundheit ich und brod: Du machst, daß mir noch keine noth Bis hieher können schaden.
5. Du hast in Christo mich erwählt, Hier aus der hellen fluthen : : Es hat mir sonsten nicht gefehlt, An irgend einem guten: Bisweilen bin ich auch dabey, daß ich nicht sicher lebt und frey, Gestäupt mit vater-ruthen.
6. Hab ich dann nun auch gegen dir Gehorsams mich beflissen : : Ach nein! ein anders saget mir Mein hertze und gewissen: Darinn ist leider nichts gesund, An allen orten ist es wund Vom sünden-wurm gebissen.
7. Die thorheit meiner jungen jahr, Und alle schnöde sachen : : Verklagen mich zu offenbahr: Was soll ich armer machen? Sie stellen, HErr, mir, fürs gericht Dein unerträglich zorn-gericht, Der höllen offnen rachen.
8. Ach meine greuel allzumal Schäm ich mich zu bekennen : : Ihr ist auch weder maaß noch zahl, Ich weiß sie kaum zu nennen: Und ihr ist keiner noch so klein, Um welches willen nicht allein Ich ewig müsse brennen.
9. Bisher hab ich in sicherheit, Fast unbesorgt geschlafen : : Gesagt, es hat noch lange zeit, GOtt pflegt nicht bald zu strafen: Er fähret nicht mit unser schuld So strenge fort, es hat gedult Der hirt mit seinen schaafen.
10. Jetzt aber all's zugleich erwacht, Mein herz will mir zerspringen : : Ich sehe deines donners macht, Dein feuer auf mich bringen: Du regest wider mich zugleich Des todes und der höllen reich, Die wollen mich verschlingen.
11. Wo bleib ich dann in solcher noth, Nicht helfen thor und riegel : : Wo flieh ich hin, o morgen-roth! Ertheil mir deine flügel: Verbirg mich, o du fernes meer, Bedecket mich), fallt auf mich her, Ihr klippen, berg und hügel.
12. Ach! all's unsonst, und wann ich gar Könt in den himmel steigen : : Und wieder in die höll alldar Mich zu verkriechen, neigen: Dein auge bringt durch alles sich, Da wirst du meine schand und mich Der lichten sonnen zeigen.
13. HErr JEsu! nimm mich zu dir ein, Ich flieh zu deinen wunden : : Laß

mich da eingeschlossen seyn, Und bleiben alle stunden. Dir ist ja, o du GOttes-lamm, All meine schuld am creutzes-stamm Zu tragen aufgefunden.
14. Diß stell du deinem vater für, Daß er sein hertze lencke : : Daß er sich gnädig kehr zu mir, Nicht meiner sünden dencke: Und wegen dieser straf und last, Die du auf dich genommen hast, Ins meer sie alle sencke.
15. Hierauf will ich zu jederzeit Mit ernst und sorgfalt meiden : : All böse lust und eitelkeit, Und lieber alles leiden, Dann daß ich sünd aus vorsatz thu, Ach HErr, gib du stets kraft darzu, Bis ich von hier werd scheiden.

CCCCLXVI. 446.

Mel. Wie schön leuchtet der ꝛc.

O JEsu, JEsu, Gottes sohn, Mein bruder, freund und gnaden-thron, Ein fürbild wahrer liebe : : Du hast zuerst geliebet mich, Daß ich, o JEsu, liebe dich, In deinem wort mich übe: Sehnlich Lieb ich Dich im herzen, Laß mich schmertzen Oder leiden, Nicht von deiner liebe scheiden.
2. Dann diß allein erfreuet mich, Zu lieben, o mein JEsu, dich, Wann ich nur, wie ich wollte : : So völlig könte lieben dich, Und als dein wort geheissen mich, Daß ich dich lieben sollte, Drum mir Von dir Deine güte, Ins gemüthe Laß herfliessen, So wird sich die lieb ergiessen.
3. Durch deine kraft treff ich das ziel Daß ich, so viel ich soll und will, Dich herzlich lieb gewinne : : Daß ai der ganzen weiten welt, Pracht, wollust, freude, ehr und gelt, Wann ich mich recht besinne Ohn dich Völlig Recht kan laßen, Mag ich haben Deine liebe, Die erhält, wann alles trübe.
4. Dann wer dich liebt, den liebest du, Schaffst seinem hertzen fried und ruh, Erfreuest sein gewissen : : Es geh ihm wie es woll auf erd, Ob ihn auch gleich das creutz vergehrt, Soll er durch dein geniessen, Ewig, Herrlich, Nach dem leyde Grosse freude Wieder finden; Alles trauren muß verschwinden.
5. Kein ohr hat jemals diß gehört, Kein mensch gesehen noch gelehrt, Es fans niemand beschreiben : : Was denen dort vor herrlichkeit Bey dir und von dir ist bereit Die in der liebe bleiben. Gründlich Läßt sich Nicht erweisen, noch vergleichen Den welt-schätzen, Was alsdann uns wird ergötzen.
6. Drum laß ich billig diß allein, O JEsu, meine sorge seyn, Daß ich dich herzlich liebe : : Daß ich in dem, was dir gefällt, Und mir dein klares wort vermeldt Aus liebe mich stets übe: Bis ich Endlich Werd abscheiden, Und mit freu-

freuden zu dir kommen, Aller trübsal ganz entnommen.
7. Da werd ich deine süßigkeit, Das himmlisch manna allezeit In reiner liebe schmecken ꝛc. Und sehn dein liebreich angesicht, Mit unverwandtem augen=licht Ohn alle furcht und schrecken. Reichlich Werd ich Seyn erquicket Und geschmücket Vor dem throne, Mit der schönen himmels=crone.

CCCCXLVII. 447.

O Vater, allmächtiger GOtt! Zu dir schreyen wir in der noth: Durch dein groß barmherzigkeit Erbarm dich über uns
2. Christe, wollest uns erhören, Für uns bist du gebohren Von Maria der Jungfrau. Erbarm dich über uns.
3. Vergib uns all unsre sünde, Hilf uns in der letzten stunde: Für uns bist du gestorben. Erbarm dich über uns.
4. O heiliger geist, wollst uns geben Dich allzeit herzlich zu lieben Und nach deinem willen zu leben. Erbarm dich ꝛc.

CCCCXLVIII. 448.

Mel. Wie schön leuchtet der morg.

Heiliger geist! kehr bey uns ein, Und laß uns deine wohnung seyn! O komm du herzens=sonne ꝛc. Du himmels=licht, laß deinen schein, Bey uns und in uns kräftig seyn, Zu steter freud und wonne: Daß wir, Ja dir Recht zu leben Uns ergeben, Und mit bäten Dir derhalben vor dich treten.
2. Gib kraft und nachdruck deinem wort=Laß es wie feuer immerfort In unsern herzen brennen ꝛꝛ Daß wir den vater und den sohn, Dich, beyder geist in einem thron, Für wahren GOtt bekennen. Bleibe, Treibe, Und behüte Das gemüthe, Daß wir glauben, Und im glauben standhaft bleiben.
3. Da quell, draus alle weißheit fleußt, Die sich in fromme seelen geußt, Laß deinen trost uns hören ꝛꝛ Daß wir in glaubens einigkeit Auch andre in der Christenheit Dein wahres zeugniß lehren. Höre, Lehre, Herz und sinnen Zu gewinnen, Dich zu preisen, Guts dem nächsten zu erweisen.
4. Steh uns stets bey mit deinem rath Und führ uns selbst den rechten pfad, Weil wir den weg nicht wissen ꝛꝛ Gib uns beständigkeit, der wir Getreu dir bleiben für und für, Wann wir uns leiden müssen. Schaue, Baue, Was zerrissen und geflissen Dir zu trauen, Und auf dich allein zu bauen.
5. Laß uns dein edle balsams=kraft Empfahen, und zur ritterschaft Dadurch gestärket werden: Auf daß wir unter deinem schutz, Begegnen aller feinde trutz, So lang wir seyn auf erden, Laß dich Reichlich Auf uns nie-

der, Daß wir wieder Trost empfinden, Alles unglück überwinden.
6. O süsser himmels=thau laß dich, In unsre herzen ein täglich, Und sey euch uns deine liebe ꝛꝛ Daß unser sinn verbunden sey, Dem nächsten stets mit liebes=treu Und sich darinnen übe; Kein nid, Kein streit, Dich betrübe, Reine liebe Wollst du geben, Sanft=und Demuth auch darneben.
7. Hilf, daß in wahrer heiligkeit, Wir führen unsre lebens=zeit, Sey unsers geistes stärcke ꝛꝛ Daß uns forthin sey wohl bewußt Wie eitel ist des fleisches lust, Und seine sünden=wercke. Rühre Führe Unsre sinnen Und beginnen Bey der erden, Bis wir himmels=erben werden.

CCCCXLIX. 449.

Mel. Christ unser HErr zum ꝛc.

Meine seel erhebe dich, Mit andacht zu betrachten ꝛꝛ Wie GOtt hat offenbahret sich, Und wie man ihn soll achten: Daß er der allerhöchste ist Im himmel und auf erden, Und soll gerühmt zu jeder frist Auch angeruffen werden, Als wahrer GOtt ohn ende.
2. GOtt, du bist ewig, für und für, Nichts seynd der heyden götter ꝛꝛ Kein heyl noch trost ist ausser dir, Kein helfer noch erretter. Laß mich, o HErr, auf dich allein Von ganzem herzen trauen, Dir lediglich ergeben seyn, Auf niemand anders bauen, Dir GOtt allein anhangen.
3. O HErr, mein GOtt, du bist ein geist, Und theilest bey uns allen ꝛꝛ Aus gaben aus, was geistlich heißt, Nach deinem wohlgefallen. Laß mich stets geistlich seyn gesinnt, Laß, wenn ich für dich trete, Ich deine kraft in mir empfind, Fröhlich dich anbäte, In geist und in der wahrheit.
4. Du bist, o GOtt, von ewigkeit, Ohn anfang und ohn ende ꝛꝛ Gib, daß mein herz von aller freud Der zeitlichen sich wende: Auf das ich möge immerdar, Drum bitten und trauen denken, Wie alles hie so wandelbar, Und daß du mir wollst schänken Dort unvergänglichs erbe.
5. O GOtt, du bist an allem ort, Und gar nicht zu ermessen ꝛꝛ Ob einer hier ist oder dort, Ist er dir nicht entsessen, Laß mich nicht zweiffeln, wo ich sey, Du könnst dich mein annehmen, Auch was ich thu, laß mich dabey Des bösen für dich schämen U. überall dich fürcht
6. Unendlich ist, Herr, deine macht, Zu retten die dich lieben ꝛꝛ Und wann der gottlos dich veracht, Die rache auch zu üben. Gib daß sich deiner allmacht, schutz Fort über mich ausstrecke: Mich auch nicht menschen grimm und trutz, Nur deine straf erschrecke, Du tödest leib und seel.

7. Vell

7. Voll höchster weißheit bist du, GOtt, Niemand kan sie ergründen:/: Wie wunderschwer auch ist die noth, Weist du doch rath zu finden. Gib, daß ich dir stets traue zu, Auf dich werf meine sorgen: Auch übels weder denck noch thu, Weil du siehst ins verborgen, Und prüfest herz und nieren.
8. GOtt, du bist heilig und gerecht, Du kanst die sünd nicht leiden:/: Wer sag.n will, er sey dein knecht, Der muß das böse meiden. Gib daß ich mich zu jeder zeit Der heiligkeit befleisse: Nachjage der gerechtigkeit Auch dein gericht gut heisse, Ob ichs schon nicht begreiffe.
9. Du bist sehr gnädig, fromm und gut, Wo sich bekehrt ein sünder:/: Erbarmst dich, wie ein vater thut, Von herzen deiner kinder. HErr, laß von deiner lieb und gnad Mich alweg trost bekommen; Von mir auch meine missethat So fern seyn hingenommen Als morgen ist von abend.
10. Gott, deine wahrheit stets besteht, Und wohl dem, der dir glaubet:/: Der himmel und die erd vergeht, Dein wort HErr, ewig bleibet. Gib, daß ich fürchte dein gericht, Und alles, was du dräuest: Auch hoffe, was dein wort verspricht, Daß du mirs gern verleihest: Hofnung wird nicht zu schanden.
11. All selig bist du Gott und frey, Du thust, was dir beliebet:/: Du bist ein milder HErr dabey, Der reichlich gutes giebet. Laß mich mit dir zufrieden seyn, Was ist dein heiliger wille. Gib auch, daß ich von dir allein Und deiner güter fülle Erwarte alls in allem.
12. GOtt, wann ich dich so keck und ehr. Dein wort zum grunde lege:/: Kan ich mich trotz erfreuen mehr Als über alle schätze: Biß ich dort, o mein heyl und licht Ohn fallen dich werd nennen Von angesicht zu angesicht: Anschauen und erkennen, Und ohn aufhören loben.
13. GOtt Vater, Sohn und heiliger Geist, Der du auch willt auf erden:/: Von mir und allen seyn gepreißt, Laß deinen ruhm groß werden: Verleih mir gnade, kraft und stärck, Daß ich zu allen zeiten, Herr, deinen nam und deine werck Könn mehr und mehr ausbreiten, So lang ich hab das leben.

CCCCL. 450.

Mel. Nun dancket alle GOtt.

Ich will des HErren zorn Fortan
geduldig tragen :/: Dann ich durch
meine sünd Verdienet solche plagen:
Biß er mir schaffet recht, Daß er sich
mein erbarm, Und meine sach ausführ, Mit seinem starcken arm.
2. Er wird mich an das licht, Wanns
ihm gefället, bringen :/: Da mein begehren mir Nach wunsche wird gelingen, Daß ich meins herzens-lust zu

seiner gnade schau, Und auf dieses
allein Mein heyl und wohlfahrt bau.
3. O Gott, du grosser Gott, O va.er,
hör mein flehen: O Jesu, Gottes sohn,
Laß deine kraft mich sehen: O werther
heiliger geist Regier mich allezeit Daß
ich dir diene hier Und dort in ewgkeit.

CCCCLI. 451.

Höchster GOtt, wir dancken dir,
Daß du uns dein wort gegeben,
Gib genade, daß auch wir Nach demselben heilig leben, Und im glauben also stärcke, Daß er thätig sey im wercke
2. unser GOtt und vater du, Der uns
lehret, was wir sollen. Schencke uns
deine gnad darzu, Gib zu diesem auch
das wollen, Lasses ferner noch gelingen, Gib zum wollen das vollbringen
3. Gib uns, eh wir gehn nach haus
Deinen vaterlichen segen: Breite
deine hände aus, Leite uns auf deinen
wegen, Laß uns hier im segen gehn,
Dort geseegnet auferstehen.

CCCCLII. 452.

Oberster GOtt! wann werd ich sterben? Meine zeit laufft immer hin:
Und des alten adams erben, Unter denen ich auch bin, Haben zum vatertheil, Daß wir eine kleine weil
Arm und elend sind auf erden, Und
dann wieder erden werden.
2. Zwar ich will mich auch nicht widern, Zu beschliessen meine zeit, Trag
ich doch in allen gliedern Saamen von
der sterblichkeit: Geht doch immer
hie und dort Einer nach dem andern
fort, Und schon mancher liegt im grabe, Den ich wohl gekennet habe.
3. Aber GOtt! was werd ich denken,
Wann es wird aus sterben gehn, Wo
wird man den leib hin senken? Wie
wirds um die seele stehn Ach was kummer fällt mir ein, Wessen wird mein
vorrath seyn? Und wie werden meine lieben Nach einander so verstieben?
4. Doch, was darf ich dieser sorgen,
Soll ich nicht zu JEsu gehn? Lieber
heute noch, als morgen. Dann mein
fleisch wird auferstehn, Ich verzeih es
gern der welt, Daß sie alles dies behält, Und leichteiden meinen erben Einen GOtt, der nicht kan sterben.
5. Herrscher über tod und leben, Mach
einmal mein ende gut, Lehre mich
den geist aufgeben Mit recht Wohlgefaßtem muth. Gib, daß ich ein christlichs grab Neben frommen Christen
hab. Und auch endlich in der erde
Nimmermehr zu schanden werde.

CCCCLIII. 453.

Mel. Herzlich thut mich verlangen.

O Haupt voll blut und wunden! Voll
schmerz und voller hohn. O haupt!
zu

Neuer Anhang. 175

zu spott gebunden Mit einer dornen-cron. O haupt, sonst schön gezieret Mit höchster ehr und zier, Jetzt aber hoch schimpfiret, O greuset seyn du mir.
2. Du edles angesichte, Dafür sonst schrickt und scheut Das grosse welt-gewichte, Wie bist du so bespeyt, Wie bist du so erbleichet, Wer hat dein angesicht, Dem sonst kein licht nicht gleichet, So schändlich zugericht?
3. Die farbe deiner wangen, D.r ro-then lippen pracht Ist hin, und gantz vergangen, Des blassen todes macht Hat alles hingenommen, Hat alles hingerafft, Und daher bist du kom-men Von deines leibes kraft.
4. Nun, was du, HErr, geduldet, Ist alles meine last: Ich hab es selbst ver-schuldet, Was du getragen hast. Schau her, hie steh ich armer, Der zorn verdienet hat, Gib mir, o mein erbarmer! Den anblick deiner gnad.
5. Erkenne mich, mein hirte, nimm mich an! Von dir, quell aller güter, Ist mir viel guts gethan: Dein mund hat mich gelabet Mit milch und süsser kost, Dein geist hat mich begabet Mit mancher himmels-lust.
6. Ich will die bey dir stehen, Verachte mich doch nicht, Von dir will ich nicht gehen, Wann dir dein hertze bricht, Wann dein hertz wird verlassen Im letzten todes-stoß, Alsdann will ich dich fassen In meinen arm und schooß.
7. Es dient zu meinen freuden, Und kommt mir hertzlich wohl, Wann ich in deinem leiden Mein heyl, mich fin-den soll: Ach! möcht ich, o mein leben! An deinem creutze hier, Mein leben von mir geben, Wie wohl geschähe mir.
8. Ich dancke dir von hertzen, O JEsu! liebster freund, Für deines todes schmertzen, Da du so gut gemeynt: Ach gib, daß ich mich halte Zu dir und deiner treu, Und wann ich nun erkal-te, In dir mein ende sey.
9. Wann ich einmal soll scheiden, So scheide nicht von mir, Wann ich den tod soll leiden, So tritt du dann herfür! Wann mir am allerbängsten Wird um das hertze seyn, So reiß mich aus den ängsten, Kraft deiner angst und pein.
10. Erscheine mir zum schilde, Zum trost in meinem tod Und laß mich sehn dein bilde In deiner creutzes-noth! Da will ich nach dir blicken, Da will ich glaubens-voll Dich vest an mein hertz drücken: Wer so stirbt, der stirbt wohl.

CCCCLIV. 454.
Mel. O GOtt, du frommer GOtt.

Ach sehet welch ein mensch! Ach! sehet was angst und schmertzen, Stehet unser JEsus aus, Für uns in seinem hertzen, O schmertz, o grosse pein, O

marter, angst und noth, O weh! mein JEsus ist betrübt bis in den tod.
2. Ach sehet welch ein mensch! Wie muß sich JEsus quälen, Die schmer-tzen seiner seel Sind die nicht zu er-zehlen: Es trauret, zittert, zagt, Für grosser hertzens-pein, Ach, seht ihn jammer an, Er muß des todes seyn.
3. Ach sehet welch ein mensch! Der mit dem tode ringet, Seht, wie ein theures blut Aus seinem leibe drin-get! Wie hertzlich flehet er: Ach va-ter, nimm von mir Den bittern creu-tzes-tod, Wann es gefället dir.
4. Ach sehet welch ein mensch! Der gantz und gar verlassen, Den seine jünger selbst Man fangen an zu has-sen, Der böse Judas der, Verrath den HErren Christ, Mit einem falschen kuß, O böse teufels-list.
5. Ach sehet welch ein mensch! Der nie hat bös begangen Den greifst man mit gewalt, Den nimmet man gefangen, Gleich einem mörder, und führt ihn gebunden fort, Ins hohenpriesters haus, Da hört man läster-wort.
6. Ach sehet welch ein mensch! Seht, wie sie ihn verklagen, Der gantz un-schuldig ist, Von welchem niemand sa-gen Kan eine missethat. Von dem wird ihn gesehen, Daß er (der selbst ist GOtt) Ein gotteslästerer sey.
7. Ach sehet welch ein mensch! Ach seht die grosse plagen, Die JEsus leiden muß, Ach! seht, er wird geschlagen, Mit fäusten ins gesicht, O schande, spott und hohn! Sie speyen ins ge-sicht dem wahren GOttes sohn.
8. Ach sehet welch ein mensch! Den man gebunden bringet In des landes-pflegers haus, Ach! seht wie auf ihn dringet Der Juden grausamkeit, Sie ruffen: creutzge ihn, Pilate! Var-rabam Gib los, nimm diesen hin.
9. Ach sehet welch ein mensch! O mar-ter, angst und plagen! Ach sehet JEsus wird Mit geisseln hart geschlagen, Ach! seht den blutgen leib, Ach! seht die wunden an, Ach! seht er wird gequält, Daß er kaum leben kan.
10. Ach sehet welch ein mensch! Seht wie die bösen rotten, Den HErrn der herrlichkeit Verhöhnen und verspot-ten, Sie crönen ihm sein haupt Mit einer dornen-cron, Und neigen sich für ihm Aus lauter spott und hohn.
11. Ach sehet welch ein mensch! Ach! lasset thränen fliessen, Laßt eure au-gen sich, Gleich einer fluth ergiessen, Ach! sehet das elend an, Seht unser HErr und GOtt, Der Heyland trägt das elend Zu unsers bittern tod.
12. Ach sehet welch ein mensch! O pla-gen über plagen! Ach! sehet Jesus, ach! Und

P 3

Wird an das creutz geschlagen; Er ruft für großer pein Und schmertzen ängstiglich: Mein GOtt, mein GOtt, warum? Warum verläst du mich?
13. Ach! sehet welch ein mensch! O weh in meinem hertzen, O weh, ach! ich vergeh Für großer angst und schmertzen, O jammer, ach! o weh! O schmertz! O grosse noth, O weh, o weh, o weh Ach! JEsus, ach! ist tod.
14. Ach! sehet welch ein mensch! Der für uns menschen stirbet, Der uns das leben durch Den bittern tod erwirbet, Der uns durch seine pein Befreyt vonaller noth, Der uns erlöset von Dem ewigen höllen-tod.
15. O JEsu, dir sey danck, Daß du für uns gestorben, Und hast durch deinen tod. Das leben uns erworben, Führ uns durch deinen tod Ins ew'ge leben ein, So wollen wir nach dort Dir ewig danckbar seyn.

CCCCLV. 455.

Mel. Nun freut euch lieben Christ.

DEr HErr hat alles wohl gemacht, Er wird nichts böses machen: Diß, fromme seele, wohl betracht, In allen deinen sachen, In freud und leyd, in gnüg und noth, In kranckheit, jammer, creutz und tod, In kummer, angst und schmertzen.
2. Der HErr hat alles wohl gemacht, Noch eh er uns erschaffen, Er hat uns mit dem heyl bedacht, Das einig unser waffen, Ja unser schild und rettung ist, Er hat uns vor der zeit erkiest, Eh man die sternen zählet.
3. Der HErr hat alles wohl gemacht, Diß rühme, wer es höret, Als er uns hat hervor gebracht, Und nach der hand gemehret, Da er das menschliche geschlecht Gesegnet, daß auch früchte trägt Das erdreich und was drinnen.
4. Der HErr hat alles wohl gemacht, Da schon der mensch gefallen, Da hat er dannoch fleißig acht Auf ihn und auf uns allen. Er rief und ruft noch mich und dich Aus lauter lieb und sehnet sich, In lauter süßen flammen.
5. Der HErr hat alles wohl gemacht, Der uns sein wort gegeben, Davon oft unser hertze lacht, Wann wir in ängsten schweben, Da ist er unser zuversicht, Er tröstet uns, und läßt uns nicht In allen unsern nöthen.
6. Der HErr hat alles wohl gemacht, Da er für uns gestorben, Und heyl und leben widerbracht, Und durch sein blut erworben, Was wilt du mehr, betrübter geist? Komm her, schau hier, was lieben heist, Solt er nicht all's die geben?
7. Der HErr hat alles wohl gemacht, Da er vom tod erstanden, Und aus gantz eigner kraft und macht, Uns von der

höllen-banden, Und ihren ketten hat befreyt, Daß unser muth getrost aus-schreyt: Wo ist der sieg der höllen?
8. Der HErr hat alles wohl gemacht, Da er ist aufgefahren Gen himmel, da ein hertz hintracht, Das trübsal hat erfahren, Er hat die stätt uns da bereit, Da wir nach dieser kurtzen zeit, In freuden sollen schweben.
9. Der HErr hat alles wohl gemacht, Wann seinen geist er sendet, Zu uns herab, der uns bewacht Und unsre hertzen wendet Von dieser welt zu GOtt hinauf, Auf daß wir endlich unsern lauf Gantz seliglich voll ziehen.
10. Der HErr ha alles wohl gemacht, Auch wann er uns betrübet, Wañ uns die finstre creutzes-nacht Befällt und allzeit übet In creutz und widerwärtigkeit, In angst und trübsal und in leid, Wann er uns stärckt im glauben.
11. Der HErr hat alles wohl gemacht, Wann er in lieb und treue Noch immer zu an uns gedacht, Und macht uns wieder neue, Wann er den alten menschen bricht, Und die verkehrten wege richt Nach seinem frommen willen.
12. Der HErr hat alles wohl gemacht, Wann er wird wieder kommen, Und ob gleich alles bricht und kracht, Wird er doch seine frommen zu sich au ziehen in der höh, Und retten sie von allem weh, Da soll'n sie seyn erhoben.
13. Der HErr hat alles wohl gemacht, Es wird kein sinn erreichen Hier seines ruhmes große pracht, Er muß zurücke weichen, Und schreyen aus mit voller macht, Der HErr hat alles wohl gemacht Dafür wir ihn stets loben.
14. Nun er hat alles wohl gemacht, Er wird nichts böses machen, Er träget uns gar sanft und sacht, Drum in all deinen sachen, In freud und leyd, in gnüg und noth, In kranckheit, jammer, creutz und tod, Danck ihm von gantzem hertzen.

CCCCLVI. 456.

Mel. Wer nur den lieben GOtt rc.

WEr seinen JEsum recht will lieben, Der achtet nicht der eitelkeit, Ihn kan kein ungemach betrüben, Er bleibt auch treu bey rauher zeit, Wer JEsum hat, und JEsum liebt, Der sieht den, der den himmel giebt.
2. Wer JEsum lieb t, muß alles lassen, Was falschen schein der liebe macht, Nur seinen JEsum muß er fassen, Auf ihn alleine seyn bedacht, Wer JEsum hat, und JEsum liebt, Der liebt den, der den himmel gibt.
3. Wer Jesum liebt, verlangt den himmel, Und ruht an seines JEsu brust, Er läst das böse welt getümmel, Und seufzet nach der himmels-lust. Wer

JEsum

Neuer Anhang.

JEsum hat, und JEsum liebt, Der liebt den, der den himmel gibt.
4. Wer JEsum liebt, der kan nicht sterben Er lebt auch in dem tode noch; Sein JEsus läßt ihn nicht verderben, Ob ihn hier drückt der sünden-joch, Wer JEsum hat, und JEsum liebt, Der liebt den, der den himmel gibt.
5. Wer JEsum liebt, kan sich ergötzen, Wann ihn sein liebster JEsus küßt, Wann er ins leben ihn wird setzen, Und alles hertzeleid versüßt, Wer JEsuch hat, und JEsum liebt, Der liebt den, der den himmel gibt.

CCCCLVII. 457.

Mel. Ach, was soll ich sünder mach.

SOllt ich meinem GOtt nicht trauen, Der mich liebt, so väterlich, Der so hertzlich sorgt für mich? Sollt ich auf den fels nicht bauen, Der mir ewig bleibet vest, Der die seinen nicht verläßt?
2. Er weiß alles, was mich drücket, Mein anliegen, meine noth, Er steht mir bey bis in den tod, Er weiß, was mein hertz erquicket, Seine lieb und vater-treu, Bleibt mir jetzt und ewig neu.
3. Der die vögel all ernähret, Der die blumen, laub und gras Kleidet schön ohn unterlaß, Der uns allen guts bescheret, Sollte der verlassen mich? Nein, ich trau ihm sicherlich.
4. Dann nach seinem reich ich trachte, Wann ich durch gerechtigkeit, Finde meine himmels-freud, Wann ich geld und guth verachte, Segnet GOtt mir früh und spat, Wort und wercke, rath und that.
5. Ey, so mag der andre morgen Bleiben, was noch künftig ist, Irrt mich nicht, ich bin ein Christ: Ich laß meinen GOtt versorgen Alles, weil doch aller zeit, Ihre sorge schon bereit.
6. GOtt sey lob, der mich er reuet, Daß ich glaube vestiglich, GOtt mein vater sorgt für mich, Der mir diesen trost erneuet, Daß ich weiß, Gott liebet mich, Gott versorgt mich ewiglich.

CCCCLVIII. 458.

JEsus nimmt die sünder an! Drum so will ich nicht verzagen. Wann mich meine missethat, Und die sünden heftig plagen. Drücket das gewissen mich, Ey so denk ich nur daran, Daß mir GOttes wort verspricht, JEsus nimmt die sünder an.
2. JEsus nimmt die sünder an! Wann sie sich zu ihm bekehren, Und vergebung ihrer sünd Nur in wahrer buß begehrt, Sünden-lust, drum gute nacht! Ich verlasse deine bahn, mich erfreuet, daß ich hör, JEsus nimmt die sünder an.
3. JEsus nimmt die sünder an! Wehe dem, der diesen glauben Diese veste zuversicht Sich vom satan lässet rauben, Daß er in der sünden-angst, Nimmer frölich sagen kan: Ich bin dannoch gantz gewiß: JEsus nimmt die sünder an.
4. JEsus nimmt die sünder an! Lu ich gleich von ihm geirret, Hat der satan schon mein hertz Oftermal zu so verwirret, Daß ich schier verzweiffeln möcht Ach! es ist ein dieser wahn, Ich glaub dannoch vestiglich, JEsus nimmt die sünder an.
5. JEsus nimmt die sünder an! Dieser ists, der mich ergötzet, wann mich alle welt betrübet, Und in lauter trauren setzet? Wann mich das gewissen schreckt, Und verfluchet zu dem bann, So ergötzt mich dieser trost, JEsus nimmt die sünder an.
6. JEsus nimmt die sünder an! Laß es alle welt verdriessen Laß den satan alle pfeil Nur auf mein gewissen schliessen; Pharisäer murret nur, Trutz, wer unter allen kan Diesen trost vertilgen mir, JEsus nimmt die sünder an.
7. JEsus nimmt die sünder an! Diesen trost hab ich erkohren: Hat sich schon das schaaf verirrt, Ist der groschen gleich verlohren; GOtt hat schon ein licht bereit, Das erleuchtet jedermann, Dieses bringt mich auch zurechte JEsus nimmt die sünder an.
8. JEsus nimmt die sünder an! Diesem theuren hirt der seelen Will ich jetzt und immerdar, Mich zu treuer hand empfehlen; Führe mich nach deinem rath, Daß ich endlich rühmen kan, wie du mich verlohrnes schaaf, JEsu, hast genommen an.

CCCCLIX. 459.

Mel. Ermuntre dich, mein schwacher.

DU bist ein mensch, das weißt du wohl, Was strebst du dann nach dingen. Die GOtt der höchst alleine soll Und kan zu wercke bringen: Du fährst mit deinem witz und sinn Durch so viel tausend sorgen hin, Und denkst, wie wills auf erden Doch endlich mit mir werden.
2. Es ist umsonst, du wirst fürwahr Mit allem deinem dichten Auch nicht ein eintzes kleines haar In aller welt ausrichten, Und dient dein gram sonst nirgends zu, Als daß du bist aus deiner ruh, In angst und schmertzen stürtzest, Und selbst das leben kürtzest.
3. Wilt du das thun, was GOtt gefällt, Und dir zum heyl gedeyt, So wirf dein sorgen auf den held, Den erd und himmel scheuet, Und gib dein leben, thun und stand, Nur frölich hin in GOttes hand, So wird er deiner sachen Ein frölich ende machen.
4. Wer hat gesorgt, da deine seel Zur

Neuer Anhang.

anfang deiner tage, Noch in der mutter leibes-höl Und finstern kercker lage? Wer hat allda dein heyl bedacht? Was that da aller menschen macht, Da geist und sinn und leben Dir ward ins hertz gegeben.

5. Durch wessen kunst steht dein gebein In ordentlicher fülle, Wer gab den augen licht und schein, Dem leibe haut und hülle! Wer zog die adern hie und dort Ein jede an ihr stell und ort! Wer setzte hin und wieder So viel und schöne glieder?

6. Wo war dein hertz, will und verstand, Da sich des himmels decken Erstreckten über see und land, Und aller erden-ecken? Wer brachte sonn und mond herfür? Wer brachte kräuter, baum und thier, Und hieß sie deinen willen Und hertzens-lust erfüllen?

7. Heb auf dein haupt, schau überall, Hier unten und dort oben, Wie Gottes sorg auf allen fall Für dir sich hab erhoben, Dein brod, dein wasser und dein kleid, War eher noch als du bereit, Die milch, die du erst nahmest, War auch schon, da du kamest.

8. Die windlein, die dich allgemach Umfiengen in der wiegen, Dein bettlein, kammer, stub und dach, Und wo du soltest liegen, Das war ja alles zugericht, Eh als dein aug und angesicht Eröffnet ward und sahe, Was in der welt geschahe.

9. Noch dennoch soll dein angesicht Dein gantzes leben führen, Du traust und glaubest weiter nicht, Als was dein augen spüren, Was du beginnst, das soll allein Dein kopf, dein licht und meister seyn, Was der nicht auserkohren, Das hält'st du als verlohren.

10. Nun siehe doch, wie viel und oft Ist feindlich umgeschlagen, Was du gewiß und vest gehoft Mit händen zu erjagen; Hingegen wie so manchesmal Ist doch geschehn, was überall Kein mensch, kein rath, kein sinnen Ihm hat ersinnen können.

11. Wie oft bist du in grosser noth Durch eignen willen kommen, Da dein verblendter sinn den tod Fürs leben angenommen, Und hätte GOtt seyn wort und that Ergehen lassen nach dem rath, An dem das angefangen, Du wärst zu grunde gangen.

12. Der aber, der uns ewig liebt, Macht gut, was wir verwirren, Erfreut, wo wir uns selbst betrübt, Und führt, wo wir uns irren, Und darzu treibt ihn sein gemüth, Und seine reine vater-güt, Ju der uns arme sünder Er trägt als seine kinder.

13. Ach! wie so of.mals schweigt er still, Und thut doch was uns nützet! Da unterwessen unser will Und hertz in ängsten sitzet, Sucht hier und dar, und findet nichts, Will sehn, und mangelt doch des lichts, Will aus der angst sich winden, Und kan den weg nicht finden.

14. GOtt aber geht gerade fort Auf seinen weisen wegen, Er geht und bringt uns an den ort, Da wind und sturm sich legen, Hernachmals, wann das werck geschehn, So kan alsdenn der mensche sehn, Was der, so ihn regieret, In seinem rath geführet.

15. D:um, lieber hertz, sey wohlgemuth, Und laß von sorg und grämen, GOtt hat ein hertz, das nimmer ruht, Dein bestes vor zu nehmen, Er kans nicht lassen, glaube mir, S. in hertz und sinn ist gegen dir, Und uns hier allzusammen, Von allzu füsser flammen.

16. Er sitzt und brennt von gnad und treu, Und also kanst du dencken, Wie seinem muth zu muthe sey, Wann wir uns oftmals kränken Mit so vergebner sorgens-bürd, Als ob er uns nun gäntzlich würd, Aus lauterm zorn und hassen, Hinfort gantz trostlos lassen.

17. Das schlag hinweg, und laß dich nicht So liederlich bethören, Ob gleich nicht allzeit das geschieht, Was freude kan vermehren, So wird doch warlich das geschehn, Was GOtt dein Vater ausgesehn, Was er dir zu will kehren, Das wird kein mensche wehren.

18. Thu als ein kind, und lege dich In deines vaters arme, Bitt ihn, und sche, bis er sich Dein, wie er pflegt, erbarme, So wird er dich durch seinen geist, Auf wegen, die du jetzt nicht weist, Nach wohlgehaltnem ringen, Aus allen sorgen bringen.

CCCCLX. 460.

Gelobt sey GOtt im höchsten thron,
Samt seinem eingebohrnen sohn,
Der für uns hat genug gethan, Allel.

2 Als er allhie gewandelt hat, Versöhnet sünd und missethat, Durch seinen unschuldigen tod, Alleluja.

3. Nach welchem er gesalbet ward, Begraben nach jüdischer art, Und er mit hütern wohl verwahrt, Allel.

4. Des morgens früh am dritten tag, Weil noch der stein am grabe lag, Erstund er frey ohn alle plag, Allel.

5. Ein engel flieg vom himm'l herab, Und that den grossen stein vom grab, Welches den hütern schrecken gab, All.

6. Da er also das grab aufbrach, Ward ein gros erdbeben geschah, Davon der hüter kraft zerbrach, Allel.

7 Der engel satzt sich auf den stein, Sein kleid war weiß, sein antlitz schein, Gleich wie der blitz gantz hell und rein, Alleluja.

8. Da kamen weibes-bilder dar, Wur-
ten

Neuer Anhang.

den des engels auch gewahr, Und entsatzten sich gantz und gar, Allel.
9. Der engel sprach: ey fürcht euch nicht, Dann ich weiß wohl, was euch gebricht, Ihr sucht JEsum, den findt ihr nicht, Allel.
10. Er ist erstanden von dem tod, Hat überwunden alle noth. Kommt, seht, wo er gelegen hat, Allel.
11. Sie gingen furchtsam in das grab, Indem da saß ein ander knab, Deß glanz ihn auch ein schrecken gab, Allel.
12. Da sagten die engel zu ihm: Den ihr sucht, der ist schon dahin, In Galiläa stadt ihr ihm, Allel.
13. Denckt, was er euch gesaget hat, Wie er wird auferstehn vom tod, Und wißt, daß sichs ergangen hat, Allel.
14. Geht hin und sagts sein'n jüngern frey, Daß er vom tod erstanden sey, Und denket seiner wort dabey, Allel.
15. Heißt sie in Galiläam gehn, Daß sie daselbst vor ihme stehn, So bald ein wenig tag vergehn, Allel.
16. Die weiber folgten dieser lehr, Und sagten dem betrübten heer, Wie JEsus weggetragen wär, Allel.
17. Doch glaubten diß die jünger nicht, Weil ihnen diese wahr geschicht Noch nicht recht kame vor gesicht, Allel.
18. Nun bitten wir dich, JEsu Christ, Weil du vom tod erstanden bist, Verleih uns was uns selig ist, Allel.
19. O mach unsre hertzen bereit, Anzunehmen deine wahrheit, Ohn alle eigensinnigkeit, Allel.
20. Damit wir von sünden gefreyt, Deinen namen gebenedeyt, Frey mögen singen allezeit: Alleluja.

CCCCLXI. 461.

ACh frommer GOtt! wo soll ich hin, Mit meinem hochbetrübten sinn, Und tieffen seelen-schaden? Mein krancks hertz Ist wie mit ertz Und steinen überladen.
2. Wie klagt mich mein gewissen an, Es thut mich grausam in den bann, Ich muß mich selbst verjagen, Und seinen mord An allen ort, In meinem busen tragen.
3. Gleich wie ein wild durch schnelle flucht Den pfeilen zu entgehen sucht, Die schon sein hertz empfunden, So eil auch ich, Und trage mich Mit meinen höllenwunden.
4. Wer hilft in diesen nöthen mir, HErr, mein verlangen steht nach dir, Ich stell auf dich vertrauen, Und hoffnung, GOtt, Laß keinen spott, Bey deiner furcht mich schauen.
5. Denck keiner, der gedultig dein Kan harren, wird in schanden seyn: Laß den zu schanden werden, Der deiner macht Verächtlich lacht, Und traut der schnöden erden.

6. Gedenk an die barmhertzigkeit, Die du erwiesen allezeit Seit daß die welt gestanden: Gedenke nicht An dein gericht Und meiner jugend schanden.
7. Sieh meiner thorheit überhin, Nach deiner grossen langmuth seyn, Laß doch mein hertz sich stillen, Gedencke mein, In lieb allein, Um deiner güte willen.
8. Gib deinem grossen namen statt, Sey gnädig meiner missethat, Die ich dir nicht verhele, Ist gleich kein ziel, Und ihr so viel, Daß ich sie gar nicht zähle.
9. Mach mich von meinem kummer los, Dann meines hertzens angst ist groß, Entführ mich meinen nöthen, Schau gnädig her Auf mein beschwer, Es drohet mich zu tödten.
10. Vergib, o vater, aus gedult, Mir aller meiner sünden schuld, Laß meine seele leben, Errette sie, Damit ich nie In schanden möge schweben.
11. Dann sieh, ich trau allein auf dich, Durch recht und schlecht behüte mich, Gott woll aus allem bösen Mein arme seel Und Israel Aus aller noth erlösen.

CCCCLXII. 462.
Mel. Zion klagt mit angst und.

O Du schöpfer aller dinge, Höre, höre mein gebät, Das ich itzo vor dich bringe, Weil mein hertz in ängsten steht. Meine sünden ängsten mich, Darum komm ich auch zu dich, Und bekenne meine sünden, Ach HErr, laß mich gnade finden.
2. Weil du heissest alle kommen, Die beladen sind, zu dir, Bin ich auch nicht ausgenommen, Noch gewiesen von der thür Der genaden, sondern du willst, und wirst mich noch dazu Von den sünden, die mich drücken, Gantz entbinden und erquicken.
3. Dein wort bleibet ungebrochen, Das du einmal hast geret. Nun hast du, o GOtt, gesprochen: Such mein antlitz im gebät. Darum komm ich auch vor dich, Such den antlitz, ach! laß mich Bey dir trost und gnade finden, Sprich mich los von meinen sünden.
4. Sieh die handschrift die ich gebe, Dir in deine hand, o GOtt, Sie spricht du; so wahr ich lebe, Ich will nicht des sünders tod, Sondern daß er sich bekehr Von den sünden, und begehr Ewiglich mit mir zu leben, So will ich ihm all's vergeben.
5. Nun wohlan, du wirst nicht lügen: Ich halt mich an deine wort, Will darauf in demuth biegen Meine knie an diesem ort: Und bekenne meine sünd, Ich bin das verlohrne kind, Das vom teufel oft verblendet, Deine güther hat verschwendet.
6. Weiter will ich nichts mehr sagen, Und allein an meine brust Mit dem
armen

armen zöllner schlagen: GOtt, es ist
dir wohl bewußt, Daß ich hab gesündigt dir, Aber sey doch gnädig mir,
Ich fall dir in deine arme, Ach
HErr! meiner dich erbarme.
7. Ich verläugne nicht die sünden, Ich
verläugne nicht die schuld; Aber laß
mich gnade finden, Trage, HErr, mit
mir geduld; Alles, was ich schuldig
bin, Will ich zahlen, nimm nur hin,
Die bezahlung meines bürgen, Der
sich ließ für mich erwürgen.
8. Nun, o vater, aller gnaden, Siehe dessen leiden an: Dann er hat ersetzt den schaden, Er hat für mich
gnug gethan. Durch ihn bin ich ganz
erlöst, Dessen ich mich jetzo tröst.
Weil in seinen tieffen wunden Ich
nun fried und ruh gefunden.
9. Ich will auch hierauf geniessen
Christi wahren leib und blut, Meiner
seele und gewissen Zur erquickung und
zu gut. Gib, daß würdig ich genies,
JEsu dich, und schmeck wie süß Und
wie freundlich du bist denen, Die sich
nach dir herzlich sehnen.

CCCCLXIII. 463.
Mel. Wo GOtt zum haus nicht.

Süsses wort, das JEsus spricht
Zur armen wittwen: weine nicht,
Es kommt mir nie aus meinem sinn,
Zumal wenn ich betrübet bin.
2. Es wird geredt nicht in ein ehrlich, sondern unterm freyen thor
Laut, daß es höret jedermann, Und
sich hierüber freuen kan.
3. Er redets aber zu der zeit, Da tod
und leben war im streit, Drum soll
es auch erquicken mich Im tod und
leben kräftiglich.
4. Wann noth und armuth mich anficht, Spricht doch mein JEsus: weine
nicht! GOtt ist dein vater, trau nur
ihm, Erhöret er doch rabens stimm.
5. Bin ich sehr kraftlos, kranck und
schwach, Und ist nichts da, dann weh
und ach! So tröst mich JEsus noch
und spricht Ich bin dein arzt, drum
weine nicht.
6. Raubt mir der feind mein guth und
haab, Daß ich muß fort mit einem
stab, Sagt Jesus wieder: weine nicht,
Denk, was dem frommen Job geschicht.
7. Vertreibt mich des verfolgers
hand, Und gönnt mir keinen sitz im
land; Schreyt JEsus in mein herz
und spricht: Dein ist der himmel,
weine nicht!
8. Wann ketten mir bereitet seynd,
Ich habe feind und falsche freund,
Spricht JEsus: weine nicht, und
glaub, Dir kan nicht schaden asch
und staub.
9. Reist mir der tod das liebste hin,
Sagt JEsus: weine nicht, ich bin
Ders wieder giebt, gedencke dran,
Was ich zu Nain hab gethan.
10. Muß ich selbst ringen mit dem
tod, Ist JEsus da, ruft in der noth:
Ich bin das leben, weine nicht! Wer
an mich glaubet, wird nicht gericht.
11. O süsses wort, das JEsus spricht,
In allen nöthen: weine nicht! Ach!
klinge stets in meinem sinn, So säh-
ret alles trauren hin.

CCCCLXIV. 464.
Mel. Zion klagt mit angst und rc.

Kommt, ihr Christen, kommt und
höret, Kommt und höret mit gebühr, Was euch euer Heyland lehret,
Was er euch wird sagen für, Der sich
auf den berg gesetzt, Und durch seine
lehr ergötzt, Alle die, so sich nicht schämen Ihn und sein wort anzunehmen.
2. Selig sind die geistlich armen, Die
betrübt und traurig geh'n, Die nichts
suchen, als erbarmen, Und vor GOtt
mit thränen stehn Denen öffnet er
gewiß, Sein schön herrlich paradieß,
Daß sie sollen vor ihm schweben,
Voller freud und ewig leben.
3. Selig sind, die leyde tragen, Da
die noth ist täglich gast, GOtt gibt
unter allen plagen Trost, und endlich
ruh und rast. Wer sein creutz in demuth trägt, Und sich ihm zu füssen
legt, Dem wird er sein herz erquicken, Keine last darf ihn erdrücken.
4. Selig sind, die frommen herzen,
Die mit sanftmuth angethan, Die der
feinde zorn verschmerzen, Gerne weichen jedermann, Die auf Gottes rach
schaun, Und die sach ihm ganz ver-
traun, Die wird GOtt mit gnaden
schützen, Und das erdreich la'n besitzen.
5. Selig sind, die in gemüthe Hungert nach gerechtigkeit, GOtt wird
sie aus lauter güte Sättigen zu rechter zeit. Selig sind, die fremder noth
Aus erbarmung klagen GOtt, Mit
betrübten sich betrüben, GOtt wird
sie hinwieder lieben.
6. Er wird sich zu ihnen kehren Mit
barmherzigkeit und treu, Und wird
allen sünden wehren, Die sie plagen
ohne scheu. Selig sind, die GOtt be-
findt, Daß sie reines herzens sind,
Die den ungluths-teufel meiden,
Diese schauen GOtt mit freuden.
7. Selig sind, die allem zancken, Allem zwiespalt, haß, und neid, So viel
möglich ist, abdancken, Stiften fried
und einigkeit, Die sinds, die ihm
GOtt erwählt, Unter seine kinder
zählt. Selig, die verfolgung leiden,
GOtt nimmt sie zu seinen freuden.
8. Selig möcht ihr euch auch schätzen,
Wann euch wird die schnöde welt über-

all mit schmach zusetzen, Tragen in ein ander feld. Wann euch wird ihr falscher mund lästern als ein toller hund, Seyd getrost, für ihre lügen Solln sie wohl ihr tranckgeld kriegen.
9. Aber euch, euch will ich lohnen, Die ihr mir treu blieben seyd, Mit der unverwelckten cronen, Dort im Reich der ewigkeit, Da sollt ihr recht frölich seyn, Leuchten als der sonnen schein, Mit den heiligen Propheten, Die gesteckt in grossen nöthen.

CCCCLXV. 465.
Der 6 Psalm.

STraf mich nicht in deinem zorn, Grosser GOtt, verschone; Ach! laß mich nicht seyn verlohrn, Nach verdienst nicht lohne, Hat die sünd Dich entzündt, Lösch ab in dem lamme Deines grimmes flamme.
2. HErr, wer denckt im tode dein? Wer danckt in der hölle? Rette mich aus jener pein Der verdammten seele, Daß ich dir Für und für Dort an jenem tage, Höchster GOtt, lob sage.
3. Zeig mir deines vaters huld, Stärk mit trost mich schwachen, Ach HErr! hab mit mir gedult, Mein gebeine krachen, Heil die seel Mit dem öl Deiner grosen gnaden Wend ab allen schaden.
4. Ach sich mein gebeine an, Wie sie all erstarren, Meine seele gar nicht kan Deiner hülfe harren; Ich verschmacht, Tag und nacht Muß mein laaer fliessen Von den thränen-güssen.
5. Ach! ich bin so müd und matt Von den schweren plagen, Mein herz ist der seufzer satt, Die noch hülfe fragen: Wie so lang, Machst du bang Meiner armen seele In der schwermuths-höle?
6. Weicht ihr feinde, weicht von mir, GOtt erhört mein bäten. Nunmehr darf ich mit begier, Vor sein antliz treten: Teufel weich! Hölle fleuch! Was mich vor gekräncket, Hat mir GOtt geschencket.
7. Vater! dir sey ewig preiß Hier und auch dort oben, Wie auch Christo gleicher weiß, Der allzeit zu loben, Heilger Geist, Sey gepreist, Hochgerühmt, geehret, Daß du mich erhöret.

CCCCLXVI. 466.

NUn sich der tag geendet hat, Und keine sonn mehr scheint, Schläft alles, was sich abgematt, Und was zuvor geweint.
2. Nur du, mein Gott! hast keine rast, Du schläfst noch schlummerst nicht, Die finsterniß ist dir verhaßt, Weil du bist selbst das licht.
3. Gedencke, HErr! doch auch an mich In dieser schwarzen nacht, Und schencke mir genädiglich Den schirm von deiner wacht.
4. Wend ab des satans unterdr, Durch deiner engel schaar, So hit ich aller sorgen frey, Und bringt mir nichts gefahr.
5. Zwar fühl ich wohl der sünden-schuld, Die mich bey dir klagt an: Ach! aber deines Sohnes huld Hat gnug für mich gethan.
6. Den sez ich dir zum bürgen ein, Wann ich muß vor gericht, Ich kan ja nicht verlohren seyn, In solcher zuversicht.
7. Drauf thu ich meine augen zu, Und schlafe frölich ein, Mein GOtt wacht jezt in meiner ruh, Wer wolte traurig seyn?
8. Weicht nichtige gedancken hin, Wo ihr habt euren lauf, Ich baue jezt in meinem sinn GOtt einen tempel auf.
9. Soll diese nacht die lezte seyn In diesen jammerthal, So führ mich, HErr, in himmel ein, Zur auserwahlten schaar.
10. Und also leb und sterb ich dir, Du starcker Zebaoth, Im tod und leben hilfst du mir Aus aller angst und noth.

CCCCLXVII. 467.

AUs der tiefen rufe ich Zu dir HErr! erhöre mich; Deine ohren gnädig leih, Merck die flehend stimm darbey.
2. Aus der tiefen rufe ich, Sünden gehen über mich. Wilt du rechten HErr! mit mir, So besteh ich nicht bey dir.
3. Aus der tiefen rufe ich, Will dann niemand hören mich, Ach! so höre JEsu mein! Du wilst ja der helfer seyn.
4. Aus der tiefen rufe ich, Ach sehen lang erbärmiglich, Creuz und leiden halten an, Jesus mich draus retten kan.
5. Aus der tiefen rufe ich, Warum, JEsu, läst du mich? Ich harr, warte, seufze auch Bis zur andern morgenwach.
6. Aus der tiefen rufe ich, JEsus gnade tröstet mich! Ob es mir schon gehet hart, Ich doch der erlösung wart.
7. Aus der tiefen rufe ich, JEsus wird erlösen mich, JEsus machet, daß ich rein Werd von allen sünden seyn.
8. Nunmehr hab ich ausgeruft, JEsus kommet, machet luft, Seele! schwing dich in die höh, Sage zu der welt: ade.

CCCCLXVIII. 468.

DU unbegreiflich höchstes guth, An welchem klebt mein herz und muth, Ich dürst, o lebens-quell, nach dir, O hilf, ach lauf, ach komm zu mir.
2. Ich bin ein hirsch, der durstig ist, Von grosser hiz; du JEsu bist Für diesen hirsch ein seelen-tranck, Erquicke mich, dann ich bin kranck.
3. Ich schreye zu dir ohne stimm! Ich seufz nur, o HErr, vernimm! Vernimm es doch, du gnaden-quell, Und labe meine dürre seel!

4. Ein

4. Ein frisches wasser fehlet mir, Herr Jesu, zeuch, zeuch, mich nach dir, Nach dir ein grosser durst mich treibt, Ach! wär ich dir nur einverleibt.
5. Wo bist du dann, o bräutigam? Wo weidest du, o Gottes-lamm? An welchem brünnlein ruhest du? Ich dürste, laß mich auch darzu.
6. Ich kan nicht mehr Ich bin zu schwach, Ich schreye, burst und ruf dir nach, Der hirsch muß bald gekühlet seyn, Du bist ja sein und er ist dein.

CCCCLXIX. 469.

Welt, packe dich! ich sehne mich Nur nach dem himmel: Dann droben ist lachen, und lieben, und leben Hierunten ist alles dem eiteln ergeben.
2. Welt, packe dich! du hälfst nicht stich, Da trügerinne! Ich lobe den himmel und liebe das leben, Das JEsus im himmel den frommen wird geben.
3. Nur fort mit dir! des himmels-zier Ist meine freude! Ich suche den himmel, und lobe das leben, Das JEsus im himmel den frommen wird geben.
4. O himmels-lust! o lust! du must mein herz erfreuen. Ich suche den himmel, ich lobe das leben, Das JEsus dort oben den armen wird geben.
5. Nur fort, du welt! komm sternen zelt, Mich zu ergötzen! Ich suche den himmel, das freudige leben, Das wolle mir JEsus, der lebens-fürst, geben.

CCCCLXX. 470.

Soll ich dann, JEsu, mein leben in trauren beschliessen? Soll ich dann stündlich mit thränen die wangen begiessen? Wilst du mich nicht, JEsu mein leben und licht! Lassen die freude geniessen?
2. Ich will, was zeitlich ist, gerne und willig verlassen, Wandeln mit JEsu, dem heyland die himmlischen strassen! Ewige ruh Fühlet mein herz ja nun, Weil ich dich JEsu! thu fassen.
3. Ist doch diß zeitliche, flüchtige und nichtige leben Immer mit krieg und streit häufig und stündlich umgeben. Hier ist kein ruh; JEsu! dir fliehe ich zu, Schenck mir das freudige leben.
4. Schaue, wie thränen und seufzen mein herze abnagen; Wie muß ich dulden und leiden viel schmerzen und plagen, Daß ich für noth mir öfters wünsche den tod. Darzu das ewige leben.
5. Ade du falsche welt! ade du zeitliches leben; Nunmehro werd ich bey JEsu dort ewiglich schweben. Freue dich nu, Mein seel, weil du hast ruh, Darzu das ewige leben.

CCCCLXXI. 471.

Auf! auf! mein herz, und du mein ganzer sinn, Wirf alles das, was welt ist, von dir hin; Im fall du wilt, was göttlich ist, erlangen; So laß den leib, in dem du bist gefangen.
2. Die seele muß von dem gesäubert seyn, Was nichts nicht ist, als nur ein falscher schein, Muß durch den zaum der tugend dämpfen können Die schnöde lust der äusserlichen sinnen.
3. Ein jeder mensch hat etwas, das er liebt, Das einen glanz der schönheit von sich giebt; Der suchet geld, und trauet sich den wellen: Der gräbet fast bis an den schlund der höllen.
4. Viel machen sich durch krieges-that bekannt, Und sehn getrost für GOtt und für ihr land: Der dencket hoch, und strebt nur nach ehren, Und jener läßt die liebe sich bethören.
5. Indessen bricht das alter bey uns ein, In dem man pflegt um nichts bemüht zu seyn: Eh als wir es recht mögen innen werden, So kommt der tod und rafft uns von der erden.
6. Wer aber hie dem leib ist abgethan Und nimmt sich nur der himmlis-sorgen an, Setzt allen trost auf seines GOttes gnaden, Dem kan nicht welt, noch tod, noch teufel schaden.
7. Den ancker hat der Noah eingesencket, Da, als er war mit luft und see umschränkt: Der grosse trost hat Abraham erquicket. Als er sein schwerdt nach Isaac hat gezücket.
8. Der glaube muß von GOtt erbäten seyn, Der einig macht, daß keine noth noch pein, Und todes-angst auch den geringsten schmerzen Erwecken kan in frommer leute herzen.
9. Drum schau, o mensch! hinauf und übe dich Nach dem, was nicht den augen zeiget sich, Was niemand kan beschliessen in den schrancken Der sterblichkeit und flüchtigen gedancken.
10. Vollbringst du das, mein herz, und du mein sinn, Und legst die lost der erde von dir hin, Sagst ab dem leib, in dem du bist gefangen, So wird GOtt dich, und du wirst GOtt erlangen.

CCCCLXXII. 472.

Ey, was frag ich nach der erden? Wann Jehovah bey mir ist? Es muß mir der himmel werden, Trotz der welt und teufels list: O HErr JEsu! meine crone Komm, in meinem herzen wohne.
2. Ey was frag ich nach ducaten? Reich genug, wer GOtt nur hat. Ich verachte ehren-staaten, Droben ist die ehrenstadt: O mein schöpfer hilf doch glauben Deiner blöden turtel-tauben.
3. Ey was frag ich nach dem himmel! Himmels gnug, wer JEsum liebt: Pfuy! du schnödes welt-getümmel, Ach! wie hast du mich betrübet: Nun will ich mich erst ergötzen In den unsichtbaren schätzen.

4. Ey,

4 Ey was frag ich nach dem schmähen, Wann ich meide böse that Wie GOtt will, so muß es gehen O der lügen wir wohl rath! Endlich wird der wahrheit leben Hellen mittags=glanz doch reichen.
5. Ey was frag ich nach dem loben? Darum bin ich frömmer nicht, Wahres lob kommt nur von oben, Von dem, der ins hertze sieht, So viel wird der mensch nur taugen, Als er gilt in GOttes augen.
6 Ey was frag ich nach euch allen, Himmel, erde, geld und ehr? Wann ich kan nur GOtt gefallen, Ey! was will, was will ich mehr, GOtt allein will ich betrachten, Wann mir leib und seel verschmachten.

CCCCLXXIII. 473.

Mel. JEsus, meine zuversicht rc.

Schlecht und recht behüten mich, So bin ich recht wohl behütet, Und kan ruhen sänfftiglich, Da hingegen schmerzlich wütet Das unruhig bös geschlecht, So nichts hält auf schlecht und recht.

2. Ich will meinem GOtt und HErrn, Der mich ihm hat ausersehn, Treulich und von hertz'n gern Dienen unter augen geben, Ist mein thun vor ihm gleich schlecht, Dannoch spricht er mich gerecht.

3. GOtt der höchste liebt das recht, Pflegt es auch mit ernst zu hegen, Dem verhaßten schalcks=knecht Seine strafen anzulegen: Ich bin GOttes kind und freund, Drum bin ich dem unrecht feind.

4. Nun, ihr frommen, thut nur recht, Ihr dürft euch für niemand scheuen, Tröstet euch des rechts, und sprecht: Wer kan uns was böses zeihen? Gibts euch schon darüber schlecht, Ey so habt ihr dannoch recht.

5. Unrecht muß zu grunde gehn, Recht muß recht und ewig bleiben, Alle, so diß recht verstehn, Werden hier sich unterschreiben: Jeder spreche nur von sich, Schlecht und recht behüte mich.

CCCCLXXIV. 474.

Mel. Alle menschen müssen sterben.

JEsu, liebster schatz der frommen, Schönster bräutgam, Gottes sohn, Schaue deine braut jetzt kommen, Wie sie sich vor deinem thron Zu der erden niederleget, Und auf ihre brust anschläget, Weil ihr hochbetrübtes hertz Fühlt den schweren sünden=schmertz.

2. Ach! es ist nicht zu beschreiben Die sehr grosse sünden=schuld, Ich kan kaum für wehmuth bleiben, Weil, o JEsu, deine huld Gegen mich ist nun verscherzet, welches mich so hefftig schmerzet, Lieber sterb ich tausend=mal, Als ich hier grosse quaal.

3. Selbst das hertz fängt an zu bluten, Das dein scharf gesetz zerbricht, Die sehr harte thränen=fluthen, Ueberschwemmen mein gesicht Alle mein gebein erzittert, Weil d.in grimm in mir so wittert, Ach! ich bin lebendig tod In so grosser seelen=noth.

4. Wilt du mich dann ewig hassen? Deine lieb und freundlichkeit, Wird ja die nicht sterben lassen Die nach deiner hülfe schreyt, Ach! ich weiß, dein hertz wird brechen, Und mir armen trost versprechen, Weil du meine sünden=last JEsu, selbst getragen hast.

5. Deine wunden sind die quelle, Wo ich soll mein laster=kleid Waschen als ein schnee so helle, Von dem koth der eitelkeit, Ach! wie will ich mich dann loben, Kan ich nur ein tröpflein haben Von dem balsam deines bluts, Des hochtheuren seelen=guths.

6. Wirf den lieblich angesichte, HErr, auf dein betrübtes kind, Weil ich mich jetzt zu dir richte, Und bereue meine sünd, Laß doch mein geängst gewissen Ein o gnaden=blick geniessen, Einen blick, o vater=hertz, So verschwindet angst und schmertz.

CCCCLXXV. 475.

Mel. Ach was soll ich fürder machen.

Meinen JEsum will ich lieben, Weil ich noch im leben bin, Ihm ergeb ich muth und sinn, Er bleibt mir ins hertz geschrieben Wann mir alles sonst gebricht, Laß ich meinen JEsum nicht.

2. Meinen JEsum will ich lieben, Ob mich angst und unfall plagt, Ob mich mein gewissen nagt Nichts, so nichts kan mich betrüben, Ob mich sünd und böll anficht, Meinen JEsum laß rc.

3. Meinen JEsum will ich lieben, Meinen JEsum halt ich still, Mir geschehe, was er will, Weil ich handlen kon und schrieben, Weil ich ihm getreu verspricht, Meinen JEsum rc.

4. Meinen JEsum will ich lieben, Meinen JEsum halt ich vest, Ob mich alle welt verläßt, Wolt auch aller t ost verstieben, Ob der tod durchs hertze sticht, Dannoch laß ich JEsum nicht.

5. Meinen JEsum will ich lieben, Bis man mich ins grab hinstreckt, Und bis er mich auferweckt Mir werd auf den sarg geschrieben: Jesus ist mein bestes licht, Meinen JEsum laß ich nicht.

CCCCLXXVI. 476.

Mel. JEsu, meine Freude rc.

Menschen=hülf ist nichtig, Gunst und kunst ist flüchtig, Geld und welt vergeht: Allein GOttes gnade Macht, daß ohne schade Mein hertz sicher steht: GOttes huld Deckt meine schuld, Dem ich mich allzeit vertraue, Und vest auf ihn baue.

2. Des

2. Daß ich die welt hasse, Und die lüste lasse, Und mein fleisch bezwinge, Gib mir GOtt die stärcke, Daß ich glaubens-wercke Williglich vollbring. Daß mein sinn Niemals gewinn, Daß mein geist empor sich hebe, Ewig bey GOtt lebe.

3. Wann ich solcher massen Geh auf rechter strassen, Die zum himmel führt, Wird mich nicht betrüben Mein thun und verüben, Das aussind verrührt: GOtt wird mir Die ewig zier Und die cron der ehren geben, Dort in jenem leben.

4. Wann ich werd erwachen, Wird mein mund voll lachen Und voll rühmens seyn: Wann die himmel weichen, Sonn und mond erbleichen, Gibt GOtt licht und schein: Dann will ich Dort ewiglich, Mit dancksagung und lobsingen, Alle Zeit zubringen.

5. Kein mensch hat gesehen Keiner kan verstehen, Was da sey für lust: Kein ohr hat gehöret, Niemand das gelehret, Keiner hat gewust, Was das sey, Von sünden frey, GOtt anschauen und GOtt loben, Ewiglich dort oben.

CCCCLXXVII. 477.

Mel. Wann mein stündlein vorhand.

DU lebens-brod HErr JEsu Christ, Mag sich ein sünder haben, Der nach dem himmel hungrig ist, Und sich mit dir will laben? So bitt ich dich demüthiglich, Du wollest recht bereiten mich, Daß ich recht würdig werde.

2. Auf grünen auen wollest du Mich diesen tag, HErr, leiten, Den frischen wassern führen zu, Den tisch für mich bereiten; Ich bin zwar sündlich, matt und kranck, Doch laß mich deinen gnaden-tranck Aus deinem becher schmecken.

3. Du zucker-süsses himmel-brod Du wollest mir verleihen, Daß ich in meiner seelen-noth Zu dir mag kindlich schreyen; Dein glaubens-rock bedecke mich, Auf daß ich möge würdiglich An deiner tafel sitzen.

4. Tilg allen haß und bitterkeit, O HErr, aus meinem hertzen, Laß mich die sünd in dieser zeit Bereuen ja mit schmertzen: Du heißgebratnes osterlamm, Du meiner seelen bräutigam, Laß mich dich recht geniessen.

5. Zwar ich bin deiner gunst nicht werth Als der ich jetzt erscheine, Mit sünden allzuviel beschwert, Die schmertzlich ich beweine; In solcher trübsal tröstet mich, HErr JEsu, daß du gnädiglich Der sünder dich erbarmest.

6. Ich bin ein mensch voll sünden-grind, Laß deine hand mich heilen; Erleuchte mich, dann ich bin blind,

Du kanst mir gnad ertheilen: Ich bin verdammt, erbarme dich, Ich bin verlohren, suche mich, Und hilf aus lauter gnade.

7. Mein bräutigam, komm her zu mir, Und wohn in meinem hertzen; Laß mich dich küssen für und für, Und lieblich mit dir schertzen: Ach! laß doch die süßigkeit Für meine seele seyn bereit, Und stille ihren jammer.

8. Du lebens-brod, HErr JEsu Christ, Kommst selbst, dich mir zu schencken, O blut, das du vergossen bist, Komm eiligst mich zu träncken; Ich bleibe dir, du bleibest mir, Drum wirst du güldne himmels-thür Auch mich dort auserwecken.

CCCCLXXVIII. 478.

Mel. Es ist das heyl uns kommen.

MEin hertzens JEsu, meine lust, An dem ich mich vergnüge, Der ich an deiner liebes-brust Mit meinem hertzen liege, Mein mund hat dir, ein lob bereit, Weil ich von deiner freundlichkeit So grosses labsal kriege.

2. Mein hertze wallt und ist in dich Mit heisser lieb entzündet, Es singt, es springt, es freuet sich, So oft es dich empfindet So oft es dich im glauben küßt, Der du dem hertzen alles bist, Das dich im glauben findet.

3. Du bist mein wunderbares licht, Durch welches ich erblicke, Mit aufgedecktem angesicht, Daran ich mich erquicke: Nimm hin mein hertz, erfüll es gantz, O wahres licht, durch deinen glantz, Und weiche nicht zurücke.

4. Du bist ein sichrer himmels weg, Durch dich steht alles offen, Wer dich versteht, der hat den sieg Zur seligkeit getroffen; Ach! laß mich liebstes heyl hinfür, Doch ja den himmel ausser dir Auf keine wege hoffen.

5. Du bist die wahrheit, dich allein Hab ich mir auserlesen, Dann ohne dich ist wort und schein, In dir ist krafft und wesen; Ach! mach mein hertz doch völlig frey, Daß es nur dir ergeben sey, Durch den es kan genesen.

6. Du bist mein leben, deine krafft Soll mich allein regieren, Dein geist, der alles in mir schafft, Kan leib und seele rühren; Daß ich voll geist und leben bin, Mein JEsu, laß mich nun forthin Das leben nicht verlieren.

7. Du bist mein süsses himmel-brod, Des vaters höchste gabe, Damit ich mich in hungers-noth Als einer stärckung labe; O brod! das krafft und leben giebt, Gib, daß ich

welt

welt beliebt, Niemals zur nahrung have.
8. Du bist mein trank, und deine
frucht Ist meiner seele süße. Wer
von dir trinkt, derselbe sucht, Daß
er dich stets genieße, O quell, nach
der mein herze lechzet, Gib, daß
der strohm der süßigkeit Sich ganz
in mich ergieße.
9. Du ist mein allerschönstes kleid
Mein zierrath, mein geschmeide,
Du schmückest mich mit gerechtigkeit
Gleich als mit reiner seide, Ach! gib,
daß ich die schnöde pracht, Damit
die welt sich herrlich macht, Als einen unflath meide.
10. Du bist mein schloß und sichres
haus, Da ich in freyheit sitze, Da treibet mich kein feind heraus, Da nicht
mich keine hitze; Ach! laß mich stets
Jesulein, Allzeit in dir umzäunet
seyn, Daß deine huld mich schütze.
11. Du bist mein seelen treuer hirt,
Und selber auch die weyde, Du bist
mich, da ich war verirrt, Geholt
mit großer freude; Ach! nimm dein
schäflein nur in acht, Damit es weder list noch macht Von deiner heerde scheide.
12. Du bist mein holder bräutigam,
Dich will ich stets umfassen, Mein
hoherpriester und mein lamm, Das
sich hat schlachten laßen: Mein könig der mich ganz besizt, Der mich
mit seiner allmacht schützt, Wann
mich viel feinde haßen.
13. Du bist mein auserkohrener freund,
Der mir mein herz beweget, Mein
bruder, der es treulich meynt, Die
mutter, die mich pfleget; Mein arzt
wann ich verwundet bin, Mein balsam, meine wärterin, Die mich in
schwachheit träget.
14. Du bist mein starker held im
streit, Mein panzer, schild und bogen,
Mein tröster in der traurigkeit,
Mein schiff in waßer-wogen, Mein
anker, wann ein sturm entsteht, Mein
sichrer compaß und magnet, Der
mich noch nie betrogen.
15. Du bist mein latern und mein
licht, Wenn ich im finstern gehe, Mein
reichthum, wann es mir gebricht,
In tiefen meine höhe, Mein zweck,
wann es bitter schmerzet, Mein bestes
dach das mich bedeckt, Wann ich im
regen stehe.
16. Du bist mein garten, da ich mich
Ja stiller lust ergöze, Mein liebstes
blümlein, welches ich Darein zur
zierde seze; Mein röslein in dem
creuzes=thal, Da ich mit dornen ohne zahl Den schweren gang verleze,
17. Da ist mein trost in herzeleid,

Mein lust, wann ich lache,
Mein tagewerk das mich ernezt,
Mein deuten, wann ich wache, Im
schlaf mein traum und jäße ruh,
Mein vorhang, den ich immer zu
Mir um mein herzen mache.
18. Was soll ich, schönster, wohl von dir
Noch weiter sagen können, Ich will
dich meine herzsbegier, Mein einig
alles nennen, Dann was ich will, das
bist du, mir, Ach! laß mein herze für
und für Von deiner liebe brennen.

CCCCLXXIX. 479.

Mel. Selig, ja selig, wer willig, &c.

JEsu hilf siegen! du fürste des lebens! Sieh, wie die finsterniß
dringet herein, Wie sich ihr bosheit
heer nicht vergebens mächtig aufführ-
ret mir schädlich zu seyn. Satan der
sinnet auf allergatte ränke, Wie er
mich stehle, verführe und tränke.
2. JEsu, hilf siegen! der du nach er-
langtem streite, wann fleisch und blut,
satan und welt, Mich zu verrücken,
ganz grimmig anfallen, Der auch
schanschlechte, sich luftig vestelle.
Wenn Babel wütet von außen und
innen, Laß mir, HErr, niemals die
hütze zerrinnen.
3. JEsu hilf siegen! ach wer muß
nicht klagen? HErr, mein gebrechen
ist immer vor mir; Hilf! wann die
sünden der jugend mich nagen, Die
mein gewißen mir täglich hält zur
Ach! laß mich zwingen dein kräf-
tigs versühnen, Und diß zu meiner
demüthigung dienen.
4. JEsu, hilf siegen! wann in mir
die sünde, Eigenlieb, hoffart und
hochmuth sich regt. Wann ich die lust
der begierden empfinde, Und sich mein
tieffes verderben darlegt, So hilf,
daß ich vor mir selbst mag erröthen,
Und durch dein leiden mein sündlich
fleisch tödten.
5. JEsu, hilf siegen! und lege gefangen an mir die lüste des fleisches, und
gib, Daß bey mir lebe des geistes verlangen, Aufwärts sich schwingend
auch heiligen trieb. Laß mich ein-
bringen ins göttliche wesen, So wird
mein geist, leib und seele genesen.
6. JEsu, hilf siegen! damit auch
mein wille, Dir HErr, sey gänzlich
zu eigen geschenkt, Und ich und jetzt
in dem wollen verhalte, Wo sich
die seele zur ruhe hinlenkt. Laß
mich nur sterben und all dem meinen,
Daß ich mich zählen kan unter die
deinen.
7. JEsu, hilf siegen! in allerley fällen, Gib mir die waffen und wehre
zur hand, Wann mir die höllischen
feinde

Neuer Anhang.

feinde nachstellen, Dich mir zu rauben, o edelstes pfand. So hilf mir schwachen mit allmacht und stärke, Daß ich, o liebster! dein dasenn verrnerk.

8. JEsu, hilf siegen! wer mag sonst bestehen Wider den listig verschmitzten feind? Wer mag doch dessen versuchung entgehen, Der wie ein engel des lichtes erscheint? Ach HErr! wo du weichst, so muß ich ja irren. Wann mich der schlangen list sucht zu verwirren.

9. JEsu, hilf siegen! und laß mich nicht sinken, Wann sich die kräfte der lügen aufblähn, Und mit dem scheine der wahrheit sich schminken, Laß doch viel heller dann deine kraft seyn! Steh mir zur rechten, o könig und meister! Lehre mich kämpfen und prüfen die geister.

10. JEsu, hilf siegen! im wachen und beten! Hüter! du schläfst ja und schlummerst nicht ein; Laß dein gebät mich unendlich vertreten, Der du versprochen mein fürsprach zu seyn, Wann mich die nacht mit ermüdung will decken, Wollst du mich, JEsu, ermuntern und wecken.

11. JEsu, hilf siegen! wann alles verschwindet, Und ich mein nichts und verderben nur seh. Wann kein vermögen zu bäten sich findet, Wann ich muß seyn ein verschüchtertes reh. Ach HErr! so wollst du im grunde der seelen Dich mit dem innersten seufzen vermählen.

12. JEsu, hilf siegen! und laß mirs gelingen, Das ich das zeichen des sieges erlang! So will ich ewig dir lob und dank singen, JEsu, mein Heyland, mit frohem gesang. Wie wird dein name da werden gepriesen, Wo du, o held, dich so mächtig erwiesen.

13. JEsu, hilf siegen! laß bald doch erschallen, Daß Zion rufet: es ist nun vollbracht, Babel, die stolze, ist endlich gefallen, Die da bisher so lang hat gekracht: Ach! HERR, komm, mache ein ende des krieges, Schmücke dein Zion mit palmen des sieges.

14. JEsu! hilf siegen! damit wir uns schicken fertig zur hochzeit des lammes zu gehn, Kleide dein Zion mit güldenen stücken, Laß uns den untergang Babels einst sehn. Doch wolan! kracht es, so wirds auch bald liegen, Auf, Zion! rüste dich, JEsus hilft siegen.

15. JEsu, hilf siegen! wanns nun kommt zum sterben, Mach du mich würdig und stetig bereit, Daß ich mich könne recht nennen dein'n erben Dort in der ewigkeit. Hier in der zeit, JEsu, mein JEsu, dir blieb ich ergeben. Hilf du mir siegen, mein beyl, trost und leben.

16. Jesu, hilf siegen! wann ich nun soll scheiden Von dieser jammer- und leyd-vollen welt, Wann du mich rufest, gieb, daß ich mit freuden Zu dir weg fahren ins himmlische zelt: Laß mich, ach JEsu! recht ritterlich ringen. Und durch das leben und tod zu dir dringen.

CCCCLXXX. 480.

Mel. von GOtt will ich nicht lassen, ꝛc.

WEr herzlich überleget, Was uns der höchste giebt, Wer recht und wohl erweget, Wie das, was GOtt geliebt, Er an uns hat verschenkt, Wird seinem GOtt zu ehren Ein liedlein lassen hören, In andacht seyn versenkt.

2. Er schloß den himmel offen, Und schickte das herab, Was kein mensch durfte hoffen Noch suchen, ja er gab Sein allerbestes theil, Der himmel muß sich neigen, Sein sohn darnieder steigen, Zu seyn der sünder heyl.

3. Wie soll ichs immer machen, Du grosse vaters-treu? Wie soll ich meine sachen, Daß ich dir dankbar sey? Du hast es wohl verdient, Da du durch deinen erben Mir haßt von glut und sterben Mich mit dir ausgesühnt.

4. Diß ist mein leyd und grämen, Diß thut mir schmerzlich weh, Ich muß mich billig schämen Vor dir, daß ich nicht ch Mich dir zu dienst gestellt, Daß ich dich nicht geliebet, Noch in der that verübet, Was dir recht wohl gefällt.

5. Ich will mich dir verschreiber, Noch ist es hohe zeit. Dein kind und diener bleiben, Mach du mich nur bereit Wirst du, ich flehe dich, Mir deinen geist auch geben, So werd ich dir stets leben, Mein GOtt, erhöre mich.

CCCCLXXXI. 481.

Mel. Wie nach einer wasser-quelle.

ACH es, JEsu, dich erbarmen, Treuer mittler! schläfest du? Kennst du jetzt nicht mich armen? Sprichst du weiter mir nicht zu? GOTT, mein GOTT, ach! wie so lang Meiner seel ist angst und bang: Schaust du noch, mein freund, durchs gitter, Ja dem schweren ungewitter.

2. Hölle,

Neuer Anhang. 187

2. Hölle satan, welt und sünde Seÿen stürmisch auf mich zu: Ach! daß ich die statte fünde, Wo ich hülle schlem und ruh: Hilf mir, HErr, mein selb, mein hort, wie in verhüllt dir vor dein wort.: HErr, ich soll nicht seyn verloren, Hat dein wahrer mund geschworen.

3. Sünde was magst du nun drücken, Und mich plagen ohne rast? Hier auf meines JEsu rücken Liegt die mir zu schwere last: Der hat schon bezahlt für mich, Was so schwer verschuldet ich: GOtt, der selbst gestraft am kinde, Was der knecht gethan für sünde.

4. Kommet, kommet her, ihr armen, Sein selbst theurer mund ausschreyt: Eurer will ich mich erbarmen, Die ihr hoch beladen seyd: Nun, ich komme mit begier, Als ein matter hirsch zu dir, JEsu, mir gelingen, Und dein lebenswasser springen.

5. Du, mein JEsu, wirst gewähren Mich der oft erbetten bitt, Zehlen meine heisse zähren, Neuen trost ertheilen mit, Stärcken mein erschrockne seel Mit dem süssen freuden=öl, Und erleichtern mein gewissen Nach so viel bekümmernüssen.

6. Du wirst meine sünden sencken In den tiefen abgrund hin, Und in zorn nicht mehr gedencken, Wie bös ich gewesen bin, Deine vorbitt und geschrey Bey dem Vater kräftig sey, Zeig ihm mich und deine wunden, So bin ich quitt und entbunden.

7. Ich alsdann will täglich singen Von der hohen liebes=treu, Ich will danck und opffer bringen, Rühmen, daß GOtt gnädig sey, Sein altar und heiligthum Wisse stets von solchem ruhm, Wo mein hertz ihn täglich ehret, Amen ja es ist erhöret.

CCCCLXXXII. 482.

Mel. Herzlich thut mich verlangen &c.

WJe lange soll es währen, Mein zartes JEsulein, Daß ich kan nach begehren, Mein JEsu, bey dir seyn? Mein hertz das sucht dein wesen Und deine herrlichkeit, Da wird es recht genesen: Ach! wär schon da die zeit.

2. Wie solte mir behagen Die welt mit ihrer noth, Jch höre nur von klagen, Angst, marter, schmertz und tod. Ja beiden rechten freuden, Die du mir hast bereit, Jst weder tod noch leyden: Ach! wär schon da die zeit.

3. Komm, JEsu, wie so lange, Nicht wolst verziehen mehr, Mir ist nach dir so bange, Mein hertz sich sehnet sehr, Es mag der lib vorbei, Das alte erden=kleid, Ich will auch gerne sterben: Ach! wär schon da die zeit.

4. Weg teufel, höll und sünde, Jhr seyd gantz abgethan: Mein JEsus kan euch binden, Und ketten legen an: Jhr könnet nicht mehr toben, Jch bin von euch befreyt, GOtt will ich schauen droben, Dort in der ewigkeit.

CCCCLXXXIII. 483.

Mel. Heilt mir GOttes güte preisen, ihr &c.

ACh GOtt, in was für schmertzen Bringt mich die untreuhat, Weil sie mit mund und hertzen Dich oft verläugnet hat. Ach nimm dich meiner an; Damit ich nach der busse, Dem satan zum verdrusse, Mich selbst verläugnen kan.

2. In diesem hohen wercke Bin ich allein zu schwach, Komm du mit deiner stärcke Mir als ein helffer nach: Schrey mir im geiste zu, Daß ich mein heyl bedencke, Den alten menschen kräncke, Und keinen willen thu.

3. Mein GOtt, hier sind die hände, Weis du zu schöpfer ehr, Daß ich damit vollende, Was dir gefällig ist. Sonst sey mir nichts bekannt. Will mich die welt verführen, Was schädlichs anzurühren, So hab ich keine hand.

4. Mein GOtt, hier sind die füsse, Zeig mir die rechte bahn, Auf daß mich nichts verdriesse, Wann ich dir folgen kan: Doch wann ich hören muß, Was manche bey den sünden Für breite wege finden, So hab ich keinen fuß.

5. Mein GOtt hier sind die augen, Laß sie auf dinge sehn, Die mir zur hülfe taugen; Und dir zum ruhm geschehn. Sonst wünsch ich mir kein licht. Will mich die welt verstören, Und durch ein bild bethören, So sieht mein auge nicht.

6. Mein GOtt, hier sind die ohren, Behalt sie unversehrt, Die zeit ist doch verlohren, Wo man dein wort nicht hört. Drum wann die welt verspricht, Von ungerechten dingen Was süsses vorzubringen, So hört mein ohre nicht.

7. Nimm unter meinen gliedern Die zunge gleichfalls an: Dann mit gebät und=liedern Wird alles wohl gethan. So wird der glaube kund: Soll ich von andern sachen Vergebne worte machen, So hab ich keinen mund.

8. Mein GOtt, hier ist das hertze, Das sich in dich verliebt. Das weit von eitlem schertze, Sich deiner

gnad ergibt; Bleib meine zuversicht;
Will mich die welt verzehren, Was
neues zu begehren, So lebt mein
herze nicht.
9. GOtt, hier sind die gedanken,
Nimm sie zur wohnung ein, Und laß
sie niemals wancken, Wofern sie
göttlich seyn. Die welt fahr immer
hin: Will sie mit ihren träumen
Mich spotten und versäumen, So
hab ich keinen sinn.
10. Ach JEsu, nimm die gabe Gleich
als dein eigen gut, Dann alles, was
ich habe, Das kost dein theures blut.
Und also bleib ich dern, Wohl dem der
dich bekennet: Was mit der welt ver-
brennet, Kan leicht verleugnet seyn.

CCCCLXXXIV. 484.

Zeuch mich, zeuch mich, mit den armen Deiner grosen freundlichkeit,
JEsu Christe, dein erbarmen Helffe
meiner blödigkeit, Wirst du mich
nicht zu dir ziehen, Ach! so muß ich
von dir fliehen.
2. O du hirte meiner seelen, Suche
dein verirrtes schaaf: Wem soll ich
mich sonst befehlen? Weck mich aus
dem sünden-schlaf: Guter meister,
laß mich lauffen Nach dir und nach
deinem hauffen.
3. Wie ein wolf den wald erfüllet
Mit geheul bey finstrer nacht; Also
auch der satan brüllet Um mich, wie
ein löwe wacht, HErr, er will dein
lind verschlingen, Hilf im glauben
ihn bezwingen.
4. Seelen-mörder, alte schlange, Tau-
send-künstler, schäme dich; Schäme
dich, mir ist nicht bange, Dann mein
JEsus tröstet mich; Weil er zieht,
muß ich lauffen, Er will mich ihm
selbst erkauffen.
5. Zeuch mich mit den liebes-seilen,
Zeuch mich kräftig, o mein GOtt!
Ach wie lange, lange weilen Machst
du mir, HErr Zebaoth! Doch ich hoff
in allen nöthen, Wann du mich gleich
wolltest tödten.
6. Mutter-herze will zerbrechen
Ueber ihres kindes schmerz; Du
wirst dich an mir nicht rächen, O du
mehr als mutter-herz; Zeuch mich
von dem bösen hauffen, Nach dir,
JEsu, will ich lauffen.

CCCCLXXXV. 485.

Mel. Aus tieffer noth schrey ich rc.

Wo soll ich bin? wer hülffet mir?
Wer führet mich zum leben?
Zu niemand, HErr, als nur zu dir,
Will ich mich frey begeben, Du bist
der das verlorne sucht: Du segnest
das, so war verflucht; Hilf, JEsu,
dem elenden!
2. HErr, meine sünden ängsten mich,
Der todes-leib mich plaget, O Le-
bens-GOtt, erbarme dich, Vergieb
mir, was mich naget: Du weist es
wohl, was mir gebricht, Ich weiß es
auch, und sag es nicht, Hilf, JEsu,
dem betrübten!
3. Du sprichst: ich soll mich fürchten
nicht; Du rufst, ich bin das leben!
Drum ist mein trost, auf dich gericht,
Du canst mir alles geben: In tode
canst du bey mir stehn, In noth, als
herzog, vor mir gehn, Hilf, JEsu,
dem zerknirschten!
4. Bist du der arzt, der krancke trägt?
Auf dich will ich mich legen: Bist du
der hirt, der schwache pflegt? Erquicke mich mit segen: ich bin gefähr-
lich krank und schwach, Heil und
verbünd, hör an die klag, Hilf JEsu,
dem zerschlagnen!
5. Ich thue nicht, HErr, was ich soll,
Wie kan es doch bestehen? Es drückt
mich, das weist du wohl. Wie wird es
endlich gehen? Elender ich, wer wird
mich doch Erlösen von dem todes-joch?
Ich daucke GOtt durch Christum.

CCCCLXXXVI. 486.

Mel. Vater unser im himmelreich.

So soll ich dann noch mehr ausstehn? O JEsu! soll ich dir nach-
gehn, Durch deinen schon gebahnten
weg, Durch creutz und elend-volle
steg: Ach hilf dann tragen dieses joch,
Damit ich sterbend lebe noch.
2. Hie ist es nichts als eitelkeit, Hie
lebt der mensch in sicherheit, Er dencket wenig an das end Das augenblicklich her sich wendt, Der arme sünder
ist zu blind, Drum welzet er sich in
der sünd.
3. O falsche freude fahr nur hin! Du
bist verflucht in meinem sinn! O falsches lob, verkehrte lust! Mir ist ein
ander lob bewust, Das hier besteht in
spott und schand, In haß und neid
durchs gantze land.
4. So ist das leben allezeit Gewesen
die der ewigkeit Mit eifer haben nach-
gedacht, Und allem fleiß dahin gebracht, Zu drücken aus das ebenbild
Des JEsu, welcher unser schild.
5. Ey, seele, muntre dich, dann auf,
Diß ist der rechte tugend-lauf; Du
must allhier gehasset seyn, Von allen,
und diß nicht allein Von feinden ach!
dein nächstes blut, Das führt dich oft
vom höchsten guth.
6. Nun, seele, geh mit freuden fort,
Durch dornen und durch stachel-wort,
Dein Heyland, der die sanftmuth
war, Geht vor dir her, er stirbet gar:
Fahr fort, so lang es dir gefällt, Mich
recht zu hassen, falsche welt.

487.

CCCCLXXXVII. 487.

Mel. HErr, ich habe mißgehandelt.

Was mit allem, was da scheinet,
Jrrdisch-klug in dieser welt,
Was mich nicht mit dem vereinet,
Dem der kinder hertz gefällt, Welcher ist ein GOtt von machten, Unbegreiflich zu betrachten.

2. Was mich, sag ich, nicht hinführet
Zu dem allerhöchsten GOtt, Das ist nichts, ja mir gebühret Diß zu nennen lauter koth: Es sind andre wissenschaften, Die mit JEsu mich verhaften.

3. Fragst du, wo diß in bestehet. Das mein hertz so sehr begehrt? Wann ein mensch in furchten gehet, Und den grossen schöpfer ehrt. Das ist weisheit, das sind gaben, Die nur himmels-bürger haben.

4. Böses meiden, gutes suchen, Jagen nach gottseligkeit, Alle lust der welt verfluchen, So verschwinden mit der zeit. Das heist recht verstand zu haben, Welcher leib und seel kan laben.

5. Willt du dieses jetzt nicht glauben? O du falsch-verrühmte kunst! Warlich, du wirst doch verstauben, Und wo bleibt dann menschen-gunst? Ach, wie bald, wie bald verschwindet, Was sich nicht auf Christum gründet.

CCCCLXXXVIII. 488.

Mel. Jch hab mein sach GOtt rc.

Wie fleucht dahin der menschen zeit? Wie eilet man zur ewigkeit? Wie wenig denken an die stund Von hertzen-grund? Wie schweigt hievon der träge mund?

2. Das leben ist gleich wie ein traum, Ein nichtes-werther wasserschaum, Jm augenblick es bald vergeht, Und nicht besteht, Gleich wie ihr dieses täglich seht.

3. Nur du, Jehova, bleibest mir, Das, was du bist, ich traue dir, Laß berg und hügel fallen hin, Mir ist gewinn, Wann ich allein bey JEsu bin.

4. So lang ich in der hütten wohn, Ey lehre mich, o Gottes Sohn! Gib daß ich zähle meine tag, Und munter wach, Daß eh ich sterbe, sterben mag.

5. Was hilft die welt in letzter noth? Lust, ehr und reichthum in dem tod? O mensch, du laufst dem schatten zu, Bedenck es nu, Du kommst sonst nicht zur wahren ruh.

6. Weg eitelkeit, der narren lust, Mir ist das höchste guth bewust Das such ich nur, das bleibet mir: O mein begier HErr JEsu, zeuch mein hertz nach dir.

7. Was wird das seyn, Wann ich dich seh? Und bald vor deinem throne steh? Du unterdessen lehre mich, Daß stetig ich Mit klagem hertzen suche dich.

CCCCLXXXIX. 489.

Mel. Nun laßt uns den leib begraben.

Schaff in mir GOtt, ein reines hertz, Ein hertz, das sich stets himmelwärts Auf schwinge, und von sünden frey Mit lust dir diene ohne scheu.

2. Erneure, was verblichen ist Jn mir, durch satans trug und list, Bevestige den schwachen sinn Daß nicht der feind ihn reisse hin.

3. Dein auge hat es wohl gesehn, Was durch betrug der lust geschehn; Jch bin nicht werth, dein angesicht zu sehen: doch, HErr, zürne nicht.

4. Dein geist, das theure liebes-pfand, Den deine gunst mir zugewandt, Nimm nicht, wie ichs verdient, von mir Weil ich gesündigt hab an dir.

5. Laß aber seiner gnaden-kraft, Die fried und freude in uns schafft, Den trost einflössen meinem geist; Darauf dein wort uns hoffen heist.

6. So werd ich auch von furcht und zwang Mit freuden richten meinen gang Zu deiner ehr, nach deinem wort, Und selig seyn so hier als dort.

CCCCXC. 490.

Mel. Hast du dann JESU, dein ang.

Lobe den HErren, den mächtigen könig der ehren, Meine geliebte seele, das ist mein begehren, Kommet zu hauf, Psalter und harffe, wacht auf, Lasset die musicam hören.

2. Lobe den HErren, der alles so herrlich regieret, Der dich auf adelers fittigen sicher geführet, Der dich erhält, Wie es dir selber gefällt, Hast du nicht dieses verspühret?

3. Lobe den HErren, der künstlich und fein dich bereitet, Der dir gesundheit verliehen, dich freundlich geleitet, Jn wie viel noth Hat nicht der gnädige GOtt Ueber dir flügel gebreitet?

4. Lobe den HErren, der deinen stand sichtbar gesegnet, Der aus dem himmel mit strömen der liebe geregnet, Denke daran, Was der allmächtige kan, Der dir mit liebe begegnet.

5. Lobe den HErren, was in mir ist, lobe den namen, Alles was odem hat, lobe mit Abrahams saamen, Er ist dein licht, Seele, vergiß es ja nicht, Lobende schliesse mit Amen.

CCCCXCI. 491.

Sieh, hie bin ich, Ehren-könig, Lege mich vor deinen thron, Schwache thränen, Kindlich sehnen, Bring ich dir, du menschen-sohn! Laß dich finden, Laß dich finden Von mir der ich asch und thon.

2. Sieh doch auf mich, HErr, ich bitt ich. Lencke mich nach deinem sinn: Dich alleine Jch nur meyne Dein erkaufter erb ich bin, Laß dich finden, Laß

Laß dich finden, Gib dich mir und nimm mich hin.
3. Ich begehre nichts, o HErre, Als nur deine freye gnad; Die du giebest, Den du liebest, und der dich liebt in der that. Laß dich finden, Laß dich finden, Der hat alles wer dich hat.
4. Himmels-sonne, Seelen-Wonne, Unbeflecktes GOttes-Lamm! In der höhe, Meine seele Suchet dich, o brünstigem, Laß dich finden, Laß dich finden, Starcker Held aus Davids stamm.
5. Hör wie kläglich Wie beweglich Dir die treue seele singt: Wie demüthlich, Und wehmüthig Deines kindes stimme klingt. Laß dich finden, Laß dich finden, Dann mein hertze zu dir dringt.
6. Dieser zeiten Eitelkeiten, Reichthum, wollust, ehr und freud, Sind nur schmertzen Meinem hertzen. Welches sucht die ewigkeit. Laß dich finden, laß dich finden, Grosser GOtt, ich bin bereit.

CCCCXCII. 492.

Mel. Es ist das heyl uns kommen ꝛc.

WEr kan vor dir, o HErr, bestehn? Es ist mit uns verlohren:: Wo du wilt in gerichte gehn. Mit denen, die gebohren. So kan auf tausend niemand nicht Ein wörtlein bringen an das licht. Es heißt: du bist verfluchet.
2. Unmöglich ist nun, daß man kan, Recht halten dein gesetze:: Dann dieses will von jedermannDaß kein mensch es verletze: Wer an allem nicht verbleibt Der ist verflucht, wie Moses schreibt. Thu das, so wirst du leben.
3. Nun haben wir den ersten bund, Wie Adam, überschritten:: Erfahrung lehret alle stund Daß wir dein recht bestritten. Wir bleiben also in dem tod, Wo nicht ein burg in dieser noth Ein göttlich mittel findet.
4. Warhaftige gerechtigkeit Ist liederlich verscherzet. Die schlang hat in der ersten zeit Betrogen; ach! das schmertzet. HErr JEsu, nimm dich unser an, Du bist ein GOtt, der helffen kan, Und darum mensch geworden.
5. HErr, unsere gerechtigkeit (Die nur vor GOtt bestehet) bist du allein: du bist bereit, Zu rufen, auf mich seher ret! Darum mein glaube zu dir spricht: Gerechter HErr, verlaß mich nicht, Wann mein gewissen naget.

CCCCXCIII. 493.

WUndertarer König, herrscher von uns allen, Laß dir unser lob gefallen. Deines vaters güte hast du lassen triessen, Ob wir schon von dir weg lieffen; Hilf uns noch, Stärck uns doch, Laß die zunge singen, Laß die stimme klingen.
2. Himmel, lobe prächtig deines schöpfers thaten, Mehr als aller menschen staaten: Grosses licht der sonnen, schiesse deine strahlen, Die das grosse rund bemahlen. Leert gern, Mond und stern, Seyd bereit zu ehren Einen solchen HErren.
3. O du meine seele, singe fröhlich, singe. Singe deine glaubens-lieder: Was den othem holet, jauchze, preise, klinge; Wirf dich in den staub darnieder Er ist GOtt Zebaoth, Er ist nur zu loben Hie und ewig droben.
4. Hallelujah bringe, wer den HErren kennet, Wer den HErren JEsum liebet. Hallelujah singe, welcher Christum nennet, Sich von hertzen ihm ergiebet. O wohl dir, Glaube mit, Endlich wirst du trefen Ohne seind ihn loben.

CCCCXCIV. 494.

In eigner Melodey.

AUf, ihr meine geister! Werd't dem fleische meister! Schwinget euch hinauf! Greift des vaters hände, Küsset sie ohn ende, Hemmt des zornes lauf.
2. Zwar ich habs verdienet Daß Gott unverschnet Mich noch mehr verließ, Daß er härter schlüge, Uns mich nicht mehr trüge, Sondern gar verstieß.
3. Hann ich nicht erwogen, Wie er mich gezogen Und zu sich gebracht; Seine wunder-wege, Und die vat ꝛschläge, Ziemend nicht geacht.
4. Nun der sünden menge, Mich in diese enge Hat gebracht, was rath? Soll ich dann verzagen? Lieber will ich s wagen Auf des höchsten gnad.
5. HErr, in deinen armen, Findt sich noch erbarmen Wer hilft mir hinein?: JEsu, mein erretter, Sey du mein vertreter, Weils gewagt muß seyn.
6. GOtt, ich halt ja stille, Es geschech dein wille, Ach! vergiß der rach; Gib, daß ich gelassen Diß creutz mag umfassen, Und dir tragen nach.
7. Wilt du weiter schlagen, Ich wills gerne tragen, Schlag die. schon mir dort. Gerne will ich büssen Und zu deinen füssen, Liegen fort und fort.
8. Wollest nun indessen Meiner sund vergessen Richten mich empor; Dencken aus versprechen Und doch nicht zerbrechen Das zerstoßne rohr.
9. Was mein hertz verlange, Wies von dir abhange, Ist dir ja bekannt:: O du treuer liter, Führe mich nun weiter An der gnaden-hand.
10. Zeig mir deine wege, Und der wahrheit stege Daß ich unverruckt Immer weiter gehe. Nimmer stille stehe Wo ich sonst gezuckt.
11. Bös und gut gerüchte, Otteren gezüchte Feacke mich nicht ab, Was mich schreckt vertreibe, Mache, daß ich bleibe Treu bis in mein grab.
12. Dann kan ich dir dancken, Daß mich

nichts zu wanken Bracht in meiner pflicht: Alle deine wege sind gut, auch die schläge, Drum ich laß dich nicht. dein allwissenheit, Keusches thun und heiligkeit, Ja, du wollest das gedeyen, JEsu, mildiglich verleyen.

CCCCXCV. 495.

Mel. Freu dich sehr, o meine seele, &c.

JEsu, meine lust und freude, JEsu, meines lebens licht, Aufenthalt in angst und leyde, Helfer, dem nie was gebricht, Gib mir deinen freudengeist, Der im leiden allermeist Meine kranke seele letze, Und mit reichem trost ergötze.

2. Bey dir, JEsu, kan ich finden, Bey dir, JEsu, treff ich an, Heyl und gnade für die sünden, Zeuchst mich von der wollust = bahn, Allerliebster JEsu Christ! Da allein mein schutz = herr bist, In dir wohnet, sag ich eben, Huld und freuden = volles leben.

3. Meinen geist in mir erneure, Alle meines herzens sinn, Gib mir glauben, trost und reue, Daß ich nicht sey was ich bin, JEsu, JEsu, laß mich nicht, Zu dir hab ich zuversicht, Laß mich samt dem schächer finden, Gnade, gnade für die sünden.

4. JEsu, höre mein begehen, Mache mich von sünden los. Schaue, schaue meine zähren: Mein verbrechen ist sehr groß, Groß ist meine missethat, Hier auf erden ist kein rath, Wann du, JEsu, nicht erscheinest, Und mit uns es herzlich meynest.

5. JEsu, trage mit mir schwachen, Liebster JEsu, trag gedult, Dein verdienen wird schlecht machen Meine schweren sünden schuld; Hilf, hilf, daß ich liebe dich, Meinen nächsten, gleich als mich, Mir dein hülf am letzten ende Liebster JEsu, treulich sende.

6. JEsu, JEsu, süsse sonne, Wächter hüter Israel, Meine freude, meine wonne, Die ich einig nur erwähl. Ach! nimm hin der sünden = last, JEsu, gib mir ruh und rast, Daß ich nicht im kampf erliege, Und verzweifelung mich besiege.

7. Dich allein hab ich erreget, Dich allein entrüstet ich, Und zu tieffem zorn beweget, Straf, ach! straffe ja nicht mich, Nach der grösse meiner schuld, JEsu, JEsu, trag gedult, Um der striemen, um der wunden, Die du selbst für mich empfunden.

8. JEsu, wollst dich mein erbarmen, Ich weiß, du wirst gnädig seyn JEsu, mir verirrten armen, Und dein zürnen stellen ein. Dann ja du zu jeder frist, Mein erwünschter retter bist, Du, du bist mein trost und leben, Laß mich dir seyn ganz ergeben.

9. Schließlich gib ein keusches herze, Gib mir, JEsu, muth und sinn Frey von bosheit, argem scherze, Laß mich nirgends denken hin, Als an

CCCCXCVI. 496.

Thu rechnung! rechnung will GOtt, ernstlich von dir haben, Thu rechnung, spricht der HErr, Von allen deinen gaben, Thu rechnung, fürchte GOtt, Du must sonst plötzlich ort, Thu rechnung, denke stets an diese donner = wort.

2. Sprich: lieber GOtt, wer kan für deinem thron bestehen, Wann du mit deinem knecht In dein gericht wilst gehen? Weil in der ganzen welt Zu finden nicht ein mann, Der dir auf tausend nur Ein wort antworten kan.

3. Laß gnade gehn für recht, Ach! laß mich gnade finden, Mach mich aus gnaden los von allen meinen sünden, Laß deines sohnes blut Auch mein herz machen rein, Laß alle meine schuld Todt und vergessen seyn.

4. Laß mich in dieser welt Nur dir zu ehren leben, Laß ja mein leib und seel Dir allzeit seyn ergeben, Dein geist regiere mich), So werd ich wohl bestehn In meiner rechnung, und Zur himmels = freud eingehn.

CCCCXCVII. 497.

Mel. Machs mit mir GOtt, &c.

Auf Christen = mensch, auf, auf zum streit, Auf, auf, zum überwinden, In dieser welt, in dieser zeit Ist keine ruh zu finden. Wer nicht will streiten, trägt die cron Des ewgen lebens nicht davon.

2. Der teufel kommt mit seiner list, Die welt mit pracht und prangen, Das fleisch mit wollust, wo du bist, Zu fällen dich und fangen, Streitst du nicht wie ein tapfrer held, So bist du hin und schon gefällt.

3. Gedenke, daß du zu der fahn Dein's feld = herren hast geschworen, Denk ferner, daß du als ein mann Zum streit bist auserkohren, Ja, denkte, daß ohn streit und sieg Nie keiner zum triumph aufsteig.

4. Wie schmählich ists, wann ein soldat Dem feind den rücken kehret, Wie schändlich, wann er seine statt Verläßt, und sich nicht wehret, Wie spöttlich, wann er noch mit fleiß Aus zagheit wird dem feind zum preiß.

5. Wind an, der teufel ist bald hin, Die welt wird leicht verjaget, Das fleisch muß endlich aus dem sinn, Wie sehr dichs immer plaget, O ewge schande! wann ein held Vor diesen dreyen buben fällt.

6. Wer überwinnt u. kriegt den rauut Der feinde, die vermessen, Der wird im paradieß vom baum des ewgen lebens essen;

essen: Wer überwindt, den soll kein
L.yd, Noch tod berühren in ewigkeit.
7. Wer überwindt, und seinen lauf
Mit ehren kan vollenden, Dem wird
der HErr alsbald darauf Verborgnes
manna senden,Ihm geben einen weißen
stein Und einen neuen namen drein.
8. Wer überwindet, bekommt gewalt,
Wie Christus, zu regieren, Mit
macht die völker mannigfalt In einer
schnur zu führen: Wer überwindt
bekommt vom HErrn Zum feld = ra-
nier den morgen = stern.
9. Wer überwindt, sol ewig nicht Aus
GOttes tempel gehen Vielmehr drinn
wie ein englisch licht Und güldne säule
stehen; Der name GOttes unsers HErrn
Soll leuchten vor ihm weit und fern.
10. Wer überwindt, soll auf dem thron
Mit Christo JEsu sitzen; Sol' glänzen
wie ein GOttes sohn, Und wie die sonne
zeigen, Ja ewig herrschen und regiern
Und immerdar den himmel ziern.
11. So streit dann wohl, streit keck
und kühn, Hast du mögst überwinden
Streng an die kräfte, muth und sinn,
Daß du diß guth mögst finden. Wer
nicht will streiten um die cron, Bleibt
ewiglich in spott und hohn.

CCCCXCVIII. 498.

Mel. JEsus, meine zuversicht, rc.

Guter hirte, wilt du nicht Deines
schäfleins dich erbarmen, Und
nach treuer hirten pflicht Tragen
heim auf deinen armen? Wilt du
mich nicht aus der quaal Holen in den
freuden = saal.

2. Schau, wie ich verirret bin Auf der
wüsten dieser erde, Komm, und bringe
mich doch hin Zu den schaafen deiner
heerde, Führ mich in den schaafstall
ein Wo die heilgen lämmer seyn.

3. Mich verlangt, sich mit der schaar,
Die dich loben, anzuschauen: Die da
weyden ohn gefahr Auf den fetten
himmels-auen, Die nicht mehr in furchten stehn, Und nicht können irregehn.

4. Dann hier bin ich sehr bedrängt,
Muß in steten sorgen leben, Weil die
feinde mich umschränkt, Und mit list
und macht umgeben, Daß ich armes
schäflein Keinen blick kan sicher seyn.

5. O HErr JEsu, laß mich nicht In der
wölfe rachen kommen. Hilf mir nach
der hirten-pflicht, Daß ich ihnen werd
entnommen, Hole mich, dein schäflein, In den ewgen schaafstall ein.

CCCCXCIX. 499.

Mel. Alle menschen müssen sterben.

JEsu, frommer menschen = heerden,
Guter und getreuer hirt,Laß mich
auch dein schäflein werden, Das dein
fuß und stimme führt, Ach! du hast
aus lieb dein leben Für die schaafe

hin gegeben, Und du gabst es auch für
mich, Laß mich wieder lieben dich.

2. Heerden ihren hirten lieben, Und
ein hirt liebt seine heerd, Laß uns
auch so lieb üben, Du im himmel,
ich auf erd. Schallet deine lieb hernieder, Soll die meine schallen wieder, Wann du rufst: ich liebe dich,
Ruft mein herz, dich liebe ich.

3. Schaafe ihren hirten kennen, dem
sie auch sind wohlbekannt, Laß mich
auch nach dir so rennen, Wie du kamst
zu mir gerannt, Als du Höllen-wol-
fes rachen Eine beut aus mir wolt
machen, Ruffest du: ich kenne dich,
Ich auch rief: dich kenne ich.

4. Heerden ihren hirten hören, Folgen
seiner stimm allein, Hirten auch zur
heerd sich kehren, Wann sie blöcken
groß und klein, Laß mich hören, wann
du drauest, Laß mich lauschen, wann
du drauest, Laß mich herdem stets auf
dich, JEsu! hör du auch mich.

5. Höre JEsu! und erhöre Meine, deines
schäfleins sich: Mich auch zu dir schreyen
lehre, Wan sich nahet des wolfes grimm,
Laß mein schreyen dir gefallen, Deinen
trost herwieder schallen, Wann ich bäte
höre mich, JEsu sprich: ich höre dich.

6. Höre, JEsu, und erhöre, Wann ich
ruf, ankiepf und schrey, JEsu, dich
von mir nicht kehre, Steh mir bald in
gnaden bey, Ja du hörst, in deinem
namen, Drum ist alles ja und amen.
Nun ich glaub und fühle schon Deinen trost, o GOttes sohn!

CCCCC. 500.

Schönster Immanuel, Herzog der
frommen, Du, meiner seelen
trost, komm, komm nur bald, Du hast
mir, höchster schatz, mein herz genommen, So ganz vor liebe brennt, Und
nach dir wallt. Nichts kan auf erden
Mir liebers werden, Als wann ich
meinen JEsum stets behalt.

2. Dein nam ist zuckersüß, honig im
munde, Hold,selig, lieblich, frisch, wie
kühler thau, Der feld und blumen
netzt zur morgen = stunde: Mein JE-
sus ist es mir, dem ich vertrau. Dann
weicht von herzen, Was mir macht
schmerzen, Wann ich im glauben ihn
anbät und schau.

3. Ob mich das creutze gleich hier zeitlich plaget, Wie es bey Christen oft
pflegt zu geschehn: Wann meine
seele nur nach Jesu fraget, So kan das
herze schon auf rosen gehn.Kein ungewitter Ist mir so bitter, Mit JEsu
kan ichs fröhlich überstehn.

4.Wann satans list mir macht,mich will
verschlingen, Was das gewissens auch
sie stinden sagt: Was auch mit ihrem
heer mich will umringen Die hölle,
wann

wann der tod am hertzen nagt, Steh
ich doch veste, JEsus der beste Ist, der
sie alle durch sein blut verjagt.
5. Ob mich auch will die welt verfolgen, hassen, Und bin darzu veracht bey jederman, Von meinen freunden auch gäntzlich verlassen, Nimmt JEsus meiner doch sich hertzlich an Und stärcket mich müden, Spricht: sey zufrieden, Ich bin dein bester freund, so helfen kan.
6. Drum fahret immer hin, ihr eitelkeiten, Du, JEsu du bist mein und ich bin dein, Ich will mich von der welt zu dir bereiten, Du solt in meinem hertz und munde seyn: Mein gantzes leben, Sey dir ergeben, Biß man mich einsten legt ins grab hinein.

CCCCCI. 501.

Mel. O HErre GOtt, dein göttl.

HErr Zebaoth! dein heil'ges wort,
Welchs du uns hast gegeben :,:
Daß wir darnach an allem ort Solln
richten lehr und leben, Ist worden
kunt Aus deinem mund, Und in der
schrifft beschrieben: Rein, schlecht
und recht, Durch deine knecht, Vom
heil.gen Geist getrieben.
2. Diß wort, welchs jetzt in schrifften steht Ist vest und unbeweglich :,: Zwar himmel und die erd vergeht, Gotts wort bleibt aber ewig Kein höll, kein plag, Kein jüngster tag, Vermag es zu vernichten; Drum denen soll Seyn ewig wohl, Die sich darnach recht richten.
3. Es ist vollkommen, hell und klar, Die richtschnur reiner lehre: Es zeigt uns auch ganz offenbar GOtt, seinen dienst und ehre, Und wie man soll, Hier leben wohl. Lieb, hoffnung, glauben üben: Drum fort und fort Wir dieses wort Von hertzen sollen lieben.
4. Im creutz gibts lust, in traurigkeit Zeigt es die freuden-quelle: Den sünder, dem die sünd ist leyd, Entführet es der hölle. Giebt trost an hand Macht auch bekannt Wie man soll willig sterben, Und wie zugleich Das himmelreich Durch Christum zu ererben.
5. Sich! solcher nutz, so grosse kraft, Die nimmer ist zu schätzen :,: Des Herren wort in uns wirckt und schafft; Darum wir sollen setzen Zurück gold, geld, Und was die welt Sonst herrlich pflegt zu achten, Und jederzeit, In lieb und leyd, Nach dieser perle trachten.
6. Nun, HErr! erhalt dein heiliges wort, Laß uns sein kraft empfinden :,: Den feinden steur an allem ort Zeuch uns zurück von sünden. So wollen wir dir für und für Vom gantzen hertzen dancken. HErr, unser hort! Laß uns dein wort Vest halten, und nicht wancken.

CCCCCII. 502.

Mel. O GOtt, du frommer Gott.

HErr allerliebster GOtt, der du mir
dieses leben, Leib, seele und vernunfft Aus gnaden hast gegeben, Regiere ferner mich Durch deinen guten geist, Daß er in allem thun Mir kraft und beystand leist.
2. Hilf, daß ich allezeit Des fleisches lüste meide, Hingegen einsiglich Des geistes wercke treibe, Und gute ritterschaft Ausübe, auch dabey, In hofnung immer starck und vest gegründet sey.
3. Gib, daß ich als ein Christ, Wie Christus, mich bezeige. Und meine ohren stets Zu seiner lehre neige: In glauben stärcke mich, Daß ich der argen welt Nicht folge, wann sie mich Von deinem wort abhält.
4. Entzünde du mein hertz Mit deiner wahren liebe, Und gib, daß ich zugleich Am nächsten liebe übe. Verleihe mir gedult Wann trübsal bricht herein, Und hilf, daß ich im glück Demüthig möge seyn.
5. Verleihe, daß ich stets Nach deinem reiche ringe, Auf daß dein segen sich Zu mir herunter dringe; Wer nach dem ewigen, Vor allen dingen tracht, Der wird auch wohl mit dem, Was z itlich, ist bedacht.
6. Haß, falschheit, übermuth, Und heucheley darneben, Laß ja an mir nicht seyn In meinem gantzen leben: List, unrecht, freyel, geitz, Und unbarmhertzigkeit, Sey ferne weg von mir, O GOtt, zu aller zeit.
7. Mit deiner rechten hand, HErr, wollest du mich leiten, Und schützen tag und nacht, Daß meine tritt nicht gleiten: Du wollest meine burg und schutz in nöthen seyn, Wann ich in meinem amt Ausgehe oder ein.
8. Zuletzt erlöse mich von allem creutz und leiden, Und wann ich soll einmal Von dieser welt abscheiden, So stehe mir bey Mit deiner gnaden-hand, Und führe mich hinauf ins rechte vaterland.

CCCCCIII. 503.

Mel. Christus der uns selig macht.

O wie ist der weg so schmal, Der uns einig führet Zu des Lebens-Fürsten saal: Wie so manche rühret Das verlangen seiger lust Welche doch nicht kommen, Wegen welt-gesinnter brust, In das reich der frommen.
2. Dann sie scheuen gar zu sehr Raue steine und dörner, Und was andre mühen mehr, Die des hochmuths hörner Von sich stossen: ja man muß Hertz und stirne ritzen, Ohn verzagen und verdruß, An viel stachel-spitzen.
3. Und die himmelspfort ist klein, W r
hindurch

hindurch will gehen, Und nicht gleich=
falls klein mag seyn, Bleibet draussen
stehen, Dieses nadel=ohr verschmäht
Ihn, der seinen rücken Nicht darnach
geschicklich dreht, Noch kan niedrig
bücken.
4. Ach! wer hilft dann mir durchhin,
Der ich gleich kamelen Von den lastern
höckrich bin, Wer hilft meiner seelen
Von der grossen hindrungs=last JEsu
mein verlangen, Daß ich als ein him=
mels=gast Möge dich umfangen?
5. Thut es nicht dein heilger Geist, Ja
er ist es eben, Heyland! der uns zu
dir weist, Dann wer kennt dich leben,
Licht! wer findet ihn zu dir Ausser
diesen gaben, Die von seiner strahlen=
zier Wir getaufte haben.
6. Er muß uns des glaubens=licht Zün=
den und erhalten, Seine glut ist, die
uns nicht Läst in lieb erkalten, Friede,
sanftmuth, trost, gedult, Und ein muth
im' leiden, Seynd geschencke seiner
huld, Samt den hertzens=freuden.
7. Dieser muß erbäten seyn, So man
will erwerben, JEsu, deiner kronen
schein, Und recht selig sterben, Seine
sanfte wehung kan, Wann wir sie=
gend schwitzen, Uns erquicken auf der
bahn, Nach der freuden spitzen.
8. Ach! so send uns deinen Geist, Laß
ihn auf uns schweben, Wie du deinen
jüngern hast Ihn zu trost gegeben, Kom
ach komm du werther geist, Daß auch
wir einst kommen, Da, wohin dein trieb
uns weist. In das reich der frommen.

CCCCCIV. 504.

Im Th. Es, ist gewißlich an der zeit.

D Ottes Sohn, HERR JESU
Christ, Daß man recht könne
glauben, Nicht jedermannes dung
es ist, Auch standhaft zu verbleiben:
Drum hilf du mir von oben her, Des
wahren glaubens mich gewähr, Und
daß ich drinn beharre.
2. Lehr du, und unterweise mich, Daß
ich den vater kenne, Daß ich, o JEsu
Christe dich, Den sohn des höchsten
nenne: Daß ich auch ehr den heilgen
Geist, Zugleich gelobet und gepreißt
In dem dreieinigen wesen.
3. Laß mich vom grossen gnaden=heyl
Das wahr' erkäntniß finden, Wie der
nur an dir habe theil Dem du vergibst
die sünden, Hilf, laß ich such, wie mir
gebührt, Du bist der weg, der mich
recht führt, Die wahrheit und das
leben.
4. Gib. daß ich traue deinem wort, Ins
hertze es wohl fasse: Daß sich mein
glaube immerfort Auf dein verdienst
verlasse: Daß zur gerechtigkeit mir
werd, Wann ich von sünden werd be=
schwert, Mein lebendiger glaube.
5. Den glauben, HErr, laß trösten sich

Des bluts, so du vergissen: Auf daß
in deinen wunden ich Bleib allzeit
eingeschlossen: Und durch den glauben
auch die welt Und was dieselb am höch=
sten hält, Für koth allzeit nur achte.
6. Wär auch mein glaub wie senfkorn
klein Und daß man ihn kaum merke,
Wollst du doch in mir mächtig seyn,
Daß deine gnad mich stärke Die das
zerbrochne rohr nicht bricht, Das
glimmend tocht auch vollends nicht
Auslöschet in den schwachen.
7. Hilf, daß ich stets sorgfältig sey,
Den glauben zu behalten, Ein gut ge=
wissen auch dabey, Und daß ich so mög
walten, Daß ich sey lauter jederzeit,
Ohn anstoß, mit gerechtigkeit Erfüllt
und ihren früchten.
8. HErr, durch den glauben wohn in
mir, Laß ihn sich immer stärcken, Daß
er sey fruchtbar für und für Und reich
in guten wercken: Daß er sey thätig
durch die lieb Mit freuden und gedult
sich üb, Dein nächsten fort zu dienen.
9. Insonderheit gib mir die kraft,
Daß vollends bey dem ende Ich üb
die gute ritterschaft: Zu dir allein
mich wende In meiner letzten stund
und noth, Des glaubens=end durch
deinen tod, Die seligkeit erlange.
10. HErr JEsu, der du angezündet Das
fünklein in mir schwachen, Was sich
vom glauben in mir findt: Du wollst
es stärcker machen. Was du gefangen
an, vollführ Bis an das end, daß dort
bey dir Auf glauben selg das schauen.

CCCCCV. 505.

Im Th. O GOtt, du frommer GOtt.

D Er gnadens=brunn fleußt noch. Den
jedermann kan trinken Mein geist
laß deinen GOtt Dir doch umsonst nicht
wincken, Es lehrt dich ja das wort,
Das licht vor deinem fuß, Daß Chri=
stus dir allein Von sünden helfen muß.
2. Dein thun ist nicht geschickt Zu ei=
nem bessern leben: Auf Christum rich=
te dich, Der kan dir solches geben. Der
hat den zorn versöhnt Mit seinem
theuren blut, Und uns den weg ge=
bahnt Zu GOtt dem höchsten guth.
3. Die sünden ab zu thun Kanst du dir
ja nicht trauen, Dein glaube muß
allein Auf GOttes hülfe bauen. Ver=
nunft geh wie sie will, Der satan kan sie
drehn: Hilft GOttes Geist dir nicht,
so ist's um dich geschehn.
4. Nun, HErr ich fühle durst Nach
deiner gnaden=quelle, Wie ein gejag=
ter hirsch Auf so viel sünden=fälle.
Wo komm ich aus der noth, Als durch
den gnaden=saft? Hilf mir durch dei=
nen Geist, In mir ist keine kraft.
5. Du hast ja zugesagt: Du wollst, die
durst empfinden Nach der gerechtigkeit,

Befreyn

gütigkeit, So ist mir immer wohl In der gelassenheit.

CCCCCVI. 506.

Im Th. Wer nur den lieben GOtt ꝛc.

Was giebst du dann, o meine seele, GOtt, der dir täglich alles gibt? Was ist in deines leibes=höle, Das ihn vergnügt und ihm beliebt? Es muß das liebst und beste seyn, Gib ihm, gib ihm das hertz allein.

2. Du must, was Gottes ist, GOtt geben, Sag seele, wem gebührt das hertz? Dem teufel nicht, er haßt das leben. Wo dieser wohnt ist höllen=schmertz, Dir, dir, o GOtt, dir soll allein Mein hertz aufwärts gewidmet seyn.

3. So nimm nun hin was du verlangest Die erstgeburt ohn alle list, Das hertz, damit du schöpfer prangest, Das dir so saner worden ist, Dir geb ichs willig, du allein hast es bezahlt, es ist ja dein.

4. Wem solt ich mein hertz lieber gönnen, Als dem, der mir das seine gibt? Dich kan ich mein'n hertzlieben nennen Du hast mich in den tod geliebt. Mein hertz, dein hertz, ein hertz allein, Soll dein und keines andern seyn.

CCCCCVII. 507.

Im Th. Werde munter mein gemüthe.

Auf! mein geist, du hast gelauffen Lang genug der sünden bahn, Wilt du nicht zum teufels=hauffen, So schwing jetzt dich himmel an; JEsus ladet in sein hauß, Will daselbsten theilen aus Heyl, gnad, und was mehr erquicket, Sey nur recht dazu geschicket.

2. Wohl! ich komm und fühl den schaden, Darin ich gesetzet bin; Könt ich nun in thränen baden, Ach was gäb ichs nicht drum hin. Eitles wesen sey verflucht, Das ich bisher sehr gesucht, Welt und lust mit deinen schätzen, Weg nur, du kanst nicht ergötzen.

3. Meiner sünden centnerplagen, Wie der wellen tolle fluth, Mich zu tausend trümmern schlagen, Und ertödten allen muth. Mein hertz ist gar sehr bedrängt, Und in kummer eingezwängt, Ach! mein JEsu, zu mir kehre, Eh ich mich in angst verzehre.

4. Dann vor dir fall ich jetzt nieder, Sag und, als sey der furcht, Weicher dir das pfand gab wieder, Ohne wucher allzuschlecht: Wilt du ins gerichte gehn? Wie wolt ich vor dir bestehn? O ihr berge! mich bedecket, Und ihr grüften in euch stecket.

Was den kindes=namen hat? Wie wollst du dann mich verlassen, Wegen meiner übelthat? Nein, derselben ernstes leyd Machet, daß du bist bereit, Mich schon wieder zu umarmen, Und dich meiner zu erbarmen.

7. O glückselig dann die stunden, Die zur buß sind angewandt, Neu an JEsu mich verbunden, Bringen mich in ruhestand. Nun ich Sodom bin entführt, Soll nicht werden mehr gespürt Irreisch leben, blinde wercke, JEsu, meinen vorsatz stärcke.

CCCCCVIII. 508.

Im Th. CHristus der uns selig macht.

Liebster Vater, ich dein kind, Komm zu dir geeilet, Weil ich sonsten niemand find, Der mich armen heilet. Meine wunden sind sehr groß, Groß sind meine sünden, Mach mich von denselben los, Laß mich gnade finden.

2. Führest du väterlichs geschlecht, Und hast vaters sitten, Ey so hab ich kinder recht, Und darf einmahl bitten, Dann den kindern steht es frey, Vater anzuflehen; Vater, deine gnad und treu Laß mich armen sehen.

3. Liebster Vater, wilt du dich Vater lassen nennen, Ey so wirst du lassen mich Vaters sinn erkennen, Dann das wär ja viel zu schlecht, Bloß den namen führen, Und nicht thun nach Vaters recht, Wie sichs will gebühren.

4. Ach! verzeih mir, ach! vergib, Was ich mißgehandelt, Weil ich nach der sünden trieb Oftermals gewandelt, Ach sehr groß ist meine schuld, Groß sind meine sünden, Decke mich mit deiner huld, Laß mich gnade finden.

CCCCCIX. 509.

Im Th. Wer nur den lieben GOtt ꝛc.

Ich bin vergnügt und halte stille, Ob mich schon manche trübsal drückt, Und dencke, daß es Gottes wille, Der mir das kreutze zugeschickt, Und hat er mir es zugefügt, So trägt ers mit, Ich bin vergnügt.

2. Ich bin vergnügt in meinem hoffen, Dann hilft GOtt nicht gleich wie ich will, So hat er doch den schluß getroffen, Er weiß die beste zeit und ziel, Ich harr auf ihn dann so betrügt Die hoffnung nicht, Ich bin vergnügt.

3. Ich bin vergnügt in allem leyden, Dieweil es doch nicht ewig währt, Es soll mich nichts von JEsu scheiden Weil ley=

kys in freuden wird verkehrt, Mein
Heyland hat die angst besiegt, Die
gantze welt, Ich bin vergnügt.
4. Ich bin vergnügt drweil ich lebe,
Hab ich nicht viel und mancherley, So
gaub ich, daß mir alles gebe, Der da
mein GOtt und vater sey, Ob gleich
der arme unter liegt, So heißt es doch
Ich bin vergnügt.
5. Ich bin vergnügt, wann meiner spotten die welt, und die falsche welt,
Was scheeren mir die arge retten? Ein
frommer Christ behält das feld, Wann
er sich nur gedultig schmiegt, Und demuth liest, Ich bin vergnügt.
6. Ich bin vergnügt auch in dem sterben, Wann nun der geist vom cörper
eilt, Ich weiß, daß wir die cron ererben, Die uns vorlängsten zugetheilt,
Weil Gott in seinem wort nicht lügt,
Drum sag ich noch: Ich bin vergnügt.
7. Ich bin vergnügt in JEsu armen,
Und ruhe sanft in seinem schooß, Er
nimmt mich an bloß aus erbarmen,
Und machet meine seufzer loß, So
habe ich die welt besiegt, Und bleibt
dabey, Ich bin vergnügt.

CCCCCX. 510.

Mel. O GOtt, du frommer GOtt.

1. Du sagst: ich bin ein Christ: Wohlan, wann werck und leben Dir dessen was du sagst, Beweiß und zeugniß
geben So sieht es wohl um dich: Ich
wünsche, was du sprichst, Zu werden
alle tag, Nemlich ein guter Christ.
2. Du sagst: ich bin ein Christ; Der
ist's, der JEsum kennet, Und seinen Go-t
und HErrn ihn nicht alleine nennet,
Sondern thut auch mit fleiß, Was
fordert sein gebet, Thust du nicht
auch also, Ist, was du sagst, ein spott.
3. Du sagst: ich bin ein Christ; Wer
sichs will nennen lassen, Muß lieben
was ist gut, Mit ernst das böse hassen
Der liebet Christum nicht, Der noch
die sünde liebt, Ist auch kein Christ,
ob er sich gleich den namen gibt.
4. Du sagst: ich bin ein Christ, Daran
ich bin ja besprenget Mit wasser in
dem wort, Mit Christi blut vermen-
get, Ja wohl! hast aber du Gehalten
auch den bund? Den du mit GOtt
gemacht In jener gnaden-stund.
5. Hast du ihn nicht vorlängst Gar
erst und viel getrieben? Hast du, als
GOttes kind, Dich, wie du hast versprochen, In allem thun erzeigt, Dem
guten nachgestrebt? Hat nicht der
alte mensch In dir bisher gelebt.
6. Du sagst: ich bin ein Christ; Weil
Gottes wort und lehre Ohn allen menschen stand Ich fleißig leß und höre, Ja
solches thust du auch, Was dieses wort
dich lehrt? Nicht der's hört, sondern
thut, der ist bey GOtt geehrt.

7. Du sagst: ich bin ein Christ; Ich
beichte meine sünden, Und laß beym
reichlichsten mich Auch öftermalen finden, Findt aber sich, mein freund, Ich
bitte, sag es mir, Nach abgelegter
beicht, Die beßrung auch bey dir?
8. Ach! du bleibst nach wie vor, Dein
worte, werck und sinnen Wird oft noch als
ärger noch; Dein vorsatz und beginnen
Geht nach dem alten trieb Und was
noch gut soll seyn, Ist wann mans recht
besicht, Ein lauter heuchel-schein.
9. Du sagst: ich bin ein Christ; Laß
speisen mich und tränken Mit dem,
was Christus mir Im abendmahl will
schenken, Wohl, aber zeige mir, Ob
Christi leib und but In dir zur heiligung Auch seine wirkung thut.
10. Du sagst: ich bin ein Christ; Ich
bet, leß und singe, Ich geh in Gottes
hauß, Sind das nicht gute dinge?
Sie sind es: aber wann Sie werden
so verricht, Daß GOtt auch stets dabey Ein reines hertze sicht.
11. Du sagst: Ich bin ein Christ; Ich
kan ers nicht gestehen, Es sey dann Daß
ichs werd Aus deinem wandel sehen:
Wer sagt und rühmet, daß Er Christo angehör, Und auch sein jünger
sey, Muß wandeln, gleichwie Er.
12. Bist du ein solcher Christ So must
du seyn gesinnet, Wie JEsus Christus
war; Wann reine liebe brennet Aus
deines hertzens-quell, Wann du demüthig bist Von hertzen, wie der
HERR, So sag, du seyst ein Christ.
13. So lange aber noch An dir erich-
und spühre, Daß stoltz und hochmuth
Dein sinn und hertz regiere, Wann an
der sanftmuth stell Sich zeiget haß
und neid, So bist du gantz gewiß
Vom Christenthum sehr weit.
14. Sagst du: ich bin ein Christ, Und
rühmst dich deß mit freuden? Thust
aber du auch mehr Als andre kluge
Heyden? Ach! öfters nicht so viel,
Was gutes sie gethan, Sie werden
dorten dich Gewißlich klagen an.
15. Sag nicht: ich bin ein Christ, Als
daß dir werck und leben Auch dessen,
was du sagst, Beweiß und zeugniß geben, Die wort seynd nicht genug, Ein
Christ muß ohne schein Das, was er
wird genannt, Im wesentlichen seyn.
16. Ach! mein Gott! gib genad, Mich
ernstlich zu befleißen, Zu seyn ein wahrer Christ, Und nicht nur so zu heißen,
Denn welcher nam und that Nicht hat
und führt zugleich Der kommet nimmermehr Zu dir ins himmelreich.

CCCCCXI. 511.

Mel. Hertzlich thut mich verlangen.

Gleich wie mit durst umfangen, Ein
hirsch nach wasser schreyt ::. So
träget

Neuer Anhang.

träget auch verlangen Nach deiner ewigkeit, HErr JEsu! meine seele Die wünschet mit begier, Aus dieser leibes=höle Zu kommen: bald zu dir.
2. Wann doch, wan werd ich kommen? Mein herz voll seuftzen spricht:,: Zu sehen mit den frommen, O GOtt! dein angesicht? O JEsu! mein vergnügen! Nach dir verlanget mich. Wann wird die zeit sich fügen, Zu leben stets um dich?
3. Ach! daß ich möchte hören Die süsse lebens=wort:,: Die alles leyd verzehren, Wie bey dem schächer dort: Heut wirst du mit mir leben Jm paradieses=schloß, Und ewig bey mir schweben Jn Abrahams vater=schoos.
4. O! wie werd ich voll freuden Jn Salems thoren stehn:,: Ach! muß ich ferner leiden Verzug, dahin zu gehn? Wie ist mir doch so bange Nach dieser seligkeit! Wie wart ich schon so lange Auf solche freuden=zeit!
5. Was man sich auserlesen, Und jetzt bitet lieblich ein:,: Das allerschönste wesen Wird nichts dargegen seyn: Kein mensch hats noch vernommen, Auch ist es dieser zeit Jn keines herz noch kommen, Was GOtt daselbst bereit.
6. Da wird, o freud und wonne! Sich JEsus stellen dar:,: Viel schöner als die sonne, Nicht wie er vormals war Jn knechts=gestalt erscheinen, Wir werden allezeit Jhm sehn die engel dienen Jn seiner herrlichkeit.
7. Wir werden fröhlich hören Der engel music=klang:,: Die JEsum stets verehren Mit einem lobgesang. Auch werden wir erblicken GOtt selbst von angesicht. O! was kan mehr erquicken, Als GOtt in seinem licht?
8. O freud! o lieblich wesen! O wollust ewiglich:,: O seliges genesen! Ach GOtt! wie sehn ich mich, Wie wünscht mein herz zu kommen Aus dieser kummer=welt, Wann werd ich aufgenommen Jn GOttes wohn=gezelt?
9. Wer oft mit nassen wangen, Nach seinem vaterland:,: Entdecket sein verlangen, Der bleibt im fremden land, Also wünsch ich auf erden Zur himmel=vater=stadt Bald aufgeführt zu werden, Da fried ist ewig satt.
10. So schick es dann mit freuden, O JEsu! bald mit mir, Mein wunsch ist abzuscheiden Und bald zu seyn bey dir. Fahr hin was irrdisch heisset Und was mit falschem schein Jn pracht und hoffart gleisset! Bey Christo will ich seyn.
11. Doch so es abzuscheiden Vielleicht noch nicht ist zeit:,: Jch muß noch mehrers leiden Jn dieser sterblichkeit. HErr! thu nach deinem willen, Laß mich in deiner gnad Das leidens=loos erfüllen, Jndessen gib gedult.

12. Hilf mir die jüden mehr,:,: Treib mir im leiden, Und dann, wann kömt der tod: So lehre mich bedenken, Daß du auf solche weiß, Und anders nicht wilt schenken Dein freuden=paradeiß.

CCCCCXII. 512.

Mel. Lebt jemand so wie ich, rc.

WEr seinen JEsum hält, So lang ihn quält die welt, Und JEsum nicht will lassen Auf seines lebens strassen, Der schaut in JEsu hier Die offne himmels=thür.
2. Wer seinen JEsum faßt Jn aller creutzes=last, Und sie von seinem rücken Auf JEsum nur kan drücken, Dem macht sie JEsus leicht, Und hat die ruh erreicht.
3. Wer schwinget seinen sinn Zu seinem JEsu hin, Und läßt die glaubens=flügel Gehn über alle hügel, Der tritt die himmels=bahn Mit seinem JEsu an.
4. Wer JEsu lippen hört, Und seine stiftung ehrt, Wer JEsu reine wunden Auf seine seel gebunden, Dem gehet JEsu blut Durch seel, geist, blut und muth.
5. Wem JEsus alles ist, Der recht den himmel küßt, Sein berge schon auf erden Muß JEsu himmel werden, Sein leben ist vergnügt, Sein tod dem tod obsiegt.
6. Jch halte JEsum vest, Mein JEsus mich nicht läßt, Die zugeschickte plagen Hilft JEsus mit mir tragen, Jch flieh gen himmel nauf, Mein JEsus ist mein lauf.
7. Die flügel sind zwar schwer, Ach JEsu! hilf und wehr, Vom heissen creutz geschwärzet, Von JEsu hand geherzet, Jch flieh, ich flieh allzeit Jn meines JEsu seit.
8. Jch höre deine wort, O JEsu, lebens=hort, Dein leib und blut mich stärcken in allen meinem wercken, Du bist, HErr JEsu, mein, Jch bin, o JEsu, dein.
9. Jch bin im himmel schon, O JEsu, meine cron, Jn JEsu ich stets schwebe, Jm tod mit JEsu lebe, Mein JEsus bleibet mir Mein alles für und für.

CCCCXIII. 513.

Mel. OH HErre GOtt begnade mich

JCh glaub an einen GOtt allein, Der alle dinge groß und klein, Den himmel und die erden Aus nichts hat lassen werden: Der auch mich selbst aus lauter gnad Zu seinem dienst erschaffen hat, Mir leib und seel gegeben, Sinn und vernunft darneben.
2. Durch seine weisheit, macht und güt All sein geschöpfe er behüt Er ist mein vater und mein GOtt, Der mir zu

hülfe kommt in noth, Mich schützet und ernähret.
3. Ich glaube auch an JEsum Christ, Der GOtt vom Vater ewig ist, Und dann ein mensch geboren, Daß ich nicht ward verloren, Am stamm seines Vaters huld erwarb, Am stamm des creuzes für mich starb, Fuhr zu der höllen nieder, Stund auf vom tode wieder.
4. Und zu vollenden seinen lauf, Fuhr er ins himmels-thron hinauf, Von da er kommen wird einmal, Daß er die menschen richte all, Die lebenden und todten.
5. Ich glaub auch an den heiligen Geist, Der gleich ist wahrer GOtt und heißt Ein lehrer unsrer sinnen, Der ewig ohn beginnen Vom Vater und dem Sohn ausgeht, Der den betrübten hier beysteht, Daß sie vergebung finden All ihrer schuld und sünden.
6. Ich glaube, daß erhalten werd Ein allgemeine kirch auf erd, Bey der sich stets blei- des Geistes gab. Ich glaub, daß dieses fleisch vom grab Werd auferstehn zum leben.

CCCCCXIV. 514.

Mel. Ich dank dir, lieber HErre.

Befiehl du deine wege, und was dein herze kränkt, Der allertreusten pflege Deß, der den himmel lenkt, Der wolken, luft und winden Gibt wege, lauf und bahn, Der wird auch wege finden, Da dein fuß gehen kan.
2. Dem HErren must du trauen, Wann dirs soll wohl ergehn: Auf sein werk must du schauen, Wann dein werck soll bestehn: Mit sorgen und mit grämen, Und mit selbst eigner pein, Läßt GOtt ihm gar nichts nehmen, Es muß erbäten seyn.
3. Dein wege treu und gnade, O Vater, weiß und siehst, Was gut sey oder schade Dem sterblichen geblüt, Und was du dann erlesen, Das treibst du starcker held, Und bringst zum stand und wesen, Was deinem rath gefällt.
4. Weg' hast du allerwegen, An mitteln fehlt dirs nicht: Dein thun ist lauter segen, Dein gang ist lauter licht, Dein werk kan nemand hindern, Dein arbeit kan nicht ruhn, Wann du, was deinen kindern Erspießlich ist, willt thun.
5. Und ob gleich alle teufel Hie wollten widerstehn, So wird auch ohne zweifel GOtt nicht zurücke gehn: Was er ihm vorgenommen, Und was er haben will, Das muß doch endlich kommen Zu seinem zweck und ziel.
6. Hoff, o du arme seele, Hoff und sey unverzagt, GOtt wird dich aus der höle, Da dich der kummer plagt, Mit grossen gnaden rücken, Erwarte nur der zeit, So wirst du schon erblicken Die sonn der schönen freud.

7. Auf! auf! gib deinem schmertze und sorgen gute nacht, Laß fahren, was das hertze betrübt und traurig macht, Bist du doch nicht regente, Der alles führen soll: GOtt sitzt im regimente, Und führet alles wohl.
8. Ihn lasse thun und walten, Er ist ein weiser fürst, Und wird sich so verhalten, Daß du dich wundern wirst, Wann er, wie ihm gebühret, Mit wunderbarem rath, Das werk hinaus geführet, Das dich bekümmert hat.
9. Er wird zwar eine weile Mit seinem trost verziehn, Und thun an seinem theile, Als hätt in seinem sinn Er deiner sich vergeßen, Und sollst du für und für In angst und nöthen schweben, Als fragt er nichts nach dir.
10. Wirds aber sich befinden, Daß du ihm treu verbleibest, So wird er dich entbinden, Da dus am mindsten glaubst, Er wird dein herze lösen Von der so schweren last, Die du zu keinem bösen Bisher getragen hast.
11. Wohl dir, du kind der treue, Du hast und trägst davon, Mit ruhm und dank-geschreye, Den sieg und ehren-cron, GOtt gibt dir selbst die palmen In deine rechte hand, Und singest freuden-psalmen Dem, der dein leyd gewandt.
12. Mach end, o HErr, mach ende An aller unsrer noth, Stärk unsre füß und hände, Und laß bis in den tod Uns allzeit deiner pflege Und treu empfohlen seyn, So gehen unsre wege Gewiß zum himmel ein.

CCCCCXV. 515.

Mel. JEsus meine zuversicht, rc.

Meine hoffnung läßt mich nicht, Alles mag mich sonst verlaßen Ruht mein herz in GOtt, und spricht: Ich will ihn getrost umfassen; Ach so hab ich trost und heil, JEsus ist der seelen theil.
2. O wie eitel ist die welt: Hier schläft man auf spinnen-weben! Aber wers mit JEsu hält, Nur allein ihm denkt zu leben, Nähret sich mit honig-thau, Auch auf dieser wermuths-au.
3. Zweifel tödtet nur das herz, Edle geister müssen bessen Der mich schlägt mit angst und schmerz, Läßt mir auch den himmel offen, Ist GOtt meine zuversicht, Trotz dem, der mir widerspricht.
4. Zähren sind die jammer-saat, Ich muß mich mit thränen salben; Nur getrost, der dornen-pfad Geht kaum bißlet allenthalben. Ein gelaßnes herze schweigt, Bis der sturm die sonne zeigt.
5. Otter-gift und blasser neid, Hat die unschuld oft verletzet, Redlichkeit wird doch allzeit Nach dem unglücks-sturm

sturm ergötzet. Ein gewissen das Gott weiß, Trägt der tugend ehrenpreiß.

6. Schweige demnach ungestillt. Cent-ner-sorgen sind nur plagen, Hast du deines Gottes huld, Je so darffst du nicht verzagen! Rahe nur, und bess auf ihn, Nach dem trauren folgt gewinn.

7. Hoffnung, o du vester grund! Ach so laß mich nimmer sinken, Und wann mein erblaßter mund Soll des tods wermuth trinken, Je so stell in hoffnung mir Nichts als meinen Jesum für.

CCCCCXVI. 516.

Mel. Werde munter, mein gem.

Sey zufrieden meine gemüthe, Nimm dich keines kummers an. Schaue nur auf Gottes güte, Was Gott thut ist wohl gethan: Ihm sey alles heimgestellt. Mir beliebt, was ihm gefällt: also sprech ich, Gottes fügen Bleibt im leben mein vergnügen.

2. Zwar ich hätte viel zu klagen, Aber doch was hilft mich diß? Dann das klagen meiner plagen Mehrt nur die bekümmerniß. Lieber hoff ich in gedult Auf des lieben Gottes huld; Also bleibet Gottes fügen Auch im creuze mein vergnügen.

3. Wills es noch zur zeit verziehen Was mein sehnend hertze sucht? Wird doch mir der zeit noch blühen Meiner wünsche süsse frucht. Diß vertrauen siehet vest, Das mich gar nicht fallen läßt, Dann es bleibet Gottes fügen In der hoffnung mein vergnügen.

4. Schreibet sich gleich mein vermögen Nicht zu tonnen goldes an, Dannoch hab ich Gottes segen, Dem kein reichthum gleichen kan, Gott und alles gnug ist mein, Kan ein schatz wohl grösser seyn? Ja, so bleibet Gottes fügen, Auch wo nichts ist, mein vergnügen.

5. Weicht ihr sorgen aus der seelen, Weil sie Gott zur wohnung nimmt; Ich will das zur lust erwählen, Was er mir zum trost bestimmt. Stellt sichs heute noch nicht ein? Ey so kans wohl morgen seyn, Und indeß ist Gottes fügen, Statt der sorgen, mein vergnügen.

6. Bin ich auch des lebens müde, So bestellt er mir die ruh; Dann da drücket er im friede Mir die augen selig zu: Wann und wo es ihm gefällt Geb ich gute nacht der welt, Also bleibet Gottes fügen, Auch im sterben mein vergnügen.

CCCCCXVII. 517.

Mel. JEsu, meine freude rc.

JEsu, meine freude, Ich und du wir beyde Sind nunmehr vereint. Weg ist alle sünde; Mir, als seinem

kinde, Ist GOtt nicht mehr feind. Dann dein gut Macht also gut: Diß und deinen leib darneben Hast du mir gegeben.

2. JEsu, meine wonne! Gottes gnaden-sonne Leuchtet nun an mich. Nun ist mein gewissen das er angst gerissen, Und erquicket mich. Ach! gib doch, Daß öfter noch Mich dein nachtmahl speis und träncke, Und ich dein gedencke.

3. JEsu, du mein leben! Du hierst mir ergeben. Dann dein wort verspricht's. Wann ich dich hab bete, Dich, du todte gabe, Weiter mag ich nichts. Du bist mein Und ich bin dein, Ach! ich kan den trost der seelen Nicht genug erzählen.

4. JEsu, meine liebe! Nichts ist, das mich trübe, Oder traurig macht. Deine süsse güte Baset mein gemüth, Das das hertze lacht. Nach dem creutz Wird beyderseits Wechsend dies in allem leyden Niemanner nicht scheiden.

5. JEsu, mein vergnügen! Was du mir wirst fügen, Das beliebet mir. Wie du mich regierest, Wie du mich nur führest Also selig ich für, Gehts in ruch Und gar in leid, Will ich dannoch bey dir harren, Und sich lassen walten.

6. JEsu, du mein segen! Nichts soll mich bewegen! Was der welt gefällt. Ob sie geld und schätze, Oder strick und netze Mir vor augen stellt: Dannoch soll Kein weh noch wohl, auch kein teufel mir den glauben, Der dich hält, nicht rauben.

7. JEsu, meine crone Ach vor deinem throne Werd ich ewig stehn: Wirds dann nicht bald werden, Daß ich von der erden Kan in himmel gehn? Schleuß den lauf, Und nimm mich auf, Heute wünsch ich diesem leben Gute nacht zu geben.

CCCCCXVIII. 518.

Mel. Zion klagt mit angst und schm.

Ach was hab ich angerichtet! Ach was hab ich doch gethan! Wer ist der die sache schlichtet? Mein gewissen klagt mich an, Ich bin wider mich, Weil ich also frevenlich Mich mit lasterk-kerh beflecket, Und des höchsten zorn erwecket.

2. GOtt, ich muß mit zittern sagen, Daß ich sey ein sünden-knecht. Jezo fühl ich deine plagen, Aber du, du bist gerecht: Mein verderbtes fleisch und blut Hat das rechte wahre gut Durch des teufels trieb verachtet, Und den lüsten nachgetrachtet.

3. Verbin hab ich mich gefreuet Meiner schweren sünden-last: Jezo, da mich solches reuet, Hab ich weder ruh noch

noch rast. Ach! was mich vorhin ergötzt, Hat mich jetzt in angst gesetzt.
Was vorhin den Leib erquicket, Ist,
was jetzt die seele drücket.

4. So viel jahr hab ich gelaufen Dem
verbesten irre-weg, Und mit dem
verruchten bösen Hausgesind, den engen steg, Der zur himmels-pforte
führt; Nie, ach nie hab ich gespürt
Eine reue meiner sünden; Wo soll ich
nun rett ung finden?

5. Gott! ich soll gen himmel sehen,
Aber ich sich unter mich; Wie ist mir,
mein Gott, geschehen, Daß ich so
verlasen dich? Ich bin werth, daß
mich dein grimm Mit erschrecke dem-
ner-stimm, mich in tausend trümmern
schlagen, Ja zur höllen ewig jagen.

6. Alle freude sey verfluchet, So von
sünden hergeführt, Diese zeit, da ich
gesuchet, Was mir höllen angst ge-
liebret, Was mir Gottes wort ver-
bent, Sey verflucht in ewigkeit;
Ewig sey verflucht die sünde, Da ich
sünden-lust empfinde.

7. O wie bist du, sünde, sünde, Eine
last, die felsen-schwer, An mir ist
nichts reines funde. Wie kränket mich
doch das so sehr! Gott dein zorn hat
mich erschreckt. Ach! wer ist, der mich
verstecket? Keine creatur kan rathen
Meinen schweren missethaten.

8. HErr, es steht in deinen händen.
Du alleine hilfst aus noth, Du kanst
meinen kummer wenden, Du thust
retten aus dem tod. Es steht nur allein bey dir, Niemand kan sonst helffen mir, Du kanst gnädig mich verneuen, Und in ewigkeit erfreuen.

9. Ich verdamme seel und glieder,
Sprich du sie in gnaden los. Bittlich
fall ich vor dir nieder, Nim an mich
in deinen schooß. Stärke mich, der ich
abgeschwächt, Laß genade gehn für-
recht, Wirst du ins gerichte gehen,
HErr, wer kan vor dir bestehen?

10. Deines Sohnes marter-zeichen
Stell inzwischen mir und dir, Laß
mich hiermit gnad erreichen, Seinen
tod halt ich dir für; Gantze steif und
vestiglich, Daß dein JEsus auch für
mich Hat gelitten ist gestorben, Ich
auch soll seyn unverdorben.

11. Du hast uns gewiß verheissen
Herzliche barmherzigkeit, Dafür sollen wir dich preisen: Denck an deiner
theuren eyd, Der den sündern tros
verspricht: Du wilt ihren tod ja
nicht, Leben willst du ihnen schencken,
Wenn sie sich nur zu dir lencken.

12. HErr! so sey nun auch erhöret,
Bitt ich, der verlohrne sohn, Der zu
seinem vater kehret, Blicke von des
himmels thron; Ich bring ein zerknirschtes herz, Voller reue, voller

schmerz, Das nach deiner gnade trachtet, Solches hast du nie verachtet.

13. Laß die engel frölich werden, Daß
ein sünder busse that: Weil ich lebe
noch auf erden, Will ich, diß, was
fleisch und blut Hat bisher so hoch
geacht, Was fälschlich ange-
lacht, Hassen, fliehen, ewiglich meiden, Und mich gäntzlich dir vereyden.

14. Wirst du mir zur seiten stehen
Durch des guten geistes trost, Will
ich nicht, wie vormals gehen, Den
weg, der zur höllen reist. Gott, ich
kehre mich zu dir, Kehre du dich auch
zu mir, Damit will ich deinen namen
Ewig loben, amen, amen.

CCCCCXIX. 519.

Mel. Wer nur den lieben GOtt etc.

1. Er weiß wie nahe mir mein ende? Hingeht die zeit, herkommt
der tod. Ach! wie geschwinde und behende Kan kommen meine todes-noth!
Mein Gott, ich bitt durch Christi blut,
Machs nur mit meinem ende gut.

2. Es kan der nacht leicht anders wer-
den, Als es am frühen morgen war,
Dieweil ich leb auf dieser erden. Leb
ich in steter todes-gefahr. Mein
GOtt, ich bitt durch Christi blut,
Machs nur mit meinem ende gut.

3. HErr, lehr mich stets mein end bedencken, Und wann ich einmal sterben
muß, Die seel in Jesu wunden sencken,
und ja nicht sparen meine buß. Mein
GOtt, ich bitt durch Christi blut,
Machs nur mit meinem ende gut.

4. Laß mich bey zeit mein haus be-
stellen Daß ich bereit sey für und für,
Und sage frisch in allen fällen: HErr,
wie du wilt, so schicks mit mir. Mein
GOtt, ich bitt durch Christi blut,
Machs nur mit meinem ende gut.

5. Mach mir stets zucker-süß den him-
mel, Und gallen-bitter diese welt;
Gib, daß mir in dem welt-getümmel
Die ewigkeit sey vorgestellt. Mein
GOtt, ich bitt durch Christi blut,
Machs nur mit meinem ende gut.

6. Ach vater! deck all meine sünde
Mit dem verdienste JEsu zu, Darinn
ich mich vest gläubig winde, Das gibt
mir recht erwünschte ruh. Mein
GOtt, ich bitt durch Christi blut,
Machs nur mit meinem ende gut.

7. Ich weiß, in JEsu blut und wunden Hab ich mir recht und wohl ge-
bett, Da find ich trost in todes-stun-
den, Und alles, was ich gerne hätt.
Mein Gott, ich bitt durch Christi blut,
Machs nur mit meinem ende gut.

8. Nichts ist, das mich von Jesu scheide,
Nichts, es sey leben oder tod: Ich leg die
hand in seine seite Und sage: mein Herr
und

und mein GOtt. Mein GOtt, ich bitt durch Christi blut, Machs nur mit meinem ende gut.
9. Ich habe JEsum angezogen Schon längst in meiner heiligen tauf, Du bist mir auch daher gewogen, Hast mich zum kind genommen auf. Mein GOtt, ich bitt durch Christi blut, Machs nur mit meinem ende gut.
10. Ich habe JEsu leib gegessen, Sein blut hab ich getrunken hier, Nun kan er meiner nicht vergessen, Ich bleib in ihm, und er in mir. Mein GOtt, ich bitt durch Christi Blut, Machs nur mit meinem ende gut.
11. Nun komm mein end heut oder morgen, Ich weiß, daß mirs mit JEsu glückt, Ich bin und bleib in seinen sorgen, Mit JEsu blut schön ausgeschmückt. Mein GOtt ich bitt durch Christi blut, Machs nur mit meinem ende gut.
12. Ich leb in JEsu wohl vergnüget, Und sterb ohn alle kümmerniß, Mir gnüget, wie es mein GOtt füget: Ich glaub und weiß es ganz gewiß. Mein GOtt, ich bitt durch Christi blut, Machs nur mit meinem ende gut.

CCCCCXX. 520.

Mel. Kommt her zu mir, spricht ꝛc.

Ach HErr GOtt, gib uns deinen geist Von oben der uns beystand leist Im hören und im lehren: Die sünd vergieb, andacht verleih, Das herz bereite, daß es sey Munter zu deinen ehr.
2. Den glauben mehr, die hoffnung stärk, Laß unsre seel bey diesem werk Zu dir, GOtt! sich erheben. Gib, daß wir nicht hörer allein, Sondern auch wahre thäter seyn, Und nach deinem worte leben.

CCCCCXXI. 521.

Mel. Ach GOtt und HErr ꝛc.

ES hat mich fast, Der sünden-last, Ganz hinter sich gerissen, Mich drückt und plagt, Mich quält, und nagt Mein ängstiges gewissen.
2. Die last liegt mir, Ja für und für, Auf meinem schwachen rücken: O schwere bürd, Die mich noch wird Fast gar zur höllen drücken.
3. Was soll ich thun? Ich will sie nun Einmal von mir ablegen: Ein sünders herz, Voll reu und schmerz, Ist GOtt nicht zu entgegen.
4. Der schmale steg. Und enge weg, Lehrt mich behutsam gehen: Mein GOtt ist nah, Der wird mir ja Genädiglich beystehen.
5. HErr, reich mir dar, In der gefahr, Den finger deiner gnaden: Daß ich daran Mich halten kan, Sonst kemm ich tief zu schaden.
6. Laß meinen fuß Nicht an den fluß Des höllen-pfuhls antwanken: Erhalte mich Beständiglich, In solchen buß-gedanken.

CCCCCXXII. 522.

UNser herrscher, unser könig, Unser allerhöchstes gut, Herrlich ist dein grosser name, Weil er wunderthaten thut! Löblich nah und auch von fernen, Von der erd bis an die sternen.
2. Wenig sind zu diesen zeiten, Welche dich von herzen-grund lieben, suchen und begehren; Aus der säuge-jungen mund hast du dir ein lob bereitet, Welches deine macht ausbreitet.
3. Es ist leider! zu beklagen, Ja, wem bricht das herze nicht? wann man sehet so viel tausend Fallen an dem betten licht. Ach wie sicher schläft der sünder, Ist es nicht ein grosses wunder?
4. Unterdessen, HErr m. in herrscher, Will ich treulich lieben dich: Dann ich weiß, du treuer Vater, Daß du heimlich liebest mich, Zeuch mich kräftig von der erden, Daß mein herz mag himmlisch werden.
5. HErr, dein nam ist hoch berühmet, Und in aller welt bekannt, Wo die warmen sonnen-strahlen Nur erleuchten einig land, Da ruft himmel, da ruft erde, Hochgelobt Jehova werde.
6. HErr, mein herrscher, o wie herrlich Ist dein name meiner seel, Drum ich auch für deinen augen Eingeweihte mich dir befehl. Gib, daß deines kindes glieder Sich dir ganz ergeben wieder.

CCCCCXXIII. 523.

SEelen-Bräutigam! JEsu, GOttes-lamm! Habe dank für deine liebe, Die mich zieht aus reinem triebe Von der sünden schlamm, JEsu, GOttes-lamm.
2. Deine liebes-glut Stärket muth und blut; Wenn du freundlich mich anblickest, Und an deine trust mich drückest, Macht mich wehlgemuth Deine liebes-glut.
3. Wahrer mensch und GOtt, Trost in noth und tod, Du bist darum mensch gebohren Zu ersetzen was verloren, Durch dein blut so roth, Wahrer mensch und GOtt.
4. Meines glaubens licht Laß verlöschen nicht, Salbe mich mit freuden-öle, Das hinfert in meiner seele Ja verlösche nicht Meines glaubens licht.
5. So werd ich in dir Bleiben für und für: Deine liebe will ich ehren, Und in mir dein lob vermehren, Weil ich für und für Bleiben werd in dir.
6. Held aus Davids stamm, Deine liebes-flamm Mich ernähre und vermehre, Daß die welt mich nicht verzehre, Da sie mir gleich gram, Held aus Davids stamm.

7. Groß=

7. Grosser friede-fürst, Wie hast du
gedurft Nach der menschen heyl und
leben, Und dich in den tod gegeben,
Da du riefst: mich dürst, Grosser
friede-fürst.

8. Deinen frieden gib, Aus so grosser
lieb, Aus, den deinen, die dich kennen,
Und nach dir sich Christen nennen: Denen du bist lieb, Deinen frieden gib.

9. Wer der welt abstirbt, Einzig sich be-
wirbt Um den lebendigen glauben, Der
wird bald empfindlich schauen Das niemand verdirbt, Der der welt abstirbt.

10. Nun ergreif ich dich Da mein ganzes ich, Ich will nimmermehr dich lassen,
Sondern gläubig dich umfassen, Weil
im glauben ich Nun ergreife dich.

11. Wann ich weinen muß, Wird dein
thränen-fluß Nun die meinen auch
begleiten, Und zu deinen wunden leiten, Daß mein thränen-fluß Sich
bald stillen muß.

12. Wann ich mich aufs neu Wiederum
erfreu, Freu ist du dich auch zugleiche,
Bis ich dort in deinem reiche Ewiglich aufs neu Mich mit dir erfreu.

13. Hier durch spott und hohn, Dort
die ehren-cron: Hier im hoffen und
im glauben, Dort im haben und im
schauen: Dann die ehren-cron Folgt
auf spott und hohn.

14. JEsu, hilf daß ich Allhier ritterlich
Alles durch dich überwinde, Und in
deinem sieg empfinde, Wie so ritterlich Du gekämpft für mich.

15. Du mein preiß und ruhm, Werthe Sarons-blum! In mir soll nun
nichts erschallen, Als was dir nur kan
gefallen. Werthe Sarons-blum, Du
mein preiß und ruhm.

CCCCXXIV. 524.

Mel. An wasserflüssen Babylon.

EIN lämmlein geht und trägt die
schuld Der welt und ihrer kinder;
Es geht und büsset in geduld Die sünden
aller sünder, Es geht dahin, wird matt
und krank, Ergiebt sich auf die wür-
gebank, Verzeiht sich aller freuden: Es
nimmet an sich mach, hohn und spott,
Angst, wunden, striemen, creuz und
tod. Und spricht: ich wills gern leiden.

2. Das lämmlein ist der grosse freund
Und heyland meiner seelen: Den, den
hat GOtt zum sünden-feind Und söh-
ner wollen wählen, Geh hin mein kind,
und nimm dich an Der kinder, die ich
ausgethan Zur straf und zornes-ru-
then: Die straf ist schwer, der zorn ist
groß, Du kanst und sollst sie machen
los Durch sterben und durch bluten.

3. Ja, Vater, ja von herzens-grund
Leg auf, ich will dirs tragen: Mein
wollen hängt an deinem mund, Mein
wirken ist dein sagen. O wunder-lieb,

o liebes-macht! Du kanst, was nie kein
mensch gedacht, GOtt seinem sohn ab-
zwingen; O liebe! liebe! du bist stark,
Du senkest den ins grab und sarg,
Für dem die felsen springen.

4. Du marterst ihn am creuzes stamm
Mit nägeln und mit spiessen: Du
schlachtest ihn als wie ein lamm Machst
herz und adern fliessen, Das herze mit
seufzer kraft, Die adern mit dem
edlen saft Des purpur-rothen blutes:
O süsses lamm, was soll ich dir erweisen dafür, daß du mir erzeigest
so viel gutes.

5. Mein lebetage will ich dich Aus
meinem sinn nicht lassen, Dich will ich
stets, gleich wie du mich, Mit liebesar-
men fassen: Da sollt seyn meines herzens licht, Und wann mein herz zu
stücken bricht, Sollt du mein herze
bleiben: Ich weil mich dir, mein höchster ruhm, Hiemit zu deinem eigenthum Beständig ich verschreiben.

6. Ich will von deiner lieblichkeit Bey
nacht und tage singen: Mich selbst
euch, dir nach möglichkeit, Zum freu-
den-opfer bringen: Mein bach des
lebens soll sich dir, Und deinem namen für und für, In dankbarkeit ergiessen: Und was du mir zu gut gethan Das will ich stets, so tief ich
kan, In mein gedächtniß schliessen.

7. Erweitre dich, mein herzens-
schrein, Du sollt ein schatz-haus werden; Der schatze, die viel grösser seyn,
Als himmel, meer und erden: Weg
mit dem gold Arabia, Weg calmus,
myrrhen, cassia, Ich hab ein bessers
funden, Mein grosser schatz HErr JE-
su Christ. Ist dieses, was geflossen ist
Aus deines leibes wunden.

8. Das soll und will ich mir zu nutz
Zu allen zeiten machen; Im streite soll
es seyn mein schutz, In traurigkeit
mein lachen, In fröhlichkeit mein sai-
ten-spiel, Und wann mir nichts mehr
schmecken will, Soll mich diß manna
speisen: Im durst solls seyn mein was-
serquell, In einsamkeit mein sprach-
gesell, Zu haus und auch auf reisen.

9. Was schadet mir des todes gift?
Dein blut das ist mein leben. Wann
mich der sonnen hize trifft, So kan
mirs schatten geben! Sezt mir der
schwermuth schmerzen zu, So find
ich bey dir meine ruh, Als auf dem
bett ein kranker. Und wann des creuzes ungestüm Mein schifflein treibet um und um, So bist du dann
mein anker.

10. Wann endlich ich soll treten ein
In deines reiches freuden, So laß diß
blut mein purpur seyn, Ich will mich
darein kleiden, Es soll seyn meines
hauptes

Neuer Anhang.

hauptes cron, In welcher ich will vor den thron Des höchsten vaters gehen, Und dir, dem er mich anvertrant, Als eine wohl geschmückte braut, An deiner seiten stehen.

CCCCCXXV. 525.

Im Th. Wer nur den lieben GOtt ꝛc.

Ich armer mensch, ich armer sünder, Steh hier vor Gottes angesicht: Ach GOtt! ach GOtt! verfahr gelinder, Und geh nicht mit mir vor gericht: Erbarme dich, erbarme dich, GOtt, mein erbarmer über mich.

2. Wie ist mir doch so angst und bange, Von wegen meiner großen sünd! Hulf, daß ich wieder gnad erlange, Ich armes und verlohrnes kind: Erbarme dich, erbarme dich, GOtt, mein erbarmer, über mich.

3. Hör! ach erhör mein seufzend schreyen, Du allerliebstes vater-herz, Wollst alle sünde mir verzeihen, Und lindern meines herzens schmerz: Erbarme dich, erbarme dich, GOtt, mein erbarmer, über mich.

4. Wie lang soll ich vergeblich klagen? Hörst du dann nicht, ach hörst du nicht Wie kanst du das geschrey vertragen? Hör was der arme sünder spricht: Erbarme dich, erbarme dich, GOtt, mein erbarmer über mich.

5. Wahr ist es, übel steht der schade Den niemand heilet, auffer du: Ach! aber ach! genade, gnade, Ich lasse dir nicht eher ruh: Erbarme dich, erbarme dich, GOtt, mein erbarmer über mich.

6. Nicht, wie ich hab verschuldet, lohne, Und handle nicht nach meiner sünd O treuer Vater, schone, schone, Erkenn mich wieder für dein kind: Erbarme dich, erbarme dich, GOtt, mein erbarmer, über mich.

7. Sprich nur ein wort, so werd ich leben, Sag, daß der armer sünder hör, Geh hin, die sünd ist dir vergeben: Hinfüroer sündge nur nicht mehr. Erbarme dich, erbarme dich, GOtt, mein erbarmer, über mich.

8. Ich zweifle nicht, ich bin erhöret: Erhöret bin ich zweiffels frey, Weil sich der trost im herzen mehret: Drum will ich enden mein geschrey: Erbarme dich, erbarme dich, GOtt, mein erbarmer, über mich.

CCCCCXXVI. 526.

Mel. Christus der uns selig macht.

JEsu leyden, pein und tod, JEsu tiefe wunden, Haben menschen, die nur koth, Heylsamlich verbunden Menschen schafft die sünden ab. Wir sind Christen worden, Sollen kommen aus dem grab In der engel orden.

2. JEsus in den garten gieng, Traurig von geberden, Mit gebät das wird anfieng. Kniet auf die erden, Seine seel bis in den tod Hefftig war betrübet, Schau, in was für grosse noth Er für dich sich giebet.

3. Wachet, bätet, JEsus spricht, Daß ihr nicht verzaget, Der geist sich zwar hoch verpflicht, Das fleisch nichts waget: Mit gebät sah alles an, Wann es soll gelingen, Sey nicht ein vermesner mann In so schweren dingen.

4. JEsu, dem der engel-chor Unverwendet aufwarten, Den zu stärcken kam herver Ein engel im garten: Was kommt meine lezte zeit, Dein engel mich stärcke, Damit ich im lezten streit Todesangst nicht mercke.

5. JEsu, dein blutrother schweiß, Dein betrübtes zagen, Macht die schwarzen sünden weiß, Kan wehmuth verjagen: Menschen, zaget nicht so sehr, Christus hat erduldet, Was ich, du und andre mehr, Tausendmahl verschuldet.

6. Mit einem kuß, Judas, der feind, Ward ein Gottes-verräther: Der doch nennet einen freund Diesen übelthäter: Wann dich auch die folsche welt Als o will betrügen, Böses mit gutem vergelt, Alsdann wirst du siegen.

7. Alle Jünger lauffen weg, Lassen JEsum stecken, Petrus selbst, der vor so keck, Weiset ihm den rücken, GOtt hält aus geduldiglich, Der hat auch gelitten, Der mir hilft, und läst noch nicht Ab für mich zu bitten.

8. JEsus ohne missethat Im garten verbanden, Da man dich gebunden hat Vest mit harten banden: Wann uns will der böse feind Mit der sünden binden, So laß uns, o menschenfreund, Dadurch lösung finden.

9. Falsche zeugnüß, hohn und spott, Streichel auch der knechte, Leidet der viel fromme GOtt, Der allein gerechte, Und du sündige gestalt, Wilst zu tod dich härmen, Wann verfolgung mit gewalt Auch auf dich loß stürmen.

10. Petrus, der nicht denckt zurück, Seinen GOtt verneuet, Der doch auf einn ernsten blick Bitterlich geweinet: JEsus, blicke mich auch an, Wann ich nicht will büssen, Wann ich böses hab gethan, Rühre mein gewissen.

11. Judas henkt sich, und darauf, Den landpfleger reizend, Schreyt des volckes ganzer hauf, weg, nur weg aus creuze: Nicht nur Judas, sondern ich, Und die missethaten, Haben unbarmherziglich Meinen GOTT verrathen.

12. JEsus blut den Juden ist Tod und lauter hölle, Prüfe sich ein jeder Christ

Christi, Daß er sich recht stelle. Wann er will das theure blut würdiglich genießen, Sollen aus betrübtem muth Zaher thränen fliessen.

13. JEsus sein creutz über trägt. Dran man ihn wild hefftn, Simon, denn auch aufgelegt, Trägt mit allen kräften, Doch gezwungen solchs erfast: Gib, HErr, krafft und gaben, So will ich ein theil der last Ungezwungen tragen.

14. JEsus angenagelt ist An das creutz sehr veste, Beydes durch gewalt und list Seiner freund und äste. Menschen, die ihr lose seyd, Könt euch ihm verbinden, Wann ihr von unrecht bey zeit Wolt zurecht euch finden.

15. JEsu, deine beyde händ Und auch deine füsse, Alle viere vor vier end Aller welt jetzt büssen: Hier ist gar kein underscheid Unter jud und türcken. Gnade allen ist bereit, Wo dein geist thut würcken.

16. JEsu, unter deinem creutz Stehe ich und weine, Weil ich seh, daß allerseits, Vom haupt auf die beine, Fleust dein blut, der edle safft, Als der leib zerbürstet: Das gibt mir vollkomme krafft, Wornach mich sehr dürstet.

17. JEsus hier von Nazareth, Ein könig der Jüden, Auf des volckes seine bitt, Schmertzlich ist verschieden: Wann der böse Jude kan Keinen bey sich leyden, So will ich sein unterthan Seyn mit allen freuden.

18. Die kriegsknechte theilen sich In des Herren kleider, Spielen drum gar liederlich, Also geht es leyder. Wer zu Christo sich bekennt, Den will der feind fressen, Darum raubet er und trennt überall vermessen.

19. JEsus hänget an dem holtz, Und bitt für die thäter Die ihn hassen steif und stoltz, Mehr als sein verräther: Deine sünden tödten ihn, O mensch, das bereue, Sein vorbitt ist rein gewinn, Dich hinwieder freue.

20. Er nahm alles wol in acht, In der letzten stunden Seine mutter noch bedacht. Setzt ihr ein vormunden: O mensch, mache richtigkeit, GOtt und menschen liebe, Sterb darauf ohn alles leyd, Und dich nicht betrübe.

21. JEsus dem das paradieß Offenhertzig schencket, Mit einem schwur ihm das verhieß, Der nur sprach: gedencket; Denck, o mensch, und bitte GOtt, daß er dein gedencke, In so vielfältiger noth Linderung dir schencke.

22. Unglück dem das leben bracht, Der schon war verlohren, Und hieran wohl nie gedacht, Wird von GOTT erkohren: Also kan dir deine noth Auch nicht wenig dienen, Treibet dich, mit deinem GOtt Durch buß zu versühnen.

23. Mein GOTT, mein GOTT, JESUS rief, Wie bin ich verlassen! Führe in der angst so tief Leyden ohne massen: Ruff auch du, wenn noth ist da, GOtt an, keinen Herren, Er will dannoch dir seyn nah, Ob er gleich ist ferren.

24. JEsu gab man bittre gall, Unserm lebens fürsten, Der da ist mein einzig all, Muß für armuth dürsten: JESUS, wann ich leyde noth, Will mit dir ich leyden, Daß ich mag bey dir, o GOTT, Bleiten ungescheiden.

25. JESUS alles hat vollbracht, Was nur von Propheten Lange vorher ist gesagt, Nichts ist mehr von nöthen: Weine nicht, nur Christi werck Haben als erworben, Wann der trost mich nicht gesäuret, Wär ich längst verdorben.

26. Vater! JEsus allermeist Rieff an seinem ende, Ich befehle meinen geist Dir in deine hände: Meine seele meinem GOtt Will ich stets befehlen O! da wird sie keine noth Nimmermehr nicht quälen.

27. Als geschehen war die bitt, JEsus sein haupt neiget, Hangend am holtz, so verschied, Seine linie beuget: Hören will er deine wort, Küssen sein erlösten, Seinem vater loben dort, Die sich ferner trösten.

28. Finsternüß die gantze welt Decket das erdbeben, Auch die harten felsen spalt. Todten sich erheben: Kan mein todter JEsus nun Solches thun jetzunder, Wie viel mehr wird er dann thun Herrschend grosse wunder.

29. JEsus ist ein frommer mann, Gottes sohn gewesen, Wie wir dann von dem hauptmann, Auch viel andern lesen: Die sich schlugen an die brust, Liessen ab von sünden: Wer zur besserung hat last, Mag bey zeit sich finden.

30. Ein schand-bube und soldat JEsum in die seite Mit einem spieß gestochen hat, Das sahn viele leute, Wie das blut und wasser rann Runter auf die erden: Wodurch beydes weib und mann Sollen selig werden.

31. JESU du liegst in der erd, Als ein wurm, begraben, Laß mich, wann ich sterben werd, Ruh im grabe haben: So werd ich, HErr JEsu Christ, Durch dein krafft und wunden, Dermaleinst, wann es zeit ist, Sicher wieder funden.

32. JESU, selig werd ich seyn:
Ich

Neuer Anhang.

Ich bins schon durch hoffen, Weil ich von der sünden-pein, So mich je betreffen, Durch dein blut erlöset bin. Theure, theure schätze, Daran ich mit herz und sinn Ewig mich ergötze.

33. JEsu, deine passion Ist mir lauter freude, Deine wunden, cron und dohn Meines herzens weyde, Meine seel auf rosen geht, Wann ich dran gedenke, In dem himmel eine stätt Mir deswegen schenke.

34. JEsu, der du warest tod, Lebest nun ohn ende: In der letzten todes-noth Nirgends hin mich wende, Als zu dir, der mich versöhnt, O mein trauter HErre, Gib mir nur, was du verdient, Mehr ich nicht begehre.

CCCCCXXVII. 527.

Der lieben sonnen licht und pracht Hat nun den lauf vollführet, Die welt hat sich zur ruh gemacht, Thu, seel, was dir gebühret. Tritt an die himmels-thür, Und sing ein lied dafür: Laß deine augen, herz und sinn, Auf JEsum seyn gerichtet hin.

2. Ihr hellen sternen leuchtet wohl, Und glänzt mit licht und strahlen, Ihr macht die nacht des prachtes voll: Doch noch zu tausendmalen Scheint heller in mein herz Die ewig himmels-kerz Mein JEsus, meiner seelen ruhm, Mein schutz, mein schatz, mein eigenthum.

3. Der schlaf wird fallen diese nacht Auf menschen und auf thieren, Doch einer ist, der droben wacht, Bey dem kein schlaf zu spüren, Es schlummert JEsus nicht, Sein aug auf mich gericht, Drum soll mein herz auch wachend seyn, Daß JEsus wache nicht allein.

4. Verschmähe nicht das schlechte lied, Das ich dir, JEsu, singe, In meinem herzen ist kein fried, Ob ich es zu dir bringe, Ich bringe, was ich kan, Ach! nimm es gnädig an, Es ist doch herzlich gut gemeint, O JEsu, meiner seelen-freund.

5. Mit dir will ich zu bette gehn, Dir will ich mich befehlen Du wirst mein hüter auf mich seyn, Und rathen meiner seelen. Ich fürchte keine noth. Kein hölle, welt noch tod; Dann wer mit JEsu schlafen geht, Mit freuden wieder aufersteht.

6. Ihr höllen-geister, packet euch, Hier habt ihr nichts zu schaffen, Diß haus gehört in JEsus reich, Laßt es ganz sicher schlaffen, Der engel starke wacht Hält es in guter acht acht, Ihr heer und lager ist sein schutz, Drum sey auch allen teufeln trutz.

7. So will ich dann nun schlafen ein, JEsu, in deinen armen, Dein aufsicht soll die decke seyn, Mein lager dein erbarmen, Mein kissen deine brust,

Mein traum die süsse lust, Die aus dem wort des lebens fleußt, Und dein geist in mein herz eingeust.

8. So oft die nacht mein oder schläget, Soll dich mein geist umfangen, So vielmal sich mein herz beweget, Soll dieß seyn mein verlangen, Daß ich mit lautem schall Mchmt rufen überall: O JEsu! JEsu! du ist mein, Und ich auch bin und bleibe dein.

9. Nun, matter leib, schick dich zur ruh Und schlaf sein sanft und stille, Ihr müden augen schließt euch zu, Dann es ist GOttes wille. Schließt aber diß mit ein: HErr JEsu, ich bin dein! So ist der schluß recht wohl gemacht, Nun, liebster JEsu, gute nacht.

CCCCCXXVIII. 528.

Wer sind die vor GOttes throne? Was ist das für eine schaar? Deren jeder trägt ein crone, Glänzet gleich den sternen klar, Hallelujah singen all, Loben GOtt mit hohem schall.

2. Wer sind die, die palmen tragen, Wie ein sieger in der hand, Wann er seinen feind geschlagen Und geleget hat in den sand? Welcher streit und welcher krieg Hat gezeuget diesen sieg?

3. Wer sind die in reiner seide, Welche ist gerechtigkeit? Angethan mit weissem kleide: Welchs zerreißet keine zeit, Und veraltet nimmermehr? Wo sind diese kommen her?

4. Fragte einer von den alten, Christi hocherleuchten knecht, Den der HErr sehr werth gehalten, Hat ihm dis gezeiget recht, Daß er sahe im gesicht Die erwählte schaar im licht.

5. HErr, du weißt es; sprach Johannes, Zu dem alten mit bescheid: Merk des theuren GOttes-mannes Demuth und bescheidenheit! Drauf der alte im gesicht Gab ihm weitern unterricht.

6. Es sind die, die wohl gekämpfet Für des grossen GOttes ehr: Haben fleisch und blut gedämpfet: Nicht gescheut des satans heer. Die erlanget auf den krieg Durch des lammes blut den sieg.

7. Es sind die, so viel erlitten Trübsal schmerzen, angst und noth, Im gebät auch so gestritten Mit dem hocherlobten GOtt: Nun hat dieser kampf ein end, GOtt hat all ihr leyd gewendt.

8. Es sind zweige eines stammes, Der uns huld und heyl gebracht: Haben in dem blut des lammes Ihre kleider hell gemacht: Sind geschmückt mit heiligkeit! Prangen nun im ehren-kleid.

9. Es sind die, so stets erschienen, Hier als priester vor dem HErrn, Tag und nacht bereit zu dienen. Leib und seel geopfert gern. Nun sie stehen all her um Vor dem stuhl im heiligthum.

10. Welche wie ein hirsch gelechzet
Nach

Nach dem strohm, der frisch und hell, Also ihre seel gelächzet Nach der rechten lebens-quell. Nun ihr durst gestillet ist, Da sind sie bey JEsu Christ.
11. Auf dem Zions-berg sie weidet Gottes lamm, die lebens-sonn Mitten in dem stuhl sie leitet Zu dem rechten lebens-brunn Hirt und lamm, das ewig guth, Lieblich sie erquicken thut.
12. Es sind die, die hart gedrücket Manche schwere trübsals-hitz. Nun sind sie hinweg gerücket, Dahin, wo des Herren sitz: Wo die hütte GOttes ist, Wo kein feind, kein arge list.
13. Es sind, von deren wangen Thränen sind geflossen starck, Deren herz die angst umfangen, Und das leyd verzehrt ihr marck. Nun Gott ihre seel erfrischt, Und die thränen abgewischt.
14. Ach HErr JEsu! meine hände Ich zu dir nun strecke aus, Im gebät mich zu dir wende, Der ich noch in deinem haus Hier auf erden steh im streit; Jag, o HErr! die feinde weit.
15. Hilf mir fleisch und blut besiegen Teufel, sünde, höll und welt, Laß mich nicht darnieder liegen, Wann ein sturm mich überfällt. Führe mich aus aller noth, HErr, mein selß, mein treuer GOtt.
16. Gib, daß ich sey neu gebohren, An dir, als ein grünes reiß, Wachse, und sey auserkohren! Durch dein blut gewaschen weiß: Meine kleider halt rein, Meide allen falschen schein.
17. Daß mein theil sey bey den frommen Deinem bild die ähnlich sind: Und aus grosser trübsal kommen. Hilf, daß ich auch überwind Alle trübsal, noth und tod, Bis ich komm zu meinem Gott.
18. Mache mich bereit zu dienen, Daß ich als ein priester dein, Im gebät mich darf erkühnen, Dich zu nennen Vater mein. Deine hütte decke mich Für dem heissen sonnen-stich.
19. Meinen durst und hunger stille, Auf der fetten Zions-au. Mein verlangen auch erfülle Deines angesichts schau. Meine thränen wische ab: Meine seel dein geiste lab.
20. O wie groß wird seyn die wonne! Wann wir werden allermeist Schauen auf den hohen throne Vater, Sohn und heil'gen Geist Amen, lob sey dir bereit, Danck und preiß in ewigkeit.

fest du mir armen, Ich fuhr in bosheit fort, Du aber in erbarmen. Ich widerstrebte hier, Und schob die busse auf, Du schobest auf die straf, Daß sie nicht folgte drauf.
3. Daß ich nun bin bekehrt. Hast du allein verrichtet, Du hast des satans reich Und werck in mir zernichtet. HErr, deine güt und treu, Die an die wolken reicht, Hat auch mein steinern herz Zerbrochen und erweicht.
4. Selbst könt ich allzuviel Beleidgen dich mit sünden, Ich konte aber nicht Selbst gnade wieder finden, Selbst fallen konte ich, Und ins verderben gehn, Ich konte aber nicht Von meinem fall aufstehn.
5. Du hast mich aufgericht, Und mir den weg geweiset Den ich nun wandeln soll. Dafür sey, HErr, gepreiset, GOtt sey gelobt, daß ich Die alte sünd nun haß, Und willig ohne furcht Die todten wercke laß.
6. Damit ich aber nicht Aufs neue wieder falle, So gib mir deinen geist, Dieweil ich hier noch walle, Der meine schwachheit stärckt, Und darinn mächtig sey, Und mein gemüthe stets In deinem preiß ernen.
7. Ach leit und führe mich, So lang ich leb auf erden, Laß mich nicht ohne dich Durch mich geführet werden: Führ ich mich ohne dich, So werd ich bald verführt. Wann du mich führest selbst, Thu ich, was mir gebührt.
8. O GOtt, du grosser GOtt, O Vater hör mein flehen, O Jesu, Gottes sohn, Laß deine kraft mich sehen! O werther heil'ger Geist! Regier mich allezeit Daß ich dir diene hier Und dort in ewigkeit.

CCCCXXX. 520.
Mel. Liebster JEsu, wir sind hier.
Fromme herzen finden nicht, Was erfättigt ihr belieben, Dem der himmel heyl verspricht, Und hat in sein buch geschrieben, Dieser muß angst, noth und leyden, Was ihm GOtt auflegt, nicht meiden.
2. Ein Christ soll in seinem stand, Und mit allem seyn vergnüget, Was ihm seines JEsus hand Aus bedachtem rath zufüget: Dann nach vielem creutz und leyden, Will uns GOtt mit wollust weiden.
3. Wer da will ins himmels-zelt, Und

CCCCCXXXI. 531.

Mel. Straf mich nicht in deinem.

Mache dich, mein Geist bereit, Wa=
che, fleh und bäte: Daß dich nicht
die böse Zeit Unverhoft betrete, Dann
es ist Satans list Ueber viele From=
men Zur versuchung kommen.

2. Aber wache erst recht auf Von dem
sünden=schlafe: Dann es folget sonst
darauf Eine lange strafe: Und die
noth Sammt dem tod Möchte dich in
sünden Unvermuthet finden.

3. Wache auf! sonst kan dich nicht
Unser HErr erleuchten. Wache! son=
sten wird dein licht Dir noch ferne
beuchten: Dann GOtt will Für die
füll Seiner gnaden=gaben Offne au=
gen haben.

4. Wache! daß dich satans list Nicht
im schlaf antreffe, Weil er sonst be=
hende ist, Daß er dich beäffe: Und
GOtt giebt, Die er liebt, Oft in seine
straffen, Wann sie st her schlaffen.

5. Wache! daß dich nicht die welt
Durch gewalt bezwinge, Oder wann
sie sich verstellt, Wieder an sich brin=
ge! Wach und sieh, Damit nie Viel
von falschen brüdern Unter deinen
gliedern.

6. Wache darzu auch für dich, Für
dein fleisch und herze: Damit es
nicht liederlich GOttes gnad ver=
scherze: Dann es ist Voller list,
Und kan sich bald heucheln, Und in
hoffart schmeicheln.

7. Bäte aber auch darbey Mitten in
dem wachen: Dann der HErre muß
dich frey Von dem allen machen, Was
dich drückt Und bestrickt, Daß du
schläfrig bleibest, Und sein werck
nicht treibest.

8. Ja, er will gebäten seyn, Wann er
was soll geben, Er verlanget unser
schreyn, Wann wir wollen leben,
Und durch ihn Unsern sinn, Feind,
welt, fleisch und sünden, Kräftig
überwinden.

9. Doch, wohl gut, es muß uns schon
Alles glücklich gehen, Wann wir ihn
durch seinen sohn Jn gebät anflehen,
Dann er will Uns mit füll Seiner
gunst beschütten, Wann wir glaub=
end bitten.

10. Drum, so laßt uns immerdar
Wachen, flehen, bäten, Weil die
angst, noth und gefahr Immer näher
treten: Dann die zeit Ist nicht
weit, Da uns GOtt wird richten
Und die welt vernichten.

CCCCCXXXII. 532.

Wohl mir, JEsus, meine freude,
Lebet noch, und schaft mir ruh,
Wann ich angst und trübsal leide,
Spricht er mir bald freundlich zu.

Nun ich will bey JEsu halten, JEsus,
JEsus soll es walten.

2. Was, soll grämen mich ermüden?
Unfall trag ich mit gedult, Bin mit
meinem glück zufrieden, So mir gön=
net GOttes huld. Menschen, seh ich,
sind betrüglich, Du, mein hertze, gebe
klüglich.

3. Mancher freund der hülfe gerne,
Sein vermögen ist zu schwach: Man=
cher heuchler tritt von ferne, Der
doch wüste rath zur sach. Soll ich
nun auf menschen bauen? Nein, auf
JEsum will ich trauen.

4. Wunderlich hilft der erretter, So
den armen kan erhörn; Wunderlich
die stolzen spötter Müssen noch zu
grunde gehn. Wunder=GOtt, du
wirst wohl machen, Dir befehl ich
meine sachen.

5. Lasse gift den satan speyen, Und
mit funcken blitzen drein: Laß die
glatische=mäuler schreyen, Und die
neider spöttisch seyn; GOttes hülf
und wunder=schicken Soll und darf
kein feind verrücken.

CCCCCXXXIII. 533.

Meine hofnung stehet veste, Auf
den lebendigen GOtt, Er ist mir
der allerbeste, Der mir beysteht in der
noth. Er allein Soll es seyn, Dem
ich nur von herzen mehn.

2. Sagt mir, wer kan doch vertrauen
Auf ein schwaches menschen=kind?
Wer kan veste schlösser bauen Jn die
luft und in den wind? Es vergeht,
Nichts besteht, Was ihr hie auf er=
den seht.

3. Aber GOttes güte währet Immer
und in ewigkeit, Vieh und menschen
er ernähret Durch erwünschte jah=
res=zeit, Alles hat Seine gnad Dar=
gereichet früh und spat.

4. Giebet er nicht alles reichlich Und
mit grossem überfluß? Seine lieb ist
unbegreiflich, Wie ein starcker was=
serguß. Luft und erd Uns ernähret,
Wann es GOttes gunst begehrt.

5. Dancket nun dem grossen schöpfer,
Durch den wahren menschen=sohn,
Der uns wie ein freyer töpfer Hat
gemacht aus erd und thon. Groß von
rath, Starck von that Ist, der uns
erhalten (gespeiset) hat.

CCCCCXXXIV. 534.

Mel. JEsu, hilf siegen rc.

GRoßer Prophete, mein herze be=
gehret Von dir inwendig gelehret
zu seyn. Du aus des vaters schoos zu
uns gekehret, Hast offenbaret, wie du
und ich ein; Du hast, als mittler, den
teufel bezwungen, Dir ist das schlan=
gen=kopf=treten gelungen.

S 2. Prie=

2. Priester in ewigkeit, meine gedan=
cken dencken mit brennendem eifer an
dich, Bringen mein seufzen in heilige
schrancken. Der du ein opfer gewor=
den für mich, Du bist, als fürsprach,
gen himmel gefahren, Kanst auch
dein eigenthum ewig bewahren.
3. König der ehren, dich wollen wir eh=
ren. Stimmet ihr saiten der liebe mit
ein, Lasset das loben und dancken nun
hören, Weil wir die theuer erkauffete
seyn. Herrsche, liebwürdigster hey=
land, als könig, Menschen=freund,
schütze die deinen, der wenig.
4. Nun dann, so soll auch mein alles
erklingen, Ich, als ein Christe, will
treten herbey, Will nicht ermüdet aus
liebe dir singen, Sondern vermehren
diß jubel=geschrey, Ich will dich, her=
zog des lebens, verehren, Alles, was
odem hat, lobe den HErrn. Oder:
Höre doch JEsu, das gläubige lallen,
Laß dir die stimme der seelen gefallen.

CCCCXXXV. 535.

Mel. Nun ruhen alle wälder.

IN allen meinen thaten Laß ich den
höchsten rathen, Der alles kan und
hat, Er muß zu allen dingen, Soll
es endlich gelingen, Selbst geben sei=
nen rath und that.
2. Nichts ist es spath und frühe Mit
aller meiner mühe, Mein sorgen ist
umsonst; Er mags mit meinen sachen
Nach seinem willen machen, Ich stells
in seine vaters=gunst.
3. Es kan mir nichts geschehen, Dann
was er hat ersehen, Und was mir se=
lich ist, Ich nehm es, wie ers giebet,
Was ihm von mir gelibet, Dasselbe
hab ich auch erkiest.
4. Ich traue seiner gnaden, Die mich
vor allem schaden, Vor allem übel
schützt. Leb ich nach seinen sätzen, So
wird mich nichts verletzen, Nichts
fehlen, was mir ewig nützt.
5. Hat GOtt es dann beschlossen, So
will ich unverdrossen An mein ver=
hängniß gehn, Kein unfall unter al=
len, Wird mir zu harte fallen, Du
hilfst mirs männlich überstehn.
6. Ihm hab ich mich ergeben, Zu ster=
ben und zu leben, So bald er mir ge=
beut. Es sey heut oder morgen, Da=
für laß ich ihn sorgen, Er weiß die
allerbeste zeit.
7. So sey nun seele seine, Und traue
dem alleine, Der dich geschaffen hat.
Es gehe, wie es gehe, Dein vater in
der höhe, Der weiß zu allen sachen
rath.
8. Er wolle meiner sünden, In gnaden
mich entbinden, Durchstreichen meine
schuld. Er wird auf mein verbrechen,
Nicht stracks das urtheil sprechen,
Und haben noch mit mir geduld.

9. Leg ich mich späte nieder, Erwach=
ich früh wieder, Lieg oder ziehe fort,
In schwachheit und in banden, Und
was mir stößt zu handen, So tröstet
mich sein göttlich wort.
10. Gefällt es seiner güte, Und sagt
mir mein gemüthe Nicht was vergeb=
lichs zu, So werd ich GOtt noch prei=
sen, In manchen schönen weisen, Da=
heim in meiner sanften ruh.

CCCCXXXVI. 536.

Mel. GOtt des himmels und der rc.

UNser leben bald verschwindet, Es
vergehet wie ein traum, Nichtes
ist, was sich hie findet, Nichtes
als ein wasser=schaum, Eines blei=
bet veste stehen: GOtt wird nimmer=
mehr vergehen.
2. Wann die hohe berge=spitzen Sich
schon stürzen in den grund, Bleibet
doch Jehova sitzen, Ewiglich zu aller
stund; Aber wir, die staub und erden,
Müssen bald zur aschen werden.
3. Unbegreiflich höchstes wesen, GOtt
von aller ewigkeit, Der du alles aus=
erlesen, Was geschiehet in der zeit:
Laß mich meinen tod bedencken, Da=
hin meine sinnen lencken.
4. Lehre mich die tage zehlen, Die
vielleicht noch übrig sind: Laß mich
dir schon jetzt befehlen! Gib, daß ich
dich ewig find, Ob schon alles geht
verlohren, Gnug wann du mich hast
erkohren.
5. Gib mir diß recht zu erkennen,
Gib ein kluges hertze mir: Laß dich
meinen vater nennen, Zeuch mich
kräftiglich zu dir: Laß mein herz
die tage zehlen, Und sich ewig dir be=
fehlen.

CCCCXXXVII. 537.

Mel. O GOtt, du frommer GOtt.

WAs frag ich nach der welt, Und
allen ihren schätzen? Wann ich
mich nur an dir, HErr JEsu, kan er=
götzen: Dich hab ich einzig mir zur
wollust vorgestellt, Du, du bist meine
ruh, Was frag ich nach der welt?
2. Die welt ist wie ein rauch, Der in
der luft vergehet, Und einem schatten
gleich, Der kurze zeit bestehet; Mein
JEsus aber bleibt, Wann alles bricht
und fällt, Er ist mein starcker fels,
Was frag ich nach der welt?
3. Die welt sucht ehr und ruhm Bey
hocherhabnen leuten, Und denkt nicht
einmal dran, Wie bald doch diese glei=
ten; Das aber, was mein herz Vor an=
dern rühmlich hält, Ist JEsus nur
allein, Was frag ich nach der welt?
4. Die welt=sucht geld und gut, Und
kan nicht eher rasten, Sie habe dann
zuvor Den mammon in dem kasten;
Ich weiß ein besser gut, Wornach
mein

mein herze stellt, Ist JEsus nur mein schatz, Was frag ich nach der welt?
5. Die welt bekümmert sich, Im fall sie wird verachtet Als wann man ihr mit list Nach ihren ehren trach:tet: Ich trage Christi schmach, So lang es ihm gefällt, Wann mich mein heyland ehrt, Was frag ich nach der welt?
6. Die welt kan ihre lust Nicht hoch genug erheben, Sie darf noch wohl darzu Den himmel dafür geben: Ein andrer hälts mit ihr, Der von sich selbst nichts hält, Ich liebe meinen GOTT, Was frag ich nach der welt?
7. Was frag ich nach der welt? Im huy muß sie verschwinden, Ihr an:sehn kan durchaus Den blassen tod nicht binden: Die güter müssen fort, Und alle lust verfällt, Bleibt JE:SUS nur bey mir, Was frag nach der welt?
8. Was frag ich nach der welt? Mein JEsus ist mein leben, Mein schatz, mein eigenthum, Dem ich mich gantz ergeben, Mein gantzes himmelreich, Und was mir sonst gefällt: Drum sag ich noch einmal: Was frag ich nach der welt?

CCCCCXXXVIII. 538.

JCh bin in allem wohl zufrieden, Befind mich ruhig und vergnügt, Weil ich hab GOttes lieb hienieden, Mein JEsus mir im hertzen liegt, Der heilige Geist mich lehr und leit, Und GOttes wort mein hertz er:freut.
2. Es troßt mein hertz in meinem lei:be Auf Gott, weil ich sein eigen kind, Trotz dem, der mich von ihm abtrei:be, Es sey welt, satan, oder sünd: GOtt ist mein alles ohne trug, Ich habe GOtt und alles gnug.
3. Soll leyd für freud mir seyn ge:sendet, Und für das leben gar der tod, Ich bins zufrieden, weil es wendet Zu meinem besten alles GOtt, Wie GOtt will so ist auch mein will, Wie er es macht so schweig ich still.
4. Um mich hab ich mich ansbekün:mert, Die sorge ist auf GOtt gelegt, Ob erd und himmel gantz zertrüm:mert, So weiß ich doch, daß er mich trägt, Und wann ich habe meinen GOtt, So frag ich nichts nach noth und tod.
5. GOtt, einen solchen sinn laß ha:ben Mich jetzt, und bis ins grab hin:ein, Mit deinen leyd: und freuden:gaben, Wie du sie giebst, zufrieden seyn, Und spüren die vergnüglichkeit, Zur lebens und zur sterbens:zeit.

CCCCCXXXIX. 539.

Mel. Auf, Christen:mensch, auf zc.

MAchs mit mir, GOtt, nach dei:ner güt, Hilf mir in meinem lei:den, Was ich dich bitt, versag mir nicht, Wann sich mein seel soll schei:den, So nimm sie, HErr, in deine hände, Ist alles gut, wann gut das end.
2. Gern will ich folgen, lieber HErr, Du wirst mich nicht verderben, Dann du bist ja von mir nicht fern. Ob ich gleich hier muß sterben, Verlassen meine liebe freund, Die's hertzlich gut mit mir gemeynt.
3. Ruht doch der leib sanft in der erd, Die seel zu dir sich schwinget, In dei:ne hände, sie unversehrt, Vom tod:ins:leben dringet, Hier ist doch nur ein jammerthal, Angst, noth und trübsal überall.
4. Höll, teufel, tod, die welt und sünd, Mir nicht mehr mögen schaden, Bey dir, o HErr, ich rettung find, Ich tröst mich deiner gnaden. Dein ein'ger sohn aus lieb und huld, Für mich bezahlt hat alle schuld.
5. Warum soll ich dann traurig seyn, Weil mirs so wohl thut geben? Be:kleidet mit Christi unschuld sein, Wie eine braut ich siehe; Gehab dich wohl, du schnöde welt, Bey GOtt zu leben mir gefällt.

Von der Ewigkeit.

CCCCCXL. 540.

Mel. Freu dich sehr, o meine seele.

HERR, ich zehle tag und stunden, Und der jahre schnellen lauf. Ach wo sind sie hin verschwunden? Hört doch alles endlich auf, Geht doch end:lich alles ein, Doch es soll jetzt also seyn; Nach dem wandel hier auf er:den, Da werd ich erst ewig werden.
2. GOTT, du ursprung aller dinge, Der du warest, da nichts war: Unser alter ist geringe; Aber du lebst alle jahr. Ewig wird dein reich bestehn, Ewig dein befehl ergehn, Und wann alles solte schweigen, Werdens höll und himmel zeugen.
3. Wohl demnach, uns deinen freun:den, Wann wir werden ewig ruhn; Aber weh auch deinen feinden, Die beständig böses thun, Ihre wohlver:diente pein, Die wird unaufhörlich seyn: Und sie werden alle müssen Ihre thorheit ewig büssen.
4. Denkt ihr menschen an die läge, Die niemand ausdenken kan. Gebet acht auf eure gänge, Stellet alles Christlich an. Dann in einem kleinen nu, Geht die gnaden:thüre zu. Und

S 2

darnach ist nichts zu hoffen: Jetzt nur
sich der himmel offen.
5. O! wie wohl ist uns geschehen, Daß
ein Christ das wissen kan. Eh wir jene
welt noch sehen, Hat es GOtt uns
kund gethan. Ihm sey dank in die=
ser zeit! Ihm sey dank in ewigkeit!
Ewig soll mein herz ihn ehren, Ewig
seinen ruhm vermehren.

CCCCCXLI. 541.

Mel. Nun ruhen all wälder.

Du unruh meiner seelen! Wie lang
willt du mich quälen? Sey still,
und lege dich! Wie lang wollt ihr ge=
danken, So hin und wieder wanken,
Und seyn so gar hart wider mich?
2. HERR JEsu! thu aufwachen,
Und komm zu hülf mir schwachen,
Daß ich nicht gar vergeh: O HErr!
durch deine güte, In ruh setz mein
gemüthe, Die sünde, mein GOtt,
übersch.
3. Und wann ein sturm kommt wie=
der, Der mich will schlagen nieder,
So stehe HERR, mir bey: Dem
feind laß nicht gelingen, Wornach er
stets thut ringen, Mach mich von
allen sorgen frey.
4. Nun HErr, ich hoff und schaue,
Auf dein zusag ich baue, Du bist
mein trost allein: In allen meinen
nöthen, Auch wann du mich wilt
tödten, Will ich, mein GOtt, dein
eigen seyn.

CCCCCXLII. 542.

Hab acht auf mich, in aller noth,
O grosser GOTT, HERR aller
herren, Wann satans wuth, die böl=
lenrott Den rachen gegen mich auf=
sperren, Wann sie mich suchen zu
verschlingen, Und in die höchste noth
zu bringen, So bitt ich dich herz=in=
niglich, Mein vater, so hab acht auf
mich.
2. Hab acht auf mich, wann mich die
sünd Will von dem höchsten auch ab=
wenden, So halte mich, HERR, als
dein kind, Mit deinen treuen vaters
händen, Bleib du mir stets in den
gedanken, Laß mich von deinem wort
nicht wanken; Wann sünden in mir
regen sich, Mein vater, so hab acht
auf mich.
3. Hab acht auf mich, wanns gebet
wohl, Wann mir die glückes=sonn
will scheinen, Die meine seel macht
freuden=voll, Daß sie nichts wissen mag
vom weinen, Daß ich zu dem blinden
glück nicht traue, Vielmehr auf dei=
ne güte schaue; Weil oft das glücks=
rad wendet sich, Mein vater, so hab
acht auf mich.
4. Hab acht auf mich und steh mir bey,
Wann mir das unglück braußt ent=
gegen, Daß ich nicht zu verzaget sey
Und weichen möcht von deinen we=
gen; Die mir zu wandeln sind befoh=
len Und wann mir auch des creutzes=
kohlen Mein herze brennen bitterlich,
Mein vater, so hab acht auf mich.
5. Hab acht auf mich, wann ich ge=
sund, Wann ich empfinde keine schmer=
zen, Wann keine klag in meinem
mund, Noch trauren ist in meinem her=
zen, Damit ich bey gesundem leibe Dir
danckbar und gehorsam bleibe! Auf
daß ich nicht vergesse dich, Mein vater,
so hab acht auf mich.
6. Hab acht auf mich, auch wann ich
kranck, Wann die gesundheit will ver=
schwinden, Daß ich gedultig und mit
dank Annehm die arzeney der sünden;
Laß mich nicht ungedultig werden,
Und denken, daß ich staub und erden,
Auch wann die schmerzen mehren sich
Mein vater, so hab acht auf mich.
7. Hab endlich dann auch acht auf
mich Wann ich der welt valet soll ge=
ben, Daß ich im glauben halte dich,
Bis ich komm in ein ander leben, Da
mir das frohe glaubens=ende ertheis
len werden deine hände; Daß ich bey
dir leb ewiglich, Mein vater, so hab
acht auf mich.
8. Ach! laß mich doch nicht aus der
acht, Wann uns dein jüngster tag er=
scheinet; Der tag, da vor gericht wird
bracht, Auch das, so man nicht hie
gemeinet; Laß mich zu deiner rechten
stehen, Und zu des lammes hochzeit
gehen, Mein JEsu! dann hab acht
auf mich, So will ich ewig preisen
dich.

CCCCXLIII. 543.

Mel. Freu dich sehr, o meine rc.

Kommt, laßt euch den HErren leh=
ren, Kommt, und lernet allzu=
mal:,: Welche die sind, die gehören
In der rechten Christen zahl: Die
bekennen mit dem mund, Glauben
seil von herzen=grund, Und bemühen
sich darneben Fromm zu seyn, dieweil
sie leben.
2. Selig sind, die demuth haben, Und
sind immer arm im geist, Rühmen
sich gar keiner gaben, Daß GOtt werd
allein gepreißt: Danken dem auch für
und für, Dann das himmelreich ist
ihr: GOtt wird dort zu ehren setzen,
Die sich selbst gering hier schätzen.
3. Selig sind, die leide tragen, Da
sich göttlich trauren find't: Die be=

seus

Neuer Anhang. 211

seufzen und beklagen Jhr und andrer leute sind, Auch deshalben traurig gehn, Oft vor GOtt mit thränen steh'n: Diese sollen noch auf erden, Und dann dort getröstet werden.

4. Selig sind die frommen hertzen, Da man sanftmuth spüren kan, Welche hohn und trutz verschmertzen, Weichen gerne jedermann; Die nicht suchen eigne rach, Und befehlen GOtt die sach: Alle die will er so schützen, Daß sie noch das land besitzen.

5. Selig sind, die sehnlich streben Nach gerechtigkeit und treu. Daß an ihrem thun und leben Kein gewalt noch unrecht sey: Die da liegen gleich und recht, Sind aufrichtig, fromm und g'recht, Geiz, betrug und unrecht hassen, Die wird GOtt satt werden lassen.

6. Selig sind, die aus erbarmen Sich annehmen fremder noth, Sind mitleidig mit den armen, Bitten treulich für sie GOtt! Die behülflich sind mit rath, Auch, wo möglich, in der that, Werden wieder hülf empfangen, Und barmhertzigkeit erlangen.

7. Selig sind, die funden werden Reines hertzens jederzeit. Die in werck, wort und gebärden Lieben zucht und heiligkeit: Diese, welchen nicht gefällt Die unreine lust der welt, Sondern sie mit ernst vermeiden, Werden schauen GOtt mit freuden.

8. Selig sind, die friede machen, Und drauf sehn ohn unterlaß, Daß man mög in allen sachen Fliehen hader, streit und haß! Die da stiften fried und ruh, Helfen allerseits dazu, Sich auch friedens selbst befleissen, Werden GOttes kinder heissen.

9. Selig sind, die müssen dulden Schmach, verfolgung, angst und pein; Da sie es doch nicht verschulden, Und gerecht befunden seyn! Ob des creutzes gleich ist viel, Setzet GOtt doch maaß und ziel, Und hernach wird ers belohnen Ewig mit der ehren-cronen.

10. Gib, o HErr, zu allen zeiten, Daß ich hier auf dieser erd Aller solcher seligkeiten Aus genaden fähig werd! Hilf, daß ich mich acht gering, Auch dir meine noth vorbring, Auch am feinde sanftmuth übe, Die gerechtigkeit stets liebe.

11. Daß ich armen helf und diene, Immer hab ein reines hertz, Die im unfried stehn, versühne, Dir anhang in freud und schmertz! Vater, hilf von deinem thron, Daß ich glaub an deinen Sohn, Und durch deines Geistes stärcke Mich befleisse rechter wercke.

CCCCCXLIV. 544.

Mel. Ach bleib bey uns, HErr rc.

Jch will, so lang ich lebe hier, Den HErren preisen für und für. Viel gutes hat er mir gethan, Weit mehr, dann ich erzählen kan.

2. Er hat geholfen überall, Und sonderlich zu diesem mal Hat er auch durch seine hand Das unglück von mir abgewendet.

3. Niemand sonst mir zu hülfe kam, Jedoch meines elends sich annahm; Auch war der menschen hülf zu schwach, Darum befehl ich GOtt die sach.

4. Zu ihm rief ich bey tag und nacht, Daß seine weisheit, güt und macht Mich reissen wolt aus der gefahr, Damit ich ganz umringet war.

5. Der bitte hat er mich gewährt, Und solche rettung mir beschert, Daß ich erkenn, wie seine treu Ist alle morgen an uns neu.

6. Durch seinen engel hat er mich Aus meiner noth gewaltiglich Errettet und zur rechten zeit Von trübsal, sorg und furcht befreyt.

7. Sehr groß, o HERR, ist deine güt, Die mich beschützet und behüt: Ich will sie rühmen die auf erd, So lang ich athem haben werd.

8. Jch will dir sagen lob und preiß, Daß du auf wunderbare weiß Mir diese schwere creutzes-last So gnädig abgenommen hast.

9. Wiewol ich's hatte grob verschuldt, So hat doch deine lieb und huld Mit viel erbarmen mein verschont, Und nach verdienste nicht gelohnt.

10. Nun ich seh, daß dein vater-hertz Mir deshalb auflegt pein und schmertz, Daß du mich ziehen wilt zu dir, Weil ich auch gnad im straffen spür.

11. Drum ich mit freuden diß erwäg, Wie GOtt die ruth bald niederleg; Wie willig er die hülfe schick, Und zürne kaum ein'n augenblick.

12. Und ob es schon was länger scheint, Doch ist's zum besten stets gemeynt: Er weiß wohl mittel, zeit und rath; Jch hab's erfahren in der that.

13. Verleihe, HErr, daß mir's gereich Hinfort zur lehr und trost zugleich, Wann mich vielleicht noch in der welt Neu unglück wieder überfällt.

14. Gib

14. Gib, daß ich dencke, zu was end
Mir solche prob werd zugesendet:
Daß ich dem golde gleich mög seyn,
Und durch diß feuer werden rein.
15. Daß ich auch alsbald vor dich
tret Mit glauben, hoffnung und gebät, Damit anhalt, und laß nicht ab,
Bis ich die hülf erlanget hab.
16. Und wann die rettung kommen ist, (Dann du GOtt allzeit gnädig
bist.) Daß ich dir dancke tag und
nacht, Mit hertz und munde also sag:
17. Gelobet sey des HErren nam,
Der mächtig ist und wundersam! Erschallen müsse seine ehr In allen landen mehr und mehr.

CCCCCXLV. 545.

Mel. Es ist gewißlich an der zeit.

GOtt Vater aller gütigkeit, Im
himmel hoch dort oben, Erbarm
dich deiner Christenheit, Und steur
der feinde toben, Die sache geht dich
selber an, Drum mache dich nur auf
den plan, Und sey das heyl der armen.
2. GOtt Sohn, du allerhöchstes gut,
Vom Vater uns geschencket, Starck
in uns unser hertz und muth, Welchs
ist bisher gekräncket Vom teufel
und den gliedern sein, Erhalt uns
bey der lehre dein, Laß uns derselben geniessen.
3. GOtt heiliger Geist, du tröster
werth, Du wollst von uns nicht weichen Der teufel sicht mit lüg'n und
schwerdt, Und will uns gar umschleichen, Ach hilf heil'ge Dreyeinigkeit,
Und tröst uns ja in dieser zeit, Nun
singt von hertzen, amen.

CCCCCXLVI. 546.

Der im blut liegende Christ.

Mel. Meinen JEsum laß ich nicht.

Freylich bin ich arm und blos, O du
grosser menschen-hüter! Ach nimm
mich auf deinen schooß, Schencke mir
des himmels güter, Schau, ich lieg
in meinem blut, Nimm mich auf, o
höchstes guth!
2. Allerhöchster Gottes-Sohn! Meines lebens einzig leben, Komm herab vom sternen-thron, Komm, ich
will mich dir ergeben, Geh doch nicht
vor mir vorbey, Hör, o JEsu! mein
geschrey.
3. Gold und silber acht ich nicht
Es sind lauter wassen-wossen; Eines,
eines mir gebricht, Dieses such ich
unverdrossen: Der Maria bestes theil
Wähl ich aus, der seelen heyl.
4. Weil ich bin in sünden todt, Seufz
ich nach der seelen leben, JEsu!
hilf aus dieser noth, Hilf dem teufel
widerstreben, Dann er steht nach meiner cron, Hilf, o starcker Davids-
sohn!

5. Alles will ich geben hin, Wann ich
nur dich kan brühen: Weg mit allem
welt-gewinn, Hierauf will ich mich
nicht stützen, Mein erlöser ist mein
gold, Das ich nie vertauschen wolt.
6. Er wird mir vorüber gehn, Sott
ich schon im blute liegen, Treulich
wird er bey mir stehn, Und mich nimmermehr betrügen. Ich soll leben, sagt
er mir. Was frag ich, o welt, nach dir?

CCCCCXLVII. 547.

Mel. Wer nur den lieben GOtt läßt.

JCh bin der reichste mensch auf erden! Jch habe gnug, und habe
viel! Ein andrer mache sich beschwerden, Wie er den mammon finden
will: Wer mehr nicht sucht, als GOtt
beschehrt, Dem ist der gröste schatz
gewährt.
2. Der reichthum lieget in gemüthern: Wer sich begnügt, wird nimmer leer. Viel bleiben arm bey grossen gütern, Das macht, sie wollen
immer mehr; Und wer sich selbsten
nicht besitzt, Hat einen schatz, der
niemand nützt.
3. Ein geitzhals hat bey seinem grämen, Nicht eine stunde fröhlichkeit: Er
hat, und darf sich doch nichts nehmen,
Weil er sich's immer selbst verbeut:
So wird er von sich selbst verzehrt,
Und ist nicht eines thalers werth.
4. Wie frölich aber kan hingegen,
Mein hertz bey der vergnügung seyn?
Gibt mir der himmel einen segen,
So bild ich mir groß reichthum ein,
Und dencke GOtt giebt einen tag
Mehr, als ein käiserthum vermag.
5. Hab ich die nothdurft meinem leibe, Mein brod und auch mein saltz
darzu, So nehm ich's mit der überbleibe, Und brauch es so in stiller ruh.
GOtt leihet mir sein eigenthum, Zu
meinem nutz und seinem ruhm.
6. Das ist mein wucher in gedancken,
Der mich nicht leicht betrügen kan;
Und wolte die vergnügung wancken,
So schreib ich diese losung an: Es
eilt dem höchsten alles gleich, Ein
Christe sey arm oder reich.
7. Ein geitzhals gebet zum verderben,
Der nur nach geld und gut gestrebt:
Ich aber kan mit freuden sterben,
Weil mir kein geld am hertzen klebt.
So fährt die seele selig hin, Wo ich
bey GOtt der reichste bin.

CCCCCXLVIII. 548.

Wer JEsum bey sich hat, kan veste
stehen, Wird auf dem unglücks-
meer nicht untergehen: Wer JEsum
bey sich hat, was kan dem schaden Sein
hertz ist überall mit trost beladen.
2. Wer

2. Wer JEsum bey sich hat, der hat den himmel, Wünscht zu verlassen nur das welt-getümmel: Wer JEsum bey sich hat, der lebt vergnüget, Mit dem, was GOtt und glück ihm zugefüget.

3. Wer JEsum bey sich hat, der mag nicht haben Die eitelkeit der welt und ihre gaben: Wer Jesum bey sich hat, hat gnug auf erden, Und mag in ewigkeit nicht reicher werden.

4. Wer JEsum bey sich hat, kan sicher reisen, Er wird ihm schon den weg zu'n himmel weisen: Wer JEsum bey sich hat, in höchsten nöthen, Den kan kein teufel nicht noch mörder tödten.

5. Wer JEsum bey sich hat, ist wohl beschützet, Wann heftig donnert und schrecklich blitzet: Wer JEsum bey sich hat, darf nicht erschrecken, Wann seine sünd ihm furcht und angst erwecken.

6. Wer Jesum bey sich hat, darf nicht verzagen, Und kan den teufel auch leicht von sich jagen; Wer JEsum bey sich hat, wird nicht verderben, Wer JEsum bey sich hat, kan fröhlich sterben.

CCCCCXLIX. 549.

Mel. Zion klagt mit angst und rc.

Abermal ein jahr verflossen, Näher zu der ewigkeit, Wie ein pfeil wird abgeschossen, So vergehet meine zeit, O getreuer Jebaoth, Unveränderlicher GOtt! Ach! was soll, was soll ich bringen, Deiner langmuth danck zu singen?

2. Ich erschrecke, mächtig wesen, Angst und furcht bedecken mich, dann mein bäten, singen, lesen, Ach! das ist so schläferig, Heilig, heilig, heiliger, Grosser Seraphinen HErr! Wehe mir, ich muß vergehen, Dann wer kan vor dir bestehen?

3. Schrecklich ist es ja, zu fallen In die hand von solchem GOtt, Der rechtfertig ruft zurust allen: Niemand treibe mit mir spott, Irre nicht; wo das geschicht, Ich Jehova leid es nicht, Ich bin ein verzehrend feuer, Ewig brennend ungeheur!

4. Aber du bist auch sanft-müthig, O getreues vater-herz! In dem bürgen bist du gütig, Der gefühlt des todes schmerz; Steh ich nicht in deiner hand Ausgezeichnet als ein pfand, So du ewig willst bewahren Für des alten drachen schaaren.

5. Auf! mein hertz, gib dich nun wieder Ganz dem friedens-fürsten dar, Opfre dem der seelen lieder, Welcher krönet tag und jahr, Fang ein neues leben an. Das dich endlich führen kan, Mit verlangen nach dem sterben, Da du wirst die kron ererben.

6. Soll ich dann in dieser hütten Mich ein zeitlang plagen noch? So wirst du mich überschütten Mit gedult, das weiß ich doch; Setze dann dein herz auf mich JEsu Christe, du und ich Wollen ewig treu verbleiben, und von neuem uns verschreiben.

7. An dem abend und dem morgen, O mein rath besuche mich; Laß der beyden nahrungs-sorgen Nimmer scheiden mich und dich; Prüf in jedem augenblick Meine nieren, und mich schick, Schick mich, daß ich wachend stehe, Ehe denn ich schnell vergehe.

CCCCCL. 550.

Mel. O JEsu Christ, mein's lebens.

O JEsu! Gottes lämmelein, Ich leb odr sterb, so bin ich dein, Ich bitt, laß mich mit dir zugleich Ein erbe seyn in deinem reich.

2. Dann, was wär sonst dein sterbens-noth, So viel striemen und wunden roth, Wann ich auch nicht der seligkeit Geniessen sollt in ewigkeit.

3. Warum hält'st du dein'n leib und leb'n, Im grab verschlossen und aufgeb'n, Wann nicht mein tod durch deinen tod Verjagt sollt werden, o treuer GOtt?

4. Darum, O JESU! steh mir bey, Gewissen trost und hülf verleih, Verlaß den nicht, HErr JEsu Christ, Der mit dein'm blut besprenget ist!

5. Im friede laß mich schlafen ein, Und in dir haben ruhe fein, Ein selig ende mir bescher, Dein antlitz laß mich sehen, HErr!

6. Ich bitt durchs bittre leiden dein, Laß diß mein letztes wünschen seyn, So will ich loben allezeit, Dich, o HErr GOtt, in ewigkeit.

CCCCCLI. 551.

Mel. Werde munter mein gemüthe.

Der am creutz ist meine liebe, Meine lieb ist JEsus Christ, Weg, ihr argen seelen-diebe, Satan, welt und fleisches-list, Eure lieb ist nicht von GOTT, Eure lieb ist gar der tod: Der am creutz ist meine liebe, weil ich mich im glauben übe.

2. Der am creutz ist meine liebe, Frevler was befremdet dich, daß ich mich im glauben übe? JEsus gab sich

sich selbst für mich, So wird er mein
friede=schild, Aber auch mein lebens=
bild. Der am creutz ist meine liebe,
Weil ich mich im glauben übe.

3. Der am creutz ist meine liebe, Sünde, du verlierst den sturm: Weh mir,
wann ich den betrübe, Der statt meiner ward ein wurm, Creutzigt ich
nicht GOttes Sohn? Trat ich nicht
sein blut mit sohn? Der am creutz ist
meine liebe, Weil ich mich im glauben übe.

4. Der am creutz ist meine liebe,
Schweig gewissen, niemand mahnt,
GOtt preist seine liebes=triebe,
Wann mir von der handschrift ahnt:
Schau, wie ein hals=bürge zahlt
Gottes blut hat sie durchmahlt. Der
am creutz ist meine liebe, Weil ich
mich im glauben übe.

5. Der am creutz ist meine liebe,
Drum tyranne, foltre, fleiß: Hunger,
blöße, henckers=diebe, Nichts macht
mich von JEsu loß: Nicht gewalt,
nicht gold, nicht ruhm, Engel nicht,
kein fürstenthum: Der am creutz ist
meine liebe, Weil ich mich im glauben übe.

6. Der am creutz ist meine liebe,
Komm, tod, komm, mein bester
freund, Wann ich wie ein staub zer=
stiebe, Wird mein JEsus mir ver=
eint, Da, da schau ich Gottes lamm,
Meiner seelen bräutigam. Der am
creutz ist meine liebe, Weil ich mich
im glaube übe.

CCCCCLII. 552.

Im Th. Erhalt uns, HErr, bey dein.
Die helle sonn leucht jetzt herfür,
Fröhlich vom schlaf aufstehen
wir, Lobt GOTT, der uns heint
diese nacht Behüt hat für des teuf=
fels macht.

2. HErr Christ, den tag uns auch be=
hüt, Für sünd und schenid durch deine
gut, Laß deine liebe engelein Unsre
hüter und wächter seyn.

3. Daß unser hertz in gehorsam leb,
Dein'm wort und will'n nicht wieder=
streb, Daß wir dich stets vor augen
han In allem was wir fangen an.

4. Laß unser werck gerathen wohl,
Was ein jeder ausrichten soll, Daß
unser arbeit, müh und fleiß Gereich
zu deinem lob und preiß.

CCCCCLIII. 553.

ES ist genung! mein matter sinn
Sehnt sich dahin, Wo meine väter schlafen, Ich hab es endlich guten
fug, Es ist genung! Ich muß mir ruh
verschaffen.

2. Ich bin ermüdt, ich fühle fast
Des tages last, Es muß einst abend

werden, Erlös mich HERR, spann
aus den pflug, Es ist genung! Nimm
von mir die beschwerden.

3. Die grosse last hat mich gedrückt,
Ja fast erstickt, So viele lange jahre;
Ach! laß mich finden, was ich such,
Es ist genung! Mit solcher creutzes=
waare.

4. Nun gute nacht, ihr meine
freund, Ihr meine feind, Ihr guten
und ihr bösen, Euch folgt die treue
der betrug, Es ist genung: Mein
GOtt will mich auflösen.

5. So nimm nun hin, HERR, meine seel, Die ich befehl In deine hand
und pflege, Und schreib sie in das le-
bens=buch, Es ist genung! Daß ich
mich schlafen lege.

6. Nicht besser soll es mir ergehn,
Als wie geschehn Den vätern, die erworben Durch ihren tod d z lebens
fruch, Es ist genung! Es sey also
gestorben.

CCCCCLIV. 554.

Ehre sey jetzo mit freuden gesungen,
Wünschen und bäten ist kräftig
gelungen, Den majestätischen könig
der ehren Wollen wir preisen, wer
kan es uns wehren?

2. Sagt mir, wem haben wir alles zu
dancken? Daß wir gelaufen in tugen=
den=schrancken? Daß wir das lebens=
brod häufig noch haben? Seynd das
nicht GOttes langmüthige gaben?

3. Freylich, es ist so! Jehova der
lebe! Nimmer vergessende hertzen
uns gebe! Lebe Jehova, dir wollen
wir singen, Und dir das opfer der
lippen herbringen.

4. Elend ist, wer auf die fürsten ver=
trauet! Selig ist, wer auf den Mäch=
tigen bauet! Der ist betrogen, wer
menschen anklebet, Der ist gesegnet,
wer JEsu nur lebet.

5. Es ist nur eine lebendige quelle,
Kräftig zu stärcken die dürftige seele,
Löchrichte brunnen sind menschen=
gedancken, Wolcken ohn regen, die hin
und her wancken.

6. Aber der Heilige bleibet der meine,
Und ich in ewigkeit bleibe der seine,
Ehre sey diesem GOTT hoch in
der höhe, Sein allerheiligster wille
geschehe.

CCCCCLV. 555.

Im Thon: Schönster Immanuel, :c.

Höchster formirer der löblichsten
dinge! Der du mich arzwen so
ferne gebracht, Rühr mir die zunge,
damit ich dir singe, Und eines beginne
nach düsterster nacht, Dich zu erheben, Und dir zu leben, Weil du mich
mit so viel gnaden bedacht.

2. Dan=

Neuer Anhang. 215

2. Dancket ihr augen dem ewigen lich=
te, Daß ihr so sehend und offen da
steht, Dancket ihm für das erlangte
gesichte, Daß es noch dauret und noch
nicht vergeht, Schauet mit wonne
Auf ihn, die sonne, Bis er euch un=
ter die sternen erhöht.
3. Dancket ihr ohren dem worte des
lebens, Daß ihr vernehmen könt,
was er euch heist, Oeffnet euch, daß
es nicht rufe vergebens, Laßt euch re=
gieren den ewigen Geist, Bis ihr könnt
hören, Wie man mit chören Dorten
ihn ewig erhebet und preist.
4. Dancke du riechen dem schöpfer
der nasen, Daß dich so mancherley
geistwerk ergotzt: Daß er den lebens=
geist in dich geblasen, Daß er dem
Christi fußstapfen vorsetzt fleißig zu
spühren, Wie die dich führen, Alles zu
meiden, was ewig verletzt.
5. Dancke du zunge für reden und
schmecken, Werde nicht stumm zu er=
heben die macht, Daß du dein reden
kanst weiter erstrecken, Als wie die
thiere das mundwerck gebracht, Ler=
ne die speisen Einzig hoch preisen,
Welche, was Christum nur kennet,
hoch acht.
6. Dancket ihr glieder GOTT alle
fürs fühlen, Hände fürs greifen, und
füsse fürs gehn, Lasset den wanckel doch
einzig drauf zielen, Daß ihr dort
ewig wohl könnet bestehn, Wollt ihr
in sünden Dort nicht empfinden,
Wie sich die strafen der hölle erhöhn.
7. Dancket gedancken, verstand und
du wille, Dancket gedächtniß und ur=
theil dazu. Schwinget die flügel zur
ewigen fülle, Laßt euch nicht halten
das zeitliche nu, Eure lobslieder Sin=
cken nicht nieder, Bis ihr gelanget
zur himmlischen ruh.
8. Wann nun das unsere GOTT sey
gepriesen, Stimmet das äussre
gleichfalls mit an: Freylich, o Vater
du hast mir erwiesen Tausendma.
mehr, als ich aussinnen kan, Nah=
rung die hülle, Güter die fülle, Mel=
den, diß habe GOtt alls gethan.
9. Nun dann, du geber der herrlichen
gaben, Weil du mir giebest mehr als
ich begehrt, Laß mich die augen stets
inner mir haben, Daß ich nichts mein
acht, als was du beschert, Mach
mich geringe, Schöpfer der dinge.
Bis sich mein etwas in nichtes ver=
kehrt.
10. Und weil dannoch ein geschencke
vorhanden, Welches viel höher als
himmel und welt, Nemlich dein
Sohn, der uns rettet aus schanden,
Und dich nun wieder zufrieden ge=
stellt, Welches mir weisen Nie gnug

zu preisen, Bis du die seele zum en=
geln gesellt.
11. So nimm dann an was im him=
mel erklinget, Macht, reichthum,
weißheit, kraft, ehre und preis,
Dancksagung und was das engel=
volck singet, GOtt und dem Lamme
mit ewigem fleiß: Alles sprech:
Amen! Wo nur ein namen Je wird
genennet von preise zu preis.

CCCCCLVI. 556.

Im Th. Ich hab mein sach GOtt 2c.

ICh hab mich dir, GOtt, heimge=
stellt, Machs nur mit mir, wie
dirs gefält, Ich bin ja HERR, dein
liebes kind, All meine sünd Durch
Christum mir vergeben sind.
2. HErr JEsu Christe, GOttes sohn,
Mein heyland und mein gnaden=
thron, Ich weiß von keinem andern
heil, Du bist mein theil: Mein trost
und hülf, zu dir ich eil.
3. Dein blut und tod bezahlt die
schuld, Und schencket mir des vaters
huld, Du hast für mich genug gethan,
Das nehm ich an, Du hältst was ich
nicht halten kan.
4. Mein vater, sieh! ich bringe dir
den mann, den du gestellet mir, Daß
er mein bürg und helfer sey, Der
mich macht frey Von aller schuld und
sclaverey.

CCCCCLVII. 557.

Im Thon: JEsu, meine freude, 2c.

MEine seel ist stille, Zu GOtt,
Dessen wille Mir zu heissen
steht, Mein herz ist veranügt Mit
dem wies GOtt säget, Nimmt an,
wie es geht, Gebt es nur zum him=
mel zu, Und bleibt JEsus ungeschie=
den, So bin ich zufrieden.
2. Meine seele hanget An dir und
verlanget, GOtt, bey dir zu seyn
aller ort und zeiten, Und mag keinen
leiden, Der ihr rede ein, Von der
welt, ehr, lust und geld, Wornach so
viel sind beflissen, Mag sie gar nichts
wissen.
3. Nein, ach nein, nur einer, Sagt
sie, und sonst keiner Wird von mir ge=
liebt, JEsus der getreue, In dem ich
mich freue, Sich mir ganz ergibt: Er
allein, er soll es seyn, Dem ich wieder
mich ergebe, Und ihm einzig lebe.
3. GOttes güt erwäge, Und dich gläu=
big lege Sanft in seinen schoos, Ler=
ne ihm vertrauen So wirst du bald
schauen, Wie die ruh so groß, Die
da fleust aus stillem geist, Wer sich
weiß in GOtt zu schiken, Den kan
er erquicken.
5. Meine seele harret, Und sich ganz
verscharret Tief in JEsu brust, Sie
wird

wird starck durch hoffen. Was sie betreffen, Träget beste mit lust: Fasset sich gantz männiglich Durch geduld und glauben veste, Am end
kommt das beste.
6. Amen, es geschiehet, Wer zu JEsu
fliehet, Wird es recht erfahr'n, Wie
GOtt seinen kindern pflegt das creutz
zu mindern, Und das glück zu sparn,
Bis zu end, Alsdann sich wend Das
zuerst gekoste leiden, Und geht an
die freuden.

CCCCCLVIII. 558.

Mel. Wer nur den lieben GOtt rc.

MEin GOtt, du weist am allerbe-
sten, Das, was mir gut und
nützlich sey, Hinweg mit allen men-
schen-vesten, Weg mit dem eigenen gebäu. Gib, HErr, daß ich
auf dich nur bau, Und dir alleine
gantz vertrau.

2. Reiß alles aus, aus meiner seelen,
Was dich nicht sucht, und deine ehr,
Ja, wolte es sich auch verhelen, So
prüfe selbst je mehr und mehr Mein
innere beschaffenheit, Und gib mir
hertzens redlichkeit.

3. Daß ich könn in der wahrheit sprechen: Du bist mein Abba, licht und
heil; Du heilest alle mein gebrechen, Und schenckest mir an Christo
theil, Du bist mein allerbester
freund, Ders allzeit hertzlich mit
mir meint

4. Dann kann ich dich nur Vater
nennen, O abgrund der barmhertzigkeit! So muß mir alles nutzen können, Was man sonst heisst creutz
und leyd, Dann auch das bittre süsse ist, Wann du, o GOtt! im hertzen bist.

5. Drum gib, daß ich recht kindlich
glaube, Und nur sey frisch und unverzagt, Jedoch in demuth, mir zu-
schreibe, Was dein so heilig's wort
mir sagt. Dein geist erkläre meinen
geist, Was deine Vater-treue heißt.

6. Du unerschaffnes höchstes wesen,
Hast vor der welt an mich gedacht,
Und da ich gar noch nicht gewesen,
Den liebes-vollen schluß gemacht:
Daß ich in Christo dein soll seyn,
Und frey von aller höllen-pein.

7. Dein kind, mein JEsus, hat vollendet, Was du beschlossen in der
zeit, Hat schuld und strafen abgewendet, Und mir geschenckt die seligkeit.
Dein Geist, der mir diß macht bekant, Ist alles dessen unterpfand.

8. Ich weiß nicht, was ich sonst soll
sagen Von der treu, die ich stets ver-
spürt, Daß du mich hast in meinen tagen Bis hieher wunderbar geführt,
Ja dort bey dir in ewigkeit Ist mir
das beste noch bereit

9. Nun, HErr, ich falle dir zu füßen,
Und bitt: o allerhöchstes gut; Laß
mich wie wachs doch gantz zerflüssen
In dieser deiner liebes-glut. Ach!
gib, daß deine gegen-treu Doch stets
in meiner seelen sey.

10. Und weil ich auf so viele weise,
Mein Vater, bin dein eigenthum,
So gib, daß ich auch dir zum preise
Und deines grossen namens ruhm,
Stets diene in gerechtigkeit, Und
dir beliebter heiligkeit.

11 Du must das gute selbst vollbringen In worten, wercken, und verstand, Drum reiche mir in allen
dingen Aus gnaden deine Vater-
hand Dann hier gilt nicht, wer
rennen kan, Blos kommts auf dein
erbarmen an.

12. Legst du was auf, so hilfs auch
tragen, Gib nur geduld in leidens-
zeit, Und sey in gut und bösen tagen
Mein trost, mein rath und meine
freud. Gib demuth, einfalt, lieb
und zucht, Was falsch und hoch ist,
sey verflucht.

13. Nun amen! es sey vest geschlossen, Nur daß des heilgen Geistes
krafft Bleib über mir stets ausgegossen, Als welche alles gute schaft,
So bleibts in ewigkeit dabey, Daß
du mein und ich deine sey.

CCCCCLIX. 559.

Mel. O GOtt, du frommer GOtt.

O JEsu! süsses licht, Nun ist die
nacht vergangen, Nun hat dein
gnaden-glantz auf's neue mich umfangen, Nun ist, was in mir ist, Vom
schlafe aufgeweckt, Und hat nun in
begierd Zu dir sich ausgestreckt.

2. Was soll ich dir dann nun, Mein
GOtt, für opfer schencken? Ich will
mich gantz und gar In deine gnad ein-
sencken, Mit seel, mit leib, mit
geist, Heut diesen gantzen tag, Das
soll mein opfer seyn, Weil ich sonst
nichts vermag.

3. Drum, siehe da, mein GOtt, Da
hast du meine seele, Sie sey dein eigenthum, Mit ihr dich heut ver-
mähle In reiner liebes-krafft, Da
hast du meinen geist, Darinnen wollst
du dich-verklären allermeist.

4. Da sey dann auch mein leib Zum
tempel dir ergeben, Zur wehnung
und zum hauß, Ach allerliebstes leben! Ach! wohn, ach! leb in mir, Beweg und rege mich! So hat geist, seel
und leib mit dir vereinigt sich.

5. Den leibe hab ich jetzt Die kleider
angeleget, Laß meiner seelen seyn
dein

dem Monats eingepräget. In guldnem glantzen=schmuck, In der gerechtigkeit, So allen seelen ist, Das rechte ehren=kleid.
6. Mein JEsu schmücke mich Mit weisheit und mit liebe, Mit keuschheit, mit geduld, Durch deines Geistes triebe, Auch mit der demuth mich; Vor allem kleide an. So bin ich wohl geschmückt: Und köstlich ang:than.
7. Laß mir doch diesen tag Stets vor den augen schweben, Daß dein allgegenwart Mich wie die luft umgeben, Auf daß mein gantzes thun Durch hertz, durch sinn und mund Dich lobe inniglich, Mein GOtt, zu aller stund.
8. Ach, segne was ich thu, Ja rede und gedencke, Durch deines Geistes kraft Es also führ und lencke, Daß alles nur gescheh Zu deines namens ruhm, und das ich unverrükt Verbleib dein eigenthum.

CCCCCLX. 560.

O Wie selig seyd ihr doch, ihr frommen! Die ihr durch den tod zu GOTT gekommen, Jhr seyd entgangen Aller noth, die uns noch hält gefangen.
2. Muß man hie doch wie im kercker leben, Da nur sorge, furcht und schrecken schweben: Was wir hier kennen, Jst nur müh und hertzeleyd zu nennen.
3. Jhr hergegen ruht in eurer kammer Sicher und befreyt von allem jammer, Kein creuz und leyden Jst euch hinderlich in euren freuden.
4. Christus wischet ab euch alle thränen Habt das schon, wornach wir uns erst sehnen, Euch wird gesungen, Was durch keines ohr allhier gedrungen.
5. Ach wer wollte dann nicht gerne sterben, Und den himmel für die welt ererben? wer wollt hie bleiben, Sich den jammer länger lassen treiben?
6. Komm, o Christe, komm, uns auszuspannen, Lös uns auf, und führ uns bald von dannen, Bey dir, o sonne! Jst der frommen seelen freud und wonne.

CCCCCLXI. 561.

Jm Th. was mein GOtt will, ꝛc.

SEy GOtt getreu, halt seinen bund, O mensch, in deinem leben:.: Laß diesen stein zum ersten grund, Bleib ihm allein ergeben, Denck an den kauf Jn deiner tauf, Da er sich dir verschrieben, Bey seinem eyd, Jn ewigkeit, Als Vater dich zu lieben.
2. Sey GOtt getreu, laß keinen wind Des kreuzes dich abkehren:.: Jst er dein Vater, du sein kind? Was willt du mehr begehren? Diß höchste guth Macht rechten muth; Kan seine huld dir werden, Nichts bessers ist, Mein

lieber Christ, Jm himmel noch, auf erden.
3. Sey GOtt getreu von jugend auf Laß dich kein lust noch leiden:.: Jn deinem gantzen lebens lebens=lauf, Von seiner liebe scheiden: Sein alte treu Wird täglich neu, Sein wert sucht nicht auf schrauben, Was er verspricht, Das bricht er nicht Das solt du kühnlich glauben.
4. Sey GOtt getreu in deinem stand, Darein er dich gesetzet:.: Wann er dich hält mit seiner hand, Wer ist, der dich verletzet? Wer seine gnad Zur brust=wehr hat, Kein teufel kan ihm schaden; Wo diß staketh Um einen steht, Dem bleibet wohl gerathen.
5. Sey GOtt getreu, sein liebes wort Standhaftig zu bekennen:.: Steh vest darauf an allem ort, Laß dich von nicht trennen: Was diese welt Jn armen hält, Muß alles noch vergeben, Sein liebes wort Bleib ewig fort Ohn alles wanken stehen.
6. Sey GOtt getreu, als welcher sich Läßt treu und gnädig finden:.: Streit unter ihm nur ritterlich, Laß über dich den sünden, Ja wider pflicht, Den zügel nicht, Wär je der fall geschehen, So sey bereit, Durch buß bey zeit, Nur wieder aufzustehen.
7. Sey GOtt getreu bis in den tod, Und laß dich nicht abwenden:.: Er wird und kan in aller noth Dir treuen beystand senden, Und käm auch gleich Das höllisch reich Mit aller macht gedrungen, Wolt auf dich zu, So glaube du, Du bleibest unbezwungen.
8. Wirst du GOtt also bleiben treu, Wird er sich dir erweisen:.: Daß er dein lieber Vater sey, Wie er dir hat verheissen: Und eine kron Zum gnaden=lohn Jm himmel dir aufsetzen, Da wirst du dich Dort ewiglich Jn seiner treu ergötzen.

CCCCCLXII. 562.

Jm Th. Es ist das heyl uns kommen.

SEy lob und ehr dem höchsten guth, Dem Vatter aller güte, Dem GOtt, der alle wunder thut, Dem GOtt, der mein gemüthe Mit seinem reichen trost erfüllt, Dem GOtt, der allen jammer stillt, Gebt unserm GOtt die ehre!
2. Es danken dir die himmels=heer, O herrscher aller thronen. Und die auf erden, luft und meer Jn deinem schatten wohnen. Die preissen deines schöpfers macht, Die alles also wohl bedacht, Gebt unserm GOTT die ehre.
3. Was unser GOtt geschaffen hat, Das will er auch erhalten: Darüber will er früh und spat Mit seiner güte walten

warten. In seinem ganzen königreich,
Ist alles recht und alles gleich, Gebt
unserm GOtt die ehre!
4. Ich rief dem HErrn in meiner
Ach GOtt! vernimm mein schreyen,
Da half mein helfer mir vom tod,
Und ließ mir trost gedeyhen! Drum
dank, ach GOtt drum dank ich dir,
Ach danket, danket GOtt mit mir,
Gebt unserm GOtt die ehre!
5. Der HErr ist noch und nimmer
nicht Von seinem volk geschieden, Er
bleibet ihre zuversicht, Ihr segen, heil
und frieden. Mit mutter-händen
leitet er Die seinen stetig hin und her:
Gebt unserm GOtt die ehre!
6. Wann trost und hülf ermangeln
muß, Die alle welt erzeiget, So kommt
so hilft im überfluß, Der Schöpfer
selbst und neiget Die vaters-augen
deme zu, Der sonsten nirgends findet
ruh, Gebt unserm GOtt die ehre!
7. Ich will dich ja all mein lebenlang,
O GOtt, von nun an ehren. Man soll
o GOtt, dein'n lobgesang An allen or=
ten hören; Mein ganzes herz ermun=
tert sich, Mein geist und leib erfreuen
sich, Gebt unserm GOtt die ehre!
8. Ihr, die ihr Christi namen nennt,
Gebt unserm GOtt die ehre, Ihr, die
ihr GOttes macht bekennt, Gebt un=
serm GOtt die ehre. Die falschen gö=
zen macht zu spott, Der HErr ist
GOtt, der HErr ist GOtt, Gebt un=
serm GOtt die ehre!
9. So kommet vor sein angesicht Mit
jauchzens-vollen springen, Bezahlet
die gelobte pflicht, Und laßt uns fröh=
lich singen: GOtt hat es alles wohl=
bedacht, Und alles, alles recht gemacht,
Gebt unserm GOtt die ehre!

CCCCLXIII. 563.

Mel. Ach GOtt! vom himmel 2c.

Ach sünder! sey doch nicht so blind,
Der fleisches-lust ergeben: Schlag
nicht so schädlich in den wind Dein
ewig heil und leben; Da oft mit vol=
len sporen läuft Der höllen zu, frißt,
spielt, und säuft, Die welt nach
ihrer weise.

2. Ach sünder! sey doch nicht so toll
Hier lustig mit zu machen, wo teuf=
fels-brüder blind und voll In saus=
und schmause lachen. Wo ist mehr
weh, leid, mord und zank? Als we=
man sich bey starkem trank Säuft
endlich gar von sinnen.

3. Ach sünder sey doch nicht so frey
Zu deiner seelen schaden, Mit speis
und trank in füllerey Dich je zu über=
laden. Dem teufel machst du dich
zum spott, Du treibst von dir aus
deinem GOtt, Wo bleibt das herz zu
bäten?

4. Ach sünder! sey doch nicht so frech,
Ach meide solche hauffen, Die est
bey ihrem lust-gezech Gar in die wette
sauffen. So spielt man recht dem teu=
fel auf, Als wäre auch die seel zu kauf,
Die seel; leicht geht verlohren.

5. Ach sünder! ach! so gottlos nicht
Im trunck dich übernommen: Wie?
wann dein JEsus zum gericht Zu der
zeit solte kommen: Ja, wann der tod
dich raffte hin, Da du bist von ver=
stand und sinn, Wie wird die seele
fahren?

6. Ach sünder! ach! so sicher nicht: Da
eben so vermessen Der Belsazar des
nachts bey licht In vollem schmaus
gesessen, Da mahlet ihm die wunder=
hand Sein urtheil plötzlich an die
wand: So kan dirs auch ergehen.

7. Ach sünder! ach! so ruchlos nicht,
Hör, wie der schlemmer brüllet, Als
ihm die flamm zum hals ausbricht,
Der sich stets angefüllet In üppigkeit
mit starkem wein Hat dort kein was=
ser-tröpfelein, Die zunge abzukühlen.

8. Ach sünder! nicht so unbedacht,
Dich möcht sonst überfallen Die lan=
ge schwarze höllen-nacht, Da wird
die stimm erschallen: Schenckt ein,
schenckt ein den schwefel-tranck, Von
feuer, pech, rauch, quaal und stanck,
Fürs böse, das begangen.

9. Ach sünder! ach! zu jeder stund
Halt dich in guten schrancken, Sez
dein getränck an deinen mund, Hab
dieses in gedancken: O JEsu! dein
vermyrrther wein, Dein gallen-
tranck, dein durst und pein Lehr
mich ja mäßig leben.

CCCCLXIV. 564.

Mel. HErr JEsu Christ, du höchst.

Ich komm jetzt als ein armer gast,
O HErr! zu deinem tische, Den
du für mich bereitet hast, Daß er
mein herz erfrische: Wann mich der
seelen-hunger nagt, Wann mich der
durst des geistes plagt, Bis ich den
schweiß abwische.

2. Nun sprichst du, seelen-bischof,
dort: Ich bin das brod zum leben,
Diß brod treibt auch den hunger
fort, Den sonst nichts mag aufheben.
Ich bin der brunn, wer glaubt an
mich, Dem wird der durst nicht ewig=
lich Im herzen stiche geben.

3. Drum führe mich, o treuer hirt!
Auf deine himmels-augen, Bis mei=
ne seel erquicket wird, Wann im sie
süssest schauen Die ströhme deiner gü=
tigkeit, Die du für alle hast bereit,
So deiner hut sich trauen.

1. Ich armes schäflein suche dich Auf
einen grünen weiden, Dein lebens=
manna speise mich, Zu trost in allen
leiden,

leyden, Es träncke mich dein theures blut, Auf das mich ja kein falsches gut Von deiner liebe trenne.

5. Gleich wie des hirsches mattes hertz Nach frischem wasser schreyet, So schreyet auch mein seelen-schmertz: Ach! laß mich seyn befreyet Von meiner schweren sünden-pein, Und schencke mir die trost-fluth ein, Damit ist mir gedienet.

6. Für allen dingen würck in mir Ein ungefärbte reue, Daß, wie für einem wilden thier, Ich mich für sünden scheue, Wirf mir den rock des glaubens an, Der dein verdienst ergreiffen kan, Damit mein hertz sich freue.

7. Entzünd in mir die andachts-brunst, Daß ich die welt verlasse, Und deine treu und bruder-gunst In dieser speise fasse, Daß durch dein lieben lieb in mir, Zu meinem nächsten wachs herfür, Und ich sort niemand hasse.

8. Ach! führe mich nur selbst von mir, Bey mir ist nichts dann sterben: Nimm aber mich, o HErr, zu dir, Bey dir ist kein verderben, In mir ist lauter höllen-pein, In dir ist nichts dann selig seyn, Mit allen himmels-erben.

9. Erneure mich, o lebens-stab, Mit deines geistes gaben, Laß mich die sünde-dancken ab, Die mich sonst pflag zu laben, Regiere meinen trägen sinn, Daß er die lüste werfe hin, Die er sonst pflegt zu haben.

10. So komm nun, o mein seelen-schatz, Und laß dich freundlich küssen! Mein hertze gibt dir raum und platz, Und will von keinem wissen, Als nur von dir, mein bräutigam, Dieweil du mich am creutzes-stamm Aus noth und tod gerissen.

11. O liebster Heyland, grossen danck Für deine süßigkeiten, Ich bin für lauter liebe kranck, Drum wart ich auf die zeiten, In welchen du, o lebens-fürst, Mich samt den auserwählten wirst Zur himmels-tafel leiten.

CCCCLXV. 565.

O JEsu, mein Bräutigam! wie ist mir so wohl, Dein liebe die macht mich gantz truncken und voll: O selige stunden! Ich habe gefunden, Was ewig erfreuen und sättigen soll.

2. Du hast mich, o JESU, recht reichlich erquickt, Und an die trost-brüste der liebe gedrückt, Mich reichlich beschencket, Mit wollust geträncket, Ja gäntzlich in himmlischer freude verzückt.

3. Nun hertzens-geliebter, ich bin nicht mehr mein, Dann was ich bin, um und um, alles ist dein, Mein lie-ben und hassen, Was ich dir gelassen, Diß alles wircket in mir dein geistlicher wein.

4. Was ist es, das hier und dort mich noch anstcht, Der eltern, der brüder, der kinder gesicht? Weg! weg! ihr verwanoten, ihr freund und bekannten, Schweigt alle nur stille, ich kenn euch ja nicht.

5. Komm, jauchzet ihr frommen, frolocket mit mir, Ich habe die quelle der freuden selbst hier: Kommt lasset uns springen, Und singen und springen, Ja gäntzlich entbrennen in liebes-begier.

6. O liebster, wie hast du mein hertze verwundet, Wie hat mich dein heiliges feuer entzündet, Ach! schauet die flammen, Sie schlagen zusammen Nicht himmel noch erden weiß, was ich empfind.

7. Trotz teufel, welt, hölle, fleisch, sünde und tod, Ich fürchte kein trübsal, kein leiden noch noth: Will JEsus mich lieben, Was kan mich betrüben? Alls, was mir entgegen, muß werden zu spott.

8. Weg kronen, weg scepter, weg hoheit der welt! Weg reichthum und schätze, weg güter und geld! Weg wollust und prangen! Mein eintzig verlangen Ist JEsus der schönste im himmlischen zelt.

9. Wann nimmst du, o liebster, mich gäntzlich in dir? Wie lang, ach! wie lang soll ich warten allhier? Wann seh ich, o wonne! Dich, ewige sonne? O JEsu o schönster! o einige zier.

CCCCLXVI. 566.

In Th. O GOtt, du frommer GOtt.
Ach! wann ich mich doch könt In JESU liebe sencken, Und als augenblick An JEsu liebe dencken, Mich deucht, ich höre stets, Als wann mir was zuspricht: Vergiß bey leibe du Der liebe JEsu nicht.

2. Ach! wie könt ich doch auch, Mein JEsu, dein vergessen? Das, was ich oftmahls hab Getruncken und gegessen, Drin's eigen leib und blut, Das hat mein hertz und sinn Verwandelt, daß ich nichts Dann lauter JEsus bin.

3. Ich bin gantz durch und durch Mit JESU angefüllet, Kein ader ist in mir, Die nicht von JESU quillet, Das hertz das trieffet noch Von lieb-sten JEsu blut, Und brennet liechter-loh In JEsu liebes-glut.

4. Zu viel, ach! gar zu viel Thust du mir JESU, gnade, Ich armes sünckelein erd, Bekenne zu gerade: Ich bin der keines werth, So du an mir gethan, Und weiß auch nimmermehr, Wie ich gnug dancken kan.

T   5. Die

5. Diß dencken und den danck Läs
stetig darzu kommen. In allem, was
auch wird Von mir nur fürgenom-
men: So leb in JEsu ich Mit einem
frischen muth, Und sterbe, wann GOtt
will, Auf JEsum und sein blut.

CCCCLXVII. 567.

Im Th. Wer nur den lieben GOtt rc.

HJe liebe leidet nicht gesellen, Im
fall sie treu und redlich brennt,
Zwo sonnen mögen nicht erhellen
Beysammen an dem firmament, Wer
herren, die einander feind, Bedienen
will, ist keines freund.

2. Was hinkst du dann auf beyden seiten, O seel! ist GOtt der HErr dein
schatz? Was haben dann die eitelkeiten
Für einen anspruch, theil und platz?
Soll er dich nennen seine braut, Kanst
du nicht andern sein vertraut.

3. Im fall du Christum wilst behalten, So halt ihn einig und allein, Die
gantze welt soll dir erkalten, Und
nichts als lauter greuel seyn: Dein
fleisch muß sterben, ob die noth Der
sterblichkeit dir bringt den tod.

4. Warum soll ich doch das umfangen, Was ich so bald verlassen muß,
Was mir nach abgekürtzten prangen
Bracht ewig ekel und verdruß? Soll
ich um einen dunst und schein, Ein
schensal Heil'gen Geistes seyn?

5. Die augen dieser erden lachen Zwar
wirklich in der sterblichkeit; Beweinen aber in dem leben Der bösen ihr
unendlich leyd. Die engel-braut hergegen tränckt Den, der mit thränen
hier sich kräncht.

6. Ach GOtt! wo sind sie, die vor
jahren Ergetzen aller cite keit, Und
in die weit so trilustig waren Verliebt? des schnöden liebes kleid Sind
würmer, Ihre seele sitzt In ewig
heisser gluth, und schwitzt.

7. Die welt senckt ihre rotten nieder, Und weckt sie nimmer wieder
auf; Mein schatz ruft seine rotten
wieder Zum unbeschränckten lebens-
lauf. Verkürtzt sie wie das morgen-
roth, Wann jene nacht der andre tod.

8. Was hab ich daran, o welt! zu
schaffen. Mit deiner welchem ro ens
kron? Flench hin, und gib sie deinen
affen; Laß mir des creutzes zorn und
hohn; Besitz ich JEsum nur allein,
Ist alles, was zu wünschen, mein.

CCCCLXVIII. 568.

Im N. Freuet euch ihr Christen alle.

HErr, wann wirst du Zion bauen.
Zion, die geliebte stadt, Die sich
dir ergeben hat. Ach! soll sie nicht
einmal schauen Ihre mauren aufge-
baut? Ja, der HErr läßt sie nicht.

Freude, freude über freude, Christus
wehret allem leide, Wonne, wonne
über wonne Er ist die genaden sonne.

2. O! wann soll die stimm erschallen,
Da man rufet überall In der auserwählten zahl: Sie, die stoltze ist gefallen, Mit der stoltzen huren-pracht,
Die vormals war hoch geacht. Freude,
freude über freude, Christus währet
allem leide, Wonne, wonne rc.

3. Höre, wie dein Zion klaget, Unter
Babels dienstbarkeit, Jetzt in dieser
finstern zeit: Doch du wirst den, der
sie plaget, Stürtzen bald durch deinen
Geist, Der den frommen singen heißt.
Freude, freude über freude. rc.

4. Gib uns, JEsu, daß wir wachen,
Und im glauben munter seyn, Wann
du kommst und reichst herein Mit posaunen und mit krachen, Zu erlösen
deine braut, Die du ewig dir vertraut. Freude, freude über freude, rc.

5. Drücke du dein heiliges siegel An
die stirne, an die hand, Dir zu ehren,
uns zum pfand, Daß wir uns durch
glaubens-flügel Können schwingen
himmel an, Da uns niemand schaden kan. Freude, freude über freude,
Christus wehret allem leide, rc.

6. Zeichne mit deinem heiligen zeichen Uns dein volck, dein eigenthum,
Schönster JEsu, höchster ruhm; So
muß satan von uns weichen, Weichen muß der sünden kind, Weil wir
dein erkaufte sind. Freude, freude
über freude, Christus rc.

7. Ach! wie wird dein volck dich ehren, Wann es nun entnommen ist
Babels stoltz des thieres list; Deinen ruhm wird es vermehren, Und
in alle ewigkeit Dich zu loben seyn bereit. Freude, freude über freude, rc.

8. Darum, Zion, untretrübet! Die
erquickungs-zeit ist da, Und des
Herren hülf ist nah, Selig, der
sich ihm ergiebet, Und vor seinem
Heyland kan Stimmen dieses lieblich
an: Freude, freude über freude, Christus wehret allem leide, Wonne, wonne über wonne, Er ist die genaden-
sonne.

CCCCLXIX. 569.

Im Th. Nun sich der tag geendet.

MEin GOtt, das hertz ich bringe
dir Zur gabe und geschenck, Du
forderst dieses ja von mir, Deß bin
ich eingedenk.

2. Gib mir, mein sohn, dein hertz,
spricht du, Das ist mir lieb und
werth, Du findest anderst auch nicht
ruh Im himmel und auf erd.

3. Nun du, mein'st Vater, nimm es
an. Mein hertz, obwohl es nicht

Neuer Anhang.

Ich gebs, so gut ichs geben kan, Kehr zu mir dein gesicht.

4. Zwar ist es voller sünden = wust Und voller eitelkeit, Des guten aber unbewust, Der wahren frömmigkeit.

5. Doch aber steht es nun in reu, Er kennt seyn übelstand, Und träget jetzo vor dem scheu, Davons zuvor lust fand.

6. Hier fällt und lieget es zu fuß, Und schreyt, nur schlage zu, Zerknirsch, o Vater, daß ich buß Rechtschaffen vor dir thu.

7. Zermahl mir meine härtigkeit, Mach mürbe meinen sinn, Daß ich in seufzer, reu und leid, Und thränen ganz zerrinn.

8. Sodann nimm mich, mein JEsu Christ, Tauch mich tief in dein blut, Ich glaub, daß du gecreuzigt bist Der welt und mir zu gut.

9. Stärk mein sonst schwache glaubenshand, Zu fassen auf dein blut, Als der vergebung unterpfand, Das alles machet gut.

10. Schenk mir nach deiner JEsus huld, Gerechtigkeit, und heyl, Und rühm, auf dich mein sünden=schuld, Und meiner strafe theil.

11. In dich wollst du mich kleiden ein, Dein unschuld, ziehen an, Daß ich von allen sünden rein Vor GOtt bestehen kan.

12. GOtt heilger Geist, nimm du auch mich In die gemeinschaft ein, Erzieß um JEsu willen dich Tief in mein herz hinein.

13. Dein göttlich licht schütt in mich aus, Und braust der treuen lieb losch finsterniß, haß, falschheit aus, Schenk mir stets deinen trieb.

14. Hilf, daß ich sey von herzen treu Im glauben meinem GOtt, Daß mich im guten nicht mach scheu Der welt list, macht und spott.

15. Hilf, daß ich sey von herzen vest Im hoffen und gedult, Daß wann du nur nicht mich verläst, Mich tröstet deine huld.

16. Hilf, daß ich sey von herzen rein Im lieben, und er weiß, Daß mein thun nicht sey augenschein, Durchs werck zu deinem preiß.

17. Hilf, daß ich sey von herzen schlecht, Aufrichtig, ohn betrug, Daß meine wort und wercke recht, Und niemand schelt ohn fug.

18. Hilf, daß ich sey von herzen klein, Demuth und sanftmuth halt, Daß ich von aller welt=lieb rein Vom fall aufstehe bald.

19. Hilf daß ich sey von herzen fromm, Ohn alle heucheley, Damit mein ganzes Christenthum Dir wohlgefällig sey.

20. Nimm gar, o GOtt zum tempel ein Mein herz hier in der zeit, Ja laß es auch dein wohnhaus seyn, In jener ewigkeit.

21. Dir geb ichs ganz zu eigen hin, Brauchs, womit dirs gefällt, Ich weiß, daß ich dir deine bin, Der deine, nicht der welt.

22. Drum soll sie nun und nimmermehr Dis richten aus bey mir, Sie lock und droh auch noch so sehr, Daß ich soll dienen ihr.

23. In ewigkeit geschicht das nicht, Du falsche teufels=kraut, Gar wenig mich, GOtt lob anficht Dein glanzend schlangen=haut.

24. Weg weit, weg sünd, dir geb ich nicht Mein herz, nur JEsu, dir Is diß geschencke zugericht, Behalt es für und für.

CCCCCLXX. 570.

Mel. O GOtt! du frommer GOtt.

Du dreyeiniger GOtt! den ich mir auserlesen, Gedenk an deine güt, Die vor der welt gewesen, und sey mir sünder doch, o GOtt! seys gnädig hier, Daß ich recht Christlich leb, Und sterbe sanft in dir.

2. Ich lege seel und leib, o GOtt! in deine hände, Ach! lebre du mich stets Gedencken an mein ende, Auch sterben eh ich sterb, Und hören alle stund: Mensch, du must sterben auch, Es ist der alte bund.

3. Weil JEsus mir zu gut Gestorben, wie geschrieben, So glaub ich gar gewiß, Ich werd nicht seyn verlohren: Wirff mich nur selig auf, Daß ich bereitet sey, Wie du mich haben wilt, Wann mein end kommt herbey.

4. Ich traue deiner treu, Durch JEsus blutvergießen, Und will auch weder zeit, Noch ort zum tod ausschließen: Komm, wann, wie, wo du wilt, Nur daß ich selig sterb, Durch JEsu blut und tod Das himmelreich erarb.

5. So lang allhier ich leb, Und wann ich werd entschlafen, Geb ich, GOtt Vater, dir Das, was du hast erschaffen: GOtt Sohn, was du erlöst, Das geb ich wieder dir: GOtt Heilger Geist, was du Geheiligt, nimm von mir.

6. Mein JEsus komme mir Stets vor in seinem leiden, Und sage, daß mich nichts Nichts, nichts von ihm soll scheiden: Er hält mich mit der hand, Da ich gezeichnet ein, Und ruffet stets: ich soll, Nicht, nicht, nicht verlohren seyn.

7. Vor sünden, höll und tod, Und vor des satans schrecken, Mein JEsus stelle sich, Er laß sein blut mich decken

Und sey ein verzuckungs=mir Der ew=
gen seligkeit, Daß ich vor freud nicht
fühl des todes bitterkeit.
8. Das, was ich hinterlaß, Versorg
er, schütz und liebe, Und geb daß mich
im tod Nichts kincke noch betrübe;
Erhalt mich bey verstand Und einem
frischen muth, Daß mitten im gebät
Ich sterb auf JEsus blut.
9. Nun, ich geb meinen geist Noch=
mals in GOttes hände, Und warte,
biß er kömmt Mit einem seelgen ende.
Diß er mir nach dem tod drück selbst
die augen zu, Und biß an jüngsten
tag Schenk eine sanfte ruh.
10. Ich weiß, durchs theures blut
Werd ich schon überwinden, Und ei=
nen gnädgen GOtt In tod und leben
finden, Ich halte mich an GOtt Und
meines JEsu b'ut, Ich weiß, GOtt
macht es schon Mit meinem ende gut.
11. Ich sage amen drauf In meines
JEsu namen, Es sage gleich, daß auch
Der HErre mein GOtt, ameu, Ach
sage ja zu mir, Dreyeiniger GOtt
komm du, Ach! sage: Sey getrost,
Mein kind, ich komme an.

CCCCLXXI. 571.

Mel. Ach GOtt und HErr, rc.

O JEsu Christ! Der du mir bist
Der liebst auf dieser erden: Gib,
daß ich gantz In diesem glantz Müg
aufgehoben werden.
2. Zeuch mich nach dir, So lauffen
wir, Mit vergnügtem belieben In
dem geruch, Der uns den fluch Ver=
jagt hat und vertrieben.
3. Zeuch mich nach dir, So lauffen
wir In deine fünf wunden, Wo in
gemein Der heiligsten Der liebe
wird gefunden.
4. Zeuch mich nach dir, So lauffen
wir, Dein liebstes hertz zu küssen.
Und seinen saft, Mit aller kraft, Aufs
beste zu geniessen.
5. Zeuch mich in dich, Und speise
mich, Du ausgegossnes öle, Geuß
dich in schrein Mein's hertzens ein,
Und labe meine seele.
6. O JEsu Christ! Der du mir bist
Der liebst auf dieser erden: Gib, daß
ich gantz In deinem glantz Müg auf=
erzogen werden.

CCCCLXXII. 572.

Mel. Solt es gleich bisweilen.

Wilst du in der stille singen, Und
ein lied dem höchsten bringen,
Lerne, wie du kanst allein Singer,
buch und tempel seyn.
2. Ist der Geist in dir beysammen,
Voller eifer, voller flammen, Dieser
singet ohne mund, Thut GOtt dein
begehren kund.

3. Ist dein hertz also sich's gebühret,
Recht mit andacht ausgezieret, Dieses
buch dann bringet dir Wort und wei=
sen gnug hersür.
4. Wo dein leib vom wust der sünden
Rein und sauber ist zu finden, Diesen
wohnplatz, dieses haus, Siehe ihm
GOtt zum tempel aus.
5. Kanst du nun im stillen singen,
Kanst du diß dem höchsten bringen,
Dann wirst du dir selbst allein Singer,
buch und tempel seyn.

CCCCLXXIII. 573.

In, Nu Nun dancket alle GOtt, rc.

GOtt auf, mein hertz, zu GOtt,
Daß dein andacht frölich bringe
und gebät Durch
alle wolcken dringe, Weil dich GOtt
heten heist, Weil dich sein lieber
Sohn So freudig treten heist Vor
seinem gnaden=thron.
2. Dein Vater ists, der dir befohlen
hat zu beten, Dein bruder ists, der
dich von getrost, heißt, treten,
Der werthe Tröster ists, Der, die die
wort gibt ein, Drum muß auch sein
gebät Gewiß erhöret seyn.
3. Du stehst du GOttes hertz, Das dir
nichts kan versagen, Sein angst, sein
theures wert Verstreibt ja alles jagen,
Was dir unmüglich deucht, Kan seine
vater=hand Noth geben, die von ihr
So viel noth abgewandt.
4. Komm nun, komm freudig her, In
JEsu Christi namen, Sprich: lieber
Vater, hilf, Ich bin dein kind, sprich:
amen, Ich weiß, es wird geschehn,
Du wirst mich lassen nicht, Du kanst
du wilst, du must Thun, was dein
wort verspricht.

CCCCLXXIV. 574.

In eigner Melodie.

Est doch unser HErr GOtt noth,
Fasse dich, du arme seele, Was be=
trübet dich die noth, Suche trost bey
deinem GOtt Und in JEsus seiten=
höle, Bist du doch durch den erwählt,
Welcher deine thränen zählt, Und
dein elend a'gemessen. Dencke nicht,
GOtt sey zu hoch, Oder hab e dein ver=
gessen, Lebt doch unser HErr GOtt
noch.
2. Lebt doch unser HErr GOtt noch,
Ey warum wilt du verzagen, Oder
dein bedrängtes hertz Ferner mit wes
gernem schmertz Und verzweifflungs=
peitschen schlagen, GOttes gnad und
wunder=treu Ist ja alle morgen neu,
Er ist deines heyls erstatter, Liebste
seel, begreif es doch, Letet doch dein
treuer vater, Lebt doch unser HErr
GOtt noch.
3. Lebt doch unser HErr GOtt noch,
Will dich gleich dein hertz verdammen,
Schreckt

Schreckt dich schon die sünde sehr, schlägt sie, als ein tobend meer, Ueber deinem haupt zusammen, Zage nicht, dann JEsus blut Sagt für deine schulden gut, Deine handschrift ist in stücken, Und die last, das sünden-bloch, Liegt auf deines JEsu rücken, Lebt doch unser HErr GOtt noch.

4. Lebt doch unser HErr GOtt noch, Fürchte nicht des todes schrecken, Dann du wirst im letzten streit Von des todes bitterkeit Seinetwegen gar nicht schmecken, Ja du wirst durch GOttes macht, Nach der schwartzen todys-nacht, Ueber deinem staube stehen, Und der faulen todten-knoch Soll das leben wieder sehen, Lebt doch unser HErr GOtt noch.

5. Lebt doch unser HErr GOtt noch, Macht dir gleich der teufel bange, Greift er dich schon listig an, JEsus hält die sieges fahn, Und zertritt die alte schlange, Aber dich wird GOttes hand, Dort in jenem freuden-land, Mit wahrhaftem trost vergnügen. Wann die schlang im schwefel-loch Ewig wird gefangen liegen, Lebt doch unser HErr GOtt noch.

6. Lebt doch unser HErr GOtt noch, Lebe du ihm auch zu ehren, Gib dich ihm, wie er sich dir, Und bemüh dich für und für, Deinen glauben zu vermehren, Folge ihm in lieb und leyd, Laß dich keine erden-freud Und kein elend von ihm trennen, Sondern trag sein sanftes joch, Welches alle Christen kennen, Lebt doch unser HErr GOtt noch.

CCCCCLXXV. 575.

In Th. Christus, der uns selig macht.

ACh! wo flieh ich sünder hin? Seelen-ruh zu finden, Weil ich gantz umringet bin Mit viel tausend sünden, Des gesetzes donner kracht, Höll und satan stürmen, Mein gewissen ist erwacht, Wer will mich beschirmen?

2. Ach, wie kan ich deiner hand, Grosser GOtt, entgehen? Zög ich über meer und land, Ueber berg und höhen, Dine rechte würde mich Altenthalben finden, Grösser GOtt! ich bitte dich, Laß den zorn verschwinden.

3. HErr, ich fliehe nur zu dir, Wann mich sünden plagen, Meine seele schreyt in mir, Laß mich nicht verzagen, GOtt! ich opfre dir mein hertz, Das zerknirscht vom büssen, Laß mich, HErr, in meinem schmertz Gnad und huld geniessen.

4. Groß ist meine missethat, Grösser deine güte, Was dein Sohn erlitten hat, Tröstet mein gemüthe, Ob die sünden blutroth seyn, Die in mir erwachen, JEsu blut, das ewig rein, Kan sie schnee-weiß machen.

5. Hätt ich aller menschen schuld, Aller welt verbrechen, Würde deine lieb und huld, Dannoch los mich sprechen, Wann ich mich auf den verließ, Der am creutz sich neiget, Und das offne paradieß In den wunden zeiget.

6. Nun mein GOtt, ich trage dir Auf den glaubens-armen, Deinen Sohn am creutze für, Hilf durch dein erbarmen, Lebens-brunn! der ewig fleußt, Wasche mich von sünden! Hilf mir, HErr, durch deinen Geist, Selig überwinden.

CCCCCLXXVI. 576.
Der um ein reines hertz bittende Christ.

O Starcker Zebaoth, du leben meiner seel, Und meines geistes kraft o mein Immanuel! Du schöpffer deines kinds, schaff doch ein reines hertz, O JEsu, mehre doch in mir den sünden-schmertz.

Der tröstende JEsus.

2. Zufrieden, o seele, zufrieden und still, Anschaue von weitem dein seliges ziel, Und dencke, daß dieses mein gnädiger will.

Der littende Christ.

3. Ach ja, mein seelen-freund, Ich bin noch weit von dir, Zeuch mich, zeuch mich hinauf, Und gib dich gäntzlich mir, O GOtt! ein reines hertz, Ist, das die seele sucht, Unreinigkeit ist hier; Ach! ach! ich bin verflucht.

Der tröstende JEsus.

4. Du bist nicht verflucht, ich mache dich neu, Ich, ich, dein Erlöser, sey du nur getreu, Ich will dich vers neuen; ich spreche dich frey.

Der bittende Christ.

5. Was freyheit? bin ich doch, gefangen von der sünd! Was treue? der ich stets die untreu mehr befund: Wo ist das neue hertz, das du verheissen hast? Wo der gewisse geist bey meiner sünden-last?

Der antwortende JEsus.

6. Ich will es dir geben dem teufel zu spott, Ich will dich erretten aus ewiger noth, Ich will es thun als ein wahrhaftiger GOtt.

CCCCCLXXVII. 577.
Der ewig-liebende Jehova.

Mel. Kommt her zu mir, spricht ꝛc.

ICh bin ein HErr, der ewig liebt, Und nur ein augenblick betrübt, Zu bessern deine seele. Ich bin der, so dir helfen kan, Ein jeder, der mich rufet an, Sich treulich mir befehle.

2. Das weiche mutter-hertze bricht, Wann sie des kindes elend sicht, Kan

sie deß wohl vergessen? Mit worten und bedachter that hilft sie, und bringet trost und rath, Du kanst es selbst ermessen.
3. Wie ängstet sich ein zartes weib, Um einen sohn von ihrem leib; Das zeiget ihr erbarmen, Ein weib ist eine sünderin, Ich aber selbst die liebe bin, Treu ist in meinen armen.
4. Getrost, mein erbe, traure nicht, Mein ewig vater-hertze bricht, Das heiliglich dich liebet: Ich bin kein eitel menschen kind, Das heute ja, bald nein erschallt, Wort ohne werke giebet.
5. Und wann ein mutter-hertze schon Verhärtet wird auf ihren sohn, Ich dannoch treu verbleibe: Mein wort dir ja und amen ist, Trotz sünde, tod und teuffels-list: Mit eyd ich mich verschreibe.
6. Du bist ein auserwähltes pfand, Ich finde dich in meiner hand, Von mir selbst angeschrieben; Ich denck an dich, ich helfe dir, Ich laß dich nicht, das glaube mir, Ich will dich ewig lieben.

CCCCLXXVIII. 578.
Mel. Wer nur den lieben GOtt rc.
Ich komm, o sonne meiner seele, Komm, JEsu, meines lebens-licht! Zu mir in meine hertzens-höle, Eh dann die flamme ihm gebricht: Daß ich durch deines geistes starck Erkennen möge deine werck.
2. Und du, mein hertz, solt nicht mehr wancken Von seinen worten und gebot: Bleib stetig in gesetzes-schrancken, Hab deine freud allein in GOtt; Sonst keine freud ist mir bewust, Als nur allein die himmels-lust.
3. Ich will mich stets an JEsum halten, Weil ich allhier das leben hab; Ich will ihn alles lassen walten, Bis daß mein leib kommt in das grab: So rufet stetig hier mein geist, Bis JEsus mich hin zu ihm heist.
4. Kein andern ich mir nun erwähle, Als JEsum nur, das höchste guth, Ihm gantz allein liebt meine seele, Weil mich erlabt sein theures blut: Trotz teufel, welt und aller sünd, Mit JEsu ich sie überwind.
5. Ich suche meine lust im leben, Sonst nirgend, als bey ihm allein, Er kan und wird mir alles geben, Was mir mag nütz und selig seyn: Wann ich nur glaub, und ihm vertrau, Und stets auf seine hülfe bau.
6. An JEsum will ich stets gedencken, Bis ich end meines lebens-lauf Dann wird sich meine seele lencken Zu dir, HErr JEsu, himmel-auf: So ruf ich, JEsu, nimm mich hin Bey dir ich wohl versorget bin.

7. Ich will alsdann vergnügt leben Mit auserwählter Christen-schaar: GOtt wird mir freud für leyden geben, Mach, JEsu! bald mein wünschen wahr: So will ich dafür preisen dich, HErr JEsu Christ! dort ewiglich.

Nach dem H. Abendmahl.

CCCCLXXIX. 579.
Auf, auf, mein geist, erhebe dich, zum himmel. Weich von dem uns beständigen getümmel, Dadurch die welt ihr blindes volck betrügt; Ich habe nun vom himmels manna gessen, Bin an des guten hirten tisch gesessen, Der alle feind zu meinen füssen liegt.
2. Was frag ich nun nach ehre, lust und schätzen? Ein lebens-strom der kan mich gnug ergötzen; Der durst ist hin, wie bin ich so erquickt, Nun wird die seel in wollust setter werden; Den vorschmack hab ich schon auf dieser erden, Doch mache mich, o JEsu, mehr geschickt.
3. Gebend, als HErr, dein theur erkauftem kinde; Gib, daß ich kraft in dir als könig finde, Sey mein Prophet, so werd ich GOtt-gelehrt. Bist du mein haupt? dann hab ich. Ich zum führer? Bist du mein mann? so bist du mein regierer, Als Hoherpriester ist dein opfer werth.
4. Was will ich mehr, als diesen himmels-fürsten? Ich werd hinfort in ewigkeit nicht dürsten, Weil der mich träncket, der selbst das leben ist. Kein hunger wird die seele jemals pressen, Dann mir ein theil vom manna zugemessen, Das du allein, o süsser JEsu bist.
5. Ich lebe nun, und will mich GOtt ergeben, Doch nicht ich, sondern Christus ist mein leben. So lebe dann in mir, o Gottes-Sohn! Ich bin gewiß, daß droben und auf erden Barmhertzigkeit und güte folgen werden, Als ein durchs blut des lamms erworbner lohn.

CCCCLXXX. 580.
Mel. JEsu, der du meine seele, rc.
Lebe GOtt, o Christen-seele, Richtig führ dein Christenthum. Ohne GOtt sonst nichts erwähle, Und erweitre seinen ruhm; Unterwirf dich seinem willen. Diesen willig zu erfüllen, In gehorsam auf sein wort, Ohr und hertz merck immerfort.
2. Solst du gleich ins angst-meer sincken, Laß dich das erschrecken nicht, Er läßt dich doch nicht ertrincken, Fest sey nur die zuversicht: Christus wird sich bald einfinden, Furcht und schrecken

schrecken muß verschwinden, Auch aufhören alle noth, Ringst du auch schon mit dem tod.

3. Treibt er dich in eine wüste, Ist er doch mit dir vereint: Hier spricht er dir zu aufs süßte, Er als dein bewährter freund; Andre, die sich freunde nennen, Die mußt du erst lernen kennen Rühmt gleich mancher seine treu, Red und hertz ist zweyerley.

4. JEsus ist dein freund in freuden, JEsus ist es in dem leyd, Nichts kan dich von JEsu scheiden, Creutz gereicht zur nutzbarkeit, Alles was dir freud erwecket, Hat er unterm creutz versteckt, Steig getrost aus creutz hinan, So trifst du die himmels bahn.

5. Christ und creutz gehört zusammen, Cronen folgen auf den kampf, Hegst du reine liebes-flammen, Hastest, was bringt höllen-dampf, Wohl so bleib bey den gedancken, Und in wahren tugend-schrancken, Auf wohl ausgehaltnen streit Lohnt die JEsu gütigkeit.

6. Ein gemüthe, das GOTT liebet, Traut auf ihn unabgewendet Bleibt auch, obs gleich wird betrübet, Treu bis sich das leben endt, Erndtet nach dem kurtzen leiden, Lieblichs wesen wahrer freuden, In dem leben, dessen man Nie verlustig werden kan.

CCCCCLXXXI. 581.

Mel. Wo GOtt zum haus nicht.

WEg lust! du unlust-volle seuch! Du pest der seelen, aus mir weich, Komm, göttlich liebe, himmlisch taub, Komm, komm, und dich mir ewig raub.

2. Treib aus, was mich macht gleich dem wild, Ergäntz in mir der GOttheit bild, Daß ich mit hertzen reinigkeit Nur dich zu lieben sey bereit.

3. Laß mich bedencken jene lieb, Die GOttes Sohn zum tod selbst trieb, Daß ihm zu lieb mein fleisch ich haß, Und niemals mich gelüsten laß.

4. Dann warum solt ich meine brust Besudeln mit verbotner lust, Indem ihr end ein elend heist, Das endlich ab zur höllen reist.

5. Ein augenblick, der hier ergetzt, Geschwind in ewig trauren setzt: So heilige, HErr, mir meinen sinn, Zeuch mich von hinnen zu dir hin.

6. Schaff in mir, GOtt, ein reines hertz, Daß ich den himmel nicht verschertz, Erneure meinen geist, und gieb, Daß ich was droben ist nur lieb.

7. Bis daß ich komme gar zur lust, Die keinem hertzen noch bewust, Wo nichts unreines, eitel rein, Gantz heilig und gerecht wird seyn.

CCCCCLXXXII. 582.

Mel. Aus tiefer noth schrey ich, rc.

WEh mir, daß ich so oft und viel, Als wär ich gantz verblendet, Gesündigt ohne maaß und ziel, Von GOtt mich abgewendet, Der mir doch nichts dann lauter gnad Und wohlthat stets erwiesen hat, In meinem gantzen leben.

2. Weh mir, daß ich für meinem GOtt Mein hertz so vest verschlossen, Darinnen er mein schatz in noth Zu seyn war unverdrossen: Viel greul hab ich drein gebracht, Es sinckt jetzt als ein garstig schacht, Darinn der satan wohnet.

3. Mich überzeuget hertz und sinn, Ich muß es frey bekennen, Daß ich der gröste sünder bin, Darf mich nicht anders nennen: Doch wann ich dich, o GOtt, schau an, Mit nichten ich verzweiffeln kan, Du kanst und wilst mir beyhn.

4. Groß ist zwar meine missethat, Die mich bisher besessen, Doch ist weit grösser deine gnad, Niemand kan sie ermessen. So groß, o grosser GOtt, du bist, So groß ist auch zu aller frist Bey dir die gnad und güte.

5. Die hast du keinem je versagt, Weil diese welt gestanden, Wer dir vertraut, und nicht verzagt Wird nimmermehr zu schanden. Ich bitt, ich fleh, ich schrey, ich ruf, Auf deine gnad ich wart und hoff, Ach laß mich gnade finden.

6. Ich bin das ungerathne kind, Das sich von dir gewendet, Und mit dem frechen welt-gesind Sein erbtheil hat verschwendet, Dich, als das lebens-brod, ohn schen Hintan gesetzt, als wie die säu Mit trabern sich gefüllet.

7. Ich habe dir oft widerstrebt, Gefolget meinen lüsten, Und den begierden nachgelebt, Die, was recht ist, verwüsten. Das erste gut hab ich veracht, Auf diß, was zeitlich ist, gedacht, Und in der welt hoch pranget.

8. Doch aber bitt ich dich, aus gnad Wollst du nicht mehr gedencken, Was ich geliebt für frevelthat, Ins meer wolst du sie sencken: Die sind erlaß, die straf abführ, Ein neues hertze schaff in mir, Um deines Sohnes willen.

CCCCCLXXXIII. 583.

Vom heil. Abendmahl.

Mel. Ach was soll ich sünder m.

WEicht ihr eitelen gedancken, Es ist hier kein ort für euch, Teuffel, tod und sünde seucht, Ich verriegle

riegle thür und schrancken, JEsu leben, licht und schein zieht in meinem
hertzen ein.
2. Ihr möcht lang vergebens stehen,
Macht euch nur zur flucht gefaßt, Ich
hab einen lieben gast, Der mir nimmer soll entgehen, JEsus meiner seelen zier Wohnt mit seinem Geist
in mir.
3. Er hat selbst mein hertz verschlossen, Hält mit mir das Abendmahl,
Ach was trachten ohne zahl, Hab ich
schon durch ihn genossen, Ich ihn
selbst, drum bleibts darbey: Daß er
wirth und gast auch sey.
4. Solte ich mich dann erkühnen,
Daß ich euch das thor aufmacht, Wär
ein frevel wohl erdacht, Der nur zum
behuf könnt dienen, Ließ ich JEsum
fein hinein, Könt ein undanck grös-
sir seyn?
5. Nimm mein heyland mein verlangen, Dir ist dieser platz geweyht,
Ich hab anders keine zeit, Als dich,
liebster, zu empfangen. Dir soll dieses haus allein Eine liebe wohnung
seyn.
6. Bleibe, wohne, herrsche drinnen
Und besitz es gantz und gar, Treibe
weg der lüste schaar, Und umzäune
meine sinnen, So wirst du und ich
allein Tisch- und hausgenosse seyn.

CCCCCLXXXIV. 584.

Mel. HErr Christ der einig G.

HErr JEsu, gnaden-sonne, Wahr-
haftes lebens-licht, Laß leben,
licht und wonne Mein blödes angesicht Nach deiner gnad erfreuen, Und
meinen Geist erneuen, Mein GOtt,
versag mirs nicht.
2. Vergib mir meine sünden Und
wirf sie hinter dich, Laß allen zorn
verschwinden, Und hülf gnädiglich
Laß deine friedens-gaben Mein armes hertze laben, Ach HErr, erhöre
mich.
3. Vertreib aus meiner seelen Den
alten Adams-sinn, Und laß mich dich
erwählen, Daß ich mich künftig hin
Zu deinem dienst ergebe, Und dir zu
ehren lebe, Weil ich erlöset bin.
4. Beförder dein erkanntniß In mir,
mein seelen-hort, und öffne mein
verständniß Durch dein geheiligt
wort, Damit ich an dich gläube, Und
in der wahrheit bleibe, Zu trutz der
höllenpfort.
5. Tränck mich an deinen brüsten, Und
kreutzige mein begier, Samt allen bösen
lüsten Auf daß ich für und für Der
sünden-welt absterbe, Und nach dem
fleisch verderbe, Hingegen leb in mir.
6. Ach nutze deine liebe in meiner

seelen an, Daß ich aus innerm triebe
Dich ewig lieben kan, Und dir zum
wohlgefallen Beständig möge wallen
Auf rechter lebens-bahn.
7. Nun, HErr, verleyh mir stärcke,
Verleyh mir kraft und muth, Dann
das sind gnaden-wercke, Die dein geist
schafft und thut, Hingegen meine sinnen, Mein lassen und beginnen Ist
böse und nicht gut.
8. Darum, du GOtt der gnaden, Du
Vater aller treu, Wend allen seelen-
schaden, Und mach mich täglich neu,
Gib, daß ich deinen willen, Gedencke
zu erfüllen, Und steh mir kräftig bey.

CCCCCLXXXV. 585.

Im Th. JEsus meine zuversicht, rc.

FOlgt mir, wolt ihr Christen seyn,
Ruft der HErr in seinem worte;
Auf dem kreutz-weg geht herein, Und
ringt nach der engen pforte, Laßt euch
keinen eitenblick Oder welt-brauch
ziehn zurück.
2. Unterdessen schickt euch nun, JEsu
joch auf euch zu nehmen, Seinem
willen gern gut thun, Euren aber zu
bezähmen. Christen wissen anders
nicht Abzustatten ihre pflicht.
3. Tief erniedrigt sey der sinn, Hochmuth aber ausgetrieben; Arm am
geist seyn bringt gewinn Reich gnug
sind die GOtt lieben Ist die welt
euch grain und find, Nennt sich doch
GOtt euern freund.
4. Aller kummer, der euch nagt, Sey
verbannt auf heut und morgen; Christus der ihn untersagt, Heget also keine sorgen, Weil er selber sorgen will,
Ach! so send getrost und still.
5. Euer GOttes lassenheit Bleibe vest
gegründt im glauben, Eh und der genuß erfreut, Laßt euch nicht die hoffnung rauben. In vergnügter hertzens
ruh Nehme sie beständig zu.

CCCCCLXXXVI. 586.

Im Th. O mensch, bewein dein sünde.

WIr sagen, daß wir allzumal Sind
sterblich, und daß überall Der
tod uns könne finden: Doch schicken
wir uns nicht zum tod, Stell'n uns,
als häts noch lang kein noth, Und fahren fort in sünden. Man schreyt: die
stund sey ungewiß, Der tod kommt
plötzlich wie ein riß Des fadens in
dem weben, Wie rauch und schatten
so weg fleucht; Doch keinem diß ins
hertze leucht, Indem wir sicher leben.
2. Wir sagen auch der ewig tod Folgt
dem gericht mit angst und noth, Die
zeit sey kurtz anferden: Man muß verläugnen diese welt; Doch keiner ist,
dem diß gefällt. So lang ihm wohl
mag werden. Wir sagen viel auch al-
zumal

Neuer Anhang.

zumal was, unaussprechlich grösser
qual! Von straf und pein der höllen;
Doch ist ja unter tausend mann kaum
einer, der sich kehre dran, Und sich's
recht thut vorstellen.

3. Wir ruffen auch zwar offt zu GOtt,
Daß er uns helff aus aller noth,
Schenck uns den Geist der gnaden;
Doch wann er uns schon helffen will,
So thut ihm niemand halten still,
Fleucht als für einem schaden. Wir
wolten gerne allzugleich Mit herrschen
in dem himmelreich; Kein mensch will
aber leiden, (Wie Christus selbst litt
angst, und spott. Gieng in sein reich
durch kreutz und tod,) Noch von der
welt sich scheiden.

4. Wir wollen wohl gen himmel gehn,
Wolln doch nicht recht den weg bestehn, Weil er ist rauh zu steigen;
Wir sagen: ach! wär ich bey GOtt,
Doch will das hertz in glück und noth
Sich zu GOtt nicht recht neigen.
Ein jeder wünscht die seligkeit, Die
doch nur denen ist bereit, So Christo
nachgegangen, Und hie gekämpfet um
die cron, Die sollen dort den glauben-
lohn Aus Gottes hand empfangen.

5. Wir schreyen viel zu aller zeit Von
der so langen ewigkeit, Die nie kein
end soll kriegen; Wir sagen: wann
ein vogel käm, Vom meeressand ein
körnlein nähm, All tausend jahr im
flügen, So wär je noch kein hoffnung
zwar, Daß noch viel tausend tausend
jahr Der sand wird weggetragen,
Das ewig aber hat kein ziel; Doch
muß dem nachsinnen will, Ja fliehen ewige plagen.

6. Man weiß, daß wir nach dieser
zeit Gleich tretten in die ewigkeit,
Zur freud, oder zum leiden. Man
sagt: wie wird dem seyn zu muth,
Der ewig in der höllen-glut Sich
von dem HErrn soll scheiden! Jedoch
betracht man diß nicht recht, Doch
wie dort soll der wissend knecht Zwie-
fache schläge fühlen. Man denckt
nicht, daß der höllen-mann Kein tröpflein wassers haben kan, Sein zung
darmit zu kühlen.

7. Hieran und an die ewigkeit recht
zu gedencken allezeit, Wollst du, HErr
gnade geben. Ach hilf, daß wir von
deiner lehr, Nicht nur reden, sondern mehr Auch nach derselben leben;
Verleyh uns weißheit, kraft und
geist, Daß wir doch trachten allermeist Auf diesen grund zu bauen,
Den Christus uns gezeiget hat. Und
hilf uns baten durch dein gnad, Ja
völligem vertrauen.

8. HErr, der du bist von ewigkeit, Ein
GOtt von grosser herrlichkeit, Von
güte, macht und ehre: Dich ruf ich

an hertzinniglich, Mit deiner gnad
umfahe mich. Dein wort und recht
mich lehre. Den heil'gen Geist verleihe mir, Der mich zu JEsu Christo
führ, Daß ich recht glaub und lebe:
Da selbst, o HErr, regiere mich Zu
deinen ehren, auf daß ich Der sünd
stets widerstrebe.

9. Den glauben, lieb und hoffnung
stärck, Daß ich im stande guter werck
Stets mög erfunden werden; Daß ich
mich JEsum Christum an, Und folge
seiner tugend-bahn, So lang ich leb
auf erden: Daß ich meid alle heucheley Von hertzen, recht gottselig sey,
Wie du befiehlst den frommen, So
werd ich auch nach dieser zeit, O GOtt
in deine herrlichkeit, Mit fried und
freude kommen.

10. Lob, ehr und preiß im süssen thon,
GOtt Vater hoch im himmels-thron,
Von hertzen sey gesungen: Dem Heyland Christo, seinem Sohn, Der lehrt
uns Gottes willen thun, So ist's uns
wohl gelungen; Dem heil'gen Geist
desselben gleich, Der stärck in uns das
himmelreich, Und treib uns recht zusammen, Daß wir Christum den gnaden-schatz Zum heyl finden in Gottes
gesatz, Wer das begehrt, sprech Amen.

CCCCLXXXVII. 587.

Mel. An wasserflüssen Babylon.

O wüster sünder! denckst du nicht,
Was dein verruchtes leben An
jenem grossen welt-gericht, Für lohn
dir werde geben? Gedenckst du nicht
in deinem muth, An Gottes zorn und
seine ruth, Damit er grimmig dräuet
Den sündern, die in tollem sinn Gelebet, und von anbeginn Für ihm sich
nicht gescheuet.

2. Vergissest du der höllen-glut, Darinn die teufel wohnen, Und deiner
mit viel grauß und wuth. Künftig
nicht werden schonen? Zur ewigkeit
brennt schon das feur, Darinn dein
lib gantz ungeheur, Der auffenthalt
der sünden, Die arme seel, der freche
geist, Der nun so mancher lust geneust
Ihr ach und weh wird finden.

3. Erbarme dich selbst über dich Und
deine arme seele, Damit sie nicht so
grausamlich In jenem feur sich quäle,
Gedencke doch du sünden-knecht, Daß
GOtt allwissend und gerecht, Und
deine laster zähle: Auf! auf! erinnu-
re dich mit fleiß, Die sünden-netze
du zerreiß, Du arm verirrte seele.

4. Gib gute nacht der eitelkeit Und
ihrem wüsten wesen, Vergiß der vorigen sünden-zeit, Und suche dein genue-
sen In ja wahrer buß ohn heucheley Ohn
falschheit und ohn trügerey, Nach
Gottes heil'ger lehre; Eröfne deine
thränen

thränen-bach, Ruf über deiner sünde
ach! Und ernstlich dich bekehre.
5. Noch ist die heil'ge himmels-thür,
Für deine büsse offen; Es ist noch
heute auch für dir Was guts von
GOtt zu hoffen, Auf! dich zu wahrer reu anschick, Versäume nicht den
gnaden-blitz; Noch scheint dir deine
sonne, So wird auf deinen thränen-
guß Erfolgen GOttes gnaden-fluß,
Und künftig ew'ge wonne.
6. Sprich zu den sünden insgemein,
Die dich so sehr vergiftet; Kommt
bey mir nur nicht weiter ein, Ich hab
ein haus gestiftet Für GOtt in meines herzens-saal, Entweicht und
fliehet allzumal Ihr schändliche verräther. Es fliehet meine arme seel,
In der felslöcher süsse höhl Bey JE-
su dem vertretter.
7. Ach JEsu! süsses gnaden-heyl
Du Vater deiner kinder, Ach JEsu!
zum erbarmen eil Für mich betrübten sünder; Ich komme, ach komm!
nimm mich an, Du großer gnad-und
wunder-mann, Ich bitte um erbarmen! Ich weiß, daß noch wird
übrig seyn In deinem süssen herzens-
schrein Ein trost-blick für mich
armen.
8. HErr JEsu! meer der gütigkeit,
Laß deine gnade fliessen! Und wie ein
strom in dieser zeit, Auch auf mich
sich ergiessen, Hier steh ich, elend
blind und bloß, Eröfne mir der liebe
schooß, Und laß mich gnade finden:
Führ auch durch deinen guten Geist
Mich so, daß ich fort allermeist Er-
sterbe allen sünden.

CCCCLXXXVIII. 588.
Mel. Schwing dich auf zu deinem.

WEr wohl auf ist und gesund,
Hebe sein gemüthe, Und erhebe
seinen mund Zu des höchsten güte.
Laß uns dancken tag und nacht Mit
gesang und liedern Unserm GOtt, der
uns bedacht Mit gesunden gliedern.
2. Ein gesundes frisches blut Hat ein
fröhlichs leben: Gibt uns Gott diß
eine guth, Ist uns gnug gegeben Hier
in dieser armen welt, Da die schönsten gaben Und des güldnen himmels-
zelt, Wir noch künftig haben.
3. Wär ich gleich wie Crösus reich,
Hätte paarschaft liegen: Wär ich
Alexandern gleich An triumph und
siegen, Müste gleichwohl siech und
schwach Pfühl und bette drücken,
Würd auch mich in ungemach All
mein guth erquicken?
4. Stünde gleich mein ganzer tisch
Voller last und freuden, Hätte wild-
prett, wein und fisch Und die ganze
weyde Die den hals und schmack ergötzt, Worzu wird es nutzen, Wann
ich dannoch auf gesetzt Müst in
schmertzen sitzen?
5. Hätt ich aller ehr und pracht, Säß
im höchsten stande, Wär ich mächtig
aller macht, Und ein herr im lande,
Mein leib aber hätte doch Auf-und
angenommen Der betrübten kranck-
bett joch, Was hätt ich für frommen:
6. Ich erwähl ein stücklein brod, Das
mir wohl gedeyet Für des rothen
goldes koth, Da man ach bey schreyet,
Schmeckt mir speis und mahlzeit
wohl, Und darf mein nicht schonen,
Halt ich ein gerichtlein kohl, Höher,
als melonen.
7. Sammt und purpur hilft mir
nicht Mein elende tragen, Wann
mich hauptweh, stein und gicht Und
die schwindsucht plagen, Lieber will
ich frölich gehn In geringem kleide,
Als mit leyd und ängsten stehn In
der schönsten seide.
8. Solt ich stumm und sprachlos seyn,
Oder lahm an füssen, Solt ich nicht
des tages schein Sehen und geniessen,
Solt ich gehen spat und früh Mit
verschloßnen ohren, Wolt ich wünschen
daß ich nie Wär ein mensch gebohren.
9. Lebt ich ohne rath und witz, Wär
im haupt verirret Hätte meiner seelen sitz, Mein herz sich verwirret,
Wäre mir mein muth und sinn Nie-
mal guter dinge, Wär es besser, daß
ich hin, Wo ich her bin, ginge!
10. Aber, nun gebricht mir nichts,
An erzehlten stücken, Ich erfreue mich
des lichts Und der sonnen-blicken,
Mein gesichte sieht sich um, Mein
gehöre höret, Wie der vöglein süsse
stimm Ihren schöpfer ehret.
11. Hand und füsse, herz und geist
Sind bey guten kräften, Alle mein
vermögen fleußt Und geht in geschäf-
ten, Die mein herrscher hat bestellt
Hier in meinem weisen, Also lang
es ihm gefällt, In der welt zu treiben.
12. Ist es tag so wach und thu Ich
was mir gebühret; Kommt die nacht
und süsse ruh, Die zum schlaffen führet, Schlaf und ruh ich unbewegt,
Bis die sonne wieder Mit den hellen
strahlen regt Meine augen-lieder.
13. Habe danck du milde hand, Die du
aus dem throne Deines himmels mir
gesandt Diese schöne krone Deiner
gnad und grossen huld, Die ich all
mein tage Niemals hab um dich verschuldt, Und doch an mir trage.
14. Gib, so lang ich bey mir hab Ein
lebendig hauchen, Daß ich solche theure gab Auch wohl möge brauchen,
Hilf, daß mein gesunder mund, Un-
erfreute

erfreute sinnen, Dir zu aller zeit und stund. Alles liebsbeginnen.
15. Halte mich bey stärck und kraft Wann ich nun alt werde, Bis mein stündlein mich hinrafft In das grab und erde, Gib mir meine lebens-zeit Ohne sondrem leyde, Und dort in der ewigkeit Die vollkomne freude.

CCCCLXXXIX. 589.
Mel. Christ unser HErr zum rc.

HErr JEsu! gib uns gnad und stärck, Daß wir der blinden heyden Ungöttlich wesen, thun und werck Verläugnen stets und meiden: Erleucht auch die im irrweg seyn, Bring sie zu deiner heerden, Führe sie zu deinem schaafstall ein, Daß aller zung auf erden Dich JEsum Christ bekenne.

2. Wie du vor diesem laßt dein wort Durch heilge fromme leute Gebreitet aus an manchem ort, So thut der HErr auch heute: Gib treue hirten, die zu dir fortan auch anvre bringen: Mit deiner lehre für und für Durchs hertze aller dringen, Und alle dir zuführen.

3. Hilf, daß sie fleißig allezeit Ermahnen, trösten, strafen: Jm glauben, lieb, gottseligkeit, Fürgehen ihren schaafen. Laß uns ja alle thäter seyn Des wortes, nicht nur hörer, Daß überall und allgemein, Wir und all unsre lehrer Des glaubens end erhalten.

CCCCXC. 590.
Mel. Allein zu dir, HErr JEsu.

DU weinest für Jerusalem, HErr JEsu! heisse zähren, Bezeugst, es sey dir angenehm, Wann sünder sich bekehren. Wann ich vor dir mit buß erschein, Und über meine sünde wein, So wäschst du ab aus lauter gnad Die missethat, So dich bisher gequälet hat.

2. Wann deines vaters zorn entbrennt, Von wegen meiner sünde, Zu deinen thränen ich mich wend, Da ich erquickung finde: Für GOtt sind die so hoch geschätzt, Der damit seine sünde netzt. Den blickt GOtt an mit gütigkeit, Zu jederzeit, Und sein betrübtes Hertz erfreut.

3. Hier muß ich auch im thränen-haus Für grosser angst oft weinen, Der welt aushalten manchen strauß, Sie martert stets die deinen. Auf allen seiten, wo sie kan, Fängt sie mit mir zu hadern an. Diß tröstet mich zu aller frist. HErr JEsu Christ! Jn noth du auch gewesen bist.

4. Du zählest alle thränen mein, Jch weiß, sie sind gezählet. Und ob sie nicht zu zählen seyn, Dannoch dir keiner fehlet. So oft sie für der regen sich, So oft sie auch bewegen sich, Daß du dich mein'r erbarmen must, Wie dir bewust, Dann du mir allzeit hülfe thust.

5. Wer jetzund säet thränen aus, Hält in gedult GOtt stille: Wird fröhlich seyn in deinem haus, Da freude ist die fülle. Ja solche freude, die kein mann Mit seiner zung aussprechen kan, Und die da bleibt in ewigkeit. Mein creutz und leid Wird werden dort zu lauter freud.

6. Für diese thränen danck ich dir, Daß du die freuden-crone, HErr Christ! dadurch erworben mir, Bey dir ins himmels throne; Wann du mich holen wirst hinauf Zu deinem auserwählten hauf; Dann will ich recht lobsingen dir, O höchste zier, Für deine thränen für und für.

CCCCXCI. 591.
ACh, laß dich jetzt finden, komm, JEsu, komm fort, Mein hertze will binden dein hertze, mein hort: Nach JEsu ich schreye, den hab ich erwählt, Mein JEsus ist treue, ihm bin ich vermählt.

2. Trotz dem, der nicht dencket, daß seine ich sey, Jch bin nun verschencket, es bleibet dabey: Nichts bringet mir schmertzen, weil JEsus ist hier, Der trägt mich im hertzen, ihm danck ich dafür.

3. O weichet, ihr feinde, mein JEsus ist mein, Jhn hab ich zum freunde, sein bin ich allein, Jch bleibe sein eigen, er hat mich erkauft, Sein blut wird es zeigen, damit ich getauft.

4. Auch kan ich vermessen, daß JEsus mich liebt, Weil er mich zu essen sich selbsten dargiebt, So geb ich nun wieder, was JEsus gehört, Leib, seele und glieder ihn nochmals verehrt.

5. Ja, ja ich bin seine, wir beyde sind eins, Jch bin nicht mehr meine, uns scheidet nun keins, Bleib ich gleich auf erden, so lange er will, So hab ich den werthen, dem halte ich still.

6. Jhm kan mich nichts rauben, der stärckste der sitzt, An den will ich glauben, am hertzen er liegt, Jm schlafen und wachen ist JEsus mir nah, Ey sollt ich nicht lachen, daß JEsus steht da.

7. An JEsu ich klebe, in JEsu ich ruh, Jn JEsu ich lebe und sterbe dazu, An JEsu ich klebe, in JEsu ich ruh, Ju JEsu ich lebe und sterbe dazu.

CCCCXCII. 592.
ACh! alles, was himmel und erden umschliessen, Sey von mir viel tausendmal schönstens gegrüsset. Was

hören kan, höre, ich will sonst nichts wissen. Als meinen gecreutzigten JEsum zu küssen.

2. Ich rühme mich einzig der blutigen wunden, Die JEsus an handen und füssen empfunden, Drein will ich mich wickeln, recht Christlich zu leben, Daß einstens ich himmel-an fröhlich kan streben.

3. Es mag die welt stürmen, gleich wüten und toben, Den lieblichen JEsum ich darnoch will loben, Es mögen gleich blitzen und donner drein knallen, So will ich von JEsu doch nimmermehr fallen.

4. Und wann es schon solte in trümmern zergehen, Daß nichtes mehr bliebe auf erden bestehn, So soll doch mein herze bey JEsu verbleiben, Von welchem mich ewig kein teufel soll treiben.

5. Dann JESUS betrachtet die schmächtige hertzen, Versüsset mit freuden die bittere schmertzen, Das weiß ich nun alles, drum will ich nicht lassen Von meinem hertz-JEsu, ich muß ihn umfassen.

6. Ach sehet, mein JEsus kommt freundlich gegangen, Und will mich für liebe fast brünstig umfangen. O liebe, O freude, O liebliches leben! Wer wolte an JEsu nicht immerdar kleben.

7. Auf JEsum sind alle gedancken gerichtet, Dem hab ich mich gäntzlich mit allem verpflichtet, Den hab ich mir einzig vor allen erlesen, So lange mich träget das irdische wesen.

8. Wann auge und hertze im tode sich beugen, So will ich doch endlich mit seuftzen bezeugen, Daß JEsus, nur JEsus, mein JEsus soll heissen, Von welchem mich ewig kein teufel soll riessen.

CCCCCXCIII. 593.

Ich bin vergnügt, wies GOtt mit mir wird fügen, Ihm soll mein hertz und sinn gantz eigen seyn. Dann er läst mich nicht stets im unfall liegen, Er gönnt mir auch nach regen sonnenschein; Er läst mich freude spüren. Und will mich einsten führen Aus diesem jammerthal. Dahin, wo schon die engel musiciren, Und wo man schaut den schönen freudensaal.

2. Muß ich auch gleich zuweilen wechsel fühlen, Daß leyd und freud mit untermenget ist. Ja, will das glück mit mir den ballen spielen, Und äkt mit mir auch seine tück und list. So bin ich doch im leyden, Als wie bey grossen freuden, In meinem GOtt vergnügt. Man kan nicht stets im rosen-garten weyden, Weil man auf sonn auch regen wieder kriegt.

3. GOtt ist mein trost, der wird mich nicht verlassen, Ich hang an ihm, mir sey wohl oder wohl, Dann er liebt mich beständig über massen, Sein hertz ist ja stets von erbarmung voll, Ob gleich nichts als beschwerden Sich finden hier auf erden, Doch unterdrückts mich nicht. Dann ohn von GOtt kein unfall mir kan werden, Ja nicht ein haar von meinem haupt gebricht.

4. Ich bin vergnügt, und trau in allen sachen Dem GOtt von macht, der mich erschaffen hat Dann wie es will doch endlich mit mir machen, Das werd ich schon erfahren in der that. Ich lasse mir in allen Ja hertzlich wohl gefallen, Wie er es haben will. Er ist mein GOtt, zu ihm geschicht mein lallen, Und mein gebät geht zu ihm in der still.

5. Bin ich schon nicht begabt mit vielen schätzen, Hab ich jedoch stets einen frischen muth. Kan sich die welt an ihrer lust ergötzen, So such ich nur das allerhöchste gut, Und hab ein gut gewissen, Und suche zu geniessen, Was meine seele liebt, Und kan auch einst das sternen-chor geniessen, Wo mir mein GOtt erst recht vergnügung giebt.

6. Nun sey o seel, in deinem GOtt zufrieden, Ob er dich schon zuweilen traurig macht, Er hat dir schon die freuden-stund beschieden, Laß nur vorbey die schwartze trauer-nacht, Laß welt und feinde toben. Gedencke, was dort oben Dein JEsus dir bestellt, Wohin du selbst zur freude wirst erhoben, Zum thron der gnad ins schöne himmels-zeit.

CCCCCXCIV. 594.

Mel. Nun sich der tag geendet.

NUn sich die nacht geendet hat, Die finsterniß zertheilt, Wacht alles, was am abend spat, In sanfter ruh verweilt.

2. So wacht nun auf, ihr sinnen, wacht, Legt allen schlaf beyseit, Zum lobe GOttes seyd bedacht, Macht euch zum danck bereit.

3. Und du, der seelen liebster freund, Du edler lieb, sieh auf Von sünden-schlaf, als deinen feind, Zu GOTT richt deinen lauf.

4. So kan ich, o du seelen-licht, Von hertzen danckbar seyn, Wann leib und seel nach ihrer pflicht, Bey dir sich stellet ein.

5. Dir, JEsu! geb ich diese gab Zu einem untervfand, Dieweil ich sie em-

empfangen hab Von deiner liebes-
hand.
6. Und diese deine liebes-hand Hat
heunt bey mir gewacht, Auch allen
schaden abgewandt, In dieser finstern nacht.
7. In deinen armen schlief ich ein,
Drum konnte satan nicht Mit seiner
list mir schädlich seyn, Die er auf
mich gericht.
8. Für feuer und für wassers-noth
Hat mich HErr, deine güt, Auch für
dem bösen schnellen tod Heunt diese
nacht behüt.
9. O JEsu, habe hertzens-danck
Für deine lieb und treu; Hilf, daß
ich dir mein lebenlang Von hertzen
danckbar sey.
10. Gedencke, HErr, doch auch an
mich, Heut diesen gantzen tag, Und
wend von mir gnädiglich All leibs
und seelen-plag.
11. Erhör, o JEsu, meine bitt,
Nimm meine seufzer an, Laß alle
meine tritt und schritt Hingehn auf
rechter bahn.
12. Laß mich, HErr JEsu, keine
sünd Heut diesen tag begehn. Sonst
möcht ich armes menschen-kind Nicht
wohl vor dir bestehn.
13. Kehr meine augen gäntzlich ab
Von der welt eitelkeit, Damit auch
bis ins schwartze grab, Ich alles böse meid.
14. Gib deinen segen diesen tag Zu
meinem rath und that, Damit ich
gläubig sagen mag: Wohl dem, der
JEsum hat.
15. Wohl dem, der JEsum bey sich
führt, Schleußt ihn ins hertz hinein,
So ist sein gantzes thun geziert, Und
er kan selig seyn.
16. So fang ich denn mein amts-
werck, In JEsu namen an, Der sey
selbst meine hülf und stärck, Daß
ichs vollenden kan.

Aus dem 51. Psalm.

**Vor der Communion Wech-
selsweise zu singen**

CCCCCXCV. 595.

Schaffe in mir GOtt, ein reines
hertz, Und gib mir einen neuen gewissen geist, Verwirf mich nicht, Verwirf mich nicht, Von deinem angesicht, Von deinem angesicht, Und nimm
deinen heiligen Geist nicht von mir.
2. Tröste mich wieder mit deiner hülffe, Und er, der freudige geist enthalte
mich: Wasche mich wohl, Wasche
mich wohl, Von meiner missethat,
Von meiner missethat, Und reib
mich von meiner sünde.

CCCCCXCVI. 596.

Mel. HErr JEsu Christ, ich weiß.

ACh frommer GOtt! dir sey ge-
klagt, Was mich in meinem hertzen
Für angst und elend drückt und plagt
Mein leib ist voller schmertzen, Ich
bin mit kranckheit hart beschwehrt,
Und meine kraft ist fast verzehrt Von
deinem zorn und dräuen.
2. Du hast für meine missethat Mich
selber so zerschmissen, Daß ich nun
deinen treuen rath und hülffe muß
vermissen: Ich liege da gantz ohne
ruh. Auch nimmt die schwachheit immer zu, Und muß den tod besorgen.
3. Weil aber du dich hast erklärt, Und
väterlich verheissen, Den, der dich
suchet und begehrt, Aus seiner noth
zu reissen; So komm ich auch vor deine thür, Ich frommer vater! hilf
du mir, Und wende meine plage.
4. Dann du bist doch ein starker held,
Der tod und leben zwinget; Ein
treuer artzt für alle welt, Dem alles
wohl gelinget; Darum, so stärck
meinen geist, Nimm weg, was noth
und kranckheit heist, Und heile meine schmertzen.
5. Beschencke mich mit deiner huld,
Erhalte mich in gnaden, Verleihe
christliche gedult: Was aber mir kan
schaden, Laß, liebster GOtt, entfer-
net seyn, Und gib mir trost und leben
ein Durch deines geistes gaben.
6. O JEsu! treuer seelen-hort, Von
wegen deiner wunden Sprich nur ein
eintzigs liebes wort, So bin ich schon
verbunden, Ja wann du lieber meister
wilt, So wird mein leiden bald gestillt, Und meine pein gedämpffet.
7. Nun treuer GOtt! ich traue dir,
Hast du mich selbst geschlagen: Du
wirst auch meine schwachheit mir
Erfreulichst helffen tragen. Daß mich
die schwere schmertzens-last, Die du
mir aufgeleget hast, Nicht gäntzlich
unterdrücke.
8. Soll aber ich in dieser noth Und
kranckheit unterliegen; So gib, daß
über meinen tod Ich glaubig möge siegen, Daß ich durch jammer creutz
und leyd, Zu deines himmels herrlichkeit Getrost und frölich dringe.

CCCCCXCVII. 597.

Mel. Ach GOtt, vom himmel sieh.

DAs elend weist du GOtt, allein,
Das mir ist angeerbet, Und wie
wir alle kräfte seyn Durch Adams
fall verderbet: Dann mein verstand
verfinstert ist, Ich kan dich gar nicht,
wie du bist, Noch deinen rath erkennen.
2. Mein wille ist so sehr verkehrt In
meinem thun und lassen, Daß er an-

meisten das begehrt. Was du befiehlst
zu hassen: Dagegen, vater, was du
wirst bey mir sehr wenig oftmals
gut, Ich seh es aus den augen.
3. Es geht des alten Adams trieb Nur
immerdar zur sünden, Daß recht vertrauen, rechte lieb Sich in mir nicht
befinden, Daß ich dem nächsten diene
recht, Wanns nicht zu meinem nutz
geschicht, Und such: mir das meine.
4. Ja, wann ich alles recht betracht,
So wird gar leicht auf erden Ein ge-
rett aus mir selbst gemacht, Dem
fort gedient muß werden: Dann
rigne lieb und eigne ehr, Auch eigen nutz, und was diß mehr, Mir
leyder! sehr anhänget.
5. Diß ist die wurtzel und der grund,
Draus alles unheil rühret, Daß ich
zu aller zeit und stund Von dir werd
weggeführet: Es steht mir stets mein
leib und muth Nach wollust, ehre,
geld und guth, Und solchen eitlen
dingen.
6. Da ich mich nun der sünden-lust
Nicht soll gefangen geben, Und, wie
mirs macht dein wort bewust, Ihr
allzeit widerstreben; So denck ich
nicht so fleißig dran, Ruf dich nicht
fort um hülf an, Ich bin oft träg
und sicher.
7. Wann mir was böses kommt in
sinn, Darwider ich soll kämpfen, So
tracht ich nicht alsbald dahin, Das
feur mit macht zu dämpfen, Das
nimmt dann in mir überhand, Darüber ich in sünd und schand Oft gröblich bin gefallen.
8. Oft will mich auch die arge welt,
Die ich doch stets soll fliehen, Wann
meinem fleisch ihr werck gefällt, Mit
zur gesellschaft ziehen: Sie will,
daß ich auch übels thu, Und andre
reitzen soll darzu, Daß sie auch sünd
begehen.
9. Ach GOtt! ich hab nach solcher art
Gar lang, mit grossem schaden, Eh
ich zu dir bekehret ward, Gelebet auf-
ser gnaden. Ich bin auch noch nicht
ohn gefahr, Dieweil mir jetzt und
immerdar Die sünden-lust anklebet.
10. O HErr, in dieser meiner noth
Sieh mich an mit erbarmen: Komm
mir zu hülf, du treuer GOtt, Und
sieh mir bey, mir armen. Erleucht
durch deine gnad und güt Mein un-
verständiges gemüth, Daß ich dich
recht erkenne.
11. Den willen leit nach deinem wort,
Daß ich dich hertzlich liebe, Dir vest
vertrau und fort und fort In Gottesfurcht mich übe, Daß ich in dir mein
tauf-zusag Mit starckem vorsatz alle
tag Aufs neue wiederhole.

CCCCXCVIII. 598.

Mel. Alle menschen müssen sterben.

Frommes hertz, sey unbetrübet,
Und vertraue deinem GOtt: Halte still dem, der dich liebet, Der at-
zählet deine noth. Laß du deinen vater walten, Der so lange haußge-
halten: Er ist deine zuversicht, Er
verläßt die seinen nicht.
2. Must du gleich viel leyd erfahren,
Wundre dich deswegen nicht. Schaue
nur vor alten jahren Aller heiligen
geschicht: Ist auch jemand ohne leiden Kommen in den saal der freuden?
Nein, sie haben alle theil, So am
creutze, wie am heil.
3. Nimm vor dich in allen stücken
Deines JEsu lebens-lauf: Nimm
sein creutz auf deinen rücken, Nimm
es doch nur willig auf. So wird
dir, in jenem leben, Seligkeit und
himmel geben. Dann da wird auch
aller lohn Dir zu einer ehren cron.
4. JEsus ist durch schweres leyden
Gangen ein zur herrlichkeit, Und du
wolltest nur in freuden Hier zubringen deine zeit? Warlich, du must
hier mit weinen, Wann dir dort das
licht soll scheinen: Wann der knecht
ist wie sein Herr, Was will dann der
knecht ihm mehr?
5. Und was siehest du zurücke Auf das
thun der argen welt? Was siehst du
auf ihre tücke, Auf das netz, das sie
dir stellt? Schaue nur auf deinen
schöpfer, Und gedenck, es sey der
töpfer, Der bereitet dir die cron,
Solchen topf aus solchem thon.
6. Laß den alten drachen wüten, Laß
ihn toben weil er kan. Laß ihn seine
frucht ausbrüten, Daß sein ziel bald
nah' heran! GOtt wird seine zeit
schon finden, Ihn mit ketten anzu-
binden: Dann wird er ihn von tem
stuhl Stossen in den feuer-pfuhl.
7. Aber dich wird er erhöhen, Wann
du treu verbleiben wirst: Du wirst
in die freud eingehen, Wann dein
weh vorüber ist; Du wirst in dem
freuden-saale Sitzen bey dem abend-
mable, Mit der Patriarchen-schaar,
Wann das heil wird offenbar.
8. Drum laß sie das maaß der sünden, Nach gelüsten machen voll, Laß
die kneuel sie voll winden, Weil es ja
so gehen soll: Laß sie nur so ferne machen, Und zu ihrem Unglück wachen:
GOtt weiß schon maaß, zeit und ziel,
Und wird kommen, wann er will.
9. Aber harre du indessen, Leid und
traue deinem GOtt: Der wird deiner nicht vergessen, Wird in hunger geben brod. Er wird dich von allem bösen, Mit gar starckem arm, er-

lösen

lösen, Daß kein unfall ewiglich
Stürz und überwinde dich.
10. Du vielmehr wirst über winden,
Weil dein JEsus dich erhält; Du
wirst bey GOtt gnade finden, Weil
dein wesen ihm gefällt: Er wird dier
in allen nöthen, Als dem helfer zu
die treten, Und dort in der herrlichkeit Wohl belohnen alles leyd.

CCCCCXCIX. 599.

Mel. Von GOtt will ich nicht 2c.

GOTT ist ein GOtt der liebe, Ein
freund der einigkeit; Er will, daß
man sich übe In dem, was wirket
freud Und fried in einem sinn, Der
zwistigkeit absage, Sich brüderlich
vertrage, Ju sanftmuth immerhin.

2. Der satan ist ein stöhrer Des friedens, und bedacht, Daß ja des wortes hörer Ganz lassen aus der acht,
Was wider haß und neid Der Heyland treulich lehret, Und wie von
GOtt abkehret Die unversöhnlichkeit.

3. Wer hier den frieden liebet In
wahrheit ohn verdruß, Dem nächsten
sich ergiebet Ohn absicht auf genuß,
Der hat am himmel theil, Da fried
und leben wohnet, Da friede wird
belohnet: GOtt ist und bleibt sein
heyl.

4. Hergegen wer beladen Mit bit-
term haß und zorn, Der hat des
grossen schaden, Er ist und bleibt verlohren; Es kommt das theure blut,
So Christus unverdrossen Aus liebe hat vergossen, Ihm nimmermehr
zu gut.

5. Wer seinen nächsten hasset, Der
hasset selbsten GOtt; Drauf GOttes zorn ihn fasset, Und stürzt in solche noth, Daraus er kein erretten, Wo-
selbsten kein erretten; Der höllen
band und ketten Ihn fesseln, wann er
stirbt.

6. Wer dieses recht bedenket, Der
wird der sonnen-licht, Wann es zur
erd sich lencket, Und eh der glanz gebricht, Nicht lassen untergehn, Be-
vor sich hab geleget Der zorn, den
er geheget; Wohl, wohl! wanns ist
geschehn.

7. O Christe! steur und wende Des
satans bitterkeit, Damit er nicht behende Erwecke zorn und streit Bey
denen, die der geist Des friedens soll
regieren, Und in der stille führen, Zu
dem, was lieblich heißt.

8. Hilf uns ja fleißig halten Die
einigkeit im geist, Daß über uns mög
walten Dein segen allermeist; Nach
deinem geist und sinn Einander uns
betragen In freundschaft, und nach-
jagen Dem köstlichen gewinn.

CCCCCC. 600.

Mel. O GOtt! du frommer 2c.

HERR Christ! der du allein Die
weißheit bist von oben, Wer deine
weißheit fasst, Hat schade guts erhoben, All wissen ohne dich, Ist albre
ständlich, Gib, daß ich nur in die
Weiß und verständig sey.

2. Der höllen finsterung Hat mein
gemüth verblendet, Und eitler eigen-
witz Hat den verstand geschändet;
Wer führt mich tappenden Und blinden auf die bahn, Wo man in ebnem
feld Zur wahrheit wandeln kan.

3. Du HErr, du must es thun, Du
wahrheit, weg und leben, Du aller
beyden licht, Der du das licht gegeben Der welt von anbeginn, Da du
dem tage rufst, Und selbst der nacht
zum dienst Das kleine licht erschufst.

4. Ich bitt, o sonne! dich, Brich an
in meinem hertzen, Mein stern, erleuchte mich, Steck deiner klarheit
kertzen In den verstande auf, Vertreib die dunckelheit Durch deines
geistes glanz, Der dich in mir verneut.

5. Bekennen muß ich zwar, Ich bin
ein armer sünder, Ein recht unnützer
knecht, Und habe nichtes minder,
Als diese huld verdient, Doch dein
hochtheures blut Macht meine schlimme sach, Das glaub ich, wieder gut.

6. Um reichthum ist mirs nicht, Auch
nicht um eitle ehre, Nur weißheit
ists, die ich So sehr von dir begehre.
Du HErr der ehren bist Allzeit mein
ehr und ruhm, Mein trost schatz,
theil und guth, Gewinn und eigenthum.

7. Dein sind, du hast, du kanst Die
gute gaben geben, Laß deinen him-
mels-strahl Den finstern sinn bele-
ben: Durchheu das finstre hertz, Ja
risse dich drumm an, Weil niemand
ausser dir Mich deß gewähren kan.

8. HErr, hör, erhöre mich, So will
ich dir lobsingen, Dertzu mein ganzes
hertzen Zum danckes-opfer bringen,
Nimm es vor gut, nimm an Den
willen für die that Du weist wohl,
das dein knecht Sonst nichts zu geben hat.

CCCCCCI. 601.

Mel. Wo GOtt zum haus nicht.

HIlf GOtt, daß ja die kinderzucht
Geschehe stets mit nach und
frucht, Daß aus der kinder mund
dir werd Ein lob bereitet auf der
erd.

2. Laß sie den eltern insgemein, Den
obern auch gehorsam seyn, Und meiden

den all ihr lebenlang Den eigensinn und müßiggang.

3. Gib ja, daß ihnen mangle nicht Heilsame lehr und unterricht, Damit aus deinem wort und mund Ihr glaub mög haben vesten grund.

4. Darumen laß sie seyn gewiß, Auch fliehen schand und ärgerniß, Daß man daselbsten sie nicht find, Wo sich versammlet leicht gesind.

5. Durch deine weißheit, macht und gut, Für allem unfall sie behüt; Führ du sie selbst auf rechter bahn, Damit ihr fuß nicht gleiten kan.

6. Hilf, daß sie dich, GOtt, überall, Vor augen haben allzumal, Und sich befleissen jederzeit Der tugend, zucht und ehrbarkeit.

7. Wo sie ausgehen oder ein, Da laß du sie gesegnet seyn: Daß sie die lezte zeit und jahr Zubringen Christlich immerdar.

8. Wann sie dann enden ihren lauf, So nimm sie, HErr, zu dir hinauf, Auf daß samt ihnen wir zugleich Dich preisen dort in deinem reich.

9. GOtt Vater Sohn und heilger Geist, Von dem uns alle gnad herfleußt. Wir loben dich, wir dancken dir, Mit unsern kindern für und für.

CCCCCII. 602.
Mel. JEsu, deine tiefe wunden.

Liebe seele! nun dich schwinge Von dem ort der eitelkeit. Du must über alle dinge Die gedancken haben heut, Anzuschauen deinen GOTT, Deinen helfer in der noth: Deinen bräutgam, der jetzt eben kommt, sich selber dir zu geben.

2. Er will meine speise werden, Von ihm ich geladen bin. Schwing dich, seele, von der erden, Zu dem seelen-speiser hin! Rüst dein herz mit demuth aus, Daß es werde GOttes haus, Ein haus, das ihm wohlgefalle, Das von meinem JEsu falle.

3. Weg von mir, ihr welt-gedancken! Hier ist meiner seelen speiß. Auf dein wort will ich nicht wancken, JEsu! ehrend dein geheiß. Was du hast versprochen mir, Kanst du auch wohl geben hier. Du willt deinen leib mir geben, Und dein wahres blut darneben.

4. Nun umfang mit höchsten freuden Seele, deinen bräutigam. Nun kanst du mit ihm dich weiden, Mit dem frommen GOttes-lamm. Auf der an des glaubens dein Wirst du sättig bey ihm seyn, Wis dir GOtt wird recht zulassen, Deinen JEsum zu umfassen.

5. Nun hab ich den besten orden, GOtt in mir und ich in dir. Nun bist du mein bruder worden, O mein JEsu! bleibe hier. Laß mich immer bleiben dein; Du solt stets mein eigen seyn. Dich ich, der mich liebet, liebe, Und mich dir gantz eigen giebe.

CCCCCIII. 603.

Allenthalben wo ich gehe, Sitze, liege oder stehe, Sehn ich mich nach JEsu Christ, der für mich gestorben ist.

2. Von der bösen welt zu scheiden, Nach so vielen creuz und leiden, Wann es ihm gefällig ist, Bin ich fertig und gerüst.

3. Wann ich werde mit ihm leben, Herrschen und in freuden schweben, O wie selig werd ich seyn Bey den lieben engelein.

4. Hertzlich werd ich mich erfreuen, Wann mich Christus wird erneuen, Und in himmel führen ein, Prächtig stets bey dir zu seyn.

5. Zung und hertze wird da klingen, Und dem HErren JEsu singen Ewig werd ich stimmen ein, Mit den lieben engelein.

6. Besser leben werd ich finden, Ohne tod und ohne sünden. O! wie selig werd ich seyn Bey den lieben engelein!

CCCCCIV. 604.
Mel. HErr JEsu Christ, du &c.

Ach GOtt! wie mancher kummer macht, Daß ich mich hertzlich kräncke. Wann ich bey mancher trüben nacht An tausend dinge dencke, Sa gehn die seufzer zu dir auf, Ach! lieber GOtt, ach! merke drauf, Und tröste mein gemüthe.

2. Solls seyn, daß ich mein bißgen brod Mit thränen noch muß essen; So wirst du doch in keiner noth, Mich, als dein kind vergessen, Dein kind, das du von kindheit an Auf mancher dorn- und rosen-bahn Recht wunderlich geführet.

3. Mein herze sorgt zwar früh und spat, Wie diß und das wird kommen, Und wanns nun alle sorgen hat Recht künstlich durchgenommen, So hat es doch nichts ausgericht, Drum will ich meine zuversicht Auf dich und sonst nichts stellen.

4. Gib mir gedult, damit ich stets Die sorgen überwinde, Und sich der ancker des gebäts Auf deine sorgen gründe. Der geist ist willig, aber doch Das fleisch fühlt seine schwachheit noch. Drum sey du meine stärcke.

5. Hab ich nur dich, so hats kein noth Mit mir und mit den meinen. So muß durch leben und durch tod Die
gnaden-

gnaden-sonne scheinen. So streicht der kummer gänzlich hin. Zufrieden, unvergnügter sinn! Dann GOtt bleibt mein vergnügen.

CCCCCCV. 605.

Mel. Freu dich sehr, o meine seele.

Nichts betrübters ist auf erden, Nichts kan so zu herzen gehn, Als wann arme wittwen werden. Wann verlaßne wäysen stehn, Ohne vater, ohne muth, Ohne freunde, ohne gut. Wittwen sind verlaßne frauen. Wer thut auf die wäysen schauen?

2. Wo die zäune sind zerlücket, Jedermann hinüber steigt, Auch ein kind die früchte pflücket, Da die äste sind gebeugt. Wo die mauren sind gespalt, Findet sich der feind gar bald. Wem der schranen und schalten weichet, Den die hitze bald erreichet.

3. Also müssen stets die armen Leiden alles ungemach, Wenig ihrer sich erbarmen, Wittwen schreyen weh und ach, Ueber den, der sie so preßt. Und in nöthen stecken läßt; Wäysen müssen sich nur schmiegen, Unter anderer füßen liegen.

4. Also muß es hier ergehen In der welt auch dir und mir, Wäysen müssen traurig stehen, Wittwen müssen leiden hier, Dann wie könnte GOtt dann mein, Und der meinen vater seyn? Sonsten wäre GOtt nicht richter, Und der wäysen sachen schlichter.

5. Zwar der armen wittwen zähren Fliessen auf die backen los, Aber ihre seufzer kehren Sich zu GOttes sternen-schloß: Schreyen über diesen mann, Der die wittwen ängsten kan, Bis der höchste GOtt das ende, Und den wittwen hülfe sende.

6. Wittwen sind in GOttes armen, Wäysen sind in GOttes schooß, Ihrer will er sich erbarmen, Wär die noth noch eins so groß. Ein solch ungerechter mann Taster GOttes augen an, Der die armen wäysen zwicket, Und der wittwen herzen drücket.

7. Wann sie bleiben in den schrancken, Darein sie GOtt hat gestellt, Und von ihme nicht abwancken, Weil er sich zu ihnen hält. Sollen sie im himmels-schloß Werden alles kummers los, Da soll nicht mehr, wie auf erden, Wittwen-noth gehöret werden.

CCCCCCVI. 606.

Mel. Herzlich thut mich verlang.

Bedencke, mensch! das ende, Bedencke deinen tod, Der tod kommt oft behende; Der heute frisch und roth, Kan morgen und geschwinder hinweg gestorben seyn! Drum bitte dir, o sünder! Ein täglich sterben ein.

2. Bedencke, mensch! das ende, Bedencke das gericht; Es müssen alle stände Vor JEsu angesicht: Kein mensch ist ausgenommen, Hier muß ein jeder dran, Und wird den lohn bekommen, Nachdem er hat gethan.

3. Bedencke, mensch! das ende, Der wollen angst und leyd, Daß dich der satan blende Mit seiner eitelkeit. Hier ist ein karges freuen, Dort aber ewiglich Ein kläglich schmerzens-schreyen: Ach sünder, hüte dich!

4. Bedencke, mensch! das ende, Bedencke stets der zeit, Daß dich ja nichts abwende Von jener herrlichkeit, Darum der GOttes throne Die seele wird verpfleget: Dort ist die lebens-krone Den frommen beygeleget.

5. HErr, lehre mich bedencken, Der zeiten letzte zeit, Daß sich nach dir zu lencken, Mein herze sey bereit: Laß mich den tod betrachten Und deinen richter-stuhl; Laß mich auch nicht verachten Der höllen feuer-pfuhl.

6. Hilf GOtt! daß ich in zeiten Auf meinen letzten tag Mit busse mich bereiten Und täglich sterben mag; Im tod und vor gerichte, Steh mir, o JEsu! bey, Daß ich ins himmels lichte zu wohnen würdig sey.

CCCCCCVII. 607.

Mel. Christus, der uns selig macht.

Sorge Vater, sorge du, Sorge für mein sorgen, Sorge, JEsu, sorge nu, Sorge heut und morgen, Sorge für mich allezeit, Sorge für das seine, O du GOtt der freundlichkeit, Sorge du alleine.

2. Sorge, wann der tag anbricht, Für mein leib und seele; Sorge, daß ich niemand nicht Sie als dir befehle, Sorge, lieber GOtt! allhier, Auch für meine sinne, Sorge, daß zuwider dir, Ich ja nichts beginne.

3. Sorge doch, Und laß mir auch Dein wort bis an s ende; Laß mir, HErr, den rechten brauch Deiner sacramente. Sorge für die obrigkeit, Diener deines wortes, Und darzu für alle leut, Jedes stands und ortes.

4. Sorge, grosser menschen-freund, Für uns, deine kinder; Sorge, HErr, für freund und feind, Sorge für uns sünder: Sorge für mein stücklein brod, Sorge doch für alle, Die da sind mit mir in noth; Sorge, wenn ich falle.

5. Sorge, wenn sich schliessen zu Meine augenlieder: Sorge, wenn ich zur ruh, Und erwache wieder: Sorge für mein amt und stand, Wort,

nunft und richten, Für edle arbeit
immer haad, Lassen und verrichten.
6. Sorge für mein haab und guth
Ehr und guten namen: Sorge wann
wie leydes thut Die welt und ihr
samen: Sorge, wann zur sünd und
spott Mich mein fleisch will leiten:
Sorge, wann ich mit dem tod Ringen soll und scheiden.
7. Sorge, HErr, wann mich anficht
Satan auf der erde: Sorge, wann
vor dein gericht Ich gefordert werde:
Sorge für mein grabstättlein, Sorge
jammerforten, Sorge für mich), du
bist mein: Sorge aller orten.

Todes-Betrachtung.

CCCCCVIII. 608.

Mel. Es ist gewißlich an der zeit.

KOmm, sterblicher, betrachte mich,
Du lebst, ich lebr auf erden, Was
du jetzt bist, das war auch ich, Was
ich bin, wirst du werden. Du must
hernach, ich bin vorhin, Gedencke
nun in deinem sinn, Daß du nicht
dürfest sterben.
2. Bereite dich, stirb ab der welt
Denck auf die letzten stunden, Wann
man den tod verächtlich hält, Wird
er sehr oft gefunden. Es ist die reihe
heut an mir, Wer weiß, vielleicht
gilts morgen dir, Ja wohl noch diesen abend.
3. Sprich nicht: ich bin noch gar zu
jung, Ich kan noch lange leben, Ach
nein, du bist schon alt genung, Den
geist von dir zu geben. Es ist gar bald
um dich gethan, Es sieht der tod
kein alter an: Wie magst du anders
dencken?
4. Ach ja, es ist wohl klagens werth,
Es ist wohl zu beweinen, Daß mancher nicht sein heyl begehrt, Daß
mancher mensch darf meynen, Er
sterbe nicht in seiner blüht, Da er
doch viel exempel sieht, Wie junge
leute sterben.
5. So viel du athmest, muß ein theil
Des lebens von dir wehen, Und du
verlachst des todes pfeil? Jetzt wirst
du müssen gehen. Du hälst dein
grab auf tausend schritt, Und hast
dazu kaum einen tritt, Den tod
trägst du im busen.
6. Sprich nicht: ich bin frisch und
gesund, Mir schmeckt auch noch das
essen: Ach! es wird wohl jetzt diese
stund Der sarg dir abgemessen, Es
schneidet dir der schnelle tod Ja täglich in die hand das brod. Bereite
dich zum sterben.
7. Dein leben ist ein rauch, ein
schaum, Ein wachs, ein schnee, ein
schatten, Ein thau, ein laub, ein
leerer traum, Ein gras auf dürren
matten; Wann mans am wenigsten
gedacht, So heißt es wohl: zu guter
nacht, Ich bin allhier gewesen.
8. Indem du lebest, lebe so, Daß du
kanst selig sterben, Du weist nicht,
wann, wie, oder wo Der tod um dich
wird werben. Ach denck, ach dencke
doch zurück, Ein zug, ein kleiner augenblick Führt dich zur ewigkeiten.
9. Du seyst dann fertig oder nicht,
So must du gleichwohl wandern:
Wann deines lebens ziel anbricht, Es
geht dir wie den andern: Drum laß
dirs eine warnung seyn, Dein auferstehn wird überein Mit deinem sterben kommen.
10. Ach! dencke nicht, es hat nicht
noth, Ich will mich schon bekehren,
Wann nur die kranckheit zeigt den
tod, GOtt wird dich schon erhören.
Wer weiß, ob du zur kranckheit kommst,
Ob du nicht schnell ein ende nimmst?
Wer hilft alsdann dir armen?
11. Indem, wer sich in sünden freut,
Und auf gnade bauet, Der wird mit
unbarmherzigkeit Der höllen anver-
trauet, Drum lerne sterben, eh du
stirbst, Damit du ewig nicht verdirbst,
Wann GOtt die welt wird richten.
12. Zum tode mache dich geschickt,
Gedenck in allen dingen: Wers ich
hierüber hingerückt Solt es mir auch
gelingen? Wie solt ich jetzt zu grabe
gehn? Wie könt ich jetzt vor GOtt bestehn? So wird dein tod zum leben.
13. So wirst du, wann mit feld-geschrey Der grosse GOtt wird kommen, Von allem sterben franck und
frey, Seyn ewig eingenommen. Bereite dich, auf daß dir tod Beschlies-
se deine pein und noth. O mensch!
bedenck das ende.

CCCCCIX. 609.

Mel. Wo GOtt zum haus nicht re.

AN JEsum dencken ist und viel
Bringt freud und wonn ohn ma-
und ziel, Recht oder honig-süsser
art Ist seiner gnaden gegenwart.
2. Nichts liebers meine zunge singt,
Nichts reiners in meinen ohren klingt,
Nichts süssers meinem hertzen ist,
Als mein hertzliebster JEsus Christ.
3. O JEsu, hertzens freud und wonn!
O lebens-brunn, o wahre sonn! Ohn
dich ist alle freud unwerth, Und was
man auf der welt begehrt.
4. O JEsu, deine lieb ist süß, Wenn
ich sie tief ins hertze schließ, Erquicket sie mich ohne zahl, Viel tausend,
tausend, tausendmal.
5. Ach liebt und lobet doch mit mir
Den, der uns liebet für und für!

Mit

Mit lieb belohnet uns allzeit, Und
hört nicht auf in ewigkeit.
6. Mein JEsulein liegt mir im sinn,
Ich geh und steh, aus wo ich bin; Wie
froh und selig werd ich seyn, Wann
es wird seyn und bleiben mein.
7. An dir mein herz hat seine lust,
Wie süß du seyst, ist mir bewußt;
Mein ruhen ist all auf dich gestellt,
O JEsu, Heyland aller welt.

CCCCCX. 610.

Ein stündlein geht dahin Es liegt
mir in dem sinn, Ich bin auch
immer wo ich bin, Das mich der
tod Wird setzen in die erde noch Ach
GOtt! wann alles mich verläßt, So
thue du bey mir das best.
2. Hier ist kein aufenthalt, Der tod
hat die gewalt, Er reißt und würget
jung und alt, Er reißet uns fort Aus
unserm orten, stand und ort. Ach
GOtt! wann alles mich verläßt, So
thue du bey mir das best.
3. Kein rath, kein artzeney, Kein
heulen, noch geschrey, Kein bruder
mich kan machen frey, In aller welt
Ist nichts, das endlich mich erhält.
Ach GOtt! wann alles mich verläßt,
So thue du bey mir das best.
4. Kein reichthum, geld noch guth,
Kein kühner helden=muth, Hilft für
des todes grimm und wuth, All ehr
und gunst Und macht ist für ihm
ganz umsonst. Ach GOtt! wann rc.
5. Was schmerz, was angst und pein
O GOtt! wird nun mit seyn, Wann
nun der tod wird brechen ein, Wer
wird alsdann Mit trost sich meiner
nehmen an? Ach GOtt! wann alles
mich verläßt, So thue du rc.
6. Wann mein gewissens=buch, Wann
des gesetzes fluch, Wann sünd und sa=
tan zum verruck Tritt wider mich!
Wer ists, der mein erbarmet sich?
Ach GOtt! wann alles rc.
7. Wann sprach, verstand und sinn
Auf einmal fällt dahin, Und ich
nicht mehr bin, der ich bin, Wer
schreyt mir zu, Wenn mir der schmerz
läßt keine ruh? Ach GOtt! wann
alles mich verläßt, So thue rc.
8. Wann in meiner augen licht Mir
ferne leuchtet nicht, Und mir das herz
im leibe bricht, Für angst und qual,
Wer führet mich durch das finster
thal? Ach GOtt! wann rc.
9. HErr JEsu! du allein Sollst mir
in todes=pein Die beste hülf und lab=
sal seyn, Auf dich will ich Die welt
gesegnen williglich. Ach GOtt! wann
alles mich verläßt, So thue rc.
10. HErr JEsu! nimm mich auf, Zu
dir in himmel nauf, Wann ich voll=

endet meinen lauf, Ich ruf zu dir,
So lang ein odem ist in mir: Ach
GOtt! wann alles mich verläßt, So
thue du bey mir das best.

Gespräch der Seelen mit JEsu,
von dem Leiden Christi.

CCCCCXI. 611.

Mel. Was mein GOtt will, das rc.

Seele.

So gehst du dann, mein JEsu,
hin Den tod für mich zu leiden,
Für mich, der ich ein sünder bin,
Der dich betrübt in freuden: Wohl=
an, fahr fort, Du eure pfort Mein
augen sollen fließen, Ein trauren=
see, Mit ach und weh, Dein leiden
zu begiessen.

JEsus.

2. Ach sünd, du schädlich schlangen=
gift! Wie weit kanst du es bringen?
Dein leben, der fluch mich jetzt be=
trifft In tod kan er mich zwingen:
Jetzt kommt die nacht, Der sünden
macht, Fremd schuld muß ich abtra=
gen: Betracht es recht, Du sünden=
knecht, Du darffst nur nicht verzagen.

Seele.

3. Ich, ich, HERR JESU, solte
zwar Der sünden straffe leiden, An
leib und seel, an haut und haar, Auch
ewig aller freuden Beraubet seyn,
Und leiden pein, So nimm du hin
die schulde; Dein blut und tod Bringt
mich vor GOtt, Ich bleib in deiner
hulde.
4. Was kan für solche liebe dir,
HERR JEsu! ich wohl geben? Ja
weiß und finde nichts an mir; Doch
will, weil ich werd leben, Mich eigen
dir HERR! nach geduhr, Zu dienen
ganz verschreiben, Auch nach der zeit,
In ewigkeit, Dein eigen seyn und
bleiben.

CCCCCXII. 612.

Der 25 Psalm.

Mel. O JEsu Christ, meins lebens.

Nach dir, O HERR! verlanget
mich, Du bist mein GOtt, ich
hoff auf dich, Ich heff, und bin der
zuversicht, Du werdest mich beschä=
men nicht.
2. Der wird zu schanden, der sich
schämet, Und sein gemüthe von dir
wendet: Der aber, der sich dir ergiebt,
Und dich recht liebt, bleibt unbetrübt.
3. HErr! nimm dich meiner seelen
an, Und führe sie die rechte bahn,
Laß deine wahrheit leuchten mir, In
steige, der uns bringt zu dir.
4. Denn du bist ja mein einigs licht

Sonst will ich keinen helfer nicht:
Ich harre dein bey tag und nacht:
Was ists, das dich so säumend macht?

5. Ach wende, Herr! dein augen ab
Von dem, was ich gesündigt hab!
Was denckst du an den sündenlauf,
Den ich geführt von jugend auf?

6. Gedenck an deine gütigkeit, Und an
die grosse süßigkeit, Damit dein hertz
zu trösten pflegt, Das, was sich dir
zu füssen legt.

7. Der HErr ist fromm und hertzlich
gut, Dem, der sich prüft und busse
thut: Wer seinen bund und zeugniß
hält, Der wird erhalten, wenn er
fällt.

8. Ein hertz, das GOtt von hertzen
scheut, Das wird in seinem leyd erfreut: Und wann die noth am tief-
sten steht, So wird sein creutz zur
wonn erhöht.

9. Nun HErr! ich bin dir wohl be-
kandt, Mein geist der schwebt in deiner
hand: Du siehst, wie meine seele
thränt, Und sich nach deiner hülfe
sehnt.

10. Die angst, so mir mein hertze
dringt, Und darauß so viel seufzer
zwingt, Ist groß: du aber bist der
mann, Dem nichts zu groß entste-
hen kan.

11. Drum sieht mein auge stets nach
dir, Und trägt dir mein begehren für:
Ach laß doch, wie du pflegst zu thun,
Dein aug auf meinen augen ruhn!

12. Wann ich dein darf, so wende
nicht Von mir dein aug und angesicht: Laß deiner antwort gegen schein
Mit meinem bäten stimmen ein.

13. Die welt ist falsch, du bist mein
freund, Ders treulich und von hertzen meynt: Der menschen gunst
sieht nur im mund, Du aber liebst
von hertzen-grund.

14. Zerreiß die netz, heb auf die strick,
Zerbrich des feindes list und tück,
Und wann mein unglück ist vorbey,
So gib, daß ich auch danckbar sey.

15. Laß mich in deiner furcht bestehn, Fein schlecht und recht stets
einher gehn: Gib mir die einfalt,
die dich ehrt, Und lieber duldet, als
beschwert.

16. Regier und führe mich zu dir,
Auch andre Christen neben mir:
Nimm, was dir mißfällt, von uns
hin, Gib neue hertzen, neuen sinn.

17. Wasch ab all unsern sündenkoth
Erlaß uns aller angst und noth,
Und führ uns bald in gnaden ein,
Zum ewgen fried=und freuden=
schein.

Communion=Lied,
über die Worte: Das ist mein
Leib, 2c.

CCCCCCXIII. 613.

Mel. O GOtt, du frommer 2c.

Je mahlzeit ist bereit, Von
Christi abgesandten, Der tisch
ist schon gedeckt, Des himmels mu-
sicanten Die stimmen allbereit Ihr
Heilig, Heilig an, Wen hungert,
oder durst't, Der trete nur heran.

2. Sehr kostbar ist die kost, Sehr
kostbar das getrencke; Mich wundert immermehr, Je mehr ich ihm
nachdencke! Hier wird ein lamm,
das GOtt zum vater hat, gespeißt,
Gespeiset wird ein lamm, Das selber hirte heißt.

3. Des HErren leib und blut Em-
pfähst du mit dem munde, Halt ohr
und augen zu, Vernunft gib hier
zu grunde. Weg mit dem speculiren,
Die sach ist dir zu schwer, Drum
grüble nicht zu tief, Wie dieses möglich wär.

4. Wies möglich könne seyn, Da laß
du den drum sorgen, Der dieses hat
gesagt, Dir ist die weis verborgen:
Ob du mit deinem witz Den weg
nicht kanst ersehn, So kans doch auf-
ser die Und deinem witz geschehn.

5. Ergründen kans cus nicht, Nichts
finden oder fassen, Das, was man
glauben soll. Will sich nicht sehen
lassen: Schmeckst du gleich nur das
brod, Und mit dem brod den wein,
So kan nicht minder fleisch und blut
zugegen seyn.

6. Was über meinen witz, Das kan
ich nicht ausdencken: Ich muß mich
nach der schrift, Und sie nach mir
nicht lencken: Ich glaube gerne das,
Was GOttes wort verspricht. Was
aber dieses schweigt, Das glaube ich
auch nicht.

7. Er selber hats gesagt, Drum laß
ich mir genügen, Dann er, der dieses sagt, Der will und kan nicht lügen: Wer mich, warum ich doch
Diß alles glaube? fragt, Dem soll
zur antwort seyn: Er selber hats
gesagt.

Die Zufriedenheit mit JEsu.
CCCCCCXIV. 614.

Mel. Nun freut euch lieben 2c.

Was JEsus thut, ist wohl gethan,
Mein hertz gib dich zufrieden,
Niemand doch JEsum tadeln kan,
Was wilt du dich betrüben? Laß
fahren deine ungedult, Sonst machst
du grösser deine schuld, Spricht: hab
ichs doch verdienet. 2. Was

2. Was JEsus thut, ist wohl gethan, Bedenckts, er ist allmächtig, Darzu der beste helfers-mann, Sein wort dich tröstet kräftig. Warum sinckt doch so bald der muth, Hat JEsus doch sein theures blut Tröstlich für dich vergossen.

3. Was JEsus thut, ist wohlgethan, Denckst du, du bist verlassen, Weil dich betrübt fast jedermann, Und kräncket höchster maßen: Wilt du dann mehr als JEsus seyn, Und bleiben ohne creutz und pein? Das laß dir nicht nachsagen.

4. Was JEsus thut, ist wohl gethan, Der will dich so probiren, Ob du rechtschaffen als ein mann, Dein Christenthum kanst führen: Meynst du, daß er an dich nicht denckt? Ach nein, darum dich nicht so krank, Es wird bald besser werden.

5. Was JEsus thut, ist wohl gethan, Wann man sich recht bedencket, Der ist mit GOtt am besten dran, Dem er den creutz-kelch schencket; Ach glaube nur, weil du in noth Must essen lauter thränen-brod; Dort wirst du ewig leben.

6. Was JEsus thut, ist wohl gethan, Ob gleich die mißgunst hindert, Laß alles gerne so hingahn, Doch endlich wirds gemindert, Am end hat neid gar bösen lohn, Das wirst du sehn und hören schon, Dein grämen laß nur fahren.

7. Was JEsus thut, ist wohl gethan, Auf den trost kanst du bauen, Die falsche welt laß nur hindan, Lern JEsu recht vertrauen: Es geht doch wie ers haben will, Hättst du der neider noch so viel, So bleibt er doch dein JEsus.

8. Was JEsus thut ist wohl gethan, Hat er doch selbst versprochen; Wann dir unrecht wird angethan, So solls werden gerochen; Sey du im leyden immer still, Dein JEsus es recht machen will, Am lieben jüngsten tage.

9. Was JEsus thut, ist wohl gethan, Ich will nur fleißig bäten, All angst und noth er wenden kan, In einer kürtz erretten: Der Goliath muß doch noch dran, Mein JEsus ihn bald dämpfen kan: JESU mein seufzen höre.

10. Was JEsus thut ist wohl gethan, Mit danck will ich ihn ehren, Für alles, was er mir gewann, Und stets sein lob vermehren. Dein JEsus giebt, Dein JEsus nimmt, Den HErren JEsum preißt und rühmt; Mein JEsus wirds wohl machen.

11. Was JEsus thut, ist wohl gethan, Nun kan mich nichts betrüben, Er führet mich auf ebner bahn, Die welt mag ich nicht lieben; Das kleine leyden dieser zeit Nicht werth ist ewger herrlichkeit, Die ich empfangen werde.

12. Was JEsus thut, ist wohl gethan, Ich soll ewig regieren, Ihn will ich ewig schauen an, Und ewig triumphiren: Ich halt an hoffnung und gedult, Mein JEsus hats also gewolt, Nun sprech ich frolich; Amen.

CCCCCCXV. 615.

Mel. Zion klagt mit angst und rc.

1. Höbster JESU, gnaden-sonne, Meines hertzens zuversicht, Meiner seelen freud und wonne, Ich komm vor dein angesicht, Ob ich schon ein sünder bin, Werf ich doch den muth nicht hin, Ich bin asch und will doch treten, O mein heyl vor dir zu bäten.

2. Zwar ich muß für allen dingen, Ob ich schon nicht völlig kan, Dir, o HErr! ein danck-lied singen, Daß du mir viel guts gethan, Von der zarten kindheit auf, Durch den gantzen lebens-lauf: Wolt ich deine gutthat zählen, Würde mirs an worten fehlen.

3. Alles was ich bin und habe, Kommt von deines vaters-hand, Es ist dein geschenck und gabe, Seele, leib, gut ehr und stand; Habe danck für deine treu, Welche alle morgen neu; Habe danck für deinen segen, An dem alles ist gelegen.

4. Laß auch ferner deine güte Ueber mir seyn tag und nacht, Mich auf meinem weg behüte, Durch der engel starcke wacht: Laß dieselbe bey mir seyn, Wann ich gehe aus und ein, Wann ich reise, wache, schlafe, Wann ich etwas gutes schaffe.

5. Segne alle meine thaten, Durch den werthen segens-geist, Daß sie mögen wohl gerathen, Und dein name werd gepreist; Ist es dein und nicht mein werk, So verleihe muth und stärck, Daß ich möge gleich durchgehen, Nicht auf gunst und ungunst sehen.

6. Theurer lehrer wollst mich lehren, Gib mir weisheit und verstand, Daß mein thun zu deinen ehren, Daß zu nutz den ort und land, Wo ich bin, sey eingericht, Ach! mein GOTT, versag mirs nicht, Wehre, daß des satans tücke Mir nicht dieses ziel verrücke.

7. Gib gedult, und hilf mir tragen Alle aufgelegte bürd, Alles, was mich pflegt zu plagen, Oder sonst beschwer-

ich wird; Gibt es etwan hinderniß, Und dahero auch verdri ß, Laß mein hertz sich ja nicht quälen, Sondern alles dir befehlen.

8. Dir befehl ich meine sachen, Dir sey alles heimgestellt. Wollest es mit ihnen machen, Wie es dir, o HErr! gefällt. Kommt mir creuß und leyd zu haus, Daß es scheint, als sey es aus, Laß mich folgen deinem willen, Und damit den kummer stillen.

9. Muß ich etwa spott= red hören, Werd ich hie und da veracht, Laß mein hertz sich nicht trankehren; Bin ich von der welt verlacht? Was ists mehr? welt, wie du willt, Du, o GOtt! bist doch mein schild, Laß mich wider dich nichts sprechen, Auch mich nicht an seinem rächen.

10. Soll ich hier noch länger leben, Nehm ichs gern und willig an, Weil auch gar nicht widerstreben, Wann ich dir nur dienen kan. Schaff, daß ich dir treu verbleib, Gib dabey ge= sunden leib, Und daß ich mir laß be= gnügen, Wie du es mit mir willst fügen.

11. Soll ich dann von hinnen scheiden, Will ich auch zufrieden seyn, Wolst mich nur zum tod bereiten, Dann so schlaf ich selig ein. Nimm in deine händ die seel, Laß den leib ins gra= bes=höhl Ruhen, diß ist mein begehren, JESU, wollest mirs gewähren.

✢✢✢✢✢✢✢✢✢✢✢✢✢✢✢✢✢✢✢✢✢✢✢✢✢✢✢✢✢✢✢✢

Register.
nach dem ABC, auf die Zahlen der Blätter eingerichtet.

A.

Abermal ein jahr verflossen,	213
Ach! alles was himmel und	229
Ach bleib bey uns, HErr	76
Ach bleib mit deiner gnade	134
Ach frommer GOtt, dir seys	231
Ach frommer GOtt, wo soll ich	179
Ach GOtt! ach GOtt! ach	97
Ach GOtt, dein arme Christenh.	110
Ach GOtt, erhör mein seufzen	96
Ach GOtt, ich muß in traurigk.	146
Ach GOtt, in was für schmerz	187
Ach GOtt, mein HErr, wo komts	103
Ach GOtt und HErr, wie groß	41
Ach GOtt, thu dich erbarmen	164
Ach GOtt vom himmel sieh dar.	50
Ach GOtt, wann kommt die	161
Ach GOtt, wem soll ichs klagen,	43
Ach GOtt, wie lang vergißt du	51
Ach GOtt wie manches hertzenl.	89
Ach GOtt, wie mancher kummer	234
Ach HErr, du allerhöchster G.	101
Ach HErr, du Vater JEsu Chr.	105
Ach HErr, du gerechter GOtt	114
Ach HErre GOtt, gib uns dein.	201
Ach HErr, mich armen sünder	50
Ach HErr, wie sind meiner feind	49
Ach höchster GOtt, wie können	112
Ach komm, o sonne meiner seele	224
Ach laß dich jetzt finden, komm	229
Ach lieben Christen seyd getrost,	115
Ach sehet, welch ein mensch!	175
Ach sünder! sey doch nicht so	218
Ach! wann ich doch könnt	219
Ach was hab ich angerichtet	199
Ach was hat dich doch bewogen	10
Ach was ist doch unser leben?	151
Ach was soll ich sünder machen?	97
Ach wie betrübt sind fromme	170
Ach wie elend ist unsre zeit	117
Ach wie nichtig, ach wie flüchtig	150
Ach wie schuldig wart ich der zeit	149
Ach wo flieh ich sünder hin?	223
All ehr und lob soll GOttes	119
Allein auf Christi himmelf.	30
Allein auf GOtt sey dein vertr.	77
Allein GOtt in der höh sey ehr	119
Allein zu dir HErr JEsu Christ	40
Alle menschen müssen sterben	149
Allenthalben wo ich gehe, sitze,	231
Alle welt was kreucht und	59
Allmächtiger und starcker	113
Als Christus gebohren war	11
Als JEsus Christus unser	45
Als vierzig tag nach Ostern	29
Also hat GOtt die welt geliebt	69
Also heilig ist der tag,	27
Am sabbath früh Marien drey	26
An JEsum dencken oft und viel	236
An wasserflüssen Babylon	64
Auf, Christenmensch, auf,	191
Auf diesen tag bedencken wir,	28
Auf, ihr meine geister! werdt	190
Auf, mein geist, du hast gel.	195
Auf meinen lieben GOtt,	141
Auf, auf, mein geist, erhebe	224
Auf, auf, mein hertz, und du	182
Aus der tieffen rufe ich	181
Aus meines hertzensgrunde	123
Aus tieffer noth schrey ich zu	64

B.

Bedencke, mensch! das ende	235
Besiehl du deine wege,	193
Bescher uns HErr das tägl.	135
Betrübtes hertz, sey wohlgem.	85
Bewahr mich GOtt, mein	127
Brunquell aller güter	30

C.

Register.

C.

Christ der du bist der helle	130
Christ, der du bist tag	130
Christe, du Lamm GOttes,	21
Christe, König auserkohren,	45
Christ fuhr gen Himmel	28
Christ ist erstanden von dem	25
Christ ist erstanden von der	25
Christ lag in todes banden	25
Christum wir sollen loben	7
Christ unser HErr zum Jordan	39
Christus der ist mein leben	141
Christus der uns selig macht	20

D.

Da JEsus an dem creutze	20
Da JEsus an dem Jordan	40
Da Israel aus Egypten	60
Dancket dem HErrn, dann	136
Dancksagen wir alle GOtt	11
Danck sey GOtt in der höhe	128
Da nun Elias seinen lauf	138
Das alte jahr vergangen ist	14
Das elend weist du GOtt allein	231
Das neugebohrne kindelein	13
Das walt nun zu dieser frist	133
Den weisen scheint ein neuer	16
Der am creutz ist meine liebe	213
Der du bist drey in einigkeit	34
Der gnadenbrunn fleußt noch,	194
Der grimmig tod mit seinem	165
Der HErre erhör dich in der	52
Der HErr hat alles wohlgem.	176
Der HErr hat mich verlassen	86
Der HErr ist mein getreuer	52
Der HErr sprach in seim w.	59
Der lieben sonnen licht und pr.	205
Der tag der ist so freudenreich	8
Der tag hat sich geneiget,	131
Der tag vertreibt die finstre	126
Des heilgen Geistes reiche	33
Des morgens, wann ich früh	131
Die helle sonn leucht jetzt,	214
Die liebe leidet nicht gesellen	220
Die mahlzeit ist bereit, von	238
Die nacht ist nun verschwunden	170
Dich bitten wir deine kinder	135
Diß ist doch ja die letzte zeit	86
Diß sind die heilgen zehn gebott	37
Dreyeinigkeit, der GOttheit	34
Du bist ein mensch, das weist	177
Du friedens-fürst, HErr	110
Du lebens-brod, HErr	184
Du, o schönes welt-gebäude	94
Du sagst: ich bin ein Christ	196
Du unbegreiflich höchstes guth	181
Du unruh meiner seelen	210
Durch Adams fall ist gantz	67
Du weinest für Jerusalem	229

E.

Ehre sey jetzo mit freuden	214
Ein Engel schön aus GOttes	4
Einen guten kampf hab ich	145
Ein kindelein so löbelich	9
Ein kind gebohren zu Bethlehem	9
Ein lämmlein geht und trägt	202
Ein veste burg ist unser GOtt,	55
Ein würmlein bin ich arm	146
Eitelkeit, eitelkeit, vieler	143
Ephraim, was soll ich machen	97
Erbarm dich mein, o HErre	56
Erhalt uns, HErr, bey deinem	73
Ermuntre dich, mein schwacher	10
Erschienen ist der herrlich tag	26
Erschröcklich ist es, das man	162
Erstanden ist der heilige Christ	25
Erzürn dich nicht, o frommer	53
Es hat mich fast, der sünden	201
Es ist das heyl uns kommen	68
Es ist genug, mein matter	211
Es ist gewißlich an der zeit	135
Eine andere Composition	135
Es sind die heyden wild und	58
Es sind doch selig alle, die im	61
Es spricht der unweisen mund	51
Es stehn für GOttes throne	36
Es woll uns GOtt genädig	57
Ey was frag ich nach der erden?	182

F.

Fleuch mein seelchen auf zu	151
Freu dich sehr, o meine	142
Freunde stellt das weinen ein	152
Freut euch ihr Christen alle	29
Frisch auf mein seel, verzage	92
Frommes hertz, sey unverzagt	232
Fromme hertzen finden nicht	206
Fröhlich pfleg ich zu singen	159
Fröhlich soll mein hertze springen	12
Fröhlich wollen wir Hallelujah	28
Freylich bin ich arm und	212
Folgt mir, wollt ihr Christen	226
Für deinem thron Siehe Vor deinem	
Für gericht, HErr Siehe, Vor gericht,	

G.

Gebenedeyet sey GOtt der	35
Gelobet seyst du, JEsu	8
Gelobet sey GOtt im höchsten	178
Gen himmel aufgefahren	29
Gib fried, o frommer treuer	109
Gib fried zu unsrer zeit, o	109
Gleich wie mit durst umfangen	196
Gleich wie sich fein ein vögelein	41
Gleichwohl hab ich überwunden,	149
GOtt, der du selber bist das	128
GOtt, der du uns diesen tag	117
GOtt der Vatter wohn uns bey	34
GOtt des himmels und der	125
GOtt, du stifter aller wonne	121
GOtt hat das evangelium	154
GOtt ist ein GOtt der liebe	233
GOtt ist mein heyl, glück,	164
GOtt ist mein heyl, mein	84
GOtt lob, die stund ist kom.	147

GOtt lob und danck, daß	117
GOtt! mein GOtt! du wollst	65
GOtt sey gelobet und gebened.	47
GOtt sey uns gnädig und	34
GOtt vatter aller gütigkeit	212
GOtt vatter, der du deine	114
Groß-Fürst, hoher Cherub.	36
Grosser Prophete, mein hertze	207
Guter hirte, wilt du nicht,	192
Gute nacht ihr eitle freuden,	94

H.

HAb acht auf mich in aller	210
Hast du denn JEsu, dein ang.	85
Helft mir GOtt's güte preisen	14
HErr Christ, der einig GOttes	69
HErr Christ, der du allein	233
HErr Christ, thu mir verl.	157
HErr, der du vormals hast	58
HErr GOtt, dein treu mit	36
HErr GOtt, der du erforschest	65
HErr GOtt, der du mein	39
HErr GOtt, dich loben alle	35
HErr GOtt, dich loben wir	118
HErr GOtt, dich loben wir Reg.	122
HErr GOtt, du bist von ewigk.	123
HErr GOtt, mein jammer	142
HErr GOtt, nun sey gepreiset	146
HErr GOtt, nun sey gepreiset	136
HErr GOtt und schöpfer	102
HErr, ich bekenn von hertzen ig.	69
HErr, ich habe mißgehandelt	44
HErr, ich zehle tag und	209
HErr JEsu Christ, dich zu	3
HErr JEsu Christ, du höchstes guth, Du brunquell	44
HErr JEsu Christ, du höchstes	86
HErr JEsu Christ, du GOtt	131
HErr JEsu Christ, ich schrey	87
HErr JEsu Christ, ich weiß	139
HErr JEsu Christ, wahr'r	138
HErr JEsu, gib uns gnad und	229
HErr JEsu, gnaden-sonne,	226
HErr, nicht schicke deine	50
HErr, schaff uns wie die kleine	40
HErr, straf mich nicht in deinem	54
HErr, wann wirst du Zion	220
HErr, wie du wilt, so schick	144
HErr, wie lange wilt du	92
HErr Zebaoth, drei heiligs	193
Hertzallerliebster GOtt, Der	193
Hertzallerliebster Vatter	130
Hertzliebster JEsu, was hast	22
Hertzlich lieb hab ich dich, o	142
Hertzlich thut mich erfreuen	153
Hertzlich thut mich verlangen	139
Heut ist das rechte Jubel-fest	32
Heut triumphiret GOttes	26
Hie lieg ich armes würmelein, Cap.	147

Hie lieg ich armes würmelein, Und schlaf in	147
Hilf GOtt aus deinem gn.	57
Hilf GOtt, daß mirs gelinge	19
Hilf GOtt, daß ja die kinder z.	233
Hilf GOtt, wie geht es immer	49
Hilf HErre GOtt dem völcklein	85
Hilf HErre GOtt uns würmel.	110
Hilf HErr JEsu, laß gelingen	16
Hilf mir mein GOtt, hilf	45
Himmlischer vatter lobesam	39
Hinunter ist der sonnen-schein	131
Hört auf mit trauren und	153
Höchster formirer der löblichsten	214
Höchster GOtt, wir dancken	174

J.

JAmmer hat mich gantz	104
Jauchz' erd und himmel	30
Ich armer mensch, ich armer	203
Ich bin der reichste mensch auf	212
Ich bin in allem wohl zufrieden	209
Ich bin ein HErr, der ewig	223
Ich bin vergnügt und halte	195
Ich bin vergnügt, wies GOtt	230
Ich danck dir, lieber HErre	124
Ich danck dir schon, durch deinen	124
Ich erhebe, HErr, zu dir	106
Ich glaub an einen GOtt allein	197
Ich glaub an GOtt Vatter	38
Ich hab in GOttes hertz	82
Ich hab mein sach GOtt	138
Ich hab mich GOtt ergeben	143
Ich hab mich dir, GOtt, heimg.	215
Ich beß mein augen sehnlich	62
Ich komm jetzt als ein armer	218
Ich ruf zu dir, HErr JEsu	78
Ich war ein kleines kindelein	148
Ich will des HErren zorn	174
Ich will, o vater, allezeit	120
Ich will, so lang ich lebe hier	211
Ich will von meiner missethat	171
Ich weiß, daß mein Erlöser	144
Ich weiß mir ein blümlein	47
Ich weiß mir ein ewges	158
Jesaia dem propheten das	34
JEsu, deine tiefe wunden	22
JEsu, der du meine seele,	41
JEsu du mein liebstes leben,	119
JEsu, frommer menschen heerd.	192
JEsu, heyl und leben! Als	48
JEsu, hilf siegen, du fürste	185
JEsu, JEsu, du bist mein	103
JEsu leyden, pein und tod,	203
JEsu, liebster schatz der frem.	188
JEsu, meine freude meines	93
JEsu, meine freude, Ich und du	109
JEsu, meine lust und freude,	191
JEsu, meine liebe,	120
JEsu, meiner seelen licht,	79
JEsu, meiner seelen wonne,	95
JEsu, meines hertzens freud,	93
JEsu! meines lebens leben,	23

JEsu,

Register. 243

JEsu, nun sey gepreiset zu 14
JEsu, retter in der noth 166
JEsu, wollst uns weisen 123
JEsus nimmt die sünder an, 177
JEsus Christus unser heyland, 25
JEsus Christus unser Heyland
  Der von uns 47
JEsus meine zuversicht, 27
JEsund so bitten wir dich 37
Jhr Christen auserkohren 12
Jhr lieben Christen, freut 154
Jhr lieben Christen, seyd, siehe, Ach lieben
Jm finstern stall, o wunder 13
Jn allen meinen thaten, laß 208
Jn dem leben hier auf erden 83
Jn dich hab ich gehoffet 53
Jn diesen schweren zeiten, 117
Jn dieser abendstunde 132
Jn dulci jubilo 9
Jn Gottes namen reisen wir 136
Jn unsrer krieges=noth 111
Jst GOtt vor mich, so trette 80

K.

HEinen hat GOtt verlassen 99
Kein stündlein geht dahin 237
Komm GOtt schöpfer 30
Komm heiliger Geist, erfüll 3
Komm heiliger Geist, HErre 30
Komm himmlisch licht 171
Komm sterblicher, betrachte 236
Kommst du? kommst du? 5
Kommt ihr Christen, kommt 180
Kommt ihr traurigen gemüther 107
Kommt her zu mir, spricht 77
Kommt laßt euch den HErren 210
Kyrie, GOtt Vatter in ewigkeit 3
Kyrie, Eleison, 163

L.

LAsset ab ihr meine lieben 153
Lasset ab von euren thränen 152
Laßt ab von sünden alle 156
Laß es, JEsu, dich erbarmen 186
Lest doch unser HErr GOtt 222
Lebt jemand so wie ich, so lebt
  er jämmerlich 107
Lebt jemand so wie ich, so lebt
  er seliglich 108
Liebe GOtt, o Christen seele 224
Liebe seele, nun dich schwinge 234
Liebster GOtt, wann werd ich 174
Liebster JEsu, das ist pein 42
Liebster JEsu, deine liebste 102
Liebster JEsu, gnaden=sonne 239
Liebster JEsu, wir sind hier 3
Liebster Vatter ich) dein kind 105
Litaney. 163
Lobe den HErren, den mächtigen 189
Lobet den HErren, lobet 66
Lobet den HErren, ihr heyden 61
Lobet den HErren unsern HErren 67
Lobt GOtt, ihr Christen all, 112
Lobt GOtt, ihr Christen allzugleich 10
Lob und danck sag ich dir 126

M.

MAche dich mein geist bereit, 207
Machs mit mir, GOtt, 209
Mag ich unglück nicht widerst. 93
Man spricht, wen GOtt erfreut 93
Mein augen schließ ich jetzt 134
Meine hofnung läßt mich nicht 193
Meine hofnung stehet veste 207
Meinen JEsum laß ich nicht, Dann 76
Meinen JEsum laß ich nicht, Weil 75
Meinen JEsum will ich lieben 183
Meine seele laß es geben, wie 107
Meine seel ist stille, zu GOtt, 215
Mein gemüth erfreuet sich, 169
Mein GOtt, das hertz ich bringe 220
Mein GOtt, du weist am allerb. 216
Mein hertzens=JEsu, meine 184
Mein junges leben hat ein end 143
Mein sach hab ich zu GOtt gest. 114
Mein schönster und liebster fr. 74
Mein seel dich freu, und lustig 167
Mein seel erhebt den HErren m. 4
Mein seel erhebt den HErren, und 35
Mein seele soll aus hertzensgr. 66
Mein seel, o HErr, muß loben 5
Mein wallfahrt ich vollendet 140
Mensch, willt du hinfort selig 79
Mensch, willt du leben seliglich, 37
Menschen hülf ist nichtig, 183
Mit ernst, o menschen kinder 7
Mit fried und freud ich fahr 141
Mitten wir im leben sind 140
Mitten wir im tage sind 129

N.

NAch dir, o HErr, verlanget 237
Nicht so traurig, nicht so 106
Nicht uns, nicht uns, o ewiger 61
Nichts betrübters ist auf erden 235
Nimm von uns, HErr, du 89
Noch dannoch muß du drum 97
Nun bitten wir den heilgen Geist 30
Nun dancket alle GOtt, 122
Nun danckt all und bringet ehr 122
Nun freut euch Gottes kinder 23
Nun freut euch lieben Christen 68
Nun gibt mein JEsus gute 23
Nun GOtt lob, es ist vollbracht,
  singen, beten, 3
Nun GOtt, lob es ist vollbracht,
  aller jammer 150
Nun gute nacht, ihr liebsten 149
Nun höret zu ihr Christen! 72
Nun jauchzet all ihr frommen 6
Nun ist auferstanden aus des 27
Nun ist es zeit zu singen heil 11
Nun komm der heyden heyland 5
Nun lasset Gottes güt 121
Nun laßt uns den leib begraben 153
Nun laßt uns gehn und tretten 15
Nun laßt uns GOtt dem 121
Nun lieg ich armes würmelein 143
Nun lob mein seel den HErren 59

X   Nun

Register.

Nun mach uns heilig, HErre	111
Nun ruhen alle wälder,	133
Nun schlaf mein liebes kindel.	137
Nun sieh, wie fein und lieblich	64
Nun sich der Tag geendet hat,	181
Nun sich die nacht geendet hat	230
Nun welche ihre hofnung	63
Nun wolle GOtt, daß unser	13

O.

O Angst und leyd! o traurig	42
O blindheit! bin ich dann	160
O Christe, morgensterne,	127
O du allersüßte freude,	33
O du dreyeiniger GOtt, den	221
O du schöpfer aller dinge,	179
O ewigkeit, du donnerwort,	160
O fürsten=kind aus Davids	11
O GOtt, du frommer GOtt	81
O GOtt, du höchster gnadenhort	36
O GOtt, du unser Vater bist	3
O GOtt, ich thu dir danken	126
O GOtt, verleih mir deine	92
O GOttes Sohn, HErr JEsu	194
O grosser GOtt von macht,	104
O grosses werck, geheimniß	171
O heilger Geist, kehr bey uns	173
O haupt, voll blut und wunden,	174
O HErr, dich thun wir	73
O HErre GOtt begnade	56
O HErre GOtt, dein göttl.	73
O HErre GOtt, in meiner	151
O HErr! wer wird sein	51
O JEsu Christe, wahres	166
O JEsu Christ, der du mir	222
O JEsu Christ, meines lebens	24
O JEsu, du mein bräutigam,	168
O JEsu, JEsu, Gottes	172
O JEsu, Gotteslämmlein,	213
O JEsu, mein Bräutigam!	219
O JEsu, süsses licht! Nun	216
O JEsu süß, wer dein ged.	15
O JEsu, wie so lang soll ich	103
O lamm GOttes unschuldig,	21
O meine seel erhebe dich,	173
O mensch, bewein dein sünde	16
O mensch, wollest bedenken	21
O reicher GOtt im throne,	72
O süsses wort, das JEsus	180
O starker GOtt laß himmels	75
O starker Zebaoth, du leben	223
O traurigkeit! O herzeleyd!	21
O vatter aller frommen,	39
O vatter, allmächtiger	173
O welt, ich muß dich lassen,	141
O welt, sieh hier dein leben,	83
O wie ist der weg so schmal,	193
O wie selig seyd ihr doch, ihr	217
O wir armen sünder, unser	21
O wüster sünder! deucht du	227

P.

Puer natus in Bethlehem	9

S.

SAg, was hilft alle welt	151
Schaff in mir, GOtt, ein	189
Schaffe in mir, GOtt, ein rein.	231
Schönster JEsu, liebstes	76
Schönster Immanuel, Herzog	192
Schöpfer himmels und der	38
Schicke dich, o liebe seele,	46
Schwing dich auf zu deinem	98
Schlecht und recht behüte mich	183
Seelen=Bräutigam, JEsu	201
Selig, ja selig, wer willig	108
Sey GOtt getreu, halt seinen	217
Sey gegrüsset, JEsu, gütig,	94
Sey gegrüsset, licht der	170
Sey mir tausendmal gegrüsset	71
Sey lob und ehr dem höchsten	217
Sey wohl gegrüsset guter	71
Sey zufrieden, mein gemüthe,	199
Sieh, hie bin ich, Ehren König,	189
Singen wir aus herzensgrund,	136
Singt dem HErrn ein neues	9
So gehst du dann mein JEsu!	237
So soll ich dann noch mehr	188
Solt ich meinem GOtt nicht	177
Solt es gleich bisweilen scheint.	80
Soll ich dann, JEsu, mein	182
Sorge, vatter! sorge	235
So wahr ich leb, spricht	40
So wünsch ich nun ein gute	143
Spann aus, spann aus, ach	145
Straf mich nicht in deinem	181
Such, wer da will, ein	7

T.

THu rechnung! rechnung will	191
Trau auf GOtt in allen	100
Treuer GOtt! ich muß dir	43
Treuer wächter Israel,	110

U.

UNser leben bald verschwindet,	208
Unsre müde augen=lieder	133
Unsrer obrigkeit woll GOtt	124
Unser herrscher, unser könig,	201
Uns ist ein kindlein heut	10
Ursprung wahrer freuden,	31

V.

VAlet will ich dir geben,	144
Vatter unser, Der du	39
Vatter unser im himmelreich,	38
Vergib uns, lieber HErre	129
Verleih uns frieden gnädiglich,	73
Verzage nicht, du häuflein	109
Verzage nicht, o frommer	91
Vom himmel hoch, da komm	8
Vom himmel kam der engel	8
Von allen menschen abgewandt,	52
Von GOtt will ich nicht lassen	79
Von grund des herzens	79
Vor deinen thron tret ich	134
Vor gericht, HErr JEsu	72

W

Register. 245

W.

Wach auf mein herz und	127
Wacht auf, ihr Christen	157
Wacht auf, ruft uns die	156
Wir GOtt nicht mit uns	62
Walts GOtt, mein werk	132
Wann dem herzliebster	70
Wann dich unglück thut	100
Wann ich in angst und nöthen	62
Wann meine sünd mich	70
Wann mein herz sich GOtt	81
Wann mein stündlein vorhand.	137
Wann wir in höchsten nöthen	89
Wann nun erlösen wird	63
Warum betrübst du dich mein	90
Warum bist du so betrübet,	88
Warum soll ich mich dann	168
Warum willt du draussen	6
Was frag ich nach der welt,	228
Was förchtst du feind Herodes	19
Was GOtt thut, das ist wohlg.	83
Was gibst du dann, o meine	175
Was JEsus thut, ist wohl	238
Was kan ich doch für dank	206
Was lobes solln wir dir,	122
Was mein GOtt will, das	84
Was willt du dich betrüben	90
Weg lust! du unlust-volle	225
Weg mit allem, was da	189
Weg mein herz mit den	105
Weh mir, daß ich so oft	225
Weicht, ihr eitelen gedanken,	225
Welt, packe dich! ich sehne	132
Welt hinweg, ich bin dein	145
Weltlich ehr und zeitlich guth,	82
Wend ab deinen zorn lieber	166
Werde munter, mein gemüthe,	129
Wer GOtt vertraut, hat wohl	99
Wer herzlich überleget,	186
Wer JEsum bey sich hat, kan	212
Wer in dem schutz des höchsten	53
Wer kan vor dir o HErr, best.	190
Wer nur den lieben GOtt läst	83
Wer seinen JEsum hält,	197
Wer seinen JEsum recht will	176
Wer sind die vor GOttes throne	205
Wer weiß wie nahe mir mein	200
Wer wohl auf ist und gesund,	228
Wie der hirsch in grossen	55
Wie groß, o GOtt, ist deine	113
Wie lange soll es wahren	157
Wie mirs GOtt schickt, so	101
Wie nach einer wasserquelle	84
Wies GOtt gefällt, so	100
Wie schön leuchtet der morg. voll	74
Wie schön leuchtet der morg. vom	125
Wie soll ich dich empfangen,	5
Wie tröstlich hat dem treuer	115
Wie wohl hast du gelaset	48
Wie fleucht dahin der menschen	189
Willst du in der still. singen,	227
Wir Christen leut han	10
Wir dancken dir, HErr JEsu Christ, daß du für	24
Wir dancken dir, HErr JEsu Christ, daß du vom	169
Wir glauben all an einen	37
Wir glauben all an einen GOTT, Vater allmächtigen	38
Wir sagen, daß wir allzumal	220
Wo GOtt der HErr nicht bey	62
Wo GOtt zum Haus nicht gibt	63
Wohl auf, mein herz, zu GOtt	222
Wohl dem, der den HErren	60
Wohl dem der in GOttesfurcht	63
Wohl dem menschen, der	49
Wohl mir! JEsus, meine	167
Wohl mir! JEsus, meine fr.	207
Wohl mit fleiß das bitter	18
Wohl stets im land, in	112
Wo soll ich fliehen hin? weil	42
Wo soll ich hin? wer hilffet	188
Wunderbarer könig, herrscher	190

3.

ZEuch ein zu deinen thoren,	32
Zeuch mich, zeuch mich mit	138
Zion klagt mit angst und schm.	96
Zu dir allein in dieser noth	116
Zu GOtt allein hab ichs	75
Zu Zion wird dein nam	57
Zwey ding, o HErr, bitt ich	135
Zweyerley bitt ich von dir,	135

Folgen

Folgen Morgen- und Abend- wie auch Buß- Beicht- und Communion-Gebätlein.

Morgensegen am Sonntag.

O Ewiger, allmächtiger GOtt und Vater, ich sage dir von Hertzen Lob und Danck, daß du mich in dieser vergangenen Nacht und alle vorige Zeit durch deine heilige Engelein, für allem Uebel und Gefahr Leibes und der Seelen, gnädiglich behütet hast, und bitte dich von Grund meines Hertzens, vergib mir meine Sünde, damit ich dich je erzörnet habe, und zünde mein Hertz an mit dem Heil. Geist, daß ich in deinem Erkäntniß täglich zunehme und wachse. Verleihe mir auch Gnade daß ich mich diesen angehenden Tag über für Sünden und Schanden hüte, und in deinem göttlichen Willen erfunden werde, damit ich also möge wandeln, daß ich für allem Uebel behütet, dich stets und ohne Unterlaß in meinem Hertzen und Gedancken behalte. Und wann sich endlich mein Sterb-Stündlein herzu nahet, daß ich von hinnen soll scheiden, wollest du mich in deines lieben Sohns JEsu Christi rechtschaffenen Erkänntniß seliglich lassen entschlafen zum ewigen Leben, Amen.

Abendsegen am Sonntag.

HErr, allmächtiger GOtt und himmlischer Vater! ich dancke dir von Grund meines Hertzens, vor alle deine Güt und Wohlthat, die du mir heut diesen Tag so vätterlich erzeiget und vor allem Uebel mich frisch und gesund behütet hast. Und bitte dich ferner, als dein liebes Kind, du wollest mich bey deinem allein selig machenden Wort bis an mein letztes Seufzen gnädiglich erhalten, und mein Hertz mit deinem Heil. Geist erleuchten, daß ich möge erkennen was gut oder böse ist. Und wollest alle meine Sünde, so ich heut wissentlich gethan habe, auch die verborgen Fehler, durch deine Barmhertzigkeit vergessen, und mir die zukünftige Nacht eine Christliche Ruhe verleihen, daß ich frisch und gesund zu deinem Lob wieder aufstehe. Hilf auch, lieber Vater, daß ich durch deine Gnad ein neu dir wohlgefällig Leben anfahe, zu meiner Seelen Seligkeit, in JEsu Christo, deinem lieben Sohn, unserm einigen Helfer, Amen.

Morgensegen am Montag.

ACh du frommer, getreuer GOtt, und himmlischer Vater, ich lobe ehre und preise dich von Grund meines Hertzens, daß du mich diese vergangene Nacht hast sicher ruhen und schlafen lassen, und durch deine vätterliche Liebe mich frisch und gesund wieder erwecket hast. Ich bitt dich von Hertzen, du wollest mich sammt allen frommen Christen, heut diesen Tag und alle Zeit vor allem Uebel und Gefahr Leibes und der Seelen, auch gnädiglich behüten, damit ich alle Tage in deinem Willen möge erfunden werden. Dann ich befehle mich, mein Leib, Seele, Hertz, Sinn, Muth und Gedancken, all mein Dichten und Trachten, mein Gehen und Stehen, mein Sitzen und Liegen, meinen Eingang und Ausgang, mein Leben und Sterben, und alles, was ich bin und vermag, in deinen Göttlichen Schutz und Schirm. Dein heiliger Engel sey und bleibe bey mir, daß mir kein Unglück an Leib und Seel wiederfahren möge. Solches verleihe mir um JEsu Christi deines lieben Sohns willen, Amen.

Abendsegen am Montag.

BArmhertziger GOtt und gnädiger Vater, ich dancke dir von gantzem Hertzen, daß du mich heut diesen Tag bis auf gegenwärtige Stunde vor allem Unglück Leibes und der Seelen gnädiglich behütet hast, und bitte dich um JEsu Christi, deines lieben Sohns willen, du wollest mir aus Gnaden vergeben alle meine Sünde, so ich heut diesen Tag abermahl mit Gedancken, Worten und Wercken, wider dich gethan habe, und derselben in Ewigkeit nicht

nicht gedenken. Und weil ich mich nun will zur Ruhe niederlegen, wollest du mich heut diese Nacht vor allem Uebel Leibs und der Seele auch vätterlich behüten, daß ich für des Teufels-List und gewalt, für bösen unnützen schändlichen Träumen behütet, sicher ruhen und schlafen, und zu deinem Lob frisch und gesund vom Schlaf wieder erwachen möge. Nun in deine göttliche Hände befehl ich mich ganz und gar, du hast mich erlöset, du getreuer GOtt, Amen.

Morgensegen am Dienstag.

HErr JEsu Christe du einiger Heyland der Welt, zu dir erhebe ich mein Herz, Muth und Sinn, und danke dir abermal, daß du mich durch deine unerschöpfliche Barmherzigkeit und Liebe in dieser Nacht wider des bösen Feindes List und Gewalt frisch und gesund behütet hast. HErr JEsu Christe, du bist mein Gut und mein Erbtheil, mein Heyl stehet in deinen Händen. Ich weiß auch von keinem Helfer weder im Himmel noch auf Erden, dann von dir allein. Darum bitte ich dich um deiner unausprechlichen Marter, Angst und allerschmählichsten bittern Todes willen, den du, lieber HErr JEsu Christe, vor mich armen Sünder aus grosser Liebe hast gelitten, du wollest mir gnädig und barmherzig seyn, und mich heut diesen Tag und die ganze Zeit meines Lebens segnen, fristen, behüten und bewahren für allen Sünden und für allem Uebel, von dieser mühseligen und elenden Zeit an, biß du mich zur ewigen Freude und Seligkeit gnädiglich abforderst, um deines allerheiligsten Namens willen, Amen.

Abendsegen am Dienstag.

O Ewiger barmherziger und reicher GOtt vom Himmel, der du aus grosser Gnade und vätterlicher Fürsorge mich abermal diesen Tag frisch und gesund hast lassen vollenden, dafür danke ich dir billig von ganzem Herzen. Und weil ich leider diesen Tag nicht zu deinem Lob und Ehr, und zum Nutz meines Nächsten, zubracht habe, sintemal meine verderbte Natur allezeit ehe zum Bösen als zum Guten geneigt ist, so hilf, du getreuer GOtt, daß ich, der ich aus sündlichem Saamen gezeuget in, meine Gebrechlichkeit erkenne, und deiner göttlichen Gnade theilhaftig werde, und lehre mich, daß ich oft und vielmahl an mein Ende gedenke, daß ich mich zu derselben in wahrer Buße gefaßt mache, und wann dasselbige herzu nahet, daß ich möge getrost und seliglich aus diesem Elende abscheiden, und mit allen Gläubigen in das himmlische Paradeiß versetzt werden: Indeß wollest du mich, so lang ich noch hie zu leben habe, in deinen allmächtigen Schutz nehmen, und für allem Schaden und Gefahr an Leib und Seel gnädiglich behüten, um JEsu Christi deines lieben Sohns willen, Amen.

Morgensegen am Mittwoch.

O Allmächtiger, barmherziger GOtt und gnädiger Vater im Himmel, nachdem du mich abermal durch den Schutz deiner himmlischen Frohngeisterlein, der lieben Engel, diese Nacht also behütet hast, daß ich diesen Tag frisch und gesund hab erlebet, davor sage ich dir von Herzen Lob, Preiß, Ehr und ewigen Dank: Und bitte ich nochmals, lieber himmlischer Vatter, in dessen Willen ich all mein Thun und Lassen, Anfang und Ende sey, du wollest dich meiner fort hin auch gnädiglich erbarmen, und all mein Trachten und Trachten, Herz, Sinn, Muth und gedanken alle mein Wort und Werke, mit deinem H. Geist regieren, daß ich verstehen möge, was gut oder böse ist, und daß ich in dieser bösen und verkehrten Welt heut also möge wandeln und leben, daß ich vor allen Dingen los von meinen Sünden nach dem ewigen Vaterland, welches mir Christus, mein Heyland, erkauft und erworben hat, ein herzlich Verlangen trage, und dasselbe mit meinem bösen sündlichen Leben nicht verscherze. Darzu wollest du mir gnädiglich helffen, mit deiner Göttlichen Liebe und Kraft des Heil. Geistes, um JEsu Christi, deines lieben Sohns willen, Amen.

Abendsegen am Mittwoch.

ICh danke die o großmächtiger GOtt und gütiger Vater, daß du mich abermal heut diesen Tag über an Seel und Leib für allem Schaden und Uebel gnädiglich behütet hast. Ich bitte dich durch deine göttliche Güte, du wollest alles was ich heut mit Herzen und Mund, und sonderlich wider dich und deine heilige Gebote gesündiget habe, zudecken, und mich dein Geschöpf, welches du mit dem Blut deines lieben Sohns JEsu Christi theuer erkauft hast, nicht verlassen, und mich diese Nacht unter deine allmächtige gnadenflügel wider den bösen Feind, welcher um mich hergeht wie ein brüllender Löwe, mich zu verschlingen, be-

X 3   schützen

schützen, daß ich unter dem Schatten deiner Güte und Barmherzigkeit sicher ruhen und schlafen möge, auf daß sich der böse Feind nicht zu mir dörffte nahen, und mir keinen Schaden thun könne, Amen.

Morgensegen am Donnerstag.

GOtt Vater, GOtt Sohn, GOtt H. Geist, du hochgelobte Dreyfaltigkeit, dir ergebe ich mich, Leib und Seel von nun an bis in Ewigkeit, und sage dir grossen Dank, daß du dem bösen Feind nicht hast zugelassen, daß er mich diese Nacht hat können beschädigen, sondern durch den Schutz deiner lieben Engel bin ich frisch und gesund behütet worden. Was soll ich dir vergelten? Womit soll ich dich dafür lohnen? Ich will dir ein geängstigtes zerschlagenes Hertze geben, voller blutrothen Sünden, mit Reu und Leyd, das wollst du gnädiglich annehmen, dieselbigen mit dem edlen Blut deines lieben Sohns, meines Erlösers, schneeweiß waschen, und in seine heilige unschuldige Wunden verbergen und also mir Vergebung aller meiner Sünden gnädiglich wiederfahren lassen, und hilf, daß ich heut und alle Tage in Christlicher Bereitschaft sitze, denn ich nicht wissen kan wann du kommen, wie und wo du mich von hinnen abfordern wirst, daß ich zur ewigen Freude selig geführet werde. Solches verleihe mir, gnädiger GOtt und Vater: um deines lieben Sohns JEsu Christi willen, Amen.

Abendsegen am Donnerstag.

Barmhertziger, sanftmüthiger GOtt und ewiger Vater, wie trägst du doch so hertzliche Liebe und vätterliche Sorge für mich armen Sünder, indem du mich alle Tage und Stunden von Jugend an bis auf gegenwärtige Zeit, vor allerley des Teuffels und der gottlosen bösen Welt, Gefahr und Schaden so gnädiglich behütet hast. Dafür dancke ich dir von Hertzen, und bitt dich demüthiglich, du wollest alles dessen, was ich heut wider dich gethan habe, nach deiner vätterlichen Liebe, so wie gewiß mir hast nun und in alle Ewigkeit nicht gedencken, sondern aus Gnaden erlassen und mir um deines lieben Sohns JEsu Christi willen, welcher für alle meine Sünde ist Bürge worden gnädig seyn und diese Nacht mich und alle die Meinen für einem bösen schnellen Tod für Feuer und Wasser, vor Pestilentz und für allem unglücklichen Erleiden. Darum befehle ich mich, meinen Leib und Seel,

und alles was ich habe, in seinen väterlichen Schutz. Dein heiliger Engel sey bey mir, daß ich kein Unglück fürchte, Amen.

Morgensegen am Freytag.

IN deinem Namen du accreutzigter HErr JEsu Christe, bin ich armer Sünder jetzt aufgestanden, der du für mich am Stamm des heiligen Creutzes, als das rechte gedultige Schlacht-Lämmlein, den allerschmerzlichsten Tod erlitten, und mich mit deinem rosenfarben Blut von allen meinen Feinden, Sünd, Tod, Teuffel und Höll erlöset hast. Regiere mein Hertz durch deinen Heil. Geist, erfrische es mit dem himmlischen Thau deiner Gnade, bewahre mich mit deiner göttlichen Liebe heut diesen Tag, und verbirge mich mit Leib und Seel in deine heilige Wunden. Wasche mich von meinen Sünden rein ab, und erhalte mich in allen guten Wercken, und führe mich aus dem Jammerthal dieser Welt, in die ewige Freud und Herrlichkeit, du getreuer Heyland JEsu Christe, mein einiger Trost, Hofnung und Leben, Amen.

Abendsegen am Freytage.

O HErr JEsu Christe, du gedultiges Schlacht-Lämmlein und heiliges Sühnopfer für alle meine Sünden, nicht allein für meine, sondern auch für der gantzen Welt, dir dancke ich abermal von Grund meines Hertzens, daß du mich an Leib und Seel durch deinen gnädigen Schutz diesen Tag vätterlich behütet hast, und bitte dich, du wollest mir alle meine Sünde, so ich heut diesen Tag aus Schwachheit meiner verderbten Natur und Anreitzung des bösen Geistes gethan habe, welche mein Hertz und Gewissen sehr beschweren und drücken, gnädiglich verzeihen und vergeben. Und weil ich mich nun zur Ruhe im Schlaf will niederlegen, wollest du deine Gnaden-Flügel über mich ausbreiten, und hilf, daß ich darunter im Friede und Ruhe, diese Nacht mit dem Leib schlafe, mit der Seel aber allezeit zu dir wache, und der herrlichen Zukunft zum jüngsten Gericht wahrnehme, und mit hertzlichen Seuftzen auf dich warte, bis ich dermalen is gar zu dir von hinnen fahre. Darzu hilf mir, o treuer GOtt, mit deinem lieben Sohn und Heil. Geist, hochgelobet in Ewigkeit, Amen.

Morgensegen am Sonnabend.

ICh du getreuer Vater im Himmel, daß ich dich gnugsam solte loben, und

und dir könnte danken für alle Wohlthaten, so du mir die Zeit meines Lebens biß auf diese Stunde vätterlich erzeiget hast. Das ist in meinem Vermögen und Kräften nicht, dann ich bin Fleisch und Blut, welches nichts dann Böses thun kan, du aber über die Maßen mir täglich viel Gutes widerfahren lässest. Und sonderlich, wo du in dieser Nacht nicht wärest mein Schild und Beystand gewesen, so hätte mich des Teufels Gewalt vielfältig beschädiget, daß ich nicht gesund hätte wider aufstehen mögen, aber durch deinen gnädigen Schutz bin ich unversehrt behütet worden. Und bitte dich ganz inniglich, du wollest mir an diesem Tag deine Gnade wiederfahren lassen, und mich durch Christi Blut, dein erworbenes Gut fortan biß ins ewige Leben gnädiglich behüten, Ach HErr JEsu! nimm meine Seel in deine Hände! und laß sie dir befohlen seyn, Amen.

Abendsegen am Sonnabend.

Barmherziger, gnädiger GOtt und Vatter, ich sage dir abermals von Herzen Lob und Dank, daß du dich meiner die Zeit meines Lebens so vätterlich angenomen, und mich diesen Tag über, und sonderlich die ganze Woche, bis auf diese Stunde für allem Unglück Leibs und der Seelen gnädiglich behütet hast. Und bitte dich ferner, du wollest mir meine Sünden, so ich heut und die ganze Woche wider dich und meinen Nächsten wissentlich und unwissentlich gethan, durch deine Gnade, welche alle bußfertige Sünder bey dir haben, zudecken. Und hilf gnädiglich, daß ich aus der alten Woche in ein neu Christlich Leben trete, das dir und allen Auserwählten im Himmel gefallen möge, und laß mich diese angehende Nacht in deine gnädige Arme befohlen seyn, daß ich sicher ruhen und schlafen, frisch und gesund zu deinem fernern Lob wieder aufstehen möge. Und wann mein Stündlein vorhanden ist, so nimm mich zu dir, HErr JEsu Christi, dann ich bin dein, und du bist mein, wie herzlich gern wolt ich bald bey dir seyn, Amen.

Gebät um wahre rechtschaffene Buß.

ACh du lieber GOtt und gnädiger Vatter, du siehst und weißt, welch ein elend und jämmerlich Ding ist es, um aller Menschen Leben nach dem Fall Adams und Eva worden, also, daß des Menschen Zeit ganz ungewiß und unbeständig mit aller seiner Herrlich-

keit, wie ein Schatten dahin fähret, und nicht weiß, ob er jung oder alt sterben werde, kan sich auch weder mit Geld oder Guth noch mit andern Künsten und Geschicklichkeit wider den Tod schützen und aufhalten, sondern, sobald die Stunde vorhanden, muß er davon. Weil dann kein Mensch weiß, wie lang er hie zu leben habe, so hilf, du getreuer GOtt und Vatter, daß ich meine Buße ja gar nicht spare bis in mein letztes Todes-Stündlein, und etwa mit einem unversehenen schnellen Tod überfallen, und also in meinen Sünden plötzlich durch deinen Zorn möge hingerafft werden, sondern daß ich Tag und Nacht an mein Ende gedenke, heut und alle Tage mich zu dir bekehre, und alle Augenblick einen seligen Abschied aus diesem Leben nehmen möge. Solches verleihe mir, ewiger GOtt, um JEsu Christi willen, Amen.

Gebät um Vergebung der Sünden.

ACh ich elender Mensch! wie betrübt ist meine Seele, und befindet sich so unruhig in mir, weil meiner Sünden mehr sind dann Sand am Meer, weiß auch derohalben keine Hülfe noch Rath weder im Himmel noch auf Erden, dann wie bey dir allein. Ich hoffe gewiß, und glaube vest, du wirst mein betrübtes und von Sünden zerschlagenes Herz nicht verachten. Dann da bist ja darum vom Himmel kommen, daß du mich armen verlehrnen Sünder wollest wieder suchen und selig haben. Nun die bin ich, und komme auf deine tröstliche Rufung. Matth. 11. und trage dir ein geängstigtes Herz, voller Blutrothen Sünden, und werfe sie alle auf deinen Rücken. Nimm die Last von mir auf dich, und leichtere mein beschwertes Herz, und vergib alles, was ich wider mich gesündiget habe. Kanst du dem armen gichtbrüchigen Sünder (Sünderin) tröstlich zusprechen, so sprich mir auch tröstlich zu: Sey getrost mein Sohn, (meine Tochter,) deine Sünden sind dir vergeben. Diese tröstliche Wort erquicken mir mein Leib und Seel, Mark und Bein. Ob ich wohl ein grosser Sünder bin, so hab ich doch deine tröstliche Stimme, die zu mir sagt: In welcher Stunde der Sünder zu dir seufzet soll er selig werden. Darauf verlaße ich mich, glaube und vertraue dir, hilf nur meinem schwachen Glauben, in Kraft des Heil. Geistes, Amen.

Gebät ehe man zur Beicht gehet.

ALmächtiger GOtt, himmlischer Vatter, dieweil ich jetzt auf Erden

niß meiner Sünden, zu Stärkung meines schwachen Glaubens hingehen will zur Beicht, allda die sonderbare Absolution und Vergebung der Sünden zu empfahen; So bitte ich dich von Hertzen, gib mir deinen Geist, daß ich dieses hohe Gnaden-Werk mit rechtem Glauben und Christlichem Verstand ansehen und bedenken, und darnach nicht zweifeln, sondern vest und gewiß glauben möge, was der Diener deines Worts allda in der Beicht und Absolution nach deinem Befehl mit mir redet und handelt, daß dem allem eigentlich und gewiß also seye, und daß du selbst in der Stimme deines Dieners mich allda von meinen Sünden absolvirest und entbindest. Gib auch, daß ich mich dieser Entbindung und Absolution jetzt und allezeit trösten möge, zu gewisser Versicherung deiner Gnade und des ewigen Lebens, durch deinen lieben Sohn, unsern HErrn und Heyland Christum JEsum, Amen.

Danksagung zu GOTT, nach
empfangener Absolution.

O Du gnädiger und barmhertziger GOtt und Vater, ich sage dir von Grund meines Hertzens Lob und Dank, daß du mir armen Sünder jetzo und abermal durch deinen Diener alle meine Sünden vergeben, und wieder aufs neue das ewige Leben zugesaget und zu Gnaden angenommen hast. Ich bitte dich hertzlich, gib mir deinen Heil. Geist, und schaffe mir ein rein Hertz, daß ich vestiglich glaube, daß mir alle meine Sünden durch Christum vergeben seyen, dessen zu einem gewissen Unterpfand soll ich morgen den wahren Leib und das wahre Blut deines Sohns JEsu Christi im Brod und Wein essen und trinken, zu meiner Seligkeit. Verleihe mir auch, du getreuer GOtt, daß ich forthin besser vor Sünden hüte, denselben desto feinder werde, und mein Leben nach deinem Willen anstellen möge, daß ich frömmer werde, und mein Leben besser. Darzu wollest du mir helfen mit deinem Heil. Geist, um JEsu Christi deines lieben Sohns willen, Amen.

Vater unser, rc.

DAs geschehe alles auf meine Bitte und hertzliches Ansuchen zu meiner Seelen Seligkeit, und zu deinem ewigen Lob, Preiß und Ehren, der du bist noch so reich, mächtig, gütig, mild und barmhertzig, als du je gewesen, bist von Anbeginn, und bleibest zu ewigen Zeiten, Amen.

Gebät um guten Vorsatz.

O Allerliebster HErr JEsu Christe, ich bitte dich um deiner vollkommenen Liebe willen, durch welche du unser Heyl so getreulich gesuchet hast, gib mir eine rechte reine einfältige Meynung und Fürsatz in allem meinem Thun und Lassen, daß ich nichts anders in meinem gantzen Leben suche, gedenke oder begehre, dann das meiner armen Seelen heylsam und nützlich, deiner Göttlichen Majestät gefällig, und meinen Mit-Christen fruchtbar sey, der du lebest und regierest mit GOtt dem Vatter und Heil. Geist, ein wahrer GOtt in Ewigkeit, Amen.

Drey Gebätlein vor dem hoch-
würdigen Heil. Abendmahl.

Das erste:

HErr JEsu Christe, du Lämmlein Gottes, mein einiger Trost, Hoffnung und Leben, ich grosser Sünder komme abermahl berufen zu deinem himmlischen abendmahl, in welchem du mir deinen wahren Leib und Blut zu trinken vortragen lässest, dardurch ich mich erinnern soll deines Leydens und Sterbens, und meiner von der Höllen Erlösung. Ich bitte dich demüthiglich, du wollest mein Hertz durch deinen H. Geist anzünden mit einem hertzlichen Verlangen, Hunger und Durst, nach derselbigen Speise, und mir einen starken und vesten Glauben geben, daß ich in wahrer Erkäntnß meiner Sünden und starker zuversicht zu dir dein hochwürdig Sacrament offt und vielmahls möge gebrauchen, damit ich ohn Unterlaß meine Reise vollende, das rechte ewige himmlische Vatterland erlange, und zu dir komme, dich von Angesicht sehe, und ewiglich bey dir bleibe. Darzu hilf mir, o JEsu Christe, um deines Bluts und Todes willen, Amen.

Das andere:

So du jetzt hingehen wilt, sprich:

O HErr JEsu Christe, dieweil du dein Fleisch und Blut vor meine Sünde ans Creutz gegeben und vergossen hast, bitte ich dich von Hertzen, verleihe mir deine Gnad und Kraft, daß ich das Sacrament deines Leibs und Bluts, als meinen himmlischen Zehr-Pfenning, mit starkem Glauben zu meiner Seelen Heyl und Seligkeit würdiglich geniessen möge. daß ich des Verdienstes deines Leydens zum ewigen Leben nicht beraubet werde, Amen.

Das

Das dritte:

HErr JEsu Christe, dein heiliger Leichnam speise mich, dein theures Blut träncke mich, dein Leiden und Sterben stärcke mich. HErr JEsu Christe, erhöre mich, in deine heilige Wunden verbirge mich, laß mich nimmermehr von dir geschieden seyn. HErr JEsu Christe, vor dem bösen Feind bewahre mich, in der Stunde meines Todes begnade mich, auf daß ich dich mit allen Auserwählten lobe und preise ewiglich. Amen.

Bey Empfahung des heiligen Leibs gedencke in deinem Hertzen also:

SEy mir willkommen, du süsser HErr JEsu Christe, mit der edlen Speise deines allerheiligsten Leibs, den du mir jetzt im Brod zu essen gibst, wie du ihn für mich in den bittern Tod gegeben hast: Das lasse mir gedeyen zum ewigen Leben, Amen.

HErr JEsu Christe, dein heiliger Leib stärcke und bewahre mich im rechten Glauben zum ewigen Leben, Amen.

Bey Empfahung des heiligen Bluts, also:

SEy mir willkommen, du süsser HErr JEsu Christ, mit dem edlen Tranck deines rosenfarben Bluts, daß du mir jetzt in Wein zu trincken gibst, wie du es für mich am Creutz vergossen hast zur Vergebung der Sünden: Das lasse mir gedeyen zum ewigen Leben, Amen.

HErr JEsu Christe, dein heiliges Blut stärcke und bewahre mich im rechten Glauben zum ewigen Leben, Amen.

Hierauf bäte ferner, und gedencke diese Worte in deinem Hertzen:

O HERR, vereinige mich mit dir durch deine Zusage, und wircke in mir alle gute Wercke, und bleibe in solcher Weise mit mir, auf das ich ewiglich bleibe in dir, Amen.

Darauf:

O Du mein lieber HErr JEsu Christe, ich sage dir hertzlich Lob und Danck, daß du mich jetzo abermahl so väterlich an deinem Tisch mit deinem selbst eigenem Leib und Blut gespeiset und geträncket hast, und bitte dich von Hertzen, laß mir solches gedeyen zu sicherer Geleitung aus diesem Jammerthal in das ewige Leben, Amen.

Zwey Gebätlein nach Empfahung des hochwürdigen Abendmahls.

ACh du frommer HErr JEsu Christe, ich kan und vermag deine grosse Liebe gegen mich, die du mir jetzo hast lassen wiederfahren, weder mit Worten oder Gedancken gnugsam loben, daß du mich armen Sünder wiederum zu Gnaden angenommen, und mit deinem wahren Leib und Blut zum ewigen Leben gespeiset und getränket hast: Laß dir aber gefallen das Danck-Opfer meines Hertzens und Mundes, so viel ich jetzund in diesem armen Fleisch und Blut kan und mag, dich zu loben, bis ich gar zu dir komme, und dich vo löbliclich in alle Ewigkeit möge ehren und preisen. Gib mir indeß deinen Heiligen Geist, der mich lehre erkennen, was du an mir gethan hast, auf daß ich im Glauben, Liebe, Hoffnung und Gedult anfahe ein neues Leben zu führen, dir zu Lob und Ehren, zu Besserung meines Lebens, und zum Nutz meines Nächsten, um deines theuren Verdienstes und Erlösers willen, Amen.

HErr JEsu Christe, dir sey Lob, Ehr und Danck, daß du mich zur heilsamen Speise deines wahren Leibs und Bluts hast berufen, und mir gute Andacht darzu gegeben und verliehen, auch mich mit dir selbst an Leib und Seel gespeiset und ernähret hast. O JEsu Christe, du hast mich recht mit deinen himmlischen Gütern erfüllet. Bleibe bey mir, dann ich ergebe mich dir, ich verlasse mich auf dich, und will bey dir seyn ewiglich, Amen.

Gebät um neuen Gehorsam.

GEtster GOtt, ich verspreche in dieser Stund, nach deinem Wort, so viel du selber mir wirst Gnade geben, dir hinführo in Heiligkeit und Gerechtigkeit zu dienen. Allein, HErr, der du mir jetzo das Wollen gibst, gib mir auch das Vollbringen um JEsu Christi deines hertzliebsten Sohns, meines einigen Erlösers und Fürsprechers willen, Amen, mein GOtt und Vater, Amen.

Gebät, wann man in die Kirche gehen will.

ALlmächtiger GOtt, und himmlischer Vater, auf deinen Befehl will ich jetzund in dein Haus gehen zu hören, Trost und Erquickung für meine arme Seele zu holen. Weil dann (leider) mein Hertz, Gemüth und Verstand so blind, und gleichsam als ein Fell darüber gewachsen ist, daß ich dein seligmachendes Wort in meinem Fleisch

und Blut nicht recht hören, versteben oder behalten kan, und demnach meine arme betrübte Seele gerne Trost haben möchte, so bitte ich dich im Namen deines lieben Sohnes JEsu Christi, meines Heylandes, du wollest mir die Augen und Ohren meines Herzens durch deinen Heiligen Geist eröfnen, daß ich dein heiliges Wort mit herzlicher Andacht hören, verstehen und behalten möge, dich in der heiligen Schrift finden, sehen und erkennen, mich deiner in allen meinen Anfechtungen und Uebel bis an mein letztes Seufzen, von Herzen freuen, und wider Sünde, Tod und Teufel kräftig trösten, und also das ewige Leben und Seligkeit erlangen möge: Darzu hilf mir, du hochgelobte Dreyeinigkeit, GOTT Vater, GOtt Sohn, GOtt Heiliger Geist, von nun an bis in Ewigkeit, Amen.

Gebät, wann man in die Kirche kommen ist.

Allmächtiger GOTT, himmlischer Vater, auf deine große Güte bin ich in deinem Haus zu der Stätte, da deine Ehre wohnet, kommen, um dich daselbst anzubäten in deiner Furcht. HErr, leite mich in deiner Gerechtigkeit, richte deinen Weg vor mir her. Führe mich auf dem Steig deiner Wohnung, ich bin gerne in der Gemeine der Heiligen, die dich loben und bekennen. Wie lieblich sind deine Wohnungen, HERR Zebaoth, meine Seele verlanget und sehnet sich nach deinen Vorhöfen, kommt lasset uns anbäten und knien, und niederfallen vor dem HErrn, der uns gemacht hat; dann er ist unser GOTT, und wir das Volk seiner Weyde, und Schaafe seiner Heerde: Erhebet den HErrn unsern GOtt, bätt an zu seinem Fußschemel. Dann er ist heilig. Ich bäte zu dir zur angenemen Zeit, GOtt durch deine große Güte, erhöre mich mit deiner treu. u. Hülfe, Amen.

Gebät vor der Predigt.

Ewiger, barmherziger GOTT, himmlischer Vater, von dem alle gute und vollkommne Gaben kommen! Weil ich armer Sünder von Natur dermaßen verderbet bin, daß ich von mir selbst nichts Gutes thun, begreiffen, oder zu meiner Seelen Heyl behalten kan, darum bitte ich dich durch deinen Sohn JEsum Christum, du wollest mein Herz durch deinen Heiligen Geist erleuchten, reinigen und zubereiten, damit ich nicht allein die Predigt deines Göttlichen Worts mit leiblichen Ohren anhöre, sondern auch mit dem Herzen ergreife, behalte, auch, in reinem Gewissen bewahre, von Sünden ablasse, und mein ganzes Leben nach deinen göttlichen Ehren, zu Dienst und Frommen meines Nächsten, und zu meiner selbst zeitlichen Wohlfahrt und ewigen Seligkeit anstelle, das wollest du thun durch Christum JEsum, in Kraft des heiligen Geistes, Amen.

Gebät nach der Predigt.

Lobe den HErrn meine Seele, und was in mir ist seinen heiligen Namen: Lobe den HErrn meine Seele, und vergiß nicht, was er dir Gutes die Zeit deines Lebens gethan, und besonders mir diese Predigt über erzeigt hat. Ich danke dir, mein GOtt Vater und Sohn JESU Christe, sammt dem Heiligen Geist, von Grund meines Herzens, daß ich dein heiliges Wort mit Fleiß und Andacht angehöret, und bitte dich mit emsiger Seelen, laß solch angehörtes Wort in meinem Herzen wohl einwurzeln und Frucht bringen in Gedult, dir zu einem süssen Geruch. Laß mich deinen Heiligen Geist nicht im Hintgeben auf dem Wege mit unreinen Gedanken und unkeuschem Gesicht betrüben, und aus meinem Herzen stossen, und die liebe Freydgeister die heilige Engel, von mir treiben, sondern laß mich mein Herz, Gedanken, Gang, Augen, und alle Sinnen also anstellen, auf daß du mit deiner Gnade ewig bey mir wohnen und bleiben mögest, das wollest du mir wircken, und aus Gnaden verleihen, um Christi JESU willen, in Kraft des Heiligen Geistes, Amen.

Der kleine

Catechismus

Herrn D. Martin Luthers,

Nebst beygefügten

Fragstücken,

Für diejenige sonderlich, welche Christlichem Gebrauch nach, confirmirt werden, und hierauf zum erstenmal das heilige Abendmahl empfangen.

Der Kirchen-Diener fragt das erste Kind:

Bist du ein Christ?
JA, HErr.
Woher weist du das?
Daher, daß ich getauft bin, auf den Namen unsers HErrn JEsu Christi, und die Christliche Lehr weiß und glaube.
Welches ist dann die Christliche Lehr?
Die in den Schriften Mosis der Propheten und Aposteln verfasset und begriffen ist.
Wie viel Hauptstück hat die Christliche Lehr?
Fünf.
Das erste:
Die zehn Gebote GOttes.
Das andere:
Die Articul des Christlichen Glaubens.
Das dritte:
Das Gebät des HErrn.
Das vierte:
Das Sacrament der heiligen Tauf.
Das fünfte:
Das Abendmahl des HErrn, oder Sacrament des Leibs und Bluts unsers HErrn JEsu Christi.
Worzu dienen uns diese allesamt ins gemein?
Daß wir erkennen: Erstlich, wer wir seyn? und wie wir mit unserm HErrn GOtt stehen: Darnach, wer unser HErr GOtt sey, und wie wir mit ihm mögen versöhnet und vereiniget werden.

Das erste Hauptstück.

Von den zehn Geboten GOttes.

Wie lautet das erste Gebot?
Du solt keine andere Götter haben neben mir.
Was ist das?
Wir sollen GOtt über alle Ding fürchten, lieben, und Ihm allein vertrauen.
Das andre Gebot?
Du solt den Namen GOttes deines HErrn nicht unnüzlich führen.
Was ist das?
Wir sollen GOtt fürchten und lieben, daß wir bey seinem Namen nicht fluchen, schwören, zaubern, lügen oder trügen: sondern denselbigen in allen Nöthen anrufen, bäten, loben und dancken.
Das dritte Gebot?
Du solt den Feyertag heiligen.
Was ist das?
Wir sollen GOtt fürchten und lieben, daß wir die Predigt und sein Wort nicht verachten. Sondern dasselbige

Das erste Hauptstück.

selbige heilig halten, gern hören und lernen.

Das vierte Gebot?
Du solt deinen Vatter und deine Mutter ehren, auf daß dirs wohl gehe, und du lange lebest auf Erden.

Was ist das?
Wir sollen GOtt fürchten und lieben, daß wir unsere Eltern und Herren nicht verachten noch erzörnen: Sondern sie in Ehren halten, ihnen dienen, gehorchen, sie lieb und werth haben.

Das fünfte Gebot?
Du solt nicht tödten.

Was ist das?
Wir sollen GOtt fürchten und lieben, daß wir unserm Nächsten an seinem Leibe keinen Schaden noch Leyd thun: Sondern ihm helfen und fördern in allen Leibes-Nöthen.

Das sechste Gebot?
Du solt nicht ehebrechen.

Was ist das?
Wir sollen GOtt fürchten und lieben, daß wir keusch und züchtig leben, in Worten und Werken, und ein jeglicher sein Gemahl lieben und ehren.

Das siebende Gebot?
Du solt nicht stehlen.

Was ist das?
Wir sollen GOtt fürchten und lieben, daß wir unserm Nächsten sein Geld oder Guth nicht nehmen, noch mit falscher Waar oder Handel an uns bringen: Sondern ihm sein Guth und Nahrung helfen bessern und behüten.

Das achte Gebot?
Du solt kein falsch Zeugniß reden wider deinen Nächsten.

Was ist das?
Wir sollen GOtt fürchten und lieben, daß wir unserm Nächsten nicht fälschlich belügen, verrathen, afterreden, oder bösen Leumuth machen: Sondern sollen ihn entschuldigen, gutes von ihm reden, und alles zum Besten kehren.

Das neunte Gebot?
Du solt nicht begehren deines Nächsten Haus.

Was ist das?
Wir sollen GOtt fürchten und lieben, daß wir unserm Nächsten nicht mit List nach seinem Erbe oder Hause stehen, noch mit einem Schein des Rechten an uns bringen: Sondern ihm dasselbe zu behalten, förderlich und dienstlich seyn.

Das zehende Gebot?
Du solt nicht begehren deines Nächsten Weib, Knecht, Magd, Vieh, oder alles was sein ist.

Was ist das?
Wir sollen GOtt fürchten und lieben, daß wir unserm Nächsten nicht sein Weib, Gesind oder Vieh abspannen, abdringen, oder abwendig machen: Sondern bey demselben anhalten, daß sie bleiben und thun was sie schuldig seyn.

Was sagt nun GOtt von diesen Geboten allen?
Er sagt also: Ich der HErr dein GOtt, bin ein starker eifriger GOtt, der über die, so mich hassen, die Sünde der Vätter heimsuchet, an den Kindern, bis ins dritte und vierdte Glied, aber denen, so mich lieben, und meine Gebote halten, thue ich wohl in das tausende Glied.

Was ist das?
GOtt dräuet zu strafen alle, die diese Gebote übertretten. Darum sollen wir uns fürchten für seinem Zorn, und nicht wider solche Gebote thun. Er verheisset aber Gnade und alles Gutes allen denen, die solche Gebote halten: Darum sollen wir ihn auch lieben, und vertrauen, und gerne thun nach seinen Geboten.

Worzu sind uns die zehn Gebote GOttes nutz?
Zu zweyerley: Erstlich zeigen sie die Sünden an, und offenbaren GOttes Zorn über die Sünde, dadurch wir verursacht werden, Vergebung der Sünden, und Trost wider GOttes Zorn und den ewigen Tod, bey unserm HErrn und Heyland JEsu Christo zu suchen.

Zum andern lehren sie, welches die gute Wercke seynd, so die Gläubige und Neugebohrne zu thun schuldig seynd, ihren Gehorsam und Dankbarkeit gegen den gnädigen Vatter im Himmel damit zu beweisen.

Können wir dann auch mit unsern guten Wercken GOttes Gebote und Gesetz erfüllen?
Ach nein: Dann unsere gute Werke sind nicht vollkommen gut, dieweil wir arme Sünder sind, und wann wir schon wollen Gutes thun, so liegt uns doch das Böse an. Zum Röm. am 7.

Wer hat dann des Gesetz und die zehen Gebote GOttes erfüllet?
Christus JEsus, GOttes und Marien Sohn der ist gantz heilig und gerecht, der hat für uns dem Gesetz genug gethan, anders nicht, als ob wir selbst das Gesetz gehalten hätten: Und an desselbigen willen gefallen GOtt auch unsere gute Wercke, die wir durch GOttes Gnade im Glauben thun, ihm zu seinem Lob und Ehren, und unserm Nächsten zu Dienst, ob schon Mangel an denselben ist.

Das

Das ander Hauptstück.
Von den Artickeln des Christlichen Glaubens.

Welches sind die Artickel des Christlichen Glaubens?

Diß sind sie:

Der Erste: Von der Schöpfung.
Der Ander: Von der Erlösung.
Der Dritte: Von der Heiligung.

Wovon handelt der erste Artickel?

Von der Schöpfung.

Ich glaube an GOtt den Vater, Allmächtigen Schöpfer Himmels und der Erden.

Was ist das?

Ich glaube, daß mich GOtt geschaffen hat, samt allen Creaturen, mir Leib und Seel, Augen, Ohren und alle Glieder, Vernunft und alle Sinne gegeben hat und noch erhält, darzu Kleider und Schuh, Essen und Trinken, Haus und Hof, Weib und Kind, Acker Vieh und alle Güter mit aller Nothdurft und Nahrung des Leibes und Lebens reichlich und täglich versorget, wider alle Gefährlichkeit beschützet und beschirmet, und vor allem Uebel behütet und bewahret und das aus lauter väterlicher Göttlicher Güte und Barmherzigkeit, ohn all mein Verdienst und Würdigkeit, deß alles ich ihm zu danken und zu loben, und dafür zu dienen, und gehorsam zu seyn, schuldig bin. Das ist gewißlich wahr.

Wovon handelt der ander Artickel?

Von der Erlösung.

Und an JEsum Christum, seinen eingebohrnen Sohn, unsern HErrn, der empfangen ist von dem H. Geist. Gebohren aus Maria der Jungfrau. Gelitten unter Pontio Pilato. Gecreutziget, gestorben und begraben Niedergefahren zu der Höllen. Am dritten Tag auferstanden von den Todten. Aufgefahren gen Himmel. Sitzet zu der Rechten GOttes des allmächtigen Vaters Von dannen Er kommen wird zu richten die Lebendigen und die Todten.

Was ist das?

Ich glaube, daß JEsus Christus wahrhaftiger GOtt vom Vater in Ewigkeit gebohren und auch wahrhaftiger Mensch von der Jungfrau Maria gebohren sey mein HErr, der mich armen, verlohren und verdammten Menschen erlöset hat, erworben und gewonnen von allen Sünden, vom Tod und von der Gewalt des Teufels, nicht mit Gold oder Silber, sondern mit seinem heiligen theuren Blut und mit seinem unschuldigen Leiden und Sterben, auf daß ich sein eigen sey, und in seinem Reich unter ihm lebe, und ihm diene, in ewiger Gerechtigkeit, Unschuld und Seligkeit, gleich wie er ist auferstanden von dem Tode, lebet und regieret in Ewigkeit. Das ist gewißlich wahr.

Wovon handelt der dritte Artickel?

Von der Heiligung.

Ich glaube an den Heil. Geist. Eine heilige Christliche Kirche. Die Gemeinschaft der Heiligen. Vergebung der Sünden. Auferstehung des Fleisches und ein ewiges Leben, Amen.

Was ist das?

Ich glaube, daß ich nicht aus einer Vernunft noch Kraft, an JEsum Christum meinen HERRN glauben oder zu ihm kommen kan, sondern der Heil. Geist hat mich durch das Evangelium berufen, mit seinen Gaben erleuchtet im rechten Glauben geheiliget und erhalten, gleich wie Er die ganze Christenheit auf Erden beruft, sammlet, erleuchtet, heiliget und bey JEsu Christo erhält, im rechten einigen Glauben in welcher Christenheit er mir und allen Gläubigen täglich alle Sünde reichlich vergibt, und am jüngsten Tag mich und alle Todten auferwecken wird, und mir samt allen Gläubigen in Christo JEsu ein ewiges Leben geben wird. Das ist gewißlich wahr.

Wozu dienen uns die Artickel des Christlichen Glaubens?

Daß wir unsern GOtt daraus erkennen lernen, wer Er sey in seinem Wesen, und was sein gnädiger Wille gegen uns sey?

Wer ist nun GOtt in seinem Wesen?

Es ist GOtt der Vater, GOtt der Sohn, und GOTT der Heilige Geist, drey unterschiedliche Personen, in einem einigen, ewigen unzertreulichen Wesen.

Sind dann drey Götter?

Nein: Es ist nur ein einiger GOtt, welcher sich in dreyen unterschiedlichen Personen geoffenbahret hat.

Was ist der gnädige Wille GOttes?

Daß Er uns will unsere Sünde vergeben, und mittheilen das ewige selige Leben.

Worzu nutzt uns die Erkänntniß göttlichen Wesens und Willens?

Daß wir daraus einen rechten Glauben

den sser kommen, und durch den Glauben selig werden.

Welche unter den dreyen Personen ist Mensch worden?

Die andere Person, als nemlich der Sohn GOttes.

Wer ist nun Christus unser Erlöser in seiner Person?

Er ist wahrhaftiger GOtt, vom Vater in Ewigkeit gebohren, und auch wahrhaftiger Mensch von der Jungfrau Maria gebohren; Mein HErr.

Oder kürzer:
Er ist wahrhaftiger GOtt und Mensch. Oder: GOttes und Mariens Sohn.

Welches ist dann die gröste Wohlthat dieses deines Erlösers JEsu Christi?

Er hat mich armen, verlohrnen und verdammten Menschen erlöset, erworben und gewonnen von allen Sünden, vom Tod, und von der Gewalt des Teufels.

Warum hat er dich erlöset?

Auf daß ich sein eigen sey, und in seinem Reich unter ihm lebe, und ihm diene in ewiger Gerechtigkeit, Unschuld und Seligkeit.

Glaubest du auch, daß Christus, dein HERR, bey seiner lieber Kirchen alle hier auf Erden, und auch bey dir sey?

Ja mein lieber HErr Christus, wahrer GOtt und Mensch, ein HErr über alles ist nach seiner Verheissung bey mir und allen seinen Gläubigen, der ist mein HErr und König, welcher wie er mich erlöset hat, also schützet und schirmet er mich auch, und will mich endlich in sein herrliches Reich nach diesem Leben aufnehmen.

Wodurch wirst du vor GOtt gerecht und selig?

Durch kein ander Werk, als durch den ganzen allerheiligsten Gehorsam meines HErrn und Erlösers JESU Christi, und durch sein allerbitterstes Leyden und Sterben, das halt ich mit vestem Glauben, und darauf stehet all meines Herzens Vertrauen und Zuversicht.

Woher kommt dann die Bekehrung zu GOtt, und der Glaube an JEsum Christum?

Es ist eine Gabe des Heil. Geistes, der würket und gibt mir die durch sein heiliges Wort und Evangelium, und die heiligen Sacramenten.

Das dritte Hauptstück.
Von Gebät des HERRN.

Wie lautet das Gebät des HErrn?
Es lautet also:

VAter unser, der du bist in dem Himmel.

Was ist das?
GOtt will uns damit locken, daß wir glauben sollen, Er sey unser rechter Vater, und wir seine rechte Kinder, auf daß wir getrost und mit aller Zuversicht ihn bitten sollen, wie die liebe Kinder ihren lieben Vater.

Die erste Bitt.
Geheiliget werde dein Name.
Was ist das?
Gottes Name ist zwar an ihm selbst heilig: Aber wir bitten in diesem Gebät, daß er auch bey uns geheiliget werde.

Wie geschicht das?
Wo das Wort GOttes lauter und rein gelehret wird, und wir auch heilig, als die Kinder GOttes, darnach leben: Das hilf uns, lieber Vater im Himmel. Wer aber anders lehret und lebet, dann das Wort Gottes lehret, der entheiliget unter uns den Namen GOTTES, da behüt uns vor, lieber himmlischer Vater.

Die ander Bitt.
Dein Reich komme.
Was ist das?
Gottes Reich kommt wohl ohn unser Gebät, von ihm selbst: Aber wir bitten in diesem Gebät, daß es auch zu uns komme.

Wie geschicht das?
Wann der himmlische Vater uns seinen Heiligen Geist gibt, daß wir seinem heiligen Wort, durch seine Gnade glauben, und göttlich leben, hier zeitlich, und dort ewiglich.

Die dritte Bitt.
Dein Will geschehe wie im Himmel also auch auf Erden.
Was ist das?
GOttes guter gnädiger wille geschicht wohl ohn unser Gebät, aber wir bitten in diesem Gebät, daß er auch bey uns geschehe.

Wie geschicht das?
Wann GOtt allen bösen Rath und Willen bricht, und hindert, so uns den Namen GOttes nicht heiligen, und sein Reich nicht kommen lassen wollen, als da ist, des Teuffels, der Welt, und unsers Fleisches Wille, sondern stärket und behält uns vest in seinem Wort und Glauben, bis an unser Ende. Das ist sein gnädiger guter Wille.

Die

Die vierte Bitt.
Unser täglich Brod gib uns heute.
Was ist das?
GOtt gibt das tägliche Brod auch wohl ohn unser Bitte, allen bösen Menschen: Aber wir bitten in diesem Gebät, daß er uns solches erkennen lasse, und wir mit Dancksagung empfahen unser täglich Brod.

Was heißt dann täglich Brod?
Alles, was zur Leibes Nahrung und Nothdurft gehöret: Als Essen, Trincken, Kleider, Schuh, Haus, Hof, Acker, Vieh, Geld, Guth, fromm Gemahl, fromme Kinder, fromm Gesinde, fromme und getreue Oberherren, gut Regiment, gut Wetter, Friede, Gesundheit, Zucht, Ehr, gute Freunde, getreue Nachbarn, und dergleichen.

Die fünfte Bitt.
Und vergib uns unsere Schuld, als auch wir vergeben unsern Schuldigern.
Was ist das?
Wir bitten in diesem Gebät, daß der Vater im Himmel nicht ansehen wolle unsere Sünde, und um derselben willen solche Bitte nicht versagen, dann wir sind der keines werth, das wir bitten, habens auch nicht verdienet: Sondern er wolle uns alles aus Gnaden geben, dann wir täglich viel sündigen, und wohl eitel Strafe verdienen. So wollen wir zwar wiederum auch herzlich vergeben, und gerne wohl thun denen, die sich an uns versündigen.

Die sechste Bitt.
Und führe uns nicht in Versuchung.
Was ist das?
GOtt versucht zwar niemand, aber wir bitten in diesem Gebät, daß uns GOtt wolle behüten und erhalten, auf daß uns der Teufel, die Welt, und unser eigen Fleisch nicht betrüge, noch verführe in Mißglauben, Verzweiflung und andere grosse Schand und Laster. Und ob wir damit angefochten würden, daß wir doch endlich gewinnen und den Sieg erhalten.

Die siebende Bitt.
Sondern erlöse uns vom Uebel.
Was ist das?
Wir bitten in diesem Gebät, als in einer Summa, daß uns der Vater im Himmel von allerley Uebel, Leibs und der Seelen, Guts und Ehre, erlöse, und zuletzt, wann unser Stündlein kommt, ein seliges Ende beschere, und mit Gnaden von diesem Jammerthal zu sich nehme in den Himmel, Amen.

Was heißt Amen?
Daß ich soll gewiß seyn solche Bitte seye dem Vatter im Himmel angenehm und erhöret, dann er selbst hat uns geboten also zu beten, und verheissen, daß er uns wolle erhören, Amen, Amen, das heißt, Ja, Ja, es soll also geschehen.

Wozu dienet uns das Gebät des HErrn?
Daß wir erkennen alles, was zur Aufenthaltung dieses zeitlichen und Erlangung des ewigen Lebens gehöret, könne man nirgends anders woher haben, dann von GOtt und es derhalten von ihm mit glaubigem Herzen bitten und erlangen.

Das vierdte Hauptstück.
Vom Sacrament der Heiligen Tauf.

Was sind die Heilige Sacramenta?
Es sind Göttliche Handlungen, darinnen uns GOtt mit sichtbaren Zeichen (oder in seinem Wort verfaßten Elementen) die unsichtbare verheissene Gnaden-Güter versiegelt und übergibt.

Worzu sind die Sacramenta eingesetzt?
Zur Bestätigung unsers Glaubens an die Göttliche Verheissungen.

Wie viel sind Sacramenta im Neuen Testament?
Zwey: Die Tauf und das Abendmahl des HErrn.

Zum Ersten:
Was ist die Taufe?
Die Tauf ist eine Göttliche Handlung, in welcher uns GOtt durchs Wasserbad und Wort, unsere Sünde gnädiglich um JEsu Christi willen vergibt, nimmt uns an zu seinen Kindern, und macht uns zu Erben aller seiner himmlischen Güter.

oder:
Die Tauf ist nicht allein schlecht Wasser, sondern sie ist das Wasser, in GOttes Gebott verfasset, und mit GOttes Wort verbunden.

Welches ist dann solch Wort GOttes?
Da unser HErr Christus spricht, Matthäi am letzten:
Gehet hin in alle Welt, und lehret alle Völker, und taufet sie in Namen des Vaters, und des Sohns, und des heiligen Geistes.

Zum Andern:
Was gibt oder nützt die Tauf?
Sie würket Vergebung der Sün-

ten, erlöset vom Tod und Teufel, und gibt die ewige Seligkeit, allen die es glauben, wie die Wort und Verheissung Gottes lauten.

Welches sind dann solche Wort und Verheissung GOttes?

Da unser HErr Christus spricht, Marci am letzten.

WEr da glaubet und getauft wird, der wird selig: Wer aber nicht glaubet, der wird verdammt.

Zum Dritten:

Wie kan Wasser solche grosse Dinge thun?

Wasser thuts freylich nicht sondern das Wort Gottes, so mit und bey dem Wasser ist, und der Glaube so solchem Wort Gottes im Wasser trauet Dann ohne Gottes Wort ist das Wasser schlecht Wasser, und keine Tauf, aber mit dem Wort Gottes ist es eine Tauf, das ist, ein gnadenreich Wasser des Lebens und ein Bad der neuen Geburt im Heil. Geist, wie Sanct Paulus sagt zum Tito am dritten Capitel:

Durch das Bad der Wiedergeburt und Erneuerung des Heilgen Geistes, welchen er ausgegossen hat über uns reichlich, durch JEsum Christum unsern Heyland, auf daß wir durch desselben Gnade gerecht und Erben seyen des ewigen Lebens, nach der Hofnung. Das ist gewißlich wahr.

Zum Vierten:

Was bedeut dann solch Wasser-Tauffen?

Es bedeut, daß der alte Adam in uns durch tägliche Reu und Busse soll ersäuft werden, und sterben mit allen Sünden und bösen Lüsten, und wiederum täglich heraus kommen und auferstehen ein neuer Mensch der in Gerechtigkeit und Reinigkeit für GOtt ewiglich lebe.

Wo stehet das geschrieben?

St. Paulus zum Römern am sechsten spricht: Wir sind samt Christo durch die Tauf begraben in den Tod, daß gleich wie Christus ist von den Todten auferwecket, durch die Herrlichkeit des Vaters, also sollen wir auch in einem neuen Leben wandeln.

Wozu nützt uns die Tauf?

Daß wir damit versichert werden, GOtt habe uns zu seinen Kindern angenommen, und wolle sich in allen Dingen als ein gnädiger Vater gegen uns erzeigen.

Warum sprichst du in der Auslegung des Catechismi: Die Tauf würket Vergebung der Sünden, erlöset vom Tod und Teufel, und giebt die ewige Seligkeit, so doch allein der HErr Christus solches gethan hat?

Der HErr Christus hat uns dieses alles erworben in seinem Leyden und Sterben, aber mit der heiligen Tauf hat er es uns geschencket und zugeeignet.

Das fünfte Hauptstück.

Vom Abendmahl des HERRN,

Oder:

Vom Sacrament des Altars.

Was ist das Abendmahl des HErrn?

Das Abendmahl des HErrn ist ein Sacrament oder Göttliche Handlung, da der HErr Christus selbst gegenwärtig ist, und übergibt uns mit Brod und Wein seinen wahren Leib und Blut, zur gewissen Versicherung, daß wir Vergebung der Sünden haben, und mit ihm in Ewigkeit leben sollen.

Was ist das Sacrament des Altars?

Es ist der wahre Leib und Blut unsers HErrn JEsu Christi, unter dem Brod und Wein, uns Christen zu essen und zu trinken, von Christo selbst eingesetzt.

Wo stehet das geschrieben?

So schreiben die heiligen Evangelisten und Aposteln, Matthäus, Marcus, Lucas und Sanct Paulus:

Unser HErr JEsus Christus, in der Nacht, da er verrathen ward, nahm er das Brod, dancket, und brachs, und gabs seinen Jüngern, und sprach: Nehmet hin und esset, das ist mein Leib, der für euch gegeben wird. Solches thut zu meinem Gedächtniß.

Desselbigen gleichen nahm Er auch den Kelch nach dem Abendmahl, dancket, und gab ihnen den, und sprach: Nehmet hin, und trincket alle daraus, dieser Kelch ist das Neue Testament in meinem Blut, das für euch und für viel vergossen wird, zur Vergebung der Sünden: Solches thut, so oft ihrs trincket, zu meinem Gedächtniß.

Was nützet dann solch Essen und Trincken?

Das zeigen uns diese Worte an, (Für euch gegeben und vergossen, zur Vergebung der Sünden) Nemlich, daß uns im Sacrament, Vergebung
der

Das fünfte Hauptstück.

der Sünden, Leben und Seligkeit. Dann, wo Vergebung der Sünden ist, da ist auch Leben und Seligkeit.

Wie kan leiblich Essen und Trinken solche grosse Dinge thun?

Essen und Trinken thuts freylich nicht, sondern die Wort, so da stehen: (Für euch gegeben und vergossen, zur Vergebung der Sünden.) Welche Wort sind neben dem leiblichen Essen und Trinken, als das Hauptstük im Sacrament und wer denselben Worten glaubet der hat was sie sagen und wie sie lauten, nemlich: Vergebung der Sünden.

Wer empfähet dann solch Sacrament würdiglich?

Fasten und leiblich sich bereiten, ist wohl eine feine äußerliche Zucht; Aber der ist recht würdig und wohl geschickt, der den Glauben hat an diese Wort: (Für euch gegeben und vergossen, zur Vergebung der Sünden.) Wer aber diesen Worten nicht glaubet oder daran zweifelt, der ist unwürdig und ungeschickt, dann das Wort (Für euch) erfordert eitel gläubige Herzen.

Worzu ist uns das Abendmahl des Herrn nütze?

Wir werden damit versichert, daß, ob wir gleich unsern Vater im Himmel erzörnet haben, will er uns doch solches verzeihen, und unser gnädiger Vater seyn und bleiben. Und ist also die Tauf eine gewisse Versicherung, daß uns GOtt zu Kindern angenommen hat: Das Abendmahl aber, daß er uns unsers Ungehorsams nicht will entgelten lassen.

Was empfängst du im heiligen Abendmahl?

Den wahren Leib und Blut meines Herrn JEsu Christi, unter dem Brod und Wein.

Warum gehst du zum Tisch des Herrn?

Daß ich meinem Glauben an den Herrn Christum, durch die Niessung seines Leibs und Bluts stärke, und meine arme Seele tröste.

Glaubest du und bekennest dieses alles von Herzen was du von der Christlichen Lehr jezunder gesagt hast?

Ja, Herr.

Wilt du dich dann auch in der Gehorsam der Christlichen Kirchen ergeben, und nachdem du glaubest und bekennest, hinfürter thun und leben, und was du allhier verheissest und zusagest, thun und halten?

Ja, Herr durch die Gnad und Hülfe unsers Herrn JEsu Christi.

Von der Beicht.

Was ist die Beicht?

Die Beicht begreifet zwey Stück in sich: Eins, daß man die Sünde bekenne: Das ander, daß man die Absolution oder Vergebung vom Beichtiger empfahe, als von GOtt selbst, und ja nicht daran zweifele, sondern vest glaube, die Sünden, seyen dadurch vergeben für GOtt im Himmel.

Welche Sünde soll man dann beichten?

Für GOtt soll man sich aller Sünden schuldig geben, auch die wir nicht erkennen, wie wir im Vater Unser thun. Aber für dem Beichtiger sollen wir allein die Sünde bekennen, die wir wissen und fühlen im Herzen.

Welches sind die?

Da siehe deinen Stand an, nach den zehen Gebotten: Ob du Vater, Mutter, Sohn, Tochter, Herr, Frau, Knecht oder Magd seyest? Ob du ungehorsam, untreu, unfleißig, zornig, unzüchtig, hässig gewesen seyst? Ob du jemand leyd gethan mit Worten oder Werken? Ob du gestohlen, versäumet, verwahrloset oder sonsten Schaden gethan habest?

Ein Mensch, wann er beichten will, soll zum Beichtiger sagen:

Würdiger lieber Herr, ich bitte Euch, Ihr wollet meine Beicht hören, und mir die Vergebung meiner Sünden sprechen um Gottes willen.

Wann dann der Beichtiger Ja gesagt hat, so sagt er weiter also:

Jch armer Sünder erkenne in meinem Herzen, und bekennen in meinem Munde, daß ich nicht allein in Sünden empfangen und gebohren, sondern auch mit allerhand würcklichen Sünden, bösen Gedanken, Worten und Werken, GOtt meinen Herrn gröblich erzörnet, und hiermit zeitlicher und ewiger Straf schuldig worden bin,

Solches nun ist mir von Grund meines Herzens leyd, habe aber Zuflucht zu seiner Gnade und Barmherzigkeit, und bitte ihn demüthiglich, daß er um des Todes JEsu Christi, seines lieben Sohns, und meines Erlösers willen, mir meine Sünde verzeihen wolle, Damit ich aber der Vergebung derselben desto gewisser sey auch das hochwürdige Abendmahl des Herrn, morgen, geliebt es GOtt desto freudiger empfangen möge; So bitte ich Euer Ehr-

Ehrwürden, Ihr wollet mir, vermög Eures Amtes, aus Gottes Wort mit Trost zusprechen, und die seelige Absolution meiner Sünden, an Christi Statt wiederfahren lassen. Ja, will ins künftige durch die Gnade GOttes, und Beystand des Heil. Geistes mein Leben bessern und frömmer werden.

Eine kurze Beicht vor die Einfältigen.

Würdiger lieber Herr, ich bekenne GOtt und Euch, daß ich ein armer Sünder bin. Dann ich habe gesündiget wider GOtt und meinen Nächsten. Bin auch sonsten in allen Geboten Gottes sträflich. Das ist mir nun von Herzen leyd. Aber ich bitte um Gnade, ich will mich bessern, und mit der Hülffe GOttes frömmer werden.

Besondere Fragstücke,
Gestellet durch
D. Martin Luthern,
Vor die, so zum H. Abendmahl gehen wollen, mit ihren Antworten.

Glaubest du, daß du ein Sünder bist?
Ja, ich glaube es, ich bin ein Sünder.
Wie weißt du das?
Aus den zehen Geboten, die hab ich nicht gehalten.
Sind dir deine Sünden auch leyd?
Ja, es ist mir leid, daß ich wider GOtt gesündiget habe.
Was hast du mit deinen Sünden bey GOtt verdienet?
Seinen Zorn und Ungnade, zeitlichen Tod und ewige Verdammniß. Röm. 6.
Hoffest du auch selig zu werden?
Ja, ich hoffe es.
Weß tröstest du dich dann?
Meines lieben HErrn Christi.
Wer ist Christus?
GOttes Sohn, wahrer GOtt und Mensch.
Wie viel sind Götter?
Nur einer, aber drey Personen, Vater, Sohn und Heiliger Geist.
Was hat dann Christus für dich gethan, daß du dich sein tröstest?
Er ist für mich gestorben, und hat sein Blut am Creuz für mich vergossen, zur Vergebung der Sünden.

Ist der Vater auch für dich gestorben?
Nein: Dann der Vater ist nur GOtt, der Heilige Geist auch: Aber der Sohn ist wahrer GOtt und wahrer Mensch für mich gestorben, und hat sein Blut für mich vergossen.
Wie weißt du das
Aus dem heiligen Evangelio, und aus den Worten vom Sacrament, und bey seinem Leib und Blut im Sacrament, mir zum Pfande gegeben.
Wie lauten die Wort?
UNser HErr JEsus Christus, in der Nacht, da Er verrathen ward, nahm Er das Brod, dankt, und brachs, und gabs seinen Jüngern, und sprach: Nehmet hin und esset, das ist mein Leib, der für euch gegeben wird: Solches thut zu meinem Gedächtniß.
Desselbigen gleichen nahm Er auch den Kelch nach dem Abendmahl, danket, und gab ihnen den, und sprach: Nehmet hin, und trinket alle daraus, dieser Kelch ist das Neue Testament, in meinem Blut, das für euch und für viele vergossen wird, zur Vergebung der Sünden: Solches thut, so oft ihrs trinket, zu meinem Gedächtniß.
So glaubest du, daß im Sacrament der wahre Leib und das wahre Blut Christi sey?
Ja, ich glaube es.
Was bewegt dich, das zu glauben?
Die Worte Christi: Nehmet hin, esset das ist mein Leib: Trinket alle daraus, das ist mein Blut.
Was sollen wir thun, wann wir seinen Leib essen, und sein Blut trinken, und das Pfand also nehmen?
Wir sollen seinen Tod und Blutvergiessen verkündigen, und gedenken wie er uns gelehret hat: Solches thut, so oft ihrs thut, zu meinem Gedächtniß.
Warum sollen wir seines Tods gedenken, und denselben verkündigen?
Daß wir lernen glauben, daß keine Creatur hat können genug thun für unsere Sünde, dann Christus, wahrer GOtt und Mensch: Und daß wir lernen erschrecken ob unsern Sünden, und dieselbige lernen groß achten, und uns seiner allein freuen und trösten, und also durch denselbigen Glauben selig werden.
Was hat ihn dann bewegt, für deine Sünde zu sterben, und dafür gnug zu thun?
Die grosse Liebe zu seinem Vater, zu mir und andern Sündern, wie geschrieben stehet, Joh. 14. Röm. 5. Gal. 2. Eph. 5. Cap.

/ Warum

Die Haus=Tafel.

[d]arum wilt du zum Sacrament
gehen?
Auf daß ich lerne glauben, daß Chri-
[stu]s um meiner Sünde willen aus
[la]uter Liebe gestorben sey, wie gesagt.
[Un]d darnach auch von ihm lerne GOtt
[un]d meinen Nächsten zu lieben.

[W]as soll einen Christen vermahnen
und reizen, das Sacrament des
Altars oft zu empfahen?
Von Gottes wegen soll ihn beyde
[de]s HErrn Christi Gebot und Ver-
[he]issung, darnach auch seine eigene
[N]oth, so ihm auf dem Halse liegt,
[tr]eiben, um welcher willen solch Ge-
[bo]ten, Locken und Verheissung ge-
[sch]icht.

[W]ie soll ihm aber ein Mensch thun,
wo er solche Noth nicht fühlen kan,
oder keinen Hunger noch Durst
zum Sacrament empfindet?
Dem kan nicht besser gerathen wer-
[de]n, dann daß er erstlich in seinen
[Bu]sen greiffe und fühle, ob er auch
[F]leisch und Blut habe, und glaube
[au]ch der Schrifft, was sie davon sagt,
Gal. 5. Röm. 7.

Zum andern, daß er um sich sehe,
[ob] er auch noch in der Welt sey, und
[de]nke, daß es an Sünden und Noth
[ni]cht fehlen werde, wie die Schrifft
[s]agt Joh. 15. und 16. 1 Joh. 2. und 5.
Zum dritten, so wird er auch den
[T]eufel um sich haben, der ihm mit
[L]ügen und Mörden Tag und Nacht
[k]einen Frieden innerlich und äusser-
[li]ch lassen wird, wie ihn die Schrifft
[ne]nnet, Joh. 8. und 16. 1 Petr. 5.
[E]ph. 6. 2. Tim. 2.

Die Haus=Tafel.

**Den Bischöffen, Pfarrherren
und Predigern.**

EIn Bischof soll unsträflich seyn,
eines Weibes Mann nüchtern, sit-
[t]ig, mäßig, gastfrey, lehrhaftig, als
[e]in Haushalter Gottes, nicht ein
[W]einsäufer, nicht hässig nicht un-
[e]hrliche Handthierung treiben, sondern
[ge]linde, nicht baderhaftig, nicht gei-
[tz]ig, der seinem eigenen Hause wohl
[v]orstehe, der gehorsame Kinder habe,
mit aller Ehrbarkeit, nicht ein Neu-
[l]ing, der ob dem Wort halte, das gewiß ist, und lehren kan, auf daß er
mächtig sey zu ermahnen, durch die
[h]eylsame Lehre, und zu straffen die
Widersprecher, 1 Tim. 3, 2. Tit. 1, 6.

**Was die Zuhörer ihren Leh-
rern zu thun schuldig sind.**

Esset und trinket was sie haben,
dann ein Arbeiter ist seines Lohns
werth, Luc. 10, 7.

Der HErr hat befohlen, daß die, so
das Evangelium verkündigen, sollen
sich vom Evangelio nähren, 1 Cor. 9, 14.

Der unterrichtet wird mit dem
Wort, der theile mit allerley Gutes
dem, der ihn unterrichtet, Irret euch
nicht, GOtt läßt sich nicht spotten,
Gal. 6. v. 6. 7.

Die Aeltesten, die wohl fürstehen,
die halte man zwiefacher Ehren werth,
sonderlich die da arbeiten im Wort,
und in der Lehre. Dann es spricht die
Schrifft: Du sollt dem Ochsen, der
da drischet, das Maul nicht verbinden, 1 Tim. 5. v. 17. 18. aus dem
5. B. Mos. am 25 v. 4.

Gehorchet euren Lehrern, und folget
ihnen, dann sie wachen über eure Seelen, als die da Rechenschaft dafür geben sollen, auf daß sie es mit Freuden thun, und nicht mit Seufzen, dann
das ist euch nicht gut, Hebr. 13, 17.

Von weltlicher Obrigkeit.

JEdermann sey unterthan der Obrigkeit die Gewalt über ihn hat. Dann
es ist keine Obrigkeit ohne von GOtt.
Wo aber Obrigkeit ist, die ist von
GOtt geordnet. Wer sich nun wider
die Obrigkeit setzet, der widerstrebet
Gottes Ordnung: Die aber widerstreben, werden über sich ein Urtheil empfahen. Dann sie trägt das Schwerdt
nicht umsonst, sie ist Gottes Dienerin
eine Rächerin zur Straf über den, der
Böses thut, Röm. 13. v. 1. 2. 3.

Von den Unterthanen.

GEbet dem Käyser, was des Käy-
sers ist, und GOtt, was Gottes
ist, Matth. 22. v. 21.

So seyd nun aus Noth unterthan,
nicht allein um der Strafe willen,
sondern auch um des Gewissens willen. Derhalben müsset, ihr auch Schoß
geben, dann sie sind Gottes Diener
die solchen Schutz sollen handhaben.
So gebet nun jedermann, was ihr schuldig seyd: Schoß, dem Schoß gebühret, Zoll, dem der Zoll gebühret,
Furcht dem die Furcht gebühret, Ehre,
dem die Ehre gebühret, Röm. 13.
v. 5. 6. 7.

So ermahne ich nun, daß man für
allen Dingen zuerst thue Bitte, Gebät, Fürbitte und Danksagung für
alle Menschen, für die Könige, und
für alle Obrigkeit, auf daß wir ein
geruhlich und stilles Leben führen mögen, in aller Gottseligkeit und Erbarkeit dann solches ist gut, dann auch
angenehm für GOtt unserm Heyland,
1 Tim. v. 1. 2. 3.

Seyd unterthan aller menschlichen
Ordnung, um des HErrn willen, es
sey

Die Hauß-Tafel.

seyd dem Könige, als dem Obersten. Oder den Hauptleuten, als den Gesandten von ihm, zur Rache über die Uebelthäter, und zu Lobe den Frommen, 1 Petr. 2. v. 13. 14.

Den Ehe-Männern.

Ihr Männer, wohnet bey euren Weibern mit Vernunfft, und gebet dem weiblichen, als dem schwächesten Werckzeug, seine Ehre, als Miterben der Gnade des Lebens, auf daß euer Gebet nicht verhindert werde sey, Petr. 3. v. 7. Und seyd nicht bitter gegen sie, Col. 1. v. 19.

Den Ehe-Frauen.

Die Weiber seyen unterthan ihren Männer, als dem HErrn, wie Sara Abraham gehorsam war, und hies ihn Herr, welcher Töchter ihr worden seyd, so ihr wohl thut, und nicht so schüchtern seyd, 1 Petr. 3, 6.

Den Eltern.

Ihr Väter, reizet eure Kinder nicht zum Zorn, daß sie nicht scheu werden, sondern ziehet sie auf in der Zucht und Vermahnung zum HErrn, Ephes. 6, 4.

Den Kindern.

Ihr Kinder seyd gehorsam euren Eltern in dem HErrn, dann das ist billig: Ehre Vater und Mutter das ist das erste Gebott, das Verheissung hat: Auf daß dirs wohl gehe, und du lange lebest auf Erden, Ephes. 6. v. 1. 2. 3.

Den Knechten, Mägden, Taglöhnern und Arbeitern.

Ihr Knechte, seyd gehorsam euren leiblichen Herren mit Furcht und Zittern, in Einfältigkeit eures Hertzens, als Christo. Nicht mit Dienst allein für Augen, als den Menschen zu gefallen, sondern als die Knechte Christi. Daß ihr solchen Willen GOttes thut von Hertzen, mit gutem Willen. Lasset euch drücken daß ihr dem Herrn dienet, und nicht den Menschen Und wisset was ein jeglicher Guts thun wird, das wird er von dem HErrn empfahen, er sey Knecht oder Freyer. Ephes. 6. v. 5. 7. 8.

Den Hauß-Herren und Hauß-Frauen.

Ihr Herren thut auch dasselbige gegen ihnen, und lasset das Dräuen, und wisset, daß euch euer HErr im Himmel ist, und ist bey ihm kein Ansehen der Person, Epheser. 6. v. 9.

Den Alten.

Du aber rede, wie es sich geziemet, nach der heylsamen Lehre Den Alten, daß sie nüchtern seyn, erbar, züchtig, gesund im Glauben, in der Liebe, in der Gedult.

Den alten Weibern desselbigen gleichen, daß sie sich stellen wie den Heiligen geziemet, nicht Lästerin seyen, nicht Wein säufferin, gute Lehrerin. Daß sie die junge Weiber lehren züchtig seyn, ihre Männer lieben. Sittig seyn, keusch, häußlich gütig, ihren Männern unterthan, auf daß nicht das Wort GOttes verlästert werde. Tit, 2. v, 1, 5.

Der gemeinen Jugend.

Ihr Jungen seyd den Alten unterthan, und beweiset darinnen die Demuth, dann GOtt widerstehet den Hoffärtigen, aber den Demüthigen giebt er Gnade. So demüthiget euch nun unter die gewaltige Hand GOttes, das er euch erhöhe zu seiner Zeit, 1 Petr. v. 5. 6.

Den Jungfrauen.

Eine fromme Christliche Jungfrau soll nicht sorgen, wie sie den Leuten, sondern wie sie GOtt gefalle, (wie Maria, die Mutter GOttes, welche allen Jungfrauen eine rechte Crone gewesen ist, gethan hat) auf daß sie heilig sey beyde am Leibe und auch am Geist, 1 Cor. 7. v, 34. Und so sie Eltern oder Oberherren hat, soll sie sich ohne derselben Rath und Willen nicht verändern oder verheyrathen. Im 2 B Mos. am 22. v. 17.

Den Wittwen.

Welche eine rechte Wittwe und einsam ist, die stellet ihre Hofnung auf GOtt, und bleibet am Gebät Tag und Nacht. Welche aber in Wollüsten lebet, die ist lebendig todt, 1 Tim. 5. v. 5. 6.

Der Gemeine.

Liebe deinen Nächsten als dich selbst, in dem Wort sind alle Gebott verfasset, Röm. 13, 9.

Und haltet an mit Bäten, für alle Menschen, 1 Tim. 2, 1.

Ein jeder lern sein Lection,
So wird es gut im Hause stohn.

E N D E.